Pasquale Boeti, Dr. Wilfried Korby, Arno Kreus, Sebastian Pungel,
Norbert von der Ruhren †, Kai Zimmermann

TERRA

Geographie Qualifikationsphase

Oberstufe

Lehrerband

Ernst Klett Verlag
Stuttgart · Leipzig

Inhaltsverzeichnis

Verwendete Abkürzungen

DS	Didaktische Struktur
KLP	Kernlehrplan
KV	Kopiervorlage
L	Lösungsseiten
LB	Lehrerband
M	Material
SB	Schülerbuch
SuS	Schülerinnen und Schüler
UG	Unterrichtsgespräch

Grundlage für die Erstellung eines schulinternen Lehrplans zum Kernlehrplan

für die gymnasiale Oberstufe – Qualifikationsphase

Kapitel in TERRA Geographie Qualifikationsphase	Inhaltsfelder und Inhaltliche Schwerpunkte des Kernlehrplans	Sachkompetenzen und Urteilskompetenzen lt. Kernlehrplan ***Ergänzungen für den LK: kursiv***
1 Landwirtschaftliche Strukturen in verschiedenen Klima- und Vegetationszonen *(S. 8-65)* Unterrichtsstunden (GK): ca. 20 Stunden	**Inhaltsfeld 3** Landwirtschaftliche Strukturen in verschiedenen Klima- und Vegetationszonen **Inhaltliche Schwerpunkte** - Landwirtschaftliche Produktion in den Tropen vor dem Hintergrund weltwirtschaftlicher Prozesse - Intensivierung der landwirtschaftlichen Produktion in der gemäßigten Zone und in den Subtropen - Landwirtschaft im Spannungsfeld zwischen Ressourcengefährdung und Nachhaltigkeit	
1.1 Landwirtschaftliche Produktion in den Tropen vor dem Hintergrund weltwirtschaftlicher Prozesse *(S. 10-23)*		Die Schülerinnen und Schüler - vergleichen Plantagenwirtschaft und Subsistenzwirtschaft hinsichtlich ihrer Betriebsstrukturen und Marktausrichtung. - stellen vor dem Hintergrund der Begrenztheit agrarischer Anbauflächen und dem steigenden Bedarf an Agrargütern zunehmende Nutzungskonkurrenzen dar. ***LK:*** *- erläutern Wechselwirkungen zwischen lokaler und regionaler Agrarproduktion in den Tropen und dem Weltagrarmarkt,* - erläutern den Einfluss weltwirtschaftlicher Prozesse und Strukturen auf die agrare Raumnutzung der Tropen. - erläutern die Gefährdung des tropischen Regenwaldes aufgrund der Eingriffe des Menschen in den Stoffkreislauf. - erörtern das Spannungsfeld von Intensivierung der landwirtschaftlichen Produktion und Notwendigkeit zur Versorgungssicherung. - bewerten selbstkritisch ihre Rolle als Verbraucherinnen und Verbraucher hinsichtlich

Klett
© Ernst Klett Verlag GmbH, Stuttgart 2015. | www.klett.de | Erstellt für: TERRA Geographie Qualifikationsphase Nordrhein-Westfalen | ISBN: 978-3-12-104130-5
Alle Rechte vorbehalten. Von dieser Druckvorlage ist die Vervielfältigung für den eigenen Unterrichtsgebrauch gestattet.
Die Kopiergebühren sind abgegolten. Für Veränderungen durch Dritte übernimmt der Verlag keine Verantwortung.

Kapitel in TERRA Geographie Qualifikationsphase	Inhaltsfelder und Inhaltliche Schwerpunkte des Kernlehrplans	Sachkompetenzen und Urteilskompetenzen lt. Kernlehrplan *Ergänzungen für den LK: kursiv*
		der ökologischen, ökonomischen und sozialen Folgen des eigenen Konsumverhaltens.
1.2 Intensive landwirtschaftliche Produktion in den ariden Subtropen - Beispiel Saudi-Arabien *(S. 24-35)*		Die Schülerinnen und Schüler - stellen unterschiedliche Formen der Bewässerungslandwirtschaft in den Subtropen als Möglichkeiten der Überwindung der klimatischen Trockengrenze dar. - stellen Bodenversalzung und Bodendegradierung als Folgen einer unangepassten landwirtschaftlichen Nutzung dar. - bewerten Maßnahmen zur Verringerung von Bodendegradation und Desertifikation hinsichtlich ökonomischer, ökologischer und sozialer Aspekte. - bewerten selbstkritisch ihre Rolle als Verbraucherinnen und Verbraucher hinsichtlich der ökologischen, ökonomischen und sozialen Folgen des eigenen Konsumverhaltens.
1.3 Intensive landwirtschaftliche Produktion in den semiariden Subtropen - das Beispiel der Huerta von Murcia in Südostspanien *(S. 36-37)*		Die Schüler und Schülerinnen - stellen unterschiedliche Formen der Bewässerungslandwirtschaft in den Subtropen als Möglichkeiten der Überwindung der klimatischen Trockengrenze dar. ***LK:*** *- analysieren unterschiedliche Formen der Bewässerungslandwirtschaft zur Überwindung der klimatischen Trockengrenze und unterscheiden sie hinsichtlich ihrer Effizienz des Wassereinsatzes.* - erklären Kennzeichen des landwirtschaftlichen Strukturwandels wie Mechanisierung, Intensivierung und Spezialisierung mit sich verändernden ökonomischen und technischen Rahmenbedingungen sowie Konsumgewohnheiten. - erörtern den Zielkonflikt zwischen der steigenden Nachfrage nach Agrargütern einer wachsenden Weltbevölkerung und den Erfordernissen nachhaltigen Wirtschaftens. - bewerten selbstkritisch ihre Rolle als Verbraucherinnen und Verbraucher hinsichtlich der ökologischen, ökonomischen und sozialen Folgen des eigenen Konsumverhaltens.
1.4 Den Boden unter den Füßen verlieren - Desertifikation im Sahel		Die Schülerinnen und Schüler - stellen Bodenversalzung und Bodendegradierung als Folgen einer unangepassten landwirtschaftlichen Nutzung dar.

Klett
© Ernst Klett Verlag GmbH, Stuttgart 2015. | www.klett.de | Erstellt für: TERRA Geographie Qualifikationsphase Nordrhein-Westfalen | ISBN: 978-3-12-104130-5
Alle Rechte vorbehalten. Von dieser Druckvorlage ist die Vervielfältigung für den eigenen Unterrichtsgebrauch gestattet.
Die Kopiergebühren sind abgegolten. Für Veränderungen durch Dritte übernimmt der Verlag keine Verantwortung.

Grundlage für die Erstellung eines schulinternen Lehrplans zum Kernlehrplan

für die gymnasiale Oberstufe – Qualifikationsphase

Kapitel in TERRA Geographie Qualifikationsphase	**Inhaltsfelder und Inhaltliche Schwerpunkte des Kernlehrplans**	**Sachkompetenzen und Urteilskompetenzen lt. Kernlehrplan** ***Ergänzungen für den LK: kursiv***
(S.38-43)		- bewerten Maßnahmen zur Verringerung von Bodendegradation und Desertifikation hinsichtlich ökonomischer, ökologischer und sozialer Aspekte.
1.5 Intensivierung und Strukturwandel in der gemäßigten Zone *(S.44-53)*		Die Schülerinnen und Schüler - erklären Kennzeichen des landwirtschaftlichen Strukturwandels wie Mechanisierung, Intensivierung und Spezialisierung mit sich verändernden ökonomischen und technischen Rahmenbedingungen sowie Konsumgewohnheiten. - kennzeichnen Merkmale der ökologischen Landwirtschaft. ***LK:** - bewerten Auswirkungen des agraren Strukturwandels mit dem Schwerpunkt der Beschäftigungswirksamkeit und der Veränderungen der Kultur- und Naturlandschaft.* - bewerten selbstkritisch ihre Rolle als Verbraucherinnen und Verbraucher hinsichtlich der ökologischen, ökonomischen und sozialen Folgen des eigenen Konsumverhaltens.
1.6 Instrumente zur Messung der Nachhaltigkeit *(S.54-57)*		Die Schülerinnen und Schüler - erörtern den Zielkonflikt zwischen der steigenden Nachfrage nach Agrargütern einer wachsenden Weltbevölkerung und den Erfordernissen nachhaltigen Wirtschaftens. - bewerten selbstkritisch ihre Rolle als Verbraucherinnen und Verbraucher hinsichtlich der ökologischen, ökonomischen und sozialen Folgen des eigenen Konsumverhaltens.
1.7 Agrarprodukte für 9 Milliarden Menschen? *(S.58-59)*		Die Schülerinnen und Schüler - erörtern den Zielkonflikt zwischen der steigenden Nachfrage nach Agrargütern einer wachsenden Weltbevölkerung und den Erfordernissen nachhaltigen Wirtschaftens.
2 Wirtschaftsregionen im Wandel *(S. 66-117)* Unterrichtsstunden (GK): ca. 20	**Inhaltsfeld 4** Bedeutungswandel von Standortfaktoren **Inhaltliche Schwerpunkte** - Strukturwandel industriell geprägter Räume - Herausbildung von Wachstumsregionen	

© Ernst Klett Verlag GmbH, Stuttgart 2015. | www.klett.de | Erstellt für: TERRA Geographie Qualifikationsphase Nordrhein-Westfalen | ISBN: 978-3-12-104130-5
Alle Rechte vorbehalten. Von dieser Druckvorlage ist die Vervielfältigung für den eigenen Unterrichtsgebrauch gestattet.
Die Kopiergebühren sind abgegolten. Für Veränderungen durch Dritte übernimmt der Verlag keine Verantwortung.

Kapitel in TERRA Geographie Qualifikationsphase	Inhaltsfelder und Inhaltliche Schwerpunkte des Kernlehrplans	Sachkompetenzen und Urteilskompetenzen lt. Kernlehrplan *Ergänzungen für den LK: kursiv*
2.1 Ruhrgebiet – Entstehung und Wandel eines Industriegebietes *(S.68-81)*		Die Schülerinnen und Schüler - erklären den Wandel von Standortfaktoren als Folge technischen Fortschritts, veränderter Nachfrage und politischer Vorgaben. - erklären die Entstehung und den Strukturwandel industriell geprägter Räume mit sich wandelnden Standortfaktoren. ***LK:*** *- beschreiben den Zusammenhang zwischen Deindustrialisierungsprozessen und Modellen der wirtschaftlichen und gesellschaftlichen Veränderungen.* - beschreiben Reindustrialisierung, Diversifizierung und Tertiärisierung als Strategien zur Überwindung von Strukturkrisen. Die Schülerinnen und Schüler - beurteilen den Bedeutungswandel von harten und weichen Standortfaktoren für die wirtschaftliche Entwicklung eines Raumes. - erörtern konkrete Maßnahmen zur Entwicklung von Wirtschaftsräumen.
2.2 Faktoren der Standortwahl *(S. 82-89)*		Die Schülerinnen und Schüler - erklären den Wandel von Standortfaktoren als Folge technischen Fortschritts, veränderter Nachfrage und politischer Vorgaben. - erklären die Entstehung und den Strukturwandel industriell geprägter Räume mit sich wandelnden Standortfaktoren. ***LK:*** *- beschreiben den Zusammenhang zwischen Deindustrialisierungsprozessen und Modellen der wirtschaftlichen und gesellschaftlichen Veränderungen.* - beurteilen den Bedeutungswandel von harten und weichen Standortfaktoren für die wirtschaftliche Entwicklung eines Raumes,
2.3 Innovationen und Wirtschaftswandel *(S. 90-97)*		Die Schülerinnen und Schüler - erklären die Orientierung moderner Produktions- und Logistikbetriebe an leistungsfähigen Verkehrsstandorten aufgrund der wachsenden Bedeutung von just-in-time-production und lean-production.

Klett
© Ernst Klett Verlag GmbH, Stuttgart 2015. | www.klett.de | Erstellt für: TERRA Geographie Qualifikationsphase Nordrhein-Westfalen | ISBN: 978-3-12-104130-5
Alle Rechte vorbehalten. Von dieser Druckvorlage ist die Vervielfältigung für den eigenen Unterrichtsgebrauch gestattet.
Die Kopiergebühren sind abgegolten. Für Veränderungen durch Dritte übernimmt der Verlag keine Verantwortung.

Grundlage für die Erstellung eines schulinternen Lehrplans zum Kernlehrplan

für die gymnasiale Oberstufe – Qualifikationsphase

Kapitel in TERRA Geographie Qualifikationsphase	Inhaltsfelder und Inhaltliche Schwerpunkte des Kernlehrplans	Sachkompetenzen und Urteilskompetenzen lt. Kernlehrplan *Ergänzungen für den LK: kursiv*
		- beurteilen den Bedeutungswandel von harten und weichen Standortfaktoren für die wirtschaftliche Entwicklung eines Raumes.
2.4 Region München - Wachstum ohne Grenzen? *(S. 98-101)*		Die Schülerinnen und Schüler - analysieren Wachstumsregionen mit Hilfe wirtschaftlicher Indikatoren. ***LK:*** *- stellen als wesentliche Voraussetzungen für die Entwicklung von Hightech-Clustern eine hochentwickelte Verkehrs- und Kommunikationsinfrastruktur sowie die räumliche Nähe zu Forschungs- und Entwicklungseinrichtungen dar.* - beurteilen die Bedeutung von Wachstumsregionen für die Entwicklung eines Landes aus wirtschaftlicher, technologischer und gesellschaftlicher Perspektive. ***LK:*** *- beurteilen die Bedeutung staatlicher Institutionen und politischer Entscheidungen für die Ausprägung von Wachstumsregionen und Hightech-Clustern.*
2.5 Fit für den globalen Markt: Förderung europäischer Wirtschaftsregionen *(S. 102-109)*		Die Schülerinnen und Schüler - beschreiben Reindustrialisierung, Diversifizierung und Tertiärisierung als Strategien zur Überwindung von Strukturkrisen. - erörtern konkrete Maßnahmen zur Entwicklung von Wirtschaftsräumen. ***LK:*** *- erörtern konkrete Maßnahmen zur Entwicklung von Wirtschaftsräumen hinsichtlich der Nachhaltigkeit, raumordnerischer Leitbilder und Entwicklungsstrategien.* - beurteilen die Bedeutung von Wachstumsregionen für die Entwicklung eines Landes aus wirtschaftlicher, technologischer und gesellschaftlicher Perspektive. ***LK:*** *- beurteilen die Bedeutung staatlicher Institutionen und politischer Entscheidungen für die Ausprägung von Wachstumsregionen und Hightech-Clustern.*
2.6 Mehr Wachstum durch Sonderwirtschafts- und Freihandelszonen *(S. 110-115)*		Die Schülerinnen und Schüler - erläutern die Veränderung von lokalen und globalen Standortgefügen aufgrund der Einrichtung von Sonderwirtschafts-, Freihandels- und wirtschaftlichen Integrationszonen. - erörtern Chancen und Risiken, die sich in ökonomischer, ökologischer und sozialer

© Ernst Klett Verlag GmbH, Stuttgart 2015. | www.klett.de | Erstellt für: TERRA Geographie Qualifikationsphase Nordrhein-Westfalen | ISBN: 978-3-12-104130-5
Alle Rechte vorbehalten. Von dieser Druckvorlage ist die Vervielfältigung für den eigenen Unterrichtsgebrauch gestattet.
Die Kopiergebühren sind abgegolten. Für Veränderungen durch Dritte übernimmt der Verlag keine Verantwortung.

Kapitel in TERRA Geographie Qualifikationsphase	**Inhaltsfelder und Inhaltliche Schwerpunkte des Kernlehrplans**	**Sachkompetenzen und Urteilskompetenzen lt. Kernlehrplan** ***Ergänzungen für den LK: kursiv***
		Hinsicht aus der Einrichtung von Sonderwirtschafts-, Freihandels- und wirtschaftlichen Integrationszonen ergeben.
3 Stadtentwicklung und Stadtstrukturen *(S. 118-173)* Unterrichtsstunden (GK): ca. 20	**Inhaltsfeld 5** Stadtentwicklung und Stadtstrukturen **Inhaltliche Schwerpunkte:** - Merkmale, innere Differenzierung und Wandel von Städten - Metropolisierung und Marginalisierung als Elemente eines weltweiten Verstädterungsprozesses - Demographischer und sozialer Wandel als Herausforderung für zukunftsorientierte Stadtentwicklung	
3.1 Stadt als lebenswerter Raum für alle? *(S. 121-123)*		Die Schülerinnen und Schüler - bewerten städtische Veränderungsprozesse als Herausforderung und Chance zukünftiger Stadtplanung auch unter Berücksichtigung der Bedürfnisse von Männern, Frauen und Kindern.
3.2 Städte als komplexe Lebensräume zwischen Tradition und Fortschritt *(S. 124-139)*		Die Schülerinnen und Schüler - gliedern städtische Räume nach genetischen, funktionalen und sozialen Merkmalen. ***LK:*** *- ordnen anhand von städtebaulichen Merkmalen Städte oder Stadtteile historischen und aktuellen Leitbildern der Stadtentwicklung zu.* - beschreiben die Genese städtischer Strukturen mit Bezug auf grundlegende Stadtentwicklungsmodelle. - erläutern den Einfluss von Suburbanisierungs- und Segregationsprozessen auf gegenwärtige Stadtstrukturen.

Klett
© Ernst Klett Verlag GmbH, Stuttgart 2015. | www.klett.de | Erstellt für: TERRA Geographie Qualifikationsphase Nordrhein-Westfalen | ISBN: 978-3-12-104130-5
Alle Rechte vorbehalten. Von dieser Druckvorlage ist die Vervielfältigung für den eigenen Unterrichtsgebrauch gestattet.
Die Kopiergebühren sind abgegolten. Für Veränderungen durch Dritte übernimmt der Verlag keine Verantwortung.

Grundlage für die Erstellung eines schulinternen Lehrplans zum Kernlehrplan

für die gymnasiale Oberstufe – Qualifikationsphase

Kapitel in TERRA Geographie Qualifikationsphase	**Inhaltsfelder und Inhaltliche Schwerpunkte des Kernlehrplans**	**Sachkompetenzen und Urteilskompetenzen lt. Kernlehrplan** ***Ergänzungen für den LK: kursiv***
		- erklären die Entstehung tertiärwirtschaftlich geprägter städtischer Teilräume im Zusammenhang mit Nutzungskonkurrenzen, dem sektoralen Wandel und dem Miet- und Bodenpreisgefüge. ***LK:*** *- erklären die Verflechtung von Orten verschiedener Zentralitätsstufen mit deren unterschiedlicher funktionalen Ausstattung.* - bewerten die Folgen von Suburbanisierungs- und Segregationsprozessen im Hinblick auf ökologische Aspekte und das Zusammenleben sozialer Gruppen. - erörtern Chancen und Risiken konkreter Maßnahmen zur Entwicklung städtischer Räume. ***LK:*** *- erörtern Umfang und Grenzen von Großprojekten als Impulse für die Revitalisierung von Innenstädten.* - bewerten städtische Veränderungsprozesse als Herausforderung und Chance zukünftiger Stadtplanung auch unter Berücksichtigung der Bedürfnisse von Männern, Frauen und Kindern.
3.3 Stadt und Stadtentwicklung in außereuropäischen Kulturkreisen *(S. 140-147)*		Die Schülerinnen und Schüler - beschreiben die Genese städtischer Strukturen mit Bezug auf grundlegende Stadtentwicklungsmodelle. ***LK:*** *- beschreiben die Genese kulturraumspezifischer städtischer Strukturen mit Bezug auf verschiedene Stadtentwicklungsmodelle.* ***LK:*** *- beurteilen die Aussagekraft von Stadtentwicklungsmodellen hinsichtlich ihrer Übertragbarkeit auf Realräume.* - bewerten die Folgen von Suburbanisierungs- und Segregationsprozessen im Hinblick auf ökologische Aspekte und das Zusammenleben sozialer Gruppen.
3.4 Metropolisierung und Marginalisierung – Prozesse im Rahmen der weltweiten Verstädte-		Die Schülerinnen und Schüler - erläutern Metropolisierung als Prozess der Konzentration von Bevölkerung, Wirtschaft und hochrangigen Funktionen.

Klett
© Ernst Klett Verlag GmbH, Stuttgart 2015. | www.klett.de | Erstellt für: TERRA Geographie Qualifikationsphase Nordrhein-Westfalen | ISBN: 978-3-12-104130-5
Alle Rechte vorbehalten. Von dieser Druckvorlage ist die Vervielfältigung für den eigenen Unterrichtsgebrauch gestattet.
Die Kopiergebühren sind abgegolten. Für Veränderungen durch Dritte übernimmt der Verlag keine Verantwortung.

Kapitel in TERRA Geographie Qualifikationsphase	Inhaltsfelder und Inhaltliche Schwerpunkte des Kernlehrplans	Sachkompetenzen und Urteilskompetenzen lt. Kernlehrplan ***Ergänzungen für den LK: kursiv***
rung *(S. 148-159)*		- erläutern die Herausbildung von Megastädten als Ergebnis von Wanderungsbewegungen aufgrund von pull- und push-Faktoren. - stellen die räumliche und soziale Marginalisierung in Städten in Entwicklungs- und Schwellenländern dar. **LK:** *- erklären die lokale Fragmentierung und Polarisierung als einen durch die Globalisierung verstärkten Prozess aktueller Stadtentwicklung.* - erörtern die Problematik der zunehmenden ökologischen und sozialen Vulnerabilität städtischer Agglomerationen im Zusammenhang mit fortschreitender Metropolisierung- und Marginalisierung. - bewerten städtische Veränderungsprozesse als Herausforderung und Chance zukünftiger Stadtplanung auch unter Berücksichtigung der Bedürfnisse von Männern, Frauen und Kindern.
3.5 Strategien einer zukunftsorientierten Stadtentwicklung *(S. 160-167)*		Die Schülerinnen und Schüler - stellen Stadtumbaumaßnahmen als notwendige Anpassung auf sich verändernde soziale, ökonomische und ökologische Rahmenbedingungen dar. - bewerten Maßnahmen für eine nachhaltige Stadtentwicklung im Spannungsfeld von Mobilität und Lebensqualität. - erörtern die Auswirkungen von Revitalisierungsmaßnahmen unter Aspekten nachhaltiger Stadtentwicklung. **LK:** *- erörtern den Wandel städtebaulicher Leitbilder als Ausdruck sich verändernder ökonomischer, demographischer, politischer und ökologischer Rahmenbedingungen.* **LK:** *- erörtern Chancen und Risiken konkreter Maßnahmen zur Entwicklung städtischer Räume anhand von Kriterien, die sich aus raumordnerischen und städtebaulichen Leitbildern ergeben.* **LK:** *- bewerten städtische Veränderungsprozesse als Herausforderung und Chance zukünftiger Stadtplanung.* **LK:** *- bewerten Maßnahmen für eine nachhaltige Stadtentwicklung im Spannungsfeld*

© Ernst Klett Verlag GmbH, Stuttgart 2015. | www.klett.de | Erstellt für: TERRA Geographie Qualifikationsphase Nordrhein-Westfalen | ISBN: 978-3-12-104130-5
Alle Rechte vorbehalten. Von dieser Druckvorlage ist die Vervielfältigung für den eigenen Unterrichtsgebrauch gestattet.
Die Kopiergebühren sind abgegolten. Für Veränderungen durch Dritte übernimmt der Verlag keine Verantwortung.

Grundlage für die Erstellung eines schulinternen Lehrplans zum Kernlehrplan

für die gymnasiale Oberstufe – Qualifikationsphase

Kapitel in TERRA Geographie Qualifikationsphase	**Inhaltsfelder und Inhaltliche Schwerpunkte des Kernlehrplans**	**Sachkompetenzen und Urteilskompetenzen lt. Kernlehrplan** ***Ergänzungen für den LK: kursiv***
		von Mobilität und Lebensqualität auch unter Berücksichtigung der jeweiligen Bedürfnisse von Männern, Frauen und Kindern.
4 Bevölkerungsentwicklung und Migration *(S. 174-199)* Unterrichtsstunden (GK): ca. 10	**Inhaltsfeld 6** Sozioökonomische Entwicklungsstände von Räumen **Inhaltlicher Schwerpunkt:** - Demographische Prozesse in ihrer Bedeutung für die Tragfähigkeit von Räumen	
4.1 Probleme und Herausforderungen *(S. 176-177)*		
4.2 Entwicklung der Weltbevölkerung *(S. 178-185)*		Die Schülerinnen und Schüler - erläutern anhand des Modells des demographischen Übergangs Unterschiede und Gemeinsamkeiten der demographischen Entwicklung zwischen Industrie- und Entwicklungsländern sowie daraus resultierende Folgen. - bewerten Aussagemöglichkeiten und -grenzen demographischer Modelle.
4.3 Die demografische Alterung *(S. 186-189)*		Die Schülerinnen und Schüler - erläutern anhand des Modells des demographischen Übergangs Unterschiede und Gemeinsamkeiten der demographischen Entwicklung zwischen Industrie- und Entwicklungsländern sowie daraus resultierende Folgen. - bewerten Aussagemöglichkeiten und -grenzen demographischer Modelle.
4.4 Migration weltweit *(S. 190-197)*		Die Schülerinnen und Schüler - erläutern sozioökonomische und räumliche Auswirkungen internationaler Migration auf Herkunfts- und Zielgebiete. ***LK:*** *- erläutern sozioökonomische und räumliche Auswirkungen von ökonomisch, ökologisch und politisch bedingter internationaler Migration auf Herkunfts- und Zielgebiete.*

Klett
© Ernst Klett Verlag GmbH, Stuttgart 2015. | www.klett.de | Erstellt für: TERRA Geographie Qualifikationsphase Nordrhein-Westfalen | ISBN: 978-3-12-104130-5
Alle Rechte vorbehalten. Von dieser Druckvorlage ist die Vervielfältigung für den eigenen Unterrichtsgebrauch gestattet.
Die Kopiergebühren sind abgegolten. Für Veränderungen durch Dritte übernimmt der Verlag keine Verantwortung.

Kapitel in TERRA Geographie Qualifikationsphase	**Inhaltsfelder und Inhaltliche Schwerpunkte des Kernlehrplans**	**Sachkompetenzen und Urteilskompetenzen lt. Kernlehrplan** ***Ergänzungen für den LK: kursiv***
		- erörtern Wechselwirkungen zwischen Tragfähigkeit, Ernährungssicherung und Migration.
5 Globale Disparitäten - Herausforderung für die Eine Welt *(S. 200-245)* Unterrichtsstunden (GK): ca. 20	**Inhaltsfeld 6** Sozioökonomische Entwicklungsstände von Räumen **Inhaltliche Schwerpunkte:** - Merkmale und Ursachen räumlicher Disparitäten - Strategien und Instrumente zur Reduzierung regionaler, nationaler und globaler Disparitäten	
5.1 Gewinner und Verlierer in der Einen Welt *(S. 202-207)*		
5.2 Merkmale und Ursachen globaler Disparitäten *(S. 208-217)*		Die Schülerinnen und Schüler - unterscheiden Entwicklungsstände von Ländern anhand ökonomischer und sozialer Indikatoren sowie dem HDI. - erläutern sozioökonomische Disparitäten innerhalb und zwischen Ländern vor dem Hintergrund einer ungleichen Verteilung von Ressourcen und Infrastruktur sowie der politischen Verhältnisse. ***LK:*** *- erläutern sozioökonomische Disparitäten innerhalb und zwischen Ländern vor dem Hintergrund einer ungleichen Verteilung von Ressourcen und Infrastruktur und des Prozesses der globalen Fragmentierung.* - beurteilen Entwicklungschancen und Entwicklungsrisiken in unterschiedlich geprägten Wirtschaftsregionen, die sich aus dem Prozess der Globalisierung ergeben.
5.3 Disparitäten und tragfähige Ernährungssi-		Die Schülerinnen und Schüler

Klett
© Ernst Klett Verlag GmbH, Stuttgart 2015. | www.klett.de | Erstellt für: TERRA Geographie Qualifikationsphase Nordrhein-Westfalen | ISBN: 978-3-12-104130-5
Alle Rechte vorbehalten. Von dieser Druckvorlage ist die Vervielfältigung für den eigenen Unterrichtsgebrauch gestattet.
Die Kopiergebühren sind abgegolten. Für Veränderungen durch Dritte übernimmt der Verlag keine Verantwortung.

Grundlage für die Erstellung eines schulinternen Lehrplans zum Kernlehrplan

für die gymnasiale Oberstufe – Qualifikationsphase

Kapitel in TERRA Geographie Qualifikationsphase	**Inhaltsfelder und Inhaltliche Schwerpunkte des Kernlehrplans**	**Sachkompetenzen und Urteilskompetenzen lt. Kernlehrplan** ***Ergänzungen für den LK: kursiv***
cherung *(S. 218-221)*		- erörtern Wechselwirkungen zwischen Tragfähigkeit, Ernährungssicherung und Migration.
5.4 Strategien und Instrumente zur Reduzierung von Disparitäten *(S. 222-231)*		Die Schülerinnen und Schüler - stellen Entwicklungsachsen und Entwicklungspole als Steuerungselemente der Raumentwicklung dar. - erläutern das Leitbild der nachhaltigen Entwicklung sowie daraus ableitbare Maßnahmen. ***LK:*** *- erläutern die Leitbilder der nachholenden Entwicklung, der Befriedigung von Grundbedürfnissen und der nachhaltigen Entwicklung sowie daraus abzuleitende Maßnahmen.* - beurteilen konkrete Maßnahmen zum Abbau von regionalen Disparitäten im Hinblick auf deren Effizienz und Realisierbarkeit. - erörtern Konsequenzen, die sich aus der Umsetzung des Leitbilds der nachhaltigen Entwicklung ergeben. ***LK:*** *- erörtern Konsequenzen, die sich aus der Umsetzung unterschiedlicher Leitbilder der Entwicklung ergeben.*
5.5 Globalisierung als Chance zum Abbau von Disparitäten? *(S. 232-239)*		Die Schülerinnen und Schüler - stellen Entwicklungsachsen und Entwicklungspole als Steuerungselemente der Raumentwicklung dar. - beurteilen konkrete Maßnahmen zum Abbau von regionalen Disparitäten im Hinblick auf deren Effizienz und Realisierbarkeit. ***LK:*** *- beurteilen Entwicklungschancen und Entwicklungsrisiken in unterschiedlich geprägten Wirtschaftsregionen, die sich aus dem Prozess der Globalisierung ergeben.* ***LK:*** *- beurteilen Strategien zur Exportdiversifizierung hinsichtlich ihrer Wirksamkeit für eine nationalen ökonomischen Entwicklung.*
6 Auf dem Weg zur	**Inhaltsfeld 7**	

© Ernst Klett Verlag GmbH, Stuttgart 2015. | www.klett.de | Erstellt für: TERRA Geographie Qualifikationsphase Nordrhein-Westfalen | ISBN: 978-3-12-104130-5
Alle Rechte vorbehalten. Von dieser Druckvorlage ist die Vervielfältigung für den eigenen Unterrichtsgebrauch gestattet.
Die Kopiergebühren sind abgegolten. Für Veränderungen durch Dritte übernimmt der Verlag keine Verantwortung.

Kapitel in TERRA Geographie Qualifikationsphase	Inhaltsfelder und Inhaltliche Schwerpunkte des Kernlehrplans	Sachkompetenzen und Urteilskompetenzen lt. Kernlehrplan *Ergänzungen für den LK: kursiv*
Dienstleistungsgesellschaft – Tertiärisierung von Wirtschaft und Gesellschaft *(S. 246-273)* Unterrichtsstunden (GK): ca. 12	Dienstleistungen in ihrer Bedeutung für Wirtschafts- und Beschäftigungsstrukturen **Inhaltlicher Schwerpunkt:** - Entwicklung von Wirtschafts- und Beschäftigungsstrukturen im Prozess der Tertiärisierung	
6.1 Dienstleistungszentrum Düsseldorf *(S. 248-249)*		Die Schülerinnen und Schüler - erklären den fortschreitenden Prozess der Tertiärisierung mit sich verändernden sozioökonomischen und technischen Gegebenheiten. ***LK:*** *- beschreiben die räumliche Struktur von Dienstleistungsclustern.*
6.2 Tertiärisierung - nicht nur ein Segen *(S. 250-251)*		Die Schülerinnen und Schüler - erklären den fortschreitenden Prozess der Tertiärisierung mit sich verändernden sozioökonomischen und technischen Gegebenheiten. - erörtern raumstrukturelle Folgen, die sich durch die Aufspaltung des tertiären Sektors in Hoch- und Niedriglohnbereiche ergeben sowie die damit verbundenen Konsequenzen fur Arbeitnehmer und Arbeitnehmerinnen.
6.3 Der Weg in die Dienstleistungs- und Informationsgesellschaft *(S. 252-257)*		Die Schülerinnen und Schüler - stellen die Vielfalt des tertiären Sektors am Beispiel der Branchen Handel, Verkehr sowie personen- und unternehmensorientierte Dienstleistungen dar. - erklären den fortschreitenden Prozess der Tertiärisierung mit sich verändernden sozioökonomischen und technischen Gegebenheiten.
6.4 Verkehrs- und Kommunikationsnetze - ihre Bedeutung für globale Verflechtungen		Die Schülerinnen und Schüler - erklären den fortschreitenden Prozess der Tertiärisierung mit sich verändernden sozioökonomischen und technischen Gegebenheiten. - bewerten die Bedeutung einer leistungsfähigen Infrastruktur für Unternehmen des terti-

© Ernst Klett Verlag GmbH, Stuttgart 2015. | www.klett.de | Erstellt für: TERRA Geographie Qualifikationsphase Nordrhein-Westfalen | ISBN: 978-3-12-104130-5
Alle Rechte vorbehalten. Von dieser Druckvorlage ist die Vervielfältigung für den eigenen Unterrichtsgebrauch gestattet.
Die Kopiergebühren sind abgegolten. Für Veränderungen durch Dritte übernimmt der Verlag keine Verantwortung.

Grundlage für die Erstellung eines schulinternen Lehrplans zum Kernlehrplan

für die gymnasiale Oberstufe – Qualifikationsphase

Kapitel in TERRA Geographie Qualifikationsphase	Inhaltsfelder und Inhaltliche Schwerpunkte des Kernlehrplans	Sachkompetenzen und Urteilskompetenzen lt. Kernlehrplan ***Ergänzungen für den LK: kursiv***
(S. 258-263)		ären Sektors.
6.5 Global Citys – urbane Zentren der Weltwirtschaft *(S. 264-271)*		Die Schülerinnen und Schüler - erklären die Herausbildung von Global Cities zu höchstrangigen Dienstleistungszentren als Ergebnis der globalen Wirtschaftsentwicklung. - erörtern Folgen des überproportionalen Bedeutungszuwachses von Global Cities.
7 Wirtschaftsfaktor Tourismus - Bedeutung für unterschiedliche entwickelte Räume *(S. 274-307)* Unterrichtsstunden (GK): ca. 12	**Inhaltsfeld 7** Dienstleistungen in ihrer Bedeutung für Wirtschafts- und Beschäftigungsstrukturen **Inhaltlicher Schwerpunkt:** - Wirtschaftsfaktor Tourismus in seiner Bedeutung für unterschiedlich entwickelte Räume	
7.1 Wohin die Reise geht *(S. 276-277)*		Die Schülerinnen und Schüler - erläutern die naturräumliche und infrastrukturelle Ausstattung einer Tourismusregion sowie deren Wandel aufgrund der touristischen Nachfrage.
7.2 Boombranche Tourismus *(S. 278-283)*		Die Schülerinnen und Schüler - erläutern die naturräumliche und infrastrukturelle Ausstattung einer Tourismusregion sowie deren Wandel aufgrund der touristischen Nachfrage. - erörtern positive und negative Effekte einer touristisch geprägten Raumentwicklung. - erörtern den Zielkonflikt zwischen wirtschaftlichem Wachstum durch Tourismus und nachhaltiger und sozial gerechter Entwicklung in Tourismusregionen.
7.3 Tourismus zwischen Landschaftszerstörung		Die Schülerinnen und Schüler - erläutern die naturräumliche und infrastrukturelle Ausstattung einer Tourismusregion

Klett
© Ernst Klett Verlag GmbH, Stuttgart 2015. | www.klett.de | Erstellt für: TERRA Geographie Qualifikationsphase Nordrhein-Westfalen | ISBN: 978-3-12-104130-5
Alle Rechte vorbehalten. Von dieser Druckvorlage ist die Vervielfältigung für den eigenen Unterrichtsgebrauch gestattet.
Die Kopiergebühren sind abgegolten. Für Veränderungen durch Dritte übernimmt der Verlag keine Verantwortung.

Kapitel in TERRA Geographie Qualifikationsphase	**Inhaltsfelder und Inhaltliche Schwerpunkte des Kernlehrplans**	**Sachkompetenzen und Urteilskompetenzen lt. Kernlehrplan** ***Ergänzungen für den LK: kursiv***
und Landschaftsbewahrung *(S. 284-291)*		sowie deren Wandel aufgrund der touristischen Nachfrage. - ordnen Folgen unterschiedlicher Formen des Tourismus in das Dreieck der Nachhaltigkeit ein. ***LK:*** *- ordnen Folgen unterschiedlicher Formen des Tourismus in verschiedene Konzepte der Nachhaltigkeit ein.* - erörtern positive und negative Effekte einer touristisch geprägten Raumentwicklung. - erörtern den Zielkonflikt zwischen wirtschaftlichem Wachstum durch Tourismus und nachhaltiger und sozial gerechter Entwicklung in Tourismusregionen. - bewerten ihr eigenes und fremdes Urlaubsverhalten hinsichtlich der damit verbundenen Folgen. ***LK:*** *- erörtern das Dilemma zwischen der Befriedigung individueller Urlaubsbedürfnisse und einer nachhaltigen Entwicklung in Tourismusregionen.*
7.4 Tourismus - eine Chance für Entwicklungsländer? *(S. 292-299)*		Die Schülerinnen und Schüler - analysieren unter Einbezug eines einfachen Modells die Entwicklung einer touristischen Destination. ***LK:*** *- erklären unter Einbezug verschiedener Modelle Bedeutung und raumzeitliche Entwicklung des Tourismus.* ***LK:*** *- ordnen Folgen unterschiedlicher Formen des Tourismus in verschiedene Konzepte der Nachhaltigkeit ein.* - erörtern positive und negative Effekte einer touristisch geprägten Raumentwicklung. - erörtern den Zielkonflikt zwischen wirtschaftlichem Wachstum durch Tourismus und nachhaltiger und sozial gerechter Entwicklung in Tourismusregionen. **LK:** *- erörtern das Dilemma zwischen der Befriedigung individueller Urlaubsbedürfnisse und einer nachhaltigen Entwicklung in Tourismusregionen.* ***LK:*** *- beurteilen Aussagemöglichkeiten und -grenzen von modellhaften Darstellungen der Tourismusentwicklung.*

Klett
© Ernst Klett Verlag GmbH, Stuttgart 2015. | www.klett.de | Erstellt für: TERRA Geographie Qualifikationsphase Nordrhein-Westfalen | ISBN: 978-3-12-104130-5
Alle Rechte vorbehalten. Von dieser Druckvorlage ist die Vervielfältigung für den eigenen Unterrichtsgebrauch gestattet.
Die Kopiergebühren sind abgegolten. Für Veränderungen durch Dritte übernimmt der Verlag keine Verantwortung.

Grundlage für die Erstellung eines schulinternen Lehrplans zum Kernlehrplan

für die gymnasiale Oberstufe – Qualifikationsphase

Kapitel in TERRA Geographie Qualifikationsphase	**Inhaltsfelder und Inhaltliche Schwerpunkte des Kernlehrplans**	**Sachkompetenzen und Urteilskompetenzen lt. Kernlehrplan** ***Ergänzungen für den LK: kursiv***
7.5 Raumanalyse: Tourismus – eine Chance für eine zukunftsfähige Entwicklung Sri Lankas? *(S. 300-305)*		Die Schülerinnen und Schüler - erläutern die naturräumliche und infrastrukturelle Ausstattung einer Tourismusregion sowie deren Wandel aufgrund der touristischen Nachfrage. - ordnen Folgen unterschiedlicher Formen des Tourismus in das Dreieck der Nachhaltigkeit ein. - erörtern positive und negative Effekte einer touristisch geprägten Raumentwicklung. - erörtern den Zielkonflikt zwischen wirtschaftlichem Wachstum durch Tourismus und nachhaltiger und sozial gerechter Entwicklung in Tourismusregionen.

Klett
© Ernst Klett Verlag GmbH, Stuttgart 2015. | www.klett.de | Erstellt für: TERRA Geographie Qualifikationsphase Nordrhein-Westfalen | ISBN: 978-3-12-104130-5
Alle Rechte vorbehalten. Von dieser Druckvorlage ist die Vervielfältigung für den eigenen Unterrichtsgebrauch gestattet.
Die Kopiergebühren sind abgegolten. Für Veränderungen durch Dritte übernimmt der Verlag keine Verantwortung.

Kapitel in TERRA Geographie Qualifikationsphase	Inhaltsfelder und Inhaltliche Schwerpunkte des Kernlehrplans	Sachkompetenzen und Urteilskompetenzen lt. Kernlehrplan *Ergänzungen für den LK: kursiv*
1 Landwirtschaftliche Strukturen in verschiedenen Klima- und Vegetationszonen *(S. 8-65)* Unterrichtsstunden (GK): ca. 20 Stunden	**Inhaltsfeld 3** Landwirtschaftliche Strukturen in verschiedenen Klima- und Vegetationszonen **Inhaltliche Schwerpunkte** - Landwirtschaftliche Produktion in den Tropen vor dem Hintergrund weltwirtschaftlicher Prozesse - Intensivierung der landwirtschaftlichen Produktion in der gemäßigten Zone und in den Subtropen - Landwirtschaft im Spannungsfeld zwischen Ressourcengefährdung und Nachhaltigkeit	
1.1 Landwirtschaftliche Produktion in den Tropen vor dem Hintergrund weltwirtschaftlicher Prozesse *(S. 10-23)*		Die Schülerinnen und Schüler - vergleichen Plantagenwirtschaft und Subsistenzwirtschaft hinsichtlich ihrer Betriebsstrukturen und Marktausrichtung. - stellen vor dem Hintergrund der Begrenztheit agrarischer Anbauflächen und dem steigenden Bedarf an Agrargütern zunehmende Nutzungskonkurrenzen dar. ***LK:*** *- erläutern Wechselwirkungen zwischen lokaler und regionaler Agrarproduktion in den Tropen und dem Weltagrarmarkt,* - erläutern den Einfluss weltwirtschaftlicher Prozesse und Strukturen auf die agrare Raumnutzung der Tropen. - erläutern die Gefährdung des tropischen Regenwaldes aufgrund der Eingriffe des Menschen in den Stoffkreislauf. - erörtern das Spannungsfeld von Intensivierung der landwirtschaftlichen Produktion und Notwendigkeit zur Versorgungssicherung. - bewerten selbstkritisch ihre Rolle als Verbraucherinnen und Verbraucher hinsichtlich

Klett
© Ernst Klett Verlag GmbH, Stuttgart 2015. | www.klett.de | Erstellt für: TERRA Geographie Qualifikationsphase Nordrhein-Westfalen | ISBN: 978-3-12-104130-5
Alle Rechte vorbehalten. Von dieser Druckvorlage ist die Vervielfältigung für den eigenen Unterrichtsgebrauch gestattet.
Die Kopiergebühren sind abgegolten. Für Veränderungen durch Dritte übernimmt der Verlag keine Verantwortung.

Landwirtschaftliche Strukturen in verschiedenen Klima- und Vegetationszonen

Didaktische Struktur

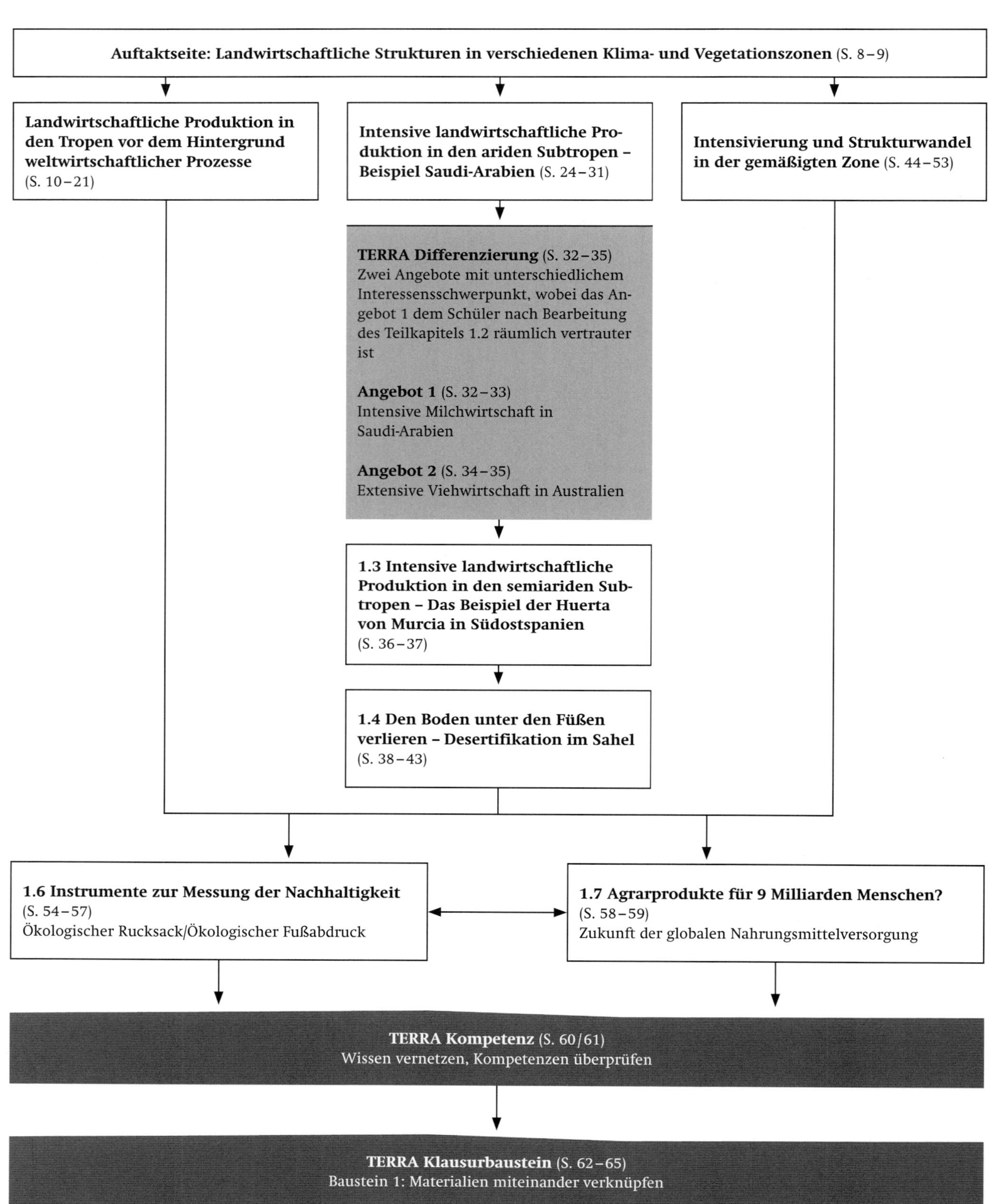

Landwirtschaftliche Produktion in den Tropen vor dem Hintergrund weltwirtschaftlicher Prozesse

Strukturierungshilfe

Phase	Thema	Seite	Material	Aufgabe	Methodische Hinweise
Plantagenwirtschaft					
Einstieg	Vorwissen und Hypothesen über Entwicklung und Chancen und Risiken der globalen Einbindung tropischer Agrarräume Mögliches Material hierzu: Bildimpulse verschiedener Teilaspekte aus Kapitel 1.1 zusammen projizieren		S. 12, M7 S. 20, M34 S. 22, M39		Der Einstieg sollte auf die Frage hinführen, welche Chancen und Risiken für die Landwirtschaft der Tropen mit der Einbindung in den globalen Agrarhandel verbunden sind.
Erarbeitung 1	Bananenplantagen als Beispiel einer exportorientierten Agrarproduktion in den Tropen	10–11	Text, M1, M4, M5	S. 13, Nr. 1	
Erarbeitung 2	Merkmale der Plantagen	10–11	Text, M2	S. 15, Nr. 6 (zunächst nur eine Hälfte der Tabelle erarbeiten)	Für einen möglichen Vergleich mit der Subsistenzwirtschaft ist es sinnvoll, hier bereits eine Tabelle anzulegen, die die Schüler nach der Erarbeitung des Themas Subsistenzwirtschaft vervollständigen.
Erarbeitung 3	Unterschiedliche Chancen und Risiken der Akteure in der globalen Wertschöpfungskette	11–13	Text, M8, M9	S. 13, Nr. 2+3	Hier kann eine Vertiefung anhand der Differenzierung geschehen wie anders Chancen und Risiken bei Fair-Trade-Handel gelagert sind.
Subsistenzwirtschaft					
Einstieg	Wie wirtschaften, wenn das Fehlen der Infrastruktur keine oder nur eine begrenzte Einbindung in den Handel ermöglicht?	14–15			
Erarbeitung 1	Merkmale der Subsistenzwirtschaft	14–15	Text, M16, M18, M19	S. 15, Nr. 4+5	
Erarbeitung 2	Gegenüberstellung von Plantagenwirtschaft und Subsistenzwirtschaft	14–15 (10–11)	Text, M18, M19	S. 15, Nr. 6	Tabelle vervollständigen, die bei Plantagen zur Hälfte erarbeitet wurde
Vertiefung	Diskussion der Chancen und Risiken weltwirtschaftlicher Einbindung tropischer Agrarwirtschaft				Zusammenfassung des bisher Erarbeiteten
Landnutzung in den Tropen als Eingriff des Menschen in den Nährstoff- und Wasserkreislauf					
Einstieg	Wie wirken sich die Eingriffe im komplexen Ökosystem aus?	16–17	Schematische Darstellung des Nährstoffkreislaufs (z B. SB der Einführungsphase S. 43)		
Erarbeitung 1	Arbeitsteilige Erarbeitung der Auswirkungen auf Nährstoff- und Wasserkreislauf	16–17	Text, M21, M24	Schüler 1: S. 17, Nr. 7 Schüler 2: S. 17, Nr. 8	Die Aufgaben können gut als Partnerarbeit – auch im Lerntempoduett – erarbeitet werden.
Erarbeitung 2	Austausch über Nährstoff- und Wasserkreislauf und Anwendung auf Bananenplantagen und Subsistenzwirtschaft	16–17	Text, M21, M24	Schüler 1+2: S. 17, Nr. 9	

Strukturierungshilfe

Phase	Thema	Seite	Material	Aufgabe	Methodische Hinweise
Land für Kleinbauern oder Kapital? Landnahme und Landnutzungskonflikte im Kontext von Investitionen					
Einstieg	In Anlehnung an den veröffentlichten Fall von Investitionen einer deutschen Bank in Kambodscha kann der Frage nachgegangen werden: „Investitionen in Agrobusiness der Tropen eine gute Geldanlage?“	18–19	Evtl. Werbung eines Investmentfonds		Hier können Schülerinnen und Schüler Vermutungen zu Chancen für Entwicklung und Auswirkungen für die lokale Bevölkerung nennen
Erarbeitung 1	Zusammenhang zwischen der Vergabe von Landnutzungsrechten und Landnutzungskonflikten	18–19	Text, M26	Nr. 10	
Erarbeitung 2	Bedeutung der Landwirtschaft für Kambodscha zur Beurteilung des volkswirtschaftlichen Nutzens	18–19		Nr. 11	
Erarbeitung 3	Beurteilung der Investitionen als Rückbezug zur Leitfrage	18–19	Text, M27, M28, M30	Nr. 12	
„Sieg des Agrobuisiness“ – Ein Grund zum Feiern? Erfolge und Probleme der Ausweitung des Sojaanbaus					
Einstieg	Brasilien weltweite Nr. 1 des Sojaexports Leitfrage: „Sieg des Agrobusiness“ – ein Grund zum Feiern?	S. 20	M34	S. 22, Nr. 13	Ausgehend vom Bild der Erntefeier mit der Staatspräsidentin wird die Leitfrage aufgeworfen
Erarbeitung 1	Entwicklung der Produktion von Soja	S. 20–21	Text, M33, Karte M36	S. 22, Nr. 14+15	
Erarbeitung 2	Bodendegradation bei Sojaanbau Wirkungsgefüge erstellen	S. 22–23	Text S. 22, M39–43	S. 22, Nr. 16	
Erarbeitung 3	Konsequenzen des Sojaanbaus und seiner Ausweitung – Entwaldung, Zerstörung von Ökosystemen und Bodendegradation	S. 21–23	M35, M37, Text S. 22, M39–43	S. 22	
Zusammenfassung	Beantwortung der Leitfrage, Stellungnahme	S.20–23		S. 23, Nr. 19	
Hierzu gibt es eine Klausur zum Thema „Exportorientierte Landwirtschaft als Schlüssel zur Entwicklung?“					

Lösungshinweise Seite 13

1 Erläutern Sie ausgehend von Karte 4 die Entwicklung des Bananenanbaus in Costa Rica.

In Karte 4 wird die Lage und die Entwicklung der Bananenproduktion zwischen 1971 und 2000 dargestellt. Die Plantagen liegen im Nordosten des Landes nahe der Karibikküste. Bereits 1971 sind große Anbauflächen zu sehen. Sie konzentrieren sich in Rio Fria, Cariari, Estrella nördlich von Siquirres und im Westen von Matina. Ein Großteil der Flächen liegt damit in der Nähe der Eisenbahn, die heute stillgelegt ist. Zwischen 1972 und 1985 kamen kaum neue Plantagen hinzu. Lediglich in Cariari und Siquirres kam eine neue große Fläche hinzu. Nach 1986 begann dann eine starke Ausweitung des Anbaus. Neue Plantagen entstanden vor allem nordwestlich von Rio Fria, nordöstlich von Cariari, im Osten von Matina sowie küstennah bei Puerto Limon und an der Grenze zu Panama. Die Orientierung an der Eisenbahn ist bei dieser Entwicklung nicht mehr zu erkennen. Zwischen 1994 und 2000 werden nur noch wenige kleinere Plantagen errichtet, die an bestehende anschließen. Das Diagramm 5 „Costa Rica: Bananenanbau und Bananenexport“ unterstützt diese Aussage. Es zeigt eine Vergrößerung der Anbaufläche von 20.000 ha im Jahr 1985 auf etwa 52.000 ha im Jahr 1994 (M5). Die Plantagenflächen haben sich also in diesem Zeitraum mehr als verdoppelt!
Der Grund für die starke Entwicklung der Anbauflächen ist im Zusammenhang mit der Öffnung von Märkten in Europa und Osteuropa zu sehen, für die die Produktion gesteigert werden sollte. Mit neuen krankheitsresistenten Stauden schien diese Ausweitung auch sicher, sodass ausländische Unternehmen in den Ausbau der Plantagen investierten. Es wurde damit möglich den Export von 750.000 t im Jahr 1985 auf 2.300.000 t in 1998 (M5) zu steigern.

2 Stellen Sie die Veränderung der Wertschöpfungskette und deren Auswirkungen dar.

Die Veränderung der Wertschöpfungskette ist von einer Konzentration auf weniger Unternehmen gekennzeichnet. Traditionell wurden die Bananen von den Produzenten über einen Exporteur, einen Importeur und Reifereien an einen Großhändler verkauft. Über Einzelhändler, die die Bananen von dort bezogen gelangten Sie dann an den Endkunden (M8). Heute ist der Handel davon dominiert, dass einzelne Unternehmen mehrere Stufen der Wertschöpfungskette in ihr Ge-

schäft integriert haben und alle Stufen nach der Produktion bis zum Verkauf an den Einzelhandel innerhalb des Unternehmens stattfinden. Man nennt dies die integrierte konventionelle Wertschöpfungskette. Unternehmen erhalten damit eine größere Marktmacht und natürlich einen größeren Teil des Endverkaufspreises, der in einer Studie aus dem Jahr 2012 etwa 68% betrug (M9). Teilweise geht die Konzentration sogar noch weiter. Einige Unternehmen haben auch noch die Plantagen aufgekauft oder betreiben Sie zumindest selber. Dies kann als hoch integrierte konventionelle Wertschöpfungskette angesehen werden. Zusätzlich zu dieser vertikalen Konzentration fand eine horizontale Konzentration statt. Große Supermarktketten am Ende der Wertschöpfungskette verkaufen einen immer größeren Anteil, sodass sie noch stärker auf einen günstigen Preis drängen können.
Als Konsequenz sinkt die Möglichkeit der Produzenten, auf einen größeren Anteil an der Wertschöpfung hinzuwirken. Bei einem gleichzeitig sinkenden Verkaufspreis, der von Supermärkten durchgesetzt wird, bleiben auch die Erlöse für lokale Produzenten und die Löhne der Arbeiter unter Druck, die bei weniger als 6€ pro Tag liegen. Angemessene Löhne für die Arbeiter sind unter diesen Handelsbedingungen nicht in Sicht.

3 Beurteilen Sie die Bedeutung der Bananenplantagen für die lokale Bevölkerung.
Die Bananenplantagen haben eine große Bedeutung für die lokale Bevölkerung. Vor allem stellen Sie vielen Menschen einen Arbeitsplatz und sorgen damit für Einkommen. Gleichzeitig sind die Löhne aber sehr gering und reichen vielen nicht als Existenzsicherung. Die Bedeutung der Plantagen als Arbeitgeber wird zudem für die lokale Bevölkerung dadurch eingeschränkt, dass Migranten aus Nachbarländern eingestellt werden, die für einen noch geringeren Lohn und ohne Sozialleistungen arbeiten.
In Bezug auf die Gesundheit der Bevölkerung und für die Umwelt stellen die Bananenplantagen zudem eine Gefährdung dar. Zur Sicherung der Ernte werden in großem Umfang Pestizide verwendet, denen die Arbeiter auf den Plantagen oft nur mit unzureichenden Schutzmaßnahmen ausgesetzt sind und die zudem auch die Gewässer und die Tierwelt gefährden.

Lösungshinweise **Seite 15**

4 Erklären Sie den Begriff Subsistenzwirtschaft am Beispiel der Finca El Manzano.
Bei der Subsistenzwirtschaft ist die Landnutzung in erster Linie auf die Selbstversorgung ausgerichtet. Die Finca Manzano in Kolumbien stellt ein Beispiel dieser Wirtschaftsform dar, da die Familie dort auf sehr kleinen Flächen verschiedene Gemüsesorten und Obst anbaut, die sie für ihre eigene Versorgung braucht. Zur Finca gehören auch 10 ha Weideland für 6 Milchkühe, 7 Kälber und einen Stier, wodurch die Familie täglich auch 30-35 l Milch bekommt. Aus den Zahlen wird deutlich, dass die Viehhaltung hier extensiv betrieben wird, da diese Milchleistung, zum Beispiel im Vergleich zu deutschen Kühen extrem gering ist. Die Milch ist für den eigenen Verzehr, aber auch für die Käseherstellung bestimmt. Direkt neben dem Wohnhaus befinden sich eine Hühnerfarm sowie ein Forellenteich. Familie Manzano erwirtschaftet damit einerseits Milch, Fleisch und Eier für den eigenen Bedarf, andererseits kann sie Käse und Forellen auf dem Markt verkaufen.
Die Selbstversorgung und die extensive Bewirtschaftung sind, trotz eines Anteils der Produktion für den Markt, für die Finca Manzano bestimmend. Sie kann deswegen als Hof mit Subsistenzwirtschaft bezeichnet werden.

5 Erläutern Sie die in der Überschrift dargestellten Blickwinkel.
Die Überschrift weist darauf hin, dass Subsistenzwirtschaft nicht nur als eine überholte Landnutzungsform betrachtet werden kann, sondern vielleicht sogar als zukunftsweisend angesehen werden kann. Überholt scheint die Subsistenzwirtschaft, da sie als ursprüngliche Form der Landwirtschaft nur noch in wirtschaftlich weniger entwickelten Regionen anzutreffen ist. Vorherrschend ist eine Landnutzung, die sich durch Intensivierung von der geringen Produktivität weit entfernt hat und sich auf bestimmte Agrarprodukte spezialisiert hat. Warum aber könnte die Subsistenzwirtschaft auch als zukunftsweisend angesehen werden? Der Wirtschaftsgeograph F. Scholz hat hier Gebiete im Blick, die nicht in die globale Wirtschaft integriert sind, sondern im Gegenteil abgekoppelt und auch in Zukunft sich selbst überlassen sind. Da sie keine oder nur begrenzte Möglichkeiten haben, durch marktorientierte Produktion so große Gewinne zu erzielen, dass sie die Kosten einer modernen Produktion tragen könnten und dazu alle lebensnotwendigen Produkte und Dienstleistungen erstehen können, kann Subsistenzwirtschaft den Gemeinschaften dort eine Strategie bieten mit traditionellen Produktionsweisen und der Rückbesinnung auf indigenes Wissen die Grundbedürfnisse zu befriedigen.

6 Erstellen Sie eine Tabelle, in der Sie Merkmale von Plantagenwirtschaft und Subsistenzwirtschaft gegenüberstellen. Beachten Sie dabei die Betriebsstrukturen, die Marktausrichtung, die Beschäftigungswirksamkeit und die ökonomische Bedeutung.

	Plantagenwirtschaft	**Subsistenzwirtschaft**
Betriebsstruktur	– Anbauflächen teilweise mehrere 1000 ha groß – Konzentration auf den Anbau von ein oder zwei Produkten – intensiver Anbau unter Verwendung von Dünger und Pestiziden – teilweise erste Verarbeitungsschritte in der Plantage – hierarchisch organisierte Betriebsstruktur mit professionellem Management und Landarbeitern für verschiedene Arbeitsschritte	– Kleinbetriebe – große Vielfalt von Anbauprodukten zur eigenen Versorgung – extensive Bewirtschaftung – in der Regel Familienbetriebe
Marktausrichtung	– Exportorientierung	– nur eingeschränkte Marktausrichtung, da der größte Teil für die Selbstversorgung hergestellt wird
Beschäftigungswirksamkeit	– schafft viele Arbeitsplätze für Ernte und Pflege der Plantage und der damit verbundenen Wirtschaft.	– geringe Beschäftigungswirksamkeit, z. T. nur einzelne Landarbeiter in Familienbetrieben
ökonomische Bedeutung	– große ökonomische Bedeutung, da Plantagenprodukte oft einen nennenswerten Anteil an den Exporten ausmachen – hoher Kapitaleinsatz bei der Plantagenproduktion, der auch Spread-Effekte mit sich bringen kann – Einkommen für Arbeiter – Auswirkungen auf lokale Wirtschaft, da Einkommen zu Konsum führt	– nur geringe ökonomische Bedeutung, da nur sehr geringer Kapitaleinsatz und geringe Produktivität sowie geringer Anteil der Produktion für lokale Märkte

Lösungshinweise **Seite 17**

7 Stellen Sie den in Grafik 21 dargestellten Nährstofffluss im intakten und zerstörten Ökosystem dar.
Im intakten Ökosystem des Tropischen Regenwaldes werden Nährstoffe von Mykorrhiza-Pilzen aus der Humusschicht und der Blattstreu aufgenommen. Diese Pilze leben in einer Symbiose mit den Bäumen des Regenwaldes. Dafür, dass sie vom Baum Photosyntheseprodukte erhalten, geben sie aufgenommene Nährstoffe an dessen Wurzeln ab. Der Baum kann die Nährstoffe nun für sein Wachstum, z. B. das Bilden der Blätter nutzen. Mit den fallenden Blättern gelangen Nährstoffe dann auch wieder zurück auf den Waldboden. Aufgrund der geringen Speicherfähigkeit von Zweischichttonmineralen, die in Böden des Tropischen Regenwaldes häufig vorkommen, werden unverbrauchte Nährstoffe jedoch leicht abtransportiert. Im zerstörten Ökosystem ist die Symbiose zwischen Bäumen und Mykorrhiza-Pilzen ge- oder zerstört. Bäume können dadurch weniger gut an Nährstoffe gelangen und ein größerer Teil der Nährstoffe wird ungenutzt abtransportiert. Ist ein Gebiet gerodet, so verschwindet auch die Blattstreu und damit ein Lieferant von Nährstoffen.

8 Erklären Sie den Zusammenhang zwischen Niederschlagsmengen und verschiedenen Landnutzungen.
In einem Regenwaldgebiet verdunstet Wasser über die Blätter. Wenn es dann kondensiert, regnet es wieder über dem Kronendach ab, von wo es zum Teil wieder direkt in die Atmosphäre gelangt. Der Niederschlag gelangt aber auch auf und in den Boden, von wo er über die Wurzeln von Bäumen wieder aufgenommen wird und über die Blätter auch wieder verdunstet. So erzeugt beispielsweise der Amazonas-Regenwald drei Viertel seines Regens selbst. Ist andere und weniger Vegetation vorhanden, so sinkt die Menge des Wassers, die von den Pflanzen an die Atmosphäre abgegeben werden kann. Weniger Wasser in der Atmosphäre führt wiederum zu weniger Niederschlägen. Die Auswirkungen sind vor allem während der Trockenzeit deutlich in der bei Regenwaldvegetation 3,9 mm Niederschlag pro Tag verdunsten während die Verdunstung sich bei Weiden nur auf 2 - 3 mm pro Tag beläuft. Ähnliche Werte der Evapotranspiration wie bei Weiden gibt es auf Bananenplantagen. Die Verdunstung beträgt hier 90 - 105 % im Vergleich zu Grasbestand.

9 Erläutern Sie, wie Bananenplantagen und subsistenzorientierte Landwirtschaft in den Nährstoff- und Wasserkreislauf eingreifen.
Sowohl für Bananenplantagen als auch für subsistenzorientierte Höfe muss Wald gerodet werden. Bei Letzteren sind dies jedoch deutlich kleinere zusammenhängende Flächen, sodass einzelne Bereiche des Waldes erhalten bleiben. Durch die Rodung wird die Erneuerung der Blattstreu unterbunden und die Symbiose zwischen Bäumen und Mykorrhiza-Pilzen ge-

oder zerstört. Bei Bananenplantagen werden jedoch die Blätter und die Staudenreste oft wieder in der Plantage verteilt, sodass im Gegensatz zum Gemüseanbau oder zur Weidenutzung auch wieder eine organische Auflage hergestellt wird. Ein Nährstoffkreislauf ist möglich, wenn auch leicht verändert. Bei Weidenutzung besteht zwar eine Vegetationsdecke, es wird jedoch viel organisches Material entnommen und somit dem Kreislauf entzogen.
Im Hinblick auf die Verdunstung scheint es zumindest zwischen Weidenutzung und Bananenplantagen keinen großen Unterschied zu geben. Bei beiden ist die Transpiration der Pflanzen jedoch geringer als im ursprünglichen Regenwald. Da Plantagen aber größere Flächen einnehmen, werden die Auswirkungen dieser Landnutzung hier in einer deutlicheren Niederschlagsveränderung sichtbar.
Die Bananenstaude bietet durch ihre Blätter auch einen Schutz der Bodenoberfläche bei starken Regenfällen und Schatten. So wird sowohl die Splash-Erosion als auch die Krustenbildung verringert, was eine geringere Beeinträchtigung von Wasser- und Nährstoffkreislauf bedeutet. In dieser Hinsicht ist der Dauerkulturanbau gegenüber der ackerbaulichen Nutzung positiver zu bewerten.

Lösungshinweise **Seite 19**

10 Beschreiben Sie die Entwicklung der ELCs sowie daraus resultierendes Konfliktpotential anhand der Karte 29.
Die kambodschanische Regierung vergibt seit 1996 dauerhafte Landnutzungsrechte an Unternehmen. Diese bezahlen dafür, dass Sie großflächig Landwirtschaft oder den Abbau von Rohstoffen betreiben können. Von der Regierung wird dies als ein gutes Modell für Entwicklung und Armutsbekämpfung gesehen. Betrachtet man die Karte „Kambodscha: Landkonzessionen und indigene Bevölkerung“, so wird das Ausmaß der Landnutzungrechte deutlich, die bereits vergeben wurden. Waren bereits 2007 riesige Flächen vor allem südlich des Tonle Sap, im Norden östlich des Mekong sowie kleinere Flächen im Nordosten und Nordwesten in Grenznähe vergeben, so kann eine weitere Zunahme der Konzessionen bis 2013 festgestellt werden. In diesem Zeitraum fand eine Vergabe vor allem nördlich des Tonle Sap sowie östlich des Mekong statt. Bereits 2012 waren 2,6 Mio. ha der 4 Mio. ha landwirtschaftlich genutzter Fläche über Landkonzessionen in die Hand von Unternehmen gelangt.
Ein besonderes Konfliktpotential ist darin zu sehen, dass nahezu alle neueren Landnutzungsrechte in Gebiete vergeben wurden, die im Lebensraum der indigenen Bevölkerung liegen. Die indigene Bevölkerung in der Bousra Commune im Osten Kambodschas lebt beispielsweise traditionell von Lebensmitteln, die sie sowohl in shifting cultivation als auch im permanenten Anbau erzeugt. Die Unternehmen, die Landkonzessionen erwarben, nahmen jedoch dort auch Nutzflächen der indigenen Bevölkerung ein, wodurch die Haushalte nahezu die Hälfte ihrer Flächen verloren (M 31). Die traditionelle Wirtschaftsweise ist dadurch unmöglich geworden und das Land kann nicht mehr angepasst genutzt werden.

11 Stellen Sie die heutige Bedeutung der Landwirtschaft für Kambodscha dar.
Die Landwirtschaft hat in Kambodscha immer noch eine sehr große Bedeutung. Einerseits trägt sie 35,5 % (2012) zum BIP bei (M 30), andererseits leben auch 79,3 % der Bevölkerung im ländlichen Raum (M 30) und auch mehr als 70 % der Bevölkerung sind von der Landwirtschaft abhängig (M 27).
Betrachtet man die Daten zum Außenhandel 2011, so wird auch hier die Rolle der Landwirtschaft herausgestellt. Nach Textilien/Schuhen als wichtigsten Exportprodukten (65 %) folgen Holz mit 12 %, Kautschuk mit 9 %, Fisch mit 5 %, Tabak mit 5 % und Reis mit 2 % der Exporterlöse. Ein Drittel der Handelseinnahmen gehen somit auf den primären Sektor zurück. Betrachtet man die Entwicklung der Exporte, so kann man zumindest einen wirtschaftlichen Erfolg der Politik erkennen. Die Einnahmen aus dem Export stiegen zwischen 2008 und 2011 bei Kautschuk von 20 auf 170 Mio. US $, bei Reis von < 10 auf > 90 Mio. US $, bei Palmöl von < 10 auf nahezu 20 Mio. US $ und bei Holz von etwa 10 auf etwa 70 Mio. US $. Volkswirtschaftlich scheint damit die Bedeutung weiter anzusteigen.

12 Eine deutsche Bank sorgte für Rendite, indem sie vietnamesischen Firmen den Aufbau von Kautschukplantagen mit ELCs in Kambodscha ermöglichte.

a) Nehmen sie Stellung dazu.
Investitionen in Kautschukplantagen sind aus volkswirtschaftlicher Sicht ein Mittel, die Ausweitung der Produktionsflächen und die Steigerung der Produktivität zu unterstützen und damit größere Einnahmen zu erzielen. Diese können dann zur Verbesserung der Lebensbedingungen genutzt werden. In den Strukturdaten ist zwischen 1996 und 2011 zumindest auch eine Verbesserung in den Bereichen der Lebenserwartung (von 56 auf 63 Jahre), der Armut (Anteil der Bev. < 2 US $/Tag um 8,5 Prozentpunkte gesunken) und der Ernährungssituation (Hungerindex sinkt von gravierend zu ernst) zu verzeichnen (M 30).
Für die Bank ist ebenfalls ein finanzieller Gewinn mit der Investition verbunden, da die Exportentwicklung einen Anstieg der Einnahmen der Unternehmen vermuten lässt (M 28).
Für die indigene Bevölkerung, die von der Landnahme betroffen ist, stellt sich die Entwicklung sehr dramatisch dar, da ihr teilweise die Lebensgrundlage entzogen wird.
(Schülerinnen und Schüler führen den Text mit einer abschließenden Stellungnahme fort. Sie wägen dabei die verschiedenen Sichtweisen und Werte (z. B. ökonomischer Erfolg – soziale Gerechtigkeit) gegeneinander ab.
b) Der Abgeordnete Mr. Yeap sagte: „The impact [of concessions] is just so little compared to the benefits for the country's economy.“ Nehmen Sie Stellung zu dieser Aussage.
Der Abgeordnete stellt seine Meinung aus der Sicht eines Politikers dar, der sich vor allem mit den Auswirkungen auf das ganze Land und Fragen der wirtschaftlichen Entwicklung auseinandersetzt. Mit Blick auf die Strukturdaten Kambodschas ist diese Einschätzung nachvollziehbar, da in vielen Bereichen eine Verbesserung sichtbar geworden ist (M 30). Die Auswirkungen für die indigene Bevölke-

rung haben auf diesem Maßstab ein geringes Gewicht. Für die Menschen dort sind sie aber gravierend und ihre Existenz bedrohend. Daher kann eine solche Entwicklung zwar als günstig für das Land angesehen werden, die negativen Auswirkungen sind aber für die Betroffenen so bedeutend, dass die Regierung hier für Schutz und Kompensation sorgen müsste.

Lösungshinweise **Seite 22/23**

13 Erläutern Sie den Begriff „Agrobusiness" am Beispiel der Sojaproduktion.

Mit Agrobusiness wird ein Produktionssystem bezeichnet, dass den gesamten Bereich der Landwirtschaft mit Produktion, Weiterverarbeitung, Vertrieb, aber auch vorgelagerte Bereiche umfasst. In der Sojaproduktion werden beispielsweise die Sojabohnen maschinell geerntet und dann zu Schrot, Speiseöl und Kraftstoff weiterverarbeitet. Die Düngung der riesigen Felder, die Wartung der Maschinen, der Transport von Bohnen, später auch der des Schrots und des Öls zu Exporthäfen, all das ist im Agrobusiness klar aufeinander abgestimmt und zeigt eine deutliche Ähnlichkeit zu Produktionssystemen in der Industrie.

14 Stellen sie die Entwicklung der Sojaproduktion dar (Diagramm 33 und Karte 36).

Die Sojaproduktion in Brasilien hat im Jahr 2013 einen Rekordwert von mehr als 80 Millionen Tonnen erreicht. Diagramm 33 zeigt, dass die Produktionsmenge in den 1960er Jahren noch sehr gering war. Von 1970 bis 1975 ist dann ein fast exponentielles Wachstum mit einem weiteren Ansteigen bis 1977 erkennbar, wo Brasilien eine Produktion von etwa 12 Millionen Tonnen gelang. Diese Entwicklung korreliert deutlich mit der Ausweitung der Anbaufläche, die im selben Zeitraum von 1 auf 7 Millionen Hektar anstieg. In den Jahren bis 1996 sind anschließend extreme Schwankungen der Produktion abzulesen. Sie sind sowohl auf sehr unterschiedliche Anbauflächen als auch sehr unterschiedliche Erträge bei Soja zurückzuführen. Innerhalb dieser Phase variieren die Ertragswerte zwischen 1250 bis 2000 kg/ha und steigen bis 1996 dann auf 2300 kg/ha an. Insgesamt weisen Fläche und Ertrag mit wenigen Ausnahmen bis 2013 eine Wachstumstendenz auf. Bei den Erträgen fallen nur die Jahre 2004/2005 und bei den Anbauflächen die Jahre 2007/2008 zurück. So konnte die Produktion von 22 Mio.t im Jahr 1996 auf über 80 Mio.t in 2013 nahezu vervierfacht werden.

Betrachtet man die Lage und die Entwicklung der Anbauflächen (Karte 36), so kann man sehen, dass Soja vor allem südlich und südöstlich des Amazonasbeckens angebaut wird. Besonders große Anbauflächen und deren Ausweitung sind in den Bundesstaaten Mato Grosso, Mato Grosso do Sul, Goias, Sao Paulo und Bahia zu finden. Dabei ist in Mato Grosso eine klare Ausbreitungsrichtung zum Regenwaldgebiet hin eingezeichnet.

15 Erläutern Sie die Entwicklung der Produktion und gehen Sie dabei auch auf globale Einflüsse ein.

Die Sojaproduktion ist über die letzten 40 Jahre deutlich angewachsen, wobei in den letzten 20 Jahren ein besonders starker Anstieg zu verzeichnen war. Ein Antrieb für die brasilianische Produktionssteigerung ist die große Nachfrage nach Soja. Der immer größere weltweite Fleischkonsum ist auf Futtermittel angewiesen und auch der steigende Bedarf an Biokraftstoffen treibt die Produktion an. Der Export geht dabei vor allem nach China. Die entsprechende Produktionssteigerung konnte nur durch die Ausweitung der Anbauflächen und gleichzeitig höhere Erträge gelingen. Neue Flächen wurden geschaffen, indem Weideland in die intensive Nutzung überführt wurde und auch durch die Rodung von Gebieten des Cerrado. Ertragssteigerungen gehen auf Düngung und gezüchtete aber auch gentechnisch veränderte ertragreichere Sorten zurück.

Die Finanzierung dieser Entwicklung geschah dabei zum Teil auch mit ausländischen Direktinvestitionen, mit denen sich zum Beispiel ein saudi-arabisches Unternehmen gegenüber der Konkurrenz einen günstigen und gesicherten Zugriff auf Futtermittel sicherstellt.

16 Stellen Sie die Zusammenhänge zwischen der Landnutzung und der Bodendegradation allgemein in einem Wirkungsgefüge dar.

Lösung Aufgabe 16

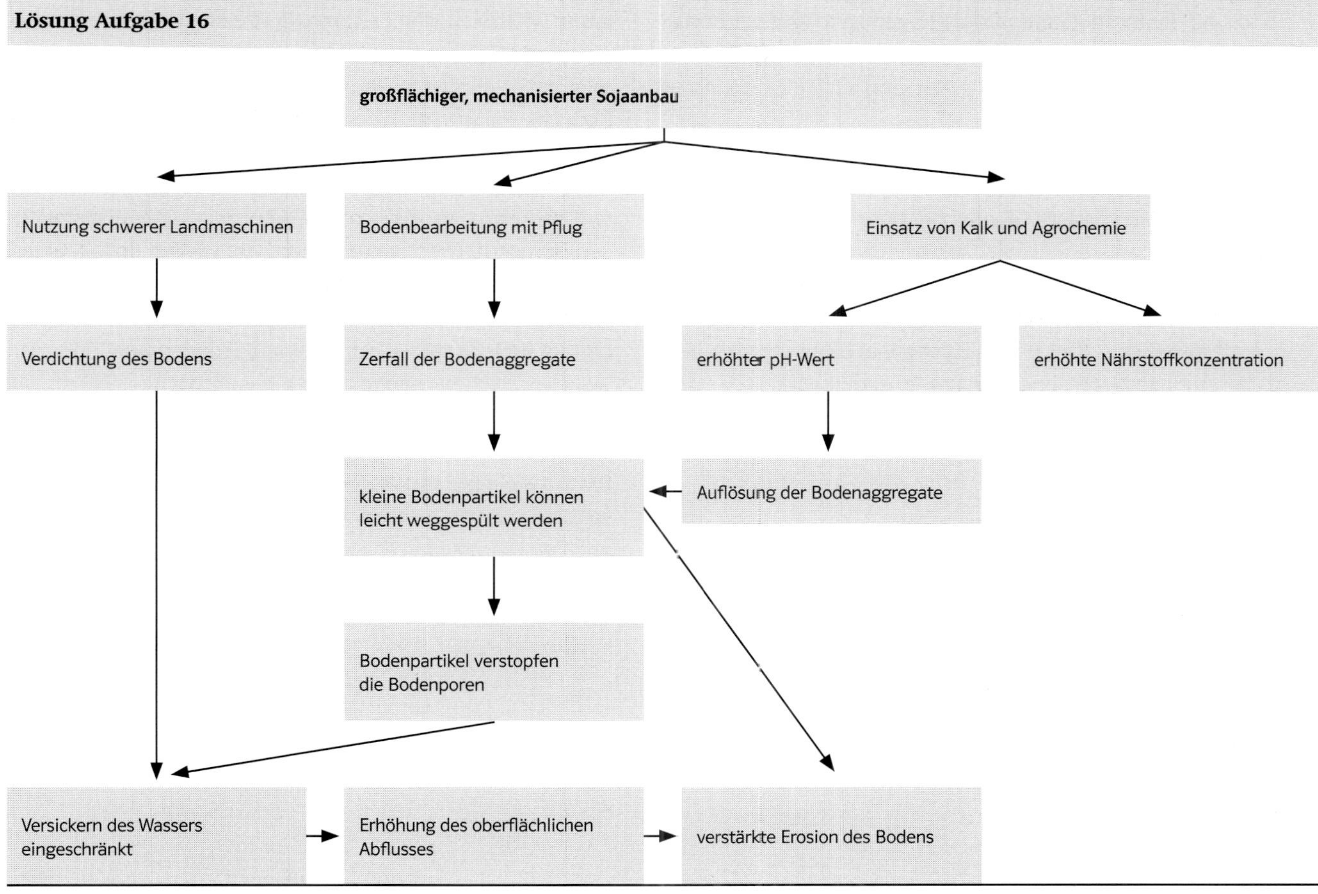

2

17 Beschreiben Sie die Verteilung der Messwerte, die in den Boxplots zur Infiltration zusammengefasst sind.

Die Infiltration wird in der Boxplotdarstellung M 41 für drei verschiedene Landnutzungen (Weide, Sojaanbau und natürliche Cerradovegetation) angegeben. Bei Weidenutzung lag die Hälfte der Messwerte unterhalb von 20 mm/h und die restlichen Messwerte reichten nur bis 100 mm/h. Auf Flächen die zum Sojaanbau genutzt wurden, wurden Infiltrationsraten zwischen 0 und 650 mm/h gemessen. Die Hälfte der Messungen ergab jedoch Werte zwischen 50 und 350 mm/h. Der Median lag hier bei etwa 220 mm/h. Bei Cerradovegetation zeigen die Werte eine Streuung zwischen 480 und 1450 mm/h. Hier konzentrierten sich allerdings die Hälfte der Messungen in einem Bereich zwischen 900 und 1200 mm/h mit dem Median bei 1200 mm/h.

18 Beurteilen Sie die Bodendegradation durch Sojaanbau im Cerrado, indem Sie

a) die Messwerte der drei Nutzungsformen vergleichen und
Betrachtet man die drei verschiedenen Kriterien nach denen der Boden untersucht wurde, so kann man Unterschiede bei den verschiedenen Nutzungsformen feststellen.

Die Hälfte der Messwerte der Infiltrationsraten liegt bei der Weide unter 20 mm/h, bei Sojaanbau zwischen 50 - 350 mm/h und bei natürlicher Cerradovegetation zwischen 900 und 1200 mm. Es wird deutlich, dass Wasser bei der natürlichen Vegetation sehr viel besser in den Boden eindringen kann als bei anthropogener Nutzung. Besonders schlecht ist dieses Kriterium allerdings bei Weidenutzung ausgeprägt.

Im Bereich der Stabilität der Bodenaggregate wurden die Werte 6 Stufen zugeordnet. Hier findet man unter Weidenutzung und unter natürlicher Vegetation einen sehr hohen Anteil stabiler Bodenaggregate. Bei Sojaanbau liegt der Median nur im Bereich von < 10 % stabiler Aggregate.

Bei der Untersuchung der pH-Werte fällt auf, dass die Hälfte der Messwerte bei Weide pH-Werte zwischen 6,25 und 6,5 aufwies. Auf Sojafeldern lagen 50 % der Werte bei pH-Werten zwischen 6,5 und 6,7. Hier zeigte der Boden unter natürlicher Vegetation wieder ein deutlich anderes Ergebnis. Die mittlere Hälfte der Messungen ergaben hier pH-Werte zwischen 5,17 und 5,25.

b) eine Schlussfolgerung in Bezug auf die Bodendegradation ziehen.

Gegenüber den anderen Nutzungen weist der Boden bei Sojaanbau den höchsten pH-Wert auf. Da dies zu einer Auflösung der Bodenaggregate beitragen kann und der Boden für den Sojaanbau zudem gepflügt wird, ist es nicht verwunderlich, dass er bei dieser Nutzung auch die geringste Aggregatstabilität aufweist.
Bei der Infiltrationsrate sind die schlechtesten Werte bei Weidenutzung zu finden. Aber auch beim Sojaanbau ist das Eindringen von Wasser gegenüber der natürlichen Vegetation deutlich herabgesetzt. Dies ist mit der Verdichtung des Bodens durch Maschinen und das Verstopfen der Bodenporen durch Bodenpartikel der zerkleinerten Bodenaggregate zu erklären. Der Boden ist somit in seinen Eigenschaften stark verändert und sehr erosionsgefährdet.

19 Nehmen Sie Stellung zur Überschrift des Teilkapitels (S. 20).

Die Überschrift lautet „Sieg des Agrobusiness' – ein Grund zum Feiern?". Die extreme Steigerung der letzten Jahrzehnte und der 1. Rang bei den weltweiten Exporten ist sicher eine große wirtschaftliche Leistung. Brasilien leistet damit auch einen guten Beitrag, um die steigende Nachfrage an Futtermitteln und Öl decken zu können. Andererseits wird diese Entwicklung mit großen Einbußen in der Ökologie erkauft. Die starke Ausdehnung der Anbauflächen führt zu weiterer Entwaldung und Zerstörung von Ökosystemen wie dem Cerrado und dem Pantanal (M35). Die Fläche des Cerrado ist stark dezimiert worden und dadurch, dass Viehweiden in Sojafelder umgewandelt werden, werden die Weiden mit Rodungen weiter in den Regenwald hinein verlegt. Neben der Nutzungsänderung findet darüber hinaus eine Bodendegradation statt, wodurch Flächen nachhaltig geschädigt werden. Erosion und Bodenverdichtung sind nur zwei Aspekte, die auf den Sojaanbau zurückzuführen sind.
Die Entwicklung gibt also nicht nur einen Grund zum Feiern sondern weckt gleichzeitig Besorgnis über die Veränderung und Zerstörung von Lebensräumen mit einem großen Artenreichtum.

Landwirtschaftliche Produktion in den Tropen vor dem Hintergrund weltwirtschaftlicher Prozesse

Klausur: Exportorientierte Landwirtschaft als Schlüssel zur Entwicklung?

1 Lokalisieren Sie Paraguay und stellen Sie die Voraussetzungen für die Entwicklung einer exportorientierten Sojaproduktion im Nordwesten und im Südosten Paraguays dar.

2 Erläutern Sie die Entwicklung der Agrarproduktion und der landwirtschaftlich genutzten Fläche.

3 Erörtern Sie Chancen und Risiken dieser Entwicklung.

M1 Atlaskarte

Standortansprüche der Sojapflanzen

Die Herkunft der Pflanze aus tropischen und subtropischen Gefilden erklärt ihre klimatischen Ansprüche: hohe Temperaturen und gerade in der Anfangsphase, die in Paraguay im Oktober liegt, einen großen Wasserbedarf.
Des Weiteren ist die Sojabohne eine Kurztagespflanze, d. h. die Tageslänge (Lichteinstrahlung) muss unter 14 Stunden liegen.

M2

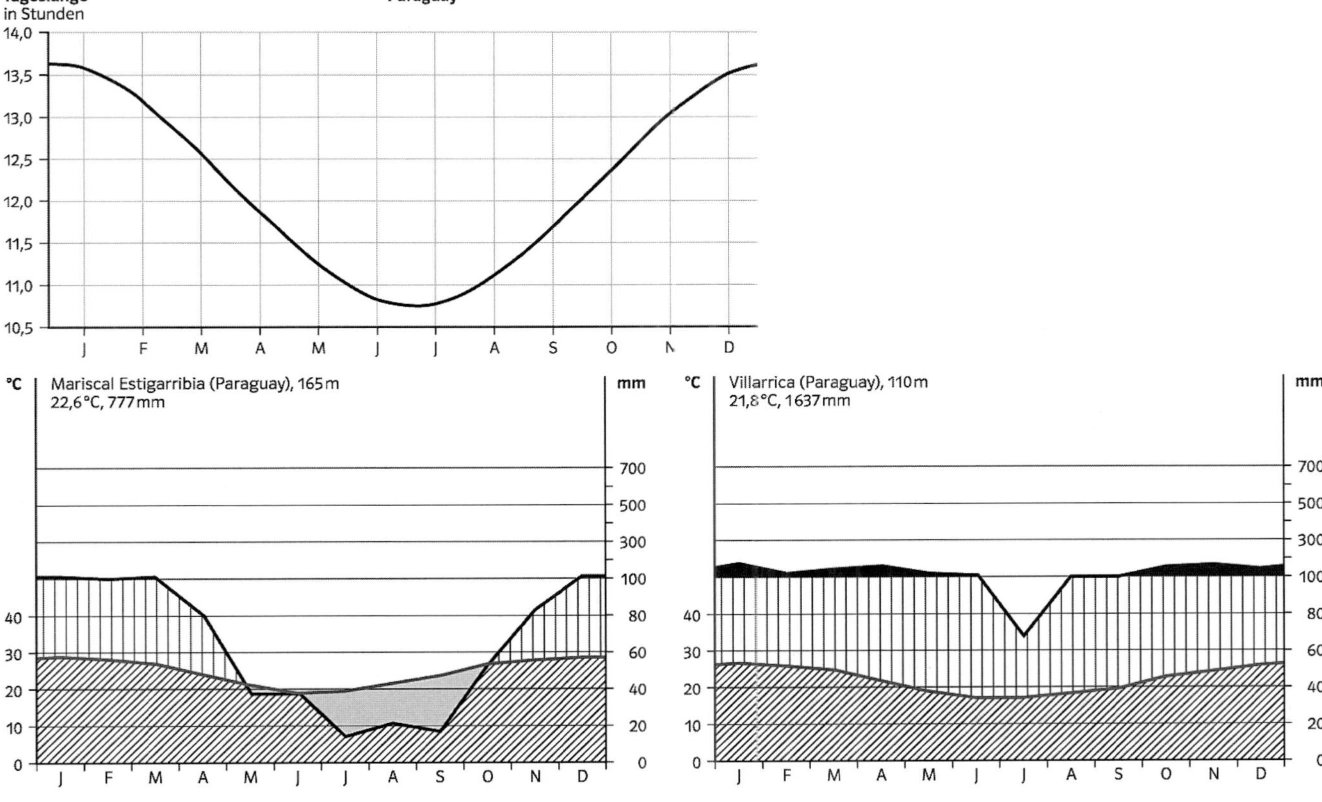

M3 Klimatische Bedingungen

Name: Klasse: Datum:

© Ernst Klett Verlag GmbH, Stuttgart 2015. | www.klett.de | Erstellt für: TERRA Geographie Qualifikationsphase Nordrhein-Westfalen | ISBN: 978-3-12-104130-5
Alle Rechte vorbehalten. Von dieser Druckvorlage ist die Vervielfältigung für den eigenen Unterrichtsgebrauch gestattet.
Die Kopiergebühren sind abgegolten. Für Veränderungen durch Dritte übernimmt der Verlag keine Verantwortung.

Schülerbuch
Seite 10 bis 23

Landwirtschaftliche Produktion in den Tropen vor dem Hintergrund weltwirtschaftlicher Prozesse

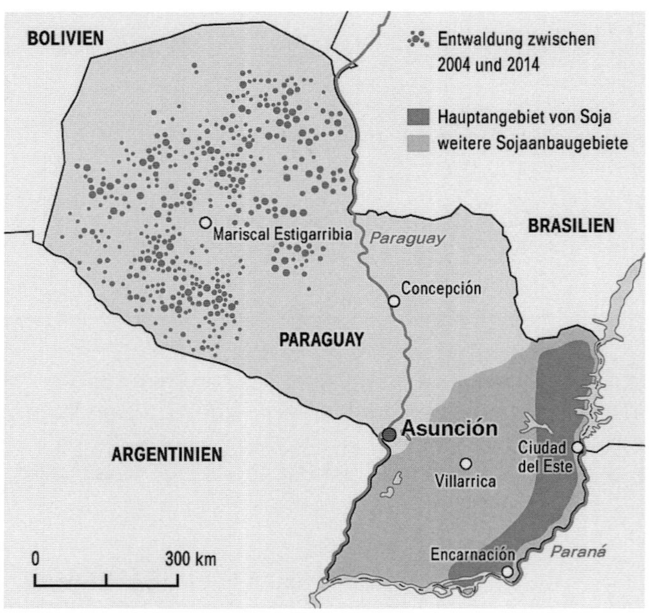

M4 Anbaugebiet für Soja und Gebiete der Entwaldung

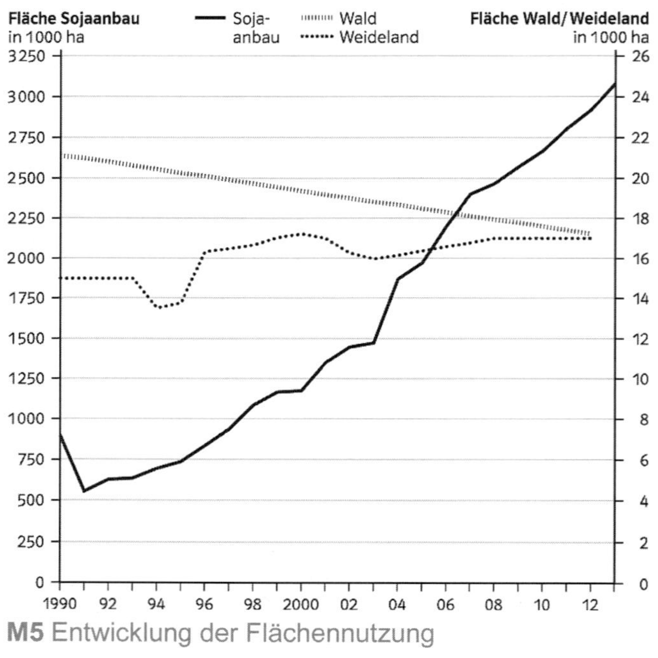

M5 Entwicklung der Flächennutzung

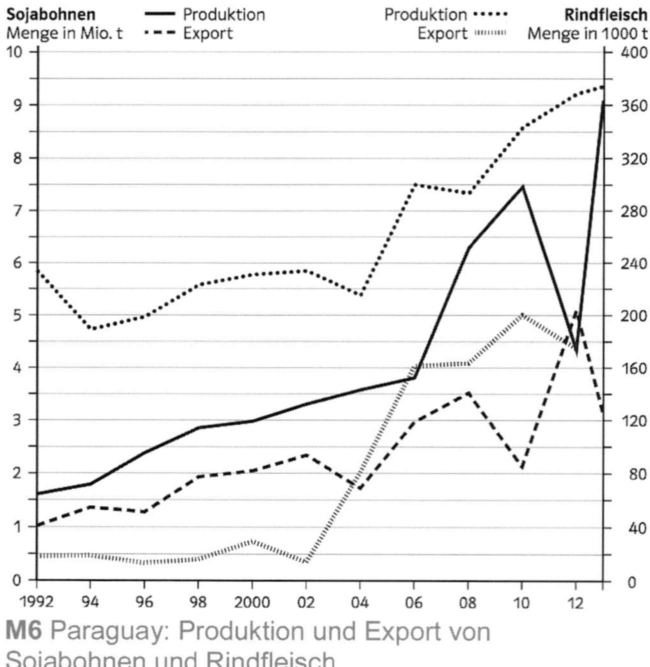

M6 Paraguay: Produktion und Export von Sojabohnen und Rindfleisch

Name: Klasse: Datum:

© Ernst Klett Verlag GmbH, Stuttgart 2015. | www.klett.de | Erstellt für: TERRA Geographie Qualifikationsphase Nordrhein-Westfalen | ISBN: 978-3-12-104130-5
Alle Rechte vorbehalten. Von dieser Druckvorlage ist die Vervielfältigung für den eigenen Unterrichtsgebrauch gestattet.
Die Kopiergebühren sind abgegolten. Für Veränderungen durch Dritte übernimmt der Verlag keine Verantwortung.

Landwirtschaftliche Produktion in den Tropen vor dem Hintergrund weltwirtschaftlicher Prozesse

Soziale Indikatoren:	Anteil der Erwerbstätigen, die für <2 US$ (PPP) arbeiten (2003-2010)	11 %
	Anteil der Kinder (<5 J.) die Anzeichen von mittlerer bis schwerer Mangelernährung zeigen (2008-2012)	17,5 %
	Erwerbstätige (2008) in %	Anteil am BIP 2013 in %
Landwirtschaft	26,5	21,6
Industrie	18,5	28,4
Dienstleistungen	55,0	50,0
Export (in Mio. US$)	1990: 958,680 2000: 869,357 2005: 1193,433 2010: 6504,798 2013: 9432,300	
Hauptexportgüter 2012	Waren	Exportwert in Mio. US$ (2013)
	Sojabohnen*	2509,1
	Strom (v.a. aus Wasserkraft)	2236,6
	Sojasschrot	923,0
	Fleisch (gefroren)	771,5

*Paraguay ist 2013 der viertgrößte Exporteur von Sojabohnen weltweit.

nach: http //www.unicef.org/infobycountry/paraguay_statistics.html / CIA World Factbook (https://www.cia.gov/library/ publications/the-world-factbook/geos/pa.html), https://data.un.org/CountryProfile.aspx?crName=PARAGUAY http://wits.worldbank.org/CountryProfile/Country/PRY/Year/2010/TradeFlow/Export/Partner/all/Product/Total

M7 Paraguay: Ausgewählte Strukturdaten

Fleischnachfrage steigt rasant

Die FAO hält fest, dass steigende Einkommen, Bevölkerungswachstum und Verstädterung treibende Kräfte hinter der rasch zunehmenden Nachfrage nach Fleisch n aufstrebenden Ländern wie China sind.

aus: Der Landwirt. Fachzeitschrift für die bäuerliche Familie. (http://www.landwirt com/Fleischnachfrage-steigt-rasant,,8054,,Bericht.html), Originalmeldung nach AIZ, Wien

M8

Investitionen und Landnutzungskonflikte

In der Sojabohnenproduktion sind die Akteure heute vielfach Investment Fonds, die riesige Landflächen pachten. Die gemeinnützige Organisation GRAIN berichtet davon, dass dabei immer wieder lokale, bäuerliche und indigene Gemeinschaften - oft mit physischer Gewalt - von ihrem Land vertrieben werden. Sie berichtet, dass bei der Übernahme von 4 Mio. ha Land143.000 Bauernfamilien vertrieben wurden. Das ist nach der Zählung von 1991 mehr als die Hälfte der Farmen mit einer Fläche von <20ha.
Eine besonders große Rolle spielen auch Investoren aus Brasilien. Ihnen gehörten im Jahr 2011 etwa 60% der Sojaanbauflächen. Besonders interessant ist für Investoren aber auch der wenig besiedelte Westen des Landes, da hier die Bodenpreise sehr niedrig sind.

nach: GRAIN (2013): The united republic of soybeans: take two (http://www.grain.org/article/entries/4749-the-united-republic-of-soybeans-take-two (GRAIN ist eine internationale gemeinnützige Organisation, die Kleinbauern und soziale Bewegungen unterstützt)) und FORSCHUNGS- UND DOKUMENTATIONSZENTRUM CHILE-LATEINAMERIKA E.V. UND LATEINAMERIKA NACHRICHTEN (2011): Landhunger und fette Gewinne

M9

Name: Klasse: Datum:

© Ernst Klett Verlag GmbH, Stuttgart 2015. | www.klett.de | Erstellt für: TERRA Geographie Qualifikationsphase Nordrhein-Westfalen | ISBN: 978-3-12-104130-5
Alle Rechte vorbehalten. Von dieser Druckvorlage ist die Vervielfältigung für den eigenen Unterrichtsgebrauch gestattet.
Die Kopiergebühren sind abgegolten. Für Veränderungen durch Dritte übernimmt der Verlag keine Verantwortung.

Schülerbuch
Seite 10 bis 23

Landwirtschaftliche Produktion in den Tropen vor dem Hintergrund weltwirtschaftlicher Prozesse Lösung

Klausur: Exportorientierte Landwirtschaft als Schlüssel zur Entwicklung?

1 Lokalisieren Sie Paraguay und stellen Sie die Voraussetzungen für die Entwicklung einer exportorientierten Sojaproduktion im Nordwesten und im Südosten Paraguays dar.

Die/der Schüler/in...
- lokalisiert Paraguay
  - Nachbarstaaten
  - südlicher Wendekreis
  - Bereich der tropischen Trockensavanne (Westen) und Feuchtsavanne (Osten)
- beschreibt Voraussetzung für Sojaproduktion anhand der Klimadiagramme und des Diagramms der Tageslängen
  - Tageslängen zwischen 10,5 und 13,5 h -> nicht zu lang
  - sowohl im Westen als auch im Osten hohe Temperaturen
    - Mariscal Estigarribia (20–30 °C)
    - Villarrica (17–27 °C)
  - großer Wasserbedarf im Oktober/November
    - im Osten humid mit Niederschlägen >100 mm/Monat
    - im Westen gerade erst Übergang von Trockenzeit zu Regenzeit nach vier ariden Monaten Niederschlag im Oktober bei nur etwa 50 mm
- stellt in Bezug auf die Exportorientierung die Lage der Anbaugebiete zur Verkehrsinfrastruktur dar
  - im Osten Nähe zu den schiffbaren Flüssen Rio Parana und Rio Paraguay, die in den Atlantischen Ozean münden
  - im Westen des Landes über mehrere hundert Kilometer Hauptverkehrsstraße an Flüsse im Osten angebunden
- nennt ein weiteres aufgabenbezogenes Kriterium

2 Erläutern Sie die Entwicklung der Agrarproduktion und der landwirtschaftlich genutzten Fläche.

Die/der Schüler/in...
- beschreibt den Zusammenhang zwischen der Entwicklung der Produktionsmengen und der Ausweitung von Anbau- und Weideflächen
- stellt einen Zusammenhang zum Rückgang der Waldflächen her, die für die landwirtschaftliche Nutzung in Anspruch genommen wurden
  - vor allem im Westen wo Land günstig
  - im Westen vor allem Ausbreitung der Weiden, da im Osten der Sojaanbau ausgeweitet wird
- erläutert die Ausweitung der Produktion auch mit ökonomischen Erklärungen
  - Nachfrage nach Fleisch steigt weltweit
  - Nachfrage nach Sojabohnen als Viehfutter steigt weltweit
  - daraus ableitbar hohe/steigende Preise für beide Produkte auf dem Weltmarkt
  - Produktionsausweitung mit ausländischen Investitionen

Name: Klasse: Datum:

© Ernst Klett Verlag GmbH, Stuttgart 2015. | www.klett.de | Erstellt für: TERRA Geographie Qualifikationsphase Nordrhein-Westfalen | ISBN: 978-3-12-104130-5
Alle Rechte vorbehalten. Von dieser Druckvorlage ist die Vervielfältigung für den eigenen Unterrichtsgebrauch gestattet.
Die Kopiergebühren sind abgegolten. Für Veränderungen durch Dritte übernimmt der Verlag keine Verantwortung.

Landwirtschaftliche Produktion in den Tropen vor dem Hintergrund weltwirtschaftlicher Prozesse Lösung

3 Erörtern Sie Chancen und Risiken dieser Entwicklung.

Die/der Schüler/in...
- stellt Aspekte der Entwicklung als Chancen dar
  - hohe Exporteinnahmen durch den Export von Sojabohnen und Fleisch können zu mehr Wohlstand führen
  - steigende Produktivität kann zu mehr Einkommen führen
  - Entwicklung der Landwirtschaft kann zu Sekundäreffekten führen z. B. im Transportbereich, bei Zulieferindustrie, im Maschinenbau
- stellt Aspekte der Entwicklung als Risiken dar
  - Entwaldung im Kontext der Flächenausweitung, kann zu Degradation der Böden und Zerstörung des Ökosystems führen
  - Ausweitung der Anbauflächen führt oft zur Vertreibung lokaler, bäuerlicher und indigener Familien, die ohne Existenzgrundlage abwandern müssen
  - die Gewinne fließen zum Teil ins Ausland ab, da die Ausweitung mit ausländischen Investitionen getätigt wird
  - Entwicklung der Produktion hat nicht umfassend zu einer Verbesserung der Ernährungslage in der Bevölkerung geführt (viele Kinder mit Mangelernährung)
  - Export kann bei einem so großen Anteil von Soja mit dem Ertrag sehr stark schwanken
- zieht abschließend ein Fazit

Name: **Klasse:** **Datum:**

Klett
© Ernst Klett Verlag GmbH, Stuttgart 2015. | www.klett.de | Erstellt für: TERRA Geographie Qualifikationsphase Nordrhein-Westfalen | ISBN: 978-3-12-104130-5
Alle Rechte vorbehalten. Von dieser Druckvorlage ist die Vervielfältigung für den eigenen Unterrichtsgebrauch gestattet.
Die Kopiergebühren sind abgegolten. Für Veränderungen durch Dritte übernimmt der Verlag keine Verantwortung.

Intensive landwirtschaftliche Produktion in den ariden Subtropen – Beispiel Saudi-Arabien

Strukturierungshilfe

Phase	Thema	Seite	Material	Aufgabe	Methodische Hinweise
Einstieg	Vergleich Satellitenbild M 1, Tomatenernte M 4 und Klimadiagramm M 3	24	M 1, M 3, M 4	1	
Erarbeitung 1	Entwicklung und Struktur der Landwirtschaft in Saudi-Arabien	24–25	Autorentext, M 2, M 5, M 6, M 7	2, 3, 4	
Erarbeitung 2	Erarbeitung und Bewertung der verschiedenen Bewässerungstechniken	26 – 27	M 8–11	5, 6	Zur Erarbeitung dieses Unterrichtsgegenstandes bietet sich eine Gruppenarbeit an.
Vertiefung 1	Herkunft des Wassers in Saudi-Arabien	OnlineLink pp2cx9	Infoblatt „Herkunft des Wassers"		Dieses Informationsblatt bietet für besonders interessierte Schüler Hintergrundinformationen über die Herkunft des in der saudi-arabischen Landwirtschaft verwendeten Wassers.
Erarbeitung 3	Gründe und Auswirkungen der Bodenversalzung	28	M 12, M 13, Autorentext	7	
Erarbeitung 4	Wie nachhaltig ist die Landwirtschaft in Saudi-Arabien?	29–31	M 14–M 28	8	Der Arbeitsauftrag dient in Form und Anforderung einer Klausuraufgabe und soll das Anfertigen einer Klausur üben. Optional kann an diesem Arbeitsauftrag auch exemplarisch der Inhalt des Klausurbausteins 1 eingeübt werden.
TERRA Differenzierung Angebot 1	Intensive Milchwirtschaft in Saudi-Arabien	32–33	1–7	1–3	
Angebot 2	Extensive Viehwirtschaft in Australien	34–35	1–7	1–3	

Lösungshinweise

Seite 25

1 Interpretieren Sie das Klimadiagramm 3 im Hinblick auf landwirtschaftliche Nutzung.

Riad, auf 612 m Höhe gelegen, ist die Hauptstadt Saudi-Arabiens und befindet sich im Herzen des Königreichs. Das Klimadiagramm von Riad weist eine durchschnittliche Jahrestemperatur von 25,6 °C auf, wobei die Monatsdurchschnittstemperaturen zwischen 15 °C (Dezember - Januar) und 35 °C (Juli - August) schwanken. Die jährliche Niederschlagsmenge von etwa 118 mm fällt fast ausschließlich im Zeitraum von Dezember bis Mai. Insgesamt weist das Klima von Riad ganzjährig ein arides Klima auf.
Landwirtschaft ist hinsichtlich der Temperaturverhältnisse zwar theoretisch ganzjährig möglich, allerdings befindet sich Riad deutlich jenseits der agronomischen Trockengrenze, sodass eine landwirtschaftliche Nutzung nur mithilfe massiver künstlicher Bewässerung möglich erscheint.

2 Nennen Sie die Motive der saudi-arabischen Regierung, den Ausbau der heimischen Landwirtschaft zu forcieren.

Als Hauptmotiv der saudi-arabischen Regierung, den Ausbau der heimischen Landwirtschaft zu forcieren, kann das Bestreben nach einer größtmöglichen Unabhängigkeit von Lebensmittelimporten genannt werden. Nachdem im Rahmen des Nahost-Konfliktes sowohl Erdöl als auch im Gegenzug Nahrungsmittel als „Waffen" eingesetzt wurden, verfolgt die saudiarabische Regierung das Ziel einer weitgehenden autarken Versorgung der stark wachsenden einheimische Bevölkerung. Hierzu werden, wie Material 6 zeigt, zum einen in großem Maßstab eigene landwirtschaftliche Nutzflächen der Wüste abgetrotzt, zum anderen im Ausland Wirtschaftsland langfristig gepachtet oder gekauft (s. Landgrabbing auf der Seite 30 des Schülerbuches).

3 Beschreiben Sie die Entwicklung der landwirtschaftlichen Produktion in Saudi-Arabien.

Seit Anfang der 1960er-Jahre hat die landwirtschaftliche Produktion in Saudi-Arabien einen enormen Aufschwung erfahren.

- Die Anzahl der Rinder ist von 110 000 auf 500 000 Tiere um das 5-fache gestiegen,
- die Anzahl der Schafe und Ziegen ist von ca. 2,5 Mio. auf 15 Mio. um ca. das 6-fache gestiegen,
- die Anzahl des Geflügels ist von 1,5 Mio. auf 180 Mio. um mehr als das 120-fache gestiegen,
- die Menge an Eiern ist von 1 500 t auf 220 000 t um das 150-fache gestiegen,
- die Menge an erzeugter Milch ist von 100 000 t auf 2 Mio. t um das 20-fache gestiegen,
- die Erträge an Getreide sind von 400 000 t auf 1,5 Mio. t um fast das 4-fache gestiegen,
- die Obsterträge sind von 150 000 t auf 1,7 Mio. t um etwa das 11-fache gestiegen und
- die Gemüseerträge von 200 000 t auf 2,3 io. t um ca. das 11-fache gestiegen.

Besonders beachtlich ist demnach die Entwicklung in den Bereichen der Geflügelwirtschaft und in der Eierproduktion, die beide dreistellige Zuwachsraten aufweisen.

4 Erstellen Sie mithilfe des Internets eine Skizze Saudi-Arabiens, in der Sie die in Foto 6 dargestellte landwirtschaftliche Nutzfläche sowie weitere landwirtschaftlich genutzte Gebiete darstellen.

1 Landwirtschaftlich genutzte Flächen Saudi-Arabiens

Lösungshinweise **Seite 26**

5 Arbeiten Sie in Gruppen zu dritt zusammen:

a) Erarbeiten Sie in Einzelarbeit die wichtigsten Aspekte der drei dargestellten Bewässerungstechniken.

b) Vergleichen Sie die drei Bewässerungstechniken, indem Sie sich vorher auf sinnvolle Kriterien einigen.

	Oberflächenbewässerung	**Beregnungsbewässerung**	**Tröpfchenbewässerung**
Wirkungsweise	Wasser wird in offenen Gräben in die zu bewässernden Gebiete geleitet und dort auf die einzelnen Anbauflächen verteilt. Man unterscheidet Beckenversickerung (gleichmäßige Führung einer gesamten Fläche) und Furchenbewässerung (Aufteilung des Wassers in viele kleinere Gräben und Furchen)	Ein Beregner kreist um einen festen Mittelpunkt und versprüht das Wasser in feinen Schleiern über die runden Felder (Karusselbewässerung).	Wasser wird durch ober- oder unterirdisch verlegte Schläuche und Tropfer direkt dem Wurzelbereich der Pflanzen zugeführt.
Verdunstungsverluste	sehr hoch durch offene Wasseroberfläche	Sehr hoch, da das Wasser nicht direkt dem Boden zugeführt wird, sondern über dem Bestand veregnet wird.	sehr gering
Versickerungsverluste	bei sehr sandigen Böden hoch	gering durch genaue Dosierung	sehr gering
Wassernutzungseffizienz	sehr niedrig, > 50 % des Bewässerungswassers geht durch Verdunstung und/oder Versickerung verloren	sehr niedrig, 30–50 % des Bewässerungswassers gehen durch Verdunstung oder Verblasen verloren	sehr hoch, da das Wasser tröpfchenweise, dem Bedarf der Pflanze entsprechend abgegeben wird. Nur 5–20 % des eingesetzten Wassers gehen verloren.
Gefahr der Bodenversalzung	hoch	Hoch, da ein großer Teil des Wassers beim Beregnen direkt verdunstet und das in ihm befindliche Salz sich auf den Boden niederschlägt.	sehr gering
Betriebskosten	Sehr kostengünstig, da diese Bewässerungstechnik ohne aufwändige technische Anlagen zu betreiben ist.	In der Anschaffung recht kapitalintensiv, der Betrieb der Anlagen ist moderat kostspielig.	In der Anschaffung sehr kapitalintensiv, der Betrieb der Anlagen ist nur moderat kostspielig.

	Oberflächenbewässerung	Beregnungsbewässerung	Tröpfchenbewässerung
Ansprüche an Boden und Untergund	Ebene Fläche mit geringem Gefälle, in Hanglage müssen Terrassen angelegt werden, mittlere Wasserleitfähigkeit.	Möglichst eben und nicht oder nur wenig geneigt.	gering
Arbeitsintensität/ Anforderungen an die Ausbildung der Betreiber	Relativ arbeitsintensiv durch die Anlage und den Betrieb von Stauanlagen, Kanälen und Dämmen.	Leichte Möglichkeit der Automatisierung, daher wenig arbeitsintensiv. Für die Wartung und Kontrolle der Anlage ist qualifiziertes Personal erforderlich.	Leichte Möglichkeit der Automatisierung, daher wenig arbeitsintensiv. Für die Wartung und Kontrolle der Anlagen ist qualfiziertes Personal erforderlich.
Geeignete Kulturen	stawassertolerante Pflanzenkulturen (Kartoffeln, Tomaten)	Sämtliche Kulturen, die nicht zu hoch wachsen, sind geeignet, v.a. einjährige Pflanzen wie Getreide oder Gemüse.	Dauerkulturen wie Dattelpalmen oder Obstplantagen, weniger geeignet sind Kulturen mit engem Reihenabstand und hoher Bestandsdichte wie etwa Getreide.
Weitere Merkmale	wird seit Jahrtausende praktiziert	Dem Beregnungswasser kann problemlos und wohl dosiert Dünger oder Pflanzenschutzmittel zugesetzt werden. Hohe Anfälligkeit gegenüber Schädlingsbefall und Pilzerkrankungen durch die Wasserbenetzung der Pflanzen.	Dem Beregnungswasser kann problemlos und wohl dosiert Dünger oder Pflanzenschutzmittel zugesetzt werden. Um Verstopfungen an den Tropferöffnungen zu vermeiden, muss das verwendete Wasser vorher durch Filter gereinigt werden. Bodenbearbeitung wird durch das Netz an Schläuchen behindert.

6 Analysieren Sie gemeinsam die drei Bewässerungstechniken hinsichtlich ihrer Effizienz des Wassereinsatzes und ihrer Nachhaltigkeit.

Analysiert man die drei Bewässerungstechniken hinsichtlich ihrer Effizienz des Wassereinsatzes, so stellt sich die Tröpfchenbewässerung eindeutig als die effizienteste Bewässerungstechnik dar. Während bei der Oberflächenbewässerung die Verdunstung an den offenen Wasseroberflächen sehr hoch ist, liegt sie bei der Beregnungsbewässerung ebenfalls sehr hoch, da ein nicht unbeträchtlicher Teil des verregneten Wassers bereits über dem Bestand in der Luft, ein anderer Teil in Form von Evaporation an den benetzten Pflanzenoberflächen verdunstet. Die Tröpfchenbewässerung hingegen weist eine Wassernutzungseffizienz von 80-95% auf. Sie ist auch gleichzeitig die nachhaltigste Form der betrachteten Bewässerungstechniken. Denn neben der effizienten Wassernutzung ist die Gefahr der Bodenversalzung bei dieser Form der Bewässerung sehr gering.

Lösungshinweise **Seite 28/29**

7 Erläutern Sie den Prozess der Bodenversalzung mithilfe der Grafiken 12 und 13.

Wasser - sei es durch Niederschlag oder durch Bewässerung - sickert in den Boden und löst dort bereits befindliche Salze. Da das Bewässerungswasser ohnehin leicht salzhaltig ist, wird so dem Boden zusätzlich Salz zugeführt. Bei starker Bewässerung wird zudem der Grundwasserspiegel erhöht. Durch die starke Verdunstung in Folge der hohen Temperaturen wird das salzhaltige Bodenwasser durch die Bodenkapillaren in Richtung Oberfläche gesogen. Während das Wasser verdunstet, bleiben die Salz-Ionen zurück, was zu einer Salzanreicherung im Oberboden und zu einer Krustenbildung an der Oberfläche führt (M12, obere Hälfte).

Die angebauten Kulturen reagieren unterschiedlich auf die Bodenversalzung (M13). Während es bei Gerste, Baumwolle oder Weizen erst bei höheren Salzkonzentrationen zu Ertragssenkungen kommt, reagieren Bohnen, Möhren, Zwiebeln, Salat, Mais oder Kartoffeln deutlich empfindlicher auf erhöhte Salzkonzentrationen im Boden.

Um dem Prozess der Bodenversalzung entgegenzuwirken, kann man Entwässerungskanäle anlegen. Sie verhindern zum einen eine Erhöhung des Grundwasserspiegels und den damit verbundenen kapillaren Wasseraufstieg und führen zum anderen das überschüssige Wasser inklusive der darin gelösten Salzkristalle in den Entwässerungskanal ab (M12 untere Hälfte).

8 Beurteilen Sie mithilfe der Materialien 14-28 (S. 29-31) die Nachhaltigkeit der Landwirtschaft in Saudi-Arabien.

Bei der Beurteilung der Nachhaltigkeit der Landwirtschaft in Saudi-Arabien wird zunächst einmal der ökologische Aspekt des Dreiecks der Nachhaltigkeit (M28) augenfällig.

Der Sektor der Landwirtschaft verbraucht mit 12800 Mio. m^3 beinahe 80% des Wassers in Saudi-Arabien (2014, M17). Zwar ist die für die Landwirtschaft genutzte Menge Wasser rückläufig - im Jahr 2005 wurden noch 18586 Mio. m^3 verbraucht, dies entspricht einem Rückgang von etwa 30% - und auch ihr Anteil am Gesamtwasserverbrauch Saudi-Arabiens geht leicht zurück (2005 lag der Anteil der Landwirtschaft am Wasserverbrauch noch bei fast 90%), dennoch stellt die Landwirtschaft noch immer den mit Abstand bedeutendsten Sektor dar.

Im Hinblick auf die Beurteilung der Nachhaltigkeit kommt verschärfend hinzu, dass das verbrauchte Wasser in Saudi-

Arabien zu einem Großteil (2014 zu 55%) aus nicht erneuerbaren Grundwasserreserven stammt (M19). Infolgedessen sinken die Grundwasserspiegel beträchtlich. So geht man mittlerweile davon aus, dass „mittlerweile vier Fünftel des fossilen Grundwassers verbraucht sind." (M14). Zwar gehen sowohl die absolute Menge des Wassers aus nicht erneuerbaren Grundwasserreserven zurück (von 13490 Mio. m³ auf 8976 Mio. m³) als auch ihr Anteil am Gesamtwasserverbrauch von ca. 67% (2004) auf 55% (2014), dennoch überwiegt bei weitem noch das Wasser aus fossilen Grundwasserlinsen. Dieser Wassergebrauch ist als sehr wenig nachhaltig zu beurteilen. Zwar nimmt der Anteil des Wassers aus Meerwasserentsalzungsanlagen deutlich zu (eine Verdopplung von 2004 bis 2014 auf 2070 Mio. m³) und selbst der Anteil des aufbereiteten Abwassers hat sich von 300 Mio. m³ auf 617 Mio. m³ mehr als verdoppelt, doch ist ihr Beitrag zur saudi-arabischen Wasserversorgung noch immer recht unbedeutend. Unter Nachhaltigkeitsaspekten ebenfalls kritisch zu bewerten ist überdies, dass die Aufbereitung von Meerwasser in den Entsalzungsanlagen sehr energieintensiv ist.
Schließlich gilt auch die überwiegend verwendete Technik der Beregnungsbewässerung als nur wenig nachhaltig, da sie durch hohe Verdunstungsverluste und ein großes Bodenversalzungspotenzial gekennzeichnet ist (M15, S. 26f.)
Zu diesen ökologischen Gesichtspunkten gesellen sich weitere, dem sozialen Pfeiler des Nachhaltigkeitsbegriffs zuzuordnende Argumente, die die Landwirtschaft in Saudi-Arabien, zumindest wie sie bislang betrieben wurde, in einem kritischen Licht erscheinen lassen: So verfuhren viele Bauern „nach dem Motto ‚mehr bringt mehr' – und versprühten Unmengen an Pflanzenschutzmitteln in der Hoffnung auf höhere Erträge" (M15). Infolgedessen erkrankten viele Bauern an Haut- und Atemwegserkrankungen und Krebs (M15).
Als Reaktion auf die soeben aufgeführten negativ nachhaltig wirkenden Argumente entschied die saudi-arabische Regierung 2008, den eigenen hochsubventionierten Weizenanbau als einen der bedeutendsten Landwirtschaftszweige bis 2016 aufzugeben, da v. a. sein Anbau durch den hohen Wasserbedarf von 1000 m³ pro erzeugter Tonne Weizen weder konkurrenzfähig noch nachhaltig ist (M16). Vor dem Hintergrund der Nachhaltigkeit sicherlich eine begrüßenswerte Entscheidung. Als Konsequenz auf die Einstellung der heimischen Weizenproduktion wächst natürlich die von der saudi-arabischen Regierung unerwünschte Importabhängigkeit. Die staatlichen Ausgaben für Nahrungsmittelimporte sollen bei der gegebenen demografischen Entwicklung um 5–10% pro Jahr steigen. Derzeit betragen sie etwa 25 Mrd. US-$ (M21). Auf den ersten Blick scheint diese Prognose aus wirtschaftlicher Perspektive freilich nicht sehr nachhaltig zu sein, vor dem Hintergrund der starken Wirtschaftskraft Saudi-Arabiens aber wären diese Ausgaben jedoch noch zu verkraften und im Hinblick auf die negativen ökologischen und sozialen Auswirkungen der Landwirtschaft in Saudi-Arabien gut zu rechtfertigen.
Doch soll der Traum der Nahrungsmittelunabhängigkeit weiter geträumt werden. Hierzu bedient sich das Land Saudi-Arabien des Instrumentes Landgrabbing (M20, 22, 23, S. 221). In vielen Ländern, v. a. in Afrika, Südamerika und Osteuropa kauft oder pachtet Saudi-Arabien Landflächen, die in Folge landwirtschaftlich genutzt werden sollen (M20). Auf den betroffenen Flächen wird die einheimische Bevölkerung oftmals enteignet und vertrieben – sie verlieren ihre heimische „Scholle", wie auch die Karikatur M22 anschaulich bildhaft darstellt. Der saudi-arabische „Hunger" wird auf Kosten ärmerer Länder gestillt, die z. T. ohnehin schon unter Nahrungsknappheit leiden. Dieser Prozess ist unter sozialen Aspekten zu verurteilen. Ob dort dann auch unter ökologischen und ökonomischen Aspekten nachhaltig gewirtschaftet wird, ist den Materialien nicht zu entnehmen, darf aber angezweifelt werden.
Parallel dazu soll die Zukunft der saudi-arabischen Landwirtschaft im ökologisch angepassten und dadurch nachhaltigen Landbau liegen. Die Wahl dürreresistenter Kulturen soll dabei ebenso im Vordergrund stehen wie wassersparende Bewässerungstechniken sowie Wasserrecycling. Außerdem soll der Preis des einheimischen Gemüses steigen, sodass die Kosten für das teure Bewässerungswasser aus den Meerwasserentsalzungsanlagen gedeckt sind (M24). Unterstützung erfährt die saudi-arabische Regierung u. a. durch die Deutsche Gesellschaft für Internationale Zusammenarbeit (GIZ), die den Behörden und den Landwirten vor Ort mit ihrem „Know-how" beratend zur Seite steht (M25). So entstehen u. a. staatliche Ratgeber, die über eine nachhaltige Bewässerung informieren (M26), Bio-Supermärkte und Bio-Restaurants werden eröffnet (M25). Vor dem Hintergrund aber, dass bislang mit insgesamt 16000 ha gerade einmal 1,8% der ohnehin schon geringen landwirtschaftlichen Nutzfläche Saudi-Arabiens ökologisch nachhaltig bewirtschaftet werden, sind die Bemühungen der saudi-arabischen Regierung, die ökologische Landwirtschaft zu forcieren, zwar ein Schritt in die richtige Richtung – sie wirken in ihrer Bedeutung für die Landwirtschaft in Saudi-Arabien aber eher wie ein Tropfen auf den heißen Stein.
Abgesehen von den eben aufgeführten, beinahe bedeutungslosen positiv zu bewertenden Entwicklungen, im Ausbau der ökologischen Landwirtschaft und der Entscheidung, den heimischen Weizenanbau aufzugeben, ist die Struktur der Landwirtschaft Saudi-Arabiens aber zusammenfassend insbesondere aus ökologischer (Probleme der Bewässerung, der Bodenversalzung, Ausschöpfen der fossilen Grundwasserreserven) und sozialer Perspektive (Landgrabbing) insgesamt als nicht nachhaltig zu bewerten.

Lösungshinweise Seite 32
TERRA Differenzierung: Angebot 1

1 Interpretieren Sie das Luftbild 1.
Die dominierende Farbe des Luftbildes 1 ist beige. Diese Farbe weist auf eine trockene Landschaft ohne nennenswerte Vegetation hin. Ferner lassen sich in der oberen Hälfte des Luftbildes die charakteristischen Kreise der Karussellbewässerung erkennen. Allerdings sind die meisten dieser Flächen aktuell nicht bestellt und liegen brach, einige landwirtschaftliche Nutzflächen weisen eine spärliche, lückenhafte Vegetation auf, andere werden nur sektoral bestellt. Man kann davon ausgehen, dass auf diesen Flächen früher einmal das Grünfutter für die Milchkühe angebaut wurde. Möglich ist, dass die Flächen im Zuge der nur wenig effektiven und nachhaltigen Bewässerungstechnik mittlerweile der Bodenversalzung

zum Opfer gefallen sind oder dass der Grundwasserspiegel zu sehr gefallen ist, sodass eine Bewässerung dieser Felder nicht mehr möglich oder rentabel ist.
In der Bildmitte sind verschiedene Gebäude zu erkennen. Im Zentrum befinden sich einige Gebäude mit weißen Dächern. Hier könnte es sich um Verwaltungsgebäude sowie der Weiterverarbeitung dienende Gebäude sowie Lagertanks handeln.
Links und rechts oberhalb dieser zentralen Gebäude lassen sich regelmäßige, geometrische Gebäude erkennen. Mithilfe von Google Maps kann man deren Ausmaße auf 500 m bestimmen. Hierbei handelt es sich um die verschiedenen Kuhställe. In der Mitte der einzelnen Kuhställe kann man zentrale Melkanlagen vermuten. Die weiteren Gebäude könnten der Kälberaufzucht oder der Schlachtung dienen.
Erschlossen wird der gesamte Komplex durch eine Stichstraße, die von einer größeren, geradlinig verlaufenden Verkehrsachse abzweigt.

Hinweis: Hier bietet es sich an, das Luftbild vergrößert direkt im Klassenraum zu projizieren, um so auch weitere auf diesem Luftbild nur zu erahnende Elemente deutlicher zu erkennen. So kann man bei entsprechender Vergrößerung auch einzelne Kühe, Unterstände, Lkw, einen Sportplatz sowie ein Basketballfeld für die Angestellten sowie runde Tanks erkennen, in denen wahrscheinlich Treibstoff oder Wasser gespeichert wird.

2 Kennzeichnen Sie die Merkmale der Milchwirtschaft in Saudi-Arabien.
Die Milchwirtschaft in Saudi-Arabien ist durch eine intensive Produktionsform gekennzeichnet. Die Milchfarmen sind mit bis zu 50 000 Tieren sehr groß. Die Produktionsprozesse – Futterzubereitung in gigantischen Kübeln, Anlieferung des Futterbreis durch Lkw (Autorentext), geordnete Futterzuteilung (M 3), Klimatisierung durch bewegliche Wandelemente sowie Beregnung und Lüftung (Autorentext, M 5), computergesteuertes Melken – laufen ähnlich denen in der industriellen Massenfertigung vollautomatisiert ab. Die Mitarbeiter kontrollieren lediglich diese Prozesse. Die Produktion läuft mit Ausnahme der Gebets- und Essenszeiten rund um die Uhr. Auch tragen die Tiere keine Namen, sondern lediglich Nummern. Lässt ihre Milchleistung nach, werden die Tiere geschlachtet und ihr Fleisch weiterverarbeitet (M 7). Ein weiteres Kennzeichen dieser intensiven Betriebsform sind offene Stoff- und Energiekreisläufe. Das Futter wird extern produziert und legt zum Teil große Entfernungen zurück (Cornflakes aus den USA, Alfalfa aus 200 km entfernten Anbauregionen), das Wasser stammt aus nicht erneuerbaren Grundwasservorkommen.

3 Beurteilen Sie die Milchproduktion in Saudi-Arabien vor dem Hintergrund der Nachhaltigkeit.
Die intensive Milchwirtschaft in Saudi-Arabien ist nicht nachhaltig. Der Wasserverbrauch zur Produktion eines Liters Milch ist mit etwa 1000 l Wasser gigantisch. Dabei dient dieses Wasser nicht einmal ausschließlich dazu, die Kühe zu tränken, sondern der Kühlung der Holsteiner Kühe, die in dem wüstenhaften Klima mit Temperaturen von 43 °C sonst kaum überlebensfähig wären resp. in Folge des Hitzestresses weniger Milch produzierten. Mittlerweile ist der Grundwasserspiegel bereits von 200 m auf 2 000 m Tiefe gesunken.
Auch erscheint es nicht nachhaltig in einem für Landwirtschaft ungeeigneten Klima im großen Maßstab Grünfutter wie Alfalfa anzubauen. Hier steht der Einsatz des Bewässerungswassers wohl nicht in einem gesunden Verhältnis zum Ertrag. Zudem wird das Futter täglich von dutzenden Lkw aus den 200 km entfernten Anbaugebieten herbeigeschafft.
Über die Arbeitsbedingungen der Angestellten sowie über ökonomische Aspekte geben die Materialien keine Informationen, sodass hier eine abschließende Beurteilung ausfallen muss. Aus ökologischer Perspektive jedoch ist der Standort der größten Milchfarm der Erde mitten in der Wüste in keiner Weise nachhaltig.

Lösungshinweise **Seite 34**
TERRA Differenzierung: Angebot 2

Medientipps:
Filme über Anna Creek Station
https://www.youtube.com/watch?v=pg30-LKCzgY
Anna Creek Station – South Australia
https://www.youtube.com/watch?v=KHNXzmupSdg
Australia's cowboys quit helicopters for horses

http://www.abc.net.au/landline/content/2012/s3566008.htm
The Big One
https://www.youtube.com/watch?v=50MbPACZF-4
Australian Helicopter Cowboys – Human Planet – BBC
Homepage der Betreiber der Anna Creek Station:
http://www.kidman.com.au/
Internetseiten, die über das Leben und die Arbeit auf einer cattle station im australischen Outback informieren:
http://www.outback-australia-travel-secrets.com/australian-cattle-stations.html

1 Lokalisieren Sie Anna Creek Station mithilfe des Internets (z. B. Google Maps) und beschreiben Sie die naturräumlichen Voraussetzungen für eine landwirtschaftliche Nutzung.
Betrachtet man das Satellitenbild von Anna Creek Station bei Google Maps (GPS-Koordinaten –28.896745, 136.170761), so erkennt man, dass die Station inmitten einer riesigen wüstenähnlichen Trockenlandschaft mit keiner oder äußerst spärlicher Vegetation liegt. Die nächsten Ortschaften sind mehr als 100 km entfernt. Auch Schotterpisten gibt es kaum, wohl aber eine Landebahn südlich der Anna Creek Station. Auch Flüsse, Seen oder Wasserstellen sind auf dem Satellitenbild nicht auszumachen, man erkennt aber ausgetrocknete Flussbetten, die nach Niederschlägen sicherlich Wasser führen könnten. Be-

trachtet man jedoch die Google Maps-Kartendarstellung der Region, erkennt man Seen, Tümpel und Wasserläufe, so etwa den Lake Eyre, den Lake William oder den Wattiwarriganna Creek. Diese Wasserflächen scheinen aber äußerst selten Wasser zu führen. Diese Hypothese wird durch die Niederschlagsdaten (M 2) und die Aussagen im Autorentext gestützt. Zusammenfassend scheint eine landwirtschaftliche Nutzung bei den eben beschriebenen naturräumlichen Voraussetzungen nicht oder nur in sehr extensiver Wirtschaftweise möglich.

2 Charakterisieren Sie die extensive Viehwirtschaft in Anna Creek Station.

Extensive Weidewirtschaft findet vor allem auf Flächen statt, die zum Anbau von Kulturpflanzen ungeeignet sind, etwa weil die Niederschläge zu gering sind. Diese Flächen werden durch eine großzügige Landnutzung mit geringem Viehbesatz bei gleichzeitiger geringer Nutzung anderer Produktionsfaktoren wie Kapital oder Maschinenbesatz bewirtschaftet. Die Tiere halten sich meist ganzjährig auf den großflächigen Weiden auf. Im Beispiel der Anna Creek Station leben in feuchten Jahren etwa 16 000 Rinder wild und ohne menschlichen Kontakt auf einer Fläche, die größer als die Fläche Israels oder Mecklenburg-Vorpommerns ist (24 000 km^2). Umgerechnet steht jedem Rind somit eine Fläche von 1,5 km^2 als Weidegrund zur Verfügung. Diese immense Fläche wird aber auch benötigt, da die vorherrschende natürliche Vegetation recht spärlich ist und nur so ein ausreichendes Futterangebot sichergestellt werden kann.

3 Beurteilen Sie die extensive Viehwirtschaft im Outback Australiens im Hinblick auf Nachhaltigkeit.

Die extensive Viehwirtschaft im Outback Australiens ist insofern nachhaltig, als stets nur so viele Tiere auf den gigantischen Weidegründen gehalten werden, wie auch von diesen ernährt werden können. Nur so wird das äußerst empfindliche Ökosystem nicht dauerhaft geschädigt. In besonders trockenen Jahren, wie etwa 2006, werden die Herden reduziert, indem „überzählige" Tiere, die die ökologische Tragfähigkeit der vorhandenen Weidegründe überschreiten würden, in klimatisch begünstigte Stationen desselben Betreibers transportiert werden. Somit wird sichergestellt, dass die vorhandenen Flächen nicht überweidet werden bzw. dass das sensible Ökosystem nicht überlastet wird. Gleichzeitig verringert sich auch die Anzahl der Mitarbeiter auf der Anna Creek Station. Hier ist anzunehmen, dass sie auf den Cattle Stations, die die transportierten Rinder aufgenommen haben, weiterbeschäftigt werden.

Intensive landwirtschaftliche Produktion in den semiariden Subtropen – das Beispiel der Huerta in Südostspanien

Strukturierungshilfe

Phase	Thema	Seite	Material	Aufgabe	Methodische Hinweise
Einstieg	Beschreibung von M 1 (Pipeline, intensive landwirtschaftliche Nutzung)	36	M1		Aufstellung von Hypothesen über den Zusammenhang zwischen der landwirtschaftlichen Nutzung und der Pipeline
Erarbeitung 1	Erarbeitung der naturräumlichen Voraussetzungen für die landwirtschaftliche Nutzung der Huerta von Murcia	36	M 3, Autorentext S. 36	1	
Erarbeitung 2	Erarbeitung der Struktur der landwirtschaftlichen Produktion der Huerta von Murcia	36–37	Autorentext S. 36–37, M 2, M 4, M 5	2, 3	
Sicherung	Darstellung und Bewertung des Konfliktes um die Nutzung des Süßwassers	37	Autorentext S. 37, M 6	4	
Erarbeitung 3	Transfer auf eine weitere landwirtschaftlich intensiv genutzte Region (Almeria)	37	Internet	5	

Lösungshinweise Seite 37

1 Charakterisieren Sie das Klima in Murcia als einen Gunstfaktor für die landwirtschaftliche Nutzung.

Das Klimadiagramm von Murcia, Spanien, 3 m über NN, weist eine Jahresdurchschnittstemperatur von 16,9 °C und eine jährliche Niederschlagssumme von 328 mm auf. Mit Januartemperaturen von über 10 °C und einem Temperaturmaximum im August mit 24 °C eignet sich das Klima aus thermischer Perspektive für eine ganzjährige Anbauperiode mit mehreren Ernten im Jahr. Zugleich profitiert die Landwirtschaft in Murcia von einem zeitlichen Erntevorsprung von bis zu zwei Monaten im Vergleich zu konkurrierenden Gartenbaugebieten.
Allerdings weist das Klimadiagramm während der Sommermonate fünf aride Monate auf. Und auch im humiden Winterhalbjahr ist die Höhe der Niederschläge recht gering, sodass anzunehmen ist, dass diese Niederschläge durch die hohe ganzjährige Verdunstung mehr als aufgezehrt werden. So steht den günstigen thermischen Bedingungen eine prekäre Wasserverfügbarkeit gegenüber, die eine landwirtschaftliche Nutzung nur mithilfe massiver künstlicher Bewässerung möglich macht.

2 Erläutern Sie die landwirtschaftliche Nutzungsstruktur der Huerta in Murcia unter besonderer Berücksichtigung der Wasserversorgung.

Prägendes Element der landwirtschaftlichen Nutzungsstruktur der Huerta in Murcia ist der Fluss Segura, der durch das Tal von Murcia verläuft und von dem aus viele, parallel zum Fluss verlaufende Bewässerungskanäle abzweigen. Somit kann der Segura inmitten dieser ansonsten trockenen Landschaft Südostspaniens als eine Flussoase verstanden werden. Zwischen die Bewässerungskanäle sind mit dem Ziel der Wasserableitung Entwässerungskanäle angelegt worden. Dieses dichte und weit verzweigte Netz aus Be- und Entwässerungskanälen ermöglicht eine ausreichende Bewässerung der Parzellen mit Flusswasser des Segura. Hauptanbauprodukte dieser traditionellen Anbaugebiete stellen Zitronen und Baumwolle sowie in einer etwas geringeren Bedeutung auch Pfirsiche und Aprikosen dar.
Nach Norden und Süden grenzen an die ursprüngliche Kanal- und Flussbewässerung Anbauflächen an, die mit Grundwasser bewässert werden, welches mithilfe von Brunnen gefördert wird. Auch auf diesen Flächen werden vornehmlich Zitronen angebaut.
Die am höchsten gelegenen Flächen in Hanglagen werden durch Wasserferntransport künstlich bewässert. Das Wasser stammt überwiegend aus dem Segura und wird mithilfe von leistungsstarken Pumpwerken auf die Berghänge befördert, wo es in Speicherbecken gelagert und von dort aus verteilt wird. Somit war dann auch ein Kultivieren der Hanglagen und Bergkämme für Bewässerungskulturen möglich, wobei der Anbau von Oliven und Mandeln dominiert.
Durch die Ausweitung und Intensivierung der landwirtschaftlichen Produktion wuchs auch der Bedarf an Bewässerungswasser. Da die Wassermengen des Segura nicht mehr ausreichten, wurde 1980 ein 286 km langer Überlandkanal errichtet, der einen beträchtlichen Anteil des Tajo, des längsten Flusses Spaniens, über Pipelines in den Segura umleitet. Im Zuge des weiteren Ausbaus der landwirtschaftlichen Nutzflächen stieg auch die Zahl und die Leistung der Tiefbrunnen an, was dazu führte, dass der Grundwasserspiegel in den betroffenen Regionen großflächig absank. Gleichzeitig steigt die Gefahr, dass salziges Mittelmeerwasser in die Grundwasserlinsen einsickert. Daneben steigt der Anteil von aufbereiteten Abwässern sowie von staatlichen und privatwirtschaftlich betriebenen Meerwasserentsalzungsanlagen. Hinsichtlich der Bewässerungstechnik ist die ursprüngliche Becken- und Fur-

chenbewässerung zunehmend auf die wassersparende und effiziente Tröpfchenbewässerung umgestellt worden. Dennoch stellt die Wasserversorgung nach wie vor eine große Herausforderung für die Region Murcia dar, da neben der Landwirtschaft auch eine stark wachsende Bevölkerung sowie der boomende Tourismuszweig mit einer Spezialisierung auf Golftourismus um das knappe Wasserangebot konkurrieren.

3 Beurteilen Sie die Pläne zum Bau einer weiteren Wasserüberleitung aus dem Ebro.

Für die Region Murcia wäre diese zweite Wasserüberleitung sicherlich ein großer Gewinn. Sowohl die bestehenden Nutzungskonflikte um das zur Verfügung stehende Wasser würden etwas entschärft als auch die durch die massive Grundwasserentnahme bedingte flächenhafte Absenkung des Grundwasserspiegels verlangsamt. Auf der anderen Seite geht das Wasser für die Geberregionen, hier v.a. die Region Aragonien, verloren. Somit würde die Ebro-Wasserüberleitung für die betroffenen Regionen aus wirtschaftlicher und ökologischer Sicht erhebliche Nachteile bedeuten. Beispielsweise wäre das artenreiche und empfindlich reagierende Ökosystem des Ebro-Flussdeltas von Zerstörung bedroht.
Hintergrundinformationen:
Ein Bestandteil des Nationalen Wasserplans Spaniens, der 2001 mit einer Laufzeit von 20 Jahren rechtskräftig verabschiedet wurde, war eine Wasserüberleitung vom Ebro, die sowohl den Großraum Barcelona im Norden als auch den trockenen Südosten des Landes versorgen sollte. Dieses Projekt sollte die Größenordnung des Tajo-Segura-Projektes nochmals übertreffen. Nach einem Regierungswechsel in Spanien 2004 wurde dieses gigantische Projekt aber vorerst gestoppt und die bereits begonnenen Bauabschnitte stillgelegt. Vielmehr wurde fortan die Gewinnung von Süßwasser aus Meerwasserentsalzungsanlagen vorangetrieben (Bernecker, W.L. (Hrsg.) (2008): Spanien heute. Politik, Wirtschaft, Kultur. Frankfurt).

1 Kartenskizze der ursprünglichen Planung der Ebro-Trasvase

4 Nehmen Sie Stellung zur Karikatur 6.

Dominiert wird diese Karikatur von einer immensen Pipeline mit der Aufschrift „Tajo-Überleitung", die aus dem Bildhintergrund bis in den Vordergrund führt und aus dessen offenem Ende ein einziger Tropfen Wasser kommt. Ferner zeigt die Karikatur vier Personen, die alle den in einer gemeinsamen Denkblase aufgeführten Gedanken „Dieser Tropfen gehört mir!" haben. Bei den Personen handelt es sich um den Bewohner eines noch im Bau befindlichen Neubaugebietes, der im Badezimmer gerade den Wasserhahn aufdreht, um einen Bauern auf seinem Feld, der trockenen Boden fallen lässt, um einen Touristen des Murcia-Beach-Club Hotels, der in Badekleidung in einem leeren Swimming-Pool steht, sowie einen im Hintergrund befindlichen Mann, der dort steht, wo die Wasserpipeline zu beginnen scheint.
Deutlich wird bei der Betrachtung der Karikatur der im Text bereits angesprochene Nutzungskonflikt um das Wasser des Tajo. Ein nicht unbedeutender Teil des Flusswassers wird über die dargestellte 286 km lange Wasserpipeline in den trockenen Südosten des Landes abgeleitet. In dieser Zielregion steigt sowohl die Bevölkerungszahl (M 4, M 5) – hier dargestellt durch den Bewohner des Neubaugebietes – als auch die Bedeutung des Tourismus stark an (M 5) – dargestellt durch den Touristen im Pool. Gleichzeitig wurde und wird die landwirtschaftliche Nutzung weiter ausgebaut, sodass der Bedarf ansteigt, die Felder zu bewässern. Neben diesen drei Akteuren in der Zielregion der Tajo-Transvase gibt es noch einen vierten betroffenen Akteur, der die negativen ökologischen und ökonomischen Auswirkungen der Wasserableitung ebenfalls zu spüren bekommt.

Hintergrundinformation:

Die Wasserentnahme aus dem Tajo hat gravierende Folgen für die Unterlieger des Flusses. Vor der Entnahme des Tajo-Wassers betrug der mittlere Abfluss bei Aranjuez in der Provinz Madrid im Sommer 30 m³/s resp. im Jahresdurchschnitt 150 m³/s. Nachdem inzwischen bis zu 60 % des Tajo-Wassers für die Überleitung entnommen wird, wird in einzelnen Jahren das festgesetzte Abflussminimum von 6 m³/s nicht mehr erreicht. Da der Tajo aber auch das Abwasser des Großraums Madrid aufnimmt, bedeutet die Reduzierung der Abflussmenge gleichzeitig eine deutliche Steigerung des relativen Schadstoffeintrags. Teilweise ist das Wasser des Tajo so stark kontaminiert, dass es nicht einmal mehr für die landwirtschaftliche Bewässerung geeignet ist (Bernecker, W.L. (Hrsg.) (2008): Spanien heute. Politik, Wirtschaft, Kultur. Frankfurt).

5 Arbeiten Sie mit dem Internet (z. B. Google Maps):
a) Lokalisieren Sie die Region um El Ejido und arbeiten Sie die landwirtschaftliche Nutzungsstruktur heraus.
b) Vergleichen Sie diese mit der Huerta Murcia.

Freie Schülerlösung je nach hinzugezogenem Material aus dem Internet – an dieser Stelle sollen nur ausgewählte Aspekte zur landwirtschaftlichen Nutzungsstruktur dargestellt werden:

Ausweitung der Landwirtschaft in Almeria von 1975 bis 2011

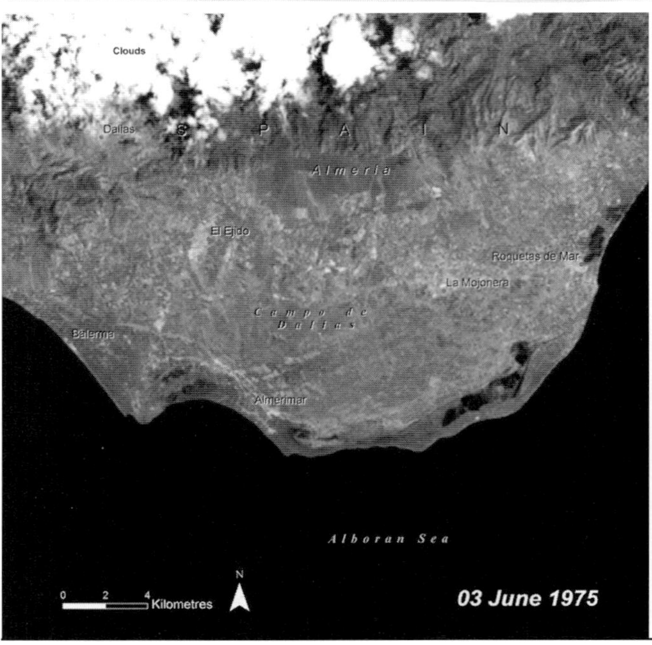

UNEP, Nairobi

2

Aus der Region Almería stammen rund 80 % der spanischen Gemüseexporte. Die Pflanzen werden auf einer Fläche von 350 km² in Gewächshäusern in extrem intensiver Weise angebaut. Diese Produktionsweise in Verbindung mit der Beschäftigung afrikanischer Arbeitskräfte, denen Dumpinglöhne gezahlt werden, führen dazu, dass Obst und Gemüse auf dem Weltmarkt sehr billig angeboten werden können. Die Lebens- und Arbeitsbedingungen für die Landarbeiter – oft ohne Papiere eingereist – sind teilweise menschenunwürdig. Viele von ihnen arbeiten als rechtlose Tagelöhner. Das Klima der Region ist durch deutliche Trockenheit geprägt. Da der Gemüseanbau aber viel Wasser benötigt, entstehen hierdurch Probleme. Der Grundwasserspiegel ist stark gesunken, der Region droht bei weiterer Verschärfung der Klimaprobleme die Verwüstung. Die Landwirtschaft ist nicht nur in Almería, sondern in ganz Spanien der größte Wasserverbraucher. 80 % des Wasserverbrauchs gehen auf Kosten der Bewässerung, in der Region Almería sind es 90 %.

Beiden Regionen gemein ist z. B. eine intensive landwirtschaftliche Nutzung, inmitten einer semi-ariden Region im Südosten Spaniens, die allein dank künstlicher Bewässerung betrieben werden kann. Auch weisen beide Regionen äußerst günstige klimatische Bedingungen mit ca. 3 000 Sonnenstunden und warmen Durchschnittstemperaturen auf. Beide Regionen sind in wirtschaftlicher Hinsicht darüber hinaus überaus erfolgreich. Ihre größtenteils für den Export angebauten Produkte bedienen den europäischen Markt. Beiden Regionen gemeinsam ist aber auch ein starkes Bevölkerungswachstum.

Im Gegensatz zu Almeria wird die Landwirtschaft in den Huertas von Murcia bereits seit vielen Jahrhunderten betrieben. Wasserspender ist hier der Segura. Die Region Almeria kann nicht auf eine derartige Tradition zurückblicken, da alleine schon ein Fluss als landwirtschaftliche Lebensader fehlt. Hier werden fossile Grundwasserspeicher durch Brunnenanlagen ausgebeutet sowie das Regenwasser aus den Bergen nördlich des Gebietes gesammelt und über Kanäle und Speicherbecken in die Anbaugebiete geleitet. Auch unterscheiden sich beide Regionen hinsichtlich ihrer Anbauprodukte. Während in Murcia in etwa gleichbedeutend Obst und Gemüse angebaut werden, dominiert in der Region Almeria eindeutig der Gemüseanbau, v. a. von Tomaten, Gurken und Paprika. Dieser findet hochspezialisiert und unabhängig vom Boden unter Plastikfolien statt. Mittlerweile werden ca. 350 Quadratkilometer der Provinz Almería von den Folien dieser Treibhausplantagen bedeckt, weshalb die Region auch Costa del Plastico genannt wird. In Murcia hingegen kann man auf den Satellitenbildern keine nennenswerten Treibhausplantagen erkennen.

Den Boden unter den Füßen verlieren – Desertifikation im Sahel

Strukturierungshilfe

Phase	Thema	Seite	Material	Aufgabe	Methodische Hinweise
Einstieg	Vergleich der dargestellten Landschaftsaufnahmen 1850 und heute	38	M1, M3, M2, Autorentext S. 38, linke Spalte	1	Ergänzend kann noch M2 hinzugezogen werden
Erarbeitung 1	Traditionelle Landnutzung im Sahel sowie Ursachen und Folgen der Desertifikation	38–39	Autorentext S. 38–39, M4, M5	2, 3	*
Erarbeitung 2	Erarbeitung und Bewertung der Maßnahmen gegen die Desertifikation	40–43	M6–M10	4, 5, 6	* Als eine mögliche methodische Form der Umsetzung bietet sich hier eine arbeitsteilige Gruppenarbeit an. Alternativ können auch ein Gruppenpuzzle oder ein Placemat Einsatz finden. Kopiervorlage: „Talschwellen zur Rehabilitierung degradierter Trockentäler“

* Diese Inhalte sind in der Sache stark komprimiert. Der Kernlehrplan fordert in der Qualifikationsphase lediglich die Maßnahmen gegen die Desertifikation („Die Schüler bewerten Maßnahmen zur Verringerung von Bodendegradation und Desertifikation hinsichtlich ökonomischer, ökologischer und sozialer Aspekte"). Ursachen und Folgen der Desertifikation sollen bereits in der Einführungsphase behandelt werden („Die Schüler sollen am Beispiel der Desertifikation Ursachen und Folgen der anthropogen bedingten Bedrohung von Lebensräumen erläutern„). An dieser Stelle wird auf die entsprechenden Seiten des Bandes TERRA-Einführungsphase (S. 24 – 29) sowie auf die aufgeführten Online-Codes verwiesen.
Daher erfolgt hier lediglich eine zusammenfassende, der Auffrischung dienende Darstellung der Ursachen und Folgen der Desertifikation. Der Schwerpunkt dieser Sequenz soll dem Kernlehrplan folgend auf der Erarbeitung und Bewertung der Maßnahmen gegen die Desertifikation beruhen.

Lösungshinweise — Seite 39

1 Vergleichen Sie die beiden Landschaftsaufnahmen 1 und 3.
Der Kupferstich von Barth stellt ein Dorf der Songhai am Fuße des Hombori-Gebirges südöstlich von Timbuktu dar. Man erkennt im Vordergrund ein Gewässer, welches von Pflanzen gesäumt wird. Man erkennt einige Frauen und Kinder, die sich von einem in der Bildmitte abgebildeten Dorf zur Wasserstelle begeben, um dort Wasser zu holen. Das Dorf wirkt mit seiner ordentlichen Stadtmauer und den Häusern recht gepflegt und stattlich. Ferner befinden sich in ihm hohe, vital wirkende Bäume. Insgesamt strahlt der Kupferstich eine zufriedene, gelassene und friedvolle Atmosphäre inmitten einer fruchtbaren Umgebung vor dem Hintergrund des Hombori-Gebirges aus.

Das Foto M3 ist von einem ähnlichen Standpunkt mit Blick auf das Hombori-Gebirge aufgenommen worden. Heute stellt sich die einst fruchtbare Landschaft karg und trocken dar. Hinweise auf Wasser oder dörfliche Strukturen sind nicht zu erkennen. Der Boden wirkt ausgetrocknet, ebenso die blattlosen Bäume.

2 Begründen Sie, inwiefern die traditionelle Landnutzung in der Sahelzone den natürlichen Bedingungen gut angepasst war.
Die traditionelle Landnutzung in der Sahelzone war den natürlichen Bedingungen gut angepasst, weil die Hirten stets nur so viele Tiere hielten, wie aufgrund des Futterangebotes auf den vorhandenen Weideflächen möglich war. Außerdem zogen sie als halbnomadische Viehhirten mit ihren Herden dem Zenitalregen über lange Distanzen hinterher, sodass die Tiere stets genügend frisches Gras weiden konnten. Ideal an das sensible Ökosystem angepasst ist auch die recht extensive Form des Ackerbaus, in welcher stets ca. ein Fünftel der zur Verfügung stehenden Fläche bestellt wurde und der Rest brach lag. So konnte sich der Boden stets regenerieren. Zudem dienten die abgeernteten Felder dem zurückgekommenen Vieh als Stoppelweide und wurden durch den Kot der Tiere gleichzeitig gedüngt.

3 Erklären Sie den Zusammenhang zwischen dem Wachstum der Bevölkerung in den Sahelstaaten und dem Fortschreiten der Desertifikation.
Die traditionelle, angepasste Landnutzung in Form eines extensiv betriebenen Halbnomadismus funktioniert wegen des hohen Flächenbedarfs nur bei moderater Bevölkerungsdichte. Die in M4 dargestellte massive Bevölkerungszunahme – beispielsweise von 6 Mio. (1970) auf 15 Mio. (2010) Menschen in

Niger – führte gleichsam dazu, dass sich die Anzahl an Großvieh entsprechend vergrößerte (16 Mio. (1970) auf 35 Mio. (2010)). Diese benötigten natürlich auch mehr Weidefläche, sodass die zur Verfügung stehenden Weideflächen intensiver genutzt wurden. Hierdurch konnten sie sich auf längere Sicht nicht mehr angemessen regenerieren und erodierten. Gleichsam sank die zur Verfügung stehende Größe der nigrischen Ackerfläche pro Einwohner von 2,54 ha (1970) auf 0,95 ha (2010). Im Zuge des gestiegenen Nutzungsdrucks wurden die Brachzeiten nicht mehr eingehalten und somit der Boden übernutzt, was zwar vielleicht kurzzeitig Erfolge brachte, aber langfristig den Boden auslaugte und ihn unfruchtbar werden ließ.
Schließlich stieg mit dem Bevölkerungswachstum auch der Bedarf an Brenn- und Bauholz, der zu großflächigen Entwaldungen führte, was wiederum den fortschreitenden Prozess der Desertifikation noch weiter beschleunigte.

Lösungshinweise Seite 41

4 Erarbeiten Sie je eine der vier dargestellten Maßnahmen zur Bekämpfung der Desertifikation (Infokästen 2 – 5, S. 40 – 43; Infokasten 1 dient als Grundlage für alle).

5 Tauschen Sie Ihre Ergebnisse aus.
Individuelle Schülerlösungen auf Grundlage der Zusammenstellung der wichtigsten Merkmale der in M 2 – M 5 dargestellten Maßnahmen zur Bekämpfung der Desertifikation.

6 Bewerten Sie die dargestellten Maßnahmen zur Bekämpfung der Desertifikation unter dem Aspekt der Nachhaltigkeit.
Sämtliche vier dargestellten Maßnahmen sind unter dem Aspekt der Nachhaltigkeit als positiv zu bewerten. Je nach Form der Maßnahme sind aber die einzelnen Eckpunkte im Dreieck der Nachhaltigkeit in ihrer Bedeutung stärker oder weniger stark zu gewichten.

Zu Infokasten 2: Mit Energiesparherden gegen die Desertifikation
ökonomisch:
+ die einmalige Zahlung für den Energiesparherd amortisiert sich rasch
+ die Hersteller der Energiesparherde bauen ein eigenes Unternehmen auf

ökologisch:
+ weniger Brennholz wird geschlagen, die Wälder, die der Erosion und somit der Desertifikation entgegenwirken, bleiben erhalten
+ geringerer CO_2-Ausstoß

sozial:
+ Zeit zum Beschaffen des Brennholzes fällt weg
+ verkürzte Garzeiten, weniger Unfälle, da ohne offenes Feuer gekocht wird und zudem die Töpfe sicher und stabilen stehen
+ keine Rauchentwicklung bedeutet weniger Lungenkrankheiten

Zu Infokasten 3: Mit Mauern gegen die Desertifikation
ökonomisch:
+ Erweiterung der landwirtschaftlich nutzbaren Flächen

ökologisch:
+ Bodenerosion wird gebremst
+ Bewässerungswasser wird gespeichert
+ Grundwasserspiegel steigt wieder

Zu Infokasten 4: Mit Frauen gegen die Desertifikation
ökonomisch:
+ Grund und Boden gehen in den Besitz der bewirtschaftenden Frauen über
+ Reduzierung der Ausgaben für Nahrungsmittel
+ hohes und stabiles Einkommen durch den Verkauf der Ernteerlöse
- mit 4,5 ha Gesamtfläche bislang eher von untergeordneter Bedeutung

ökologisch:
+ durch angepasste Anbautechniken wird der Boden geschützt
+ geringerer CO_2-Ausstoß

sozial:
+ Förderung der Bedeutung der Frau
+ Ausbildung in nachhaltigen Anbautechniken
+ Bildung von Netzwerken zwischen einzelnen Gemeinschaftsgärten zum Erfahrungsaustausch
+ Bereicherung des familiären Speiseplans

Zu Infokasten 5: Mit lokalen Konventionen gegen die Desertifikation
ökonomisch:
+ die einmalige Zahlung für den Energiesparherd amortisiert sich rasch
+ die Hersteller der Energiesparherde bauen ein eigenes Unternehmen auf

ökologisch:
+/- Festlegung auf feste, breite Weidekorridore mit Lagerplätzen und Wasserstellen kann trotz Kontrolle auch zu einer Übernutzung führen

sozial:
+ weitgehend harmonische Schlichtung des Flächennutzungskonfliktes zwischen den sesshaften Ackerbauern und den nomadisierenden Viehhaltern
+ verbindliche Konvention über feste Viehwandernetze schafft Rechtssicherheit

Den Boden unter den Füßen verlieren – Desertifikation im Sahel

Talschwellen zur Rehabilitierung degradierter Trockentäler: Ein erfolgreiches Instrument gegen die fortschreitende Desertifikation?

1 Stellen Sie den Aufbau der Talschwellen sowie die mit ihrer Errichtung verbundenen Hoffnungen dar.

2 Überprüfen Sie mit Hilfe der Materialien, ob sich die Hoffnungen bislang erfüllt haben.

Ausgangssituation

„Seit den 60er Jahren ist im Sahel durch Bevölkerungswachstum, hohen Nutzungsdruck und unterstützt durch die Klimaänderung eine deutliche Degradierung der Wassereinzugsgebiete beobachtbar. Die Ausdehnung des Ackerbaus, stärkere Beweidung und Abholzung haben einen Rückgang der natürlichen Vegetationsbedeckung bewirkt, der durch die großen Dürren weiter beschleunigt wurde und zur Verschlechterung der Böden führte. Geringe Vegetationsdecke und strukturgeschädigte Böden vermindern die Infiltration der [seltenen, aber dafür ergiebigen] Niederschläge, wodurch Wasserabfluss und Bodenerosion auf Plateaus und Hangflächen zunehmen. Der Abfluss konzentriert sich in den Tälern, in denen die starken Hochwasser fruchtbare Böden erodieren und zum Eingraben des Flusstales führen. Die jährlich regelmäßigen kleinen und mittleren Hochwasser mit ihren kurzfristigen Überflutungen der Täler und der Ablagerung fruchtbarer Sedimente bleiben aus. Durch den schnellen Abfluss des Wassers im Tal verringert sich auch dort die Infiltration und die Grundwasserspiegel sinken. Dies schädigt wiederum die natürliche Vegetation und schränkt die landwirtschaftliche Nutzung ein. Innerhalb weniger Jahre verwandeln sich fruchtbare Täler in wüstenähnliche Flächen.“

Quelle: Bundesministerium für wirtschaftliche Zusammenarbeit (BMZ); Deutsche Gesellschaft für Internationale Zusammenarbeit (GIZ); Entwicklungsbank KfW (Hrsg.) (2012): Talschwellen zur Inwertsetzung degradierter Trockenflusstäler Erfahrungen aus dem Sahel. S. 5. Abrufbar unter: https://www.giz.de/fachexpertise/downloads/giz2013-de-flussschwellen.pdf Zugriff (29.05.2015)

M1

Einleitung von Gegenmaßnahmen durch die Errichtung von Talschwellen

In den letzten 12 Jahren wurden Talschwellen als neue Rehabilitierungstechnik für degradierte Trockentäler in Burkina Faso, Niger und Tschad eingeführt. Talschwellen sind Bauwerke aus Naturstein und Zement, die sich quer zum Gefälle eines Tales über seine gesamte Breite erstrecken. Sie bestehen aus einem leicht erhöhten Überlauf im eigentlichen Flussbett und seitlichen Widerlagern und Flügeln. Sie dienen in den Trockentälern, deren Flüsse nur über wenige Tage im Jahr Wasser führen, dazu, die ankommenden Abflusswellen nach Niederschlagsereignissen über die Talsohle zu verteilen.

Der Boden soll hierdurch mit fruchtbarem Sediment versorgt, die entstandenen Erosionsgräben im Tal verfüllt und die Infiltrationsrate erhöht werden. Hierdurch sollen Salze, die den Boden angereichert haben ausgewaschen werden und der Grundwasserspiegel wieder ansteigen. Oberstes Ziel soll es sein, die landwirtschaftlich nutzbare Fläche wieder zu vergrößern und das Leben der dort lebenden Menschen sozial und wirtschaftlich wieder zu stabilisieren.

Eines der Prinzipien der Durchführung ist die intensive Partizipation der Kommunen und Dörfer, um die Verantwortung möglichst früh auf die lokale Ebene zu verlagern. Die Bauarbeiten werden in intensiver Handarbeit mit Arbeitern aus den betroffenen Dörfern durchgeführt, wodurch während der Bauphase lokale Einkommensmöglichkeiten entstehen. Während der Arbeiten werden lokale Handwerker für den zukünftigen Unterhalt der Bauwerke ausgebildet.

Quelle: Bundesministerium für wirtschaftliche Zusammenarbeit (BMZ); Deutsche Gesellschaft für Internationale Zusammenarbeit (GIZ); Entwicklungsbank KfW (Hrsg.) (2012): Talschwellen zur Inwertsetzung degradierter Trockenflusstäler Erfahrungen aus dem Sahel. S. 5. Abrufbar unter:, S.5f. leicht verändert. Abrufbar unter: https://www.giz.de/fachexpertise/downloads/giz2013-de-flussschwellen.pdf Zugriff (29.05.2015)

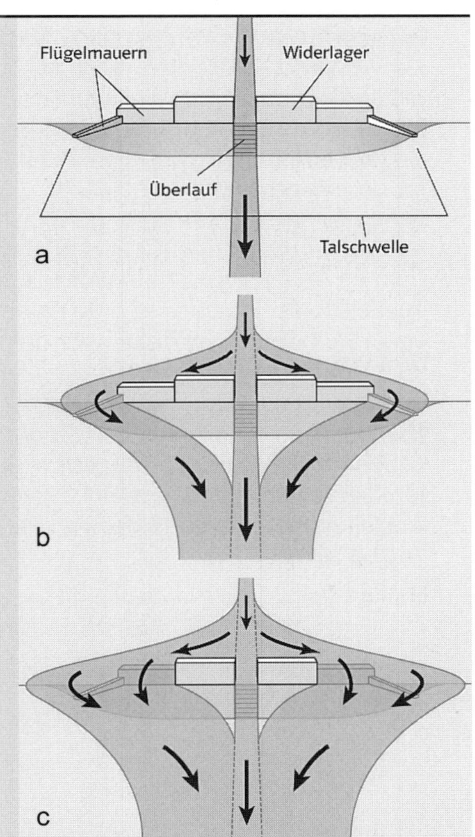

Schematische Darstellung einer Talschwelle
a) bei niedrigem b) bei mittlerem
c) bei hohem Wasserabfluss

M2

Name: Klasse: Datum:

© Ernst Klett Verlag GmbH, Stuttgart 2015. | www.klett.de | Erstellt für: TERRA Geographie Qualifikationsphase Nordrhein-Westfalen | ISBN: 978-3-12-104130-5
Alle Rechte vorbehalten. Von dieser Druckvorlage ist die Vervielfältigung für den eigenen Unterrichtsgebrauch gestattet.
Die Kopiergebühren sind abgegolten. Für Veränderungen durch Dritte übernimmt der Verlag keine Verantwortung.

Den Boden unter den Füßen verlieren – Desertifikation im Sahel

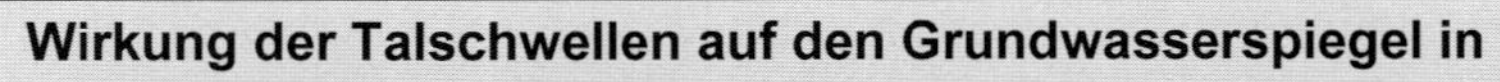

Wirkung der Talschwellen auf den Grundwasserspiegel in

a) 15 rehabilitierten Trockentälern in Niger

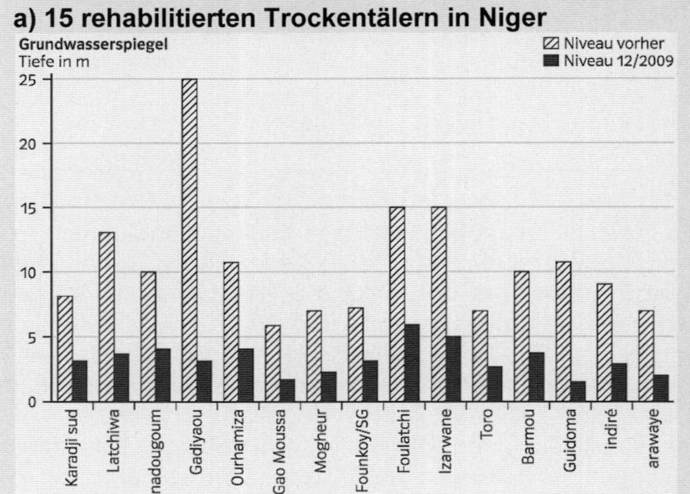

Quelle: https://www.giz.de/fachexpertise/downloads/giz2013-de-flussschwellen.pdf, S. 31. Zugriff (29.05.2015)

b) Burkina Faso und dem Tschad

Die Messungen in **Burkina Faso** ergaben, dass die Grundwasserspiegel, die vor den Arbeiten gegen Ende der Trockenzeit alle tiefer als 8 m waren, kontinuierlich jedes Jahr anstiegen und inzwischen bei 2 bis 5 m liegen.

Im Ouadi Chock, **Tschad**, wurden 16 Talschwellen gebaut. Seither ist auch dort der Grundwasserspiegel kontinuierlich angestiegen und befand sich im März 2011 durchschnittlich bei 6 m unter Flur.

Das Dorf Irang im Departement Biltine musste Trinkwasser aus dem 6 km entfernten Sélélé heranschaffen. Nach dem Bau zweier Talschwellen zur Anhebung des Grundwassers, ist Wasser permanent im Dorf verfügbar.

Quelle: https://www.giz.de/fachexpertise/downloads/giz2013-de-flussschwellen.pdf, S.31. Zugriff (29.05.2015)

M3

Wirkung der Talschwellen auf die landwirtschaftlich nutzbaren Flächen

a) Entwicklung der Landwirtschaft in Niger und in Burkina Faso

In Niger haben bis Ende 2010 etwa 4 731 Betriebe von den sanierten Talsohlen profitiert. Im Mittel hatte jeder dieser Betriebe 0,6 ha Talfläche vor der Sanierung. Diese wurde durch die Rehabilitierung auf 2,2 ha pro Betrieb erhöht, was 7 000 ha zusätzlicher Talflächen für den Regenfeldbau entspricht.
Durch die bessere Wasserverfügbarkeit nimmt nicht nur die für die Regenkultur verfügbare Fläche zu, sondern es ergibt sich die Möglichkeit von bis zu zwei zusätzlichen Anbauzyklen. So war in Burkina Faso in 8 von 15 untersuchten Tälern vor der Rehabilitierung kein Anbau während der Trockenzeit möglich und in den restlichen Tälern nur auf kleinen Flächen. Nach Bau der Talschwellen wird in 13 der 15 Täler zumindest eine weitere Kultur angebaut. In Niger ermöglichten die Talschwellen eine Erweiterung der Bewässerungskulturen [während der Trockenzeit] von ca. 710 ha auf 2 320 ha.

Quelle: https://www.giz.de/fachexpertise/downloads/giz2013-de-flussschwellen.pdf, S.23. Zugriff (29.05.2015)

b) Entwicklung der bewirtschafteten Fläche Regenzeit in Burkina Faso an vier Standorten

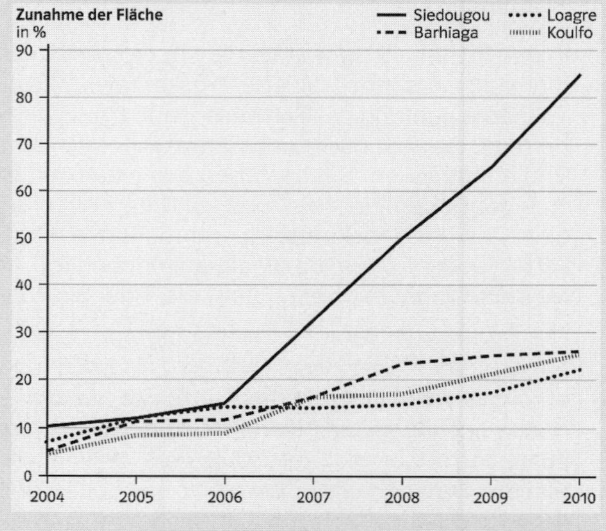

Quelle: https://www.giz.de/fachexpertise/downloads/giz2013-de-flussschwellen.pdf, S.32. Zugriff (29.05.2015)

M4

Name: Klasse: Datum:

© Ernst Klett Verlag GmbH, Stuttgart 2015. | www.klett.de | Erstellt für: TERRA Geographie Qualifikationsphase Nordrhein-Westfalen | ISBN: 978-3-12-104130-5
Alle Rechte vorbehalten. Von dieser Druckvorlage ist die Vervielfältigung für den eigenen Unterrichtsgebrauch gestattet.
Die Kopiergebühren sind abgegolten. Für Veränderungen durch Dritte übernimmt der Verlag keine Verantwortung.

Den Boden unter den Füßen verlieren – Desertifikation im Sahel

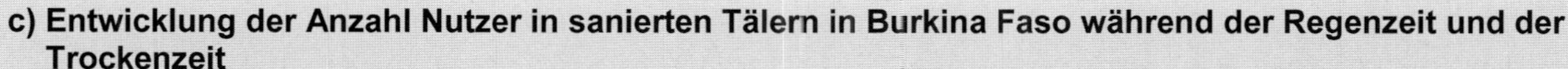
c) Entwicklung der Anzahl Nutzer in sanierten Tälern in Burkina Faso während der Regenzeit und der Trockenzeit

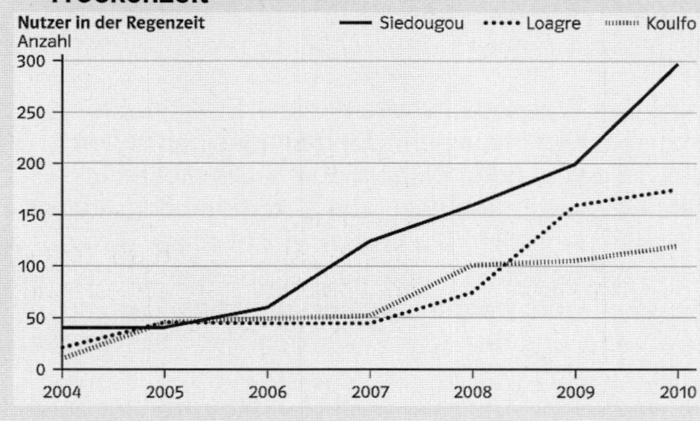

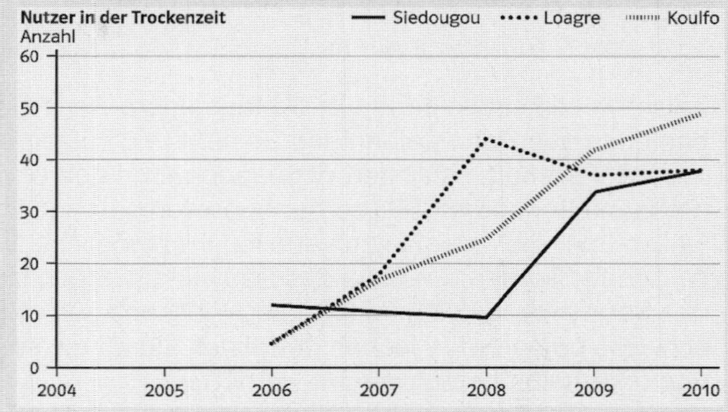

M4

a) Ertragssteigerungen der Regenzeitkulturen durch Talschwellen

Land	Ertrag	
	ohne Talschwellen	mit Talschwellen
Burkina Faso	Reis: 800 kg/ha	2000 kg/ha
Niger	Hirse: 333 kg/ha	675 kg/ha
Tschad	Sorghum: 362 kg/ha	481 kg/ha
	Hirse 158 kg/ha	653 kg/ha

b) Ertragssteigerungen von Trockenzeitkulturen im Niger

Kultur	Ertrag vor Talschwellen (t/ha)	Ertrag nach Bau der Talschwellen (t/ha)
Zwiebeln	20,5	26,8
Kürbis	16,1	21,1
Tomaten	2,5	3,0
Süßkartoffeln	7,9	8,3

Quelle: https://www.giz.de/fachexpertise/downloads/giz2013-de-flussschwellen.pdf, S. 35f. (Zugriff:29.05.2015)

M5 Wirkung der Talschwellen auf die landwirtschaftlichen Erträge

Wirkung der Talschwellen auf das Wirtschafts- und Sozialgefüge der betreffenden Dörfer

Kulfo, ein Dorf im Osten von Burkina Faso besaß kaum wirtschaftliche Aktivitäten. Die Bevölkerung lebte von der Subsistenz und war stark verarmt. Auf dem lokalen Markt gab es nur wenige Produkte zu kaufen. Mit dem Bau von 2 Talschwellen steigerten sich deutlich Produktion und Einkommen der Talnutzer. Nach nur wenigen Jahren besitzen viele Haushalte landwirtschaftliches Gerät, Motorräder und andere Güter. Die Verkaufsstände auf dem Markt sind inzwischen gut gefüllt und massiv gebaut. Aus einigen sind permanente Geschäfte geworden. Weitere Arbeitsmöglichkeiten entwickelten sich, wie etwa der Handel mit landwirtschaftlichen Gütern, der Fischfang, die Herstellung von Erdziegeln oder die Wartung der Talschwellen. Einer der Bauern im Tal - Herr Ouedraogo – ist inzwischen einer der größten Reis- und Gemüseproduzenten im Dorf und unterhält seinen eigenen Laden.
Auch die Arbeit der Frauen in den Dörfern wird durch die Verfügbarkeit von und den leichteren Zugang zu Wasser durch die geringe Tiefe des Wasserspiegels erleichtert. Wasser kann in der Nähe geholt werden und muss nicht mehr aus großer Tiefe gezogen werden. In der eingesparten Zeit können sie sich noch mehr der Familie widmen. Hier hat sich die Ernährungssituation durch den Gemüseanbau und die Einführung neuer Kulturen positiv verändert.
Zudem hat die Abwanderung der jungen, männlichen Bevölkerung, in der Hoffnung, in der Stadt eine bessere berufliche Zukunft vorzufinden, stark abgenommen. Im Gegenteil: bereits Abgewanderte sind wieder in ihre Dörfer zurückgekehrt, da sie von den positiven Veränderungen erfahren haben.

Quelle: https://www.giz.de/fachexpertise/downloads/giz2013-de-flussschwellen.pdf, S. 42, ergänzt. (Zugriff:29.05.2015)

M6

Name: **Klasse:** **Datum:**

© Ernst Klett Verlag GmbH, Stuttgart 2015. | www.klett.de | Erstellt für: TERRA Geographie Qualifikationsphase Nordrhein-Westfalen | ISBN: 978-3-12-104130-5
Alle Rechte vorbehalten. Von dieser Druckvorlage ist die Vervielfältigung für den eigenen Unterrichtsgebrauch gestattet.
Die Kopiergebühren sind abgegolten. Für Veränderungen durch Dritte übernimmt der Verlag keine Verantwortung.

Den Boden unter den Füßen verlieren – Desertifikation im Sahel

Lösung

Talschwellen zur Rehabilitierung degradierter Trockentäler: Ein erfolgreiches Instrument gegen die fortschreitende Desertifikation?

1 Stellen Sie den Aufbau der Talschwellen sowie die mit ihrer Errichtung verbundenen Hoffnungen dar.

Talschwellen sind niedrige Rückstaumauern zur Minderung des Wasserabflusses und der Erosion. Sie bestehen aus Natursteinen und Zement und setzen sich zusammen aus einem Überlauf im eigentlichen Trockenflussbett, seitlichen Widerlagern und den über das Tal reichenden Flügelmauern. Sie dienen in Trockentälern, deren Flüsse nur über wenige Tage im Jahr Wasser führen dazu, die ankommenden Abflusswellen über die Talsohle zu verteilen und möglichst viel Wasser einsickern zu lassen. Hochwasser wird auf die seitlichen Flächen oberhalb des Bauwerks verteilt, um dann die seitlichen Flügel zu überfluten und unterhalb des Bauwerks langsam in Richtung Flussbett zurückzufließen. Dabei werden dann die unterhalb der Talschwelle gelegenen Flächen überflutet. Durch die seitliche Verteilung des Wassers sollen also Flächen ober- und unterhalb überschwemmt werden.
Im Gegensatz zu den verschiedenen Arten von Dämmen werden mit Talschwellen keine Stauseen für spätere Verwendungszwecke angestrebt. Talschwellen erzeugen eine lediglich temporäre Überflutung der seitlich darüber und darunter liegenden Flächen.

Talschwellen sollen die Grabenerosion in Talsohlen stoppen und ein Abflussregime herstellen, das demjenigen intakter Talsohlen entspricht, das heißt, sie fördern die Überflutung der Talsohle. Das Ziel kann je nach Präferenz der Nutzer vorrangig die land- oder viehwirtschaftliche Nutzung oder die Speisung und Anhebung des Grundwassers sein. Im Einzelnen sind mit der Errichtung von Talschwellen folgende Hoffnungen respektive Ziele verknüpft:
- Der Boden soll mit fruchtbarem Sediment versorgt, Salze ausgewaschen, die Bodenfruchtbarkeit insgesamt erhöht werden.
- Die entstandenen Erosionsgräben im Tal sollen verfüllt werden.
- Die Infiltrationsrate des Wassers soll erhöht werden.
- Der Grundwasserspiegel soll wieder ansteigen.
- Die landwirtschaftlich nutzbare Fläche soll vergrößert werden.
- Das Leben der dort lebenden Menschen soll sich sozial und wirtschaftlich wieder stabilisieren.

2 Überprüfen Sie mit Hilfe der Materialien, ob sich die Hoffnungen bislang erfüllt haben.

Insgesamt lassen sich nach Auswertung der gegebenen Materialien die oben aufgeführten Hoffnungen, die mit dem Bau von Talschwellen verbunden waren, bestätigen.
Das Anheben des Grundwasserspiegels durch die Talschwellen wird in allen drei Ländern bestätigt (M3). In Niger lag vor Beginn der Arbeiten die durchschnittliche Tiefe des Grundwassers der 15 dargestellten rehabilitierten Talauen bei 12,5 m. Bis 2009 stieg das Grundwasser um durchschnittlich 8,5 m an und der mittlere Grundwasserspiegel befand sich in einer Tiefe von 3,5 m (M3a). Ähnliche Erfolge konnten auch in Burkina Faso und im Tschad beobachtet werden (M3b).
Infolge der besseren Wasserverfügbarkeit konnte sich eine vergleichsweise dichte Vegetation, die das verfügbare Bodenwasser nutzt, oder über tiefgreifende Wurzeln auf das Grundwasser zugreifen kann, entwickeln. Die Vegetation reichert den Boden mit zusätzlicher organischer Substanz und Nährstoffen an und stabilisiert die Bodenstruktur, wodurch Wasseraufnahmefähigkeit und Erosionswiderstand verbessert werden. Die Vegetationszunahme und das Vorhandensein von kleinen Wasserstellen kommen auch der für diese Region typischen Weidewirtschaft zugute, da die Tiere neben Wasser nun auch wieder ausreichend Weidegründe vorfinden.
Eine der wichtigsten wirtschaftlichen Auswirkungen von Talschwellen ist die Ausdehnung bzw. Rückgewinnung produktiver Flächen durch die großflächige Verteilung des Wassers. Davon profitieren sowohl Flächen oberhalb als auch unterhalb einer Schwelle und werden wieder nutzbar. Ein Beispiel der Entwicklung der genutzten Fläche in vier Tälern in Burkina Faso gibt Abbildung M4b. Die anfänglich bewirtschaftete Fläche war durch die fortgeschrittene Erosion auf zwischen 5 und 10 ha geschrumpft. Sie nahm auf 20 bis 85 ha zu. Im spektakulärsten Fall (Siedougou) entsprach dies dem Achtfachen, aber auch in Koulfou und Barhiaga verdoppelte bis vervierfachte sich die bewirtschaftete Fläche. Ein ähnliches Bild zeigt sich in Niger, wo bis Ende 2010 etwa 4.731 Betriebe von den sanierten Talsohlen profitiert haben. Im Mittel hatte jeder dieser Betriebe 0,6 ha Talfläche vor der Sanierung. Diese wurde durch die Rehabilitierung auf 2,2 ha pro Betrieb erhöht, was 7.000 ha zusätzlicher Talflächen für den Regenfeldbau entspricht (M4a).

Name: Klasse: Datum:

© Ernst Klett Verlag GmbH, Stuttgart 2015. | www.klett.de | Erstellt für: TERRA Geographie Qualifikationsphase Nordrhein-Westfalen | ISBN: 978-3-12-104130-5
Alle Rechte vorbehalten. Von dieser Druckvorlage ist die Vervielfältigung für den eigenen Unterrichtsgebrauch gestattet.
Die Kopiergebühren sind abgegolten. Für Veränderungen durch Dritte übernimmt der Verlag keine Verantwortung.

Den Boden unter den Füßen verlieren – Desertifikation im Sahel

Lösung

Aber nicht nur die landwirtschaftlich nutzbare Fläche vergrößerte sich im Zuge der besseren Wasserverfügbarkeit, sondern auch die Anzahl der Ernten pro Jahr und Fläche. Nach der Sanierung können nun neben der auf größerer Fläche angebauten Regenkultur auf einem Teil dieser Fläche eine Nachkultur und – nach Ansteigen des Grundwasserspiegels – noch eine weitere Bewässerungskultur angebaut werden. So war in Burkina Faso in acht von 15 untersuchten Tälern vor der Rehabilitierung kein Anbau während der Trockenzeit möglich und in den restlichen Tälern nur auf kleinen Flächen. Nach Bau der Talschwellen wird in 13 der 15 Täler zumindest eine weitere Kultur angebaut (M4a).
Die bessere Wasserverfügbarkeit führt aber auch dazu, dass die Ernteerträge pro Hektar anstiegen. So zeigen Erhebungen der Regenkulturen in den drei untersuchten Ländern deutliche Mehrerträge: In Burkina Faso stiegen die Getreideerträge um das 2,5fache (M5a). In Niger erzielte Hirse durch die Schwellen den 1,9fachen Ertrag und Sorghum den 1,3fachen Ertrag. Vergleichbar der Situation in Niger, wurde auch in Tschad im Durchschnitt von Normaljahren die 1,8fache Getreideernte erzielt. In Trockenjahren war der Effekt noch deutlicher (3,1facher Ertrag/ha). Die Ertragszuwächse durch die Talschwellen sind auch bei den während der Trockenzeit angebauten Gemüsekulturen erkennbar. Unterschiedlich nach Kultur lagen sie in Niger im Allgemeinen zwischen 20 und 30 % (M5b).
Die Ausdehnung der Flächen durch die Talschwellen, die Steigerung der Erträge und somit die zusätzliche Produktion und die Diversifizierung der Anbaukulturen infolge der zwei bis drei Ernten im Jahr verbessern die Ernährungssicherung und erhöhen die Bareinkommen der Nutzer. Zusätzlich zu der Einkommenssteigerung des Einzelnen ist auch zu erwähnen, dass die Gesamtzahl der Nutzer (M4c) stark zugenommen hat. Das bedeutet mehr Einkommensempfänger in der Gesellschaft und damit eine Verbesserung der gesamtwirtschaftlichen Situation.
Außer ökologischen und ökonomischen Wirkungen haben Talschwellen weitere wichtige Einflüsse auf die betroffenen Dörfer. Zusätzliche Beschäftigungs- und Einkommensmöglichkeiten während der Trockenzeit stabilisieren die lokale Bevölkerung. So zeigt M6, dass die Abwanderung der jungen, männlichen Bevölkerungsschicht abgenommen hat und in einigen Dörfern bereits länger Abgewanderte wieder in ihre Dörfer zurückkommen, da sie von den positiven Veränderungen erfahren haben. Im Umfeld der Talschwellen haben sich weitere kleine Arbeitsmöglichkeiten entwickelt, wie der Handel mit landwirtschaftlichen Gütern, der Fischfang, die Herstellung von Erdziegeln oder die Wartung der Talschwellen (M6). Insgesamt entwickeln sich die sanierten Täler zu Polen erhöhter lokaler Wirtschaftsaktivität mit Auswirkungen auf Transport, Handel und Weiterverarbeitung. Die Arbeit der Frauen in den Dörfern wird durch die Verfügbarkeit von und den leichteren Zugang zu Wasser durch die geringe Tiefe des Wasserspiegels erleichtert. Wasser kann in der Nähe geholt werden und muss nicht mehr aus großer Tiefe gezogen werden. Die Frauen bestätigen auch eine bessere, vielfältigere Ernährung der Kinder durch den Gemüseanbau und die Einführung neuer Kulturen.
Zusammenfassend lässt sich also eine deutliche Verbesserung der ökologischen, ökonomischen sowie sozialen Lage in den Regionen, in denen Talschwellen errichtet worden sind, feststellen.

Name: Klasse: Datum:

© Ernst Klett Verlag GmbH, Stuttgart 2015. | www.klett.de | Erstellt für: TERRA Geographie Qualifikationsphase Nordrhein-Westfalen | ISBN: 978-3-12-104130-5
Alle Rechte vorbehalten. Von dieser Druckvorlage ist die Vervielfältigung für den eigenen Unterrichtsgebrauch gestattet.
Die Kopiergebühren sind abgegolten. Für Veränderungen durch Dritte übernimmt der Verlag keine Verantwortung.

Intensivierung und Strukturwandel in der gemäßigten Zone

Strukturierungshilfe

Phase	Thema	Seite	Material	Aufgabe	Methodische Hinweise
Einstieg	Bedeutung der gemäßigten Zone als landwirtschaftlich intensiv genutzter Raum Fokussierung auf: Strukturwandel mit Konzentration auf weniger große Betriebe	S. 44	Text, M2, M3, Atlas M1, M4		
Erarbeitung 1	Ausmaß und Zeitraum des Strukturwandels	S. 45	M4	S. 47, Nr. 1	
Erarbeitung 2	Ökonomische Gründe des Strukturwandels/Konsumgewohnheiten	S. 45	Text, M6	S. 47, Nr. 2	
Erarbeitung 3	Mechanisierung und Spezialisierung als Merkmale des Strukturwandels	S. 46	Text, M8–M12	S. 47, Nr. 3+4	
Sicherung	Wirkungsgefüge zu Gründen und Merkmalen des Strukturwandels	S. 45–46	Text, M5–M12	S. 47, Nr. 6a)	
Erarbeitung 4	Förderung des Strukturwandels durch politische Rahmenbedingungen	S. 47	Text, M13	S. 47, Nr. 6b)	
Alternative Erarbeitung 2–4 Gruppenpuzzle	Gründe und Rahmenbedingungen des Strukturwandels	S. 45–47	Text, M5–M13	S. 47, Nr. 6	– 3er Stammgruppe aufteilen nach Interesse (S. 45–47) – jeweils erarbeiten und in Expertengruppe Verständnis abklären – in Stammgruppe Informationen austauschen und gemeinsam das Wirkungsgefüge erstellen
Vertiefung 1	Strukturwandel am Beispiel der Schweinemast	S. 48–49	Text, M16	S. 47, Nr. 7	
Vertiefung 2	Auswirkungen der Intensivierung	S. 49	Text, M18–21	S. 47, Nr. 8	
In der ökologischen Landwirtschaft alles besser?					
Einstieg	Vergleich der beiden kontrastierenden Abbildungen in Bezug auf die Merkmale der ökologischen Landwirtschaft	50	M25, M26		Aktivierung von Vorwissen über ökologische Landwirtschaft
Erarbeitung 1	Merkmale, Bedingungen und Entwicklung der ökologischen Landwirtschaft in Deutschland	50–51	Autorentext S. 50–51, M24, M27–33	9, 11	
Erarbeitung 2	Transfer der zuvor erarbeiteten Merkmale der ökologischen Landwirtschaft auf den „Bioland Finkes Hof"	52	M34–38, Autorentext, S. 52		
Problematisierende Vertiefung	Probleme der zukünftigen Entwicklung der ökologischen Landwirtschaft in Deutschland	53	M39–41	10	

Lösungshinweise Seite 47

1 Stellen Sie die Veränderungen der Betriebsstrukturen anhand des Diagramms 4 dar.

Diagramm 4 zeigt den Wandel der Landwirtschaft in den USA und in Deutschland. Über die Zeit von 1930 bis 2012 sind für beide Länder die Anzahl der Betriebe und die Nutzfläche pro Betrieb angegeben. In den USA gab es 1930 etwas mehr als 6 Millionen Farmen mit Flächen von durchschnittlich 60 ha. Eine deutliche Änderung dieser Verteilung ist ab dem Jahr 1950 zu erkennen. Die Zahl der Farmen nimmt bis etwa 1970 sehr stark ab, auf nur noch 3 Millionen. Auch danach geht die Anzahl der Farmen bis 1990 noch weiter zurück und bleibt dann relativ konstant auf 2 Millionen. Mit diesem Rückgang ist eine starke Ausweitung der landwirtschaftlichen Nutzflächen der Farmen verbunden. 1970 werden etwa 150 ha, 1990 sogar mehr als 180 ha Nutzfläche erreicht, bevor sich der Wert dann von Ende der 1990er Jahre bis 2012 auf einem Stand von etwa 175 ha einpendelt. Eine ähnliche Entwicklung ist auch in Deutschland zu erkennen. Die Anzahl der Betriebe sinkt von etwa 1,7 Millionen im Jahr 1949 sehr kontinuierlich auf etwa 250 000 in 2012 ab. Auch in Deutschland ist mit dieser Entwicklung eine Vergrößerung der landwirtschaftlichen Nutzflächen der Betriebe verbunden. Lag die Fläche im Jahr 1970 im Schnitt noch bei etwa 10 ha, so stieg sie bis 1990 zunächst langsam auf 20 ha an bevor dann ein stärkeres Größenwachstum einsetzte, das bis 2012 zu einer Nutzfläche von 60 ha pro Betrieb führte.
Sowohl in den USA als auch in Deutschland ist damit festzustellen, dass immer weniger Betriebe immer größere Flächen bewirtschaften. Es findet somit eine Konzentration in der Landwirtschaft statt. In den USA ist dieser Strukturwandel schon so weit fortgeschritten, dass die Betriebe dreimal so groß wie in Deutschland sind und kein weiteres Größenwachstum mehr stattfindet. In Deutschland scheint der Prozess noch ungebremst anzuhalten.

2 Erläutern Sie den Zusammenhang zwischen dem Konsumverhalten, den Bruttomargen der Schweinemast und den Stallgrößen.

Da Konsumenten auch beim Schweinefleisch sehr preisbewusst einkaufen, versuchen auch die Lebensmittelhändler das Fleisch möglichst billig zu bekommen. Bei gleichzeitigem Anstieg der Betriebsmittelpreise bleibt für den Landwirt nur noch ein geringer Gewinn pro Schwein, das er verkauft. Ein Betrieb der Schweine mästet, hat aber auch Kosten zu tragen. Die Investition für den Stall mit Klima- und Futtersteuerung, für Landmaschinen zum Anbau von Futtermitteln sowie dem Ausbringen der Gülle und vieles mehr muss der Betrieb erwirtschaften. Ist der Gewinn pro Schwein zu gering, so muss der Betrieb entsprechend große Ställe bauen. In einer Modellrechnung (M 6) wird dargestellt, dass bei einer Bruttomarge für Schweine von 25 €/Schwein im Jahr 4 000 Schweine verkauft werden müssen, um ein Jahres-Bruttoeinkommen von 100 000 € zu erwirtschaften. Das bedeutet, dass bei einer Mastdauer von 4 Monaten eine Stallgröße von 1 600 Plätzen nötig ist. In Diagramm 6 kann man jedoch ablesen, dass die Bruttomarge von 2007 bis 2013 nur zwischen 12 und 15 € lag. Aus diesen Zahlen würde sich sogar eine ökonomisch notwendige Stallgröße von > 3 000 Mastplätzen ergeben.

3 Erläutern Sie warum im Zusammenhang mit modernen Tierställen oft der Begriff „Agrarfabriken" verwendet wird.

In Anlehnung an Entwicklungen in der Industrie wird im Kontext der modernen Tierställe der Begriff „Agrarfabrik" verwendet, weil hier große Mengen produziert werden und die Tiere Teil einer klar organisierten Produktionskette sind. Sie werden zu standardisierten Produkten, die eine bestimmte Mastzeit haben und ein bestimmtes Schlachtgewicht erreichen müssen. Zudem sind die Tierställe Produktionshallen für die viel Kapital aufgewendet werden muss. Ähnlich wie in der Industrie, wo es Zulieferbetriebe und nachgelagerte Produktionsschritte gibt, findet man diese Struktur auch mit den spezialisierten Betrieben zur Futterproduktion, zur Ferkelproduktion und nachgelagert große Schlachtereien.

4 Beschreiben Sie Merkmale des Strukturwandels mithilfe von Foto 8 und Grafik 10.

Deutliche Merkmale des Strukturwandels sind die Intensivierung, Mechanisierung und Spezialisierung. In Foto 8 wird die Mechanisierung besonders deutlich. Etwa 40 Kühe können in einem modernen Melkkarussell gleichzeitig gemolken werden. Dabei ist festzustellen, dass kaum noch Menschen gebraucht werden, um diese Arbeit zu machen, sie wird lediglich noch vor Ort überwacht. Eine solche Anzahl Kühe an einem Ort spricht jedoch auch dafür, dass hier ein großer Tierbestand in einem Betrieb gehalten wird, was auf eine intensivere Produktion bezogen auf Fläche und Arbeitskräfte hinweist. Die Melkanlage zeugt zudem von Spezialisierung auf Milchwirtschaft.
Grafik 10 unterstreicht die Organisation der Produktion in spezialisierten Betrieben. Was hier für die Schweinefleischerzeugung dargestellt ist, kann auf die Milchwirtschaft übertragen werden. Auch hier existieren mit Futterbaubetrieben, Kälberzuchtbetrieben und Molkereien vor- und nachgelagerte, spezialisierte Betriebe.

5 Stellen Sie den Strukturwandel aus dem Blickwinkel der Beschäftigungswirksamkeit dar.

Aus der Sicht der Beschäftigungswirksamkeit ist der Strukturwandel problematisch. Da immer mehr mit immer weniger Menschen produziert werden kann, gibt es in den Agrarbetrieben immer weniger Arbeitsplätze. Ohne eine solche Konzentration wäre jedoch die Produktion im Vergleich mit anderen Betrieben auf dem Weltmarkt nicht konkurrenzfähig. Die Betriebe und damit die Arbeitsplätze wären gefährdet. Die Spezialisierung und Mechanisierung führt gleichzeitig auch zur Entwicklung von Betrieben, die Agrartechnik entwickeln und konstruieren. Hier werden wiederum Arbeitsplätze geschaffen.

6 Erstellen Sie ein Wirkungsgefüge zum Strukturwandel, in dem Sie
a) das vorgegebene Wirkungsgefüge 13 beenden,
b) Stellen markieren, an denen politische Einflussnahme geschehen ist.

Wirkungsgefüge Strukturwandel

technische Entwicklungen
Mechanisierung, Automatisierung
ermöglicht
erfordert
Spezialisierung
Vernetzung mit Anbietern von Gütern und Dienstleistungen (Futtermittel, Düngemittel, Saatgut)

ökonomische Rahmenbedingungen
steigende Betriebskosten
geringe Preise für landwirtschaftliche Produkte
geringe Gewinnspanne bei landwirtschaftlichen Produkten
bei Ausweitungsmöglichkeit, rentablen Bedingungen, Kapital: Erhöhung der Produktionsmenge
wenig Raum, Kapital, ungeklärte Hofnachfolge: Betriebe geben auf
ausreichendes Betriebseinkommen

Konsumgewohnheiten
sinkender Anteil der Ausgaben für Lebensmittel
Vergrößerung der Betriebe (Anbaufläche / Tierbestand)
Intensivierung der Produktion

politische Rahmenbedingungen
Agrarpolitik bis 90er Jahre: Preisstützung
Agrarpolitik 90er Jahre bis 2003: Direktzahlungen nach Fläche und Produktion
Agrarpolitik nach 2003: Zahlungen an Einhalten von Umwelt-, Verbraucher- und Tierschutzvereinbarungen gebunden
Agrarpolitik 2014 bis 2020: Basisförderung für Betriebe, erhöhte Zahlungen für Umweltmaßnahmen
Fördermittel sind an politische Entscheidungen gebunden und tragen deutlich zum Betriebseinkommen bei

Lösungshinweise

Seite 49

7 Erläutern Sie die Veränderung der Betriebsstrukturen in der Schweinemast

In der deutschen Schweinemast ist zwischen 1999 und 2013 eine enorme Konzentration festzustellen. Die Hälfte der Schweinehalter gab in dieser Zeit ihren Betrieb auf bei gleichzeitigem leichten Ansteigen der Schweinezahl. Daraus wird eine Steigerung der Schweine pro Halter deutlich. Waren es 1999 noch 185 Schweine je Halter, so stieg der Wert bis 2013 auf 590 an. Die Betriebe wurden größer. Wie extrem diese Entwicklung war, zeigt wieder die Statistik: Der Anteil der Betriebe mit mehr als 1000 Schweinen war 1999 noch bei 1%. Im Jahr 2013 hatten schon 19,3% der Betriebe eine solche Größe und vereinten mehr als 2/3 aller Schweine auf sich.

Diese Vergrößerung der Betriebe und Konzentration auf wenige Betriebe ist auf der Basis der gestiegenen Futtermittelpreise zu sehen, die den Gewinn pro Tier schmälert und damit aus ökonomischer Sicht eine größere Anzahl an Tieren notwendig macht. Die großen Tierbestände können jedoch nicht mehr von eigenen Flächen mit Futter versorgt werden und auch die Entsorgung der Gülle gelingt nicht mehr auf den eigenen Flächen. Entsprechend werden diese Bereiche ausgelagert. Gülle wird abtransportiert und Futter genauso wie die „fertig" gezüchteten Ferkel gekauft, da deren Erzeugung in einem spezialisierten Betrieb günstiger ist.

8 Nehmen Sie Stellung zu der Forderung von Niedersachsens Agrarminister: „Wir brauchen eine flächenangepasste Tierhaltung."

Der Tierbesatz ist mit den Strukturveränderungen im westlichen Niedersachsen weiträumig auf mehr als 300 Schweine je 100 ha landwirtschaftlich genutzter Fläche angestiegen. Im Kreis Vechta liegt dieser Wert sogar bei 1674 Schweinen! Bei solchem Tierbesatz kann nicht von einer flächenangepassten Tierhaltung gesprochen werden, da auf den Betriebsflächen weder das Futter für so viele Tiere erzeugt, noch die Gülle ausgebracht werden kann. Einen solchen Nitrateintrag können Boden und Vegetation nicht verwerten. Es kommt zu einer Belastung des Grundwassers. Karte 20 zeigt, dass im Norden der Region mit hohem Tierbesatz das Grundwasser aufgrund der Nitratbelastung in einem schlechten Zustand ist. Ein Hydrologe warnt daher auch, dass die Gefahr akut droht, dass das Grundwasser nicht mehr zu Trinkwasser aufbereitet werden könnte. Zusammen mit dem Phosphor aus den Tierexkrementen stellt der Eintrag ins Wasser auch eine Gefahr für Menschen dar, bei denen die Stoffe krebserregend wirken können. Da sowohl eine Gefährdung der Umwelt als auch der Menschen durch die hohen Konzentrationen der Tierexkremente pro Fläche auftreten, ist eine flächenangepasste Tierhaltung zu befürworten.

9 Erläutern Sie die Entwicklung der ökologischen Landwirtschaft in Deutschland.

Allgemein kann festgestellt werden, dass die Bedeutung der ökologischen Landwirtschaft in Deutschland stetig steigt.
So hat sich die Anzahl der ökologisch bewirtschafteten Betriebe von ca. 7500 (1996) auf ca. 23 000 (2013) verdreifacht (M 29). Entsprechend ist auch ihr Anteil an den Agrarbetrieben Deutschlands von etwa 2% (1996) auf mehr als 6% (2013) und ihr Anteil an der Agrarfläche Deutschlands von 1,8% (1996) auf über 8% gestiegen (M 29).

Betrachtet man die Entwicklung des Gewinns pro Arbeitskraft in M41, so hat sich dieser sowohl in der konventionell also auch in der ökologisch betriebenen Landwirtschaft von 1996 bis 2013 auf ca. 30000€/Arbeitskraft verdoppelt. Die Gewinnentwicklungen beider Wirtschaftsformen verlaufen auch relativ parallel zusammen, wobei der Gewinn in der ökologischen Landwirtschaft zumeist leicht höher ausfällt als in der konventionellen Landwirtschaft. Eine Trendwende scheint sich im Wirtschaftsjahr 2012/2013 anzubahnen, in welchem zum ersten Mal in diesem Jahrtausend der Gewinn aus der konventionellen Landwirtschaft höher ausfällt als der aus der ökologischen Landwirtschaft.

10 Beurteilen Sie die Möglichkeiten und Grenzen der ökologischen Landwirtschaft in Deutschland.
Immer mehr Deutsche wenden sich aus den verschiedensten Gründen (M23) den Produkten aus ökologischer Landwirtschaft zu. Durch die steigende Nachfrage floriert und expandiert diese nachhaltige Wirtschaftsform. Entsprechend wächst die Anzahl der Biohöfe resp. ihre Flächenanteile an der gesamten deutschen Agrarfläche (M29).
Doch ist die deutsche Nachfrage nach Bioprodukten mittlerweile so groß, dass sie durch die heimische Produktion allein nicht mehr befriedigt werden kann. „Weder die Größe der Anbauflächen noch die Zahl der Betriebe halten Schritt mit dem Wachstum des Marktes" (M39). Zwar wird die heimische Ökolandwirtschaft zwangsläufig einmal an ihre räumlichen Grenzen stoßen – denn ökologische Landwirtschaft funktioniert nur mit extensiverer Bewirtschaftung. Doch auch von dem vom Rat für Nachhaltige Entwicklung intendierten Zielanteil der ökologischen Landwirtschaft von 20% ist man derzeit mit knapp 6% Flächenanteil noch weit entfernt (M29, M39). Dies liegt auch an der lebhaften Konkurrenz um die vorhandenen Agrarflächen. Durch die derzeitigen politischen Rahmenbedingungen wird der Anbau von Energiepflanzen großzügiger subventioniert, sodass diese Branche einen klaren Wettbewerbsvorteil gegenüber der ökologischen Landwirtschaft besitzt, die die steigenden Pachtpreise der knapper werdenden Flächen nicht mehr bezahlen kann (M39).
Um den deutschen „Hunger" auf Bioprodukte zu stillen, drängen immer mehr ausländische Produzenten auf den deutschen Markt. Mittlerweile stammen über 80% der in Deutschland erhältlichen Bio-Tomaten aus anderen Staaten wie Spanien, den Niederlanden, Israel oder Italien. Bei anderen Bio-Produkten sieht dies ähnlich aus (M40). Bald schon sollen auch Bio-Produkte aus Argentinien, Australien, China, Peru oder Indien in Deutschland zu erwerben sein (M39). Dessen Anbau soll zwar offiziell ebenfalls den Vorgaben der EU-Öko-Verordnung entsprechen, jedoch widerspricht alleine der lange Transportweg den Prinzipien der Nachhaltigkeit.
Problematisch kann auch der derzeitige Trend angesehen werden, dass der Gewinn pro Arbeitskraft aus der konventionellen Landwirtschaft wieder höher ist als der aus der ökologisch betriebenen Landwirtschaft. Nicht wenige Landwirte wechseln daher von der ökologischen Landwirtschaft wieder zurück in die konventionelle Betriebsform, da diese lukrativer ist (M41).

11 Gestalten Sie eine Präsentation, in der Sie die verschiedenen Biosiegel mit ihren Merkmalen und Unterschieden vorstellen.
Individuelle Schülerlösungen auf Grundlage der Zusammenstellung der wichtigsten Merkmale der gängigsten Biosiegel. Als Orientierung kann folgende, grundlegende Information dienen: 2010 wurde EU-weit ein verbindliches neues Bio-Siegel eingeführt, welches sämtliche in Europa nach den Vorgaben der EU-Öko-Verordnung erzeugten Bio-Produkte kennzeichnet. Parallel dazu gibt es das bereits 2001 in Deutschland eingeführte deutsche staatliche Bio-Siegel, das ebenfalls Lebensmittel und andere Produkte kennzeichnet, die den Kriterien der EU-Öko-Verordnung genügen. 2015 nutzen 4486 Unternehmen das nationale staatliche Bio-Siegel auf 70393 Produkten (Stand: 31. März 2015).
Die Richtlinien vieler deutscher, nicht-staatlicher Bio-Verbände haben wesentlich höhere Standards und strengere Kriterien als in der EU-Öko-Verordnung verlangt. Sie sehen die EU-Öko-Standards als Minimalstandard an. Das heißt, die Produkte müssen nach der EU-Öko-Verordnung zertifiziert sein und zusätzlich die Standards der Verbände erfüllen, um auch ein Verbandszertifikat zu erlangen. Im Gegensatz zu der EU-Öko-Verordnung verpflichten sich diese Bio-Verbände unter anderem dazu,
- die Betriebe komplett ökologisch zu betreiben, einzelne Betriebszweige (z. B. Tierhaltung) können davon nicht ausgenommen werden.
- den gehaltenen Tieren mehr Platz einzuräumen und Säugetieren und Geflügel ohne Ausnahme Zugang zu Weide oder Auslauf zu ermöglichen. Geflügel darf nicht in Käfigen gehalten werden.
- konventionelle Futtermittel gar nicht oder nur in einem sehr begrenzen Rahmen zuzufüttern. Die EU-Verordnung erlaubt hier größere Anteile.

Weitere Informationen zu den gängigsten Biosiegeln erhalten Sie unter den folgenden weblinks:
http://www.bio-siegel.de/, http://www.naturland.de/, http://bioland.de, http://demeter.de, http://www.ecoland.de/, http://ecovin.de, http://gaea.de/, http://biokreis.de/, http://biopark.de, http://de.wikipedia.org/wiki/Bio-Siegel

Weitere, der Anwendung/Vertiefung dienende Arbeitsaufträge:
1. Im ökologischen Landbau ist es zwar erlaubt, viehlosen Ackerbau zu betreiben, jedoch keinesfalls eine flächenlose Tierhaltung. Erklären Sie diese Aussage.
2. Kennzeichnen Sie den Finkes Hof als einen Hof mit ökologischer Ausrichtung.
3. Gestalten Sie eine Präsentation, in der sie einen Bio-Hof aus Ihrer Umgebung vorstellen.
4. Vergleichen Sie das Angebot an Obst- und Gemüsesorten aus einem Biomarkt mit dem eines Supermarktes.
5. Nehmen Sie Stellung zu der Überschrift dieses Teilkapitels: „In der ökologischen Landwirtschaft ist alles besser!?"
6. Erörtern Sie, inwieweit der Kauf einer Bio-Banane aus Equador den Kriterien der Nachhaltigkeit entspricht.
7. Nehmen Sie Stellung zu der folgenden Aussage: „Ich finde, es gehört zu unserer Kultur, dass wir nicht nur Fachwerkhäuser und Kirchen erhalten, sondern auch alte Tierrassen und Obstsorten."

Instrumente zur Messung der Nachhaltigkeit

Strukturierungshilfe

Phase	Thema	Seite	Material	Aufgabe	Methodische Hinweise
Einstieg	Problemfrage: „Wie kann man nachhaltiges Leben oder Wirtschaften messen?“	54			Sammeln und Überprüfen von Schüler-Ideen
Erarbeitung 1	Ökologischer Rucksack	54–55	Autorentext S. 54–55, M1–6	1–3	Denkbar wäre auch der Einsatz eines Lerntempoduetts, eines Gruppenpuzzles oder eines Placemats, um die beiden Themenkomplexe „Ökologischer Rucksack“ und „Ökologischer Fußabdruck“ arbeitsteilig und kooperativ zu erarbeiten. Kopiervorlage: Welcher Apfel hat den leichtesten ökologischen Rucksack?
Erarbeitung 2	Ökologischer Fußabdruck	56–57	Autorentext, S. 55–56, M7–12	4–9	

Lösungshinweise Seite 47

1 Der lange Weg einer Jeans

Lesehilfe und Hintergrundinformationen zu M2 „Der Lebensweg einer Jeans“

Verfolgen wir einmal den Lebensweg einer ganz normalen Jeans: Die Reise beginnt in Usbekistan, einem der Hauptanbaugebiete für Baumwolle, dem Stoff, aus dem die Jeans besteht. Der Anbau von Baumwolle verlangt hohe Temperaturen und sehr viel Wasser - Wasser, das in diesen Trockenräumen der Erde ein kostbarer Rohstoff ist. Etwa 5000 l Wasser werden zur Bewässerung der Baumwolle für eine einzige Jeans benötigt. Um die Bewässerung sicher zu stellen, wurden Flüsse extra umgeleitet. Der Aralsee, einer der größten Seen der Welt, trocknet infolgedessen zunehmend aus, da er kaum noch Wasser erhält.

Auf den Baumwollplantagen ist der Verbrauch von Düngern und Pestiziden auf Grund der einseitigen und intensiven Nutzung sehr hoch. Geschätzt gehen 10 % des globalen Pestizid- und Düngemittelverbrauchs auf das Konto der Baumwollproduktion.

Die weiteren Arbeitsschritte sind zumeist arbeitsintensiv und oftmals schädlich für Mensch und Umwelt. Sie finden oft in Ländern mit niedrigen Arbeitslöhnen und Sicherheitsstandards statt. Nach der Ernte wird die Baumwolle in die Türkei transportiert, um dort zu Garn versponnen zu werden. In taiwanesischen Webereien wird aus diesem Garn der Jeansstoff hergestellt. Mit der in Polen produzierten blauen Farbe der Jeans, dem Indigo, wird in Tunesien der Jeansstoff aus Taiwan blau gefärbt. Damit der Stoff später nicht knittert, wird er dann in Bulgarien weich gemacht. Zusammengenäht wird die Jeans schließlich in Xintang, China, der heimlichen Hauptstadt der Jeans. Hier werden in knapp 4000 Fabriken jährlich ca. 260 Mio. Jeans produziert. Die Innenfutter dieser Jeans stammen aus Frankreich, die Knöpfe und Reißverschlüsse aus Italien. Um einen zeitgemäßen, „coolen“ Look zu kreieren, werden die Jeans nachgefärbt und mithilfe von Chemikalien gebleicht – eine gefährliche und gesundheitsschädigende Arbeit. Hierbei wird wiederum viel Wasser verbraucht und verschmutzt. Die stark verschmutzten Abwässer werden nahezu ungeklärt in die Flüsse geleitet. In der Türkei werden die Jeans mit griechischen Bimssteinen noch „gestonewashed“ oder gesandstrahlt. Verschweißt in Kunststofffolie landen die fertigen Jeans in deutschen Läden und werden verkauft. Nun beginnt ein neuer Abschnitt im Leben der Jeans: Sie wird unter Einsatz von Energie, Wasser und Reinigungsmitteln x-mal gewaschen und schließlich irgendwann weggeworfen oder in die Altkleidersammlung gegeben. Auch der Müllwagen, der den Müll abtransportiert, verbraucht Rohstoffe und Energie.

Landet die Jeans in der Altkleidersammlung, gelangt sie über Rotterdam nach Afrika, wo sie auf Märkten weiterverkauft wird.

a) Berechnen Sie die Wegstrecke, die eine Jeans zurücklegt.
Folgende Strecken werden bei der Produktion einer Jeans in diesem Beispiel zurückgelegt:

Usbekistan (Baumwollanbau) – Türkei (Baumwolle wird zu Garn versponnen):	ca. 2500 km
Türkei – Taiwan (Jeansstoff wird gewoben):	ca. 8000 km
Griechenland (Abbau von Bimsstein für Stonewashing) – Türkei:	ca. 1200 km
Taiwan – Tunesien (Stoff wird blau gefärbt):	ca. 10500 km
Polen (Herstellung des blauen Farbstoffs Indigo – Tunesien:	ca. 2200 km
Tunesien – Bulgarien (Jeansstoff wird knitterfrei gemacht):	ca. 1700 km
Bulgarien – China (Zusammennähen der Jeans, Nachfärben):	ca. 6500 km
Frankreich (Nähen der Innenfutter) – China:	ca. 8000 km
Italien (Produktion von Knöpfen und Reißverschlüssen) – China:	ca. 7500 km
China – Türkei (Sandstrahlen und Stonewashing):	ca. 6000 km
Türkei – Deutschland (Verkauf der Jeans):	ca. 2400 km
Deutschland – Rotterdam – Afrika (Wiederverwertung):	ca. 4000 km
	60500 km

b) Recherchieren Sie nach Marken, die Jeans auf nachhaltigerem Weg produzieren.

Methodischer Hinweis:

Diese Aufgabe kann auch in der Schule in Form eines WebQuests methodisch organisiert werden.

Logo des GOTS – weltweit führender Standard für die Verarbeitung von Textilien aus biologisch erzeugten Naturfasern

Als Gütekriterium für eine nachhaltige Produktion dient beispielsweise der GOTS-Standard. GOTS steht für Global Organic Textile Standard, der genau regelt, wie umweltgerechte und sozialverträgliche Kleidung hergestellt werden muss. Der Standard deckt Herstellung, Konfektion, Verpackung, Kennzeichnung, Handel und Vertrieb aller Textilien ab, die aus mindestens 70% kontrolliert biologisch erzeugten Naturfasern bestehen müssen. Zudem müssen alle Verarbeiter und Hersteller soziale Mindestkriterien auf der Grundlage der Kernnormen der Internationalen Arbeitsorganisation erfüllen. Sie müssen ein Kontrollsystem etabliert haben, das die Einhaltung der sozialen Kriterien sicherstellt.

http://de.wikipedia.org/wiki/Global_Organic_Textile_Standard

http://www.swr.de/swr2/wissen/nachhaltige-jeans/-/id=661224/nid=661224/did=12789354/leqksx/
http://www.zeit.de/lebensart/mode/2012-09/faire-mode-good-jeans-guide
https://netzwerkfairemode.wordpress.com/2012/03/27/good-jeans-guide/

Die folgende pdf stellt den „Good Jeans Guide" vor:
https://netzwerkfairemode.files.wordpress.com/2012/04/good-jeans-guide03-2012b.pdf

Dieser Link führt zu einem Ranking, in welchem verschiedene Marken nach dem Grad der nachhaltigen Produktion aufgelistet sind.
http://rankabrand.de/jeans-denim

Die folgenden Links führen zu den Jeans-Brands, die ihre Jeans-Produktion besonders nachhaltig produzieren:
Kuyichi (Niederlande): http://www.kuyichi-jeans.de/
Nudie (Schweden): http://www.nudiejeans.com/
Joker (Deutschland): http://www.joker-jeans.de/
Trousers London (Großbritannien):
http://www.trouserslondon.co.uk/
Pearls of Laja (Deutschland): http://www.pearlsoflaja.com/
Sey-Jeans (Deutschland): http://www.sey-fashion.com/
Gebrüder Stitch (Österreich): http://www.gebruederstitch.at/

Mittlerweile gibt es auch erste Shopping-Guides, die Informationen zu ökologisch nachhaltig und fair gehandelter Kleidung geben, so etwa für die Stadt Bremen:
„Konsum mit Köpfchen. Öko-faire Mode in Bremen", abrufbar unter: www.bizme.de
oder als pdf direkt herunterzuladen unter: http://www.bizme.de/documents/ccc_Broschuere_2012.pdf

2 Erläutern Sie am Beispiel eines Besuches beim Friseur, warum auch Dienstleistungen einen ökologischen Rucksack tragen.
Auch Dienstleistungen tragen ökologische Rucksäcke. Ein Besuch beim Friseur beispielsweise ist in der Regel mit der Verwendung eines Transportmittels (Auto, Bus, Bahn, Fahrrad), dem Gebrauch von Arbeitsgeräten (Schere, Kamm), dem Einsatz von Energie (Föhn) oder dem Verbrauch von Produkten (Shampoo, Färbemittel, Haarwachs etc.) verbunden. In all diesen Elementen stecken wiederum Ressourcen und Energie, die verbraucht werden. Deren Rohstoffströme – von der Rohstoffgewinnung über Herstellung, Verpackung, Transport, Gebrauch bis hin zur Entsorgung lassen sich zurückverfolgen und deren „Gewicht" abschätzen, sodass auch ein Besuch beim Friseur einen ökologischen Rucksack trägt.

3 Nennen Sie konkrete Maßnahmen, wie Sie durch ihr Konsumverhalten die Ressourceneffizienz erhöhen können.
Ziel unseres Handelns muss es sein, mehr Nutzbringendes aus weniger Ressourcen herauszuziehen, denn nur so kann der Materialverbrauch weltweit auf ein Maß reduziert werden, dass die Ökosysteme nicht langfristig schädigt. Der aktuellen Ineffizienz der Ressourcennutzung soll mit einer zunehmenden De-Materialisierung begegnet werden. Auf dem Weg dorthin sind sowohl die Hersteller gefordert, „öko-effizientere" Produkte zu entwickeln als auch wir Konsumenten, unser Kaufverhalten zu hinterfragen und diesen Produkten bei Kaufentscheidungen trotz eines vielleicht höheren Preises den Vorzug zu geben. Der Verbraucher von Produkten und Dienstleistungen kann durch seinen Lebensstil und seine Kaufentscheidungen also die Ressourceneffizienz der erworbenen oder verwendeten Produkte erhöhen. Dies kann durch folgende Maßnahmen erfolgen:

- Nicht jedes Jahr ein aktuelles Produkt, z. B. das aktuelle Handy, kaufen, sondern die Verwendungsdauer der bereits erworbenen Produkte durch längeren Gebrauch verlängern.
- Zu entsorgende Produkte dem Wertstoffhof oder entsprechenden Stellen zuführen, damit die in ihnen verwendeten Rohstoffe, wie etwa seltene Metalle, einer Wiederverwendung zugeführt werden können.
- Recycelte, gebrauchte Produkte bevorzugen, so z. B. Altpapier.
- Gegenstände, die im Rahmen eines Upcyclings eine neue Bedeutung erfahren haben, erwerben, so etwa Möbel aus Europaletten, Taschen aus Lkw-Planen etc.
- Auf überflüssige Verpackungen verzichten.
- Regional hergestellte Produkte bevorzugen, da sie einen deutlich kürzeren Transportweg aufweisen.
- Auf dem Weg, eine Dienstleistung in Anspruch zu nehmen, auf öffentliche Verkehrsmittel oder das Fahrrad zurückgreifen.
- Beim Erwerb von neuen Produkten
  - auf dessen Ökobilanz achten (z. B. bei Kleidung, siehe Frage 1b)
  - auf Robustheit, Langlebigkeit und Qualität der Produktkonstruktion achten
  - auf dessen Energieeffizienzklasse achten (z. B. bei Elektrogeräten)
  - prüfen, ob Ersatzteile langjährig verfügbar sind
  - auf Hinweise zur Entsorgung achten
- ...

Lösungshinweise Seite 57

4 Erläutern Sie das Konzept des ökologischen Fußabdrucks.
Alles menschliche Wirtschaften braucht Fläche.
Der Ökologische Fußabdruck misst den Umfang der biologisch produktiven Land- und Wasserfläche, die benötigt wird, um die Ressourcen zu produzieren, die eine Person, eine Gesellschaft oder eine Aktivität mit den verfügbaren Technologien und bei der vorherrschenden Ressourcenbewirtschaftung verbraucht, und um den Abfall zu absorbieren, der dabei entsteht. Hierunter fallen also Flächen, die zur Produktion von Nahrung und Kleidung oder zur Bereitstellung von Energie benötigt werden, aber auch zum Binden des durch menschliche Aktivitäten freigesetzten Kohlenstoffdioxids. All diese Flächen werden zur Größe des ökologischen Fußabdrucks aufaddiert. Als Einheit wurde der „globalen Hektar" gewählt, der einem Hektar mit weltweit durchschnittlicher biologischer Produktivität entspricht.
Der ökologische Fußabdruck wird meist der Biokapazität desselben untersuchten Raumes (Land, Welt) gegenübergestellt. Sie beschreibt die biologisch produktive Landfläche, die für die Bereitstellung von Ressourcen oder zur Aufnahme von CO_2 tatsächlich zur Verfügung steht.
Dazu gehören Ackerland, Weideland, bebaute Flächen, Fischgründe und produktive Wälder.

Waldflächen: Bildet die Waldfläche ab, die zur Gewinnung von Holzprodukten, Zellstoff und Brennholz genutzt wird.
Weideland: Bildet die Menge an Weideland ab, die zur Aufzucht von Vieh für die Produktion von Fleisch, Molkereiprodukten, Leder und Wolle genutzt wird.
Ackerland: Bildet die Fläche an Ackerland ab, die zur Erzeugung von Lebensmitteln und Fasern für den menschlichen Verbrauch, von Viehfutter, Ölpflanzen und Kautschuk genutzt wird.
Fischgründe: Bildet jene geschätzte Primärproduktion ab, die zur Gewährleistung des Fisch- und Meeresfrüchtefangs benötigt wird. Die Berechnung beruht auf Fangdaten für Meeres- und Süßwasserarten.
Bebautes Land: Bildet die Landfläche ab, die durch menschliche Infrastruktur in Anspruch genommen wird, zum Beispiel durch Verkehrseinrichtungen, Wohnhäuser, industrielle Strukturen und Speicherbecken für Wasserkraft.
Kohlenstoffdioxid: Bildet die Fläche an Wäldern, Mooren und anderen kohlenstoffbindenden Ökosystemen ab, die zur Absorption des menschenverursachten CO_2-Ausstoßes gebraucht würde.

Somit ist der ökologische Fußabdruck ein Angebot-Nachfrage-Modell, welches anschaulich widerspiegelt, wie groß die Biokapazität der Erde ist (also was wir von ihr nutzen können) und wie viel der Mensch von ihr tatsächlich nutzt. Das Ergebnis der Gegenüberstellung zeigt, wie viele Erden wir bräuchten, um unsere Bedürfnisse zu befriedigen. Im Jahr 2010 betrug der globale ökologische Fußabdruck 2,6 gha/Person. Dem stand eine Biokapazität von 1,7 gha/Person gegenüber. Dies bedeutet, dass die Menschheit im Jahr 2010 eigentlich 1,5 Erden benötigt hat, um ihren Ressourcenverbrauch zu befriedigen. Oder anders ausgedrückt: Die Erde würde 1,5 Jahre benötigen, um die erneuerbaren Ressourcen komplett wieder aufzubauen, die die gesamte Menschheit in diesem Jahr verbraucht hat.

5 Ihre Spielekonsole ist „Made in Japan". Stellen Sie dar, welche Flächenkategorien im Sinne des ökologischen Fußabdrucks angesprochen werden.

Die Spielekonsole setzt sich aus verschiedenen Kunststoffen und Metallen zusammen, die in der Berechnung des ökologischen Fußabdruckes als nicht-erneuerbare Ressourcen nicht erfasst werden. Da die Spielekonsolen mithilfe von energieintensiven Maschinen hergestellt werden, fällt hier ein Betrag für die Energiefläche an. Gleichzeitig schlägt sich der Flächenverbrauch für die Fabrikationshallen auf das Konto der Siedlungsfläche nieder. Der Transport der fertigen Spielekonsolen von Japan nach Deutschland und auch die Lagerung der Produkte tragen dazu bei, dass der Anteil der Siedlungsfläche am ökologischen Fußabdruck wächst. Gleichzeitig steigt durch den Transport, aber auch durch den späteren Gebrauch der Spielekonsole der Beitrag der Energiefläche zum ökologischen Fußabdruck. Die Herstellung von Bedienungsanleitungen und Handbüchern aus Papier wird dem Anteil der Waldfläche zugeschlagen. Ihr Anteil dürfte aber vernachlässigbar gering ausfallen, sodass bei der Herstellung von Spielekonsolen in erster Linie das Energie- und das Siedlungsfenster maßgebend sein werden.

6 Vergleichen Sie ausgewählte Länder hinsichtlich ihres ökologischen Fußabdrucks.

Größe und Zusammensetzung des ökologischen Fußabdrucks einzelner Länder hängen davon ab, welche Waren und Dienstleistungen ein durchschnittlicher Bewohner dieses Landes in Anspruch nimmt und wie effizient er die Ressourcen (etwa fossile Brennstoffe) für die Bereitstellung dieser Waren und Dienstleistungen einsetzt.

Der ökologische Fußabdruck unterscheidet sich von Land zu Land. Wenig überraschend zählen die meisten der 25 Länder mit dem höchsten Fußabdruck pro Einwohner zu den einkommensstarken Ländern – im Gegensatz dazu finden sich am unteren Ende des Spektrums entwicklungsschwache Länder. Hätte beispielsweise jeder Mensch den gleichen ökologischen Fußabdruck wie ein Bewohner von Kuwait, dann würden wir 6 Erden benötigen. Pflegten alle Menschen den Lebensstil eines Bewohners Katars bräuchten wir 4,8 Erden, im Falle der USA bräuchten wir 4,1 Erden, im Fall Deutschlands 2,6. Im Gegensatz würden wir – pflegten wir alle den Lebensstil eines Einwohners Haitis – lediglich ein Drittel der Erde, um unsere Bedürfnisse zu befriedigen.

Interessant ist auch die Betrachtung der Bestandteile der ökologischen Fußabdrücke der jeweiligen Länder. In den reichen, erdölfördernden Staaten der arabischen Halbinsel trägt in Folge ihres massiven Öl-Eigenverbrauchs der Kohlendioxidausstoß – bzw. genau gesagt die Flächen, die zu dessen Absorption erforderlich wären – am meisten zum ökologischen Fußabdruck bei. Gleiches gilt für die meisten Industrieländer. In Dänemark fällt der hohe Anteil der Landwirtschaft ins Auge – Dänemark ist für seine hochindustrialisierte, intensive Landwirtschaft bekannt. In Uruguay hingegen ist der Einfluss des Weidelandes auffällig, was durch die immensen Weideflächen für die Rinderhaltung erklärbar ist. In Mauritius ist der Anteil der Fischgründe am ökologischen Fußabdruck auf den ersten Blick außergewöhnlich. Doch erscheint dies vor dem Hintergrund, dass Mauritius ein Kleinststaat mit wenig Industrie, wohl aber mit immensen Fischgründen darstellt.

7 Erläutern Sie die zeitliche Entwicklung des ökologischen Fußabdrucks

a) global

In der Abbildung 9 lässt sich erkennen, dass der ökologische Fußabdruck seit 1961 stetig ansteigt. Lag er 1961 mit etwa 0,75 benötigten Erden noch unter der weltweiten Biokapazität, so ist sein Wert seit 1970 größer als die weltweite Biokapazität. 2010 wurden 1,5 Planeten Erde benötigt, um unseren Ressourcenverbrauch zu befriedigen. Unter allen Komponenten, die den ökologischen Fußabdruck formen, dominiert eine seit mehr als 50 Jahren: Kohlenstoff, der als Kohlendioxid bei der Verbrennung von fossilen Energieträgern entsteht. Sein Anteil am gesamten ökologischen Fußabdruck wächst kontinuierlich. 1961 machte er 36 Prozent des ökologischen Fußabdrucks aus, 2010 lag der Anteil bei 53 Prozent.

In M10 ist die Entwicklung des ökologischen Fußabdrucks, der Biokapazität und der Weltbevölkerung gegen die Zeit aufgetragen. Man erkennt, dass die Biokapazität – also die Kapazität von Ökosystemen, nutzbares biologisches Material zu produzieren und vom Menschen verursachte Abfälle zu absorbieren – von 1961 bis 2010 leicht angestiegen ist. Als Ursache sind in erster Linie Produktivitätssteigerungen auf den Ackerflächen zu nennen. „Vor allem dem Ackerland wird heute mehr durchschnittlicher Ertrag pro Hektar produktiver Fläche abgewonnen als einst. Möglich wurde das durch technologischen Fortschritt. Effizientere landwirtschaftliche Arbeitsgeräte und intelligentere Bewässerungstechniken haben die Erträge deutlich erhöht. Insgesamt hat sich die Biokapazität der Erde zwischen 1961 und 2010 von 9,9 auf 12 Mrd. globale Hektar (gha) vergrößert." (WWF (Hrsg.) (2014): Living Planet Report 2014, deutsche Kurzfassung, S. 10).

Im gleichen Zeitraum stieg jedoch die Weltbevölkerung von 3,1 auf 7 Mrd. Menschen massiv an. Das bedeutet im Umkehrschluss: Obwohl die Biokapazität der Erde größer wurde, steht jedem Menschen weniger davon zur Verfügung – ergo wächst auch der ökologische Fußabdruck entsprechend. Oder anders ausgedrückt: Der ökologische Fußabdruck wuchs schneller als die globale biologische Kapazität. Die Steigerung der Produktivität unserer Erde reicht also nicht aus, um den Bedarf der wachsenden Erdbevölkerung zu decken. Und wächst die Weltbevölkerung wie prognostiziert weiter an, wird sich die pro Kopf verfügbare Biokapazität noch weiter verringern. Alles in allem entfernen wir uns immer weiter von einer nachhaltigen Gestaltung unserer Zukunft.

b) in Kolumbien, China und Deutschland.

Kolumbien: Kolumbien weist über den betrachteten Zeitraum von 1961 bis 2009 einen relativ stabilen ökologischen Fußabdruck von ca. 3 gha/Person auf. Die Biokapazität Kolumbiens hingegen fällt in diesem Zeitraum von 11 gha/Person auf 4 gha/Person. Bislang also ist die Biokapazität Kolumbiens noch deutlich höher als sein ökologischer Fußabdruck. Setzt sich der massive Rückgang der Biokapazität allerdings fort, dürfte auch Kolumbien bald einen ökologischen Fußabdruck besitzen, der größer als die Biokapazität des Landes ist. Ursache für den drastischen Rückgang der Biokapazität ist der massive Holzeinschlag: Allein in den letzten 20 Jahren wurden mehr als 6 Millionen Hektar des kolumbianischen Waldes abgeholzt, dies sind mehr als 10 % aller Waldflächen im Land.

Siehe auch: http://latina-press.com/news/117626-kolumbien-verliert-mehr-als-6-millionen-hektar-wald-in-20-jahren/

China: Die Biokapazität Chinas ging im betrachteten Zeitraum leicht von 1 gha/Person auf etwa 0,9 gha/Person zurück. Der ökologische Fußabdruck Chinas hingegen stieg in dem entsprechenden Zeitraum von 0,9 gha/Person auf 2,4 gha/Person. Er liegt somit derzeit etwa 2,5-mal so hoch wie die chinesische Biokapazität. Die Ursache für diesen massiven Anstieg liegt in der enormen wirtschaftlichen Entwicklung Chinas und dem damit verbundenen gestiegenen Energieverbrauchs sowie dem Anstieg der Bevölkerung und der damit einhergehenden zunehmenden Versiegelung der Oberfläche infolge des Städtewachstums und des Ausbaus der Infrastruktur.

Deutschland: Man erkennt deutlich, dass sich die Biokapazität Deutschlands in den letzten knapp 50 Jahren nicht nennenswert verändert hat. Im Gegensatz dazu ist der ökologische Fußabdruck zu Beginn der 1970er-Jahre zunächst von 4 auf ca. 6 gha/Person angestiegen, um ab 1990 wieder auf das Niveau von der Mitte der 1960er-Jahre zurückzufallen. Über die gesamte dargestellte Zeitspanne aber liegt er deutlich, nämlich um das doppelte bis, über der deutschen Biokapazität. Umgerechnet verbraucht Deutschland derzeit 2,6 „Deutschlande", also mehr als doppelt so viele Ressourcen, wie das Land besitzt. Der Rückgang des ökologischen Fußabdrucks Deutschlands Anfang der 1990er-Jahre lässt sich wohl mit den besonderen Effekten der Wiedervereinigung erklären: In der damaligen DDR war der ökologische Fußabdruck nicht so groß wie in der früheren BRD – so erklärt sich der Rückgang nach der Wende.

Da die Biokapazität im eigenen Land nicht ausreicht, um die Bedürfnisse der Deutschen zu befriedigen, nimmt Deutschland Flächen anderer Länder in Anspruch. Deutschland hat demnach große Teile seines ökologischen Fußabdrucks in andere Länder ausgelagert. Augenfällig wird dies am Beispiel der deutschen Landwirtschaft. Auf 2,2 Millionen Hektar Fläche wird allein in Südamerika Soja für die deutsche Fleischproduktion angebaut.

8 Berechnen Sie Ihren eigenen ökologischen Fußabdruck (Online-Code).

Individuelle Schülerlösung, der deutsche Durchschnitt liegt etwa bei 5 gha.

9 Nennen Sie Maßnahmen, Ihren persönlichen ökologischen Fußabdruck zu verringern.

Folgende Maßnahmen tragen dazu bei, den persönlichen ökologischen Fußabdruck zu verringern:

- Waschmaschine erst anschalten, wenn sie ganz voll ist
- Wechsel des Stromversorgers zu einem Anbieter mit einem höheren Anteil an Ökostrom
- Verwendung von Energiesparlampen. Eine davon ersetzt 10 normale Glühbirnen. Eine Energiesparlampe leuchtet 10.000 Stunden, die Stromkosten betragen ca. 0,15 ct/kWh. Eine 15-Watt-Sparlampe spart in diesem Falle gegenüber einer 75-Watt-Glühlampe insgesamt 90 Euro ein.
- Elektrische Geräte nicht im Stand-by-Modus belassen. Um Geräte nach ihrem Gebrauch ganz ausschalten zu können, bieten sich Stromleisten mit Ausstellschalter an.
- Beim Kauf neuer elektrischer Geräte auf Energieeffizienz achten
- Heizen im Winter ist oft besonders energieintensiv. Durch Stoßlüften mit ausgeschalteter Heizung lässt sich unnötiger Energieverbrauch vermeiden.
- Duschverhalten: Dreht man beim Einseifen unter der Dusche das Wasser aus, anstatt es weiter laufen zu lassen, reduziert sich die Duschzeit, ohne dass man kürzer unter der Dusche steht. Das gleiche gilt natürlich auch für das Händewaschen oder Zähneputzen.
- Baden verbraucht deutlich mehr Energie und Wasser als Duschen.
- Weniger Fleisch essen. Die Herstellung von Fleisch ist aufwendiger, als man eigentlich denkt: Fläche für die Ställe, Fläche für das Futter, Transport und Kühlung benötigen sehr viel Energie.
- Bewusster Kauf von Kleidung
- Kauf von Lebensmitteln mit Biosiegel und aus regionalem Anbau, MSC-Siegel (Fisch)
- Einkauf von Produkten mit Umwelt-Zertifikaten (Blauer Engel, FSC-Siegel (Holz), …)
- Stärkere Verwendung von öffentlichen Verkehrsmitteln oder dem Rad
- …

Zusatzmaterialien:

Literaturtipp: Living Planet Report, herausgegeben vom WWF (abrufbar unter www.wwf.de)

Earth Overshoot Day: An diesem Tag eines Jahres übersteigt rechnerisch die menschliche Nachfrage an natürlichen Ressourcen die Kapazität der Erde zur Reproduktion dieser Ressourcen.
1987 19. Dezember, 2007 26. Oktober, 2014 19. August

Instrumente zur Messung der Nachhaltigkeit

Aus Neuseeland, Südtirol oder von nebenan: Welcher Apfel hat den leichtesten ökologischen Rucksack?

1 Charakterisieren Sie die Struktur der Apfelwirtschaft in Deutschland.

2 Erläutern Sie die Ergebnisse der IFEU Studie zur Ökobilanz von Äpfeln unterschiedlicher Herkunft.

3 Leiten Sie aus den Ergebnissen der IFEU-Studie persönliche Handlungsoptionen im Hinblick auf einen ökologisch nachhaltigen Apfelkonsum ab.

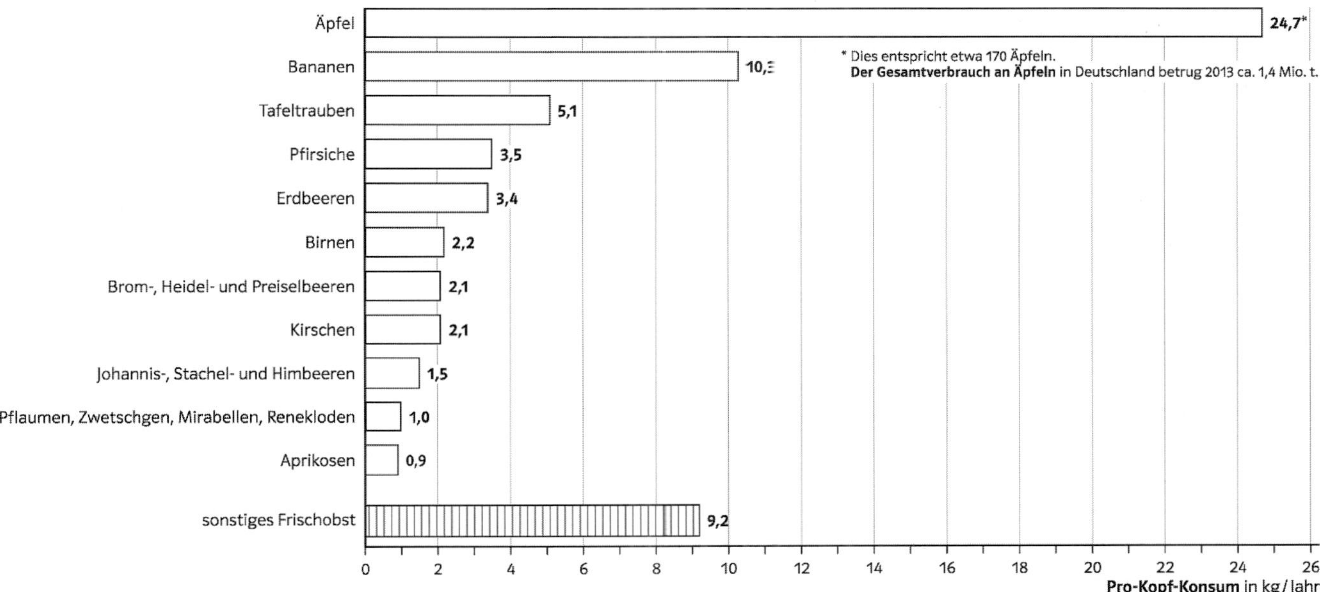

Quelle: http://de.statista.com/statistik/daten/studie/247425/umfrage/die-beliebtesten-obstsorten-der-deutschen/
Letzter Zugriff am 10.10.2014 ergänzt mit: www.bmel.de/SharedDocs/Pressemitteilungen/2012/61-Zahl-der-Woche.html

M1 Pro-Kopf-Konsum von Obst in Deutschland nach Sorten im Jahr 2012/13 (in kg)

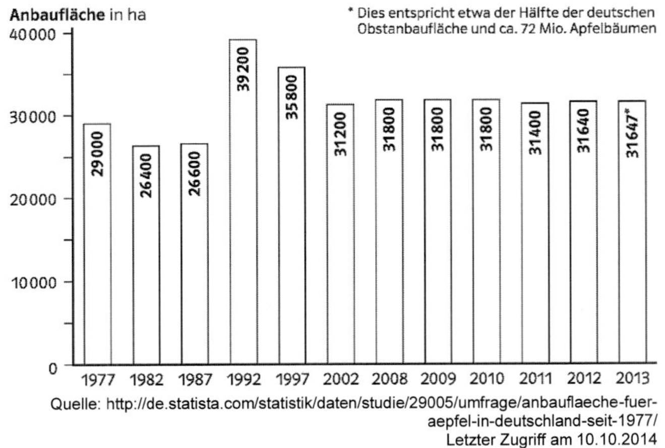

Quelle: http://de.statista.com/statistik/daten/studie/29005/umfrage/anbauflaeche-fuer-aepfel-in-deutschland-seit-1977/
Letzter Zugriff am 10.10.2014

M2 Anbaufläche von Äpfeln in Deutschland

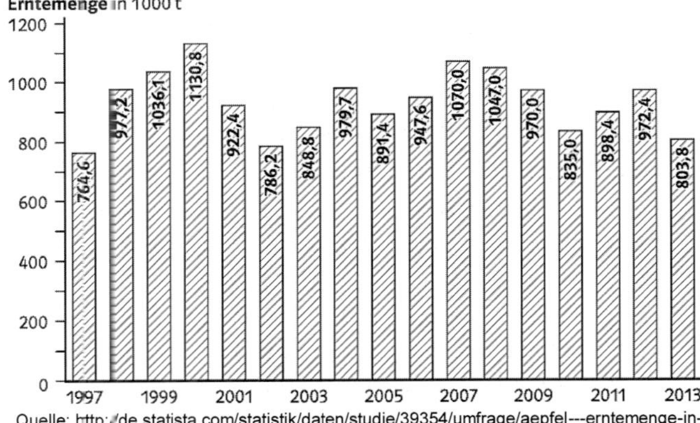

Quelle: http://de.statista.com/statistik/daten/studie/39354/umfrage/aepfel---erntemenge-in-deutschland/, Letzter Zugriff am 10.10.2014
Ergänzt mit: http://www.proplanta.de/Agrar-Nachrichten/Pflanze/Hervorragende-Apfelernte-2014-erwartet_article1412143476.html

M3 Erntemengen von Äpfeln in Deutschland

Name: **Klasse:** **Datum:**

© Ernst Klett Verlag GmbH, Stuttgart 2015. | www.klett.de | Erstellt für: TERRA Geographie Qualifikationsphase Nordrhein-Westfalen | ISBN: 978-3-12-104130-5
Alle Rechte vorbehalten. Von dieser Druckvorlage ist die Vervielfältigung für den eigenen Unterrichtsgebrauch gestattet.
Die Kopiergebühren sind abgegolten. Für Veränderungen durch Dritte übernimmt der Verlag keine Verantwortung.

Instrumente zur Messung der Nachhaltigkeit

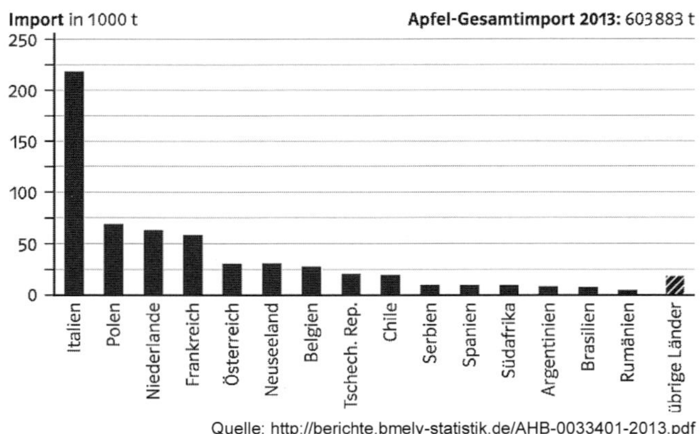

Quelle: http://berichte.bmelv-statistik.de/AHB-0033401-2013.pdf
Letzter Zugriff am 10.10.2014

M4 Import von Äpfeln nach Deutschland nach Mengen und Einfuhrländern 2013

Vereinfachter schematischer Lebensweg eines Apfels

Eine vom Bundesministerium für Ernährung, Landwirtschaft und Verbraucherschutz geförderte Studie des Instituts für Energie- und Umweltforschung Heidelberg (IFEU) widmete sich den ökologischen Rucksäcken von Äpfeln. Verglichen wurden Äpfel aus regionaler Herkunft mit Produkten aus überregionaler und internationaler Produktion. Am Beispiel von Äpfeln unterschiedlicher Herkunft wurde berechnet, wie hoch der Energieverbrauch und der CO_2-Ausstoß über den vollständigen Lebenszyklus ist – also von der Produktion über die Verpackung, den Transport und den Vertrieb bis in den Einkaufswagen der Verbraucher. Hierbei wurden sämtliche Rohstoffe, Produktionsmittel, Abfälle sowie der Energieaufwand bzw. die bei ihrer Verbrennung entstehenden Emissionen berücksichtigt, so dass eine Lebensweganalyse 500–1000 Einzelprozesse beinhaltete. Entgegen der sonst üblichen Einheit Kilogramm wurden die Ergebnisse dieser Studie in Megajoule (MJ) eingesetzter Primärenergie pro 2 kg Äpfel angegeben.

Quellenangabe:
http://www.ifeu.de/landwirtschaft/pdf/Langfassung_Lebensmittel_IFEU_2009.pdf,
Autoren: Guido Reinhardt, Sven Gärtner, Julia Münch, Sebastian Häfele,
Letzter Zugriff am 11.10.2014

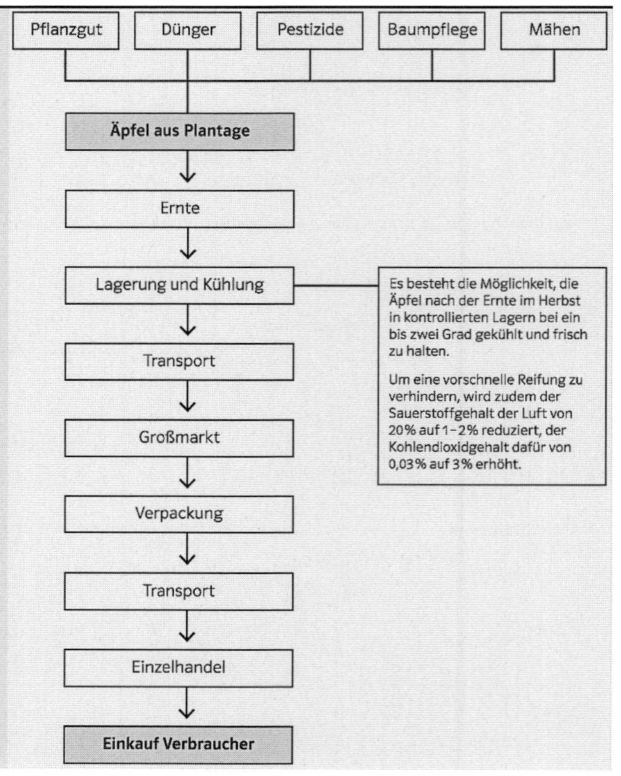

M6

	Jan	Feb	Mär	Apr	Mai	Jun	Jul	Aug	Sep	Okt	Nov	Dez
Erntezeit deutscher Apfel								■	■	■	■	
Möglichkeit der Lagerung deutscher und südtiroler Äpfel	■	■	■									■
Erntezeit südtiroler Äpfel								■	■	■	■	
Erntezeit in Neuseeland		■	■	■	■	■						

M7 Erntekalender Äpfel

Name: Klasse: Datum:

© Ernst Klett Verlag GmbH, Stuttgart 2015. | www.klett.de | Erstellt für: TERRA Geographie Qualifikationsphase Nordrhein-Westfalen | ISBN: 978-3-12-104130-5
Alle Rechte vorbehalten. Von dieser Druckvorlage ist die Vervielfältigung für den eigenen Unterrichtsgebrauch gestattet.
Die Kopiergebühren sind abgegolten. Für Veränderungen durch Dritte übernimmt der Verlag keine Verantwortung.

Instrumente zur Messung der Nachhaltigkeit

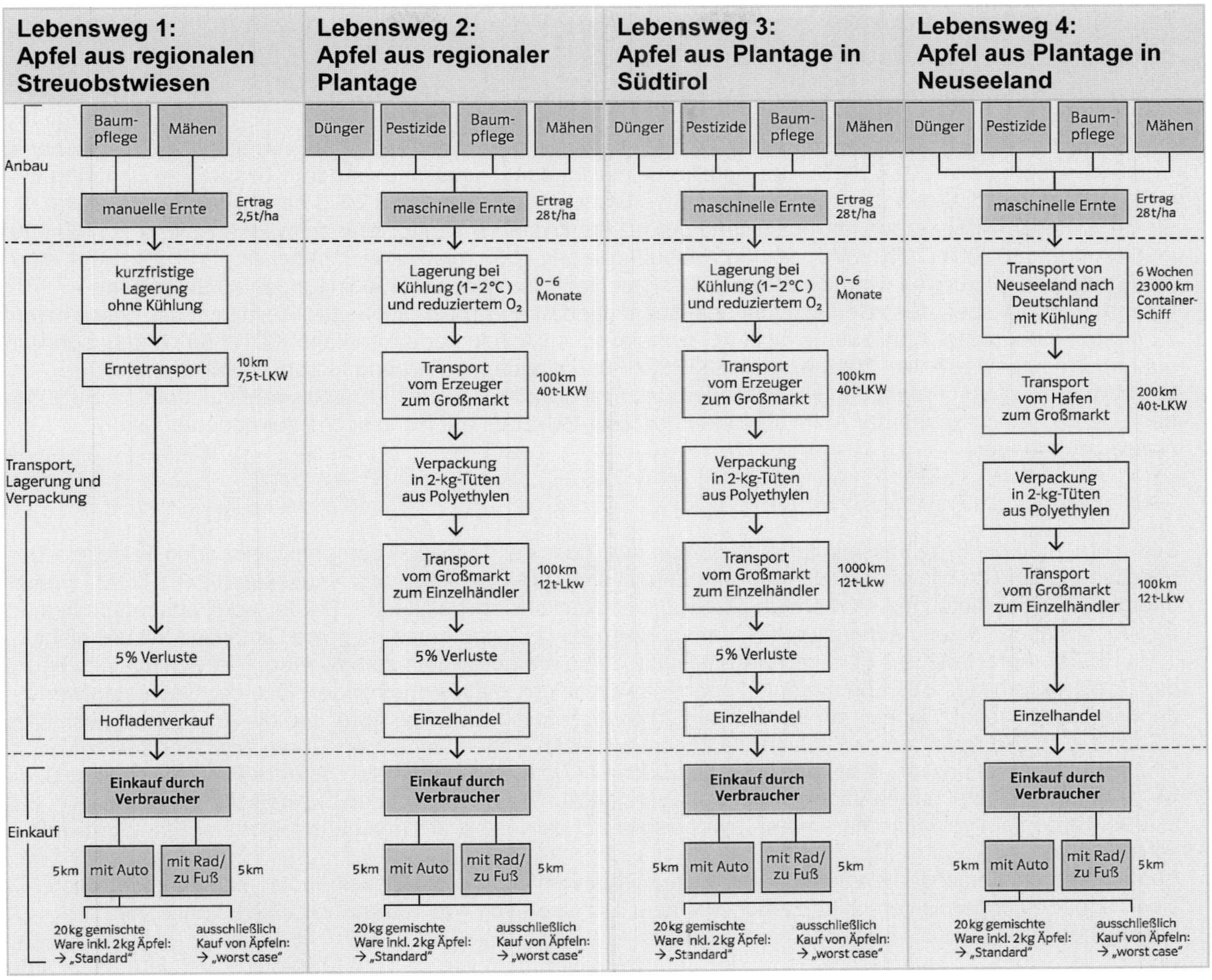

	Lebensweg 1: Apfel aus regionalen Streuobstwiesen	Lebensweg 2: Apfel aus regionaler Plantage	Lebensweg 3: Apfel aus Plantage in Südtirol	Lebensweg 4: Apfel aus Plantage in Neuseeland
Anbau	Baumpflege, Mähen	Dünger, Pestizide, Baumpflege, Mähen	Dünger, Pestizide, Baumpflege, Mähen	Dünger, Pestizide, Baumpflege, Mähen
	manuelle Ernte (Ertrag 2,5 t/ha)	maschinelle Ernte (Ertrag 28 t/ha)	maschinelle Ernte (Ertrag 28 t/ha)	maschinelle Ernte (Ertrag 28 t/ha)
Transport, Lagerung und Verpackung	kurzfristige Lagerung ohne Kühlung	Lagerung bei Kühlung (1–2 °C) und reduziertem O_2 (0–6 Monate)	Lagerung bei Kühlung (1–2 °C) und reduziertem O_2 (0–6 Monate)	Transport von Neuseeland nach Deutschland mit Kühlung (6 Wochen, 23 000 km, Container-Schiff)
	Erntetransport (10 km, 7,5t-LKW)	Transport vom Erzeuger zum Großmarkt (100 km, 40t-LKW)	Transport vom Erzeuger zum Großmarkt (100 km, 40t-LKW)	Transport vom Hafen zum Großmarkt (200 km, 40t-LKW)
		Verpackung in 2-kg-Tüten aus Polyethylen	Verpackung in 2-kg-Tüten aus Polyethylen	Verpackung in 2-kg-Tüten aus Polyethylen
		Transport vom Großmarkt zum Einzelhändler (100 km, 12t-Lkw)	Transport vom Großmarkt zum Einzelhändler (1000 km, 12t-Lkw)	Transport vom Großmarkt zum Einzelhändler (100 km, 12t-Lkw)
	5 % Verluste	5 % Verluste	5 % Verluste	
	Hofladenverkauf	Einzelhandel	Einzelhandel	Einzelhandel
Einkauf	Einkauf durch Verbraucher	Einkauf durch Verbraucher	Einkauf durch Verbraucher	Einkauf durch Verbraucher
	5 km mit Auto / mit Rad/zu Fuß 5 km	5 km mit Auto / mit Rad/zu Fuß 5 km	5 km mit Auto / mit Rad/zu Fuß 5 km	5 km mit Auto / mit Rad/zu Fuß 5 km
	20 kg gemischte Ware inkl. 2 kg Äpfel: → „Standard"; ausschließlich Kauf von Äpfeln: → „worst case"	20 kg gemischte Ware inkl. 2 kg Äpfel: → „Standard"; ausschließlich Kauf von Äpfeln: → „worst case"	20 kg gemischte Ware inkl. 2 kg Äpfel: → „Standard"; ausschließlich Kauf von Äpfeln: → „worst case"	20 kg gemischte Ware inkl. 2 kg Äpfel: → „Standard"; ausschließlich Kauf von Äpfeln: → „worst case"

M8 Struktur und untersuchte Produkte in der IFEU-Studie
Im Rahmen der Studie wurden vier verschiedene Lebenswege von Äpfeln untersucht.

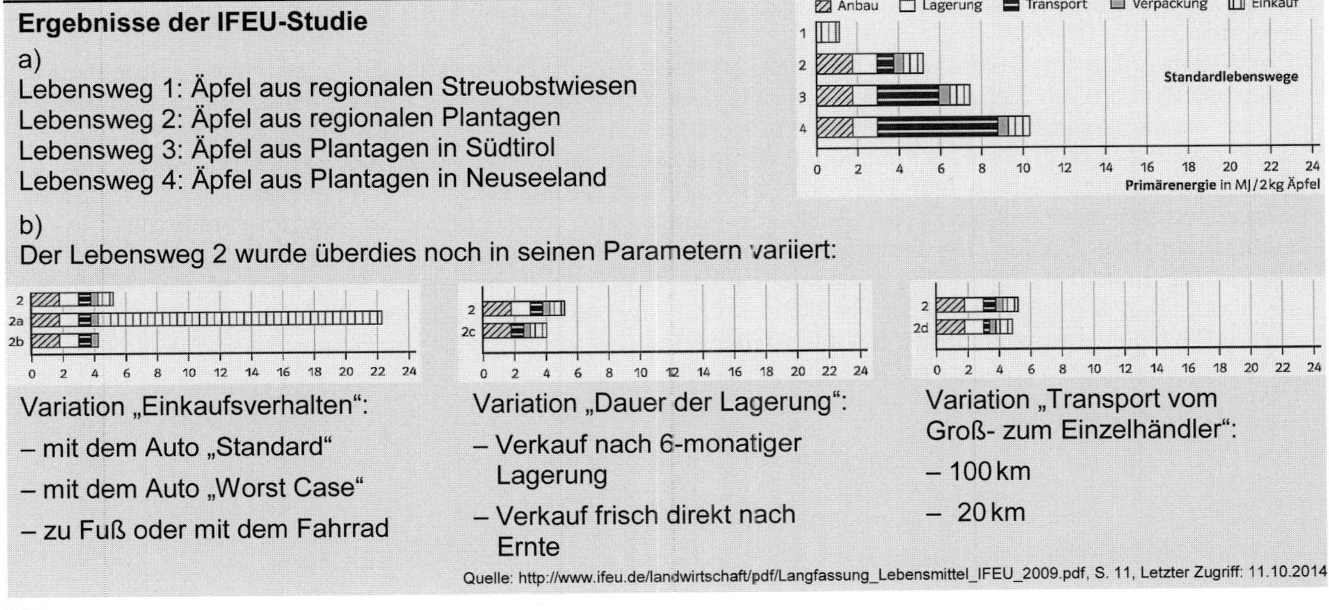

M9

Name: Klasse Datum:

Klett
© Ernst Klett Verlag GmbH, Stuttgart 2015. | www.klett.de | Erstellt für: TERRA Geographie Qualifikationsphase Nordrhein-Westfalen | ISBN: 978-3-12-104130-5
Alle Rechte vorbehalten. Von dieser Druckvorlage ist die Vervielfältigung für den eigenen Unterrichtsgebrauch gestattet.
Die Kopiergebühren sind abgegolten. Für Veränderungen durch Dritte übernimmt der Verlag keine Verantwortung.

Instrumente zur Messung der Nachhaltigkeit

Lösung

Aus Neuseeland, Südtirol oder von nebenan: Welcher Apfel hat den leichtesten ökologischen Rucksack?

1 Charakterisieren Sie die Struktur der Apfelwirtschaft in Deutschland.

Des Deutschen liebstes Obst ist der Apfel. 24,7 kg – oder umgerechnet 170 Äpfel – verspeist ein Deutscher im Durchschnitt pro Jahr (2012/2013). Der Apfelkonsum liegt damit deutlich über dem Konsum von Bananen (10,5 kg) und Tafeltrauben (5,3 kg). Der Gesamtverbrauch an Äpfeln betrug 2013 ca. 1,4 Mio t (M1). Etwa 50–60 % dieser Äpfel werden in Deutschland produziert. Die jährlichen Erträge schwanken zwischen 750.000 t (1997) und 1 130 000 t (2000) (M3). Da die Anbaufläche seit 2008 relativ konstant bei ca. 31 500 ha liegt, sind die Ertragsschwankungen wahrscheinlich auf unterschiedliche Witterungsbedingungen zurückzuführen. Offensichtlich ist aber, dass Deutschland den Gesamtbedarf an Äpfeln (2013: 1,4 Mio t) trotz der geschätzten 72 Millionen deutscher Apfelbäume nicht mit einheimischen Äpfeln abdecken kann (2013: 803 Mio t), sondern auf Importe angewiesen ist. 2013 wurden 503 883 t Äpfel eingeführt. Führend hierbei ist Italien mit ca. 220 000 t, gefolgt von Polen, den Niederlanden und Frankreich mit ca. 60 000 t. Neuseeland steht mit 30 000 t nach Deutschland exportierter Äpfel als führender nicht-EU-Staat auf Rang sechs der bedeutendsten Apfelausfuhrländer.

2 Erläutern Sie die Ergebnisse der IFEU Studie zur Ökobilanz von Äpfeln unterschiedlicher Herkunft..

Betrachtet man die Ergebnisse in M9a, stellt man fest, dass der Transport den entscheidenden Faktor bei der Berechnung der Ökobilanz darstellt. Hierdurch ergibt sich, dass der Apfel aus Neuseeland mit 10,5 MJ Primärenergie (PE)/2 kg Äpfel den schwersten ökologischen Rucksack mit sich führt. Da der Apfel aus regionalen Streuobstwiesen keinen nennenswerten Transportweg zurücklegen muss, ist seine Ökobilanz mit ungefähr 1 MJ PE/2kg Äpfel trotz des geringen Ertrags von 2,5 t/ha am positivsten zu bewerten. Hier schlägt sich einzig das Einkaufsverhalten des Konsumenten nennenswert nieder, dieses macht über 90 % der Gesamtaufwendungen aus (angesetzt ist hier ein Einkauf von 20 kg Waren inklusive 2 kg Äpfel und ein Anfahrtsweg von 5 km („Standard“)). Der Apfel aus regionalen Plantagen schneidet wegen seiner geringeren Transportkosten mit 5 MJ PE/2 kg Äpfel besser ab als der Apfel aus Südtirol (7,5 MJ PE/2 kg Äpfel). Andere Prozesse, wie z. B. die Verpackung der Äpfel haben dagegen nur sehr geringe Auswirkungen auf den ökologischen Rucksack.
In M9b werden ausgewählte Parameter, hier beispielhaft dargestellt am Apfel aus regionaler Plantagenwirtschaft, variiert.
Betrachtet man zunächst die Variation des Transportes vom Groß- zum Einzelhändler, kann man lediglich einen unbedeutenden Unterschied zwischen einem Transportweg von 100 km und einem von 20 km ausmachen.
Ähnlich verhält es sich mit der Lagerung der Äpfel in Kühlräumen von bis zu 6 Monaten. Zwar verursacht eine gekühlte Lagerung der Äpfel von 6 Monaten ein Anwachsen des ökologischen Rucksackes um etwa ein Viertel, dennoch ist der Unterschied zu einem direkten Verkauf der Äpfel frisch nach der Ernte eher gering zu bewerten. Zudem ist eine 6-monatige Kühlung als eine Extremabschätzung zu verstehen: Werden beispielsweise die Äpfel bereits nach 3 Monaten Kühlung verkauft, so reduziert sich der Lagerungsaufwand entsprechend.
Die Wahl des Transportmittels des Konsumenten sowie die Länge des Einkaufsweges hingegen haben einen überraschend großen Einfluss auf die Ökobilanz. Bei der Variation „worst case“ ist der Energiebedarf deutlich größer als die gesamten restlichen Aufwendungen des Lebensweges. In der Variation „Standard“ und v. a. wenn man die Äpfel zu Fuß oder mit dem Fahrrad einkauft, fällt dieser Anteil sehr viel geringer aus.
Zusammenfassend bleibt festzuhalten, dass der Apfel aus Neuseeland auf Grund seines langen Transportweges den schwersten ökologischen Rucksack mit sich führt, selbst gegenüber Plantagenäpfeln aus Deutschland oder Südtirol, die 6 Monate kühl gelagert werden. Den vielleicht aber bedeutsamsten Faktor stellt jedoch das Einkaufsverhalten des Konsumenten dar. Wählt dieser mit seinem Pkw einen längeren Anfahrtsweg oder tätigt er diese Fahrt ausschließlich zum Kauf der Äpfel, wirkt sich dies durch den damit verbundenen hohen Treibstoffverbrauch massiv auf das Gewicht des ökologischen Rucksacks aus. Sämtliche andere Einflussgrößen treten dahinter zurück.

Name: Klasse: Datum:

© Ernst Klett Verlag GmbH, Stuttgart 2015. | www.klett.de | Erstellt für: TERRA Geographie Qualifikationsphase Nordrhein-Westfalen | ISBN: 978-3-12-104130-5
Alle Rechte vorbehalten. Von dieser Druckvorlage ist die Vervielfältigung für den eigenen Unterrichtsgebrauch gestattet.
Die Kopiergebühren sind abgegolten. Für Veränderungen durch Dritte übernimmt der Verlag keine Verantwortung.

Instrumente zur Messung der Nachhaltigkeit

Lösung

3 Leiten Sie aus den Ergebnissen der IFEU-Studie persönliche Handlungsoptionen im Hinblick auf einen ökologisch nachhaltigen Apfelkonsum ab.

- Äpfel von Streuobstwiesen aus regionaler Vermarktung sind sämtlichen Plantagenäpfeln vorzuziehen.
- Generell ist es ratsam, saisonal einzukaufen. In Deutschland sollte man Äpfel zwischen August und November konsumieren.
- Bei ganzjährigem Bedarf an Äpfeln sind eingelagerte Äpfel aus der Region europäischen Äpfeln und erst recht Übersee-Importen eindeutig vorzuziehen.
- Eine entscheidende Einflussgröße stellt schließlich das Einkaufsverhalten dar. Es ist ökologisch äußerst vorteilhaft, Fahrten so zu gestalten, dass möglichst wenig Kraftstoff verbraucht wird. Ideal wäre ein Einkauf zu Fuß oder mit dem Fahrrad. Wenn dies nicht möglich ist, ist eine Kombination des Apfeleinkaufs mit anderen Erledigungen (weitere Einkäufe, Fahrt zur Arbeit etc.) anzustreben. In der individuellen Organisation des Einkaufs liegt das größte Einsparpotential im Hinblick auf das Gewicht des ökologischen Rucksacks des Apfels verborgen.

Name: Klasse: Datum:

© Ernst Klett Verlag GmbH, Stuttgart 2015. | www.klett.de | Erstellt für: TERRA Geographie Qualifikationsphase Nordrhein-Westfalen | ISBN: 978-3-12-104130-5
Alle Rechte vorbehalten. Von dieser Druckvorlage ist die Vervielfältigung für den eigenen Unterrichtsgebrauch gestattet.
Die Kopiergebühren sind abgegolten. Für Veränderungen durch Dritte übernimmt der Verlag keine Verantwortung.

Agrarprodukte für 9 Milliarden Menschen

Strukturierungshilfe

Phase	Thema	Seite	Material	Aufgabe	Methodische Hinweise
Einstieg	Dilemma oder Auswege „Eine landwirtschaftliche Produktion, die den weltweit steigenden Bedarf an Agrargütern deckt, und eine, die den Erfordernissen nachhaltigen Wirtschaftens entspricht, schließen einander aus“	S. 58–59			Die Konfrontation der Schülerinnen und Schüler mit diesem Dilemma ermöglicht ein Einbringen des bisher Erarbeiteten in eine übergeordnete zukunftsrelevante Fragestellung.
Erarbeitung 1	Effektive Kaloriennutzung zur Ernährung anstelle von Veredelungswirtschaft	S. 58–59	Text, M1	S. 59, Nr. 1+2	
Erarbeitung 2	Wege aus dem Dilemma zwischen Intensivierung und Nachhaltigkeit	S. 58–59	Text, M1	S. 59, Nr. 3	
Vertiefung	Diskussion der eigenen Lebens- und Konsumgewohnheiten im Kontext der Ernährungssicherung	S. 58–59			Hier kann sich die Diskussion am 5-Punkte-Plan des Wissenschaftlerteams der Universität Minnesota orientieren. (letzter Abschnitt S. 58 des Schülerbuchs)

Lösungshinweise Seite 58/59

1 Stellen Sie die unterschiedliche Ausrichtung der Agrarproduktion in der Welt dar.

Die Karte 1 zeigt, für welchen Zweck in der Agrarproduktion Kalorien hergestellt werden. Unterschieden wird ob die Energie, die in den Agrarprodukten steckt in Tierfutter bzw. Kraftstoff umgewandelt wird, oder ob sie direkt zur Ernährung der Menschen genutzt wird. Drei Räume stechen bei der Tierfutter- und Kraftstoffverwendung besonders deutlich heraus. Der Mittlere Westen der USA, der Nordosten von China und Europa. Das Gebiet in den USA erzeugt sogar zu 82 % Kalorien für Futter und Kraftstoff. In Europa sind dies „nur“ 61 %. In China zeichnen sich andere Räume dadurch aus, dass dort mehr als 50% der Kalorien direkt für die Ernährung angebaut werden, sodass der Staat insgesamt auf eine 58-prozentige direkte Ernährungsnutzung kommt.
Den anderen Pol der Agrarproduktion, wo kaum für Tierfutter und Kraftstoffe Anbau betrieben wird, stellen v.a. Indien und Afrika südlich der Sahara dar. In Indien werden sogar 89 % der Kalorien direkt als Nahrung genutzt. In Afrika wird ein Wert von 72 % sogar für den gesamten Kontinent angegeben. Hier ist die Landwirtschaft oft davon geprägt, dass viele Kleinbauern für die direkte Ernährung anbauen.

2 Erläutern Sie die Bedeutung einer Umstellung der Ernährungsgewohnheiten für die zukünftige Nahrungsmittelproduktion.

Die Ernährungsgewohnheiten in vielen wohlhabenden Ländern sind stark vom Fleischkonsum geprägt. Der Umweg der Kalorien über die Verfütterung an Tiere zum Menschen führt aber dazu, dass nur noch ein Bruchteil der Kalorien, die auf dem Feld erzeugt wurden, beim Menschen ankommt. Mit zunehmendem Wohlstand in Schwellenländern findet auch dort eine Umstellung auf eine Ernährung mit mehr Fleisch statt. Für immer mehr Menschen muss damit auch immer mehr pro Mensch auf den Ackerflächen der Welt hergestellt werden. Die Versorgung wird daher noch schwieriger. Zur Verbesserung der Ernährungslage ist deshalb eine Zunahme des direkten Verzehrs der Kalorien aus den verschiedenen Formen des Anbaus von Bedeutung.

3 „Eine landwirtschaftliche Produktion, die den weltweit steigenden Bedarf an Agrargütern deckt, und eine, die den Erfordernissen nachhaltigen Wirtschaftens entspricht, schließen einander aus“. Nehmen Sie Stellung.

Die Aussage stellt die Notwendigkeit der Produktionssteigerung und die nachhaltige Produktion gegenüber. Viele Beispiele der Intensivierung zeigen, dass es Grenzen gibt, bei deren Überschreiten Ökosysteme nachhaltig ge- oder zerstört werden. Auch die Grenzen der Ausweitung von Anbauflächen werden deutlich. Zum Teil werden andere Landnutzungen dadurch verdrängt, wird Menschen ihre Existenzgrundlage genommen oder es werden in Trockenräumen enorme Ressourcen zur Ausweitung von Bewässerungsfeldbau verbraucht. Produktionssteigerungen in der konventionellen Landwirtschaft gelangen immer wieder an Grenzen nachhaltigen Wirtschaftens. Die Aussage trifft damit zu. Sie nimmt aber alternative Lösungen nicht in den Blick, die das Dilemma auflösen könnten. Einerseits kann eine Veränderung der Ernährungsgewohnheiten die steigende Nachfrage reduzieren, andererseits, kann auch eine Lösung lokaler, ökologischer Landwirtschaft gesehen werden. Weltweit bieten kleinbäuerliche Betriebe noch ein sehr großes Produktionspotential auch innerhalb der Grenzen nachhaltigen Wirtschaftens.

TERRA KOMPETENZ

Lösungshinweise
Sachkompetenz

1 Stellen Sie die zentralen Merkmale der Subsistenz- und Plantagenwirtschaft dar.
Das zentrale Merkmal der Subsistenzwirtschaft ist deren Ausrichtung auf die Selbstversorgung. Damit verbunden sind kleine landwirtschaftliche Nutzflächen, eine eher extensive Bewirtschaftung der Flächen mit geringem Kapitaleinsatz und eine Vielfalt von Anbauprodukten. Bei Höfen die subsistenzorientiert wirtschaften wird die Arbeit in der Regel von den Familienmitgliedern geleistet. In der ökonomischen Bilanz eines Staates tritt die Subsistenzwirtschaft nicht in Erscheinung. Plantagen können geradezu als das Gegenteil der Subsistenzwirtschaft angesehen werden. Sie sind in erster Linie auf den Export von Agrarprodukten ausgerichtet, die meist in Monokultur angebaut werden. Ihre landwirtschaftliche Nutzfläche ist groß und sie wird intensiv bewirtschaftet. Das drückt sich durch den Einsatz von Düngemitteln, Pestiziden und teilweise auch der Anlage von Bewässerungssystemen aus. Damit ist die Plantagenwirtschaft auch sehr kapitalintensiv. Die Arbeit ist auf Plantagen oft entsprechend der industriellen Produktion in verschiedene Arbeitsschritte aufgeteilt, die von verschiedenen Arbeitern ausgeführt werden. Insgesamt zeigt sich zudem eine hierarchische Organisation der Arbeit, die von einem professionellen Management gesteuert wird.

2 Erläutern Sie die Gefährdung des tropischen Regenwaldes aufgrund der Eingriffe des Menschen in den Nährstoff- und Wasserkreislauf.
Die Entwaldung, aber auch schon die Entnahme organischen Materials, führt zu einer Unterbrechung des Nährstoffkreislaufs. Da der Boden nicht in der Lage ist Nährstoffe nachzuliefern und sogar Nährstoffe die eingebracht werden aufgrund des großen Anteils von Zweischichttonmineralen nur schlecht speichern kann, nimmt die Vegetation die Nährstoffe aus dem organischen Material am Waldboden direkt wieder auf. Die Mykorrhiza-Pilze ermöglichen dies indem sie die Nährstoffe aufnehmen und an die Baumwurzeln weiterleiten. Wird die Symbiose von Baum und Pilz zerstört oder wird das organische Material entnommen, so ist der Nährstoffkreislauf unterbrochen und Wachstum kann nur eingeschränkt stattfinden. Der Nutzungswandel führt im Bereich des tropischen Regenwaldes auch zu deutlichen Auswirkungen beim Wasserkreislauf. Dies ist der Tatsache geschuldet, dass der Regenwald einen Großteil des Niederschlags selber produziert indem sehr viel Wasser über Verdunstung direkt wieder in die Atmosphäre gelangt bevor es überhaupt den Boden erreicht hat oder vom Boden über die Wurzeln und die Blätter transpiriert. Bei veränderter Landnutzung kommt es zu verringerter Verdunstung und Transpiration, sodass weniger Wasser in die Atmosphäre gelangt und dies wiederum zu verringerten Niederschlägen führt.

3 „Der Verlust der Vegetationsdecke ist sowohl Folge als auch Ursache der Bodendegradation." Erläutern sie diese Aussage an Beispielen aus den Tropen und den Trockenräumen der Subtropen.
Tropen:
Da die Vegetation bei den nährstoffarmen Böden der Tropen selbst der größte Nährstoffspeicher ist, bedeutet ein Verlust der Vegetation die Unterbrechung des Nährstoffkreislaufs und eine Verringerung der Nährstoffverfügbarkeit. Dies hat zur Folge, dass das Pflanzenwachstum wiederum beeinträchtigt wird und ein Nährstoffkreislauf sich nur eingeschränkt wieder einstellen kann. Wo Ackerbau mit großen Maschinen betrieben wird, kommt es leicht zu einer Verdichtung des Bodens und durch Pflügen zu einem Auflösen des Bodengefüges. Oberflächlicher Abfluss führt dann zur Erosion der Bodenpartikel und der Abtragung des fruchtbaren Bodens. Dies hat ein geringeres Wachstum der Vegetation oder sogar deren Verlust zur Folge. Ein Zusammenhang zwischen Vegetationsdecke und Bodendegradation ist in beide Richtungen erkennbar.

Subtropen:
Ein Boden ohne Vegetationsdecke trocknet infolge der hohen Temperaturen und der fehlenden Abschattung durch Pflanzen rasch aus. Je trockener der Boden ist, desto stärker ist er der Winderosion ausgesetzt, feine Bodenpartikel werden ausgeweht, zurück bleibt ein skelettierter Rohboden. Diese Böden sind sehr ertragsarm. Durch die Abtragung von Bodenmaterial werden die Böden zudem immer flachgründiger, sodass der Wurzelraum der Pflanzen erheblich abnimmt. Gleichzeitig sinkt meist der Gehalt an organischer Substanz. Zudem können die seltenen Niederschläge auf Grund von Krustenbildung nicht in den Boden einsickern, sondern fließen oberirdisch ab. Im Zuge der nun einsetzenden fluviatilen Erosion wird fruchtbares Land fortgeschwemmt, tiefe Gräben bilden sich. Außerdem geht das Niederschlagswasser für eine mögliche Speisung der Grundwasservorräte verloren, der Grundwasserspiegel sinkt – eine fehlende Vegetationsdecke kann also als Ursache für eine Bodendegradation verstanden werden. Umgekehrt kann sich auf Grund der durch Wind- und Wassererosion unfruchtbaren, degradierten Böden und dadurch, dass durch den abgesenkten Grundwasserspiegel das Bodenwasser für die Pflanzen nicht mehr ausreichend verfügbar ist, kaum eine geschlossene Vegetationsdecke ausbilden – sie ist demnach auch gleichzeitig Folge der Bodendegradation.

4 „Die Versorgung der wachsenden Weltbevölkerung könnte leichter gesichert werden, wenn der globale Fleischkonsum sinkt." Erläutern Sie diese Aussage.
Der Fleischkonsum führt dazu, dass die Energie, die in pflanzlichen Agrarprodukten steckt nicht direkt für die Ernährung zu den Menschen gelangt. Die pflanzlichen Produkte werden an Tiere verfüttert, die nach dem Schlachten verzehrt werden. Die Kalorien nehmen einen Umweg. Leider geht dabei sehr

viel Energie verloren. Mit Schweinefleisch gelangen beispielsweise nur noch 10 % der verfütterten Kalorien auf den Teller. Würden diese direkt verzehrt, stünden also zehnmal so viele Kalorien für die Ernährung zur Verfügung. Viel mehr Menschen könnten von den pflanzlichen Agrarprodukten ernährt werden.

5 Erläutern Sie die unterschiedlichen Auswirkungen des Kaufs von Fleisch aus konventioneller und ökologischer Landwirtschaft.

Aus dem individuellen Kauf von Fleisch aus konventioneller oder ökologischer Landwirtschaft können nicht direkt Auswirkungen abgeleitet werden. Geht man allerdings von allgemeinen Konsumentscheidungen und deren Veränderung aus, zeigt die Summe der einzelnen Kaufentscheidungen eine Wirkung.

Wo der größte Teil der Käufer ungebremst konventionelles Fleisch aufgrund der günstigen Preise kauft, bleibt es für Betriebe interessant die geringen Gewinnspannen durch große Produktionsmengen zu kompensieren. Produktionsmengen, die nicht mehr flächenangepasst sind und dazu führen, dass große Futtermengen zugekauft sowie Exkremente in großem Umfang entsorgt werden müssen. Einerseits werden hierzu in anderen Regionen der Erde Futtermittel anstelle von Nahrungsmitteln angebaut, so dass dies die Ernährungssituation der lokalen Bevölkerung verschlechtert. Andererseits findet der Anbau dabei oft unter Missachtung der natürlichen Voraussetzungen und Zerstörung von Ökosystemen statt, wie dies beim Sojaanbau an der Bodendegradation und der Entwaldung zu sehen ist. Das Ausbringen hoher Mengen von Tierexkrementen kann dann auch zu einer deutlichen Beeinträchtigung des Wassers führen.

Wenn mehr Menschen Fleisch aus ökologischer Landwirtschaft kaufen, so kann für Landwirte die konventionelle Tierhaltung ökonomisch weniger interessant werden. Die Produktion von Fleisch aus ökologischer Landwirtschaft kann hingegen bei wachsender Nachfrage lohnenswert werden. Da dabei in möglichst geschlossenen Kreisläufen gearbeitet wird, kommt es nicht zu den geschilderten lokalen und globalen Auswirkungen oder sie fallen deutlich geringer aus. Die Summe der einzelnen Kaufentscheidungen ist damit auch ein wichtiger Faktor der Entwicklung unserer Landwirtschaft.

6 Stellen Sie die Kriterien für die Auswahl eines Bewässerungssystems zur Überwindung der klimatischen Trockengrenze dar.

Folgende Kriterien sind für die Auswahl eines Bewässerungssystems zur Überwindung der klimatischen Trockengrenze relevant:

- finanzielle Ausstattung,
- geomorphologische Beschaffenheit der bewirtschafteten Fläche (z. B. Hangneigung),
- Bodeneigenschaften (z. B. Ausmaß der Versickerungsverluste),
- Art der angepflanzten Kulturen (z. B. Dauerkulturen, Stauwassertoleranz, Reihenabstand/Bestandsdichte),
- technisches Know-how der Landwirte.

Methodenkompetenz

1 Arbeiten Sie mit den Diagrammen 2 und 3:

a) Erklären Sie die dargestellte Ertragsentwicklung.

Diagramm zwei stellt die Entwicklung der Erträge für 1 ha Weizen, 1 ha Kartoffeln und der Leistung von einer Milchkuh sowie einer Henne anhand der Daten für die Jahre 1950, 1980 und 2013 dar. In allen Bereichen findet man eine enorme Steigerung. Der Ertrag bei Weizen stieg zwischen 1950 und 2013 von 2 580 kg/ha auf 8 000 kg/ha, der von Kartoffeln von 24 490 kg/ha auf 39 830 kg/ha. Während eine Milchkuh 1950 noch 2 480 kg Milch gab, waren dies 2013 bereits 7 340. Ähnlich stark entwickelte sich die Legeleistung von Hennen. Sie stieg im selben Zeitraum um 174 Eier auf 294 Eier pro Henne.

Die größere Erzeugung pro Fläche und pro Tier ist mit dem starken Einsatz von Dünger bzw. Kraftfutter aber auch mit der Züchtung von Hochleistungssorten und Hochleistungstieren verbunden. So entstehen mehr und größere Körner bzw. Kartoffeln an den Pflanzen, Kühe werden gezüchtet die größere Milchmengen produzieren und dies aufgrund des Kraftfutters auch können, genauso wie Hennen, die mehr Eier legen.

b) Erklären Sie den landwirtschaftlichen Strukturwandel in Deutschland mithilfe der Diagramme.

Der landwirtschaftliche Strukturwandel zeigt sich in Deutschland an der abnehmenden Zahl der landwirtschaftlichen Betriebe und der gleichzeitig steigenden Durchschnittsgröße. Immer weniger Betriebe bewirtschaften immer größere Flächen oder halten immer mehr Tiere.

Ein Grund für diese Veränderung sind die technischen Entwicklungen in der Landwirtschaft. Beispielhaft ist dies in Diagramm drei anhand des Mähdreschers zu erkennen. Während ein Mähdrescher 1960 eine Motorleistung von etwa 90 kW, ein Gewicht von 9 t, eine Schneidwerksbreite von 4 m und einen Korntank von 2 500 l hatte, sind alle diese Werte in den folgenden 40 Jahren deutlich angestiegen. Im Jahr 2010 hatte ein Mähdrescher bereits eine Motorleistung von etwa 370 kW, ein Gewicht von 17 t, eine Schneidwerksbreite von 9 m und einen Korntank von 11 000 l. Mit solchen Maschinen kann ein Landwirt in der gleichen Zeit heute natürlich deutlich größere Flächen bearbeiten. Gleichzeitig sind die Maschinen auch so teuer, dass sie auf sehr großen Feldern genutzt werden müssen um sich zu rentieren. Ähnliches gilt auch bei anderen Betriebsformen. Die Kosten für eine Produktionsrichtung sind so groß, dass ein Betrieb sich spezialisieren muss und nicht Maschinen für mehrere Bereiche anschaffen kann. Auch sind die Kosten für moderne Ställe, in denen die Hochleistungstiere gehalten werden, hoch und führen genauso zur Spezialisierung. Auch die Intensivierung, die in Diagramm zwei dargestellt ist, weist auf den Strukturwandel, denn sie verursacht hohe Kosten bei den Betriebsmitteln, die durch die Flächenausweitung kompensiert werden müssen.

Urteilskompetenz

1 Bewerten Sie den Kauf einer fair gehandelten Biobanane aus Ecuador nach den drei Dimensionen der Nachhaltigkeit.
Fair gehandelte Biobananen weisen in Bezug auf Nachhaltigkeit viele positive Aspekte auf. Ökonomisch bringen sie der lokalen Bevölkerung einen deutlich größeren Verdienst pro Bananenkiste. Er kann dreimal so hoch liegen wie der konventionelle Preis, da in der Wertschöpfungskette ein größerer Teil an die Erzeuger geht. Auch auf der sozialen Ebene kann die Fair trade-Produktion geschätzt werden. Oft ist sie mit Organisationsrechten und der Einhaltung von Arbeitsnormen verbunden. Ökologisch ist die Biobanane angesichts des extremen Einsatzes von Agrarchemie in konventionellem Anbau ein enormer Gewinn, da hier keine oder zumindest deutlich weniger Pestizide eingesetzt werden. Gleichzeitig muss man bedenken, dass auch der Transport und das gesamte System der Reifung und des Vertriebs ungeheuer viel Energie verbrauchen und damit zu einem starken Ressourcenverbrauch mit vielen Emissionen führt. Der Transport empfindlicher Früchte um die halbe Erdkugel fällt in der ökologischen Dimension stark ins Gewicht.

2 Beurteilen Sie die Entwicklung der Größe von Schweinemastställen aus verschiedenen Perspektiven.
Aus der Perspektive des Inhabers eines Schweinemastbetriebs ist die Größenentwicklung eine gute und sinnvolle Richtung. Hohe Futtermittelkosten und niedrige Schweineerlöse führen zu geringeren Gewinnmargen pro Schwein, die er durch die Ausweitung der Produktion kompensieren kann, sodass sich die Schweinemast trotzdem ökonomisch noch lohnt. Umweltschützer und Trinkwasserversorgungsbetriebe werden eine andere Sicht auf die Entwicklung der Stallgröße haben. Da der Tierbestand nicht an die Fläche angepasst ist, kommt es über die Gülle immer wieder zu einem erhöhten Eintrag von Nitrat in das Grundwasser. Ökologisch ist die Entwicklung daher nicht tragbar. Umweltschützer müssen auch feststellen, dass die großen Tierbestände nicht mit selber angebauten Futtermitteln ernährt werden können. Viel Futter muss zugekauft werden. Soja wird zu diesem Zweck beispielsweise im brasilianischen Cerrado angebaut und führt dort zu Entwaldung und aufgrund unangepassten Anbaus zu Bodendegradation und Erosion.

3 „Nachhaltiges Wirtschaften soll die Bedürfnisse der Gegenwart befriedigen, ohne dabei zu riskieren, dass künftige Generationen ihre eigenen Bedürfnisse nicht befriedigen können." Bewerten Sie die Möglichkeit der ökologischen Landwirtschaft, dieses Prinzip der Nachhaltigkeit zu erfüllen.
Das Leitbild der ökologischen Landwirtschaft sieht ein Wirtschaften im Einklang mit der Natur vor. Um dies zu gewährleisten, sollen folgende Prinzipien der Bewirtschaftung beachtet werden:
- möglichst geschlossener betrieblicher Nährstoff- und Energiekreislauf (z. B. durch Fütterung mit ökologisch erzeugten Futtermitteln, die möglichst auf dem eigenen Hof hergestellt worden sind, sowie Düngung mit auf dem eigenen Hof anfallender Gülle oder Mist),
- Erhaltung und Verbesserung der Bodenfruchtbarkeit (z. B. durch Gründüngung, Unterpflügen von Ernterückständen, Einhaltung von Fruchtfolgen mit vielen Fruchtfolgegliedern) sowie
- artgemäße Haltung von Tieren (genügend Auslauf, keine chemischen Wachstumsregulatoren, weitgehender Verzicht auf Antibiotika, Einzeltierbehandlung).

Somit ist der ökologische Landbau eine besonders ressourcenschonende und umweltverträgliche Wirtschaftsform, die sich am Prinzip der Nachhaltigkeit orientiert.

Handlungskompetenz

1 Erstellen Sie eine Präsentation zum Projekt „Grüne Mauer" (Great Green Wall) in Afrika, in welcher Sie die ursprüngliche Idee sowie deren Neuorientierung mit ihren Motiven darstellen.
Individuelle Schülerlösung
Als Grundlage zur Erstellung der Präsentation kann beispielsweise auf folgende links zurückgegriffen werden:
http://orf.at/stories/2088961/2088943/
http://klimawandel-bekaempfen.dgvn.de/meldung/eine-grosse-gruene-mauer-gegen-die-ausbreitung-der-wueste/
http://www.planeterde.de/wissen/erfolgreiche-basisarbeit/
http://de.wikipedia.org/wiki/Afrikas_Gr%C3%BCne_Mauer_im_Sahel
http://www.spiegel.de/wissenschaft/natur/sahelzone-fmnr-soll-ausbreitung-der-wueste-stoppen-a-838840.html
http://www.grandemurailleverte.org/
http://www.monde-diplomatique.de/pm/2011/11/11.mondeText.artikel,a0042.idx,11
http://www.welt.de/wissenschaft/article12986123/Gruene-Mauer-in-Afrika-soll-die-Sahara-stoppen.html

Schülerbuch
Seite 66 bis 117

Wirtschaftsregionen im Wandel

Didaktische Struktur

Auftaktseite: Der wirtschaftende Mensch als Gestalter seines Lebensraums (S. 66–67)
- Alle unsere wirtschaftlichen Tätigkeiten haben einen tiefgreifenden Einfluss auf die Gestaltung und Entwicklung von Räumen. Diese so geschaffenen Landschaften unterliegen einem steten Wandel.

↓

Fallstudie: Ruhrgebiet – Entstehung und Wandel eines Industriegebietes (S. 68–81)
- Aufstieg und Krise eines Altindustriegebietes
- Umstrukturierung und Neuordnung

↓

Differenzierungsangebot 1 (S. 78–79)
Ein neues Profil für das Ruhrgebiet: Hightech auf ehemaligem Hüttengelände

Differenzierungsangebot 2 (S. 80–81)
Ein neues Profil für das Ruhrgebiet: Freizeit auf Industriebrachen

↓

Standortfragen der Industrie (S. 82–89)
- Was sind Standortfaktoren? Harte und weiche Standortfaktoren
- Standortanalyse – Beispiel: Mercedes Benz in Tuscaloosa (US)
- Handlungsorientierte Einzelaufgabe: Suche nach einem Standort für eine Floatglasanlage
- Bedeutungswandel von Standortfaktoren und Auswirkungen auf Raum und Gesellschaft
- Sonderfall: Produktlebenszyklus und Standortverlagerungen

↓

Innovationen und Wirtschaftswandel (S. 90–97)
- Wirtschaftliche und gesellschaftliche Wirkungen von Innovationen
- Entwicklungszyklen der Wirtschaft, Theorie der Langen Wellen
- Wandel industrieller Produktionskonzepte und Organisationsformen in ihren räumlichen Auswirkungen

↓

Fallstudie: Region München – Wachstum ohne Grenzen? (S. 98–101)
Analyse eines Wirtschaftsraumes: Strukturen und Stärken, wirtschaftliche Entwicklung, Probleme und Perspektiven

↓

Europäische Wirtschaftsregionen (S. 102–109)
Regionale Disparitäten in der EU und Raumentwicklungskonzepte, EUREK

↓

Fallbeispiel, Mezzogiorno (Italien) (S. 104–106)
eine der strukturschwächsten Regionen in Europa

Fallbeispiel Öresundregion (Dänemark, Schweden) (S. 107–109)
eine aufstrebende Region in peripherer Lage

↓

Sonderwirtschafts- und Freihandelszonen, Mittel der regionalen Wirtschaftsförderung (S. 110–115)

↓

Fallbeispiel: Sonderwirtschaftszone Shenzen (China) (S. 111–113)
Entwicklung, Standortfaktoren, Struktur, Schattenseiten

Fallbeispiel: NAFTA (USA, Kanada, Mexiko) (S. 114–115)
Zielsetzung, praktische Zusammenarbeit am Beispiel der Maquiladores

↓

TERRA Kompetenz (S.116/117)
Wissen vernetzen und Kompetenzen überprüfen

Schülerbuch
Seite 68 bis 81

Ruhrgebiet – Entstehung und Wandel eines Industriegebietes

Strukturierungshilfe

Phase	Thema	Seite	Material	Aufgabe	Methodische Hinweise
Einstieg	Veränderung einer Landschaft: Essen 1829–1865–2014	68	1	1	Bildbeschreibung, Formulierung einer Leitfrage
Erarbeitung 1	Industrieller Aufstieg: vom Agrarraum zum Industrierevier	69–70	2–5	2–4	Arbeit mit einem geologischen Profil, Kartenarbeit
Erarbeitung 2	Krise der Montanindustrie: Steinkohlen- und Stahlkrise, erste Maßnahmen zur Umstrukturierung	71–73	6–16	5	Kartenarbeit, Auswertung von Quellentexten
Erarbeitung 3	Neustrukturierung des Ruhrgebietes: Reindustrialisierung und Tertiärisierung, Förderprogramme	74–77	17–25	6–11	Mögliche Gruppenarbeit: a) Entwicklung zu einer „Bildungslandschaft“, b) grundlegender Umbau durch die IBA Emscherpark
TERRA Differenzierung	Beispiele für Umstrukturierungsmaßnahmen. 1. PHOENIX Dortmund: Hightech auf ehemaligem Hüttengelände, 2. Förderung des Tourismus	 78–79 80–81	 1–3 1–6	 1–4 1–2	Differenzierungsmöglichkeit

Lösungshinweise **Seite 68 bis 70**

1 Beschreiben Sie anhand der Abbildungen 1 (Essen 1829, 1865 und 2014) den strukturellen Wandel der Stadt.

Die drei Bilder von Essen verdeutlichen den Wandel des Ruhrgebietes zwischen 1829 und heute. Dieser Wandel lässt sich wie folgt zusammenfassen: von der Agrarlandschaft über die Industrielandschaft zu einem vom Tertiären Sektor geprägten Raum (Dienstleistungslandschaft). Nur an dem Kirchturm in der Mitte der drei Abbildungen kann man erkennen, dass es sich um den gleichen Raum handelt, gemalt bzw. fotografiert vom gleichen Standpunkt.

2 Arbeiten Sie mit der Abbildung 2:

a) Beschreiben Sie den Schichtenverlauf und die Schichtenfolge der Steinkohlenflöze.

Das Profil zeigt einen Schnitt durch das Steinkohlengebirge des Ruhrgebiets. Es erstreckt sich von SO (Ruhr) nach NW (nördlich der Lippe) über eine Strecke von ca. 40 km (Atlas). Das Steinkohlengebirge umfasst alle Steinkohlearten von der Anthrazitkohle bis zur Flammkohle. Dem Alter der Kohlearten entsprechend liegen die Anthrazitkohleschichten zuunterst, die Flammkohleschichten zuoberst. Die Schichten fallen jedoch in einem flachen Winkel nach Norden hin und werden von einem nach Norden an Mächtigkeit zunehmenden Deckgebirge überlagert. Die Schichten sind zu Sätteln und Mulden gefaltet und mannigfach zerrissen. Durch zahlreiche quer zum Faltenbau verlaufende Störungen wurde das Kohlengebirge in Horste, Gräben und Staffeln zerlegt.

b) Charakterisieren Sie Möglichkeiten und Probleme des Abbaus.

Insgesamt sind die geologischen Lagerungsverhältnisse durch große Abbautiefen, geringmächtige Flöze und die oben beschriebenen tektonischen Störungen gekennzeichnet. Während die oberflächennahen Flöze den Beginn des Bergbaus im Ruhrgebiet erst ermöglichten und wirtschaftlich stark machten, wurden die Abbaubedingungen im Laufe der Zeit zunehmend schwerer. Die Entwicklung neuer Verfahren zur Gewinnung tiefer liegender Schichten und anderer Kohlearten war immer wieder erforderlich. Die zunehmende Tiefe und die tektonischen Störungen machten immer wieder neue Abbautechniken und -geräte notwendig bzw. zwangen auch zur Aufgabe von Abbaupunkten bzw. zur weiteren Nordverlagerung des Abbaus.

c) Analysieren Sie den Zusammenhang zwischen den verschiedenen Kohlelagerstätten und den Industriestandorten (Tabelle 3 und Karte 4).

Die Standorte der verschiedenen Industriezweige werden mitbestimmt durch die unterschiedliche Verwertbarkeit und „Qualität“ der einzelnen Steinkohlearten (vgl. M 3). Ruhrzone: Anthrazit- und Magerkohle. Da diese sich nicht zur Gewinnung von Koks eignet, ist sie nur als Heiz- und Feuerkohle verwendbar. Entsprechend entstanden in der Ruhrzone hauptsächlich Brikettfabriken. Zur Industrialisierung hat der Steinkohlenabbau in dieser Region kaum beigetragen. Die heutige Industrie ist hier von der Kohle nahezu unabhängig.

Hellweg- und südliche Emscherzone: Ess- und Fettkohle. Vor allem die hier abgebaute Fettkohle wurde in den Kokereien zu Koks verarbeitet, der als Energieträger in Hochöfen eingesetzt werden konnte. Damit war diese Kohle eine grundlegende Voraussetzung für die Entwicklung der Eisen schaffenden Industrie in dieser Zone, meist im Verbund mit Gießereien, Stahl- und Walzwerken.
Nördliche Emscher- und Lippezone: Flammkohle, Gasflammkohle und Gaskohle. Aufgrund des hohen Anteils an flüchtigen Bestandteilen dienen diese Kohlearten als Grundlage der Kohlechemie und der Kohlenwertstoffgewinnung. In der Kohlechemie gewonnene Kohlengase werden teils als Brennstoffe, teils für Syntheseverfahren verwendet. Zu den Kohlenwertstoffen zählen größtenteils Teere, Ammoniak und Rohbenzol. Entsprechende Industriezweige finden sich auch heute noch in dieser Zone.

3 Die Standortgunst ließ das Ruhrgebiet im 19. Jahrhundert zum größten Industrieraum Westeuropas werden. Kennzeichnen Sie die Gunstfaktoren.
Ursprüngliche Gunstfaktoren:
- Rohstoffe (Raseneisenerz) und Energie (Kohle)
- Wasser aus den Mittelgebirgen bzw. den Flüssen Ruhr, Emscher, Lippe
- günstige Lage und Verkehrserschließung (Flüsse, Kanäle, Eisenbahn)
- großes Verbraucherpotenzial
- Agglomerationsvorteile
- großes Reservoir an industrieerfahrenen Arbeitskräften

Trotz der im Schülerbuch geschilderten Nachteile sind die materiellen Standortfaktoren im Ruhrgebiet nach wie vor gut:
- gut ausgebaute Infrastruktur,
- Lage inmitten eines riesigen Marktes,
- Fühlungsvorteile zu etablierten Unternehmen,
- großes Angebot an Arbeitskräften.

Beim Rohstoffbezug hat die Rheinschiene zwar Nachteile gegenüber Küstenstandorten, aber eindeutige Vorteile gegenüber allen anderen europäischen Montanräumen im Binnenland. Selbst das östliche Ruhrgebiet ist infolge der Spezialisierung und der fortgeschrittenen Technik den Binnenstandorten z.B. in Belgien, Luxemburg und England überlegen.

4 Charakterisieren Sie anhand der Karte 4 die Industriestruktur des Ruhrgebiets zu Ende der Boomphase.
In der Karte spiegelt sich der Höhepunkt der Industrialisierung wider. Sie zeigt die typischen Merkmale eines von der Montanindustrie geprägten Raumes: Zechen, Kokereien, Hochöfen, Stahl- und Walzwerke, Brikettfabriken, Raffinerien, Kraftwerke, Altindustrien und ein vornehmlich der Industrie angepasstes Verkehrsnetz (Eisenbahnen, Kanäle). Es sind allerdings auch bereits einige „Nachfolgeindustrien zu erkennen, z.B. Metallverarbeitung, Maschinenbau, chemische Industrie, Elektroindustrie. Die Kraftfahrzeugindustrie ist hingegen eine „ruhrgebietsfremde" Industrie (Maßnahme im Zuge der Reindustrialisierung).

Lösungshinweise

Seite 71

5 Erstellen Sie eine schematische Übersicht zu den Ursachen, Erscheinungsformen und Auswirkungen der Krise der Montanindustrie.

Lösungsgrafik Aufgabe 5

Krise der Montanindustrie

Bergbaukrise

sinkender Kohleverbrauch durch
- hohe Förderkosten
- billige Importkohle
- Konkurrenz von Erdöl und Erdgas
- Verlust (traditioneller Abnehmer (Hausbrand, Bahn, Schifffahrt)
- Kohlechemie durch Petrochemie ersetzt
- Krise der Stahlindustrie
- rationellere Verwendung der Kohle in Industrie und Kraftwerken

Stahlkrise

sinkender Stahlverbrauch durch
- Bedarfsrückgang im Inland, z.B. Werftindustrie, Baugewerbe
- Material sparende Fertigungen
- weltweite Überkapazitäten
- Konkurrenz durch Drittländer
- wirtschaftliche Rezession
- Verwendung neuer Materialien (Aluminium, Kunststoffe)

Struktur- und Konjunkturkrise

Auswirkungen

- Freisetzen von Arbeitskräften
- Arbeitslosigkeit
- Wanderungsverluste
- Existenzkrise in der Zulieferindustrie, in der Bauindustrie, im Dienstleistungsgewerbe
- sinkende Steuereinnahmen
- steigende Soziallasten

Erscheinungsformen

- aufgelassene Zechen
- Industriebrachen
- Verödung von Landschaften
- Leerstände von Wohnungen und Geschäften in den Städten
- Verfall der Bausubstanz in den Städten

Lösungshinweise Seite 74 bis 77

6 Die Entwicklung des Ruhrgebiets nach 1960 lässt sich mit den Schlagworten „Deindustrialisierung – Reindustrialisierung – Tertiärisierung" umschreiben. Erläutern Sie diese Prozesse.

Deindustrialisierung: Ab- bzw. Rückbau der Industrie, im Ruhrgebiet insbesondere des Steinkohlenbergbaus, der Eisen schaffenden Industrie sowie von Zuliefer- und Nachfolgebetrieben
Reindustrialisierung: Ansiedlung neuer Industriebetriebe, im Ruhrgebiet insbesondere „ruhrgebietsfremder" Zweige wie Fahrzeugbau (Opel Bochum), Elektrotechnik, Kunststoffindustrie, Mikroelektronik, Verfahrenstechnik, Energietechnik oder Umwelttechnik
Tertiärisierung: sektorale Verschiebung der Beschäftigtenstruktur zugunsten des Tertiären Sektors, z. B. Handel, Bank- und Kreditgewerbe, Unternehmensmanagement, Marketing, Bildungswesen usw.

7 Erläutern Sie die auf den Seiten 75–77 vorgestellten Beispiele zur Revitalisierung des Ruhrgebiets.

Die Materialien beschränken sich auf lediglich zwei Bereiche der Revitalisierung, die allerdings von entscheidender Bedeutung sind, da sie zum einen besonders repräsentativ sind und zum anderen versuchen, entscheidende Defizite zu beseitigen: Investitionen in die Bildung und Landschaftsumbau.
Das Angebot an Bildungseinrichtungen ist eine Grundlage für eine gesunde und nachhaltige Entwicklung. Mit der Gründung von Universitäten und anderen Bildungseinrichtungen wird die ehemalige Funktion des Ruhrgebietes, nämlich vornehmlich Grundstoffe für die industrielle Entwicklung bereitzustellen, durchbrochen. Heute besitzt das Ruhrgebiet die dichteste Hochschullandschaft Europas. Eine besondere Bedeutung kommt in diesem Zusammenhang den naturwissenschaftlichen und technischen Fächern sowie den Ingenieurwissenschaften zu. Besonders erwähnenswert ist in einem industriellen Ballungsgebiet ferner die Forschung im Bereich der Umwelttechnologie, da im Ruhrgebiet die Beseitigung von Altlasten und die Förderung Abfall vermeidender Produktionsprozesse im Zuge der Umstrukturierung der Wirtschaft von besonderer Bedeutung sind.
Nicht weniger wichtig und symbolträchtig sind die Maßnahmen zum Landschaftsumbau. Ziel ist zum einen die Revitalisierung der ökologisch außerordentlich beschädigten Landschaft und zum anderen die Schaffung einer lebenswerten Umwelt – auch um das Image des Ruhrgebietes zu verbessern und die seit Jahren zu beobachtenden Abwanderungstendenzen zu stoppen.

8 Erläutern Sie die folgende Aussage zum Strukturwandel des Ruhrgebiets: „Vom Zweibeiner zum Tausendfüßler".

Mit diesem Ausspruch ist der Wandel des Ruhrgebiets von einem monostrukturierten Montanindustriegebiet zu einem polystrukturierten Wirtschaftsraum gemeint.

9 Beurteilen Sie die Wirksamkeit der Revitalisierungsmaßnahmen mit Blick auf die besondere Ausgangssituation des Ruhrgebiets.

Vgl. dazu die Ausführungen zur Aufgabe 7. Die Revitalisierungsmaßnahmen können natürlich nur erfolgreich sein, wenn sie umfassend angegangen werden und von weiteren Fördermaßnahmen begleitet werden, z. B. Ausbau/Umbau der Verkehrsinfrastruktur, Schaffung von industriellen Ersatzarbeitsplätzen und vor allem Arbeitsplätzen im Tertiären Sektor, Gewerbeansiedlungen z. B. auf recycelten Flächen, Wohnumfeldverbesserungen.

10 „Das Ruhrgebiet, ein Wirtschaftsraum mit Zukunft". Nehmen Sie Stellung zu dieser Aussage.

Zusätzlich zu den im Lösungshinweis zu Aufgabe 3 genannten günstigen Standortgegebenheiten lassen sich folgende positive Faktoren nennen:
- die zentrale Lage in der EU, d. h. die Lage im Zentrum der wichtigsten europäischen Agglomerationsachse zwischen London und Rom; durch die Osterweiterung der EU und der damit verbundenen Reaktivierung der West-Ost-Magistrale erfährt diese zentrale Lage eine zusätzliche Aufwertung,
- das aufnahme- und leistungsfähige Umland; in einem Radius von 250 km leben 60 Mio. potenzielle Kunden, d. h. etwa 12 % der EU-Bevölkerung,
- die dichte, vielseitige und leistungsfähige Infrastruktur,
- das große Angebot an Industrie- und Gewerbeflächen sowie Flächen für Büros, Wohnsiedlungen, Kultur- und Freizeiteinrichtungen; entscheidend ist hier allerdings die Frage, ob und inwieweit die Industriebrachen attraktiv und umweltgerecht saniert werden können,
- das inzwischen dicht ausgebaute Netz von Forschungs- und Transfereinrichtungen,
- die in den letzten Jahren weiter verbesserten weichen Standortfaktoren wie Umwelt, Wohnwert, Bildung, Sport- Freizeit- und Kultureinrichtungen.

Vier große ‚I' werden die künftige Entwicklung des Ruhrgebiets bestimmen:
- die Infrastruktur,
- seine Innovationsfähigkeit,
- sein Image sowie
- seine Internationalität." (J. Gramke)

11 Gestalten Sie eine Präsentation zu einem ausgewählten Projekt des IBA-Emscherparks.

Die Karte M 24 und die Übersicht M 25 bieten eine Auswahl möglicher Projekte.

Lösungshinweise Seite 78 bis 79
TERRA DIFFERENZIERUNG

Angebot 1

1 Nennen Sie Intentionen und Potenziale des Projektes PHOENIX.

Intentionen und Potenziale: Das Projekt zur Revitalisierung einer Industriebrache (traditionelle Montanindustrie) hat multifunktionalen Charakter. Gedacht ist einerseits durchaus an die Stärkung des Industriestandorts Dortmund, und zwar durch die Ansiedlung hochmoderner Branchen (Mikro- und Nanotechnologie, Softwareentwicklung). Andererseits soll die Wohn- und Lebensqualität der Stadt bzw. ihres Südteils deutlich verbessert werden, indem Wohn- und Freizeitanlagen an einem neuen See entstehen. Neben der zur Verfügung stehenden Fläche ist hierbei die bisher schon geschaffene Situation Dortmunds in den Bereichen Wissenschaft sowie Forschung und Entwicklung (FuE) eines der wichtigsten Potenziale, z.B. die Universität, weitere Hochschulen und Wissenschaftsinstitute oder der Technologiepark Dortmund.

2 Beschreiben Sie anhand des Luftbildes die Struktur des Vorhabens.

Aus der Abbildung ist deutlich die multifunktionale Struktur des Vorhabens zu erkennen. Das Luftbild zeigt die beiden Teilareale des Projekts, die jeweils eine andere Funktion übernehmen. PHOENIX West setzt einen eindeutigen Wirtschaftsschwerpunkt mit den unter a) genannten Branchen. Eingebettet ist dieser Teil aber auch in Grünzüge, in denen sich Freizeiteinrichtungen („Sport und Freizeit") befinden. Und offensichtlich werden nicht alle alten Industrieanlagen abgerissen, sondern einige („Hochofen") bleiben als Denkmäler, die an die industrielle Herkunft erinnern, stehen. PHOENIX Ost dagegen setzt die Akzente in den Bereichen Freizeit und Wohnen. Eine Marina wird in dem neu geschaffenen See, der den Kern dieses Areals bildet, angelegt; und um den See herum liegen weitere Freizeit-, vor allem aber Wohnanlagen. Insgesamt ergibt sich also zwar eine multifunktionale Struktur, gleichzeitig findet aber auch eine räumliche Gliederung bzw. Trennung statt.

3 Bewerten Sie das Projekt unter den Aspekten Umstrukturierung und Zukunftsfähigkeit.

Die Bewertung fällt durchweg positiv aus. Auf der einen Seite handelt es sich um eine Revitalisierungsmaßnahme, die die industrielle Tradition des Raums nicht verleugnet, allerdings eine moderne, zukunftsweisende Industriestruktur aufweist. Hinzu kommt, dass nicht der Fehler früherer einseitiger Raumstrukturen wiederholt wird. Die Multifunktionalität der Gesamtanlage ist tragfähiger und besitzt mehr Zukunftsfähigkeit, auch durch die Anbindung an vorhandene Einrichtungen. Der neu geschaffene See wertet den Raum auf und schafft gleichzeitig weitere Möglichkeiten der Raumnutzung und -gestaltung.

4 Dokumentieren Sie mit Hilfe des Internets den aktuellen Stand des Projektes.

Vgl. dazu die Quellengaben zu den Materialien der Doppelseite 78–79 im Schülerbuch.

Lösungshinweise Seite 80 bis 81
TERRA DIFFERENZIERUNG

Angebot 1

1 Arbeiten Sie aus der Karte 3 das touristische Potenzial des Ruhrgebiets heraus.

Der Karte „Route der Industriekultur" (M3) und entsprechende Internetseiten zeigen ein (für ein Industriegebiet) erstaunlich großes Potenzial an touristischen Einrichtungen, die von der Gastronomie über Sport und Erlebniseinkaufen bis zu hochrangigen Kulturinstitutionen reicht. Beispiele: Fußballarenen, Freizeitparks (Movie Park in Bottrop), Zentren für den Erlebniseinkauf (z.B. CentrO in Oberhausen), Musical Halls („Starlight Express" in Bochum), Schauspiel- und Opernhäuser und Museen. Neben diesen Einrichtungen der Unterhaltungs-, Freizeit- und Kulturindustrie wurden inzwischen auch zahlreiche Zeugnisse des industriellen Erbes zu touristischen Angeboten entwickelt. Die in der Karte M3 dargestellte „Route der Industriekultur" verbindet auf einem etwa 400km langen Rundkurs herausragende Baudenkmäler (z.B. Gasometer in Oberhausen, Zeche Zollverein und Villa Hügel in Essen), Technikmuseen (z.B. Deutsches Bergbau-Museum in Bochum, Westfälisches Industriemuseum in Dortmund) Informationszentren und Aussichtspunkte, die dem Besucher einen Panoramablick über die industriell geprägte Kulturlandschaft vermitteln (z.B. Tetraeder in Bottrop, Halde Schwerin in Castrop-Rauxel). Nicht zu vergessen, da häufig weniger bekannt, sind die vielen kleinen Städte und die Flusslandschaft der Ruhr im Süden des Ruhrgebiets.

2 Erörtern Sie am Beispiel des Ruhrgebiets, welche Bedeutung dem Tourismus beim Strukturwandel einer Altindustrieregion zukommen kann.

Lange Zeit war die Montanindustrie des Ruhrgebietes das „Herz der industriellen Entwicklung Deutschlands". Mit dem Bedeutungsverlust der Montanindustrie ab Mitte des letzten Jahrhunderts setzte ein tief greifender Wandel im Ruhrgebiet ein, der sich mit den Schlagworten „Deindustrialisierung" und „Tertiärisierung" umschreiben lässt. Dem Tourismus kommt in diesem Zusammenhang eine doppelte Bedeutung zu. Einerseits schafft er Arbeitsplätze und stärkt die Wirtschaft, andererseits trägt er zur Verbesserung der Lebens- und Freizeitqualität der Region bei. Dies kann wiederum Stimulans für zukünftige Ansiedlungsentscheidungen von Unternehmen sein.

Faktoren der Standortwahl

Strukturierungshilfe

Phase	Thema	Seite	Material	Aufgabe	Methodische Hinweise
Einstieg	Eine Stadt wirbt um Industrieansiedlungen, indem sie ihre Standortvorzüge herausstreicht.	82	1–2	1	Erstellen von Leitfragen: Auf welche Anforderungen der Wirtschaft reagiert die Stadt mit ihrer Werbung?
Erarbeitung 1	Was sind Standortfaktoren?; Standorttheorie nach Alfred Weber, Standortfaktoren aus heutiger Sicht	82–83	3	2–3	Basisinformationen, u.U. als vorbereitende Hausaufgabe
Erarbeitung 2	Fallbeispiel: einzelbetriebliche Standortwahl, Tuscaloosa	84–85	4–8	4	Anwendung der Ergebnisse der Erarbeitung 1
Erarbeitung 3	Suche nach einem geeigneten Standort für einen fiktiven Industriebetrieb	86	9–11	5	Handlungsorientierte Gruppenarbeit
Erarbeitung 4	Bedeutungswandel von Standortfaktoren und Auswirkungen auf Raum und Gesellschaft	87	12–13		Basisinformationen, Arbeit im Plenum
Exkurs	Standortlagerungen der Textilindustrie	88	14–17	6–8	Fakultative Arbeit zur Anwendung
Erarbeitung 5	Produktionslebenszyklus und Standortlagerungen	89	19–20	9–11	Erweiterung/Vertiefung – fakultativ

Lösungshinweise Seite 82 bis 83

1 Charakterisieren Sie mithilfe des Fotos 1 und des dazu gehörenden Textes die Standortgunst der Stadt Aachen für ein Unternehmen der Hightech-Industrie.

Die im Material genannten Standortvorzüge gelten im Prinzip für jede Industrieansiedlung. Aufgabe der Schülerinnen und Schüler ist es, die für die Hightech-Industrie besonders relevanten Standortanforderungen herauszuarbeiten. Hier kann ergänzend das Internet (vgl. Quellenangabe zum Text) herangezogen werden.

Standortgunst der Stadt Aachen:

- große Dichte an Hochschulen (RWTH, Fachhochschule, Frauenhoferinstitute, zahlreiche weitere Forschungs- und Entwicklungsinstitute)
- hohes (hoch qualifiziertes) Fachkräfte- und Innovationspotenzial
- Image der Stadt
- ausgewiesene Industrie- und Gewerbefläche, besonders für Spinn-off Betriebe
- Förderung durch die Stadt bzw. durch spezielle Beratungseinrichtungen
- die geographische Lage der Stadt (Grenzlage zu den Niederlanden und Belgien) und die günstige Lage im internationalen Verkehrsnetz (Flughäfen, Autobahnen)

2 Arbeiten Sie die Grundideen der Standorttheorie von Alfred Weber heraus.

Für die Berechnung des optimalen Standortes eines Industriebetriebes legt Weber drei Standortfaktoren zugrunde: Transportkosten, Arbeitskosten und Agglomerationsvorteile. Nach seiner Theorie wählt ein Unternehmen als Standort den Ort, an dem die Kosten für den Transport der eingesetzten Materialien (z.B. Rohstoffe) vom Fund bzw. Beschaffungsort zu seinem Fertigungsbetrieb sowie für den Transport der fertigen Produkte zum Käufer minimal sind. Des Weiteren macht er die Standortwahl für seinen Betrieb von der Höhe der Lohnkosten sowie von den Produktionsvorteilen, die sich aus der räumlichen Konzentration (Agglomeration) von industriellen Fertigungsbetrieben (z.B. als Abnehmer, Zulieferer) ergeben, abhängig.

Unter den drei Standortfaktoren Webers kommt den Transportkosten eine zentrale Bedeutung zu, da sich Unterschiede z.B. in den Materialkosten als Transportkosten verstehen lassen: Ein Ort, der ein bestimmtes Material nicht aufweist, ist um die Transportkosten für dieses Material benachteiligt. Der optimale Standort wird als Transportkostenminimalpunkt bezeichnet.

In seiner Theorie setzt Weber mehrere Prämissen voraus, z.B. dass die Transportkosten nur von dem Gewicht der Rohmaterialien bzw. des Fertigungserzeugnisses sowie der Entfernung, über welche sie befördert werden, abhängig sind. Weber unterstellt ferner, dass die Arbeitskosten regional variieren, dass die Arbeitskräfte sich auf wenige Orte konzentrieren und dass diese nicht mobil sind.

3 Erörtern Sie, ob und inwieweit seine Standorttheorie heute noch ihre Gültigkeit hat.

Gerade an diesen Prämissen (Aufgabe 2) ist Kritik anzusetzen, da sie heute der Realität nicht mehr entsprechen. So hängen Transportkosten nicht nur vom Gewicht der transportierten Materialien ab. Weber beachtet ferner nicht den Fall der footlose industry, die kaum Rohstoffe benötigt. Auch die Annahme, dass Arbeitskräfte unbegrenzt zur Verfügung stünden, trifft nicht zu. Zu kritisieren ist ferner, dass Webers Theorie sehr statisch ist und dass er die Standortfrage rein rechnerisch angeht.

Durch viele Entwicklungen, z. B. technische Fortschritte, Entstehen neuer Gewerbezweige oder Verflechtungstendenzen, hat sich die Bedeutung der traditionellen Standortfaktoren gewandelt - auch wenn sie in der Grundtendenz immer noch relevant sind. Neben berechenbaren Kosten spielen vermehrt auch nicht-berechenbare Kosten eine Rolle, z. B. politische, raumordnerische und individuelle Faktoren, d. h. an die Person des Unternehmers gebundene Faktoren. Standortvorteile sind heute zudem nicht mehr nur als Kostenvorteile bei der Standortwahl eines Betriebes zu verstehen, sondern auch als Entscheidungsfaktoren für die Erhaltung von Wirtschaftsstandorten bzw. für Erhaltungs- bzw. Erweiterungsinvestitionen in bestehenden Betrieben.

Lösungshinweise **Seite 84 bis 85**

4 Stellen Sie den Prozess der Standortfindung des Mercedes-Benz Werkes in einem Fließdiagramm dar.

Fließdiagramm zum Prozess der Standortfindung für das Mercedes-Benz Werk in Tuscaloosa

Prozess der Standortfindung	Parameter
Ziel: Finden des wirtschaftlich günstigsten Standortes für die Produktion des MPV	
Standorte weltweit ↓	← Machbarkeitsstudie, Anwendung der Checkliste länderspezifischer Nutzwerte; Studie über allgemeine Markt- und Wettbewerbsbedingungen
Nordamerika USA, Kanada ↓	← Checkliste länderspezifischer Nutzwerte; Einfuhrzölle, Transportkosten, Systemlieferanten, Verlässlichkeit der Warenströme, Marktnähe
USA ↓	← Eingangsprämissen: Höhe der geplanten Investitionssumme, Zahl der anvisierten Mitarbeiter, geplante Jahresproduktion an Fahrzeugen, Absatzgebiete (USA,Export), Herkunft der benötigten Komponenten, Standorte von potenzionellen Zulieferern MAKRO-TRANSPORTKOSTENANALYSE: Quantifizierung der groben Transportkosten für die Teileumfänge von den Lieferanten zur geplanten Fabrik und von fertig gestellten Fahrzeugen zu den weltweiten Händlernetzen; da etwa die Hälfte der Produktion verschifft werden sollte, spielte die Berücksichtigung geeigneter Seehäfen eine Rolle; Einbeziehung weiterer Kriterien in die Makroanalyse wie Arbeitskräftepotenzial, Ausbildungsstand und Löhne, die Transportkostennachteile zumindest teilweise ausgleichen könnten
21 Bundesstaaten mit 64 potenziellen Standorten ↓	← standortspezifische Nutzwertanalyse; allgemeines unternehmerisches Klima, Risikoabschätzung, Genehmigungen
„longlist“ mit 11 Bundesstaaten und jeweils einem bis drei Standorten ↓	← verfeinerte Nutzwertanalyse, Betriebskosten-, Investitionsanalyse
„shortlist“ mit sechs Bundesstaaten und jeweils einem Standort ↓	← Besuch der Standorte durch die Entscheidungsträger, Besichtigungen, Operationskosten-Jahresrechnung (Transportkosten, Lohnkosten, Steuern, Abschreibungen etc,); Gewichtung von Faktoren wie Fluktuation, Krankenstand, Flexibilität bezüglich Überstunden bei den Arbeitskräften; Erstellung einer Entscheidungsmatrix; Berücksichtigung des subjektiven, persönlichen Empfindens
drei verbleibende Bundesstaaten mit je einem sehr guten Standort ↓	← Verhandlungen, technische Untersuchungen, Problembohrungen, Einholung externer Gutachten
Standort Tuscaloosa/Alabama	

1

Lösungshinweise **Seite 86**

5 Ein Unternehmen der Glasindustrie sucht einen Standort für den Bau seiner Floatglasanlage.

a) Beschreiben Sie anhand der Grafik 10 den Prozess der Floatglasherstellung.
Die Floatglasherstellung ist ein kontinuierlicher Prozess. Quarzsand, Soda, Dolomit und Kalk werden in einem großen Schmelzofen bei einer Temperatur von bis zu 1100 °C zu einer teigig-flüssigen Masse eingeschmolzen. Die Schmelzbehälter sind bis zu 40 m lang und 6 m breit. In 24 Stunden werden so 100 – 400 t Glasschmelze gewonnen. Die Glasschmelze wird auf ein Band aus flüssigem Zinn geleitet, auf dem das leichtere Glas schwimmt und sich gleichmäßig ausbreitet. Am Ende des Bandes hat die Glasschmelze eine Temperatur von ca. 600 °C und erstarrt. Das erstarrte Glas wird fortlaufend herausgezogen und durchläuft sodann einen Kühlofen, in dem es verspannungsfrei heruntergekühlt wird. Es folgt eine optische Qualitätskontrolle, ehe es für den Versand geschnitten und verpackt wird.

b) Ermitteln Sie mithilfe von topographischen Karten und ggf. Flächennutzungsplänen einen geeigneten Standort für den Bau einer Floatglasanlage in Ihrer Heimatregion.
Zur Ermittlung des Standortes müssen die Schülerinnen und Schüler zunächst einen Katalog möglicher Standortfaktoren aufstellen und unter ihnen eine Gewichtung vornehmen. Ausschlaggebend für die Standortwahl sind – in der Reihenfolge ihrer Bedeutung: Betriebsfläche, Energie, Rohstoffe bzw. deren Anlieferungsmöglichkeit durch geeignete Verkehrsträger (Bahn und Lkw). Weniger bedeutsam sind die Arbeitskräfte und die Nähe zum Verbraucher. Unwichtig sind Faktoren wie Agglomerationsvorteile und Absatzmarkt.

Lösungshinweise **Seite 88**

6 Stellen Sie die räumlichen Verlagerungen der Textilindustrie dar.
Die Textilindustrie wird vielfach als „Mutter der Industrie“ bezeichnet, da sie in zahlreichen Ländern am Beginn der Industrialisierung stand. In Mitteleuropa lagen die Anfänge in England das gute Voraussetzungen bot: Liverpool als Haupteinfuhrhafen für Baumwolle aus den Kolonien, heimische Schafswolle, technische Erfindungen (Dampfmaschine, mechanischer Webstuhl), Steinkohle und Wasserkraft aus den Pennines), große Nachfrage nach Textilien aufgrund der rasch wachsenden Bevölkerung. Behindert durch die Dominanz der britischen Textil- und Bekleidungsindustrie, die mit billigen Lieferungen auch den deutschen Markt beherrschte, begann der Übergang zur industriellen Produktion in Deutschland erst um 1840. Ausschlaggebend war hier der Faktor Arbeit, da es sich um eine arbeitsintensive Industrie handelte. Gerade strukturschwache Regionen wie Schlesien, das Erzgebirge, das sächsisch-thüringische Vogtland oder der Niederrhein boten sich hier als Standorte an. Bis 1913 erlebte die Textilindustrie in Deutschland eine erste Blüte. Sie wurde zum größten Arbeitgeber. Zwei Blütezeiten erlebte die deutsche Textilindustrie noch (Einführung der Chemiefaser in den 1930er Jahren, großer Nachholbedarf nach dem Zweiten Weltkrieg), bevor sie in den 1950/60er Jahren in eine schwere Krise geriet und zur Schrumpfungsbranche wurde. Gründe für den Niedergang: marktbeherrschende Stellung von preisorientierten Discountern und Filialisten, Konkurrenz aus den Niedriglohnländern. Es kam zu Schließungen zahlreicher Unternehmen und Standorten mit gravierenden Arbeitsplatzverlusten. Begleitet wurde der Niedergang von Verlagerungen der Produktion in die lohngünstigeren Räume Ost- und Südostasiens und seit 1990 in die Transformationsländer.

7 Erläutern Sie anhand der Tabelle 14 den Begriff „Entwicklungssequenz“.
Die Tabelle zeigt eine Entwicklungssequenz für die Textil- und Bekleidungsindustrie, bestimmt durch Produktionstyp und Handelsströme. Danach haben Deutschland und andere EU-Länder, ausgenommen Italien, die letzte Entwicklungsstufe erreicht. Antriebskräfte der aufgezeigten Entwicklung sind: sich ändernde Nachfrageentwicklungen, Bedarfsänderungen, steigender Wettbewerb, Rationalisierungen, um Unternehmen und Standorte zu sichern, Aufgabe von Produktionsstandorten und Zukauf im Ausland, Produkt- und Prozessinnovationen, neue technische Textilien, Steigerung der Produktivität durch Automatisierungen. Der Strukturwandel wurde zudem beschleunigt durch politische Ereignisse (Transformation in Osteuropa), durch eine Verschärfung des internationalen Wettbewerbs sowie durch veränderte Transportmöglichkeiten.

8 „Die Krise der deutschen Textilindustrie ist eine Standortkrise.“ Nehmen Sie Stellung zu dieser Behauptung.
Die Textilindustrie ist ein Musterbeispiel für die Auswirkungen der Globalisierung. 1957 hatte die Textilindustrie in Deutschland mit 670 000 Beschäftigten ihren Höhepunkt. Aufgrund der wachsenden Konkurrenz von Niedriglohnländern befindet sie sich seither in einem dauerhaften Rationalisierungsprozess. Zunächst wurden Produktionskapazitäten in die Niedriglohnländer des Mittelmeerraumes, Ost- und Südostasiens und Lateinamerikas und seit 1990 auch in die Transformationsländer Osteuropas verlagert. Die Osterweiterung der EU 2004 und 2007 begünstigte eine weitere Verlagerung der Produktionsstätten. Überlebt haben in der Regel nur Betriebe, die sich auf die Herstellung hochwertiger Produkte und innovativer Erzeugnisse im Nicht-Kleiderbereich spezialisiert haben. Hier gelten andere Standortfaktoren als bei den „normalen“ arbeitskostenintensiven Textilien.

Lösungshinweise **Seite 89**

9 Erläutern Sie am Beispiel eines Produktes der Elektroindustrie die Phasen des Produktlebenszyklus.
Als konkretes Beispiel bietet sich der Computer an. Die Phasen I bis III finden vor allem in den Industrieländern statt, da hier das technische Know-how vorhanden ist sowie das nötige Kapital für die aufwendigen Investitionen in der Forschungs- und Entwicklungsphase. Deswegen beginnt der Zyklus zunächst auch in der Regel mit einer Verlustphase, zumal die Produktionsmengen anfangs noch recht klein sind. Gewinne

werden erst in der Wachstums- und Reifephase erzielt, nachdem sich das Produkt auf dem Markt erfolgreich etabliert hat. Diese Phase wird sodann durch eine Verlustphase (Schrumpfungsphase) abgelöst, wenn das Produkt sich überlebt hat. Um die Kosten zu senken, wird die Produktion schließlich in Niedriglohnländer verlegt, oder der Unternehmer gibt die Herstellung ganz auf bzw. ersetzt das Produkt durch ein neues. Ausschlaggebend für die Standortwahl sind jeweils sich ändernde Standortfaktoren:

- Entwicklungs- und Einführungsphase - Verfügbarkeit qualifizierter Arbeitskräfte und von Risikokapital, Nähe zu externen Zulieferern und Diensten,
- Wachstumsphase - Nähe zum Absatzmarkt, Fühlungs- und Agglomerationsvorteile,
- Reife- und Schrumpfungsphase - Verfügbarkeit billiger Arbeitskräfte.

10 Ordnen Sie den Phasen des Produktlebenszyklus (Grafik 19) optimale Produktionsstandorte zu.

Phasen im Produktlebenszyklus

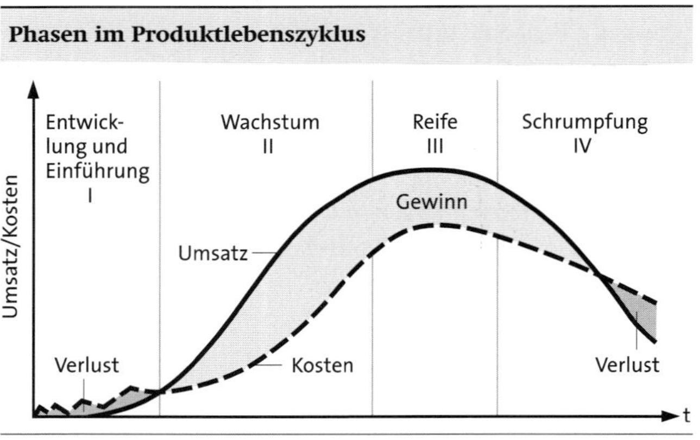

Produktlebenszyklus nach Ländern/Regionen

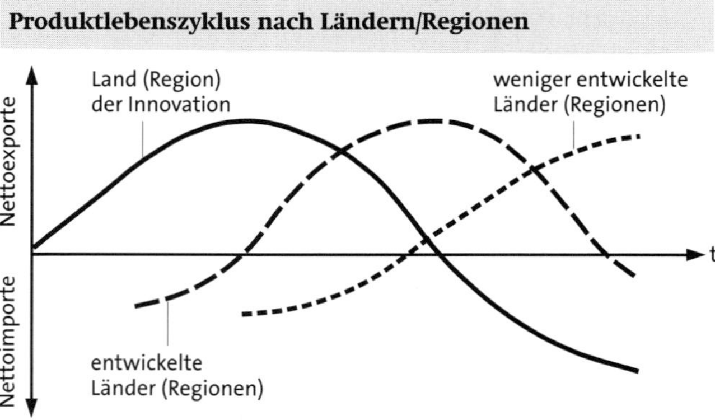

nach Ludwig Schätzl: Wirtschaftsgeographie 1. Paderborn: Schöningh 1988, S. 198, 199

11 Bewerten Sie vor dem Hintergrund des Produktlebenszyklus die Zukunftsaussichten der deutschen Automobilwerke.

Wegen der hohen volkswirtschaftlichen Bedeutung und der vielfältigen Verflechtungen mit anderen Branchen gilt die Automobilindustrie als eine Schlüsselbranche der deutschen Industrie. Dennoch ist sie in eine Krise geraten, die sich (zeitweise) in sinkenden Produktionszahlen, Umsatzrückgängen, Arbeitsplatzverlusten und Betriebsschließungen (vgl. z. B. Opel Bochum) bemerkbar machte. Das Kernproblem liegt in den vergleichsweise teuren Produktionsbedingungen an den traditionellen Standorten. Die bislang eingeschlagenen Wege zur Rationalisierung (viele Betriebe verharrten lange Zeit in der fordistischen Phase) reichen offensichtlich nicht aus. Zu Recht spricht man - ganz im Sinne der Theorie des Produktlebenszyklus - von „aussterbenden Mammuts". Der Arbeitsplatzabbau wird weiter fortschreiten, vor allem in den Stammbetrieben, die z.T. gravierende Funktions- und Kompetenzverluste erleiden werden. Mit der Abwanderung von Teilen der Produktion vermehrt an periphere Standorte Europas werden auch viele Zulieferer dorthin verlagert. Europäisierung, teilweise auch Globalisierung der Produktionsstandorte bei gleichzeitig weiterer Rationalisierung und Flexibilisierung (postfordistische Produktionskonzepte), vermehrte Investitionen in Forschung und Entwicklung, Verbesserung der Vertriebssysteme - dies sind die maßgeblichen Strategien, mit denen die deutschen Automobilwerke versuchen müssen, die gegenwärtige Krise zu bewältigen.

Faktoren der Standortwahl

Standortfaktoren im Wandel und das Beispiel Eisen- und Stahlindustrie

1 Fassen Sie die Hauptaussagen des Textes M1 in wenigen Sätzen zusammen.

2 Erklären Sie mit Beispielen die Begriffe „Reingewichtsmaterialien“ und „Gewichtsverlustmaterialien“.

3 Erläutern Sie anhand der Abb. M2 Webers Theorie vom Transportkostenminimalpunkt.

4 Heute unterscheidet man in der Standortlehre allgemein zwischen „harten“ und „weichen“ Standortfaktoren. Erklären Sie die beiden Begriffe anhand der Abb. M3.

5 Die Bedeutung von Standortfaktoren hat sich für Industrieansiedlungen im Laufe der Zeit mehrfach geändert, sodass es zu Standortverlagerungen von Industriebetrieben kam. Erläutern Sie dies am Beispiel der Eisen- und Stahlindustrie (Abb. M4).

Der Standort von Industriebetrieben nach Alfred Weber

„[Webers] Theorie der unternehmerischen Standortwahl setzt folgende, die Realität vereinfachende Annahmen voraus und bestimmt dann [...] den optimalen Produktionsstandort für ein Industrieunternehmen. Die für die Theorie maßgeblichen Annahmen lauten wie folgt:

- Die Fundorte der Rohmaterialien sind bekannt.
- Ebenso sind die Konsumorte bekannt, wobei unterstellt wird, dass das hergestellte Gut jeweils nur an einem Absatzort nachgefragt wird und dem Unternehmen auch die nachgefragte Menge bekannt ist.
- Die auftretenden Transportkosten werden aufgrund des Gewichtes der Rohmaterialien bzw. des hergestellten Erzeugnisses und der Entfernung vom Fund- bzw. Produktionsort berechnet.

Da aufgrund der genannten Prämissen keine regionalen Unterschiede in den Produktionskosten zu berücksichtigen sind, muss ein Industrieunternehmen für seinen optimalen Standort den Punkt wählen, an dem die Transportkosten der eingesetzten Materialien zum industriellen Fertigungsbetrieb und der Fertigungserzeugnisse zum Konsumort minimal sind. Die Transportkosten werden, da sie nur von dem Gewicht der Rohmaterialien bzw. des Fertigungserzeugnisses und der Entfernung, über welche diese befördert werden, abhängig sind, in Tonnenkilometern berechnet. Damit ist die Frage nach dem optimalen Standort eines Industrieunternehmens dann als gelöst anzusehen, wenn der tonnenkilometrische Minimalpunkt bestimmt ist, d.h. der Standort mit der niedrigsten Transportkostenbelastung.

Für die Ermittlung des Transportkostenminimalpunktes ist die Art der im Produktionsprozess eingesetzten Materialien von großer Bedeutung. Weber [...] klassifiziert diese in:

- lokalisierte Materialien, die nur an bestimmten Fundorten vorkommen, z.B. Kohle, Eisenerz, ...
- ubiquitäre Materialien, die überall zur Verfügung stehen, z.B. Wasser, Luft.

Bei den lokalisierten Materialien werden wiederum zwei Gruppen unterschieden, die für die Wahl des optimalen Produktionsstandortes eines industriellen Einzelunternehmens von entscheidendem Einfluss sind. Eine dieser beiden Gruppen sind die Reingewichtsmaterialien, die mit ihrem ganzen Gewicht in das Fertigerzeugnis eingehen. Die zweite Gruppe machen die Gewichtsverlustmaterialien aus, die im Fertigungsprozess an Gewicht verlieren und folglich nur noch zu einem Teil ihres Gewichtes im Fertigerzeugnis enthalten sind.“

Jörg Maier und Reiner Beck: Allgemeine Industriegeographie. Gotha: Perthes 2000, S. 84-85

M1

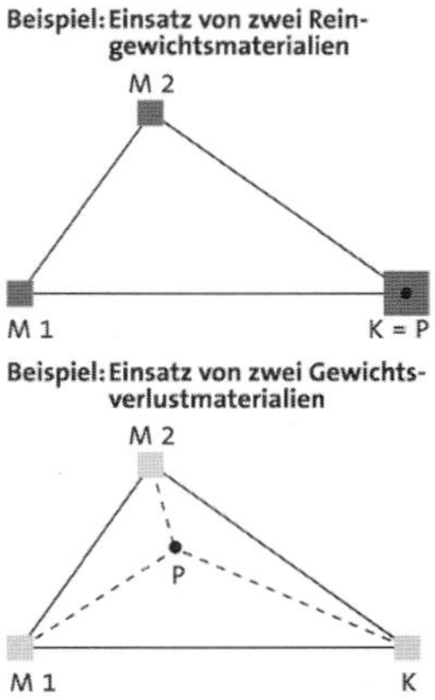

Beispiel: Einsatz von zwei Reingewichtsmaterialien

M 2

M 1 K = P

Beispiel: Einsatz von zwei Gewichtsverlustmaterialien

M 2

P

M 1 K

M 1: Fundort von Material 1
K: Konsumort
M 2: Fundort von Material 2
P: Produktionsort

Nach Ludwig Schätzl: Wirtschaftsgeographie, Teil 1, 9. Auflage. Paderborn: Schöningh 2003, S. 40-42

M2 Transportkostenminimalpunkt nach Alfred Weber

Name: Klasse: Datum:

© Ernst Klett Verlag GmbH, Stuttgart 2015. | www.klett.de | Erstellt für: TERRA OS TB Entwicklungsländer | ISBN: 978-3-12-104706-2
Alle Rechte vorbehalten. Von dieser Druckvorlage ist die Vervielfältigung für den eigenen Unterrichtsgebrauch gestattet.
Die Kopiergebühren sind abgegolten. Für Veränderungen durch Dritte übernimmt der Verlag keine Verantwortung.

Faktoren der Standortwahl

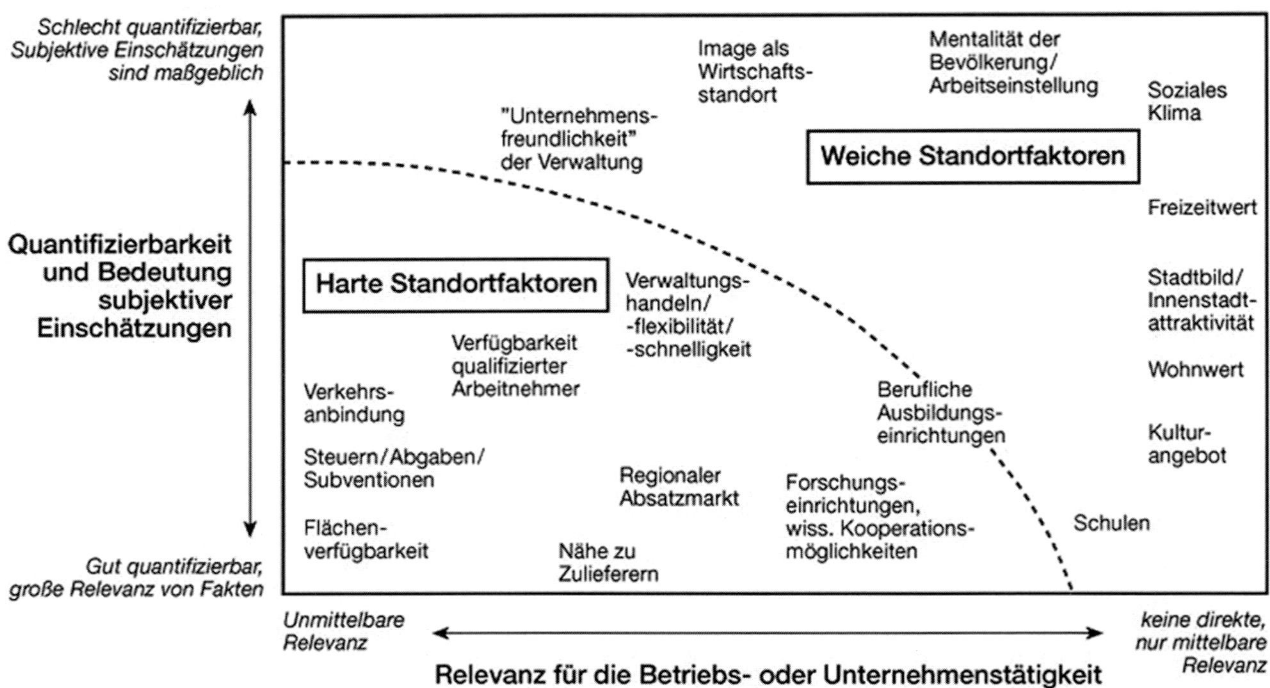

Quelle: Jörg Meier und Reiner Beck: Allgemeine Industriegeographie. Perthes Geographie Kolleg. Gotha und Stuttgart: Klett-Perthes 2000, S. 99

M3 Kontinuum der harten und weichen Standortfaktoren

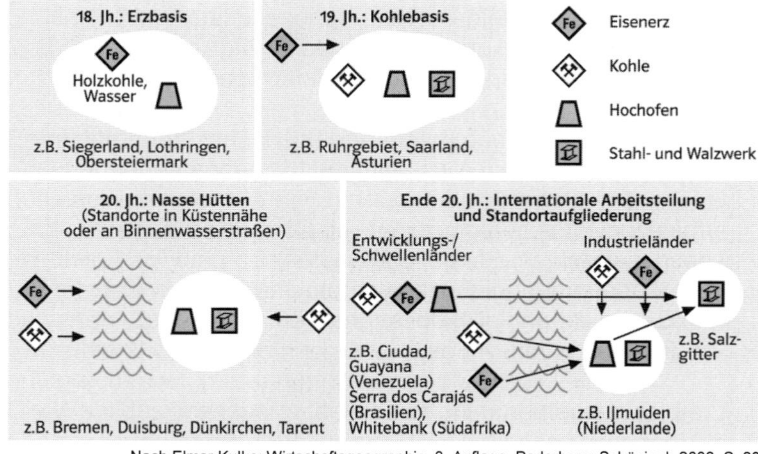

Nach Elmar Kulke: Wirtschaftsgeographie. 3. Auflage. Paderborn: Schöningh 2008, S. 83

M4: Wandel von Standorttypen der Eisen- und Stahlindustrie

Name: Klasse: Datum:

Klett
© Ernst Klett Verlag GmbH, Stuttgart 2015. | www.klett.de | Erstellt für: TERRA OS TB Entwicklungsländer | ISBN: 978-3-12-104706-2
Alle Rechte vorbehalten. Von dieser Druckvorlage ist die Vervielfältigung für den eigenen Unterrichtsgebrauch gestattet.
Die Kopiergebühren sind abgegolten. Für Veränderungen durch Dritte übernimmt der Verlag keine Verantwortung.

Faktoren der Standortwahl

Lösung

Standortfaktoren im Wandel und das Beispiel Eisen- und Stahlindustrie

1 Fassen Sie die Hauptaussagen des Textes M1 in wenigen Sätzen zusammen.

Standortfaktoren sind nach Alfred Weber Produktionsvorteile, die einen bestimmten Ort im Vergleich zu anderen Orten für ein Industrieunternehmen attraktiv machen, weil es hier besonders preisgünstig produzieren kann. Von zentraler Bedeutung sind die Transportkosten. Ein Ort, der ein bestimmtes Material bzw. einen bestimmten Grundstoff nicht aufweist, ist um die Transportkosten dieses Materials benachteiligt. Nicht überall vorkommende Materialien sind „lokalisierte" Materialien, während Materialien, die überall vorkommen („Ubiquitäten"), keine Transportkosten verursachen. Lokalisierte Materialien werden in Gewichtsverlust- und Reingewichtsmaterialien unterschieden. Gewichtsverlustmaterialien verlieren bei der Verarbeitung Gewicht und/oder Volumen, sind deswegen nach der Verarbeitung billiger zu transportieren als Reingewichtsmaterialien, die mit vollem Gewicht und/oder Volumen in die fertige Ware eingehen. Da die Transportkosten von Gewicht, Volumen und Entfernung bestimmt werden, kann zwischen Rohstoffvorkommen und Absatzort ein Ort mit den niedrigsten Transportkosten, der Transportkostenminimalpunkt, ermittelt werden.

2 Erklären Sie mit Beispielen die Begriffe „Reingewichtsmaterialien" und „Gewichtsverlustmaterialien".

Reingewichtsmaterialien: Mineralwasser, Sand und Kies in der Verwendung als Baumaterialien. Reingewichtsmaterialien sind äußerst selten hundertprozentig. So fällt z. B. immer Abfall an, etwa bei der Herstellung von Brennholz und Brettern in Sägewerken oder bei der Erzeugung von Mehl in Mühlenbetrieben.
Gewichtsverlustmaterialien: Erze, Holz bei der Verarbeitung zu Möbeln, Kohle bei der Umwandlung in Koks, Zuckerrüben bei der Herstellung von Zucker, Kalk bei der Herstellung von Zement.

3 Erläutern Sie anhand der Abb. M2 Webers Theorie vom Transportkostenminimalpunkt.

Vgl. dazu den Lösungsvorschlag zu Aufgabe 1. Bei Reingewichtsmaterialien, gleich ob es sich um eines oder mehrere handelt, ist der Absatzort immer der günstigere Produktionsort, da dort keine Transportkosten entstehen. Bei einem Gewichtsverlustmaterial ist der Fundort der günstigere; werden mehrere Gewichtsverlustmaterialien eingesetzt, so muss der Standort des Industriebetriebes rechnerisch ermittelt werden, z. B. geometrisch mit Hilfe des Kräfteparallelogramms.

4 Heute unterscheidet man in der Standortlehre allgemein zwischen „harten" und „weichen" Standortfaktoren. Erklären Sie die beiden Begriffe anhand der Abb. M3.

Harte Standortfaktoren sind solche, die sich exakt messen lassen, z. B. Lohnhöhe, Steuern, Grundstückspreise, Nähe zu Lieferanten und Absatzmärkten. Weiche Standortfaktoren sind solche, die sich nicht oder kaum quantifizieren lassen, z. B. Freizeitwert oder Image eines Ortes, der Wohnwert oder das Wirtschaftsklima in einer Stadt (z. B. Bereitschaft einer städtischen Verwaltung, den ansiedlungswilligen Unternehmer zu unterstützen). Während harte Standortfaktoren eher objektiv messbar sind, sind weiche Standortfaktoren stärker subjektiv geprägt. Die Grafik verdeutlicht durch Pfeile, dass die Standortfaktoren sich graduell unterscheiden: gut und schlecht quantifizierbar, unmittelbare und nur mittelbare Relevanz für die Unternehmenstätigkeit.

Name: Klasse: Datum:

Klett
© Ernst Klett Verlag GmbH, Stuttgart 2015. | www.klett.de | Erstellt für: TERRA OS TB Entwicklungsländer | ISBN: 978-3-12-104706-2
Alle Rechte vorbehalten. Von dieser Druckvorlage ist die Vervielfältigung für den eigenen Unterrichtsgebrauch gestattet.
Die Kopiergebühren sind abgegolten. Für Veränderungen durch Dritte übernimmt der Verlag keine Verantwortung.

Faktoren der Standortwahl

Lösung

5 Die Bedeutung von Standortfaktoren hat sich für Industrieansiedlungen im Laufe der Zeit mehrfach geändert, sodass es zu Standortverlagerungen von Industriebetrieben kam. Erläutern Sie dies am Beispiel der Eisen- und Stahlindustrie (Abb. M4).

Um diese Aufgabe lösen zu können, benötigen die Schülerinnen und Schüler Vorkenntnisse über die unterschiedlichen Prozesse bei der Eisen- und Stahlerzeugung. Aus den unterschiedlichen Verfahren ergeben sich unterschiedliche Standortanforderungen:

a) Standort am Fundort des Erzes, z. B. in den deutschen Mittelgebirgen. Die nötige Energie zum Antrieb der Hämmer lieferten die Bäche und Flüsse; Holzkohle aus den waldreichen Mittelgebirgen dienten als Reduktionsmittel.
b) Standort der Hüttenindustrie „auf der Kohle“, d. h. am Transportkostenminimalpunkt (um 1850 benötigte man für eine t Roheisen ca. 5t Kohle).
c) Durch technische Entwicklungen konnte der Bedarf an Kohle stark reduziert werden, so dass der Standort „auf der Kohle“ nicht mehr zwingend war; neue Standorte bildeten sich zwischen den Fundorten von Erz und Kohle; bevorzugt wurden jetzt Standorte an Massentransportwegen (Flüsse, Häfen) = „Nasse Hütten“.
d) Da beim Elektroverfahren Schrott alleiniges Ausgangsmaterial sein kann, ist die Bindung an eine Eisenhütte nicht mehr zwingend; Energieorientierung oder Schrottorientierung treten in den Vordergrund; es kommt zu einer „Standortaufgliederung“.
e) Das Midrexverfahren ist ebenfalls unabhängig von Kohle, aber auch von Schrott; der Einsatz von Erdgas ermöglicht disperse Standorte mit Erdgasvorkommen.

Name: Klasse: Datum:

Klett
© Ernst Klett Verlag GmbH, Stuttgart 2015. | www.klett.de | Erstellt für: TERRA OS TB Entwicklungsländer | ISBN: 978-3-12-104706-2
Alle Rechte vorbehalten. Von dieser Druckvorlage ist die Vervielfältigung für den eigenen Unterrichtsgebrauch gestattet.
Die Kopiergebühren sind abgegolten. Für Veränderungen durch Dritte übernimmt der Verlag keine Verantwortung.

Innovationen und Wirtschaftswandel

Strukturierungshilfe

Phase	Thema	Seite	Material	Aufgabe	Methodische Hinweise
Einstieg	Innovationen als Auslöser von Strukturveränderungen	90	1–2	1	Plenumsgespräch, Formulierung von Leitfragen, z. B.: Welche Auswirkungen haben Innovationen auf wirtschaftliche Entwicklungsprozesses sowie auf die Entwicklung und den Wandel von Räumen?
Erarbeitung 1	Sektoraler und funktionaler Strukturwandel	91	3–4	2–3	u. U. als vorbereitende Hausaufgabe
Erarbeitung 2	Entwicklungszyklen der Wirtschaft/ Theorie der Langen Wellen	92	5–6	4–5	fakultativ, ggf. als Referat
Erarbeitung 3	Produktionskonzepte und Industriewandel, Fordismus und Postfordismus Beispiel: Smart	93–95	7–12	6–8	Basisinformationen, Erarbeitung im Plenum Anwendung, ggf. als Schülervortrag
Erarbeitung 4	Neue Organisationsformen der Industrie: Virtuelle Unternehmen und Cluster	96	13–14		Basisinformationen, Erarbeitung im Plenum
Fallbeispiel	Biotechnologie-Cluster Rhein-Neckar	97	15–19	9–10	Vertiefung und Anwendung

Lösungshinweise   Seite 90 bis 91

1 „Innovationen bestimmen mein tägliches Leben – im positiven und im negativen Sinne." Nennen Sie Beispiele.

Innovationen gelten allgemein als Antrieb zur Entwicklung und/oder Umstrukturierung der Wirtschaft. Sie können materieller oder geistiger Art sein. Es entstehen neue Branchen, die die Bandbreite der vorhandenen erweitern. Mit den ausgelösten wirtschaftlichen Strukturwandlungen treten auch gesellschaftliche und räumliche Folgewirkungen ein – nicht nur für die Arbeitnehmerschaft, sondern auch für die Konsumenten. Beispiele für Auswirkungen von Innovationen auf das tägliche Leben: Gutenbergs Erfindung des Buchdrucks leitete eine Wissensrevolution ein und schuf eine wichtige Grundlage für die Alphabetisierung großer Bevölkerungsschichten, für die Aufklärung sowie die Reformation. Die Erfindung bzw. der Einsatz von Kunstdünger ermöglichte die landwirtschaftliche Massenproduktion zur Versorgung der Bevölkerung; dadurch wurden Arbeitskräfte für die aufkommende Industrie frei; Menschen zogen in die Städte (Verstädterung). Die Erfindung des Ottomotors bzw. des Autos schuf die Voraussetzung für eine erhöhte Mobilität und damit größere Freiheiten, z. B. bei der Wahl des Arbeitsortes, beim Transport von Gütern oder bei der Freizeitgestaltung. Weit reichend waren/sind auch die Auswirkungen der informationstechnologischen Innovationen seit Ende des 20. Jahrhunderts; als Stichwort sei hier nur die Globalisierung genannt.
Die Schülerinnen und Schüler können anhand dieser und weiterer Beispiele die Auswirkungen auf ihren Lebensalltag konkretisieren, wobei auch die „kleinen" Dinge des Alltags Erwähnung finden sollten, z. B. digitale Armbanduhr, Fernseher, Verkehrsampel, Handy oder Waschmaschine.

2 Vergleichen Sie die sektorale Entwicklung der Erwerbstätigenanteile nach Fourastié mit der in Deutschland.

Der Verlauf der drei Kurven in Deutschland zeigt, dass Fourastié in seinen Grundannahmen Recht hatte. In dem Maße, wie zunächst im Primären und später im Sekundären Sektor Erwerbstätige freigesetzt wurden, wächst der Anteil der Erwerbstätigen im Tertiären Sektor.
Inzwischen wissen wir allerdings, dass auch der Tertiäre Sektor nur begrenzt Arbeitskräfte aufnehmen kann. Auch hier können durch Rationalisierungsmaßnahmen und technische Fortschritte (z. B. Computer, Automaten) verstärkt Arbeitskräfte eingespart werden. Allerdings lassen sich bestimmte Dienstleistungen, wie z. B. der Schulunterricht oder Pflegedienste, nicht oder nur eingeschränkt automatisieren.

3 Gestalten Sie, analog zur Abbildung 3, eine Grafik, die den sektoralen Wandel in den Entwicklungsländern zeigt.

Sektoraler Strukturwandel in den Entwicklungsländern

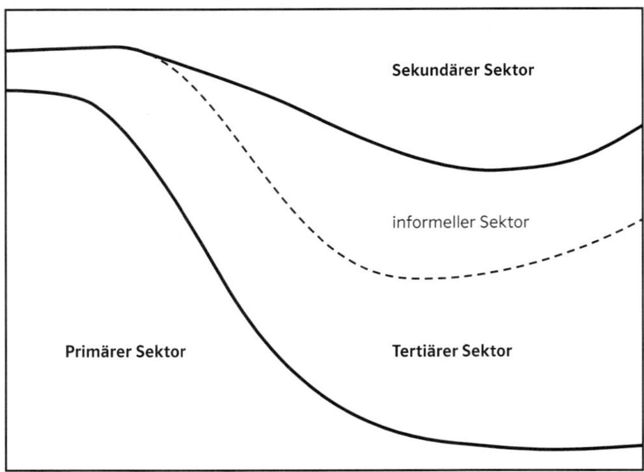

Lösungshinweise Seite 92 bis 95

4 Erklären Sie die Theorie der Langen Wellen.
Bei der Theorie der Langen Wellen (Kondratjew-Zyklen) handelt es sich um Schwankungen der ökonomischen Entwicklung (Nachfrage- und Produktionsschwankungen), die sich über mehrere Jahrzehnte erstrecken. Jede der sechs Wellen wird durch eine Basisinnovation angeregt und nimmt einen typischen Verlauf mit vier Phasen: Aufschwung, Abschwung/Rezession, Depression, Erholung. Jeder Welle folgt eine weitere auf höherem Niveau. Die „Basislinie" in der Abbildung ist ansteigend, da sich in den nachfolgenden Zyklen bei gewachsener Bevölkerung, erhöhtem Lebensstandard und gestiegener Kaufkraft ein größeres potenzielles Absatzvolumen ergibt. Außerdem kann auf den in den vorangegangenen Phasen geschaffenen technisch-wissenschaftlichen Veränderungen und Möglichkeiten aufgebaut werden.

5 Ordnen Sie den Langen Wellen mit ihren Basisinnovationen jeweils wichtige Wirtschaftsräume zu.

1. Kondratjew-Welle (Dampfmaschine, mechanischer Webstuhl): England
2. Kondratjew-Welle (Eisenbahn, Dampfschiffe): England, Deutschland, USA
3. Kondratjew-Welle (Elektrizität, chemische Industrie): USA, Deutschland, England,
4. Kondratjew-Welle (Elektronik, Automobil): USA, Japan, Deutschland,
5. Kondratjew-Welle (Informationstechnik): USA, Japan,
6. Kondratjew-Welle (Bio- und Gentechnologie, Mikroelektronik): USA

6 Ergänzen Sie die Tabelle 7 durch Merkmale der postfordistischen Phase.
Siehe Tabelle 2

7 Beschreiben Sie am Beispiel der Smart-Produktion wesentliche Merkmale postfordistischer Produktionskonzepte.
Bei der Produktion des Smart kommen praktisch alle postfordistischen Produktionskonzepte zum Tragen, wie sie im Schülerbuch und im Lösungsvorschlag zur folgenden Aufgabe dargestellt werden.

8 Vergleichen Sie die verschiedenen postfordistischen Produktionskonzepte im Hinblick auf mögliche wirtschaftliche, gesellschaftliche, ökologische und räumliche Auswirkungen.
Fertigungstiefe bezeichnet in der Wertschöpfungskette den Anteil der Eigenfertigung bei der Herstellung von Gütern. Besonders ausgeprägt ist eine geringe Fertigungstiefe in der Automobilindustrie. Lag die Quote in den 1970er Jahren in Deutschland noch bei 80 %, so beträgt sie heute nur noch ca. 30 %. Durch die Verringerung der Fertigungstiefe können sich die gleichen Vorzüge und Nachteile ergeben wie beim Outsourcing (s. u.).
Oursourcing: Darunter versteht man die Abgabe von Unternehmensaufgaben an Drittunternehmen, speziell die Auslagerung von Arbeitsplätzen in kostengünstigere Tochtergesellschaften.
Positive Auswirkungen:
- Stärkere Konzentration auf die eigenen Kernkompetenzen,
- Mangel an Know-how kann kompensiert werden,
- Kostenreduktion, da Investitionen eingespart werden können,

Lösung Aufgabe 6 : Fordistisches und postfordistisches Modell in der Automobilindustrie

	Fordistisches Modell	Postfordistisches Modell
Produktionsorganisation	- Fließband - Einzweckmaschinen - hohe Fertigungstiefe (viele Produtionsschritte werden innerhalb der Firma ausgeführt) - viele direkte Zulieferer	- Fließband und flexible Arbeitsgruppen - flexible Mehrzwecktechnologien - geringe Fertigungstiefe - wenige Zulieferer, Just-in-Time-Anlieferung
Arbeitsorganisation	- große Lagerhaltung - Produktion durch eng qualifizierte und ungelernte Arbeitskräfte - relativ einfache Arbeiten in vorgegebener Folge	- geringe Lagerhaltung - Produktion durch höher qualifizierte Arbeitskräfte, Gruppenarbeit - Flexibilisierung der Arbeitsorganisation
Produkte	- Massenproduktion - geringe Produktdifferenzierung - Größenvorteile (economies of scale)	- Produktion kleiner Serien - starke Produktdifferenzierung - Verbundvorteile (economies of scope)

- schnellere Reaktion auf Veränderungen, z. B. in der Nachfrage nach Gütern,
- Wegfall von Lager- und Unterhaltungskosten.

Negative Auswirkungen:
- die Qualität der ausgelagerten Prozesse kann u. U. schwer kontrolliert werden,
- Abhängigkeit von Drittunternehmen,
- Schutz des Know-how ist u. U. nicht sichergestellt, ggf. geht das interne Know-how sogar verloren,
- geringere Arbeitsplatzsicherheit für die Arbeiter.

Just-in-Time-Produktion, auch als bedarfssynchrone Produktion bezeichnet, ist eine Produktionsstrategie, bei der Güter oder Bauteile von den Zulieferbetrieben bei Bedarf und zeitlich genau berechnet ans Montageband geliefert werden.
Positive Auswirkungen:
- keine langen Lagerzeiten,
- kurze Rüstzeiten und hohe Verfügbarkeit der Betriebsmittel,
- weniger gebundenes Kapital,
- weniger Kosten für Lagerhaltung,
- mehr Arbeitsplätze,
- Chancen für mittlere und kleinere Unternehmen.

Negative Auswirkungen:
- erhöhtes Verkehrsaufkommen,
- erhöhter Energieverbrauch,
- erhöhte Umweltbelastungen,
- Abhängigkeit der Zulieferer vom Auftraggeber,
- Krisenanfälligkeit, z. B. Produktionsausfall bei Versagen der Lieferketten,
- Krisenanfälligkeit infolge Spezialisierung auf Vertragsprodukte,
- Lagerkosten werden auf Zulieferer umgewälzt; diese tragen einen Teil des Risikos.

Lean Production, deutsch „schlanke Produktion", ist ein Produktionssystem, das durch Weglassen aller überflüssigen Arbeitsgänge in der Produktion eine intelligente Arbeitsorganisation anstrebt. Wesentliche Auswirkungen/Vorzüge der Lean Production sind:
- Harmonisierung von Arbeitsabläufen,
- Zusammenführen von Kompetenz und Verantwortung,
- Arbeit in Netzwerken,
- Vermeiden von Fehlern,
- Vermeiden von Verschwendung, d. h. von all dem, was nicht zur Wertschöpfung beiträgt,
- flache Hierarchien,
- mehr Verantwortung für alle Arbeitnehmer und damit erhöhte Motivation,
- Betriebe und Arbeiter/Angestellte profitieren gleichermaßen.

Keine negativen wirtschaftlichen und ökologischen Auswirkungen der Lean Production.

Team- und Gruppenarbeit: Sie ist ein wichtiges Element der Lean Production. Im Idealfall übernehmen Arbeitsgruppen eigenverantwortlich die Arbeitsplanung, Arbeitssteuerung, Programmierung und die Qualitätskontrolle. Infolge der den Gruppen zugewiesenen größeren Eigenverantwortung entwickelt sich bei den Gruppenmitgliedern in der Regel eine wesentliche größere Identifikation mit ihren Tätigkeiten und mit dem Unternehmen.

Lösungshinweise **Seite 96**

9 Biotechnologe-Cluster Rhein-Neckar

a) Erläutern Sie an dem Beispiel das Prinzip eines Clusters.
Bei der Bearbeitung dieser Aufgabe empfiehlt es sich, von einer Definition des Begriffes Cluster auszugehen, die die wesentlichen Elemente dieser Organisationsform enthält. Diese allgemeine Definition kann sodann anhand des Beispiels Rhein-Neckar konkretisiert werden. Zusätzlich zum Material im Schülerbuch sollten ein Atlas und das Internet zu Hilfe genommen werden.
Unter einem Cluster versteht man ein Netzwerk von Produzenten (z. B. die in M 16 im Schülerbuch genannten Unternehmen wie Roche, Merck, Abbott, Becton Dickinson), Zulieferern, Forschungsinstituten/Universitäten (Uni Heidelberg als „Anker"), Dienstleistern und anderen Institutionen (z. B. Industrie- und Handelskammer); sie stehen über Liefer- und/oder Wettbewerbsbeziehungen miteinander im Verbund, haben sich entlang einer Wertschöpfungskette (Pharmaindustrie, life sciences, Technologien zur Diagnostik und Therapie von Krankheiten) gebildet und sind in räumlicher Nähe zueinander angesiedelt. Ziel ist eine verbesserte Arbeitsteilung zwischen den kooperierenden Partnern des Netzwerkes, wobei die einzelnen Unternehmen sich auf ihre Kernkompetenzen konzentrieren und Sekundärfunktionen an die Partner abgeben. Entscheidend ist ferner der Austausch von Wissen (informelle Kontakte), u. U. sogar von Arbeitskräften, wodurch neue innovative Anwendungsmöglichkeiten geschaffen werden und Vorteile für alle beteiligten Unternehmen entstehen.

b) Stellen Sie wesentliche Voraussetzungen für das Funktionieren des Clusters dar.
Wesentliche Voraussetzungen ergeben sich aus den Ausführungen zur Aufgabe 9 a. Die einzelnen Unternehmen müssen willens sein, eng mit anderen Unternehmen zusammenzuarbeiten, auch wenn diese Konkurrenten sind. Sie müssen bereit sein, Aufgaben an diese abzugeben und u. U. Wissen und Know-how auszutauschen. Eine weitere wesentliche Voraussetzung ist die Nähe zu bzw. die Kooperation mit Forschungseinrichtungen (z. B. Hochschulen), Dienstleistern (z. B. Ingenieurbüros), Handwerksbetrieben und verbundenen Institutionen (z. B. Industrie- und Handelskammer). In einem Cluster müssen sich die einzelnen Partner genauen Regel- und Normsystemen verpflichtet fühlen – als Grundlage für eine zuverlässige und vertrauensvolle Zusammenarbeit. Die Zahl der beteiligten Partner muss ausreichend groß sein und sie dürfen nicht nur einer Branche angehören (also keine Monostruktur) – auch wenn sie sich entlang einer Wertschöpfungskette gebildet haben.

10 Gestalten Sie eine Präsentation zu einem Cluster Ihrer Wahl. Eine Auswahl bietet Material 13.

Mit diesem Arbeitsauftrag soll – ergänzend zum Biotechnologie-Cluster Rhein-Neckar – ein weiterer Cluster mit Hilfe einer Internetrecherche untersucht und in einer selbst gewählten Präsentationsform dargestellt werden.

Innovationen und Wirtschaftswandel

Wirtschaftsraum Dresden

1 Charakterisieren Sie die wirtschaftliche Bedeutung und Struktur des Bezirks Dresden zur Zeit der DDR (M1).

2 Erläutern Sie die wirtschaftliche Entwicklung der Stadt Dresden seit Ende der 1980er-Jahre.

3 Erklären Sie die Bedeutung der Technopolen.

4 Analysieren Sie den Raum Dresden im Hinblick auf für die High-Tech-Industrie wichtige Standortfaktoren (M3–5, Atlas).

5 Beurteilen Sie zusammenfassend die aktuelle wirtschaftliche Situation und die Perspektiven des Standorts Dresden.

Anteile wichtiger Bezirke an der DDR-Produktion ausgewählter Industriegruppen 1982 (in %)

Bezirke	Energiewirtschaft	chemische Industrie	Maschinenbau, Fahrzeugbau	Elektrotechnik, Elektronik, Geräte	Metallurgie	Textilindustrie	Lebensmittelindustrie	Industrie gesamt
Berlin (Ost)	4,6	4,0	3,7	15,7	2,7	0,1	4,3	5,3
Dresden	6,7	5,7	12,8	17,5	13,5	17,0	9,7	11,4
Halle	15,6	40,1	10,3	2,2	27,4	0,1	11,1	15,6
Leipzig	10,4	7,7	10,5	4,0	3,2	7,2	7,2	8,0

Seydlitz Mensch und Raum 12/13, Berlin 1985

M1

Erwerbstätige im produzierenden Gewerbe der Stadt Dresden 1987 bis 2005

Jahr	Beschäftigte
1987	142 165
1989	107 034
1995	18 000
2005	25 751

Stattl. Zentralverwaltung für Statistik der DDR, Statistisches Landesamt Sachsen

M2

Erwerbstätige am Arbeitsort nach Wirtschaftsbereichen 2000 bis 2012

Jahr	insgesamt	Land- und Forstwirtschaft, Fischerei	Produzierendes Gewerbe ohne Baugewerbe		Baugewerbe	Handel, Verkehr Gastgewerbe, Information und Kommunikation	Grundstücks- und Wohnungswesen, Finanz- und Unternehmensdienstleister	Öffentliche und sonstige Dienstleister, Erziehung und Gesundheit
			insgesamt	darunter Verarbeitendes Gewerbe				
2000	278,9	0,8	35,4	29,6	21,5	70,7	51,5	99,0
2005	285,4	0,6	37,6	32,8	15,3	70,1	54,2	107,6
2010	304,0	0,6	34,6	30,5	16,6	72,3	66,2	113,7
2012	312,2	0,6	36,8	32,6	16,1	75,5	68,2	115,0

Statistisches Landesamt, Kommunale Statistikstelle Landeshauptstadt Dresden

M3

Name: Klasse: Datum:

Klett
© Ernst Klett Verlag GmbH, Stuttgart 2015. | www.klett.de | Erstellt für: TERRA OS TB Entwicklungsländer | ISBN: 978-3-12-104706-2
Alle Rechte vorbehalten. Von dieser Druckvorlage ist die Vervielfältigung für den eigenen Unterrichtsgebrauch gestattet.
Die Kopiergebühren sind abgegolten. Für Veränderungen durch Dritte übernimmt der Verlag keine Verantwortung.

Innovationen und Wirtschaftswandel

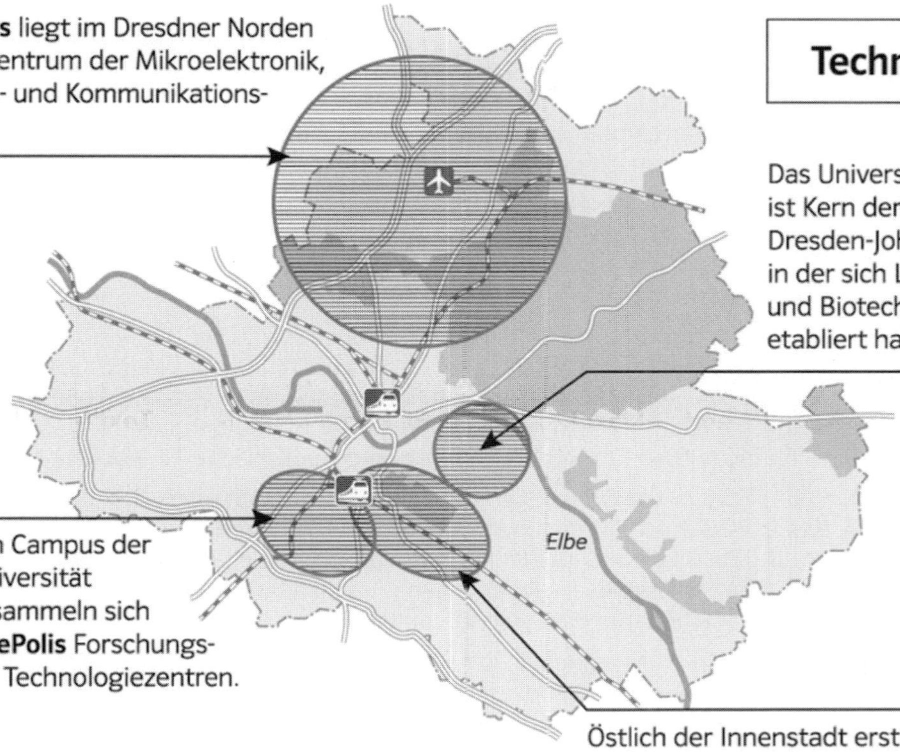

Technopole

Die **MiNaPolis** liegt im Dresdner Norden und ist das Zentrum der Mikroelektronik, Informations- und Kommunikationstechnologie.

Das Universitätsklinikum ist Kern der **BioPolis** in Dresden-Johannstadt, in der sich Life Sciences und Biotechnologie etabliert haben.

Rund um den Campus der Exzellenz-Universität TU Dresden sammeln sich in der **SciencePolis** Forschungsinstitute und Technologiezentren.

Östlich der Innenstadt erstreckt sich die **MatPolis**, wo neue Werkstoffe erforscht und Anwendungsfelder der Nanotechnologie erschlossen werden.

Elbe

Autobahn
Bundesstraße
Eisenbahn
Park, Grünfläche, Wald

Unternehmen und Forschungseinrichtungen profitieren außerdem von der gezielten Herausbildung von Technopolen im Stadtgebiet. Hier konzentrieren sich Wissenschafts- und Innovationszentren sowie Firmen eines Technologiebereiches auf engem Raum.
Durch die kurzen Wege wird der Wissenstransfer wesentlich effizienter gestaltet, da Kontakte intensiver gepflegt und aufwändige Forschungsinfrastruktur gemeinsam genutzt werden können.

M4 Gezielte Herausbildung von Technopolen im Stadtgebiet

Name: Klasse: Datum:

© Ernst Klett Verlag GmbH, Stuttgart 2015. | www.klett.de | Erstellt für: TERRA OS TB Entwicklungsländer | ISBN: 978-3-12-104706-2
Alle Rechte vorbehalten. Von dieser Druckvorlage ist die Vervielfältigung für den eigenen Unterrichtsgebrauch gestattet.
Die Kopiergebühren sind abgegolten. Für Veränderungen durch Dritte übernimmt der Verlag keine Verantwortung.

Innovationen und Wirtschaftswandel

Dresdner Kompetenzfelder

„1.200 Firmen mit mehr als 40.000 Mitarbeitern machen Dresden zum größten europäischen Cluster im Bereich der Mikroelektronik/Informations- und Kommunikationstechnologie. Innerhalb der letzten 15 Jahre siedelte sich in und um Dresden alles an, was in der Branche Rang und Namen hat: sowohl die ganz Großen ... als auch mittelständische, innovative Unternehmen wie beispielsweise ... Insgesamt wurden in Dresden seit den 90er Jahren mehr als 12 Mrd. Euro im Bereich der Mikroelektronik investiert.

Die Geschäftsfelder der ansässigen Unternehmen umfassen in beispielhafter Weise die gesamte Wertschöpfungskette der Mikroelektronik: vom Chipdesigner über Waferproduzenten und -verarbeiter bis hin zu einer breiten Zuliefer- und Anwenderindustrie. Dresden ist darüber hinaus einer der weltweit wichtigsten Standorte für die Entwicklung von Speicher-Chips

Die Unternehmen profitieren von einer hochkarätigen Forschungslandschaft. Neben den Einrichtungen der TU Dresden entwickeln zahlreiche Institute der Fraunhofer-Gesellschaft und der Leibniz-Gemeinschaft zukunftsweisende Technologien und Materialien. Dabei pflegen Forschung und Wirtschaft intensive Forschungskooperationen und investieren gemeinsam in Themen mit strategischer Bedeutung wie die Beispiele Nanoelectronics Materials Lab gGmbH (NaMLab) und Fraunhofer-Center Nanoelektronische Technologien CNT zeigen.

Die enge Verflechtung der Partner vor Ort ist ein herausragendes Merkmal des Standorts. So ist das Netzwerk Silicon Saxony e. V. das größte Unternehmensnetzwerk der Mikroelektronikindustrie Europas. Aus der Zusammenarbeit seiner mehr als 230 Mitglieder entstehen neue Spitzenleistungen und innovative Entwicklungen. Auch beim Thema Fachkräfte ziehen alle an einem Strang. Praxisnahe und hochqualifizierte Bildungsangebote sichern das Angebot an Fachkräften und damit die Zukunftsfähigkeit der Mikroelektronik in Dresden.

Die große Dynamik der Mikroelektronik spiegelt sich auch in der Entwicklung des Clusters wider. So werden neben den bekannten Stärken neue Kompetenzen gebildet, beispielsweise auf den Gebieten Photonik, Software und Displaytechnik. So ist Dresden ein Center of Excellence für neuartige organische Halbleiter ... Wirtschaft und Wissenschaft arbeiten eng zusammen, um die Leistungen ständig zu erhöhen. Innovationen wie organische Solarzellen/ Photovoltaik von der Rolle für die Stromversorgung von mobilen Geräten oder so genannte Mikrodisplays kommen aus Dresden.

Quelle: http://www.dresden.de/de/07/021/c_01.php (11.11.2009)

M5

Netzwerk: Dresden – Stadt der Wissenschaften

„Dresden – Stadt der Wissenschaften" ist ein Netzwerk aus Stadt, Wissenschaft und Wirtschaft in Dresden. Die Landeshauptstadt Dresden als Initiator dieses Bündnisses hat das Netzwerk 2004 gegründet. Ziel war es zunächst, mit dem begehrten Titel „Stadt der Wissenschaft" ausgezeichnet zu werden.
2006 gelang es den vom Stifterverband für die Deutsche Wissenschaft ausgeschriebenen Wettbewerb zu gewinnen: Dresden präsentierte sich im Jahr des 800-jährigen Stadtjubiläums als Stadt der Wissenschaft. Dabei widmete sich Dresden in besonderem Maße der zielgerichteten Wissensvermittlung, übergreifenden Marketing- und Presseaktivitäten und dem Aufbau und der Pflege von Partnerschaften.
Im Vordergrund stand dabei die Nachhaltigkeit der Kooperation. Deshalb bleibt das Netzwerk bis heute aktiv. Es bündelt weiterhin bereits etablierte Veranstaltungen und ergänzt sie durch neue Formate.
Ein Projekt des Netzwerkes ist zum Beispiel die "Lange Nacht der Wissenschaften", bei der Dresdner Hochschulen, Forschungseinrichtungen und wissenschaftsnahe Unternehmen ihre Häuser, Labore, Hörsäle und Archive öffnen.

Quelle: http://www.dresden.de/de/07/11/08_Netzwerk_Dresden_Stadt_der_Wissenschaften.php (05.02.2015)

M6

Name: Klasse: Datum:

© Ernst Klett Verlag GmbH, Stuttgart 2015. | www.klett.de | Erstellt für: TERRA OS TB Entwicklungsländer | ISBN: 978-3-12-104706-2
Alle Rechte vorbehalten. Von dieser Druckvorlage ist die Vervielfältigung für den eigenen Unterrichtsgebrauch gestattet.
Die Kopiergebühren sind abgegolten. Für Veränderungen durch Dritte übernimmt der Verlag keine Verantwortung.

Innovationen und Wirtschaftswandel

Lösung

Wirtschaftsraum Dresden

1 Charakterisieren Sie die wirtschaftliche Bedeutung und Struktur des Bezirks Dresden zur Zeit der DDR (M1).

Dresden war hinter Halle (an der Saale) der zweitwichtigste Industriestandort. Schwerpunkte waren neben der Textilindustrie (17 % der DDR-Produktion) vor allem „modernere" Branchen wie Elektrotechnik, Elektronik, Geräte-, Maschinen- und Fahrzeugbau sowie die Metallurgie. Noch 1987 hatte Dresden im produzierenden Gewerbe über 142 000 Erwerbstätige (69 000 davon bei Robotron-EDV-Maschinen).

2 Erläutern Sie die wirtschaftliche Entwicklung der Stadt Dresden seit Ende der 1980er-Jahre.

Die Entwicklung seit Ende der 1980er-Jahre lässt sich mit den Schlagworten Deindustrialisierung, Transformation und Reindustrialisierung auf der Basis von High-Tech-Unternehmen beschreiben.

- bis Ende der 1980er-Jahre: Drastischer Rückgang der Erwerbstätigen im produzierenden Gewerbe um 35 000 Personen, zum einen wegen des allgemeinen Trends zur Tertiärisierung, vor allem aber wegen der gesamtwirtschaftlichen Krise der Ostblockstaaten.
- 1990er Jahre: Es erfolgte ein Zusammenbruch der industriellen Strukturen. Die Umstellung auf marktwirtschaftlichen Wettbewerb, die mangelnde Produktivität und Rentabilität und daraus folgend die unzureichende Konkurrenzfähigkeit führten zu Unternehmensschließungen und zahlreichen Entlassungen. 1995 war mit nur noch 18 000 Industriebeschäftigten die tranformationsbedingte Talsohle erreicht.
- Seit 1995: Durch die gezielte Ansiedlung von High-Tech-Unternehmen steigt die Beschäftigtenzahl im produzierenden Gewerbe bis zum Jahre 2005 auf knapp 26 000.
- Heute beschäftigt das produzierende Gewerbe knapp 37 000 Menschen. Der Standort ist geprägt von zahlreichen, miteinander vernetzten Technologiezentren. Dementsprechend sind die Beschäftigtenzahlen im Tertiären Sektor stark gestiegen. Der Transformationsprozess wird also erfolgreich gestaltet.

3 Erklären Sie die Bedeutung der Technopolen.

In den Technopolen konzentrieren sich Wissenschafts- und Innovationszentren auf engstem Raum. Es sind Cluster von jeweils einem Technologiebereich. Die räumliche Nähe ermöglicht einen intensiven Informationsaustausch. Der Wissenstransfer kann sehr effizient gestaltet, die sehr kostenintensive Forschungsinfrastruktur gemeinsam genutzt werden. Es werden also Synergieeffekte erzielt.

4 Analysieren Sie den Raum Dresden im Hinblick auf für die High-Tech-Industrie wichtige Standortfaktoren (M3–5, Atlas).

Aus den Materialien sowie aus entsprechenden Atlaskarten lassen sich folgende für die High-Tech-Industrie wichtige Standortfaktoren ermitteln:

- Vorhandene „Forschungslandschaft" (z. B. TU Dresden, Fraunhofer-Gesellschaft) mit der Möglichkeit zur engen Verknüpfung von „science" und „economy".
- Wirtschaftsförderung durch die Stadt, z. B. durch kommunale Gewerbeflächenerschießung und Unterstützung beim Aufbau der Technopolen.
- Enge Zusammenarbeit von Stadt, Wissenschaft und Wirtschaft im Netzwerk „Dresden – Stadt der Wissenschaften" mit entsprechendem Aufbau des Images von Dresden als „zukunftsfähigen Standort für Wissenschaft und Innovationen".
- Vorhandensein eines Mikro-Elektronik- und Informations-Kommunikations-Technologie-Clusters mit entsprechenden Agglomerationsvorteilen.
- Gute Verkehrsanbindung durch Flughafen und Autobahnachsen vorhanden.
- Angebot „weicher" Standortfaktoren z. B. durch hohen Kultur- und Freizeitwert (Frauenkirche, Semper-Oper, Elbtal, Elbsandsteingebirge usw.).

5 Beurteilen Sie zusammenfassend die aktuelle wirtschaftliche Situation und die Perspektiven des Standorts Dresden.

Dresden hat sich zu einem dynamischen Wirtschaftsraum auf der Basis von High-Tech-Industrien entwickelt. Besonders große Zuwächse an Arbeitsplätzen sind im Tertiären Sektor, und hier vor allem auch bei modernen Dienstleistungsangeboten, zu verzeichnen. Die Vielzahl der angesiedelten zukunftsfähigen Branchen und der starke Arbeitsplatzzuwachs in den letzen Jahren berechtigen zur Annahme einer auch in den nächsten Jahren günstigen Entwicklung. Gefahr droht allerdings von der internationalen Konkurrenz in einem sich verschärfenden globalen Wettbewerb.

Name: Klasse: Datum:

© Ernst Klett Verlag GmbH, Stuttgart 2015. | www.klett.de | Erstellt für: TERRA OS TB Entwicklungsländer | ISBN: 978-3-12-104706-2
Alle Rechte vorbehalten. Von dieser Druckvorlage ist die Vervielfältigung für den eigenen Unterrichtsgebrauch gestattet.
Die Kopiergebühren sind abgegolten. Für Veränderungen durch Dritte übernimmt der Verlag keine Verantwortung.

Region München – Wachstum ohne Grenzen?

Strukturierungshilfe

Phase	Thema	Seite	Material	Aufgabe	Methodische Hinweise
Einstieg	München – Anziehungspunkt nicht nur für Touristen	98	1–2		Bildbeschreibung, Lehrerimpuls
Problemstellung	Region München – Wachstum ohne Grenzen?		3–4		Problemstellung, Erstellen eines Arbeitsplans, Plenumsdiskussion,
Erarbeitung	Analyse ausgewählter Materialien nach vorgegebener Themenstellung: a) Strukturen und Stärken b) wirtschaftliche Entwicklung und Standortfaktoren c) Probleme und Perspektiven	99–101	5–17	1	Arbeitsteiliger Gruppenunterricht
Abschlussdiskussion	München am Scheideweg?				Aufnahme der Problemstellung, offenes Unterrichtsgespräch

Lösungshinweise Seite 98 bis 101

1 Vorschlag für eine arbeitsteilige Gruppenarbeit:

a) Fassen Sie die Aussagen der Materialien in kurzen Thesen zusammen.

Materialien zum Themenblock Strukturen und Stärken

M 5 Karte: Wirtschaftsstandort München
Zahlenmäßig dominieren Betriebe der Elektronik, der Hochtechnologie und Software sowie der Feinmechanik. Die meisten von ihnen befinden sich am Rande und im Umland der Stadt. Die größten Unternehmen sind den Branchen Maschinenbau, Fahrzeugbau und Luft- und Raumfahrttechnik zuzuordnen. Der Stadtkern selbst ist Dienstleistungsstandort (Finanzsektor, Behörden, Hochschulen, Tourismuseinrichtungen).

M 6 Tabelle: Eckdaten der Metropolregion München
Die Metropolregion München nimmt eine dominante Rolle in Bayern ein, gemessen an Bevölkerung, Fläche, BIP und SV-Beschäftigte. Eine vergleichsweise geringe Arbeitslosenquote unterstreicht die gesunde Wirtschaftsstruktur.

M 7 Grafik: Beschäftigung in wissensintensiven Wirtschaftszweigen und Produktivität
Unter allen deutschen Städten dominieren München und Stuttgart sowohl was den Anteil der Beschäftigten in wissensintensiven Wirtschaftszweigen als auch die Produktivität anbetrifft.

M 8 Tabelle: Beschäftigungsentwicklung in ausgewählten Branchen in München
Die Zahl der Beschäftigten in München ist im Zeitraum 2008 bis 2013 um annähernd 10 % gestiegen. Besonders stark ist das Wachstum im Dienstleistungssektor, und hier vor allem in den Sparten Verwaltung, Führung und Beratung von Unternehmen.

M 9 Grafik: Kaufkraft 2013 in Euro je Einwohner
Gemessen an der Kaufkraft je Einwohner übertrifft München alle anderen Metropolen Deutschlands.

Materialien zum Themenblock Wirtschaftliche Entwicklung und Standortfaktoren

M 10 Text: Später industrieller Start
Eine Industrialisierung erfolgte erst relativ spät, vor allem da die für die industrielle Revolution standortbildenden Faktoren Kohle und Erz fehlten. Dieses Fehlen erwies sich im Nachhinein jedoch als positiv.

M 11 Text: Entwicklungsimpulse durch Olympische Spiele 1972
Einen positiven Entwicklungseffekt hatten die Olympischen Spiele 1972. Sie waren nicht nur für das Image der Stadt förderlich, sondern waren auch verantwortlich für den Ausbau der Verkehrsinfrastruktur. Begünstigend wirkten in diesem Zusammenhang die finanziellen Zuwendungen von Land und Bund.

M 12 Karte: Kultur- und Besichtigungsstandort München
Das kulturelle Angebot und die Zahl der touristischen Attraktionen sind groß und vielfältig. Die kulturellen Einrichtungen konzentrieren sich am nördlichen Cityrand, auf den Isarinseln und im Bereich der Technischen Universität. Verzahnt werden diese Einrichtungen mit attraktiven Erholungsflächen. Interessante Sehenswürdigkeiten befinden sich im unmittelbaren Innenstadtbereich.

M 13 Text: Entwicklungsmotor Siemens
Ein besonders wichtigster Impuls für die Entwicklung zu einer Industriestadt ging von der Niederlassung der Siemens AG in München im Jahre 1948 aus. Sie legte den Grundstein für die heute dominierende elektronische und Software-Industrie.

Materialien zum Themenblock Probleme und Perspektiven
M 14 Grafik: Wohnungsmieten im Städtevergleich
Verglichen mit anderen deutschen Metropolen verzeichnet München die höchsten Mitpreise für Wohnungen.
M 15 Text: Stressphänomene
Zahlreiche Stressfaktoren führen ggf. zu einer Krise, z. B. Verlust an Arbeitsplätzen an das Umland, hohe Schuldenlast, Verkehrs- und Umweltprobleme.
M 16 Text: Armut in München
Hohe Mieten und Lebenshaltungskosten bedingen eine hohe Armutsquote, obwohl die Stadt zu den wohlhabendsten in Deutschland zählt.
M 17 Foto: Demonstration in München
Die genannten Stressfaktoren rufen den Unmut der Bevölkerung hervor. (Anmerkung: im Bild Demonstration gegen Wohnungsnot und hohe Mieten)

b) Gestalten Sie zu den Arbeitsergebnissen eine Präsentation im Plenum Ihres Kurses.
Eine Aufgabe zur Anregung schülerzentrierter Arbeitsformen mit selbst organisierter Ergebnissicherung und Präsentation

c) Erörtern Sie die Ergebnisse.
Gemeint sind nicht die Ergebnisse der Materialauswertung bzw. der Gruppenarbeit, sondern der Präsentation (inhaltlicher Ertrag, Art der Darstellung).

Schülerbuch
Seite 98 bis 101

Region München – Wachstum ohne Grenzen

München, ein strukturstarker Zentralraum

1 Beschreiben Sie die Wirtschaftsstruktur Münchens und ihre Entwicklung.

2 Erläutern Sie die Stärken Münchens als Zentralraum.

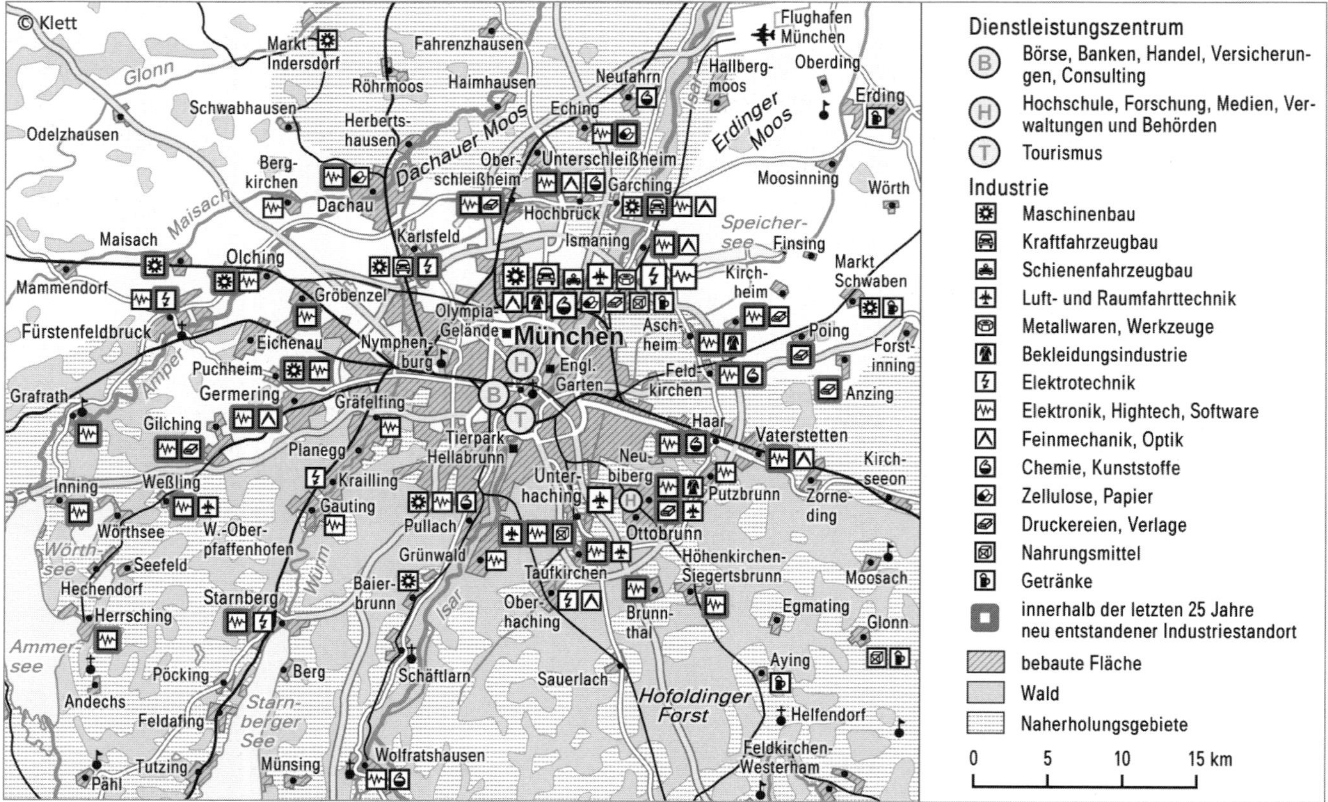

M1 Wirtschaftsraum München: Entwicklung und gegenwärtiger Stand

Kennzahlen zu München	
Bevölkerung (2011)	1 353 186
BIP (Mio. €, 2010)	77 111
BIP/Kopf (€, 2009)	53 166
Münchens Anteil an der Bevölkerung Bayerns (%, 2011)	10,8
Münchens Anteil am BIP Bayerns (%, 2011)	16,6
Kaufkraft je EW im Vergleich (€, 2012)	
München	26 218
Bayern	21 905
Deutschland	20 298
Beschäftige nach Wirtschaftssektoren (%, 2011)	
Primärer Sektor	0,1
Sekundärer Sektor	17,6
Tertiärer Sektor	82,3
Arbeitslosenquoten in deutschen Städten im Vergleich (%, 2012)	
München	4,6
Frankfurt	5,9
Hamburg	7,5
Berlin	12,3

Quelle der Daten: Landeshauptstadt München, Referat für Arbeit und Wirtschaft (Hrsg.): München. Der Wirtschaftsstandort. München 2012 und 2013. Unter: www.wirtschaft-muenchen.de/publikationen/pdfs/factsandfigures_2012.pdf

M2

Name: Klasse: Datum:

Klett
© Ernst Klett Verlag GmbH, Stuttgart 2015. | www.klett.de | Erstellt für: TERRA OS TB Entwicklungsländer | ISBN: 978-3-12-104706-2
Alle Rechte vorbehalten. Von dieser Druckvorlage ist die Vervielfältigung für den eigenen Unterrichtsgebrauch gestattet.
Die Kopiergebühren sind abgegolten. Für Veränderungen durch Dritte übernimmt der Verlag keine Verantwortung.

Region München – Wachstum ohne Grenzen

Historischer Rückblick

„1505 wählten die Wittelsbacher München zu ihrer einzigen Residenzstadt, und bis zu Beginn der Industrialisierung wurde sie vorwiegend durch den Hof geprägt. Das Handwerk hatte zwar eine gewisse Bedeutung, doch gab es weder Manufakturen noch große Handelshäuser. Die im 19. Jahrhundert erfolgte Industrialisierung [...] wurde intensiv durch das Königshaus gefördert und expandierte vor allem nach dem Anschluss an das Eisenbahnnetz. Es entstanden vor allem Betriebe der Optik, Feinmechanik, Metallverarbeitung und des Maschinenbaus auf der Basis des alten Handwerks. Hinzu kamen Nahrungsmittelindustrien (Brauereien) und Druckereien für den Nahbedarf. Mitte des 19. Jahrhunderts ließen sich die (damals zusammengelegten) Lokomotivfabriken von Maffei und Kraus aufgrund königlicher Förderung nieder. Sie produzierten später auch Turbinen, Motoren, Waffen usw. In dieser Tradition wurden 1916 die Bayerischen Motorenwerke (BMW) gegründet, die viele Zulieferbetriebe ins Leben riefen. Um 1900 hatte noch kein Betrieb mehr als 1.000 Beschäftigte."

Wolfgang Brücher: Industriegeographie. Braunschweig: Westermann 1982, S. 144

M3

Entwicklungsmotor Siemens

„Wichtigster unternehmerischer Impuls war die durch militärisch-politische Zufälligkeiten (Furcht vor Demontage) beeinflusste Verlegung des Hauptsitzes der Siemens AG von Berlin nach München 1948. [...] Die Bedeutung dieser Standortentscheidung für die Entwicklung Münchens kann nicht hoch genug eingeschätzt werden. Siemens ist der Standortbildner gewesen und hat das Wachstum der elektronischen Industrie, aber auch der Software-Industrie in München direkt und indirekt stark beeinflusst."

Rolf Sternberg: München und Voralpen. In: Elmar Kulke (Hrsg.): Wirtschaftsgeographie Deutschlands. Gotha: Perthes 1998, S. 537

M4

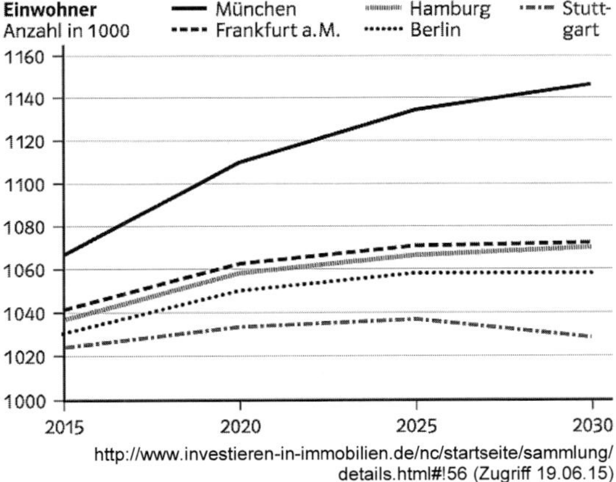

http://www.investieren-in-immobilien.de/nc/startseite/sammlung/details.html#!56 (Zugriff 19.06.15)

M5 Bevölkerungsentwicklung in ausgewählten Städten

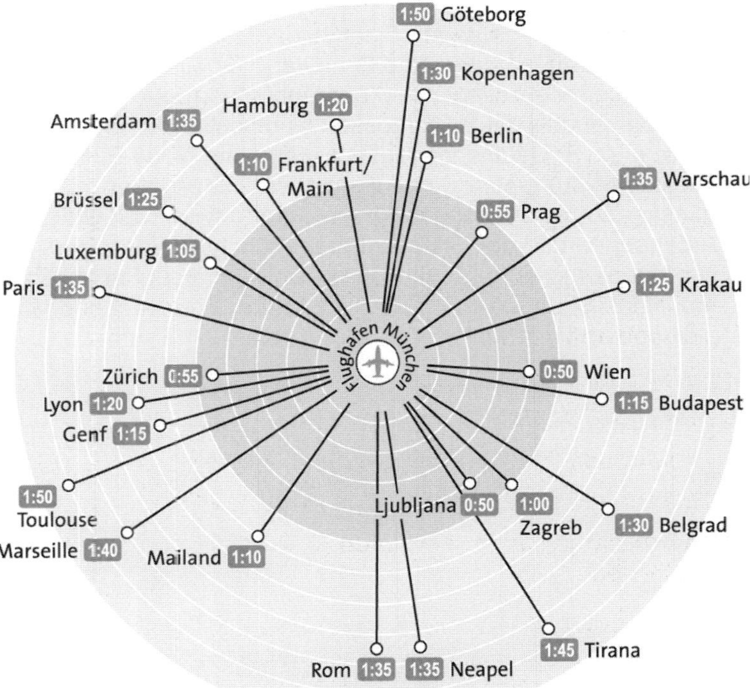

Nach: Landeshauptstadt München, Referat für Arbeit und Wirtschaft (Hrsg.): München. Der Wirtschaftsstandort. München 2012, S 20. Unter:www.wirtschaftmuenchen.de/publikationen/pdfs/factsandfigures_2012.pdf

M6 Die wichtigsten Flugverbindungen von München zu anderen Städten Europas (in Stunden)

Name: Klasse Datum:

© Ernst Klett Verlag GmbH, Stuttgart 2015. | www.klett.de | Erstellt für: TERRA OS TB Entwicklungsländer | ISBN: 978-3-12-104706-2
Alle Rechte vorbehalten. Von dieser Druckvorlage ist die Vervielfältigung für den eigenen Unterrichtsgebrauch gestattet.
Die Kopiergebühren sind abgegolten. Für Veränderungen durch Dritte übernimmt der Verlag keine Verantwortung.

Region München – Wachstum ohne Grenzen?

Lösung

München, ein strukturstarker Zentralraum

1 Beschreiben Sie die Wirtschaftsstruktur Münchens und ihre Entwicklung.

Mit 1,353 Mio. Einwohnern ist München die drittgrößte Stadt Deutschlands. Innerhalb der letzten 60 Jahre hat sich die Stadt zu einem der führenden Wirtschaftszentren in Deutschland entwickelt. Lange Zeit spielte München jedoch nur eine unbedeutende Rolle als Wirtschaftsstandort. Aufgrund fehlender Rohstoffe gehörte man industriell bis in die 1960er Jahre eher zu den benachteiligten Räumen in Deutschland. In Verbindung mit der Bedeutung als Hochschul- und Finanzstandort entstanden innerhalb des Stadtgebiets dann allerdings bedeutende Großindustrien im Bereich des Fahrzeugbaus (z. B. BMW, MAN), der Chemie und des Maschinenbaus (z. B. Kraus-Maffei). Ein markanter Zeitpunkt in der Entwicklung der Stadt war das Jahr 1954: die Firma Siemens verlegte ihren Hauptsitz von Berlin nach München. Damit war der Grundstein für einen ständigen Anstieg von Unternehmen der Hightech-Branche gelegt. Seit diesem Zeitpunkt verzeichnet München nämlich einen rasanten Anstieg von Unternehmen dieser Branche und, damit einhergehend, eine ständig steigende Einwohnerzahl (vgl. dazu die Grafik M5).
Die wirtschaftliche Stärke Münchens beruht heute zu einem großen Teil auf dem Tertiären Sektor. Die Signaturen H, B und T in der Karte M1 geben nur unzureichend die Bedeutung des Dienstleistungssektors wider. Gemessen an den Prämienzahlungen ist die Stadt das führende Versicherungszentrum der Welt. Etwa 280 deutsche und ausländische Versicherungsgesellschaften sind in der Stadt ansässig. Nach Frankfurt ist München auch einer der wichtigsten Standorte für Banken. Zahlreiche Consulting-Unternehmen, Unternehmen der Luft- und Raumfahrttechnik sowie der Medienbranche runden das positive Bild ab. Entsprechend hoch ist die Kaufkraft je Einwohner. Mit ca. 26 000 € liegt sie wesentlich über dem gesamtdeutschen Durchschnitt. Entsprechend gering sind die Arbeitslosenquoten, auch im Vergleich zu anderen wirtschaftsstarken Metropolen wie Frankfurt, Hamburg und Berlin.

2 Erläutern Sie die Stärken Münchens als Zentralraum.

Hochschulen, bedeutende Finanzeinrichtungen, große Industrieunternehmen und vor allem Unternehmen der Hightech-Branche bilden die Grundlage für eine außerordentlich starke wirtschaftliche Dynamik. Hinzu kommen eine exzellente Verkehrsanbindung, hochqualifizierte Arbeitskräfte sowie die attraktive Lage im Voralpenland. Nicht zu vergessen sind schließlich die zahlreichen touristischen Attraktionen, wie die großen Museen (z. B. Deutsches Museum, Alte und Neue Pinakothek), Sehenswürdigkeiten (z. B. Frauenkirche, Schloss Nymphenburg) und Konzertveranstaltungen (z. B. Opernfestspiele). Eine gute Infrastruktur bietet günstige Voraussetzungen für die Standortwahl von Unternehmen: sechs sternförmig auf die Stadt zulaufende Autobahnen und der Großflughafen München. Besonders die Unternehmen der Hightech-Branche profitieren von Kooperationsmöglichkeiten mit Universitäten, Fachhochschulen und Forschungseinrichtungen. All dies macht die Stadt attraktiv für Arbeitskräfte. Entsprechend hoch sind die Wanderungsgewinne, ein besonders aussagekräftiger Indikator für einen zentralen Raum.

Name: Klasse: Datum:

Klett
© Ernst Klett Verlag GmbH, Stuttgart 2015. | www.klett.de | Erstellt für: TERRA OS TB Entwicklungsländer | ISBN: 978-3-12-104706-2
Alle Rechte vorbehalten. Von dieser Druckvorlage ist die Vervielfältigung für den eigenen Unterrichtsgebrauch gestattet.
Die Kopiergebühren sind abgegolten. Für Veränderungen durch Dritte übernimmt der Verlag keine Verantwortung.

Fit für den globalen Markt: Förderung europäischer Wirtschaftsregionen

Strukturierungshilfe

Phase	Thema	Seite	Material	Aufgabe	Methodische Hinweise
Einstieg	Zwei Bilder aus Europa zeigen krasse regionale Disparitäten	102	1–2		Bildbeschreibung Planungsgespräch
Erarbeitung 1	Räumliche Disparitäten in der EU – Erscheinungsformen	102	3	1	Auswertung der Abbildung 3
Erarbeitung 2	Europäische Raumordnungspolitik EUREK zur Angleichung der Lebensverhältnisse in allen Regionen der EU	103	4–5	2	Ggf. als vorbereitende Hausaufgabe oder Kurzreferat
Erarbeitung 3	Fallbeispiel: Mezzogiorno – ein strukturschwacher Raum an der südlichen Peripherie Europas	104–106	6–15	3–7	Materialanalyse, z. B. in Stillarbeit mit anschließendem Schülervortrag
Erarbeitung 4	Fallbeispiel: Öresundregion – eine grenzüberschreitende Wachstumsregion im Norden Europas	107–109	16–24	8–11	Materialanalyse, z. B. in Stillarbeit mit anschließendem Schülervortrag
Vertiefung	Räumliche Disparitäten, ein Entwicklungsproplem? Chancen zum Abbau der ungleichen Lebensverhältnisse			12	Offenes Unterrichtsgespräch, vertiefende Diskussion

Lösungshinweise **Seite 102 bis 103**

1 Beschreiben Sie anhand von Atlaskarten und durch Internetrecherche das Verteilungsmuster von hochentwickelten Aktivräumen in der EU.

Der europäische Wirtschaftsraum weist starke regionale Disparitäten auf. Aktivräume, in der Regel Ballungsräume mit Global Citys oder metropolitane Stadtregionen, wechseln mit strukturschwachen peripheren Regionen und agrarisch geprägten Räumen. Trotz dieser Vielfalt lassen sich gewisse Regelhaftigkeiten erkennen. So umfasst z. B. die sog. „Blaue Banane" die bedeutenden Aktivräume der Europäischen Union mit wichtigen Produktionsstätten und hauptstädtischen Verwaltungszentren. Dieser Gürtel zieht sich vom Süden Englands bis zum Norden Italiens. Kernpunkte in der Banane sind London, die niederländische Randstadt, das Rhein-Ruhr-Gebiet und das Rhein-Main-Gebiet sowie die Stadt Mailand. Ein anderes raumplanerisches Leitbild ist das sog. „Pentagon", mit dem der zentrale wirtschaftliche Kernraum der EU gemeint ist. Es umfasst das Fünfeck mit den Eckpunkten London, Paris, Mailand, München und Hamburg.

2 Erläutern Sie das Europäische Raumentwicklungskonzept (EUREK).

Die europäische Raumordnungspolitik sieht eine ihrer Hauptaufgaben darin, die strukturellen Unausgewogenheiten in der EU abzubauen, um so den politischen Einigungsprozess zu fördern. Die Grundsätze der europäischen Raumordnungspolitik (EUREK) verfolgt vorrangig drei Ziele: wirtschaftlicher und kultureller Zusammenhalt, Erhaltung des natürlichen und kulturellen Erbes, ausgeglichene Wettbewerbsfähigkeit. Dazu wurden mehrere Programme/Instrumente/Fonds eingerichtet. Die Wichtigsten, mit je spezieller Zielsetzung, sind: der europäische Fonds für regionale Entwicklung (EFRE), der Europäische Sozialfonds (ESF) und der Kohäsionsfonds. Sie alle haben die Beschleunigung der wirtschaftlichen Konvergenz der Regionen durch Verbesserung der Voraussetzungen für Wachstum und Beschäftigung zum Ziel.

Lösungshinweise **Seite 104 bis 106**

3 Arbeiten Sie aus der Karte 6 die wichtigsten Aussagen zur Beschäftigung und zur Wirtschaftskraft in Italien heraus.

Kaum ein anderes europäisches Land ist von derart tief greifenden Unterschieden, was Wirtschaftskraft, Arbeitslosigkeit und Lebensstandard anbetrifft, gekennzeichnet wie Italien. Große Armut und hohe Arbeitslosenquoten, besonders bei Jugendlichen, kennzeichnen den Süden sowie die Inseln Sizilien und Sardinien, während der Nordwesten, der Nordosten und das Zentrum aufgrund ihrer hohen wirtschaftlichen Leistungsfähigkeit und vergleichsweise geringen Arbeitslosenquoten zu den wachstumsstarken Regionen in Europa gehören.

4 Charakterisieren Sie anhand der Materialien 6–11 die wirtschaftliche Situation im Mezzogiorno.

Den Materialien sind folgende Aussagen zur wirtschaftlichen Situation des Mezzogiorno zu entnehmen:
- unterdurchschnittliche Wirtschaftskraft (BIP/EW),
- rückläufige Entwicklung des BIP,
- hohe Arbeitslosenquoten, besonders bei Jugendlichen,
- unterentwickelter Sekundärer Sektor,
- Schattenwirtschaft, fehlgeschlagene/fehlgeleitete Wirtschaftshilfen infolge Korruption,
- mangelhafte infrastrukturelle Ausstattung,
- Armut großer Bevölkerungsgruppen,
- Radikalisierung in der Politik und Gesellschaft,
- immer noch tief verwurzelte kriminelle Organisationen (Mafia).

5 Erklären Sie, warum die diversen Hilfen des italienischen Staates und der EU zu keiner spürbaren Verbesserung der Situation im Mezzogiorno geführt haben.
Der italienische Staat und die EU versuchen seit Jahrzehnten, Investitionen im Süden durch günstige Kreditangebote und Steuerbefreiung anzukurbeln. Diese Politik sollte vor allem Privatleuten helfen zu expandieren, eine Erleichterung des Geldtransfers vom Norden in den Süden erleichtern und bessere Bedingungen sowie eine größere Produktivität und neue Arbeitsplätze schaffen. Zudem sollte durch den (gelungenen) Aus- bzw. Aufbau der Verkehrsinfrastruktur eine grundlegende Voraussetzung für eine wirtschaftliche Erstarkung gelegt werden. Die Subventionen für Industrieansiedlungen und die Schaffung von industriellen Zentren, also von Entwicklungspolen, erfolgte jedoch oft ohne Rücksicht auf die lokalen ökonomischen (und gesellschaftlichen) Gegebenheiten. Die subventionierten großen Industriebetriebe standen isoliert als „cattedrale nel deserte", als Kathedralen in der Wüste und die erhoffte Ansiedlung von Folgeindustrien blieb aus. Die zur Förderung des Mezzogiorno eingerichteten Organisationen, wie die Casa per il Mezzogiorno, waren zudem zu schwerfällig und überbürokratisiert. Zudem verhinderten fehlende Fachkräfte, aber auch Schattenwirtschaft und Korruption den erhofften wirtschaftlichen Aufschwung.

6 Kennzeichnen Sie anhand der Tabelle 12 die wirtschaftliche und soziale Situation in der Region Basilikata.
Die Ausführungen zu Aufgabe 4 lassen sich ohne Einschränkungen auf die Region Basilikata übertragen. Die Tabelle 6 verdeutlicht zudem, dass die Region Basilikata im Zeitraum 1990 bis 2010 keine Fortschritte verzeichnen konnte, die Beschäftigungslage hat sich sogar deutlich verschlechtert.

7 Nehmen Sie Stellung zu der in der Überschrift von Text 14 gestellten Frage.
Zweifelsohne hat die Erdölindustrie einigen Regionen zu einem Aufschwung verholfen, sodass notwendige Investitionen getätigt werden konnten. Die in den Ausführungen zu Aufgabe 5 genannten Hemmnisse lassen jedoch an einem durchschlagenden und längerfristigen Erfolg zweifeln.

Lösungshinweise — Seite 107 bis 109

8 Beschreiben Sie die Wirtschafts- und Verkehrsstruktur der Öresundregion (Karte 18).
Die Öresundregion ist eine grenzüberschreitende Region in Dänemark und (Süd-)Schweden. Wichtige Städte sind Malmö und Helsingborg (Schweden) sowie Kopenhagen. Allein hierdurch ergibt sich eine starke Stellung des Dienstleistungssektors (Administration, Finanzen usw.). Bedeutend ist auch der Sekundäre Sektor mit Schiffbau, Maschinenbau, chemischer Industrie und Textilindustrie, wobei auch diese Branchen sich auf die städtischen Räume konzentrieren.
Abgerundet wird die Wirtschaftsstruktur durch die Landwirtschaft mit einem Schwerpunkt auf der dänischen Insel Seeland. Die verkehrsinfrastrukturelle Ausstattung ist überdurchschnittlich gut: Sowohl Malmö als auch Kopenhagen besitzen internationale Flughäfen. Hinzu kommen grenzüberschreitende Autobahn- und Eisenbahnverbindungen.

9 Erläutern Sie die Rolle der Öresundbrücke für die Entwicklung der Region.
Zu nennen sind in diesem Zusammenhang zwei Bereiche:
- regional: Zwei Nachbarräume, die bereits enge Verflechtungen aufweisen, aber vorher auf den Fährverkehr angewiesen waren, sind durch das Öresundprojekt deutlich zusammengerückt. Ausdruck findet das im Anstieg des BIP sowie im Verkehrsaufkommen (starke Erhöhung der Pendlerströme und des Warenverkehrs);
- überregional/internationale/global: Die Straßen- und Schienenverbindungen zwischen Dänemark und Schweden sind ein wichtiger Baustein, der in den Materialien des Schülerbuches beschriebenen Entwicklungsszenarien; gerade Verkehrsprojekte übernehmen bei solchen Entwicklungsplänen eine bedeutende Impulsfunktion.

10 Charakterisieren Sie am Beispiel der Öresundregion das Prinzip eines Clusters.
Unter einem Cluster versteht man die räumliche Konzentration von miteinander in Verbindung stehenden Unternehmen und Institutionen in einem bestimmten Wirtschaftszweig oder Technologiebereich. Die Karte 18 und der Autorentext auf Seite 108 liefern zahlreiche konkrete Beispiele.

11 „Die Öresundregion, eine boomende Metropolregion an der Peripherie Europas." Gestalten Sie zu diesem Thema ein kurzes Referat.
Stichpunkte für das Referat:
- Die Öresundregion liegt abseits der europäischen Kernzone, dem Pentagon (s. Lösungshinweise zu Aufgabe 1).
- Begünstigt ist die Öresundregion durch ihre geographische Lage: „Tor zur Ostsee", ihre gut ausgebaute Infrastruktur (s. Lösungshinweise zu Aufgabe 9) sowie durch eine breite Palette weicher Standortfaktoren. Als ein Vorteil ist auch die Clusterstruktur zu nennen (s. Aufgabe 10).
- Neue Impulse sollen durch die Schaffung „globaler Integrationszonen" entstehen.
- Eine solche potenzielle Integrationszone erstreckt sich von Berlin/Hamburg bis nach Helsinki/St. Petersburg und Moskau; in ihr liegt auch die Region Kopenhagen/Malmö.
- Die Öresundregion ist Teil des „Baltischen Bogens", der sich von Berlin als „Ville Prote" einer neuen Kernzone bis nach Südfinnland – Baltikum – St. Petersburg erstreckt.

12 Erörtern Sie am Beispiel des Mezzogiorno und der Öresundregion konkrete Maßnahmen zur Entwicklung von Wirtschaftsräumen.
Die Palette von Maßnahmen zur Entwicklung von Wirtschaftsräumen ist so groß, dass nur einige wenige konkrete Beispiele aus den beiden Regionen beschrieben und bewertet werden können. Herauszustellen sind dabei u. a. die unterschiedlichen geographischen, historischen, wirtschaftlichen und soziokulturellen Ausgangsbedingungen. Welche traditionsverhafteten Strukturen stehen einer Entwicklung im Wege? Welche anderen Strukturschwächen vermögen eine Entwicklung zu hemmen? Gelingt es den beteiligten Kommunen/Institutionen sich international/global zu positionieren?

Fit für den globalen Markt: Förderung europäischer Wirtschaftsregionen

East Anglia – eine Wachstumsregion?

1 Analysieren Sie diese Wirtschaftsregion anhand folgender Kriterien: Entwicklung der wirtschaftsräumlichen Struktur, aktuelle ökonomische Dynamik.

2 Beurteilen Sie die Perspektiven dieser Region.

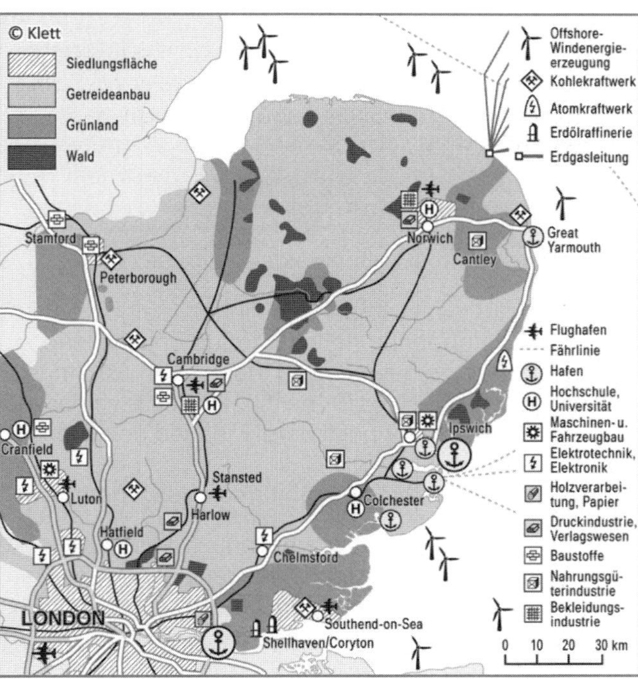

M1 Die Region East Anglia

East Anglia: ausgewählte Strukturdaten				
Bevölkerungsentwicklung				
	2005	**2008**	**2011**	**2012**
	2 249 877	2 316 063	2 385 592	2 408 716
BIP/Kopf (KKS 2009, % von EU-27)				
	2000	**2005**	**2009**	**2011**
	107	112	99	94
Anteile der Beschäftigten (%)				
Sektor	**2000**	**2005**	**2008**	**2013**
Primärer	2,6	2,2	2,6	1,5
Sekundärer	25,2	23,9	21,9	20,7
Tertiärer	72,2	73,9	75,5	77,8
Arbeitslosenquote in den Altersgruppen (%; in Klammer: EU-27)				
	2007	**2009**	**2011**	**2013**
≥ 15 Jahre	4,4 (7,2)	5,9 (8,9)	6,2 (9,6)	6,2 (10,8)
15–24 Jahre	12,1 (15,5)	17,2 (19,9)	16,0 (21,4)	17,9 (23,3)

Stat. Bundesamt/Eurostat-Online-Datenbankbereich, Berechnungen des Autors

M2

Name: Klasse: Datum:

© Ernst Klett Verlag GmbH, Stuttgart 2015. | www.klett.de | Erstellt für: TERRA OS TB Entwicklungsländer | ISBN: 978-3-12-104706-2
Alle Rechte vorbehalten. Von dieser Druckvorlage ist die Vervielfältigung für den eigenen Unterrichtsgebrauch gestattet.
Die Kopiergebühren sind abgegolten. Für Veränderungen durch Dritte übernimmt der Verlag keine Verantwortung.

Fit für den globalen Markt: Förderung europäischer Wirtschaftsregionen

East Anglia – Portrait of a region

"East Anglia has a broad economic base. There are significant clusters of biotechnology and Information and Communications Technology (ICT) based companies in and around Cambridge. This biotech cluster is the largest in the world outside of the United States. The Cambridgeshire Fens, one of the most fertile areas in the East of England, has a local economy that is predominantly agriculture based. Agriculture and related industries also make a major contribution to the Norfolk economy. Indus-tries that are strongly represented in Suffolk include food and drink, telecommunications and transport. Over the past fifteen years, agricultural and manufacturing employment has declined. There has been a growth in the service sector, which reflects the national trend …

Part of East Anglia is included in the London-Stansted-Cambridge corridor. This is one of four growth areas in the United Kingdom. These areas have experienced significant economic success resulting in -pressures on housing and services which cannot -readily be dealt with within -existing towns and -cities. New and expanded communities are therefore needed to support the sustain-able growth of these areas. Within the London-Stansted-Cambridge corridor, growth has been underpinned by clusters of some of the United Kingdom's most successful businesses in -biotechnology, life sciences and ICT. Funding has been provided to help with the consequent need for increased housing provision, with Cambridge experiencing considerable shortages of affor-d-able housing. Growth in housing provision will also, over time, require significant improvements to transport infrastructure.

There are two regional airports – at Norwich, which provides scheduled services to continental Europe, and Cambridge. The ports of Felixstowe and Ipswich are two of the five ports forming the Haven Gateway Partnerships. This represents the single most important cluster of ports in the United Kingdom. The Partnership provides a framework within which its partner organisations from the private and public sectors can work together to promote economic opportunities and secure future prosperity. Felixstowe is the largest container port in the United Kingdom and the fifth largest in Europe.

There has been significant investment in wind-generation in East Anglia, particularly offshore. Thirty wind turbines, generating a total of 60 megawatts, were installed on Scroby Sands in 2004, 2.3 miles off the eastern shore of East Anglia. Wind farms have also been approved to generate over 3,600 megawatts in the Greater Wash area, to the north-west of East Anglia."

Alberto Bramanti/Stefani Tarantola: Regional Innovation Index, Regional champions within national Innovation Systems. © European Union, 2012 Publications Office: Luxemburg 2012, S. 225 – 226

M3

Name: Klasse: Datum:

Klett

© Ernst Klett Verlag GmbH, Stuttgart 2015. | www.klett.de | Erstellt für: TERRA OS TB Entwicklungsländer | ISBN: 978-3-12-104706-2
Alle Rechte vorbehalten. Von dieser Druckvorlage ist die Vervielfältigung für den eigenen Unterrichtsgebrauch gestattet.
Die Kopiergebühren sind abgegolten. Für Veränderungen durch Dritte übernimmt der Verlag keine Verantwortung.

Schülerbuch
Seite 102 bis 109

Fit für den globalen Markt: Förderung europäischer Wirtschaftsregionen

Lösung

East Anglia – eine Wachstumsregion?

1 Analysieren Sie diese Wirtschaftsregion anhand folgender Kriterien: Entwicklung der wirtschaftsräumlichen Struktur, aktuelle ökonomische Dynamik.

– Entwicklung der wirtschaftsräumlichen Struktur
In einem agrarischen Gunstraum hat sich eine intensive Landwirtschaft mit entsprechenden Folgeindustrien entwickelt. Das gilt vor allem für Cambridgeshire Fens, einem der fruchtbarsten Gebiete von Ost-England. Im Raum Suffolk ist vor allem die Nahrungsmittel- und Getränkeindustrie stark ausgebildet, ergänzt durch modernere Branchen wie Telekommunikation und Transportwesen. In den letzten 15 Jahren ist allerdings ein Beschäftigtenrückgang in Landwirtschaft und Industrie zu beobachten.

– aktuelle ökonomische Dynamik
Dem allgemeinen Trend folgend ist auch in der Region East Anglia eine Zunahme des Dienstleistungssektors zu beobachten. Es bilden sich bedeutende Cluster in den Bereichen Bio- und Informationstechnologie sowie Life Sciences (u. a. Medizin, Biomedizin, Biochemie, Molekularbiologie, Biophysik, Bioinformatik) aus. Bedenklich stimmt, dass das BIP pro Kopf im Vergleich zu EU-27 seit 2005 deutlich sinkt. Dem Zugewinn an Arbeitsplätzen und Wirtschaftskraft in den Zukunftsbranchen stehen Verluste in anderen Bereichen des Sekundären Sektors gegenüber. Dessen Beschäftigtenanteile sind seit 2000 ständig gesunken. Hierauf ist wohl auch die – insbesondere bei Jugendlichen – hohe und zudem stark gestiegene Arbeitslosigkeit zurückzuführen. Die modernen Branchen in den Clustern sind kapital-, aber nicht arbeitsintensiv. Im Primären Sektor haben sich seit 2000 die Beschäftigtenanteile nahezu halbiert.

2 Beurteilen Sie die Perspektiven dieser Region.

Aufgrund der Ansiedlung von Zukunftstechnologien sind die Zukunftsaussichten – mit gewissen Einschränkungen – als günstig zu bezeichnen. Hinzu kommen Impulse durch Investitionen in Windenergie.
Allerdings können sich für die modernen Branchen wegen der stark steigenden Wohnkosten in der Region Probleme bei der Rekrutierung von qualifizierten Arbeitskräften ergeben.
Bei einem weiteren Ausbau der Cluster mit Unternehmen der Bio- und Informationstechnologie sowie Life Sciences sind Nachfrageimpulse auch in andere Branchen vor allem im Servicebereich zu erwarten. Daraus könnten neue Arbeitsplätze entstehen, was die Lage auf dem Arbeitsmarkt verbessern würde.
Die Bevölkerungsentwicklung zumindest zeigt, dass die Region attraktiv ist. Die Wanderungssalden sind seit 2005 anhaltend positiv.

Name: Klasse: Datum:

© Ernst Klett Verlag GmbH, Stuttgart 2015. | www.klett.de | Erstellt für: TERRA OS TB Entwicklungsländer | ISBN: 978-3-12-104706-2
Alle Rechte vorbehalten. Von dieser Druckvorlage ist die Vervielfältigung für den eigenen Unterrichtsgebrauch gestattet.
Die Kopiergebühren sind abgegolten. Für Veränderungen durch Dritte übernimmt der Verlag keine Verantwortung.

Mehr Wachstum durch Sonderwirtschafts- und Freihandelszonen

Strukturierungshilfe

Phase	Thema	Seite	Material	Aufgabe	Methodische Hinweise
Einstieg	Sonderwirtschafts- und Freihandelszonen – Instrumente zur Wirtschaftsförderung	110	1 und Autorentext		Auswertung des Fotos M 1 und des Autorentextes, Formulierung von Leitfragen (Plenum)
Erarbeitung 1	Sonderwirtschaftszonen in China und das Beispiel Shenzhen	111–113	2–9	1–5	ggf. als Präsentation
Erarbeitung 2	Die nordamerikanische Freihandelszone NAFTA und das Beispiel Maquiladoras	114–115	10–17	6–9	ggf. als Präsentation
Bewertung	Erfolge und Probleme von Sonderwirtschafts- und Freihandelszonen. Inwieweit sind die Instrumente übertagbar?				Abschlussdiskussion im Plenum

Lösungshinweise **Seite 111 bis 113**

1 Beschreiben Sie das Modell der Sonderwirtschaftszonen.

Das Modell der Sonderwirtschaftszonen (auch Wirtschaftssonderzonen genannt) wurde 1980 durch die chinesische Regierung beschlossen. Als Vorbild dienten die in mehreren asiatischen Ländern existierenden Exportverarbeitungszonen (Export Processing Zones). Das sind gesondert ausgewiesene Industriegebiete, in denen arbeitsintensive Weltmarktprodukte für den Export hergestellt werden. Hauptanreize für Investitionen sind billige Arbeitskräfte. Insbesondere die Verlagerung von Produktionskapazitäten aus Hongkong hat für den Aufschwung der ersten Sonderwirtschaftszone in China, Shenzhen, gesorgt. Hongkong-Chinesen gründeten dort Unternehmen, lieferten von Hongkong Rohmaterialien oder Halbfertigprodukte, die unter günstigen chinesischen Produktionsbedingungen in Shenzhen bearbeitet und dann nach Hongkong zurücktransportiert wurden.
Die besonderen Ziele der ersten Sonderwirtschaftszone Shenzhen waren bzw. sind:
- Die Region soll eine Schrittmacherfunktion für ganz China übernehmen.
- Es sollen auch Projekte außerhalb der Industrie vorangetrieben werden, in der Landwirtschaft, im Tourismus und in der Infrastruktur.
- Shenzhen soll als Pilotprojekt für die Einführung neuer Marktmechanismen und Betriebsformen dienen.
- Shenzhen soll Experimentierfeld für die friedliche Koexistenz von Kapitalismus und Sozialismus sein („Spielwiese des Kapitalismus").

2 Arbeiten Sie mithilfe des Atlas das Standortpotenzial Shenzhens heraus.

Shenzhen besitzt ein ausgezeichnetes Lagepotenzial:
- Küstenlage (Exportorientierung),
- Lage im Perlflussdelta mit günstigen Schiffsverbindungen ins Hinterland,
- enge Lagebeziehung zu Hongkong,
- Agglomerationsvorteile durch Lage in der hoch entwickelten Provinz Guangdong,
- weiträumige Flussebenen (Raum für Siedlungen, Industrie- und Gewerbeflächen),
- Lage an Eisenbahnlinien und Autobahnen.

3 Erläutern Sie am Beispiel von Shenzhen den Transformationsprozess Chinas zur „Sozialistischen Marktwirtschaft".

„Sozialistische Marktwirtschaft" ist die offizielle Bezeichnung für das chinesische Wirtschaftssystem nach den Reformen Deng Xiaopings. In ihm verbinden sich Elemente der Marktwirtschaft mit denen der sozialistischen Planwirtschaft. Innerhalb des Modells der sozialistischen Marktwirtschaft stellen Privatunternehmen inzwischen einen wichtigen Sektor dar. Andere wichtige Zweige, wie die Rüstungsindustrie, die Energieerzeugung, die Öl- und Petrochemie, die Telekommunikation, der Kohlebergbau und die Luft- und Schifffahrt bleiben unter der „absoluten Kontrolle des Staates".
Bis 1978 war die chinesische Wirtschaft stark gegen die Weltwirtschaft abgeschottet. Warenexporte dienten vornehmlich zur Beschaffung notwendiger Devisen für Getreideimporte. Durch die selbst gewählte Isolations- und Autarkiepolitik hatte die chinesische Industrie nur eine geringe Wettbewerbsfähigkeit auf dem Weltmarkt. 1978 leitete Deng Xiaoping Reformen ein. Dabei hatte er auch die Erfolge der ostasiatischen Nachbarn vor Augen. Er öffnete die chinesische Volkswirtschaft nach außen, indem er „Geöffnete Gebiete" im Osten Chinas einrichtete, in denen ausländische Investoren nach marktwirtschaftlichen Gesichtspunkten produzieren konnten, die Sonderwirtschaftszonen. Ausländisches Kapital wurde ganz gezielt in Projekte investiert, die Exportgüter herstellten (für Deviseneinnahmen), technisches Know-how und Managementwissen bereitstellten sowie für Demonstrations- bzw. Ausbreitungseffekte für inländische Unternehmen sorgen sollten. Erzeugt wurden zunächst verstärkt Import substituierende Produkte (Einsparen von Devisen), später Exportprodukte für den Weltmarkt. Anreize für Unternehmensgründungen durch Ausländer waren u. a. niedrige Steuern sowie andere staatliche Unterstützungsmaßnahmen und von Beginn an konkurrenzlos billige Löhne. Die Zusammenarbeit mit

den ausländischen Firmen erfolgte in der Regel in joint ventures. Inzwischen gibt es viele Unternehmen, die völlig in ausländischem Eigentum sind.

4 Erörtern Sie zusammenfassend Stärken und Schwächen des Modells der Sonderwirtschaftszonen.

Die Sonderwirtschaftszonen, allen voran Shenzhen, sind ein Erfolg. Insbesondere die Verlagerung von Produktionskapazitäten aus Hongkong hat für den Aufschwung Shenzhens gesorgt. Hongkong-Chinesen gründeten dort Unternehmen, lieferten von Hongkong aus Rohmaterialien oder Halbfertigfabrikate, die in Shenzhen und anderen Sonderwirtschaftszonen unter günstigen chinesischen Produktionsbedingungen bearbeitet und dann nach Hongkong zurücktransportiert wurden. Bei einzelnen Produkten erreichte der Re-Exportanteil 100 %, so bei Bekleidung, Sportartikeln, Schuhen und Spielzeug. Anfänglich wurde vor allem die verarbeitende Industrie gefördert. In den 1990er Jahren vollzog sich ein Wandel hin zur Produktion von Hightech-Gütern. Shenzhen ist inzwischen Sitz einiger der erfolgreichsten chinesischen Hightech-Unternehmen. Erkauft wurden die beachtlichen wirtschaftlichen Fortschritte allerdings mit hohen Umweltschäden (s. Lösungshinweis zu Aufgabe 5) und unter Ausbeutung der Arbeitskräfte.

5 Erstellen Sie ein Kurzreferat zum Thema „Chinas Aufstieg – erkauft mit massiven Umweltschäden." (Internet)

Die Berichte über gravierende Umweltschäden in China häufen sich. Zum einen resultieren diese Schäden noch aus der Zeit, als China ein reiner Agrarstaat war (Entwaldung, Bodenerosion, Desertifikation). Zum anderen sind sie eine Folge des schnellen Übergangs zur Industriegesellschaft (z. B. Schadstoffemissionen), der lange Zeit starken Bevölkerungszunahme und des extrem hohen Wirtschaftswachstums, da China als „Werkbank der Welt" viele Produkte extrem preisgünstig herstellte – oft unter Vernachlässigung jeglicher ökologischer Überlegungen. Entwicklungen, die in Europa und den USA zeitlich aufeinanderfolgten, traten/treten in China nebeneinander und im Zeitraffertempo auf und potenzieren so Umweltprobleme.
Als Kurzreferat bieten sich vor allem die hohen Schadstoffbelastungen an, die die Stadt Peking mehrfach fast lahmlegten.

Lösungshinweise — Seite 114 bis 115

6 Erklären Sie am Beispiel der NAFTA das Prinzip einer Freihandelszone.

Eine Freihandelszone ist eine wirtschaftliche Integrationsform zur Förderung des internationalen Handels zwischen den beteiligten Ländern. Dabei bauen die Mitgliedsländer ihre Außenhandelsbeschränkungen untereinander ab. Ihre außenhandelspolitische Souveränität gegenüber Drittländern behalten sie.
Das Nordamerikanische Freihandelsabkommen NAFTS trat 1994 zwischen den Ländern USA, Kanada und Mexiko in Kraft. Durch das Abkommen wurden Einfuhrhemmnisse und Zölle zwischen den drei Staaten abgebaut. Die USA erhofften sich von dem Abkommen vor allem eine Stärkung der Wettbewerbsfähigkeit ihrer Industrie sowie den Abbau von Investitionshürden für die in den Partnerländern tätigen US-Unternehmen. Im Zuge der Freihandelsabkommen bauten die USA auf mexikanischer Seite der Grenze Lohnveredlungsbetriebe (Maquiladoras) an, vor allem die Textil-, Automobil- und Elektronikindustrie (siehe Aufgabe 7).

7 Beschreiben Sie die Ziele und die Funktionsweise der Maquiladoras-Industrien.

Als Maquiladora werden Fabriken bezeichnet, die von ausländischen Unternehmen, vor allem aus den USA, im mexikanischen Grenzraum entlang der Grenze zu den USA angesiedelt werden. Die Unternehmen nutzen die niedrigen Lohnkosten in Mexiko, indem sie besonders arbeitsintensive Produktionszweige dahin verlagern. Aus importierten Vorprodukten stellen sie dort Konsumgüter für die zollfreie Wiedereinfuhr in die USA oder für den Weltmarkt her. Deswegen werden die Maquiladoras auch als „Weltmarktfabriken" bezeichnet.
Die Maquiladoras sind keine Errungenschaften der NAFTA. Die ersten Fabriken wurden bereits in den 1969er Jahren in Mexiko angesiedelt. Das Konzept erfuhr nach der Unterzeichnung des Freihandelsabkommens jedoch eine starke Ausweitung. Es ist auf eine enge Beziehung mit den Mutterkonzernen in den USA ausgerichtet. Auf der US-amerikanischen Seite werden die kapitalintensiven Einzelteile durch Maschinen produziert und dann in den mexikanischen Fabrikhallen zusammengesetzt. Durch die Ausweisung als Freihandelszone können die gefertigten Produkte zollfrei in die USA reimportiert werden.

8 Diskutieren Sie, ausgehend von Text 17, Erfolge und Probleme der Maquiladoras-Industrie für die USA und für Mexiko.

Hauptprofiteur sind die USA: Die Unternehmen (inzwischen haben sich auch Unternehmen aus anderen Ländern in der Grenzregion niedergelassen) nutzen vor allem die niedrigen Lohnkosten in Mexiko. Deswegen verlagern sie auch primäre arbeitsintensive Produktionssegmente in den mexikanischen Grenzraum. Mexiko erhoffte sich aus der Ansiedlung eine Senkung der hohen Arbeitslosenquoten und einen Entwicklungsschub für die eigene Industrie. Ein weiteres Ziel war auch die Verminderung der wirtschaftlichen Dominanz der Hauptstadtregion Mexiko-City. Wie die Ausführungen im Schülerbuch besagen (Quellentext 17), haben sich diese Erwartungen aber nur z. T. erfüllt. Kritisiert werden u. a. eine Ausbeutung der mexikanischen Arbeiter u. a. Kinder und junge Frauen, die äußerst schlecht bezahlt werden und unter miserablen Arbeitsbedingungen arbeiten müssen, starke Migrationsbewegungen aus den südlichen Landesteilen Mexikos in den Norden und, dadurch ausgelöst, negative Folgen für eine ausgeglichene Regionalentwicklung in Mexiko, Umweltprobleme infolge laxer Auflagen durch die mexikanischen Behörden.

9 Erstellen Sie mit Hilfe des Internets eine Präsentation einer anderen Freihandelszone, z. B. ASEAN.

Empfohlene Literatur für die Präsentation:
Werner Klohn: Weltwirtschaft und Globalisierung. Vechtaer Materialien zum Geographieunterricht. Vechta: Vechtaer Druckerei und Verlag 2003; hier das Kapitel 4: Große wirtschaftliche Zusammenschlüsse, S. 87–136.

Mehr Wachstum durch Sonderwirtschafts- und Freihandelszonen

Handelsbündnisse im Welthandel

1 Im Zuge der Globalisierung und des zunehmenden weltweiten Handels mit Waren, Gütern und Dienstleistungen haben sich immer mehr Staaten zu sogenannten Staatenbündnissen zusammengeschlossen. Benennen Sie kurz die Ziele, die mit der Gründung der beiden Staatenbündnisse NAFTA und MERCOSUR verbunden sind.

2 Mit der Gründung der NAFTA kam es in Nordmexiko zum Aufbau der Maquiladora-Industrie. Im Zusammenhang mit den Maquiladoras spricht man auch von „moderner Sklaverei" und „Ausbeutung Nordmexikos". Erklären Sie warum.

3 Erläutern Sie die Entwicklung des Welthandels und der Handelsströme.

4 Stellen Sie ein Konzept dar, wie das Staatenbündnis MERCOSUR erfolgreich in den Welthandel integriert werden kann.

NAFTA und MERCOSUR

Die Nordamerikanische Freihandelszone (NAFTA) wurde 1994 gegründet und besteht aus Kanada, den USA und Mexiko. Durch das NAFTA-Abkommen wurden zwischen den Mitglieds-Staaten die Zölle und Einfuhrhemmnisse abgebaut.
Mexiko erhofft sich vor allem einen Zustrom von Direktinvestitionen und Technologietransfer. Die USA streben nach einer Markterweiterung und Nutzung von Kostenvorteilen.
Der gemeinsame Südamerikanische Markt (MERCOSUR) wurde 1991 gegründet. Er besteht aus vier Gründungsmitgliedern Argentinien, Brasilien, Paraguay und Uruguay; dazu kommen noch die assoziierten Mitglieder Chile, Bolivien, Peru, Kolumbien und Ecuador. Durch den Zusammenschluss ist die MERCOSUR eine Zollunion, die vor allem die Förderung des freien Waren- und Dienstleistungsverkehrs durch Beseitigung von Zöllen und anderen Handelshemmnissen zwischen den Mitgliedstaaten zum Ziel hat.

M1

Mexikos Maquiladoras

Maquiladoras bezeichnen weltmarktorientierte Produktionsstätten in den Entwicklungsländern, in denen ausschließlich arbeitsintensive Teilfertigung durchgeführt wird. Wesentliche Kennzeichen sind die Ansiedlung in freien Produktionszonen, die Produktion für den Export, keine oder nur geringe Umweltauflagen, keine Zölle, keine Steuern, freie Gewinnrückführung, kaum Gewerkschaften, kostenlose Infrastruktur, fertige Fabrikhallen zu niedrigen Preisen, billige Arbeitskräfte. In den (Textil-)Fabriken arbeiten hauptsächlich Frauen im Alter zwischen 18 und 28. Oftmals wird das Alter gefälscht, damit die Frauen auch schon im Alter von 16 Jahren und jünger dort arbeiten können. Sind die Frauen zu alt, so werden sie herausgegrault. Werden die Frauen nicht zum Arbeiten genommen, so verkaufen sie ihren Körper an andere Arbeiter, um wenigstens etwas Geld zu verdienen.

M2

Name: Klasse: Datum:

© Ernst Klett Verlag GmbH, Stuttgart 2015. | www.klett.de | Erstellt für: TERRA OS TB Entwicklungsländer | ISBN: 978-3-12-104706-2
Alle Rechte vorbehalten. Von dieser Druckvorlage ist die Vervielfältigung für den eigenen Unterrichtsgebrauch gestattet.
Die Kopiergebühren sind abgegolten. Für Veränderungen durch Dritte übernimmt der Verlag keine Verantwortung.

Mehr Wachstum durch Sonderwirtschafts- und Freihandelszonen

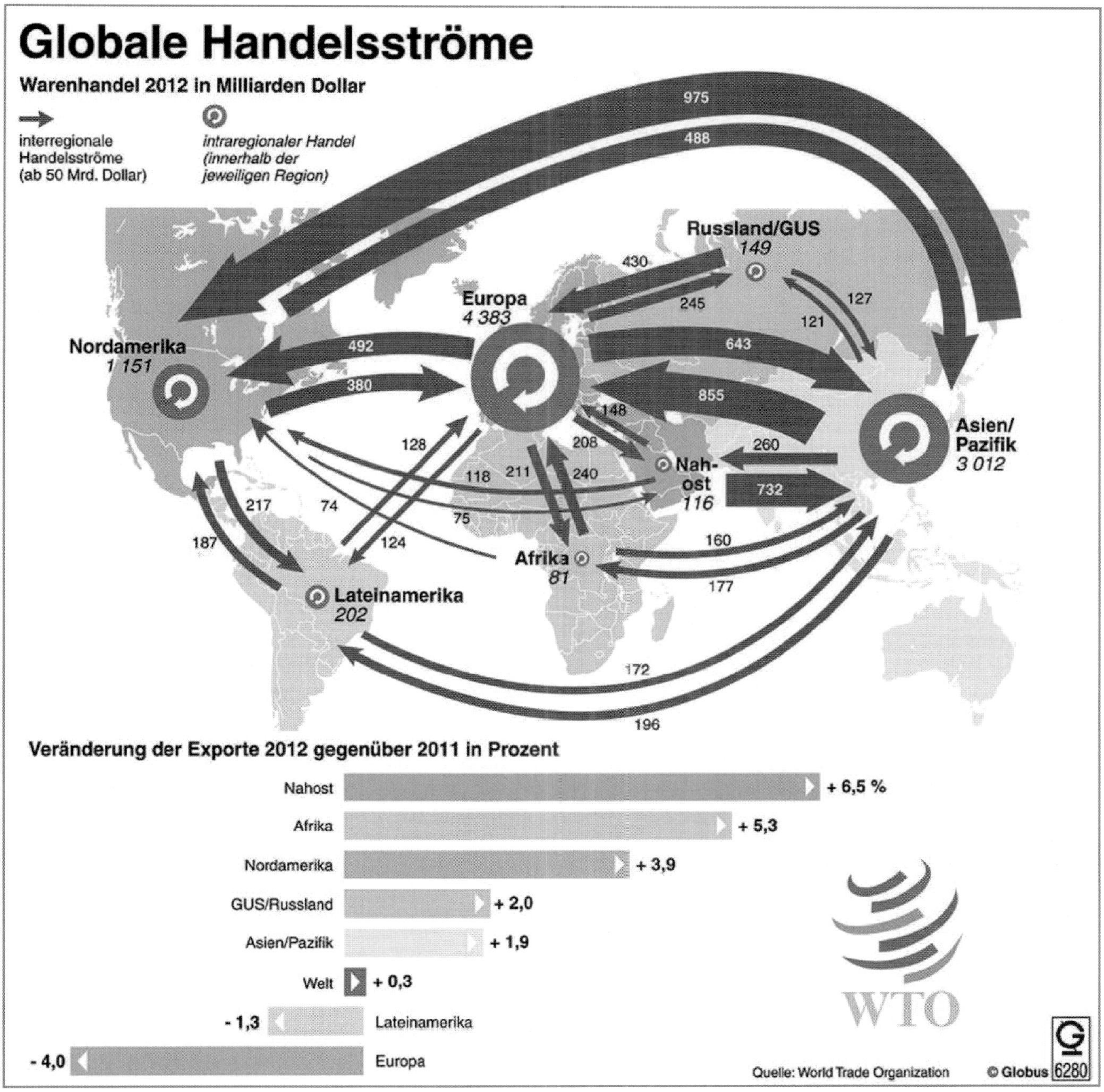

Globale Handelsströme

Warenhandel 2012 in Milliarden Dollar

→ interregionale Handelsströme (ab 50 Mrd. Dollar)

intraregionaler Handel (innerhalb der jeweiligen Region)

Nordamerika *1 151*

Europa *4 383*

Russland/GUS *149*

Asien/Pazifik *3 012*

Nahost *116*

Afrika *81*

Lateinamerika *202*

975 488 430 245 127 121 492 380 643 855 148 260 732 128 208 118 211 240 217 74 75 124 187 160 177 172 196

Veränderung der Exporte 2012 gegenüber 2011 in Prozent

Region	Veränderung
Nahost	+ 6,5 %
Afrika	+ 5,3
Nordamerika	+ 3,9
GUS/Russland	+ 2,0
Asien/Pazifik	+ 1,9
Welt	+ 0,3
Lateinamerika	- 1,3
Europa	- 4,0

WTO

Quelle: World Trade Organization © Globus 6280

Picture-Alliance, Frankfurt

M3 Welthandel

Name: Klasse Datum:

Klett
© Ernst Klett Verlag GmbH, Stuttgart 2015. | www.klett.de | Erstellt für: TERRA OS TB Entwicklungsländer | SBN: 978-3-12-104706-2
Alle Rechte vorbehalten. Von dieser Druckvorlage ist die Vervielfältigung für den eigenen Unterrichtsgebrauch gestattet.
Die Kopiergebühren sind abgegolten. Für Veränderungen durch Dritte übernimmt der Verlag keine Verantwortung.

Mehr Wachstum durch Sonderwirtschafts- und Freihandelszonen

Lösung

Handelsbündnisse im Welthandel

1 Im Zuge der Globalisierung und des zunehmenden weltweiten Handels mit Waren, Gütern und Dienstleistungen haben sich immer mehr Staaten zu sogenannten Staatenbündnissen zusammengeschlossen. Benennen Sie kurz die Ziele, die mit der Gründung der beiden Staatenbündnisse NAFTA und MERCOSUR verbunden sind.

Zu den wesentlichen Zielen der beiden Staatenbündnisse zählt die Schaffung von sogenannten Freihandelszonen, um einen zollfreien und ohne Handelshemmnisse geführten Handel zu gewährleisten. Durch den Zusammenschluss bilden sich starke Bündnisse, die der großen und mächtigen Freihandelszone EU begegnen wollen. Einzelne Staaten erhoffen sich dadurch auch einen Schub für die eigene Industrie und eine gewinnbringende Zunahme des Exports.

2 Mit der Gründung der NAFTA kam es in Nordmexiko zum Aufbau der Maquiladora-Industrie. Im Zusammenhang mit den Maquiladoras spricht man auch von „moderner Sklaverei“ und „Ausbeutung Nordmexikos“. Erklären Sie warum.

In die Maquiladora-Industrie investieren hauptsächlich die USA, um den eigenen Markt zu erweitern und Standortvorteile wie billige Arbeitskräfte, keine Zölle, kostenlose Infrastruktur usw. zu nutzen. Das heißt, es werden zu günstigen Preisen und Konditionen Waren und Güter produziert, die ohne Abführung von Steuern und Zöllen zurückgeführt werden und auf dem Weltmarkt zu wesentlich höheren Preisen verkauft und gehandelt werden. Das Land Mexiko hat so gut wie gar nichts davon: Hauptsächlich Frauen arbeiten zu niedrigen Löhnen. Damit werden zwar Arbeitsplätze geschaffen, diese sind aber keineswegs gesichert. Wenn sich ein Unternehmen aus dieser freien Produktionszone zurückzieht, sind die Arbeitsplätze auch verloren.

3 Erläutern Sie die Entwicklung des Welthandels und der Handelsströme.

Der Welthandel konzentriert sich hauptsächlich auf fünf große Räume: Die EU, NAFTA, Mittel- und Südamerika, Süd- und Ostasien und Japan. Den größten Anteil am Welthandel haben aber die EU, die NAFTA und Japan, die so genannte Triade. Die EU exportiert dabei hauptsächlich Fertigwaren und Industrieprodukte und importiert zu einem geringen Anteil Rohstoffe aus Mittel- und Südamerika, Afrika, Russland und Süd- und Ostasien. Die NAFTA führt ebenfalls zu einem Großteil Fertigwaren und Industrieprodukte aus und importiert Rohstoffe. Für Japan gilt das Gleiche. Auffällig ist, dass die EU zu zwei Dritteln Handel innerhalb der Region treibt und damit vom Weltmarkt relativ unabhängig ist. Für die NAFTA gilt Ähnliches: Zu einem Drittel wird Handel innerhalb der Handelszone betrieben, zu zwei Dritteln mit dem Weltmarkt und damit mit weiteren Staaten. Aufgrund der Nichtzugehörigkeit zu einer Handelszone ist Japan vom Weltmarkt abhängig. Die MERCOSUR-Staaten betreiben zu gut 25 % Handel innerhalb der Handelszone, zu knapp 50 % sind sie aber vom Handel mit dem Weltmarkt abhängig. Auffällig ist dabei auch, dass die MERCOSUR sowohl beim Import als auch beim Export sehr auf die USA bzw. NAFTA konzentriert sind.

4 Stellen Sie ein Konzept dar, wie das Staatenbündnis MERCOSUR erfolgreich in den Welthandel integriert werden kann.

Um die MERCOSUR-Staaten erfolgreich in den Welthandel zu integrieren, müsste zunächst einmal die Konzentration auf die USA aufgehoben und vermieden werden. Dazu müsste verstärkt Handel mit der EU und anderen Staaten betrieben werden. Dies würde zum Aufbau vielseitiger und vielversprechender Handelsmöglichkeiten und zu einem breiten Angebots- und Nachfragespektrum führen. Die Abhängigkeit von den USA und dem „Preisdiktat“ könnte damit aufgehoben werden.

Name: Klasse: Datum:

Klett
© Ernst Klett Verlag GmbH, Stuttgart 2015. | www.klett.de | Erstellt für: TERRA OS TB Entwicklungsländer | ISBN: 978-3-12-104706-2
Alle Rechte vorbehalten. Von dieser Druckvorlage ist die Vervielfältigung für den eigenen Unterrichtsgebrauch gestattet.
Die Kopiergebühren sind abgegolten. Für Veränderungen durch Dritte übernimmt der Verlag keine Verantwortung.

Kompetenzen überprüfen

Lösungshinweise Seite 117
Sachkompetenz

1 Beschreiben Sie am Beispiel des Ruhrgebiets Probleme und Wandel altindustriell geprägter Räume.

Probleme altindustriell geprägter Räume am Beispiel des Ruhrgebiets:

- Bergbaukrise infolge hoher Förderkosten, wachsende Konkurrenz durch billige Importkohle, Konkurrenz durch die Energieträger Erdöl und Erdgas, Verlust traditioneller Abnehmer (z.B. Hausbrand, Bahn, Schifffahrt), rationelle Verwendung der Kohle in der Industrie und in Kraftwerken;
- Stahlkrise infolge Bedarfsrückgang bei Stahl (z.B. Werftindustrie), Material sparender Fertigungen, Überkapazität auf dem Weltmarkt, Konkurrenz durch billigen Stahl aus Drittländern, Verwendung neuer/anderer Materialien (z.B. Kunststoff, Aluminium);

Auswirkungen: Freisetzen von Arbeitskräften, hohe Arbeitslosigkeit, Wanderungsverluste, Einbrüche in der Zuliefer- und Folgeindustrie, sinkende Steuereinnahmen der Städte und Kommunen, ausbleibende Investitionen, steigende Sozialleistungen, Industriebrachen, Altlasten.

Wandel altindustriell geprägter Räume am Beispiel des Ruhrgebiets:

Ansiedlung neuer (moderner) Industrien (Re-Industrialisierung), Rückgang des Sekundären Sektors zugunsten des Tertiären Sektors (Tertiärisierung), Ausbau der materiellen Infrastruktur, z.B. im Bildungswesen und im Freizeitsektor, Anpassung der Verkehrsinfrastruktur an die gewandelten Bedürfnisse anstelle der einseitigen Ausrichtung auf die Schwerindustrie, Umweltverbesserungen, z.B. Beseitigung von Altlasten, Schaffung von Grünzonen, Gewässersanierung.

2 Erklären Sie den Wandel von Standortfaktoren als Folge technischen Fortschritts und veränderter Nachfrage.

Es empfiehlt sich, dies an einem konkreten Beispiel aufzuzeigen, z.B. an der Eisen schaffenden Industrie.

In der Frühphase der Eisen schaffenden Industrie waren Erze, Holzkohle (als Energielieferant und Reduktionsmittel) und Wasser (Antrieb von Eisenhämmern) die entscheidenden Standortfaktoren; entsprechend war die Eisen schaffende Industrie in den waldreichen Mittelgebirgen mit Erzvorkommen und wasserreichen Flüssen/Bächen angesiedelt (z.B. Siegerland).

Mit der Einführung der Erzverhüttung mittels Steinkohlenkoks wurde Steinkohle zum entscheidenden Standortfaktor. Standorte der Eisen schaffenden Industrie wurden die Gebiete mit Steinkohlevorkommen (Standort auf der Kohle).

Technische Fortschritte führten in der Folgezeit dazu, dass man immer weniger Kohle zur Verhüttung benötigte; der Standort auf der Kohle verlor an Bedeutung zugunsten von Standorten an günstigen Wasserstraßen bzw. an der Küste, wo importiertes Erz angeliefert wird (Standort „nasse Hütte").

Auch technische Entwicklungen in der Stahlproduktion (z.B. verminderter Einsatz von Energie) führten dazu, dass die ursprünglichen Standortfaktoren mehr und mehr an Bedeutung verloren; damit war man auch in der Wahl der Standorte für die Stahlproduktion freier; jedenfalls verloren die ehemaligen engen Standortbindungen an Bedeutung.

3 Stellen Sie die wirtschaftsräumlichen Auswirkungen moderner industrieller Produktionskonzepte und Organisationsformen dar.

Mit modernen industriellen Produktionskonzepten sind hier die postfordistischen Fertigungsmethoden gemeint, wie just-in-time, Lean production, Outsourcing oder Gruppenarbeit. Von den modernen Organisationsformen wurde im Schülerbuch die Funktionsweise eines virtuellen Unternehmens und eines Clusters dargestellt.

Die postfordistischen Produktionskonzepte und die modernen Organisationsformen sind eine Antwort auf die Krise des Fordismus. Schlagworte wie Flexibilisierung, Individualisierung, Deregulierung und Differenzierung kennzeichnen die neuen Formen. Der Einsatz flexibler Fertigungstechnologien erlaubt die Herstellung variantenreicher Kleinserien, mit denen man die speziellen Wünsche der Verbraucher besser befriedigen kann. Die Betriebseinheiten wurden kleiner und man beschränkte sich auf die Kernbereiche der Produktion (lean production), während Teilschritte an darauf spezialisierte Zulieferer ausgelagert wurden (outsourcing, just-in-time). Damit ergeben sich auch räumliche Veränderungen. War für die fordistische Produktion die Konzentration vertikal integrierter Großunternehmen auf wenige Agglomerationen typisch, sind im postfordistischen Produktionsmodell flexible Netzwerke typisch. Produktionsschritte werden ausgelagert, der Raum erfährt eine Reduzierung industrieller Aktivitäten, die Standortbindung wird gelockert bzw. aufgehoben (footloose industry).

4 Erläutern Sie raumordnungspolitische Maßnahmen zum Abbau regionaler Disparitäten in der EU.

Sinnvollerweise sollten die Schülerinnen und Schüler diese Aufgabe am Beispiel Deutschlands und der EU bearbeiten. Das Grundgesetz Deutschlands fordert gleichwertige Lebensbedingungen für alle Bürger in allen Regionen des Staates. Mit anderen Worten: Regionale Disparitäten sollen vermieden bzw. abgebaut werden. Dafür sieht die deutsche Raumordnungspolitik verschiedene Instrumente und Konzepte vor. Auch in der EU wird ein Abbau der regionalen Disparitäten angestrebt. Das Europäische Raumentwicklungskonzept EUREK stellt dazu nicht nur einen wichtigen Orientierungs- und Handlungsrahmen, sondern auch die notwendigen Finanzmittel bereit: den Europäischen Sozialfonds (ESF), den Europäischen Fonds für Regionale Entwicklung" (EFRE) und den Kohäsionsfonds. Konkrete Maßnahmen zum Abbau regionaler Disparitäten könnten z.B. sein: Ausbau transeuropäischer Verkehrslinien, Ausbau der regionalen Verkehrsinfrastruktur, gezielte Förderung ländlicher Räume und peripherer Regionen, Investitionen in die materielle Infrastruktur (Schulen, Universitäten, Krankenhäuser u.a.m.), Unterstützungsmaßnahmen zur Industrieansiedlung in Problemgebieten.

5 Charakterisieren Sie am Beispiel der chinesischen Sonderwirtschaftszonen und der Freihandelszone NAFTA Wege zur Wirtschaftsförderung vor dem Hintergrund des wachsenden globalen Wettbewerbs.

Mit der Einrichtung der Sonderwirtschaftszonen ist es der chinesischen Regierung gelungen, nicht nur marktwirtschaftliche Elemente einzuführen. Die Öffnung des Landes mittels der Sonderwirtschaftszonen war darüber hinaus eine grundlegende Voraussetzung für die Einbindung Chinas in die Weltwirtschaft. Mit ihrer Hilfe wurde die Produktion von Exportgütern gefördert und Deviseneinnahmen erzielt. Gleichzeitig fand ein Transfer von technischem Know-how und Managementwissen statt. 2001 trat China der WTO (Welthandelsorganisation) bei und hat seitdem den Marktzugang für ausländische Unternehmen weiter verbessert und seine Exporte gesteigert, sodass es inzwischen „Exportweltmeister" ist. 2014 wurden ca. 20% aller weltweiten Industrieerzeugnisse in China produziert. Das Land stieg damit zur Nr. 1 der Industriestaaten auf, gemessen am Wert der produzierten Güter. 95% der Exporte Chinas sind heute Industriegüter. Diese bilden den Schlüssel für den Aufstieg Chinas zur wirtschaftlichen Großmacht, zum Global Player auf der internationalen Wirtschaftsbühne. Den Anfang bildeten, wie gesagt, die Sonderwirtschaftszonen.

Das Nordamerikanische Freihandelsabkommen NAFTA, dass die USA, Mexiko und Kanada umfasst, trat 1994 in Kraft. Ziel war es, die nach der EU zweitgrößte Freihandelszone der Welt zu schaffen. Durch das Abkommen wurden zwischen den Mitgliedsstaaten Zölle gesenkt und Einfuhrhemmnisse abgebaut. Die Beweggründe waren für die einzelnen Staaten zwar unterschiedlich. Für alle war jedoch die Förderung der eigenen Wirtschaft das Hauptziel. So erhofften die USA eine Erweiterung ihres Auslandsmarktes und den Abbau von Investitionshürden. Mexiko erhoffte sich den Zustrom von Direktinvestitionen und einen verstärkten Technologietransfer. Kanada hatte bereits 1989 ein Freihandelsabkommen mit den USA abgeschlossen und stimmte 1994 dem Beitritt Mexikos zu, um eine bessere Verhandlungsposition gegenüber den übermächtigen USA zu erlangen. Handelsstatistiken belegen, dass der Handel der USA mit den NAFTA-Partnern seit Einrichtung des Freihandelsabkommens viel stärker zugenommen hat als der Handel insgesamt. Kanada und Mexiko wickeln inzwischen rund 90% ihrer Exporte mit NAFTA-Partnern ab. Allein daran wird bereits die Wirksamkeit des Freihandelsabkommens deutlich.

Methodenkompetenz

1 Arbeiten Sie mit den beiden Luftbildern 2 und 3:

a) Ordnen Sie den Raum mithilfe einer Atlaskarte ein.
Der im Luftbild dargestellte Raum ist das Gebiet der (ehemaligen) Zeche Mont Cenis im Herner Stadtteil Sodingen. Lage: mittleres Ruhrgebiet am Rhein-Herne-Kanal (im Luftbild nicht erfasst) zwischen Bochum im Süden und Recklinghausen im Norden bzw. Gelsenkirchen im Westen und Dortmund im Osten.

b) Beschreiben Sie die beiden Luftbilder.
Das erste Luftbild zeigt das Gelände des 1967 stillgelegten Bergwerks Mont-Cenis. Zu erkennen sind die Schachtanlage mit den angegliederten Gebäuden und Einrichtungen, z. B. Förderturm, Kühltürme (Kokerei), Fabrikhallen (Kohlenwäsche u. a. m.), Wasserturm, Zufahrtsstraßen etc.
Das zweite Luftbild zeigt in der Mitte eine ovale parkähnliche Anlage mit einem großen Flachbau (Fortbildungsakademie des Innenministeriums des Landes Nordrhein-Westfalen) sowie mehrere Wohngebiete mit vielfältigen Wohnformen – alle angesiedelt in der Nähe von Grünanlagen. Andere Gebäudeformen lassen auf Gewerbeansiedlungen schließen.

c) Erläutern Sie die veränderten Raumstrukturen.
Der Vergleich der beiden Luftbilder verdeutlicht den für in vielen Teilen des Ruhrgebiets vollzogenen Strukturwandel, der sich mit den Schlagworten Deindustrialisierung und Tertiärisierung umschreiben lässt. Mit der Schließung der Zeche Mont Cenis verlor der vom Bergbau geprägte Stadtteil Sodingen nicht nur seinen wirtschaftlichen, sondern auch seinen funktionalen und städtebaulichen Charakter. Entstanden ist ein komplett neuer Stadtteil mit hoher urbaner Qualität. Das Fortbildungszentrum bildet den Kern des neuen Stadtteils, ergänzt durch Wohnungen sowie Gewerbe- und Dienstleistungseinrichtungen. Das gesamte Sanierungsgebiet ist quasi als Stadtteilpark in die umgebende Landschaft eingebettet. Teile der ehemaligen industriellen Brachfläche werden (noch) von Wiesen eingenommen

Lösungsgrafik Aufgabe 2

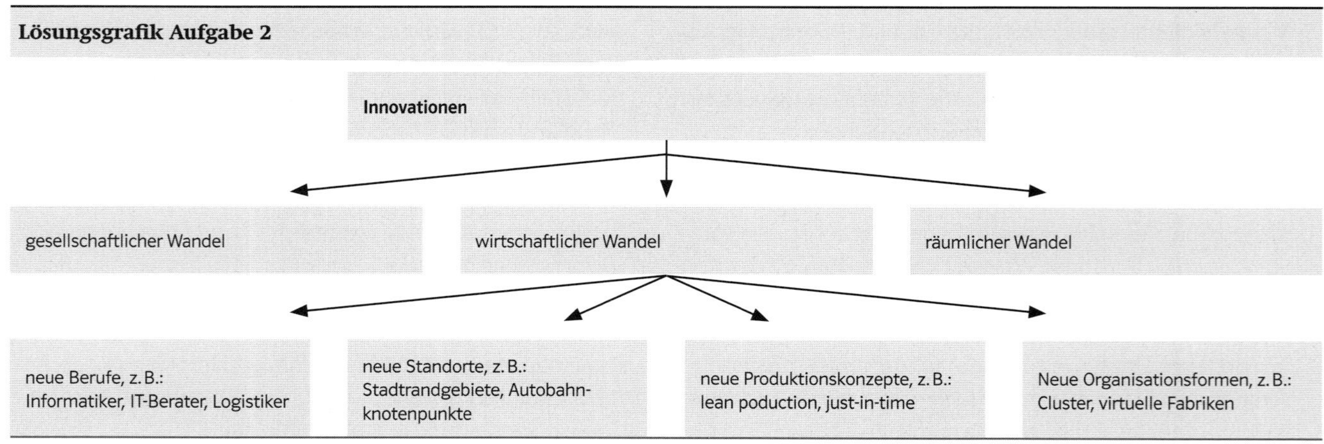

1

2 Stellen Sie den durch Innovationen ausgelösten Wirtschaftswandel in einem Schema dar.

Urteilskompetenz

1 „Die Stärke des Wirtschaftsraumes München lässt sich vor allem mit seinen günstigen natürlichen Standortfaktoren erklären." Nehmen Sie Stellung zu dieser Behauptung.
Versteht man unter „natürlichen Standortfaktoren" Rohstoffe, Energieträger und Wasser (als Brauchwasser und/oder Energielieferant), so ist diese Aussage falsch. Aber auch nicht andere „traditionelle" Standortfaktoren, wie ein großes Angebot an billigen Arbeitskräften oder eine besonders günstige Verkehrslage, waren ausschlaggebend für den Aufstieg Münchens zu einer der führenden Wirtschaftsregionen in Deutschland und Europa. Ja, ähnlich wie in Baden-Württemberg – und dies gilt insbesondere für den Raum Stuttgart –, war das Fehlen dieser Standortfaktoren letztendlich entscheidend für die heutige Wirtschaftsstärke. Hier wie dort hat sich der Wirtschaftsraum nicht so sehr „mit der Natur" als vielmehr „gegen sie" entwickelt. Die Vorteile Münchens liegen besonders in den weichen Standortfaktoren. Die wirtschaftliche Stärke basiert vornehmlich auf forschungs- und entwicklungsintensiven Branchen (elektrotechnische Industrie, Luft- und Raumfahrtindustrie, Fahrzeugbau) sowie auf einem starken Tertiären Sektor. Die Anstöße zum Aufstieg zur zweitgrößten Industriestadt Deutschlands und zu einer Global City mit einer großen Zahl von international renommierten Unternehmen und Headquarterfunktionen kamen wesentlich von außen, z. B.: Verlegung des Hauptsitzes der Siemens AG von Berlin nach München 1948 (Flucht vor Demontage), der Zustrom von ca. 2 Mio. Arbeitskräften aus mittel- und südosteuropäischen Ländern nach dem Zweiten Weltkrieg, das hervorragende Image der Stadt als Wohn- und Lebensort (Nähe zu attraktiven Fremdenverkehrsräumen), die große Zahl an renommierten Bildungseinrichtungen und das reichhaltige Kulturangebot.

2 Bewerten Sie am Beispiel des Mezzogiorno und der Öresundregion die Wirksamkeit von EU-Fördermaßnahmen für periphere Wirtschaftsräume.
Der Vergleich der beiden Wirtschaftsräume zeigt, wie unterschiedlich Fördermaßnahmen wirksam sein können. Während im Mezzogiorno durch eine verfehlte Regionalpolitik, Korruption und inkompetente Behörden die Fördergelder weitgehend „im Sande versickerten", konnte die Öresundregion, aufbauend auf den eigenen Möglichkeiten und Standortvorteilen, durch die gezielte und konsequente Nutzung der Fördermittel sich zu einer der wirtschaftsstärksten Regionen in Nordeuropa entwickeln.

3 Erörtern Sie am Beispiel der Sonderwirtschaftszonen wirtschaftliche und soziale Folgen der chinesischen Wirtschaftspolitik.
Der 1978 von einer Gruppe von Reformern unter Deng Xiaoping eingeleitete Prozess der „Vier Modernisierungen" war der Anfang einer Entwicklung, der die Zentralverwaltungswirtschaft Chinas mit ihren Mehrjahresplänen zu einer „Sozialistischen Marktwirtschaft" transformierte. Eine entscheidende Rolle spielten hierbei die Sonderwirtschaftszonen. Durch deren Errichtung wurde ausländisches Kapital und Know-how ins Land geholt. 1980 gegründet, übernahm Shenzhen als erste Sonderwirtschaftszone Vorbildfunktion für viele andere Sonderwirtschaftszonen und wurde damit beispielgebend für den Strukturwandel Chinas zur führenden Industrie- und Exportnation und zu einem der bedeutendsten Hightech-Standorte in der Welt. Die starke Förderung der Küstenstädte verstärkte allerdings die regionalen Disparitäten: Die Ostküste wurde zur „Goldküste", während sich der Nordosten, das traditionelle Kohle- und Stahlrevier, zu Chinas „Rostgürtel" entwickelte. Auch der östliche Binnenraum fiel vergleichsweise in der Entwicklung zurück. Auf dem sozialen Sektor wird kritisiert, dass sich mit den Reformen die sozialen Disparitäten extrem verschärft haben. Während die Zahl der Dollar-Milliardäre stieg (nach Aussagen von Wirtschaftsinstituten leben in China inzwischen mehr Dollar-Milliardäre als in jedem anderen Land der Welt), leben etwa 13 % der Bevölkerung, d. h. rund 130 Mio. Menschen, unter der offiziellen Armutsgrenze. Als ein weiteres Problem hat sich der Zustrom von Wanderarbeitern in die Sonderwirtschaftszonen erwiesen, ohne die Chinas wirtschaftlicher Aufstieg nicht möglich gewesen wäre. Ihre Teilhabe am Erfolg des Landes ist allerdings bescheiden. Viele von ihnen werden ausgebeutet und leben unter menschenunwürdigen Verhältnissen.

Handlungskompetenz

1 Gestalten Sie – analog zu dem Beispiel NAFTA in Kap. 2.6 – ein Kurzreferat zu dem Wirtschaftsbündnis ASEAN.
Zu empfehlende Literatur: Werner Klohn: Weltwirtschaft und Globalisierung. Vechtaer Materialien zum Geographieunterricht, Heft 10, Vechta 2003; hier besonders das Kapitel 4.3 „Der Gemeinsame Südamerikanische Markt (MERCUSOR)".

2 Erarbeiten Sie in Gruppen einen Aktionsplan zur Wirtschaftsförderung Ihres Heimatraumes.
Individuelle Schülerantworten. Sinnvoll ist, dass die Schülerinnen und Schüler zunächst eine Analyse der Standortfaktoren (wirtschaftliches Potenzial) ihres Heimatraumes vornehmen und in einem zweiten Schritt dessen wirtschaftliche Stärken und Schwächen aufzeigen. Der Aktionsplan kann sodann in Anlehnung an einen bereits im Unterricht behandelten Raum, wie z. B. die Öresundregion, erstellt werden.

Schülerbuch
Seite 118 bis 171

Stadtentwicklung und Stadtstrukturen

Didaktische Struktur

Stadt als lebenswerter Raum für alle?

Strukturierungshilfe

Phase	Thema	Seite	Material	Aufgabe	Methodische Hinweise
Einstieg	Stadtentwicklung – Stadtstrukturen – Stadtansichten Stadt als lebenswerter Raum für alle?	118–121	1–6 und 1–2	1	
Partnerarbeit	Wahrnehmung von Stadt durch Jugendliche				
Diskussion	Bewertung der unterschiedlichen Wahrnehmungen	122	3–4	2	Einsatz der Kopiervorlage „Stadtansichten – Wahrnehmung von Stadt"
Gruppenarbeit	Erforschung des eigenen Schulortes	123	5–6	3–7	Möglichkeit zur Projektarbeit

Lösungshinweise **Seiten 120 bis 123**

1 Analysieren Sie die Materialien der Seite 120/121 im Hinblick darauf, wie der Lebensraum Stadt jeweils gesehen wird.

Die Untersuchung und Auswertung der Materialien ergibt folgenden Befund:

- Das Bild des Malers Eduard Gärtner (M 3) stammt aus der Zeit des Biedermeier. Das ist die Epoche vom Wiener Kongress 1815 bis zum Beginn der bürgerlichen Revolution in Deutschland 1848. Sie ist politisch gekennzeichnet durch die Restauration und gesellschaftlich durch den Rückzug, ja die Flucht des Bürgertums in das Private, ins „Hausbackene", in idyllische Vorstellungen. Letzteres zeigt sich auch in dem vorliegenden Gemälde. In einer präzise dargestellten Stadtansicht, einer Straße von Berlin, dominieren die beschaulichen Elemente. In kleinen Handwerksbetrieben, Ladengeschäften sowie Lokalen im Erdgeschoss und Wohnungen in den oberen Etagen haben sich die Menschen in der Nähe einer Kirche behaglich eingerichtet. Die nur wenig belebte Straße ist ein Kommunikationsraum ohne Verkehrslärm, Hektik oder Schmutz. Die an der Straßenecke auftauchende Kutsche verstärkt den Eindruck einer (klein)bürgerlichen Idylle.
- Das vom Komponisten Paul Lincke vertonte Lied „Berliner Luft" (M 4) ist etwa 70 Jahre nach dem Gemälde von Eduard Gaertner entstanden. Es vermittelt ein völlig anderes Bild der Hauptstadt Berlin. Sie erscheint als eine Stadt voll von freiem Lebensgefühl, voller Lust auf Unterhaltung, Witz und Selbstironie. Das auch heute noch gespielte Lied erzeugt eine stimmungsvolle Atmosphäre.
- Ein düsteres Bild von Stadt zeichnet der Maler Ludwig Meidner. Er hat in seinem Gemälde „Webergasse in Dresden 1913 (M 5) – wie in vielen seiner Werke – die Hektik des Großstadtlebens verarbeitet. Wie die meisten Expressionisten empfand auch er Welt und Wirklichkeit als chaotisch, als fremdartig und bedrohlich. Vor allem das Leben in der Großstadt führt nach deren Ansicht zur Entfremdung vom eigenen Ich, von der Natur und vom Nächsten. Der expressionistische Künstler sieht in der Großstadt den Verfall jeder Individualität und jedes funktionierenden Gesellschaftslebens. Aufgrund der zunehmenden Reizüberflutung erlebt er die Großstadt durchweg mit Abscheu und Verzweiflung.
- Im Bild wird diese Wahrnehmung von Stadt an mehreren Stellen sichtbar: Menschen sind als uniforme, gesichtslose Körper eingeklemmt zwischen hoch aufragenden, konturlosen Häusermauern. Spitze geometrische Figuren zucken auf die menschlichen Körper hinunter und scheinen diese zu bedrohen.
- Das Lied „Schwarz zu Blau" aus dem Jahre 2009 (M 6) greift die negativen Merkmale einer nächtlichen Großstadt wie Berlin auf. Penner, keifende Spätheimkehrerinnen und rauflustige Typen beherrschen das Straßenbild. Das Lied beschreibt die beklemmend-bedrohliche Atmosphäre eines morgendlichen Berlin, das „so hässlich …, so dreckig und grau … [und] so schön schrecklich sein" kann. Elemente dieser Beschreibung finden sich auch in den Befragungsergebnissen von Jugendlichen in Berlin (S. 122, Text 3 und Tabelle 4).
- Der Kommentar von Barbara Thurner-Fromm (M 2) fragt, was eine Stadt lebenswert macht. Für die Autorin besteht urbane Lebensqualität in Einkaufsmöglichkeiten vor Ort, einer funktionierenden Infrastruktur, Sicherheit, Möglichkeiten für zivilgesellschaftliches Engagement und nachbarschaftliche Hilfe. In den meisten heutigen Städten sieht sie diese Lebensqualität bedroht. In der Kinderbetreuung und Wohnraumversorgung, aber auch in der sozialen Integration kommen ihrer Meinung nach große Herausforderungen auf die Kommunen zu.

2 Vergleichen Sie Ihre persönliche Wahrnehmung von (Groß-)Stadt mit den Befragungsergebnissen von Berlin (Text 3, Tabelle 4).

Die Befragungsergebnisse zeigen, dass Jugendliche eine (Groß-)Stadt durchaus sehr ambivalent erleben. Es ist keinesfalls so, dass sie Kleinstädte oder Siedlungen im ländlichen Raum durchweg als langweilige „Käffer" ansehen und ein Leben in der Stadt uneingeschränkt favorisieren. Das differenzierte Bild, das sich aus den Befragungen im Hinblick auf das Stadtgebiet Berlin ergibt, soll der (bisherigen) eigenen Position gegenübergestellt werden. Der Vergleich bietet Anlässe für eine lebhafte Plenumsdiskussion.

3 Charakterisieren Sie „Ihre" Stadt anhand des Fragebogens 5 (Ausdruck unter Online-Code w8435x).

4 Nennen Sie ein Merkmal „Ihrer" Stadt,
a) das Sie besonders schätzen,
b) das Sie heftig kritisieren.

5 Stellen Sie Defizite fest: Was vermissen Sie in „Ihrer" Stadt?

6 Diskutieren Sie die unterschiedlichen Bewertungen „Ihrer" Stadt im Plenum.

7 Führen Sie im Rahmen einer Gruppenarbeit einen der „Forschungsaufträge" (Grafik 6) durch und gestalten Sie zu Ihren Ergebnissen eine Präsentation.

Die Aufgaben 3–7 knüpfen an die vorangegangenen Arbeitsaufträge an. Die Schüler haben sich bereits mit unterschiedlichen Wahrnehmungen des Lebensraumes Stadt auseinandergesetzt. Sie haben sich bewusst gemacht, mit welchen Augen sie „ihre" Stadt sehen. Die vorliegenden Aufgaben und Anregungen zu unterrichtsbegleitenden „Forschungsaufträgen" bieten nun Impulse für einen handlungsorientierten Unterricht. Der kann arbeitsteilig oder auch in der Form eines Projektes durchgeführt werden. Die Schüler sollen sich intensiv mit ihrer Heimatstadt auseinandersetzen. Auf ihre „Forschungsergebnisse" kann bei einzelnen Folgekapiteln zurückgegriffen werden.

Stadt als lebenswerter Raum für alle?

Stadtansichten – Wahrnehmung von Stadt

1 Arbeiten Sie heraus, welche Bewertungen des Lebensraumes Stadt in den Materialien 1–3 zum Ausdruck kommen.

2 Analysieren Sie die Materialien 4–5 im Hinblick darauf, wie der Lebensraum Stadt jeweils wahrgenommen wird.

3 Erörtern Sie die unterschiedlichen Bewertungen und Wahrnehmungen.

Picture-Alliance, Frankfurt

M1 Neue Mobilitätskonzepte – getestet im Stadtverkehr

Stadt als Innovationszentrum

„Städte sind aus politischer, gesellschaftlicher und technologischer Sicht normative Innovationszentren. Vor allem in den kreativen städtischen Milieus der Großstädte entwickeln sich neue gesellschaftliche Trends, Normen und Wertvorstellungen, die auf unterschiedlichen Wegen (Medien, persönliche Erfahrungen) in den ländlichen Raum eingetragen werden. Darüber hinaus sind die Städte auch technologische Innovationszentren. Hier werden Ideen geboren, finden Basisinnovationen statt und werden technische sowie wirtschaftliche Neuerungen ausprobiert und umgesetzt, bevor sie in ihr Diffu-sions- und Reifestadium eintreten."

Klaus Zehner: Stadtgeographie. Klett-Perthes, Gotha und Stuttgart. 2001, S. 27

M2

Anonymität als Chance

„Anonymität kennzeichnet das Zusammenleben der Menschen in der Großstadt und nicht mehr die Intimität des persönlichen Kennens, wie es im Dorf noch möglich ist. Der Einzelne taucht in eine Masse von Menschen ein und wird damit für die Anderen nicht mehr erkenntlich. ... Anonymität ... schützt den den Einzelnen, aber sie ermöglicht auch Freiräume. Sie erlaubt Individualität in der Masse der Anonymen. Die Stadt wird zum sozialen Ort, wo man ohne soziale Kontrolle ... ‚sein Leben leben' kann...."

Heinz Fassmann: Stadtgeographie I. Allgemeine Stadtgeographie. Westermann Braunschweig 2009. S. 47

M3

Der Songtext "Bochum" kann unter den folgenden URL´s aufgerufen werden:

http://www.songtexte.com/songtext/herbert-gronemeyer/bochum-33dcf499.html

http://www.groenemeyer.de/archiv/musik/bochum/

M4 Herbert Grönemeyer: Bochum – 1984

Am grauen Strand, am grauen Meer
Und seitab liegt die Stadt;
Der Nebel drückt die Dächer schwer,
Und durch die Stille braust das Meer
Eintönig um die Stadt.

Es rauscht kein Wald, es schlägt im Mai
Kein Vogel ohn Unterlaß;
Die Wandergans mit hartem Schrei
Nur fliegt in Herbstesnacht vorbei,
Am Strande weht das Gras.

Doch hängt mein ganzes Herz an dir,
Du graue Stadt am Meer;
Der Jugend Zauber für und für
Ruht lächeld doch auf dir, auf dir,
Du graue Stadt am Meer.

M5 Theodor Storm: Die Stadt – 1851

Name: Klasse: Datum:

© Ernst Klett Verlag GmbH, Stuttgart 2015. | www.klett.de | Erstellt für: TERRA OS TB Entwicklungsländer | ISBN: 978-3-12-104706-2
Alle Rechte vorbehalten. Von dieser Druckvorlage ist die Vervielfältigung für den eigenen Unterrichtsgebrauch gestattet.
Die Kopiergebühren sind abgegolten. Für Veränderungen durch Dritte übernimmt der Verlag keine Verantwortung.

Stadt als lebenswerter Raum für alle?

Lösung

Stadtansichten – Wahrnehmung von Stadt

1 Arbeiten Sie heraus, welche Bewertungen des Lebensraumes Stadt in den Materialien 1–3 zum Ausdruck kommen.

Die Materialien 1–3 liefern Informationen und Bewertungen, in denen die Rolle der Stadt als Gunstraum zum Ausdruck kommt:

- Städte sind Innovationszentren, in denen neue gesellschaftliche Trends, Normen und Wertvorstellungen entwickelt werden. Hier entstehen Ideen und Basisinnovationen.
- Das Zusammenleben vieler Menschen in der Großstadt erlaubt das Eintauchen des Einzelnen in eine gewisse Anonymität. Das befreit ihn von – in vielen Dörfern gegebenen – sozialen Kontrollen und ermöglicht in gewissem Rahmen eine ungebundene Lebensgestaltung.

2 Analysieren Sie die Materialien 4–5 im Hinblick darauf, wie der Lebensraum Stadt jeweils wahrgenommen wird.

Herbert Grönemeyers Hommage an Bochum schildert eine durch Staub und Bergbau sowie industrielle Arbeitsplätze geprägte graue Stadt ohne Schönheit. Trotz oder gerade wegen dieser besungenen Eigenschaften hängt der Interpret an dieser „Blume im Revier“. Er kommt aus dieser Stadt. Er hält sie für „besser, viel besser, als man glaubt“, denn sie ist „ohne Schminke“, „'ne ehrliche Haut“ und „einfach zu bescheiden.“ Das unterscheidet sie offenbar nach Meinung Grönemeyers von gewissen „Glitzerstädten“.

Eine ähnliche Zuneigung mit gleicher Motivation hat offenbar Theodor Storm in seinem Gedicht „Die Stadt“ (1851). Auch er sieht eine durch Nebel niedergedrückte „graue Stadt am Meer“. Sie weist laut dieser Schilderung kaum attraktive Elemente auf. Trotzdem hängt das ganze Herz des Dichters an ihr, denn auf ihr ruht seiner „Jugend Zauber.“ Wie bei Herbert Grönemeyer spielen auch hier emotionale Bindungen eine starke Rolle. Sie sind der Filter, durch den eine Stadt wahrgenommen wird.

3 Erörtern Sie die unterschiedlichen Bewertungen und Wahrnehmungen.

Die Schüler sollen die angebotenen Informationen gründlich überprüfen und daraus Argumente für eine differenzierte persönliche Bewertung des Lebensraumes Stadt ableiten. Dabei können sie den positiven Grundzug, der in allen angebotenen Materialien zum Ausdruck kommt, durch eigene Anschauungen und Argumente bestätigen. Sie können dem aber auch Negativfaktoren der Städte gegenüberstellen und u. a. auf Folgendes hinweisen:

- Städte sind ökologische Problemräume, d. h. sie leben auf Kosten des umgebenden ländlichen Raumes. Städtische Ökosysteme können nur im Verbund mit land- und forstwirtschaftlichen Systemen unter ständiger Zufuhr zusätzlicher Energie existieren und aufrechterhalten werden.
- Infolge ihrer Dichte im Hinblick auf Bevölkerung, Bebauung, Gewerbe und Infrastruktur sind Städte Orte großer Verwundbarkeit. Diese besondere Verwundbarkeit zeigt sich eindrucksvoll und erschreckend bei Naturkatastrophen (z. B. Erdbeben, Überschwemmungen). Die meisten Schäden entstehen dabei durch den Einsturz von Gebäuden, das Bersten von Gasleitungen und den Ausbruch von Bränden. Meist sind auch Wasserleitungen zerstört, sodass die Löscharbeiten erschwert sind.
- Die Vorzüge der Stadt werden bezahlt zum Beispiel mit dem täglichen Verkehrschaos auf den Straßen, den steigenden Mieten, den schrumpfenden Erholungsmöglichkeiten und einer wachsenden Umweltbelastung. Dem Fehlen sozialer Kontrollen stehen wiederum Vereinzelung, Anonymität oder Aggressionsbereitschaft bis hin zur Kriminalität gegenüber.

Name: Klasse: Datum:

Klett
© Ernst Klett Verlag GmbH, Stuttgart 2015. | www.klett.de | Erstellt für: TERRA OS TB Entwicklungsländer | ISBN: 978-3-12-104706-2
Alle Rechte vorbehalten. Von dieser Druckvorlage ist die Vervielfältigung für den eigenen Unterrichtsgebrauch gestattet.
Die Kopiergebühren sind abgegolten. Für Veränderungen durch Dritte übernimmt der Verlag keine Verantwortung.

Städte als komplexe Lebensräume zwischen Tradition und Fortschritt

Strukturierungshilfe

Phase	Thema	Seite	Material	Aufgabe	Methodische Hinweise
Einstieg	Der geographische Stadtbegriff	124	1–2	Fotovergleich	Schon eine Stadt? – Noch eine Stadt?
Erarbeitung	Merkmale des geographischen Stadtbegriffs	124–125	Text; 3–5	1–3	
Einstieg	Stadtentwicklung in Mitteleuropa	126–128	Text; 6–9	4	
Hausaufgabe oder Partnerarbeit: Fallbeispiel	Stadtentwicklung Münster	129	10–14; Text	5a) und b)	Anwendung auf die Heimat-/Schulstadt: Aufgabe 6 und 7
Einstieg	Innere Differenzierung von Städten	130–131	15–17	8	
Erarbeitung 1	Funktionale Gliederung: Modellanwendung	131	16–17; Atlas	9a) bis c)	Anwendung auf die Heimat-/Schulstadt: Aufgabe 10
Erarbeitung 2	Sozialräumliche Gliederung von Städten: Fallbeispiel Köln-Chorweiler	132–133	18–23; Text	11–14	
Einstieg	Innenstädte: Wandel und Nutzungskonflikte	134	Text; 24–26	15–16	
Anwendung	Untersuchung der Heimat-/Schulstadt	134	Text; 24–26	17	
Partnerarbeit: Beispiel	Gentrifizierung	135–136	Text; 27–33	18, 19 a) bis c)	
Diskussion	Sanierung oder Gentrifizierung	135–136	Text; 27–33	20	
Referat oder Hausaufgabe	Probleme der Suburbanisierung	137	34–35; Text	21–22	Einsatz der Kopiervorlage „Von Suburbia zu Postsuburbia – das Ende der Kernstädte?“
Gruppenarbeit	Shrinking Citys Angebot 1: Detroit Angebot 2: Duisburg	138–139	Text 1–4 5–8	1–2	Differenzierungsangebote

Lösungshinweise **Seite 124/125**

1 Erläutern Sie anhand von Beispielen die einzelnen Kriterien des geographischen Stadtbegriffs.

2 Nennen Sie Möglichkeiten, diese Kriterien zu messen oder zu dokumentieren.

a) Kriterien des geographischen Stadtbegriffs	b) Möglichkeiten zur Messung oder Dokumentation
Geschlossenheit der Siedlung und hohe Bebauungsdichte: deutlich vom Umland abgegrenzter Siedlungskörper mit einem starken Gebäudebesatz pro Flächeneinheit	– Einwohnerzahl pro Flächeneinheit – Bodenversiegelung pro Flächeneinheit
Überwiegende Mehrstockigkeit der Gebäude: kompakte Bebauung mit Betonung der vertikalen Komponente aufgrund der in den inneren Teilen einer Stadt sehr hohen Grundstückspreise	– Vergleich der durchschnittlichen Gebäudehöhe in der Innenstadt und in den Randzonen
Deutliche funktionale Gliederung: funktionale Differenzierung der Städte mit Wirtschaftscity, Kulturzentrum, Einkaufsgebiet im Zentrum und Wohn- bzw. Industrievierteln in eher peripheren Lagen	– Nutzungskartierung auf der Ebene von Straßen oder Stadtvierteln
Besondere Bevölkerungs- und Sozialstruktur: z. B. überdurchschnittlicher Anteil von Einpersonenhaushalten mit wirtschaftlich gut gestellten „Yuppies" (young urban professionals) oder von wohlhabenden kinderlosen Zweipersonenhaushalten mit „Dinks" (double income no kids)	– statistische Erhebung von Einkommensgruppen – Kartierung von Gebäuden mit neuen, hochmodernen Ausbauten
Differenzierte innere sozialräumliche Gliederung: Konzentration bestimmter sozialer oder ethnischer Gruppen in bestimmten Stadtvierteln bedingt durch Standortvor- oder -nachteile bzw. Mietkosten	– Bestimmung des prozentualen Anteils bestimmter sozialer oder ethnischer Gruppen in einzelnen Vierteln – Mietpreiserhebungen
Bevölkerungswachstum v. a. durch Wanderungsgewinn: Zuwanderung als Ursache von Wachstum, heute aber auch im suburbanen Bereich	– Wanderungssalden von Stadt und Umland
Hohe Wohn- und Arbeitsstätten-/Arbeitsplatzdichte: Stadt mit Funktionen als Wohnort und Standort von Gewerbe und Dienstleistungen; dichte Bebauung aufgrund der hohen Grundstücks- und Mietkosten	– Einwohnerdichte – Erwerbstätige pro Flächeneinheit
Dominanz sekundär- und tertiärwirtschaftlicher Tätigkeiten bei gleichzeitig großer Arbeitsteilung: stark differenzierte Erwerbstätigkeit aufgrund des hohen Angebots an außerlandwirtschaftlichen Arbeitsplätzen und Dienstleistungen in der Innenstadt	– statistische Erhebung der Erwerbstätigen in den einzelnen Berufsgruppen und Einteilung nach Sekundärem und Tertiärem Sektor – Kartierung eines zentralen Stadtviertels im Hinblick auf Einrichtungen des Sekundären und Tertiären Sektors
Einpendlerüberschuss: mehr Menschen aus dem Umland haben ihren Arbeitsplatz in der Stadt als umgekehrt	– Messung der Verkehrsströme zur Zeit des Berufsverkehrs
Vorherrschen städtischer Lebens-, Kultur- und Wirtschaftsformen: bei den Lebensformen z. B. Absinken der Geburtenrate und Trend zu neuen Formen des Zusammenlebens	– Vergleich der Geburtenrate zwischen Stadt und ländlichem Raum – z. B. Verbreitung von Single- und Kernfamilienhaushalten in Städten und ländlichen Räumen im Vergleich – Erfassung bedeutender kultureller Einrichtungen einer Stadt mit überregionalem Einzugsgebiet (siehe hierzu auch „Zentralität")
Mindestmaß an Zentralität: Bedeutungsüberschuss einer Stadt gegenüber ihrem Umland; entsteht durch die Konzentration von Verwaltungs-, Bildungs-, kulturellen, medizinischen und politischen Einrichtungen sowie von spezialisierten Einzelhandelsunternehmen	– Erfassung der Einzugsbereiche ausgewählter Einrichtungen (z. B. Theater, Museen, Kliniken usw.) durch Befragung oder Stichprobenuntersuchungen – Ermittlung der Pendlereinzugsbereiche
Relativ hohe Verkehrswertigkeit: Berufspendlerströme, starke Zu- und Abwanderungen sowie Umzüge innerhalb der Stadt; hoher Motorisierungsgrad der Bevölkerung	– Erfassung von Pendlerströmen – Pkw-Besatz pro 1 000 Ew.
Weitgehend künstliche Umweltgestaltung mit z. T. hoher Umweltbelastung: „Leben in Beton und Glas"; hohe Verdichtungsschäden durch Emissionen, Verkehrs- und Industrielärm, Wasserverunreinigungen, Flächenversiegelungen	– Vergleich von Stadt und Umland z. B. im Hinblick auf Durchschnittstemperaturen („Wärmeinseleffekt"), Sonnenscheindauer, Nebeltage, Schadstoffgehalt der Luft – Vergleich von Versiegelungs- und Grünflächen

3 „Arnis – die kleinste Stadt Deutschlands" – und „Chongqing – die größte Stadt der Welt": Überprüfen Sie diese beiden Superlative.

Es ist eine Frage der zugrunde gelegten Definition, ob es sich beim Siedlungsbeispiel Arnis überhaupt um eine Stadt handelt. Geht man vom rechtlich-historischen Stadtbegriff aus, ist dieser Ort tatsächlich eine „Stadt", denn er hat im Laufe seiner Geschichte (im Jahr 1934) diese Bezeichnung erhalten. Er erfüllt aber nicht die Kriterien des statistischen, und schon gar nicht die des geographischen Stadtbegriffs.
Ob Chonqing mit seinen 28,8 Mio. Einwohnern überhaupt noch als „Stadt" bezeichnet werden kann, ist genauso fragwürdig. Welche Abgrenzung dieses Siedlungsraumes wird zugrunde gelegt? Bei einer Größe von der Fläche Österreichs kann man kaum noch von der „Geschlossenheit der Siedlung" oder einem „kompakten Siedlungskörper" sprechen. Vielmehr handelt es sich um ein eigenständiges Verwaltungsgebiet. Nur die Agglomeration Chongqing (9,7 Mio. Einwohner) oder deren Kernstadt (4,3 Mio.Einwohner) erfüllen die Kriterien des geographischen Stadtbegriffs. Das relativiert die Aussage „größte Stadt der Welt".

Lösungshinweise — Seite 126 bis 129

4 Ordnen Sie die Materialien 7 bis 9 einzelnen Stadtbildungsepochen zu.

Die Materialien lassen sich wie folgt zuordnen:
- M7 – Handels- und Bürgerstadt des Mittelalters
- M8 – Industriestadt des 19. Jahrhunderts
- M9 – Großwohnsiedlung des 20. Jahrhunderts

5 Fallbeispiel: Stadtentwicklung von Münster (S. 129)

a) Erklären Sie mithilfe der Materialien 10 und 11 die Entwicklung von Münster.

Am Beispiel Münster lassen sich Merkmale verschiedener Stadtentwicklungsepochen ablesen. Der Ort wird als Kloster in Verkehrsgunstlage an einer Furt gegründet. Bald als Bischofssitz mit Kirche und Kloster als Mittelpunkt ausgebaut, entwickelt sich eine Marktsiedlung bzw. mittelalterliche Handels- und Bürgerstadt. Sie ist gekennzeichnet durch verwinkelte Gassen, eine unregelmäßige Straßenführung und eine Stadtmauer. Im 17./18. Jh. (Absolutismus) wird die westliche Stadtmauer abgetragen und durch eine – an ihrer geometrischen Form erkennbare – Zitadelle im Vauban-Stil ergänzt. Hier entsteht auch das fürstbischöfliche Residenzschloss. Mit dem Anschluss an das Eisenbahnnetz im Jahre 1848 beginnt die industrielle Stadtentwicklung. Östlich des alten Stadtkerns wird der Bahnhof ausgebaut, Ringstraßen befördern die gründerzeitliche Entwicklung der Stadt, neue Wohngebiete mit regelmäßiger Straßenführung und Miets- sowie Reihenhäuser werden errichtet.

b) Arbeiten Sie aus Karte 12 mithilfe einer Interpretationsfolie einzelne Stadtentwicklungsphasen heraus.

Die Interpretationsfolie soll folgende wesentliche Elemente der entscheidenden Stadtentwicklungsphasen enthalten:
- die mittelalterliche Handels- und Bürgerstadt im Zentrum,
- die Ausbauelemente an der westlichen Stadtmauer aus der Zeit des Absolutismus,
- Bahnhof, Eisenbahnlinie und Wohnsiedlungen aus der Phase industrieller Stadtentwicklung.

6 Untersuchen Sie – ggf. im Rahmen eines fächerübergreifenden Referats (z. B. Fach Geschichte) – die Entstehung und Entwicklung Ihrer Heimat- oder Schulstadt.

Dieser Arbeitsauftrag dient der Einübung und Festigung der Kompetenz, eigenständige Materialrecherchen durchzuführen (Stadtbibliothek, Stadtarchiv). Auf deren Grundlage soll ein Referat bzw. eine Facharbeit verfasst werden, die die Untersuchungsergebnisse in strukturierter und anschaulicher Form präsentiert.

7 Gestalten Sie – auf der Grundlage einer Stadtplan-Auswertung und/oder einer Stadtexkursion – einen generalisierten Grundriss ihrer Heimat-/Schulstadt mit wesentlichen Merkmalen einzelner Entstehungsepochen.

Dieser Arbeitsauftrag eignet sich in besonderem Maße für eine Teamarbeit im Rahmen eines Projektes oder eines Referates bzw. einer Facharbeit. Voraussetzung sind umfangreiche (theoretische) Vorarbeiten (Beschaffung eines Stadtplanes mindestens im Maßstab 1: 25000, Sichtung von Literatur zur Stadtgeschichte).
In großmaßstäbigen Karten bzw. Stadtplänen lassen sich in der Regel vor allem in den zentralen Bereichen von Städten Merkmale verschiedener Stadtentwicklungsepochen sowie kulturhistorische Stadtviertel erkennen:
- z. B. Altstadt mit ehemaligem Befestigungsring und Burg?
- z. B. Neustadt mit einer für den Absolutismus typischen Schlossanlage und planmäßiger Ausrichtung aller Hauptachsen auf die Residenz?
- z. B. neuzeitliche Stadterweiterungen?

Der Auftrag ließe sich noch erweitern, indem – ebenfalls durch verschiedene Teams und u. U. in Zusammenarbeit mit einer Foto- oder Film-AG – typische Fotos kulturhistorischer Stadtviertel angefertigt werden. Auf der Grundlage des generalisierten Stadtgrundrisses könnte dann zusammen mit den Fotos eine Wandzeitung oder sogar eine kleine Ausstellung gestaltet werden.

Lösungshinweise — Seite 130/131

8 Ordnen Sie die in Foto 15 erkennbaren Strukturen einem der Modelle der funktionalen Gliederung (Grafik 17) zu.

Das Schrägluftbild von Hameln weist im zentralen Bereich Strukturen auf, die auf das Kreis-Modell hindeuten. Das wird allerdings nach außen durch Verkehrsachsen und durch den Fluss verändert. Es entstehen – im Sinne des Sektoren-Modells – Stadtteile unterschiedlicher Nutzungs- und Sozialstruktur, die sich eher keilförmig in Sektoren an die zentrale City anlagern.

9 Modellanwendung

a) Arbeiten Sie auf der Grundlage eines großmaßstäbigen Stadtplanes (z. B. im Atlas) die funktionale Gliederung von Berlin heraus.

Auch bei Anwendung auf andere Fallbeispiele gilt, dass zumindest größere Städte in ihrer Struktur wohl in der Regel dem Mehr-Kerne-Modell entsprechen. Modifizierungen können zum Beispiel bedingt sein durch die topographische Lage, durch historische Einflüsse oder jüngere wirtschaftliche bzw. politische Entwicklungen.

Aus einer Atlaskarte „Innenstadt von Berlin" lassen sich folgende Grundzüge der Stadtstruktur entnehmen:

- Ausbildung von zwei Kernen – als Folge der Zweiteilung der Stadt nach dem Ende des Zweiten Weltkriegs – mit den Hauptgeschäftszentren bzw. Citybereichen entlang des Kurfürstendamms und östlich des Brandenburger Tores,
- eine dem Kreis-Modell entsprechende Struktur von den Kernen nach außen,
- modifiziert durch Verkehrsleitlinien wie Straßen oder Eisenbahnlinien und durch die Spree.

b) Ordnen Sie diese einem Modell der funktionalen Gliederung zu.

Die funktionale Gliederung Berlins weist Strukturen auf, die am ehesten dem Mehr-Kerne-Modell, in Teilen aber auch dem Sektorenmodell entsprechen.

c) Beurteilen Sie dann die Aussagekraft dieser Modelle.

In der Beantwortung dieser Frage sollte in erster Linie der Begriff „Modell" geklärt werden. Ein Modell will die Wirklichkeit selbst nicht darstellen, sondern es reduziert die Realität auf bedeutsame Merkmale und Strukturen, wobei es bestimmte Faktoren und Bezüge besonders hervorhebt. Was jeweils für besonders bedeutsam gehalten wird, liegt im Ermessen desjenigen, der das Modell erstellt hat. Dessen subjektive Auswahl ist also in jedem Falle diskussionswürdig.

Bei der Beurteilung eines Modells ist dann zu fragen, ob die Reduktion der Wirklichkeit in der vorliegenden Form sinnvoll, zweckmäßig und hilfreich war. Welche Schlüsse können gezogen, welche Erkenntnisse können gewonnen werden?

So konnten zum Beispiel bei der Anwendung der drei vorliegenden Stadtstrukturmodelle auf Berlin oder die „Heimatstadt" (Aufgabe 10) Übereinstimmungen oder Abweichungen festgestellt werden. Die weiterführende Frage nach den Ursachen (z. B. der Abweichungen) kann dann einen fruchtbaren Forschungsansatz darstellen, in dem topographische, historische oder wirtschaftliche Einflüsse untersucht werden.

10 Erstellen Sie auf der Grundlage eines Stadtplanes (und ggf. einer Stadtexkursion) eine funktionale Gliederung Ihrer Heimatstadt bzw. Ihres Schulortes.

Dieser Arbeitsauftrag kann zum Beispiel im Rahmen eines Projektes oder einer Facharbeit im Team ausgeführt werden. Untersuchungen dieser Art tragen dazu bei, die „eigene" Stadt bewusster wahrzunehmen und sich aktiver an den Diskussionen um ihre Weiterentwicklung zu beteiligen. Grundlage der funktionalen Gliederung sind die aus der vorliegenden Doppelseite im Schülerband gewonnenen Erkenntnisse, die mithilfe eines Stadtplans und einer (ggf. in Einzelgruppen durchgeführten) Stadtexkursion auf die „Heimatstadt" angewandt werden.

Lösungshinweise Seite 132/133

11 Arbeiten Sie aus Karte 18 Grundzüge der sozialräumlichen Gliederung Kölns heraus.

Im Kartenbild fällt sofort die deutliche Diskrepanz in der Sozialstruktur der Bevölkerung im inneren links- und rechtsrheinischen Stadtgebiet ins Auge. Die östlich an den Rhein grenzenden Stadtteile wie Mühlheim, Kalk oder Poll sind durch einen hohen Besatz von Bevölkerung mit Migrationshintergrund und von – in Sozialwohnungen lebenden – Sozialhilfeempfängern gekennzeichnet. Die einfache Bausubstanz ist räumlich eng verflochten mit Industrie- und Gewerbebetrieben. Die hier früher lebenden einkommensstärkeren Familien sind ins Umland gezogen. Die frei gewordenen und vergleichsweise preiswerten Wohnungen wurden nach und nach von sozial schwächeren und ausländischen Mitbürgern angemietet. Dieser Konzentrationsprozess von Bewohnern mit Migrationshintergrund hat – ähnlich wie in anderen Großstädten – den Charakter solcher Stadtteile geprägt.

Die linksrheinischen Stadtteile zeichnen sich zwar ebenfalls durch eine dichte, geschlossene Bebauung aus. Hier liegen aber die Anteile der Bevölkerung mit Migrationshintergrund und der Sozialhilfeempfänger deutlich niedriger. Hier haben Investoren Sanierungen und Wohnwertverbesserungen eingeleitet, um die enorme Nachfrage nach modernisiertem und komfortablem Wohnraum zu befriedigen. Das Miet- und Immobilienpreisniveau ist entsprechend gestiegen.

Lediglich in den randstädtischen Bereichen weisen Großwohnanlagen wie Chorweiler oder Bocklemünd eine problematische Sozialstruktur auf. Östlich des Rheins ist in Großwohnsiedlungen wie in Porz oder Neubrück eine ähnliche Sozialstruktur wie im unmittelbaren rechtsrheinischen Stadtraum zu beobachten.

12 Analysieren Sie die Sozialstruktur und Wohnsituation in Chorweiler.

Dominierendes städtebauliches Element von Köln-Chorweiler ist die Großwohnsiedlung. Sie ist in den 1970er-Jahren im Zuge des sozialen Wohnungsbaus entstanden. Das Projekt hat sich zu einem Problemgebiet entwickelt. Der Anteil von Migranten, Arbeitslosen und Sozialhilfeempfängern ist überdurchschnittlich hoch. In einigen Bereichen „machen viele Häuser einen verwahrlosten Eindruck." Kaum greifbare Investoren kassieren

Miete, kümmern sich aber kaum um die Instandhaltung. Die seit 1995 zu beobachtende starke Abwanderung scheint aber vorerst gestoppt zu sein.

13 Erläutern Sie Probleme der sozialräumlichen Segregation.
Segregation zeigt sich in zwei Grundformen.
- Soziale Segregation: in vielen Städten lokale Konzentration von Bevölkerungsgruppen mit niedrigem sozialen Status (Arbeiterfamilien ohne höhere Bildung; Migranten, die anderswo unerwünscht sind; Arbeitslose und Sozialhilfeempfänger).
- Ethnische Segregation: in manchen Stadtvierteln besonders hoher Anteil von Personen mit denselben Merkmalen im Hinblick auf Staatsangehörigkeit, Geburtsland und Sprache.

Sozialräumliche Merkmale beider Erscheinungsformen: Wohnumfeld als „graue Tristesse"; Leben in Hochhäusern, Wohnblocks oder Altbaugebieten mit niedriger Qualität der Wohnungen.
Aus beiden Segregationsformen, die „vielfach Hand in Hand" gehen, ergeben sich erhebliche gesamtgesellschaftliche Probleme.
Soziale Segregation mit einem Leben in Gettos wird zur sozialen Bürde. Der Name des Wohnorts führt vielfach zu Ressentiments in der Gesellschaft, was es den Betroffenen schwer macht, aus ihrer Randexistenz herauszukommen. Resignation, Alkoholismus, Kriminalität, zunehmende Gewaltbereitschaft oder politische Radikalisierung können die Folge sein.
Bei ethnischer Segregation besteht die Gefahr, dass sich abgeschottete Parallelgesellschaften entwickeln. Vor allem aber werden die Bildungschancen von Kindern und Jugendlichen mit Migrationshintergrund negativ beeinflusst. Das wiederum erschwert deren Integration.

14 Überprüfen Sie die Ergebnisse der Aufwertungsversuche in Chorweiler (Internet).
Die vom „Ministerium für Bauen, Wohnen, Stadtentwicklung und Verkehr des Landes Nordrhein-Westfalen" veröffentlichte Website „Soziale Stadt NRW" verzeichnet für Chorweiler bis 2006 folgende Ergebnisse:
„Im Rahmen der städtebaulichen Sanierung konnten nahezu alle gesetzten Ziele erreicht werden. Die Maßnahmen haben zu einer Verbesserung der Infrastruktur, des Wohnumfeldes und auch der Lebensqualität im Allgemeinen beigetragen. Verstärkend hinzu kamen erhebliche private Investitionen in die Erneuerung und Stärkung des bezirklichen Einkaufszentrums (CityCenter Chorweiler). Mit der deutlichen Aufwertung des Stadtteils haben auch das Image und die persönliche Identifizierung der Bewohner/innen mit diesem Stadtteil zugenommen.
Aufbauend auf die Nachbesserungen in der ‚Neuen Stadt' Chorweiler wird es auch darauf ankommen, längerfristig eine ausgeglichene Bevölkerungsstruktur zu sichern."
Das klingt sehr positiv und ist es sicher auch. Leider liegen für die Zeit nach 2006 keine Aktualisierungen vor. Bedenklich stimmen die folgenden Ausführungen, die auf mögliche finanzielle Engpässe und Einschränkungen hinweisen:
„Eine Fortsetzung und Weiterentwicklung der bewährten Handlungsansätze und erfolgreich verlaufenden Maßnahmen ist wegen der sozialen Indikatoren in Chorweiler weiterhin geboten. Angesichts der angespannten Lage der öffentlichen Haushalte und der damit einhergehenden rückläufigen Finanzierungsmöglichkeiten wird und muss ein Schwerpunkt der künftigen Stadtteilarbeit sein, Synergieeffekte, Vernetzungsstrukturen und den Transfer in andere Stadtteile bzw. Städte auszubauen und zu unterstützen. Des Weiteren sind nach Beendigung der zeitlich begrenzten Förderprogramme, z. B. des Landesprogramms ‚Stadtteile mit besonderem Erneuerungsbedarf', neue Finanzierungsalternativen bzw. Förderquellen zu suchen und zu erschließen."

Lösungshinweise **Seite 134**

15 Beschreiben Sie die Bedeutung der City bzw. der Innenstadt.
Innenstadt ist offensichtlich der räumlich übergeordnete Begriff, der neben dem Kerngebiet mit dominierenden tertiären Funktionen auch innerstädtische Wohngebiete umfasst. Deren Kennzeichen ist in der Regel eine hoch verdichtete Bebauung. Dass die „Innenstadt" im wesentlichen mit der Stadt identisch ist, wie sie zu Beginn der Industrialisierung vorhanden war, zeigt besonders die Lage des Hauptbahnhofs am Innenstadtrand: Hier, am damaligen Stadtrand, waren die notwendigen Freiflächen zur Anlage von Gleisen und Bahnhöfen vorhanden (siehe hierzu auch SB S. 129, Karte 12).
City als Teilbereich der Innenstadt umfasst die Räume, die durch den Tertiären Sektor gekennzeichnet werden. Hier ballen sich „Handelseinrichtungen, ... Zentralen des Banken- und Versicherungswesens sowie hochrangige Einrichtungen der öffentlichen Verwaltung" (SB, S. 134, M25). Daneben erfüllt die City die klassischen Einkaufsfunktionen oder auch andere tertiäre Funktionen (beispielsweise Museen). Wesentliche Merkmale sind eine hohe Tag- bei geringer Nachtbevölkerung, steigende Bodenpreise und Mieten, hervorragender Anschluss an den ÖPNV, beträchtlicher Repräsentationsaufwand der Gebäude mit großer Schaufensterdichte. Auch darin spiegelt sich die Dominanz tertiärer Funktionen. Die Wohnfunktion tritt demgegenüber deutlich zurück.

Ergänzung:
Altstadt ist, wie der Name sagt, der älteste Siedlungsteil, identisch mit der mittelalterlichen Stadt, die durch eine geringe Bevölkerungszahl und damit durch eine geringe Flächenausdehnung geprägt war. Heute ist für diesen innerstädtischen Bereich die Physiognomie ausschlaggebend; sie wird geprägt von alter, denkmalgeschützter Bausubstanz mit historisch wertvollen Einzelgebäuden. In den meisten Fällen zeigt sich eine teilweise Überlappung mit der City. Ihre weiteren wesentlichen Funktionen liegen in den Bereichen Tourismus, Gastronomie, Freizeit und Erholung.

16 Stellen Sie aktuelle Problemfelder der Innenstädte bzw. Citys dar.

Folgende problematische Prozesse und Strukturen lassen sich beschreiben und verdeutlichen:

- Verödung mit Abwanderung von Kunden in Einkaufszentren „auf der grünen Wiese", mit entsprechenden Leerständen von innerstädtischen Läden aufgrund der Konkurrenz im Umland,
- Qualitätsabnahme des Warenangebots mit Eröffnung von Billigshops oder -ketten großer Warenkonzerne (Filialisierung), Zunahme von Bäckerei- und Imbissketten sowie Billigläden,
- Parkplatzknappheit,
- zunehmende Uniformität in der Physiognomie mit Einheitsarchitektur, langweiligen Neubauten, eintönigen Schaufensterpassagen mit immer gleichen Elementen der Werbung,
- Verwahrlosung des öffentlichen Raumes und Entstehen sozialer Brennpunkte,
- Verdrängung der Wohnfunktion oder Gentrifizierung (siehe Aufgabe 18 – 20).

17 Überprüfen Sie, ob diese Probleme auch in der Innenstadt Ihres Heimat- oder Schulortes zu beobachten sind (Befragung bei Stadtverwaltung, Geschäftsinhabern, Kunden; Stadtexkursion).

Die angeregten Untersuchungen eignen sich in besonderer Weise als Aufträge im Rahmen eines handlungsorientierten Unterrichts mit schülerzentrierten Arbeitsformen (z. B. gemeinsame Innenstadtexkursion mit Beobachtungsaufträgen oder Kartierungen, Teamarbeit mit Ausarbeitung von Fragebögen, Interviewserie, Auswertung und Präsentation).

Lösungshinweise — **Seiten 135 bis 136**

18 Arbeiten Sie die wichtigsten Veränderungen in den beiden sanierten Berliner Stadtquartieren heraus (Materialien 28,29)

Zwischen 1992 und 2008/09 ist in beiden Stadtquartieren das mittlere monatliche Haushaltseinkommen um etwa das Zweieinhalbfache gestiegen. Im Beobachtungszeitraum sind offenbar einkommensstarke Haushalte eingezogen. Diese können die in den sanierten Gebäuden (Foto 28) verlangten höheren Mieten auch bezahlen. Die Mietpreise sind seit 1992 um das Zweieinhalb- bis Dreifache gestiegen. Offenbar sind einkommensschwächere Mieter verdrängt worden.

19 Arbeit mit dem Phasenmodell 30

a) Erläutern Sie den Gentrifizierungsprozess.

Wenn bei Erneuerungsmaßnahmen in einem Stadtteil die Bausubstanz deutlich verbessert und damit so teuer wird, dass die angestammte Bevölkerung von zahlungskräftigeren Mietern oder Käufern verdrängt wird, spricht man von Gentrifizierung. Dieser Spezialfall der Stadterneuerung läuft in mehreren Phasen ab.

- Experimentierphase: Junge, zumeist gut gebildete Personen aus alternativen Milieus (z. B. Studierende, Künstler), die nur über ein geringes Einkommen verfügen, ziehen in einen (meist nahe der Innenstadt gelegenen) Stadtteil; diese „Pioniere" ergänzen die dortige statusniedrige, d. h. aus unteren sozialen Schichten stammende Bevölkerung; sie bevorzugen leer stehende oder heruntergekommene Gebäude, die sie in Eigenregie instand setzen; ihre Vorarbeiten bilden die Grundlage für den Zuzug weiterer Gruppen.
- Expansionsphase I: Neu hinzu ziehende „Pioniere" erhöhen das Angebot an charakteristischen Geschäften und Dienstleistungen („In-Kneipen", Secondhandläden usw.) und beginnen mit (einfachen) Modernisierungen; es bildet sich eine „Szene" mit einem besonderen Flair heraus, die die Attraktivität des Quartiers als Wohn- und Aufenthaltsort steigert; das lockt nun auch erste Personen und Haushalte mit höheren Einkommen an; sie sind meist älter, haben (noch) keine Kinder, erwerben in den Altbauten Eigentumswohnungen und investieren in umfangreiche Renovierungs- und Modernisierungsmaßnahmen; mit diesen eigentlichen „Gentrifiern" steigen nun die Mietpreise deutlich, der Charakter des Quartiers verändert sich, es kommt zu Konflikten mit der alteingesessenen Bevölkerung, die allmählich verdrängt wird.
- Expansionsphase II: In deutlich steigender Zahl ziehen nun weitere „Gentrifier" zu, die einen noch höheren Wohnkomfort erwarten, der durch entsprechende Projekte von Bau- und Entwicklungsgesellschaften befriedigt wird; der Verdrängungsprozess ergreift zunehmend auch die „Pioniere", die genauso wie die unteren sozialen Schichten nicht mehr in der Lage sind, die steigenden Wohnungsmieten und Lebenshaltungskosten zu bezahlen.
- Stagnationsphase: Kapitalkräftige Investoren forcieren durch Sanierungsmaßnahmen die Umwandlung von Miet- in Eigentumswohnungen; finanzstarke Bevölkerungsgruppen erwerben die aufwendig sanierten Altbauwohnungen oder sind bereit, entsprechend hohe Mieten zu zahlen; Gentrifier haben die Alteingesessenen nahezu vollständig verdrängt, weitere „Pioniere" wandern ab; das Quartier hat entsprechend der Nachfrage der neuen Bewohner seinen Charakter (Infrastruktur, Dienstleistungen, Gastronomie) völlig verändert; es finden kaum noch Zuzüge statt.

b) Ordnen Sie die Aussagen (Text 31) und das „Abwertuns-Kit" (Text 32) einzelnen Phasen des Modells zu (zum Ausdrucken unter Online-Code ys43cn)

Die Aussagen von Text 31 lassen sich wie folgt zuordnen:

1) – Experimentierphase – ein Künstler findet Wohn- und Arbeitsraum in einem mietpreisgünstigen Altbau.
2) – Expansionsphase II – erste „Pioniere" müssen wegen der Stadtteil- und Wohnungsaufwertung das Quartier verlassen.
3) – Stagnationsphase – aufwendig sanierte Altbauwohnungen locken finanzkräftige Käufer bzw. Mieter an.
4) – Expansionsphase I – „Pioniere" renovieren in Eigeninitiative Altbauten, eröffnen Läden und befriedigen mit deren Angebot die veränderte Nachfrage im Quartier.
5) – Expansionsphase I oder II – Alteingesessene geraten unter Druck.

6) - Stagnationsphase - Investoren hoffen auf gute Renditen beim Erwerb, bei der Sanierung und bei Verkauf bzw. Vermietung von sanierten Altbauwohnungen.
7) - Expansionsphase II - ein Galerist will in einem sanierten Altbau die Nachfrage einer kaufkräftigen Schicht nach höherwertigen Kunstprodukten befriedigen.
8) - Expansionsphase I - eine Alteingesessene sucht - auch altersbedingt - eine neue Wohnform.
9) - Experimentierphase - Studentinnen finden eine Wohnung in einem mietgünstigen, verkehrsgünstig gelegenen Altbau.
10) - Expansionsphase II oder Stagnationsphase - die Gastronomie stellt sich auf die Wünsche einer kaufkräftigeren Schicht ein; wegen steigender Ladenmieten müssen die Anbieter mit „einfacheren" Warenangeboten aufgeben.

Der „Abwertungs-Kit" kommt wohl verstärkt ab der Experimentierphase II zum Einsatz.

c) Formulieren Sie für die einzelnen Phasen weitere Aussagen über die Bewohner.

Weitere mögliche Aussagen (Tabelle 2):

- Experimentierphase - Jazzmusiker finden in einem von ihnen selbst renovierten Altbaukeller einen idealen Übungsraum.
- Expansionsphase I - Zwei Studenten der Betriebswirtschaft renovieren ein altes Ladenlokal und eröffnen eine kleine Eckkneipe.
- Expansionsphase II - Ein Yuppie findet eine hochwertig sanierte Wohnung in einem Altbau in der Nähe seines innerstädtischen Büroarbeitsplatzes.
- Stagnationsphase - Die ursprüngliche Bevölkerung wurde fast komplett verdrängt und das Viertel wird nahezu ausschließlich von Gentrifiern bewohnt.

20 Nehmen Sie aus der Sicht eines Betroffenen oder eines Akteurs Stellung zur Stadtteilaufwertung in den beiden Berliner Quartieren (Materialien 28. 29).

Bei dieser Erörterung kommt es auf die Perspektive und auf die Kriterien an, mit denen diese Sanierungen bewertet werden. Folgende Argumente lasen sich anhand der Materialien im Buch - ggf. auch angereichert durch eine entsprechende Internet-Recherche - gegenüberstellen:

Spandauer Vorstadt/Rosenthaler Vorstadt – durchgeführte Maßnahmen

Zustimmung – Position eines Akteurs (z. B. Investor, Vertreter einer Entwicklungs- bzw. Baugesellschaft)	Kritik – Position eines Betroffenen, eines Alteingesessenen
– kein Abriss, sondern Sanierung des Bestandes und dadurch deutliche Verbesserung der Wohnqualität – mit der Folge einer erfolgreichen Wiederbelebung und Aufwertung sanierungsbedürftiger Stadtteile – insgesamt Erhöhung der Attraktivität der ganzen Stadt im Sinne der Stadtentwicklungspolitik	– hohe Sanierungskosten, auch getragen durch städtische Zuschüsse und damit vom Steuerzahler zu Lasten der Steuerzahler – Ansteigen der Mieten und damit allmähliche Verdrängung der ursprünglichen Wohnbevölkerung durch kaufkräftigere neue Bewohner – Veränderung des Angebots der Läden und der Infrastruktur mit Blick auf die neue elitärer Kundschaft, damit schleichende Zerstörung der bisherigen Atmosphäre

2

Lösungen Seite 137

21 Beschreiben Sie anhand der Karte 35 die Suburbanisierung in der Stadtregion München.

Wie aus der Karte 35 ersichtlich wird, weisen alle um die Münchner Kernstadt herum gelegenen Umlandgemeinden im angegebenen Zeitraum von 1988 bis 2005 einen positiven Wanderungssaldo auf. Die Region München-Landkreis sticht dabei besonders heraus. Die Kernstadt München selbst ist dagegen durch Wanderungsverluste gekennzeichnet.
Vor allem die unmittelbar an die Kernstadt angrenzenden Landkreise (Fürstenfeldbruck, Starnberg und München Landkreis) zeichnen sich durch hohe relative Zuwanderungsgewinne (50 - 82 %) aus München aus - zulasten der Kernstadt.

22 Erläutern Sie Ursachen und Folgen dieses Prozesses.

Folgende Ursachen lassen sich anführen:

- Anstieg des Lebensstandards, zunehmende Mobilität, Ausbau der Verkehrsinfrastruktur und der Systeme des öffentlichen Personennahverkehrs, Suche nach hochwertiger Wohnqualität in naturnahen Räumen,
- Flächenbedarf der Industrie wegen Fließbandfertigung auf einer Ebene,
- Entstehung von leicht erreichbaren suburbanen Knotenpunkten mit günstigen Boden- und Mietpreisen als Pull-Faktor für Dienstleistungsunternehmen.

Es ergibt sich eine Reihe von Folgewirkungen. Aus der zunehmenden Trennung von Wohnstätten im Umland und Arbeitsstätten im engeren Stadtgebiet resultiert ein immer stärkeres Verkehrsaufkommen. An den Rändern der Ballungsräume werden immer neue Flächen für Wohnungen, Industrie und Gewerbe, Dienstleistungs-, Verkehrs- und Freizeiteinrichtungen erschlossen. Die Städte wachsen und wuchern mit ihren Neubauten ins Umland, der ehemals ländlich geprägte Raum in ihrem Einzugsbereich „verstädtert". Der Flächenverbrauch nimmt immer weiter zu, die Landschaft wird „zersiedelt".
Aus der Abwanderung von Bevölkerung und Unternehmen ins Umland ergibt sich für die Kernstadt eine Verminderung des Steueraufkommens. Es wird verschärft durch das Bemühen der Umlandgemeinden um die Ansiedlung weiterer Be-

triebe. Andererseits wird von der Kernstadt als Oberzentrum erwartet, dass sie weiterhin hochwertige Einrichtungen der Infrastruktur wie z.B. Krankenhausplätze und Spezialkliniken, Opernhäuser, Theater oder Messehallen bereitstellt. Bei sinkenden Steuereinnahmen ist aber ihre Finanzkraft überfordert.

Lösungshinweise Seite 138/139
TERRA DIFFERENZIERUNG

1 Erstellen Sie zu den Ursachen und Folgen der Schrumpfung ein Wirkungsgeflecht.

Wirkungsgeflecht zu Ursachen und Folgen städtischer Schrumpfung

sinkende Geburtenziffern → allgemeiner Bevölkerungsrückgang → sinkende kommunale Einnahmen

nachlassende Wirtschaftskraft, Verlust an Arbeitsplätzen → Abwanderungen → sinkende kommunale Einnahmen

sinkende kommunale Einnahmen
+
sinkende Nachfrage nach Gütern, Dienstleistungen
→ Rückgang von öffentlichen, privaten Dienstleistungsangeboten
→ weiterer Attraktivitätsverlust (→ allgemeiner Bevölkerungsrückgang; → Abwanderungen)

→ Politische Folgen
- Bedeutungsverlust der betroffenen Stadt
- Radikalisierung marginalisierter Gruppen
- politische Instabilität

→ Soziale Folgen
- Verstärkung der sozialen Segregation, Gettobildung
- Zurückbleiben der Älteren und sozial Schwachen
- soziale Spannungen
- Zunahme der Kriminalität

2 Erläutern Sie die Lösungsansätze.

Die Lösungsansätze sind vor dem Hintergrund der jeweiligen gesellschaftlichen und staatlichen Rahmenbedingungen zu sehen. Das liberale System der USA schränkt bewusst die Eingriffsmöglichkeiten staatlicher Organe ein und setzt auf die Selbsthilfe der Kommunen und Akteure vor Ort. In Deutschland zwingt der Verfassungsauftrag des Grundgesetzes die öffentliche Hand, ihrer sozialstaatlichen Verantwortung gerecht zu werden und auf verschiedenen Ebenen Unterstützungsmaßnahmen zu organisieren und zu finanzieren.

Fallbeispiel Detroit
- Kommune meldet Insolvenz an, ohne dass der Bundesstaat Michigan oder die zentrale Administration in Washington mit Finanzhilfen eingreifen,
- Perspektiven für Detroit sollen sich aus dem Wirken privater Akteure („Finanzinvestoren, … visionäre Landwirte") ergeben,
- auch „engagierte Kommunalpolitiker" suchen nach Lösungen,
- eine Perspektive erhoffen sich die Akteure vom Aufbau einer „Urbanen Landwirtschaft" auf Industrie- und Wohnbrachen, von der wirtschaftliche Impulse in den Sekundären Sektor hinein ausgehen sollen (Bau von automatischen Bewässerungssystemen, Hightech-Erntemaschinen); dadurch sollen „Tausende neue Arbeitsplätze" geschaffen werden.

Fallbeispiel Duisburg
- Die Kommune sieht eine der Lösungen in einem „Stadtumbau", d.h. nicht genutzte Wohnungen werden abgerissen (Foto 5), „schöne Bauten aus dem alten Bestand aber saniert." Frei werdende Flächen werden durch die Anlage von Grünflächen und Freizeitanlagen aufgewertet. Daneben werden innerhalb der Stadt moderne, ansprechende Wohnungen insbesondere für junge Familien gebaut.
- Finanziert wird der Stadtumbau aus den – allerdings nur in begrenztem Umfang zur Verfügung stehenden – kommunalen Finanzen.
- Ein wesentlicher Teil der Finanzmittel stammt aus dem Projekt „Stadtumbau West", das von Bund und Ländern getragen wird.
- Wichtig bei diesem Stadtumbau ist die Einbindung der Bürgerinnen und Bürger in die Diskussion der Leitbilder, in die Planung und Durchführung.

Städte als komplexe Lebensräume zwischen Tradition und Fortschritt

Von Suburbia zu Postsuburbia – das Ende der Kernstädte?

1 Beschreiben Sie anhand der Grafik M1 Teilprozesse der Suburbanisierung.

2 Arbeiten Sie aus Quellentext M2 Ursachen der Suburbanisierung in der Stadtregion München heraus.

3 Vergleichen Sie den Prozess der Suburbanisierung mit der Postsuburbia-Entwicklung.

4 Erklären Sie, wie Grafik M1 verändert bzw. ergänzt werden müsste, um auch die aktuelle Post-Suburbia-Entwicklung zu erfassen.

5 Erörtern Sie vor dem Hintergrund dieser aktuellen Entwicklungen die Stimmigkeit des geographischen Stadtbegriffs.

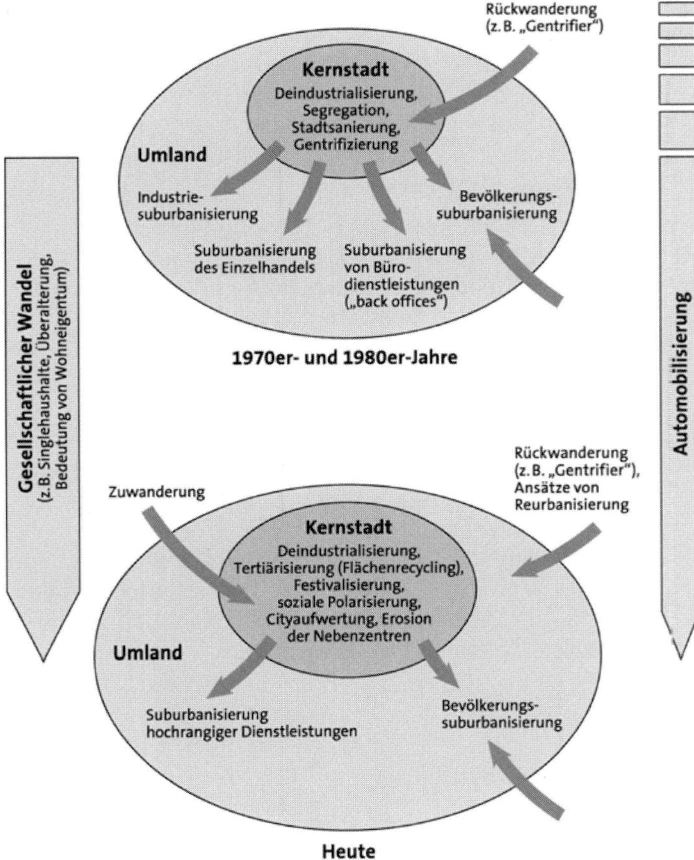

M1 Entwicklungsprozesse in Verdichtungsräumen

Name: Klasse: Datum:

© Ernst Klett Verlag GmbH, Stuttgart 2015. | www.klett.de | Erstellt für: TERRA OS TB Entwicklungsländer | ISBN: 978-3-12-104706-2
Alle Rechte vorbehalten. Von dieser Druckvorlage ist die Vervielfältigung für den eigenen Unterrichtsgebrauch gestattet.
Die Kopiergebühren sind abgegolten. Für Veränderungen durch Dritte übernimmt der Verlag keine Verantwortung.

Städte als komplexe Lebensräume zwischen Tradition und Fortschritt

München: Entwicklung von Stadt und Stadtregion

„Der starke Arbeitsplatzzuwachs, große Wanderungsgewinne, mittlerweile aus der ganzen Bundesrepublik, und gleichzeitig die Verdrängung der ortsansässigen Wohnbevölkerung aus den Umwandlungs- und Modernisierungsgebieten der Innenstadt, führten zu einer weiteren Zunahme der Wohnbevölkerung in den Außenbezirken. Gleichzeitig begünstigte der dadurch erforderliche Ausbau des Straßennetzes und der öffentlichen Verkehrsmittel die Stadtflucht, so dass die Innenstadt immer mehr von Dienstleistungsbetrieben insbesondere aus Handel und Gastronomie bestimmt ist …

Die weitere Ausdehnung des Ballungsraums München [scheint] auch durch den unveränderten Wunsch nach Wirtschaftswachstum vorprogrammiert. Die Auflösung der Stadt zur Stadtregion mit einem inneren und einem äußeren Verdichtungsraum wird dabei schon seit Jahren immer deutlicher. Und neue große Siedlungs- und Strukturmaßnahmen am Stadtrand und im Stadtumland haben diese Entwicklung weiter begünstigt; wie zum Beispiel der Bau des Flughafens München II und die Bebauung des ehemaligen Flughafengeländes in München-Riem."

Landeshauptstadt München, Referat für Gesundheit und Umwelt: Historische Stadtentwicklung. München 2012.

M2

Von Suburbia zu Postsuburbia

„In den morgendlichen Nahverkehrszügen und S-Bahnen ist Erstaunliches zu sehen: Waren bis vor 10, 20 Jahren die Waggons frühmorgens in Richtung Großstadtzentrum voll, in Gegenrichtung aber nahezu leer, so sind sie heute in beiden Richtungen nahezu ähnlich besetzt. Nicht nur in dieser Beobachtung spiegelt sich eine Entwicklung wider, die den urbanen Raum erfasst hat und die über den traditionellen Prozess der Suburbanisierung hinausgeht. Immer mehr Menschen leben nicht nur in den Randzonen, sie arbeiten und versorgen sich auch dort. Das wird dadurch ermöglicht, dass mehr und mehr klassische ‚zentrale' Funktionen aus den Großstädten ins Umland verlagert werden. Dort entstehen zunehmend Siedlungskerne und funktionelle Knoten mit eigenständiger zentralörtlicher Funktion. Sie lösen sich aus ihrer Abhängigkeit von der jeweiligen Großstadt.

Die Ursachen dieser Entwicklung liegen zum einen in der hohen Mobilität, zum andern in der starken Zunahme an Freizeitakitvitäten und Konsumorientierung in den westlichen Gesellschaften. Zuerst entstehen Einkaufszentren oder Malls, an die sich Freizeitkomplexe und schließlich Servicebetriebe anlagern. Aus dem Shopping Center wird die Shopping City. Es bilden sich Businessparks mit Handels-, Dienstleistungs- und Gewerbefunktionen. Große Flughäfen entwickeln sich zu multifunktionalen Kernen mit Hotels, Logistikfirmen, internationale Dienstleistern, Malls, ja sogar Freizeiteinrichtungen. Diese neuen Zentren in der ‚Postsuburbia' konkurrieren mit der Kernstadt um Investitionen, qualifizierte Arbeitskräfte und Kunden. "

Autorentext: Dr. Wilfried Korb

M3

Name: Klasse: Datum:

© Ernst Klett Verlag GmbH, Stuttgart 2015. | www.klett.de | Erstellt für: TERRA OS TB Entwicklungsländer | ISBN: 978-3-12-104706-2
Alle Rechte vorbehalten. Von dieser Druckvorlage ist die Vervielfältigung für den eigenen Unterrichtsgebrauch gestattet.
Die Kopiergebühren sind abgegolten. Für Veränderungen durch Dritte übernimmt der Verlag keine Verantwortung.

Städte als komplexe Lebensräume zwischen Tradition und Fortschritt

Lösung

Von Suburbia zu Postsuburbia – das Ende der Kernstädte?

1 Beschreiben Sie anhand der Grafik M1 Teilprozesse der Suburbanisierung.

Die Grafik thematisiert neben weiteren Entwicklungsprozessen in Verdichtungsräumen die im Folgenden aufgeführten Formen der Suburbanisierung.
Bevölkerungssuburbanisierung: Verlagerung von Wohnungen und Abwanderung der Bevölkerung ins Umland der Städte als Ausdruck des Wunsches, im eigenen Heim „draußen im Grünen" zu wohnen; die zunehmende Motorisierung verbunden mit dem Ausbau der Verkehrsinfrastruktur und der U- bzw. S-Bahn-Netze ermöglichen das tägliche Pendeln in die zentrennahen Arbeitsstätten.
Industriesuburbanisierung: Standortverlagerungen von Industriebetrieben ins Umland mit seinem größeren Angebot an freien Gewerbeflächen, (bereits suburbanisierten) Arbeitskräften, höherer Wohnqualität, besseren Verkehrsverbindungen.
Suburbanisierung von Dienstleistungen: Standortverlagerungen von Dienstleistungsbüros aus den gleichen Gründen wie bei der Industriesuburbanisierung; zusätzlich spielen die günstigeren Büromieten im Umland eine Rolle.

2 Arbeiten Sie aus Quellentext M2 Ursachen der Suburbanisierung in der Stadtregion München heraus.

Die Ursachen für die Suburbanisierung im Großraum München sind vielschichtig. An erster Stelle ist mit Sicherheit die hohe Einwohnerdichte der bayerischen Metropole zu nennen. Daraus resultiert eine seit Langem bestehende Flächenknappheit. Diese Faktoren veranlassten bereits seit Jahrzehnten den Fortzug von Wohnbevölkerung und Unternehmen ins Umland. Begünstigt wurde diese Entwicklung durch den Ausbau des Straßennetzes und des Öffentlichen Personen Nahverkehrs in der gesamten Region. Die Pendlerströme nahmen zu, gleichzeitig wurde die Wohnbevölkerung – nicht zuletzt wegen der steigenden Wohnkosten – in noch stärkerem Maße in die Außenbezirke verdrängt. Die Innenstadt geriet mehr und mehr in die Hand von Dienstleistungsbetrieben, Handel und Gastronomie. Infrastrukturmaßnahmen wie der Bau des Flughafens München II und die Bebauung des ehemaligen Flughafengeländes in München-Riem haben die Suburbanisierung – insbesondere auch der Gewerbebetriebe – weiter verstärkt.

3 Vergleichen Sie den Prozess der Suburbanisierung mit der Postsuburbia-Entwicklung.

Bei der Suburbanisierung werden Wohnungen, Produktionsstandorte und Dienstleistungsangebote ins städtische Umland verlagert. Zentrale Funktionen (z. B. überregionale Infrastrukturangebote, hochwertige Arbeitsplätze) verbleiben aber in der Kernstadt. Sie behält somit für ihren Einzugsbereich eine zentralörtliche Bedeutung.
Mit der Entwicklung zu Postsuburbia werden viele Funktionen ins Umland verlagert. Es bilden sich post-urbane eigenständige Kerne in einem völlig zersiedelten Umland ohne größere Anbindung an das (ehemalige) Zentrum des Ballungsraumes. Es droht die Gefahr eines Funktionsverlustes der Kernstädte.

4 Erklären Sie, wie Grafik M1 verändert bzw. ergänzt werden müsste, um auch die aktuelle Post-Suburbia-Entwicklung zu erfassen.

In die Grafik müsste eingetragen werden
- (mit Pfeilen) die Auslagerung zentraler Funktionen ins Umland (z. B. Waren-, Service-, Freizeitangebote, Dienstleistungs- und Gewerbefunktionen),
- die Ausbildung funktionaler Knoten (z. B. im Bereich eines Flughafens),
- im linken Senkrechtpfeil zusätzliche Elemente des „Gesellschaftlichen Wandels" wie „Zunahme an Freizeitaktivitäten und Konsumorientierung",
- statt der neutralen Bezeichnung „Umland" der inhaltsreichere Begriff „Postsuburbia".

Name: Klasse: Datum:

© Ernst Klett Verlag GmbH, Stuttgart 2015. | www.klett.de | Erstellt für: TERRA OS TB Entwicklungsländer | ISBN: 978-3-12-104706-2
Alle Rechte vorbehalten. Von dieser Druckvorlage ist die Vervielfältigung für den eigenen Unterrichtsgebrauch gestattet.
Die Kopiergebühren sind abgegolten. Für Veränderungen durch Dritte übernimmt der Verlag keine Verantwortung.

Städte als komplexe Lebensräume zwischen Tradition und Fortschritt
Lösung

5 Erörtern Sie vor dem Hintergrund dieser aktuellen Entwicklungen die Stimmigkeit des geographischen Stadtbegriffs.

Sollte die Entwicklung hin zu Postsuburbia anhalten, müssten zumindest die folgenden Kriterien des geographischen Stadtbegriffs stark relativiert werden: der „Einpendlerüberschuss" und das „Mindestmaß an Zentralität". Die „post-urbanen eigenständigen Kerne" im Umland übernehmen gerade im tertiären Sektor und im Bereich des Konsums einen Großteil der zentralörtlichen Funktionen der Kernstadt.
Ansonsten entspricht die Ausstattung der Kernstadt weiterhin in großen Teilen den übrigen Kriterien des geographischen Stadtbegriffs. Zudem unternehmen die Kernstädte enorme Anstrengungen, um sich im Konkurrenzkampf mit anderen urbanen Zentren, aber auch mit „Postsuburbia" besser zu positionieren. Hierzu gehören die auch in der Grafik eingetragenen Prozesse der „Cityaufwertung" und der „Festivalisierung". So kann es gelingen, wesentliche zentralörtliche Funktionen zu behaupten oder zurückzugewinnen.

Name: Klasse: Datum:

Klett
© Ernst Klett Verlag GmbH, Stuttgart 2015. | www.klett.de | Erstellt für: TERRA OS TB Entwicklungsländer | ISBN: 978-3-12-104706-2
Alle Rechte vorbehalten. Von dieser Druckvorlage ist die Vervielfältigung für den eigenen Unterrichtsgebrauch gestattet.
Die Kopiergebühren sind abgegolten. Für Veränderungen durch Dritte übernimmt der Verlag keine Verantwortung.

Städte als komplexe Lebensräume zwischen Tradition und Fortschritt

Klausur: Cityentwicklung und Suburbanisierung

1 Beschreiben Sie Grundzüge der City sowie der City-Entwicklung und erläutern Sie aktuelle Probleme der Kernstädte.

2 Stellen Sie den Prozess der Suburbanisierung in seinen Ursachen und Phasen dar.

3 Beurteilen Sie den Prozess der Suburbanisierung im Hinblick auf seine Folgewirkungen.

City im Wandel

„Die City ist ein vergleichsweise junger innerstädtischer Teilraum. Ihre Entwicklung begann erst mit der räumlichen Trennung von Produktion und Handel im 19. Jh. Der sich rasch entwickelnde Einzelhandel suchte die zentralsten Standorte auf, weil genau hier durch die gute Lage und die Verkehrsbündelung das größte Kundenpotential erreicht werden konnte. ... Als sich während des 19. Jh. die City als funktionaler Stadtraum herauszubilden begann, wurden die von der Umwandlung betroffenen Altbaugebiete auch baulich und sozial verändert. Die erheblich gestiegenen Bodenpreise innerhalb des zentralen Stadtgebietes führten zu einer Verdrängung der Wohnbevölkerung....
In den 1960er Jahren stieß die Cityentwicklung an ihre Grenzen. Verantwortlich hierfür waren der rasch zunehmende Wohlstand der Bevölkerung sowie die Automobilisierung. Die Innenstädte waren baulich und verkehrstechnisch nicht auf die anschwellenden Kundenströme ausgerichtet, obwohl die Entwicklung neuer Verkehrsinfrastrukturen massiv vorangetrieben wurde. Zunehmende Beengtheit, Autolärm und Abgase führten erstmals in der Geschichte der City zur Stagnation. Die Planer versuchten, diesem Problem durch die Umwandlung der am stärksten frequentierten City-Einkaufsstraßen in Fußgängerzonen zu begegnen. Zugleich wurden zahlreiche Parkhäuser und Tiefgaragen errichtet, die das Hauptgeschäftsviertel kranzförmig einfassen und den auf die City gerichteten Pkw-Verkehr absorbieren sollten. ...
Das Warenhaus als klassischer Leitbetrieb des Cityeinzelhandels befindet sich gegenwärtig in einer Krise, möglicherweise sogar im Endstadium seines Lebenszyklus. Sein Niedergang begann sich bereits um 1980 abzuzeichnen, als die Verkaufsflächen der Selbstbedienungs-Warenhäuser und der Verbrauchermärkte, die städtische Randlagen bevorzugen, erstmals die der Innenstadt-Warenhäuser überragten. Die Vorteile dieser neuen Betriebsformen lagen in den niedrigen Boden- bzw. Mietpreisen und ihrer guten Pkw-Erreichbarkeit an der städtischen Peripherie bzw. im stadtnahen Umland."

Klaus Zehner.: Stadtgeographie. Klett-Perthes, Gotha und Stuttgart 2001. S. 72f.]

M1

Werbetext der Shopping Mall SEVENS in der Düsseldorfer City

„Das SEVENS ist die erste Shopping Mall, in der Sie geizen und prassen können. Auf 7 Ebenen und mehr als 15 000 m² finden Verbraucher in der Mall Discounter, Nobelboutiquen, Sushi-Restaurant vis à vis Stehcafé. Aber immer renommierte Namen – einerseits Joop!, STRENESSE, Odeon oder Marlies Möller. Andererseits Saturn und Das Depot. Gerade noch auf Schnäppchenjagd und im nächsten Moment in Luxus schwelgen. Ein Phänomen, das Marktforscher als stabilen Konsumtrend identifiziert und einerseits hybrides Kaufverhalten, andererseits Smart Shopping getauft haben, nimmt im SEVENS auf der Düsseldorfer Königsallee auch in Deutschland erstmals Form an."

M2

Landesmedienzentrum Baden-Württemberg, Stuttgart

M3 Ortsgrenze der Stadt R. im Jahre 1957

Landesmedienzentrum Baden-Württemberg, Stuttgart

M4 Ortsgrenze der Stadt R. heute

Name: Klasse: Datum:

© Ernst Klett Verlag GmbH, Stuttgart 2015. | www.klett.de | Erstellt für: TERRA OS TB Entwicklungsländer | ISBN: 978-3-12-104706-2
Alle Rechte vorbehalten. Von dieser Druckvorlage ist die Vervielfältigung für den eigenen Unterrichtsgebrauch gestattet.
Die Kopiergebühren sind abgegolten. Für Veränderungen durch Dritte übernimmt der Verlag keine Verantwortung.

Städte als komplexe Lebensräume zwischen Tradition und Fortschritt

Suburbanisierungsprozesse

„Anfangs wurden nur Wohnungen und einige an Wohngebiete gebundene Dienstleistungen verlegt, während die Arbeitsplätze in den zentralen Innenstadtkomplexen verblieben. ... Aber während des Booms in der Nachkriegszeit, ..., setzte ausgehend von den Vereinigten Staaten parallel dazu eine immer schnellere Dezentralisierung der Arbeitsplätze ein.
Drei Arten von Aktivitäten waren für diese Standortverlagerungen besonders anfällig: Erstens das verarbeitende Gewerbe und die damit verbundene Lagerhaltung, für die die Vororte mit ihren großen verfügbaren Flächen, die sich für eine effiziente Fließfertigung auf einer Ebene eigneten, geradezu ideal waren. ... Zweitens ließen sich Forschung und Entwicklung und die damit verbundenen Hochtechnologiebranchen in Gegenden nieder, die ans ländliche Umfeld angrenzten und eine hohe Wohnqualität zu bieten hatten. ... Drittens tendierten auch große, in der standardisierten elektronischen Datenverarbeitung tätige Unternehmen wie Versicherungen ... dazu, an leicht erreichbare suburbane Knotenpunkte auszuweichen, wo die Büromieten niedriger sind. ...“

Peter Hall und Ulrich Pfeiffer, URBAN 21. Der Expertenbericht zur Zukunft der Städte. Deutsche Verlags-Anstalt, Stuttgart-München. 2000: S. 164f.

M5

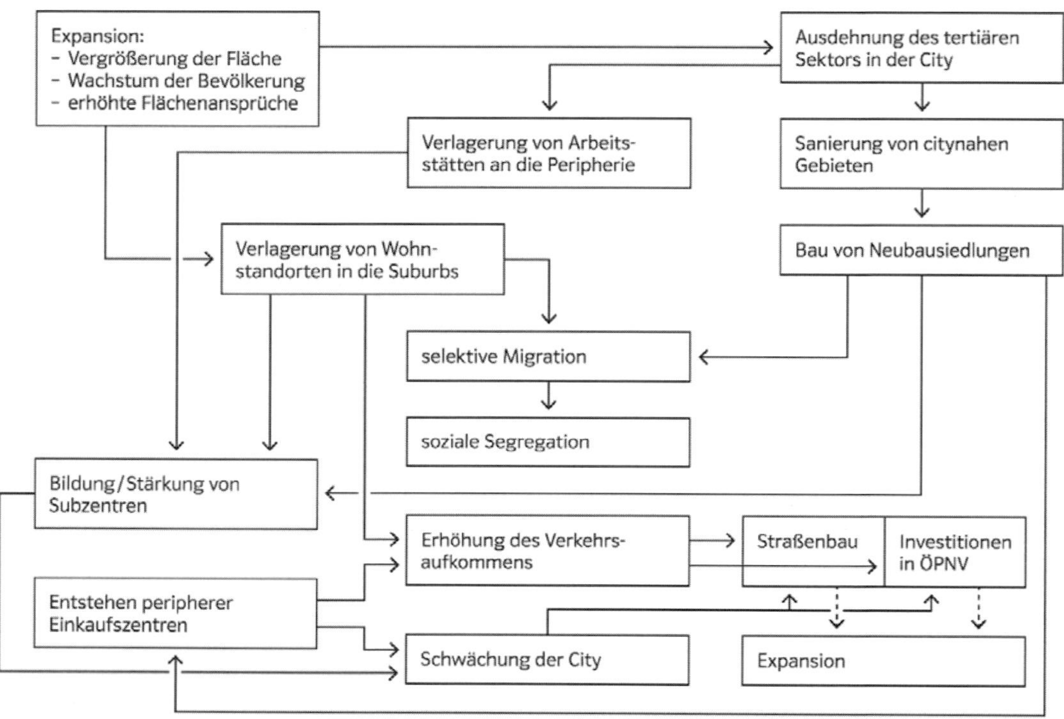

nach: Heinz Heineberg: Stadtgeographie. Paderborn: Ferdinand Schöningh. 4. aktualisierte und erweiterte Auflage 2014. S. 44

M6 Modell zur Beschreibung des Suburbanisierungsverlaufs

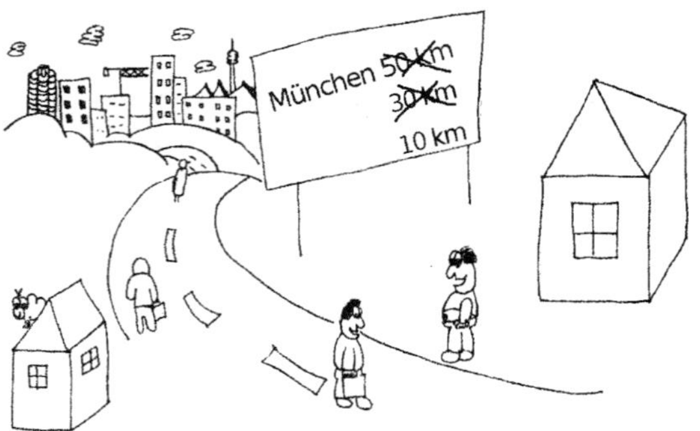

Klett-Archiv (Aunkofer), Stuttgart

M7 „Wir warten, bis die Stadt zu uns kommt …“

Name: Klasse: Datum:

Klett
© Ernst Klett Verlag GmbH, Stuttgart 2015. | www.klett.de | Erstellt für: TERRA OS TB Entwicklungsländer | ISBN: 978-3-12-104706-2
Alle Rechte vorbehalten. Von dieser Druckvorlage ist die Vervielfältigung für den eigenen Unterrichtsgebrauch gestattet.
Die Kopiergebühren sind abgegolten. Für Veränderungen durch Dritte übernimmt der Verlag keine Verantwortung.

Städte als komplexe Lebensräume zwischen Tradition und Fortschritt

Soziale Probleme

„Die Stadt-Rand-Wanderung großer Bevölkerungsteile hat von Beginn an eine soziale und demographische Polarisierung begünstigt, die insbesondere den Kernstädten Probleme bereitet, denn zu den ins Umland ziehenden Haushalten zählen vorwiegend junge und einkommensstärkere Familien. ... Für die Kernstädte bedeutet eine derart selektive Abwanderung, das diejenigen zurückblieben, die aus Altersgründen ihren angestammten Wohnplatz nicht mehr verlassen wollten, unc diejenigen, denen die finanziellen Voraussetzungen für einen Wohnstandortwechsel fehlten. In die frei gewordenen Wohnungen rückten ausländische Arbeitsmigranten und ihren Familien, Umsiedler, Asylanten und andere Minoritäten nach... Die Suburbanisierung wurde zum Motor einer sozialräumlichen Segregation."

Klaus Zehner: Stadtgeographie. Klett-Perthes, Gotha und Stuttgart 2001. S. 139ff.

M8

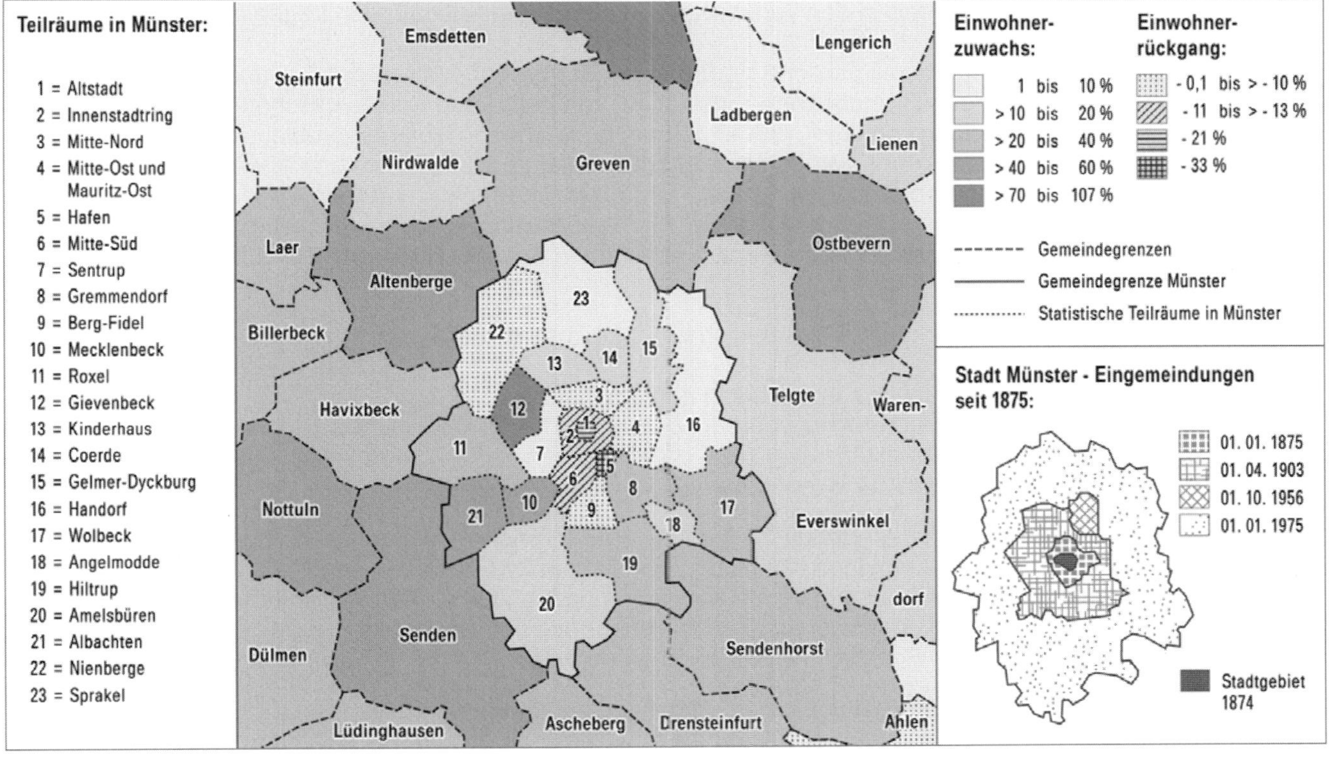

M9

Neuere Tendenzen

„Der Trend zur Suburbanisierung [ist] nicht mehr eindeutig. In den USA wurde er bereits um 1970 gebrochen. Cityintegrierte Malls werden nun auch in der Innenstadt errichtet und nehmen in den oberen Stockwerken Bürofunktionen, Hotels u. ä. mit auf. Einzelhandelsketten investieren auch wieder ... in den Geschäftsstraßen...

Auch in Mitteleuropa ist ein starker Wille zur Belebung der Innenstädte durch cityintegrierte Malls und Einkaufszentren zu beobachten. ... Speziell hochrangige Arbeitsplätze im Tertiären Sektor verbleiben [zudem] in den Großstädten, weil sie an gewachsene Kommunikationsstrukturen und kreative Milieus gebunden sind oder Repräsentationszwecken dienen."

Axel Borsdorf und Oliver Bender: Allgemeine Siedlungsgeographie. Wien, Köln, Weimar: Böhlau Verlag 2010. S. 170-171

M10

Name: Klasse: Datum:

© Ernst Klett Verlag GmbH, Stuttgart 2015. | www.klett.de | Erstellt für: TERRA OS TB Entwicklungsländer | ISBN: 978-3-12-104706-2
Alle Rechte vorbehalten. Von dieser Druckvorlage ist die Vervielfältigung für den eigenen Unterrichtsgebrauch gestattet.
Die Kopiergebühren sind abgegolten. Für Veränderungen durch Dritte übernimmt der Verlag keine Verantwortung.

Städte als komplexe Lebensräume zwischen Tradition und Fortschritt

Lösung

Klausur: Cityentwicklung und Suburbanisierung

1 Beschreiben Sie Grundzüge der City sowie der City-Entwicklung und erläutern Sie aktuelle Probleme der Kernstädte.

Folgende Merkmale sind anzuführen:
- funktionales Zentrum einer größeren Stadt,
- Konzentration von Arbeitsstätten des Tertiären Sektors,
- Hauptgeschäftsstraßen mit vielfältigem Warenangebot,
- Standort hochrangiger Wirtschafts- und Verwaltungsfunktionen.

In der Beschreibung sollte auf die Ursprünge eingegangen werden. Im Mittelpunkt steht aber die Entwicklung der letzten Jahrzehnte.
- Einsetzen der Citybildung im 19. Jahrhundert: räumliche Trennung von Produktion und Handel; Konzentration des Einzelhandels in den verkehrsmäßig am besten erreichbaren Lagen mit dem höchsten Kundenpotenzial,
- im Laufe des 19. Jahrhunderts: allmähliche Verdrängung der Wohnbevölkerung, Abwanderung von Geschäften zur Deckung des Grundbedarfs, Ansiedlung von Fach- und Spezialgeschäften,
- Stagnation der Cityentwicklung seit den 1960er Jahren: zunehmende Verkehrsprobleme trotz massivem Ausbau der Verkehrsinfrastruktur („autogerechte Stadt"); Beengtheit, Autolärm und Abgase; Einleitung von Verkehrslenkungsmaßnahmen, Ausweisung von Fußgängerzonen und city-nahen Parkhäusern,
- seit 1970er und 1980er Jahren: Suburbanisierung von Bevölkerung, Einzelhandel, Bürodienstleistungen; weitere Deindustrialisierung der Zentren; in den Innenstädten Segregation sowie Gentrifizierung durch Rückwanderer.

Die aktuellen Probleme der Kernstädte lassen sich wie folgt zusammenfassen:
- Käuferschwund in den Citys,
- Verlust von Vielfalt und Qualität des Angebots in den Innenstädten,
- insgesamt nachlassende Attraktivität mit „Verödung der Citys" zumindest zu bestimmten Tages- und Nachtzeiten, Verlust an Individualität,
- Notwendigkeit von Maßnahmen zur Wiederbelebung der Innenstädte.

Moderne Shopping Malls sollen die Attraktivität der City wieder erhöhen, um so aus dem Umland Kunden und damit Kaufkraft anzulocken und langfristig zu binden. Zu diesem Zweck wird in den Malls ein Warensortiment unterschiedlicher Qualitätsstufen auf engstem Raum in Verbindung mit vielfältigen Unterhaltungsmöglichkeiten angeboten. Damit werden die Kundenwünsche nach Verbindung von Event und Konsum (Erlebniseinkaufscenter, Urban Entertainment Center) aufgegriffen.

Bei der Klärung der Ursachen sollte auf folgende Aspekte eingegangen werden:
- großflächige Ansiedlung von Einzelhandelsgeschäften im Umland der Städte „auf der grünen Wiese" mit günstigeren Grundstücks- bzw. Mietkosten,
- Aufkommen von Factory-Outlet-Centers mit riesigen Verkaufsflächen außerhalb der Städte,
- hohe Attraktivität dieser Verkaufszentren aufgrund des kompakten Warenangebots sowie der guten Erreichbarkeit mit entsprechenden Parkmöglichkeiten für Autokunden,
- dadurch starke Konkurrenz für den Einzelhandel in den Stadtzentren und zunehmender Verdrängungswettbewerb.

Name: Klasse: Datum:

© Ernst Klett Verlag GmbH, Stuttgart 2015. | www.klett.de | Erstellt für: TERRA OS TB Entwicklungsländer | ISBN: 978-3-12-104706-2
Alle Rechte vorbehalten. Von dieser Druckvorlage ist die Vervielfältigung für den eigenen Unterrichtsgebrauch gestattet.
Die Kopiergebühren sind abgegolten. Für Veränderungen durch Dritte übernimmt der Verlag keine Verantwortung.

Städte als komplexe Lebensräume zwischen Tradition und Fortschritt

Lösung

2 Stellen Sie den Prozess der Suburbanisierung in seinen Ursachen und Phasen dar.

Die Darstellung kann vom Beispiel der Stadt R. ausgehen. Dort sind in den letzten Jahrzehnten folgende markante Veränderungen zu beobachten:
- starkes Wachstum der vorhandenen Siedlungen und Entstehen neuer Stadtteile bzw. Vororte auf dem ehemals freien Feld nördlich der Bahnlinie,
- Entwicklung eines Industriegebietes zwischen Eisenbahnlinie und Bundesstraße (im Süden),
- Ausbau der Verkehrsinfrastruktur,
- Anlage eines großen Stadions,

Insgesamt starke Ausweitung der Bebauung zu Lasten landwirtschaftlicher Nutzflächen.

Diese räumlichen Veränderungen sind das Ergebnis der Suburbanisierung.
Suburbanisierung bezeichnet allgemein den Prozess der Verlagerung von Wohnungen und Arbeitsplätzen aus den Städten ins Umland. Dabei lassen sich mehrere Teilprozesse unterscheiden.

- Bevölkerungssuburbanisierung: aufgrund zunehmender Mobilität (Motorisierung, Ausbau der Verkehrsinfrastruktur und des ÖPNV) Verlagerung von Wohnungen und Abwanderung der Bevölkerung ins Umland der Städte als Ausdruck des Wunsches, im eigenen Heim „draußen im Grünen“ zu wohnen;
- Industriesuburbanisierung: Standortverlagerungen von Industriebetrieben ins Umland mit seinem größeren Angebot an freien Gewerbeflächen, (bereits suburbanisierten) Arbeitskräften, höherer Wohnqualität, besseren Verkehrsverbindungen;
- Suburbanisierung von Dienstleistungen: Standortverlagerungen von Dienstleistungsbüros aus den gleichen Gründen wie bei der Industriesuburbanisierung; zusätzlich begünstigt durch die günstigeren Büromieten im Umland.

Folgende Faktoren haben die Suburbanisierung ausgelöst bzw. beeinflusst:
- Anstieg des Lebensstandards, zunehmende Mobilität, Ausbau der Verkehrsinfrastruktur und der Systeme des öffentlichen Personennahverkehrs: Suche nach hochwertiger Wohnqualität in naturnahen Räumen,
- Fließbandfertigung auf einer Ebene: Flächenbedarf der Industrie,
- Entstehung von leicht erreichbaren suburbanen Knotenpunkten mit günstigen Boden- und Mietpreisen: Pull-Faktor für Dienstleistungsunternehmen.

3 Beurteilen Sie den Prozess der Suburbanisierung im Hinblick auf seine Folgewirkungen.

Die Suburbanisierung mit ihrer Verlagerung von Wohnbevölkerung, Industrie und Gewerbe sowie Dienstleistungsunternehmen ins Umland der Großstädte kann zwar zu einer gewissen Entlastung der urbanen Zentren beitragen. Das gilt z. B. im Hinblick auf die dort herrschende Flächenknappheit, aber auch in Bezug auf die Einwohner- und Industriedichte. Insgesamt überwiegen aber die negativen Folgen. Hierbei müssen insbesondere die im Folgenden aufgeführten Aspekte betrachtet werden.

Negative Folgewirkungen
- zunehmende Trennung von Wohn- und Arbeitsstätten: stark ansteigender Pendlerverkehr,
- Nutzung der zentralen Dienstleistungen der Großstädte (Verwaltung, kulturelle Angebote, medizinische Einrichtungen usw.) auch von den Bewohnern des Umlandes: weitere Erhöhung des Verkehrsaufkommens,
- erhöhte Verkehrsbelastungen: Verschlechterung der Lebensqualität sowohl in den zentrumsnahen Wohnlagen wie in der gesamten Stadtregion,
- dauernde Erschließung neuer Flächen für Wohnungen, Industrie und Gewerbe, Dienstleistungs-, Verkehrs- und Freizeiteinrichtungen: „Verstädterung“ des ehemals ländlichen Raumes, Zunahme des Flächenverbrauchs und der Zersiedelung der Landschaft,
- Abwanderung von Bevölkerung und Unternehmen ins Umland: Einnahmeverluste und Finanzprobleme der Kernstadt, bei gleichzeitigem Auftrag, als Oberzentrum weiterhin hochwertige Einrichtungen der Infrastruktur, wie z. B. Krankenhausplätze und Spezialkliniken, Opernhäuser, Theater oder Messehallen, bereitstellen zu müssen,
- selektive Abwanderung aus der Kernstadt: Zurückbleiben von Problemgruppen in kernstädtischen Quartieren (sozial schwache Familien, Umsiedler, Asylanten, Randgruppen); Degradierung von Wohnvierteln,
- Prozess der Gentrification: Verschärfung der sozialen Polarisierung in den Kernstädten.

Name: Klasse: Datum:

© Ernst Klett Verlag GmbH, Stuttgart 2015. | www.klett.de | Erstellt für: TERRA OS TB Entwicklungsländer | ISBN: 978-3-12-104706-2
Alle Rechte vorbehalten. Von dieser Druckvorlage ist die Vervielfältigung für den eigenen Unterrichtsgebrauch gestattet.
Die Kopiergebühren sind abgegolten. Für Veränderungen durch Dritte übernimmt der Verlag keine Verantwortung.

Stadt und Stadtentwicklung in außereuropäischen Kulturkreisen

Strukturierungshilfe

Phase	Thema	Seite	Material	Aufgabe	Methodische Hinweise
Einstieg	Konvergente oder divergente Stadtentwicklung?	140–141	1–3; Text	Herausarbeiten der Problemstellung	
Gruppenpuzzle	Kulturraumspezifische Stadttypen – ihre Genese und künftige Entwicklung				
	Expertengruppe 1: Angloamerikanische Stadt	142–143	1–6	1, 2, 3 a) und b), 4	Einsatz der Kopiervorlagen „Barrios Cerrados“ und „Ciudades Valladas“ zur Niveaudifferenzierung
	Expertengruppe 2: Lateinamerikanische Stadt	144–145	1–7	1 bis 3 und 4 a) bis c)	
	Expertengruppe 3: Islamisch-orientalische Stadt	146–147	1–6; Text	1 bis 4	

1 Bilden Sie Stammgruppen mit mindestens drei Mitgliedern.

2 Bearbeiten Sie als „Experten“ zu „ihren“ Stadttypen die Arbeitsaufträge der jeweiligen Seiten.

3 Gestalten Sie gemeinsam zu Ihrem Stadttyp einen Vortrag, mit dem Sie Ihren Mitschülern in den Stammgruppen die Ergebnisse präsentieren.

4 Tragen Sie sich gegenseitig die Ergebnisse der Expertengruppen zu den Stadttypen vor.

5 Erörtern Sie im Plenum die Gültigkeit der Konvergenz- oder Divergenzthese (Text 2, S. 140).

Für die zu erwartenden Ergebnisse der „Expertengruppen“ sei auf die folgenden Lösungshinweise zu den Angeboten 1–3 verwiesen. Nach deren Präsentation im Plenum folgt eine Diskussion zu der Frage, ob die weitere Stadtentwicklung den Erhalt des klassischen, kulturraumspezifisch geprägten Stadttyps erlaubt oder ob sie einen globalisierten „Einheitstyp“ hervorbringt. Dabei können u. a. folgende Argumente gegenübergestellt und in einem begründeten Urteil zusammengefasst werden:

Globale Stadtentwicklung

eher konvergent	eher divergent
– alle Metropolen weltweit unter dem Einfluss von Verwestlichung und Globalisierung; dadurch geprägt von einer modernen „Einheitsarchitektur“ (z. B. Wolkenkratzer, Bürotürme, Skylines),	– kulturraumspezifische Einflüsse wie z. B. Religion nach wie vor prägend; z. B. im orientalischen Raum die (Freitags)Moschee nach wie vor das geistig-religiöse Zentrum eines Stadtviertels, auch der jeweiligen „Neustädte“,
– Auflösung der klassischen stadttypischen Strukturen auch durch die zunehmende sozialräumliche Segregation mit Villenvierteln oder Gated Communities der Mittel- bzw. Oberschicht und zentrumsnahen oder randstädtischen Marginalvierteln,	– zumindest in der jeweiligen Altstadt Bewahrung wesentlicher kulturraumspezifischer Eigenarten (im Orient z. B. die Medina mit dem Bazar); Erhalt historischer Sehenswürdigkeiten als wichtiger Faktor im Werben um Touristen und damit um Einnahmen,
– Wandel der zumeist monozentrischen klassischen Stadt hin zur bipolaren oder polyzentrischen Stadt durch die Entstehung von Industrie- und Gewerbegebieten,	– kaum moderne industrielle Überformung der Altstädte wegen deren Raumenge; Erschließung von Gewerbeflächen in der Regel in den Außenbereichen; dadurch Chancen für behutsame Sanierungen der Zentren unter Bewahrung kulturraumspezifischer Bausubstanz.
– globale Annäherung der Lebensstile und Konsumgewohnheiten als weitere Ursache für das Entstehen einer großstädtischen „Weltarchitektur“ (z. B. Malls, Urban Entertainment Center, Prunk- und Prestigebauten).	

1

Angebot 1: Angloamerikanische Stadt Seite 142/143

1 Arbeiten Sie wesentliche Merkmale des Typs der „angloamerikanischen Stadt" heraus.

Folgende vorherrschende Merkmale bzw. auch Einflüsse können herausgearbeitet werden:

- Städte ohne Tradition, Fehlen „europäischer" Elemente wie Altstadt, Markt, Stadtmauer, Burg, Schloss;
- an den Himmelsrichtungen orientierte Straßenführung in der Form eines Schachbrettmusters;
- Straße (insbesondere „main street", „broadway") als weiteres strukturbestimmendes Element, allerdings nicht als Kommunikationsraum;
- „Downtown" als ökonomisches Zentrum (CBD) einer funktional stark gegliederten Kernstadt;
- geringe Verdichtung und Wachstum in die Fläche durch Bungalowsiedlungen;
- große Bedeutung des motorisierten Individualverkehrs mit Anschluss über Stadtautobahnen an die meist peripher gelegenen Malls;
- Trend zur sozialen, ethnischen, altersmäßigen Segregation mit Ausbildung von „Gated Communities" als selbst verwaltete und abgeschottete Wohnviertel mit eigenen Sicherungs- und Schutzeinrichtungen.

2 Erläutern Sie mithilfe von Text 4 die im Modell 6 dargestellten Strukturen und Prozesse.

Folgende Strukturen und Prozesse sollen herausgearbeitet, beschrieben und erklärt werden:

- ab ca. 1920 verstärkter Umzug von besser Verdienenden in die Vororte (sozial selektive Bevölkerungssuburbanisierung)
- Niedergang in den Kernstädten mit Ausbildung von Ghettos insbesondere der Black Urban Underclass als einer „von Armut, Arbeits- und Perspektivlosigkeit geprägten Bevölkerung"; Ausbreitung von Kriminalität, informellem Lebenserwerb und einer eigenen Subkultur („Sense of Belonging");
- seit den 1950er-Jahren erste Stadterneuerungsprogramme als Antwort auf den Niedergang der Kernstädte; u. a. Errichtung multifunktionaler innerstädtischer Großbauten als „Kombination von Fußgängerzonen, Konsum, Freizeit, Kultur und Verwaltung";
- Ausbau von Stadtautobahnen unter Vernachlässigung des ÖPNV; dadurch Verstärkung der Bevölkerungssuburbanisierung;
- Prozesse der Gentrifikation in innerstädtischen Wohnbereichen durch „junge dynamische Personen" mit einer Verdrängung ärmerer Einkommensschichten;
- räumliche Isolierung der Ober- bis unteren Mittelschicht durch Aufbau von Gated Communities;
- Ausbildung von „edge cities" als „pseudo-urbane" Kerne an den Kreuzungspunkten der Highways, Entwicklung in Richtung Post-Suburbia mit allen Folgeproblemen (z. B. Zersiedlung, „urban sprawl").

3 Durchführung einer virtuellen Exkursion in Chicago mithilfe von Google Earth (Online-Code):

a) Ordnen Sie mithilfe dieser Exkursion dem „Modell der angloamerikanischen Stadt" (Grafik 6) charakteristische Fotos zu ausgewählten Stadtbereichen zu.
Zu folgenden charakteristischen Stadtbereichen sollten Fotos ermittelt werden:
Downtown, Suburb, Ghetto, Mainstreet oder Broadway

b) Überprüfen Sie mithilfe dieser Visualisierung Ihre am Modell erarbeiteten Vorstellungen.
Ziel dieses Auftrages ist es, die abstrakte Modelldarstellung mit der Realität zu vergleichen. Das schult nicht nur das Raumverständnis und Vorstellungsvermögen. Auch die innere Stimmigkeit des Modells wird zumindest in Ausschnitten überprüft.

4 Untersuchen Sie, inwieweit Merkmale und Strukturen der angloamerikanischen Stadt auch in der Stadtentwicklung Mitteleuropas erkennbar sind.

In den urbanen Strukturen und in der Stadtentwicklung Mitteleuropas sind die gleichen Merkmale, Tendenzen und Probleme erkennbar, wie sie – zeitlich früher und in größerer Dynamik – auch in den angloamerikanischen Städten vorliegen.

- Entindustrialisierung des Zentrums unter dem Einfluss der Tertiärisierung; Entstehen zahlreicher Dienstleistungsangebote und demzufolge bauliche Umgestaltung der Innenstädte;
- drohender Bedeutungsverlust des wirtschaftlichen Zentrums („downtown", Kernstadt) durch Suburbanisierung von Bevölkerung, Industrie und Dienstleistungen;
- Bemühen um Wiederbelebung der Innenstädte und Attraktivitätssteigerung;
- starker Trend zur Segregation und sozialräumlichen Differenzierung;
- Gentrifizierung in Innenstadtvierteln mit entsprechenden Konflikten;
- Zersiedelung im Umland der Großstädte, Entstehen eines „Speckgürtels".

Angebot 2: Lateinamerikanische Stadt Seite 144/145

1 Erarbeiten Sie ein Strukturmodell der kolonialzeitlichen lateinamerikanischen Stadt.

Die Strukturskizze sollte in reduzierter Form folgende Grundelemente einer kolonialzeitlichen lateinamerikanischen Stadt enthalten:

- Schachbrettgrundriss mit zentralem Hauptplatz;
- in den angrenzenden Quartieren die wichtigsten Regierungs-, Verwaltungs- und militärischen Gebäude sowie die Hauptkirche bzw. Kathedrale;
- in Zentrumsnähe Adelspaläste und Bürgerhäuser;
- Kern-Rand-Gefälle der sozialen Schichten und ihrer entsprechenden Wohngebäude.

Idealplan einer spanischen Kolonialstadt: Das Stadtzentrum

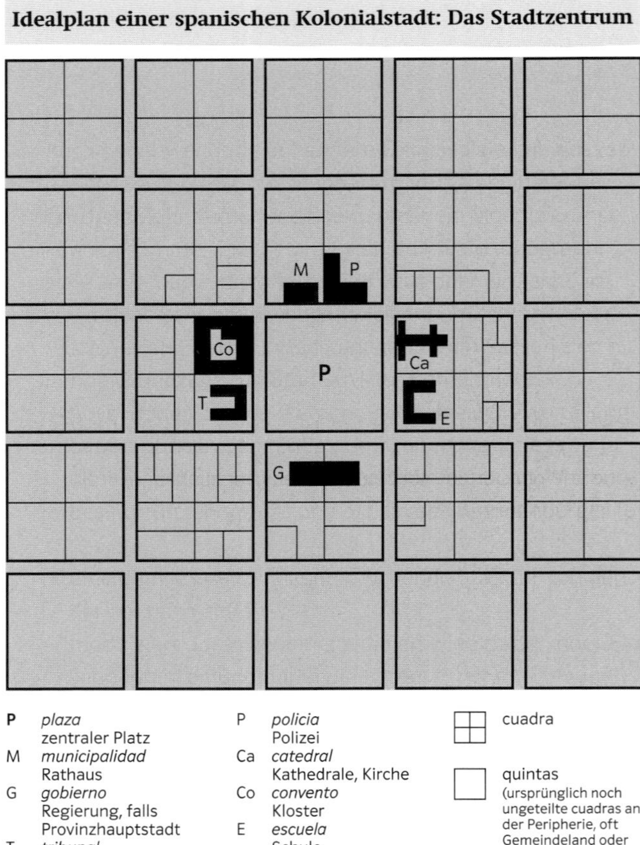

nach: Jürgen Bähr und Ulrich Jürgens: Stadtgeographie II. Regionale Stadtgeographie. Braunschweig: Westermann, 2009. S. 285

2 Stellen Sie Prozesse dar, die deren ursprüngliche Strukturen verändert haben (Grafik 5, Texte 2 und 4).

Aus den Materialien lassen sich folgende Prozesse herausarbeiten und verdeutlichen:

- seit den 1930er Jahren Abwanderung der Oberschicht aus dem Altstadtbereich, vorwiegend in die Grünzonen am Stadtrand bzw. in neue Subzentren mit entsprechenden Dienstleistungsangeboten;
- im Altstadtbereich Citybildung mit Grundstücksnutzung durch Geschäfts- und Bürohochhäuser;
- flächenhafte Erweiterungen von Industrie- und Gewerbegebieten, von Wohngebieten aller Schichten vor allem entlang der großen Ausfallstraßen;
- soziale Segregation und Fragmentierung mit Entstehung inner- sowie randstädtischer Marginalsiedlungen in enger Nachbarschaft zu „Barrios Cerrados“ der Ober- und Mittelschichtenbevölkerung;
- Wachstum der Marginalsiedlungen auch durch ländliche Zuwanderungen;
- Polarisierung der Wirtschaft in einen formellen und einen informellen Sektor;
- Anstrengungen der Stadtplanung im Bereich des sozialen Wohnungsbaus und Niedrigkostenwohnungsbaus zur Verbesserung der Situation unterer Bevölkerungsschichten.

3 Erläutern Sie den Begriff „fragmentierte Stadt“.

Seit dem Ende des 20. Jahrhunderts hat sich in den lateinamerikanischen Städten eine sehr diffuse Stadtstruktur herausgebildet. Im Zentrum, aber auch in Richtung Außenbezirken sowie im suburbanen Raum haben sich in regelloser Anordnung „Barrios Cerrados“ entwickelt, also eingefriedete Wohnviertel der Ober- sowie Mittel- und an einigen Stellen auch der Unterschicht. Sie orientieren sich zunehmend an Malls, Business Parks, Bürohochhäusern oder Urban Entertainment Centern. Auf der anderen Seite der sozialräumlichen Stadtstruktur finden sich – ebenfalls wie in einem Flickenteppich angeordnet – zentrale, periphere oder konsolidierte, also inzwischen aufgewertete Marginalsiedlungen sowie Viertel des sozialen Wohnungsbaus. Die Industriezonen wachsen entlang der Verkehrslinien in den suburbanen Raum.

Dieser Zerfall einer Stadt in sozial und baulich stark gegensätzlich strukturierte Teilbereiche, die immer weniger integriert sind, wird als „fragmentierte Stadt“ bezeichnet.

4 Das „Ende der Stadt in Lateinamerika“?

a) Charakterisieren Sie das neuartige Phänomen der „Ciudades Valladas“

Das neuartige Phänomen der „Ciudades Valladas“ weist die folgenden typischen Merkmale auf:

- ummauerte städtebauliche Großprojekte im Umland lateinamerikanischer Metropolen,
- monofunktionale Wohnghettos der Ober- und Mittelschichten,
- hohe Immobilienpreise als Hindernis jeglicher sozialer Durchmischung,
- private Bereitstellung und Unterhaltung von Straßen, Dienstleistungen, Schulen; vollständiger Rückzug der Kommunen bzw. des Staates aus der Verantwortung für Infrastruktur und Versorgung,
- abschließbare Tore, überwachte Einfahrten und Mauern sowie private Sicherheitsdienste als Garanten eines hohen Sicherheitsstandards.

b) Erklären Sie mithilfe von Fließdiagramm 7 Ursachen und Entstehungsbedingungen von „Ciudades Valladas“.

„Ciudades Valladas“ stellen im Grunde eine Weiterentwicklung der „Barrios Cerrados“ (Gated Communities) in einer größeren Dimension dar. Auch sie befriedigen das Verlangen zunächst der wohlhabenden Ober-, aber zunehmend auch der Mittelschichten nach einem sicheren Wohnumfeld, in dem man „unter sich“ ist. Man will exklusiv unter sozial Gleichgestellten leben.

Möglich wird die Entstehung von „Ciudades Valladas“ durch den nahezu vollständigen Rückzug des Staates aus der Raumordnung. Für jeden Investor ist ein Bauen „auf der grünen Wiese“ jederzeit und ohne allzu große staatliche bzw. kommunale Auflagen möglich. Global agierende finanzstarke Entwicklungsgesellschaften bieten deshalb – bei ihrer Suche nach Investitionsmöglichkeiten – auf dem freien Immobilienmarkt Lateinamerikas immer größere Wohn- und Siedlungsprojekte an.

c) Vergleichen Sie die Merkmale dieser „neuen Städte" mit den Kriterien des geographischen Stadtbegriffs (S. 125)

Der Vergleich mit dem geographischen Stadtbegriff ergibt folgenden Befund:

Geographischer Stadtbegriff	„Ciudades Valladas"
– Geschlossenheit der Siedlung und hohe Bebauungsdichte,	– zwar nach außen abgeschlossener Baukörper, aber mit einer eher lockeren Bebauung,
– überwiegende Mehrstockigkeit der Gebäude,	– eher ein- bis zweigeschossige Bungalowbauten (im Foto nur schwer zu erkennen),
– deutliche funktionale Gliederung,	– kaum funktionsräumliche Gliederung oder Viertelsbildung,
– besondere Bevölkerungs- und Sozialstruktur,	– vorwiegend Angehörige der Mittel- oder Oberschichten,
– differenzierte innere sozialräumliche Gliederung,	– weitgehend sozial homogene Bevölkerung, daher keine sozialräumliche Gliederung,
– Bevölkerungswachstum v. a. durch Wanderungsgewinne,	– Wachstum durch Zuwanderung von besonderen Bevölkerungsgruppen,
– hohe Wohnstätten- und Arbeitsplatzdichte,	– hohe Wohnstätten-, aber keine Arbeitsplatzdichte,
– Dominanz sekundär- und tertiärwirtschaftlicher Tätigkeiten,	– keine Arbeitsplatzangebote im Sekundären und nur vereinzelt im Tertiären Sektor,
– Einpendlerüberschuss,	– Auspendlerüberschuss in Richtung nahe gelegene Metropole, da kaum Arbeitsplatzangebote in diesem Wohnghetto,
– Vorherrschen städtischer Lebens-, Kultur- und Wirtschaftsformen,	– kein „städtisches Leben", kaum Arbeitsplätze,
– Mindestmaß an Zentralität,	– monofunktionale Wohnghettos ohne Arbeitsplatzangebote, demzufolge ohne zentralörtliche Bedeutung,
– relativ hohe Verkehrswertigkeit,	– nur ein oder zwei wichtige Verkehrswege als Anbindung an die Metropole, geringe Verkehrsdichte,
– weitgehend künstliche Umweltgestaltung mit z. T. hoher Umweltbelastung.	– meist hineingebaut in eine reizvolle, naturnahe Landschaft, keine Ausbildung eines Sekundären Sektors und daher auch kaum ökologische Belastungen.

Fazit: Nur die Kriterien Wachstum durch Zuwanderung und Wohnstättendichte sind erfüllt. Ansonsten erweisen sich die „Ciudades Valladas" als Wohngettos ohne zentralörtliche Versorgungsfunktionen und ohne „städtisches Leben".

Angebot 3: Islamisch-orientalische Stadt, Seite 146/147

1 Arbeiten Sie Zusammenhänge zwischen dem Islam und der Gestaltung der orientalischen Stadt heraus.

Obwohl viele Elemente der Stadt im Orient aus vorislamischer Zeit stammen, so hat doch der Islam die urbanen Räume in Nordafrika und Vorderasien in wesentlichen Teilen erkennbar überprägt. Als islamtypische Merkmale treten hervor:
- die zentrale Freitagsmoschee für das gemeinsame Gebet der gesamten Gemeinde,
- Sackgassen als Schutzkorridore zur Garantierung einer Intimsphäre als Voraussetzung „für die Würde des vom Islam geforderten Lebens",
- Wahrung der Intimität des Familienlebens durch scharf abgegrenzte Wohnquartiere mit nur zu einem Innenhof hin geöffneten Wohnhäusern,
- Segregation von ethnischen und religiösen Minderheiten durch spezielle Stadtviertel und Friedhöfe.

2 Charakterisieren Sie vor dem Hintergrund des rentenkapitalistischen Wirtschaftssystems die traditionelle Rolle der Stadt im Orient.

Im Rentenkapitalismus schöpfen die Eigentümer der Produktionsmittel, meist absentistische, d. h. nicht auf ihren Landgütern sondern in der Stadt ansässige Großgrundbesitzer, Ertragsanteile aus der Landwirtschaft ab. Die Gewinne werden nicht oder nur zu geringen Teilen zur Erhöhung oder Erhaltung der Produktion reinvestiert. Sie fließen in die Stadt ab. Deren ökonomisches und damit gesellschaftliches und politisches Gewicht vergrößert sich damit ständig zu Lasten des Umlandes. Aufgrund dieser „parasitären Rolle" entsteht ein krasser Stadt-Land-Gegensatz.

3 Erläutern Sie Strukturen und Prozesse der islamisch-orientalischen Stadt, wie sie unter westlich-europäischem Einfluss entstanden sind.

Durch den Einfluss der Kolonialmächte und der Weltwirtschaft haben sich Erscheinungsbild und Struktur der islamisch-orientalischen Stadt verändert:
- Ausbildung einer modernen, europäisch geprägten Neustadt mit regelmäßigem Straßennetz, Sitz von Wirtschaftsunternehmen und offenen Wohnvierteln der Ober – und Mittelschicht,
- Entwicklung einer City nach europäischem Vorbild zwischen Alt- und Neustadt,
- Abwanderung junger und wohlhabender Bevölkerungsgruppen aus der Altstadt,
- Verfall der Medina mit dem Einzug ländlicher Zuwanderer,
- Ausbildung von Marginalsiedlungen am Rande der Großstädte,
- Ansiedlung von Betrieben des Sekundären Sektors entlang der großen Ausfallstraßen.

Insgesamt: Entwicklung einer bipolaren Stadt mit großen sozialen Gegensätzen.

4 Erstellen Sie ein Stadtentwicklungsmodell zur islamisch-orientalischen Stadt.

Modell der orientalischen Stadt unter westlich-modernem Einfluss

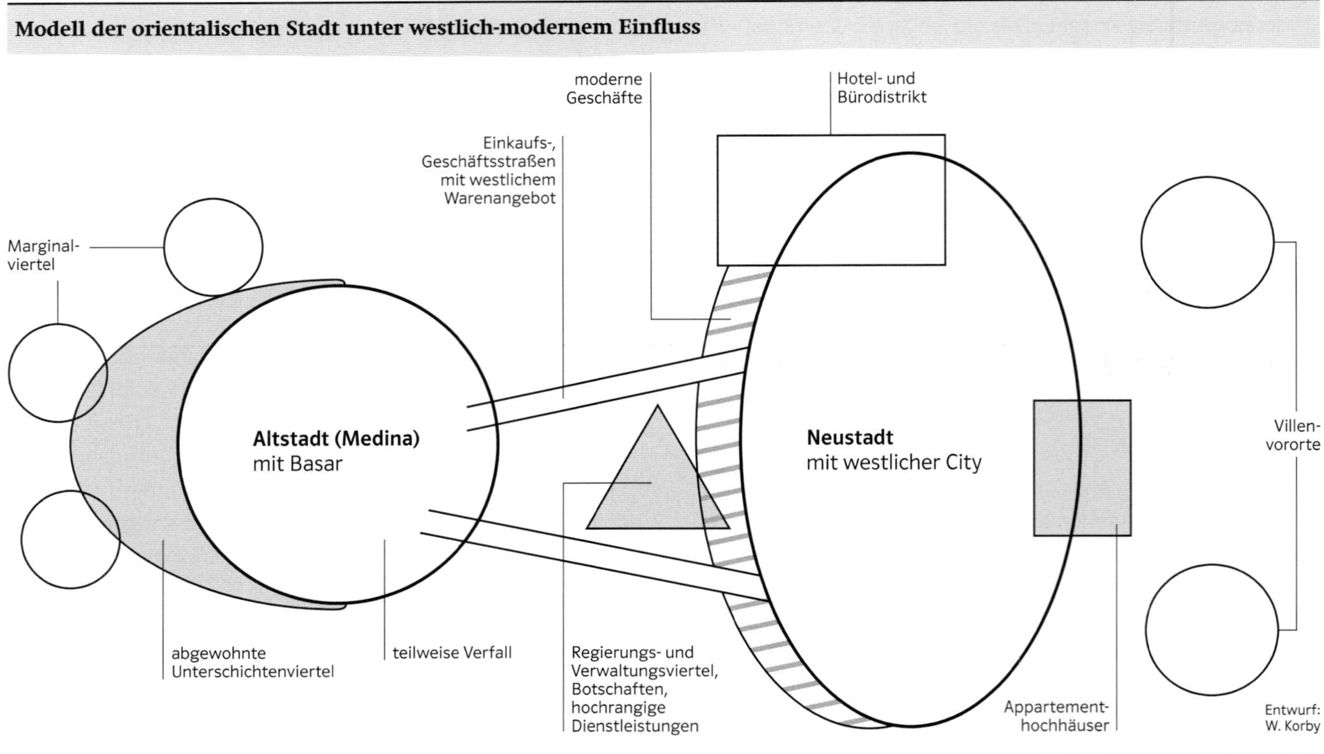

4

Schülerbuch
Seite 140 bis 147

Stadt und Stadtentwicklung in außereuropäischen Kulturkreisen

„Barrios Cerrados" und „Ciudades Valladas"

1 Charakterisieren Sie „Piedra Roja" als typische „Ciudad Vallada".

2 Arbeiten Sie wesentliche Unterschiede zwischen „Barrios Cerrados" (Gated Communities) und „Ciudades Valladas" („ummauerte Städte") heraus.

3 Erklären Sie anhand des Interviews wesentliche Entstehungsbedingungen der „Ciudades Valladas".

4 Erörtern Sie die Frage, ob mit der Entstehung von „Ciudades Valladas" das Ende der lateinamerikanischen Stadt eingeleitet wird.

Von der Gated Community" zur „Gated City"

„Städtebauliche Komplexe wie „Piedra Roja" unterscheiden sich in Größe und Ausstattung deutlich von den geschlossenen Wohnanlagen bzw. Stadtvierteln, die bereits vor Jahrzehnten – ausgehend von den USA – in vielen Ländern mit starken sozialen Gegensätzen entstanden sind. Diese Gated Communities oder ‚Barrios Cerrados', wie sie im spanischen Kulturraum genannt werden, sind die bevorzugten Standorte der Ober- und zunehmend auch der Mittelschicht. Sie verteilen sich in der Regel über das gesamte Stadtgebiet und orientieren sich – seit jüngster Zeit – an modernen Geschäftszentren.

Im Gegensatz dazu werden die neuen Städte außerhalb des geschlossenen Siedlungskerns auf der ‚grünen Wiese' errichtet. Sie sind geplant für 50 000 bis über 100 000 Einwohner. Auch sie sind jeweils einer ganz bestimmten sozialen Schicht vorbehalten und wie die Gated Communities tragen sie dem Sicherheitsbedürfnis ihrer Zielgruppe Rechnung. Sie sind mit hohen Sicherheitsstandards ausgestattet. Da sie von hohen Mauern umgeben sind, werden sie als Gated Cities bzw. ‚Ciudades Valladas' (ummauerte Städte) bezeichnet. Sie verfügen über eigene Dienstleistungszentren, Privatschulen, Servicesysteme und Freizeiteinrichtungen. Die Arbeitsplätze der meisten Bewohner liegen aber nach wie vor in der zugehörigen Metropole. Mit der sind sie über gut ausgebaute Schnellstraßen verbunden die häufig von Privatfirmen gebaut und betrieben werden."

M1

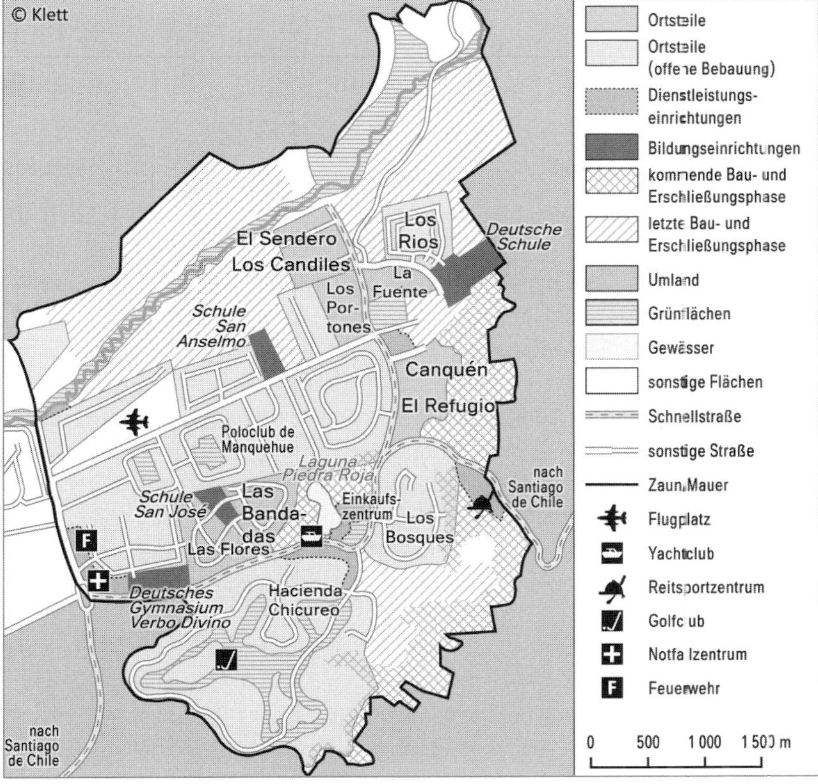

M2 Ciudad Vallada „Piedra Roja" in der Nähe von Santiago de Chile

Name: Klasse: Datum:

© Ernst Klett Verlag GmbH, Stuttgart 2015. | www.klett.de | Erstellt für: TERRA OS TB Entwicklungsländer | ISBN: 978-3-12-104706-2
Alle Rechte vorbehalten. Von dieser Druckvorlage ist die Vervielfältigung für den eigenen Unterrichtsgebrauch gestattet.
Die Kopiergebühren sind abgegolten. Für Veränderungen durch Dritte übernimmt der Verlag keine Verantwortung.

Stadt und Stadtentwicklung in außereuropäischen Kulturkreisen

Handelt es sich bei den „Ciudades Valladas“ um ein neuartiges Phänomen der lateinamerikanischen Stadtentwicklung?

Natürlich handelt es sich bei projektierten oder schon erreichten Einwohnerzahlen von über 50 000 Menschen um ganz neue Maßstäbe. Aber die neuen Städte bestehen ja aus vielen in sich geschlossenen Vierteln, also aus „Barrios Cerradis“. Insofern stellen die „Ciudades Valladas“ eigentlich eine Weiterentwicklung in einer höheren Dimension dar …

Es ist zu beobachten, dass diese „neuen Städte“ nur im Umland von Metropolen entstehen. Welche Ursachen hat das?

Nur die Metropolen garantieren, dass die „neuen Städte“ auch in absehbarer Zeit gefüllt werden. Sie bieten nicht nur die nötigen Klientel, sie weisen auch jenen Umwelt- (Smog, Lärm etc.) und sozialen Problemen (Kriminalität, Gewalt etc.) auf, denen viele Bewohner entfliehen möchten …

Wo sehen Sie die wesentlichen Ursachen für die Entwicklung von „Ciudades Valladas“?

Ein sicheres Wohnumfeld für Kinder und Frauen ist bereits das Motiv, in „Barrios Cerrados“ zu ziehen. Für die neuen „Ciudades Valladas“ spricht darüber hinaus die vermeintlich gesunde Umwelt mit guter Luftqualität, sauberem Wasser und viel Natur … Neben der Nachfragesituation darf aber die Angebotsseite nicht übersehen werden. Große Immobilienfirmen wittern ein Geschäft für Jahre und verstärken die Nachfrage durch intensive gezielte Werbung. Eine wichtige Ursache ist natürlich der Rückzug der öffentlichen Hand aus der Planung im Zuge des neoliberalen Wirtschaftsmodells. So haben die Entwicklungsgesellschaft freie Hand …

Lässt sich die Entwicklung durch die Kommunen- oder den Stadt überhaupt noch steuern?

Kaum. Und wenn sie es auch wollten: Die wirtschaftliche Potenz und das gute politische Lobbying in der Immobiliengesellschaften binden ihnen die Hand …

Sie die „Ciudades Valladas“ auf Dauer überhaupt lebensfähig?

Nun ja, Alphaville bei Sao Paolo besteht ja bereits seit fast 40 Jahren und funktioniert immer noch. Wie es den anderen neuen Städten ergeht, wird man sehen, wenn alle Grundstücke verkauft sind und die Immobiliengesellschaften mit der Veräußerung kein Geschäft mehr machen können. Ob sie dann noch Verwaltungsfunktionen übernehmen … oder die Bewohner auf sich gestellt sein werden, steht in den Sternen. Aber … in Lateinamerika regelt sich irgendwie alles, die nötige paciencia (Geduld) vorausgesetzt.

M3 Interview mit Prof. Dr. Axel Borsdorf vom Geographischen Institut der Universität Innsbruck, einem ausgewiesenen Kenner der Stadtentwicklung – insbesondere Lateinamerikas

Name: Klasse: Datum:

© Ernst Klett Verlag GmbH, Stuttgart 2015. | www.klett.de | Erstellt für: TERRA OS TB Entwicklungsländer | ISBN: 978-3-12-104706-2
Alle Rechte vorbehalten. Von dieser Druckvorlage ist die Vervielfältigung für den eigenen Unterrichtsgebrauch gestattet.
Die Kopiergebühren sind abgegolten. Für Veränderungen durch Dritte übernimmt der Verlag keine Verantwortung.

Stadt und Stadtentwicklung in außereuropäischen Kulturkreisen

Lösung

„Barrios Cerrados" und „Ciudades Valladas"

1 Charakterisieren Sie „Piedra Roja" als typische „Ciudad Vallada".

Aus der Abbildung M2 lassen sich folgende typische Merkmale einer Ciudad Vallada entnehmen:
- ummauertes städtebauliches Großprojekt im Umland von Santiago de Chile,
- Existenz von Yachtclub, Reitsportzentrum, Poloclub und Golfclub als Hinweis auf Exklusivität dieses städtebaulichen Projektes mit speziellen Angeboten an die Ober- und Mittelschicht,
- Lage in einem ruhigen, „grünen Umland" abseits der emissionsbelasteten Metropole Santiago, daher sicher hohe Immobilienpreise als Hindernis für den Zuzug einkommensschwacher Bevölkerungsschichten,
- kaum soziale Durchmischung zu erwarten,
- abschließbare Tore, überwachte Einfahrten und Mauern sowie private Sicherheitsdienste als Garanten eines hohen Sicherheitsstandards.

2 Arbeiten Sie wesentliche Unterschiede zwischen „Barrios Cerrados" (Gated Communities) und „Ciudades Valladas" („ummauerte Städte") heraus.

Im Gegensatz zu den innerhalb eines Stadtgebiets verteilten, geschlossenen Wohnanlagen bzw. Viertel der „Barrios Cerrados" (Gated Communities) sind die „Ciudades Valladas"
- im Umland lateinamerikanischer Metropolen angesiedelt,
- über privat gebaute und betriebene Schnellstraßen mit der jeweiligen Metropole (und den dortigen Arbeitsplätzen ihrer Bewohner) verbunden,
- mit Einwohnerzahlen von in der Regel über 50 000 Menschen wesentlich größer,
- mit völlig eigenständigen Dienstleistungszentren, Privatschulen, Service- und Freizeiteinrichtungen ausgestattet,
- in ihren Haus- und Wohnformen an einem ländlich-aristokratischen Lebensstil orientiert.

3 Erklären Sie anhand des Interviews wesentliche Entstehungsbedingung der „Ciudades Valladas".

„Ciudades Valladas" stellen im Grunde eine Weiterentwicklung der „Barrios Cerrados" (Gated Communities) in einer größeren Dimension dar. Auch sie befriedigen das Verlangen zunächst der wohlhabenden Ober-, aber zunehmend auch der Mittelschichten nach einem sicheren Wohnumfeld, in dem man „unter sich" ist. Man will exklusiv unter sozial Gleichgestellten leben.
Diese neuen „Städte" sind stets in der Nähe großer Metropolen angesiedelt, von dort ziehen Angehörige der Ober-, zunehmend auch der Mittelschichten zu, die zwar ihren Arbeitsplatz in der Megacity haben, aber deren Umweltbelastungen und sozialen Problemen entfliehen möchten.
Möglich wird die Entstehung von „Ciudades Valladas" durch den nahezu vollständigen Rückzug des Staates aus der Raumordnung. Für jeden Investor ist ein Bauen „auf der grünen Wiese" jederzeit und ohne allzu große staatliche bzw. kommunale Auflagen möglich. Global agierende finanzstarke Entwicklungsgesellschaften bieten deshalb – bei ihrer Suche nach Investitionsmöglichkeiten – auf dem freien Immobilienmarkt Lateinamerikas immer größere Wohn- und Siedlungsprojekte an.

4 Erörtern Sie die Frage, ob mit der Entstehung von „Ciudades Valladas" das Ende der lateinamerikanischen Stadt eingeleitet wird.

„Ciudades Valladas" entsprechen nur in sehr wenigen Punkten den Kriterien des geographischen Stadtbegriffs. Daher kann man zu dem Schluss kommen, dass mit dem Aufbau dieser neuartigen städtebaulichen Projekte das Ende der lateinamerikanischen Stadt eingeleitet wird. Diese Wohnform entspringt einer antiurbanen Haltung nach dem Motto „my home – my castle". Sie steht damit im Gegensatz zur traditionellen offenen, kommunikationsfreudigen Stadt lateinamerikanischer Prägung.
Es ist allerdings zu fragen, ob es sich hier nicht um Einzelerscheinungen handelt, deren Zukunft noch völlig ungewiss ist. Sind die „Ciudades Valladas" ohne das Angebot an Dienstleistungen aller Art, an „städtischer Atmosphäre", an sozialer und ethnischer Vielfalt überhaupt überlebensfähig? Insbesondere ist zu betonen, dass neben diesen neuartigen städtebaulichen Komplexen nach wie vor eine Vielzahl lateinamerikanischer Städte besteht, die als politische, wirtschaftliche und kulturelle Zentren alle faszinierenden, attraktiven, daneben auch negativen Merkmale von Urbanität aufweisen.

Name: Klasse: Datum:

Klett
© Ernst Klett Verlag GmbH, Stuttgart 2015. | www.klett.de | Erstellt für: TERRA OS TB Entwicklungsländer | ISBN: 978-3-12-104706-2
Alle Rechte vorbehalten. Von dieser Druckvorlage ist die Vervielfältigung für den eigenen Unterrichtsgebrauch gestattet.
Die Kopiergebühren sind abgegolten. Für Veränderungen durch Dritte übernimmt der Verlag keine Verantwortung.

Schülerbuch
Seite 140 bis 147

Stadt und Stadtentwicklung in außereuropäischen Kulturkreisen

Tunis – eine islamisch orientalische Stadt im Wandel

1 Medina von Tunis
a) Charakterisieren Sie anhand der Materialien M1 und M2 die traditionelle Medina von Tunis.
b) Vergleichen Sie die Medina mit der Altstadt mitteleuropäischer Städte.

2 Erläutern Sie die Entwicklung der Stadt.

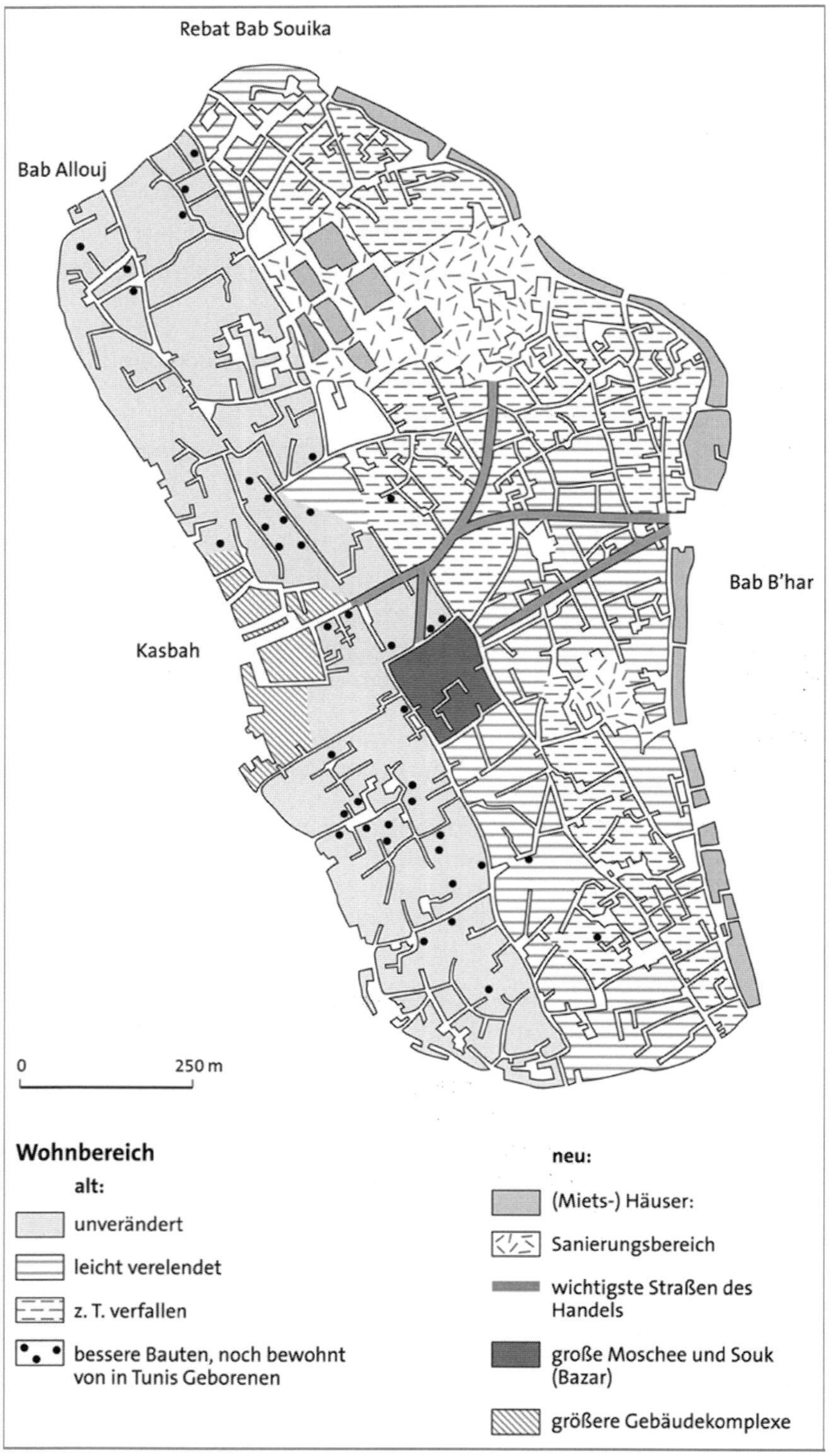
Rebat Bab Souika
Bab Allouj
Bab B'har
Kasbah
0
250 m
Wohnbereich
alt:
unverändert
leicht verelendet
z. T. verfallen
bessere Bauten, noch bewohnt von in Tunis Geborenen
neu:
(Miets-) Häuser:
Sanierungsbereich
wichtigste Straßen des Handels
große Moschee und Souk (Bazar)
größere Gebäudekomplexe

Troin, Jean-Francois: Le Maghreb – hommes et espaces. Paris, S. 262

M1 Die Medina von Tunis

Name: Klasse: Datum:

© Ernst Klett Verlag GmbH, Stuttgart 2015. | www.klett.de | Erstellt für: TERRA OS TB Entwicklungsländer | ISBN: 978-3-12-104706-2
Alle Rechte vorbehalten. Von dieser Druckvorlage ist die Vervielfältigung für den eigenen Unterrichtsgebrauch gestattet.
Die Kopiergebühren sind abgegolten. Für Veränderungen durch Dritte übernimmt der Verlag keine Verantwortung.

Stadt und Stadtentwicklung in außereuropäischen Kulturkreisen

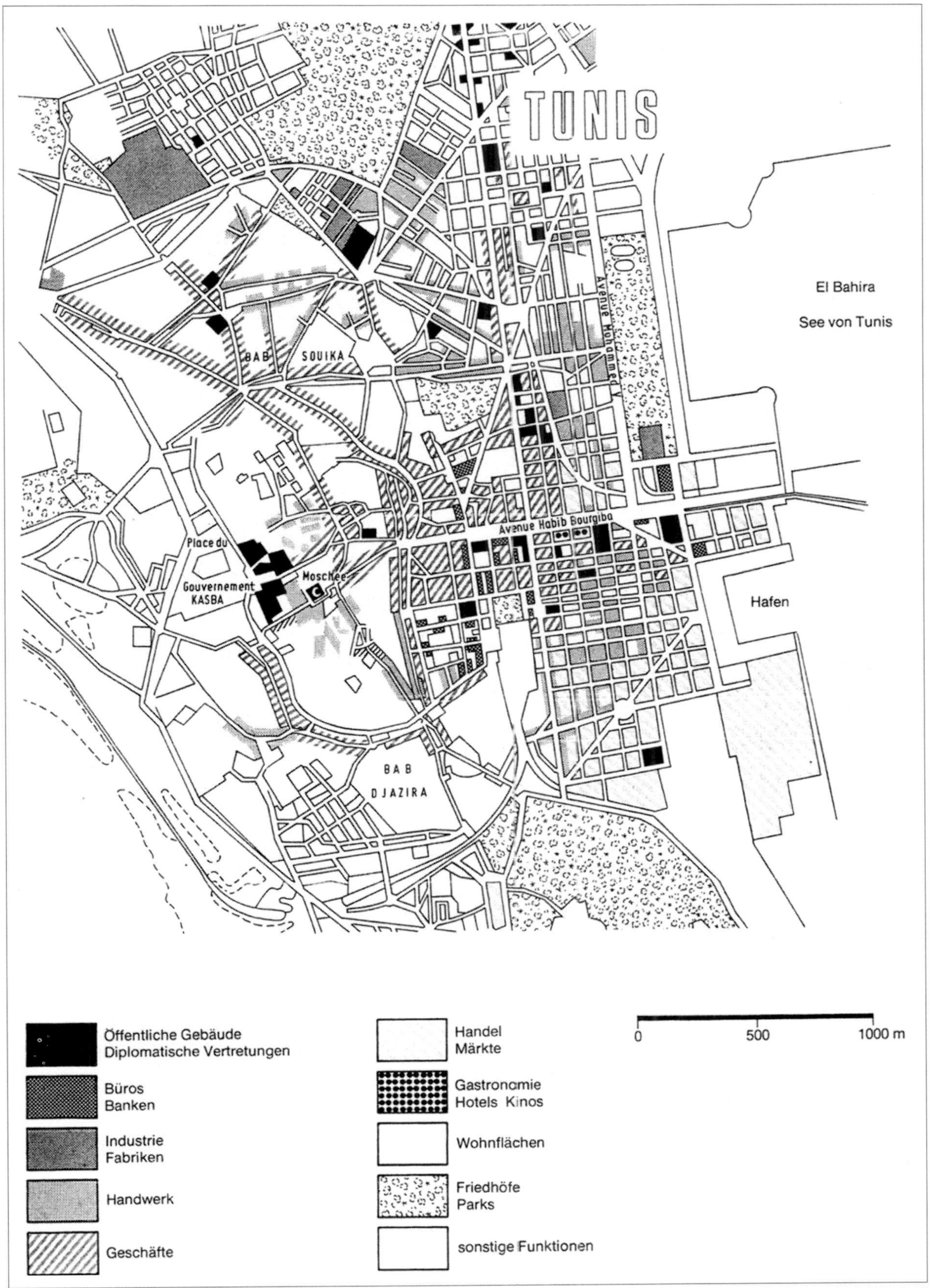

TUNIS

El Bahira
See von Tunis

Hafen

Avenue Mohammed V

Avenue Habib Bourgiba

BAB SOUIKA

Place du Gouvernement
KASBA

Moschee

BAB DJAZIRA

Öffentliche Gebäude
Diplomatische Vertretungen

Büros
Banken

Industrie
Fabriken

Handwerk

Geschäfte

Handel
Märkte

Gastronomie
Hotels Kinos

Wohnflächen

Friedhöfe
Parks

sonstige Funktionen

0 500 1000 m

Frankenberg, Peter: Tunesien. Klett Länderprofile. Stuttgart: Klett 1979, S. 45

M2 Innerer Aufbau der engeren Stadt Tunis

Name: Klasse: Datum:

© Ernst Klett Verlag GmbH, Stuttgart 2015. | www.klett.de | Erstellt für: TERRA OS TB Entwicklungsländer | ISBN: 978-3-12-104706-2
Alle Rechte vorbehalten. Von dieser Druckvorlage ist die Vervielfältigung für den eigenen Unterrichtsgebrauch gestattet.
Die Kopiergebühren sind abgegolten. Für Veränderungen durch Dritte übernimmt der Verlag keine Verantwortung.

Schülerbuch
Seite 140 bis 147

Stadt und Stadtentwicklung in außereuropäischen Kulturkreisen

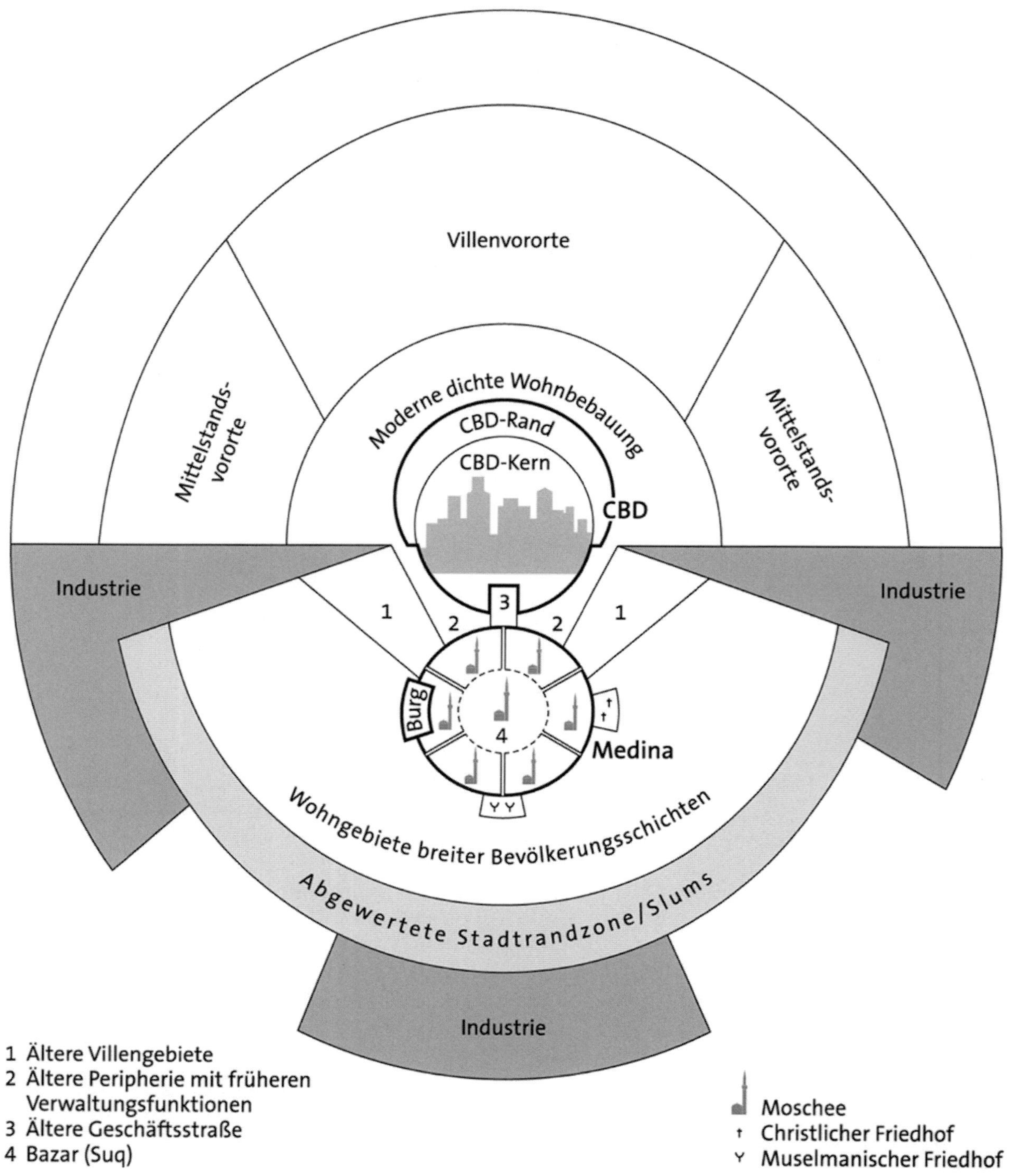

M3 Strukturschema einer islamisch-orientalischen Stadt

Name: Klasse: Datum:

© Ernst Klett Verlag GmbH, Stuttgart 2015. | www.klett.de | Erstellt für: TERRA OS TB Entwicklungsländer | ISBN: 978-3-12-104706-2
Alle Rechte vorbehalten. Von dieser Druckvorlage ist die Vervielfältigung für den eigenen Unterrichtsgebrauch gestattet.
Die Kopiergebühren sind abgegolten. Für Veränderungen durch Dritte übernimmt der Verlag keine Verantwortung.

Stadt und Stadtentwicklung in außereuropäischen Kulturkreisen

Lösung

Tunis – eine islamisch orientalische Stadt im Wandel

1 Medina von Tunis
a) Charakterisieren Sie anhand der Materialien M1 und M2 die traditionelle Medina von Tunis.
b) Vergleichen Sie die Medina mit der Altstadt mitteleuropäischer Städte.

Den Materialien lassen sich folgende charakteristische Merkmale entnehmen:
- verwinkeltes Straßen- bzw.Gassensystem, z. T. Sackgassen, große Moschee als religiös-kulturelles und Suk (Bazar) als wirtschaftliches Zentrum der Stadt,
- Suk stark durchsetzt von Handwerksbetrieben,
- geschlossene Stadtmauer als Grenze zwischen Medina und Umland bzw. Neustadt,
- zwei große Tore (Bab) als Einlass in die Medina,
- eine Burg (Kasbah) am Rande der Medina, direkt an der Stadtmauer,
- mit Ausnahme der Kasbah und der großen Moschee nur wenige größere Gebäudekomplexe in der Medina.

Viele der aufgeführten Merkmale werden in der Literatur oft als „eigenständige Kulturleistung des islamischen Mittelalters“ bezeichnet, die die Altstädte des Orients deutlich von anderen genetischen Stadttypen, z. B. Mitteleuropas, unterscheiden. Dennoch sind viele große Ähnlichkeiten mit der abendländischen Stadt auszumachen, z. B. verwinkeltes Straßen- und Gassensystem, Kirche bzw. Kathedrale als religiöser Mittelpunkt, Handelsmärkte und Handwerksbetriebe in der Altstadt, Befestigung durch eine Stadtmauer mit Stadttoren, Burg am Rande der Altstadt.

2 Erläutern Sie die Entwicklung der Stadt.

Bis in die Gegenwart hat sich das Erscheinungsbild der islamisch-orientalischen Stadt z. T. grundlegend verändert, ein Prozess, der in den Grundzügen als „Verwestlichung“ charakterisiert werden kann. Im unmittelbaren Anschluss an die Medina hat sich eine Neustadt gebildet, ein Strukturelement, das auf den Einfluss der Kolonialmacht Frankreich zurückgeht (vgl. Straßenname Avenue). Das großzügig angelegte regelmäßige Straßennetz steht in deutlichem Gegensatz zu den verwinkelten Gassen der Medina. Im Kern der Neustadt, unmittelbar in Anlehnung an die Altstadt und von ihr getrennt durch einen Boulevard, hat sich – analog zu den westlichen Städten – ein Geschäftszentrum (CBD) herausgebildet mit Geschäften, Büros, öffentlichen Gebäuden, diplomatischen Vertretungen, Hotels, Kinos und Restaurants. Einzelne (wenige) Industriebetriebe finden sich am Rande der Stadt. Die gesamte innere Stadt wird von Wohngebieten durchsetzt – mit einer Konzentration am Rande der Medina.
Die Wohngebiete weisen eine klare soziale Segregation auf (M3):
- ältere Wohngebiete breiter (ärmerer) Bevölkerungsschichten am Rande der Medina,
- moderne dicht bebaute Wohngebiete am Rande des CBD (vermutlich untere Mittelschicht),
- daran anschließend Mittelstandswohngebiete sowie Villenvororte.

Die Wohngebiete in der Medina sind z. T. verfallen bzw. sanierungsbedürftig, was auf einen niedrigen Sozialstatus der Bewohner schließen lässt.
All diese Merkmale berechtigen, vom heutigen Tunis als einer „zweipoligen Stadt“ zu sprechen. Eine derartige Struktur ist, wie auch das Modell M3 zeigt, für die islamisch-orientalischen Städte insgesamt typisch.

Name: Klasse: Datum:

© Ernst Klett Verlag GmbH, Stuttgart 2015. | www.klett.de | Erstellt für: TERRA OS TB Entwicklungsländer | ISBN: 978-3-12-104706-2
Alle Rechte vorbehalten. Von dieser Druckvorlage ist die Vervielfältigung für den eigenen Unterrichtsgebrauch gestattet.
Die Kopiergebühren sind abgegolten. Für Veränderungen durch Dritte übernimmt der Verlag keine Verantwortung.

Schülerbuch
Seite 148 bis 159

3.4 Metropolisierung und Marginalisierung – Prozesse im Rahmen der weltweiten Verstädterung

Strukturierungshilfe

Phase	Thema	Seite	Material	Aufgabe	Methodische Hinweise
Einstieg	Metropolisierung und Marginalisierung – Fallbeispiel Lagos – Erarbeitung von „Neugier- und Forschungsfragen“	 148 149	 1 und 3 2, 4; Text	 1 2–3	
Erarbeitung 1	Verstädterung und Urbanisierung	150–151	5–9; Text	4–7	Exkurs: Aufgabe 8
Erarbeitung 2	Herausbildung von Megastädten und Metropolen	152–153	10–13; Text	9–11	Einsatz der Kopiervorlage „Metropolisierung in Südostasien“
Differenzierungsangebote	Megacitys als Orte großer Vulnerabilität und Gefährdung Fallbeispiel Jakarta Fallbeispiel Rio de Janeiro	 154–155 154–155	 Text; 14–15 14 und 16	 12–13 12–13	
Erarbeitung 3	Marginalisierung – Leben am Rande der Gesellschaft	156–157	18–21	14–17	
Hausaufgabe	Bedeutung des Informellen Sektors	158	22–23; Text	18–19	Mögliches Referatthema
Diskussion	Slums – Stätten der Hoffnungslosigkeit oder der Hoffnung?	159	24–26	20	

Lösungshinweise **Seite 148/149**

1 Arbeiten Sie aus Foto 1 und Text 2 Merkmale der demographischen und sozialen Situation in Lagos heraus.

Das Foto zeigt bereits sehr eindrucksvoll die soziale und sozialräumliche Situation von Lagos. Die Wolkenkratzer eines Geschäftsviertels und eine aufwendig gestaltete Moschee stehen in krassem Gegensatz zu den dazwischen eingezwängten einfachsten Behausungen der marginalisierten Bevölkerung. Insbesondere diese Bevölkerungsgruppe wächst ständig durch den täglichen Zustrom von Menschen aus dem ländlichen Raum oder aus kleineren Städten. Mit einem jährlichen Zuwachs von acht Prozent wird Lagos „zum Prototyp einer … explosionsartigartig wachsenden Stadt.“

Die Sozialstruktur ist gekennzeichnet durch einen gewaltigen Gegensatz zwischen einer kleinen Minderheit mit extremem Reichtum und einer Masse von Armen. Letztere lebt in riesigen Slums am Rande der Gesellschaft, ohne Jobs und regelmäßige Einkünfte. Ihre einzige Überlebenschance liegt im informellen Sektor, also in Gelegenheitsjobs aller Art.

2 Analysieren Sie die Karte 4 im Hinblick auf Tendenzen des Verstädterungsprozesses.

Die Karte zeigt folgende Grundzüge der Entwicklung:

- Da der Verstädterungsprozess in den entwickelten Staaten bereits ein hohes Niveau erreicht hat, schwächt er sich hier stark ab.
- In den Entwicklungsländern Afrikas und Asiens dagegen ist ein sehr starkes Anwachsen der Stadtbevölkerung erkennbar. Hier wird sich die Zahl der Stadtbewohner in den nächsten Jahrzehnten gewaltig erhöhen.

3 Erstellen Sie zum Thema „Metropolisierung und Marginalisierung“ einen Katalog von „Neugier- oder Forschungsfragen“, die Ihnen die folgenden Seiten beantworten sollen.

Die anschauliche Darstellung der Situation in der Megacity Lagos (Foto 1 und Text 2) und die Informationen über die gegenwärtigen Wachstumsraten der städtischen Bevölkerung (SB, S. 149) zeigen eindrucksvoll, dass der weltweite Verstädterungsprozess zu den wichtigsten aktuellen Problemfeldern gehört. Das rasche Wachstum der Großstädte vor allem in den Entwicklungs- und Schwellenländern birgt gewaltigen Zündstoff. Wenn es nicht gelingt, die Menschen in den überquellenden Metropolen mit Ausbildungs- und Arbeitsplätzen oder Wohnraum zu versorgen, besteht die Gefahr der Radikalisierung. Immer mehr Menschen könnten versucht sein, in den wohlhabenden Ländern nach einer Existenzgrundlage zu suchen. Insofern werden auch wir in Europa betroffen sein. Und auch hier stehen die Städte vor der gewaltigen Herausforderung, ihre weitere Entwicklung nach den Grundsätzen der Nachhaltigkeit zu gestalten.

Diese Problematik sollte den Schülern in der Einstiegsdiskussion bewusst werden. Daraus könnten sich dann z. B. folgende „Neugier- oder Forschungsfragen“ ergeben:
- Wo liegen die Ursachen des weltweiten Verstädterungsprozesses?
- Gibt es bei diesem Prozess Unterschiede zwischen Industrie- und Entwicklungsländern?
- Warum wachsen einige Städte besonders stark, wie kommt es zur Herausbildung von Metropolen?
- Sind Megastädte stärker verwundbar durch Naturgefahren oder ökologische und soziale Gefährdungen als kleinere Städte?
- Was bedeutet die Marginalisierung, also das Leben am Rande der Gesellschaft, für den Einzelnen? Welche Lebenschancen hat er?
- Sind die städtischen Slums nur Stätten der Hoffnungslosigkeit oder gibt es in ihnen auch Ansätze und Möglichkeiten, sich empor zu arbeiten?
- ...

Lösungshinweise **Seite 150/151**

4 Beschreiben Sie anhand konkreter Beispiele die Prozesse „Verstädterung“ und „Urbanisierung“.

Verstädterung umfasst verschiedene Aspekte und Prozesse.
- Quantifizierbarer, demografischer Aspekt: wachsender Anteil der in urbanen Räumen lebenden Bevölkerung (gemessen als Verstädterungsgrad) oder die Zunahme der Städtezahl in einem bestimmten Raum (gemessen in absoluten Zahlen) oder das Wachstum der Städte im Hinblick auf Bevölkerung und Fläche (gemessen in absoluten Zahlen oder in Flächeneinheiten bzw. Angaben zur Bevölkerungsdichte).
- Physiognomischer Aspekt: Anlage eines kompakten Siedlungskörpers in verschiedensten Grundrissformen mit geschlossener Bauweise in den Innenstädten und offener Bauweise in den äußeren Stadtteilen, mit dem Vorherrschen von Mehrgeschossen bis hin zum Hochhaus und mit deutlicher innerer Differenzierung der Raumstruktur (Viertelsbildung).
- Ausbildung und Ausbreitung städtischer Lebensformen, Haushaltsstrukturen (z. B. Singles), Konsummuster (z. B. Shopping in Malls mit einem weiten Angebot an Waren und Unterhaltungsmöglichkeiten) und Wertevorstellungen (z. B. vielfältige Formen des Zusammenlebens).

Der letztgenannte, soziologische Aspekt der Verstädterung wird auch als Urbanisierung bezeichnet.

5 Arbeiten Sie aus den Grafiken 5 und 6 Grundaussagen zum Verstädterungsprozess heraus.

Aus Grafik 5 lassen sich folgende Informationen zur Entwicklung der städtischen Bevölkerung entnehmen:
- bei stark wachsender Weltbevölkerung seit 1800 Zunahme des in städtischen Räumen lebenden Anteils von 3,2 % auf 57,2 %,
- kurz nach dem Jahr 2007 Überschreiten der 50 %-Marke beim Anteil der städtischen Bevölkerung, also Eintritt ins „Jahrtausend der Städte“,
- ständig wachsender Anteil der Bevölkerung in Städten mit mehr als einer Million Einwohner; prognostizierter Prozentsatz bis 2025 bei über 25 %,
- auch starker Anstieg des Bevölkerungsteils in Megastädten mit mehr als 10 Mio. Einwohnern.

Grafik 6 schlüsselt den Zuwachs der städtischen Bevölkerung regional auf:
- Verstädterungsgrad in den hoch entwickelten Ländern bereits seit 1980 bei mindestens 75 %,
- Entwicklungsländer insgesamt noch in einem Nachholprozess mit Verstädterungsgrad aktuell von knapp unter 50 %,
- innerhalb der Entwicklungsländer gegenwärtig Afrika südlich der Sahara und Südasien mit dem niedrigsten Stand beim Verstädterungsprozess,
- Ostasien und Pazifik etwa beim Welt-Durchschnittswert.

6 Vergleichen Sie den Verstädterungsprozess in Industrie- und Entwicklungsländern.

Der Verstädterungsprozess in Industrie- und Entwicklungsländern lässt sich anhand ausgewählter Kriterien tabellarisch wie folgt zusammenfassen und vergleichen:

	Industrieländer	Entwicklungsländer
Grundlagen der Verstädterung	Industrialisierung und tief greifende Agrarreformen; ausreichendes Arbeitsplatzangebot in den im Zuge der Industriellen Revolution entstandenen städtischen Zentren	unkontrollierte Verstädterung und fehlende wirtschaftliche Basis
Ausmaß	auch in der zweiten Hälfte des 19. Jahrhunderts relativ gemäßigt	auch in der zweiten Hälfte des 19. Jahrhunderts relativ gemäßigt wesentlich stärkeres Wachstum als in den Industrieländern
Ursachen	Zuwanderung, ausgelöst durch Agrarreformen und die Pull-Faktoren der neuen städtischen Zentren; natürliches Wachstum nur mit geringem Einfluss	starke Zuwanderung und hohes natürliches Bevölkerungswachstum in weit höherem Ausmaß als in Europa und Nordamerika; hohe natürliche Zuwachsraten v. a. aufgrund der niedrigeren Sterberate in den Städten als auf dem Land und der jugendlichen Alterstruktur der städtischen Bevölkerung
Erscheinungsformen – Problematik	weitgehend problemlose Integration der Zuwanderer in die städtische Wirtschafts- und Sozialstruktur; aufgrund niedriger Löhne und Ausbeutung aber trotzdem Massenelend in der Frühphase der Industrialisierung („Soziale Frage“)	keine entsprechende Zunahme der städtischen Arbeitsplatzangebote für die Masse der Zuwanderer und jungen Einwohner; in der Folge Marginalisierung der Zuwanderer, Armut, Kampf um die nackte Existenz

1

7 Erörtern Sie die Realisierungschancen der in Grafik 8 aufgeführten Erwartungen (Pull-Faktoren).

Die wenigsten Erwartungen der Zuwanderer aus dem ländlichen Raum werden sich im erhofften Umfang erfüllen. Angesichts der wirtschaftlichen und sozialen Situation in den Städten ergeben sich nur wenige Arbeitsmöglichkeiten mit entsprechend hohem Verdienst. Auch die Chancen für einen Aufstieg sind begrenzt. Das Angebot an öffentlichen Infrastruktureinrichtungen, Gütern und Dienstleistungen steht nur wenigen Menschen zur Verfügung.

Andererseits bietet insbesondere der informelle Sektor doch eine ganze Reihe von - wenn auch bescheidenen - Existenzmöglichkeiten, die häufig über dem Standard des ländlichen Raumes liegen. Herausgelöst aus den Traditionen und Bindungen des dörflichen Lebens, des Stammes oder der Familie haben insbesondere Frauen die Chance, aus vorgegebenen Rollen auszubrechen und sich ein gewisses Maß an persönlicher Freiheit zu erkämpfen.

8 Gestalten Sie - ggf. in Zusammenarbeit mit dem Fach Geschichte - eine Präsentation zum Thema „Verstädterung in der Phase der Hochindustrialisierung der westlichen Industriegesellschaften - Ursache oder Folge von Bevölkerungswanderungen?"

Die Aufgabenstellung bietet den Impuls für einen Exkurs, für eine Facharbeit oder ein Referat. Die Präsentation könnte anhand folgender übergeordneter Gesichtspunkte gegliedert werden:

- Ursachen und Grundlagen der räumlichen Konzentration von Industriestandorten im 19. und beginnenden 20. Jahrhundert (Energie- und Rohstofforientierung),
- Abwanderungsgebiete (Push-Faktoren),
- Industrieschwerpunkte und Zuwanderungsgebiete (Pull-Faktoren),
- Wachstumsphasen am Beispiel einer ausgewählten Stadt; ausgewählte Folgeerscheinungen,
- Vergleich mit der Heimatstadt.

Lösungshinweise Seite 152/153

9 Charakterisieren Sie die weltweite Verteilung der Megastädte.

Die weitaus meisten und auch größten Megastädte (> 10 Mio. Ew.) befinden sich in Süd- und Südostasien, also in Räumen mit einer auch aktuell stark wachsenden städtischen Bevölkerung (Karte 3, S. 33). Afrika als der Kontinent mit der gegenwärtig höchsten Verstädterungsrate weist dagegen erst wenige Metropolen auf. Hier ragen Lagos und Kairo hervor.

In Nord- und Südamerika gibt es jeweils nur drei Metropolen, die die 10-Millionengrenze überschritten haben. Noch weniger Metropolen weist Europa auf, wo die Megalopolis Rhein-Ruhr hervorsticht. In Australien hat überhaupt noch keine Großstadt den Rang einer Metropole erreicht.

10 Vergleichen Sie auf der Grundlage einschlägiger Statistiken (Internet) den Metropolisierungsgrad von fünf ausgewählten Ländern.

Der Metropolisierungsgrad ist zu berechnen
- anhand der „demografischen primacy", also des prozentualen Anteils der Metropole an der gesamten Landesbevölkerung
- des „Index of primacy", also des Quotienten zwischen der größten und zweitgrößtem Stadt eines Landes.

Die entsprechenden absoluten Werte sind anhand einschlägiger Statistiken zu ermitteln.

Beispiel: drei ausgewählte Länder Südostasiens im Vergleich mit Deutschland (Nach Fischer Weltalmanach 2015):

Land	Gesamtbevölkerung [Mio.]	Einwohner Metropole [Mio.]	Einwohner zweitgrößte Stadt [Mio.]	demografische primacy	Index of primacy
Thailand	76,011	Bangkok: 6,320	Samut Prakan: 0,378	8,3	16,7
Indonesien	249,866	Jakarta: 9,586 Agglomeration:13,0	Surabaya: 2,765	3,8 5,2	3,4 4,7
Myanmar	53,259	Yangon: 3,713	Mandalay: 0,952	6,9	3,9
Deutschland	80,622	Berlin: 3,375	Hamburg: 1,734	4,2	1,9

Bei den ausgewählten Ländern weist Thailand einen sehr starken Metropolisierungsgrad auf. Deutschland hat demgegenüber ein eher ausgewogenes Städtesystem.

Betrachtet man den südostasiatischen Raum als Ganzes, lässt sich Folgendes feststellen. Die Metropolisierung ist besonders stark in Thailand, Vietnam, Indonesien und auf den Philippinen ausgeprägt. Hier dominieren die Millionenstädte Bangkok, Ho Chi Minh City und Manila. Bezieht man die Ballungsraum-Randzone mit ein, gehört auch Kuala Lumpur (Malaysia) zu den Megastädten, die für ihr Land das alles überragende Zentrum darstellen.

In Indonesien, Malaysia und bis zu einem gewissen Grad auch in Vietnam ist die Metropolisierung insoweit etwas abgeschwächt, als auch die zweit- und teilweise auch drittgrößten Städte fast die 5-Millionengrenze erreichen.

Auch in Myanmar, Laos, Kambodscha, Brunei und Osttimor gibt es dominierende Zentren. Die sind aber mit Einwohnerzahlen um die 500 000 kaum als Megacity zu bezeichnen.

11 Erläutern Sie Folgeprobleme der Metropolisierung.
Durch die funktionale primacy wird die die Sogwirkung der Metropolen und damit die Landflucht in den Entwicklungsländern immer weiter verstärkt. Das führt zu einer ständigen Überforderung der Metropolen. Die können weder im Angebot von Arbeits- bzw. Ausbildungsplätzen noch bei der Bereitstellung von ausreichendem Wohnraum oder von infrastrukturellen Versorgungseinrichtungen Schritt halten. Gleichzeitig unterliegt der ländliche Raum einer ständigen Auszehrung. Gerade die für eine Modernisierung notwendigen jungen, aktiven, dynamischen, aufstiegsorientierten Menschen wandern in die Metropolen ab.

Lösungshinweise **Seite 154/155**
Wählen Sie eines der beiden Fallbeispiele (Jakarta, Rio de Janeiro) aus.

12 Untersuchen Sie mithilfe des Rasters 14 die jeweiligen Ursachen der Verwundbarkeit.
Fallbeispiel Jakarta – Gefährdung durch Naturgefahren und Umweltprobleme
- Exposition: Die Stadt liegt in der Bucht von Jakarta an der Nordwestküste der Insel Java an einer Flussmündung durchschnittlich acht Meter über dem Meeresspiegel. Das „weit verzweigte Wassernetz" in dieser Tieflands- und Küstenlage ist eine der Hauptursachen der Verwundbarkeit gegenüber Naturgefahren wie Tropischen Stürmen und Überschwemmungen.
- Anfälligkeit: Die Infrastruktur erweist sich als kaum funktionstüchtig beim Umgang mit dem Wasser, insbesondere den Abwässern. Industrie, Landwirtschaft und Privathaushalte leiten ihre Abwässer ungefiltert in offene Kanäle. Das gefährdet die Versorgung mit Trinkwasser. Zudem verteilen die Fluten auch die eingeleiteten Giftstoffe. Insbesondere bei Hochwasser drohen damit akute Versorgungsprobleme.
- Bewältigungskapazität: Die Bereitschaft und die Fähigkeit der zuständigen Institutionen und Akteure, die Probleme des Hochwasserschutzes und der Abwasserreinigung zu lösen, waren bisher noch nicht in ausreichendem Maße vorhanden.
- Anpassungskapazität: Es gibt erste Lösungsansätze durch private Investoren (z. B. Kläranlage-Investition durch Gaya-Motor) oder Behörden (Einführung kleiner Klärwerke „für den Hausgebrauch" durch die Umweltbehörde).

Die Megacity Jakarta ist also besonders durch seine Exposition gegenüber Naturgefahren, die mangelhaft ausgebaute Infrastruktur und die noch zu geringe Bereitschaft der Verantwortlichen, bestehende Strukturen zu verändern, in hohem Maße verwundbar.

Fallbeispiel Rio – Gefährdung durch soziale Verwundbarkeit
- Anfälligkeit: In den Favelas von Rio fehlt es an dringend benötigten öffentlichen Investitionen in öffentliche Dienstleistungen, in die Gesundheitsversorgung und in die Bildung. Dadurch fehlen den Bewohnern von Marginalsiedlungen Perspektiven und Lebenschancen, Das macht sie anfällig für Gewaltbereitschaft, Kriminalität, Drogenhandel.
- Bewältigungskapazität: Die verantwortlichen Behörden reagierten auf die Missstände in den Favelas vor allem mit massiven, teilweise brutalen Polizeieinsätzen. Das hat zwar zeitweise die Kriminalitätsrate gesenkt, hat aber die Ursachen der Vulnerabilität nicht beseitigt.
- Anpassungskapazität: Die Bereitschaft der Verantwortlichen, bestehende wirtschaftliche Missstände (z. B. zu geringe Ausbildungsmöglichkeiten oder Arbeitsplatzangebote für die Favela-Bewohner) zu beseitigen, ist noch kaum erkennbar.

Die Megacity Rio de Janeiro ist also vor allem aufgrund der geringen Bewältigungs- sowie Anpassungsfähigkeit der Verantwortlichen in hohem Maße durch soziale Spannungen und Unruhen gefährdet.

13 Erörtern Sie die Chancen für eine deutliche Verminderung der Vulnerabilität dieser städtischen Agglomerationen.
Um die Vulnerabilität von Megacities wie Jakarta oder Rio de Janeiro deutlich zu vermindern, müsste die Anfälligkeit gesenkt sowie die Bewältigungskapazität und Anpassungsfähigkeit erhöht werden. Das setzt strukturelle Reformen voraus, um z. B. die Wirtschaft der jeweiligen Länder bzw. Regionen zu modernisieren. Auf dieser Basis ließe sich die Ernährungs- und Gesundheitssituation der Bevölkerung stabilisieren. Es stünden dann auch genügend Finanzmittel für den Auf- und Ausbau der Infrastruktur (z. B. Verkehrswege, Wasserver- und entsorgung, geordnete Mülldeponierung, Netz von Notfalldiensten) zur Verfügung. Auch müssten die zuständigen Institutionen in die Lage versetzt werden, durch die Verfügbarkeit über entsprechende Ressourcen auf Naturereignisse oder sonstige Gefährdungen rasch und effizient zu reagieren. Entscheidend ist vor allem auch die Bereitschaft der politisch Verantwortlichen, existierende Strukturen im Hinblick auf Vorsorgemaßnahmen zu verändern.
Das aber ist alles Theorie. Wie die Beispiele zeigen, sind alle Gefährdungsfaktoren bekannt. Trotzdem verunreinigen in Jakarta Industrie, Landwirtschaft und Privatleute in erheblichem Ausmaß das Trinkwasser. „Die Umweltbehörde hinkt den Problemen bei Hochwasserschutz und Abwasserreinigung hinterher" – das heißt, die Bewältigungskapazität und Anpassungsfähigkeit im Hinblick auf ökologische Gefährdungen ist gering. Einzelne Verbesserungsmaßnahmen gehen auf Privatinitiativen zurück (z. B. Kläranlagenbau durch einen Autohersteller). Oder die Umweltbehörde setzt punktuell mit der Einführung septischer Tanks nur bei den Privathaushalten an. All das wirkt wie ein Tropfen auf den heißen Stein.
Ähnliches gilt für die Bewältigung der sozialen Verwundbarkeit in Rio de Janeiro. Statt in öffentliche Dienstleistungen und Arbeitsplätze zu investieren, um die Situation in den Favelas zu verbessern, bekämpfen die Behörden die Symptome: Sie schicken Polizei. Und das wohl auch nur deshalb, um vor der Fußballweltmeisterschaft 2014 und vor den Olympischen Spielen 2016 die Situation in den Marginalvierteln zu befrieden.
Es besteht der Verdacht, dass nach dem Ende der sportlichen Großereignisse strukturell alles beim Alten bleibt.
Eine deutliche Verminderung der Vulnerabilität ist nur erreichbar, wenn sich bei den politisch Verantwortlichen die Erkenntnis durchsetzt, dass Strukturreformen und Präventions-

maßnahmen letztendlich billiger sind als das Beseitigen von ökologischen Schäden oder der Folgen von Gewaltausbrüchen.

Lösungshinweise **Seite 156/157**

14 Beschreiben Sie die sozialräumliche Situation von Lagos und Rio de Janeiro.

Die sozialräumliche Situation von Lagos wurde bereits beim Auftakt zu diesem Kapitel illustriert (SB, S. 148, Foto 1 und Text 2). Das Foto 18 und der Zeitungsbericht über „Makoko: A shantytown" beschreibt nun im Detail das Leben in einer Marginalsiedlung. Die liegt in den Lagunen von Lagos am nördlichen Ende des Hafens. Die Häuser stehen auf Holzstelzen und sind damit nur notdürftig gegen Hochwassergefahren geschützt. Diese prekäre Lage steht im Gegensatz zu den illustren Wohngebieten der Ober- und Mittelschicht.
Auch in Rio den Janeiro zeigt sich die sozialräumliche Segregation in einer klaren Abgrenzung der Wohnviertel verschiedener sozialer Schichten. Die Ober- und Mittelschicht wohnt bevorzugt in den strandnahen Vierteln entlang des Atlantischen Ozeans (Barra da Tijuca, Strände Ipanema und Copacabana). Hier schottet sie sich überwiegend in Condomínios, also in Gated Communities, von der übrigen Bevölkerung ab. Die Wohngebiete der Unterschichten sind auf die Hügellagen im Hinterland abgedrängt oder sie liegen in kurzer, leicht zu bewältigender Entfernung zu den Industriegebieten in der Mitte oder im Norden von Rio de Janeiro. Die Favelas der marginalisierten Bevölkerungsgruppen finden sich eingezwängt zwischen Industriegebieten und Unterschichtenvierteln. Häufig sind sie auch direkt in die Hänge oder Hügel hineingebaut wie zum Beispiel die Favela nordöstlich des Corcovado (704 m) oder die Favela „La Rocinha".

15 Arbeiten Sie aus Karte 20 die Hauptaussagen heraus.

Die Karte zeigt für Kontinente bzw. Großregionen den Anteil der Slumbewohner an der jeweiligen Stadtbevölkerung. Dabei lassen sich folgende Grundzüge feststellen:
- höchster prozentualer Anteil (72 %) der Slumbewohner in der Region „Sahara und Afrika (südlich der Sahara)",
- auch in Südasien der Slumbewohner Anteil noch deutlich über 50 Prozent,
- in Ostasien, Südamerika sowie Nordafrika und Naher Osten zwar deutlich geringerer Anteil, aber noch immer zwischen 28 und 36 Prozent,
- geringste Slumbewohneranteile in Nordamerika und Westeuropa (5 %).

16 Vergleichen Sie die Situation in Lagos mit Ihren Ergebnissen der Aufgabe 7, S. 151.

In Aufgabe 7 waren die Realisierungschancen der in Grafik 8 aufgeführten Erwartungen (Pull-Faktoren) zu erörtern. Das Ergebnis lässt sich in folgenden zwei Thesen zusammenfassen:
- Die wenigsten Erwartungen der Zuwanderer aus dem ländlichen Raum werden sich im erhofften Umfang erfüllen.
- Andererseits bietet insbesondere der informelle Sektor doch eine ganze Reihe von – wenn auch bescheidenen – Existenzmöglichkeiten, die häufig über dem Standard des ländlichen Raumes liegen.

Beide Thesen lassen sich anhand der Situation in Lagos bestätigen. Im Makoko-Slum leben mehr als 100 000 Menschen – die meisten Zuwanderer aus den Nachbarstaaten Benin, Togo oder Ghana – in prekären Verhältnissen. Ihre armseligen Unterkünfte sind dauernd von Überschwemmungen bedroht und weisen keine geregelten Ver- und Entsorgungssysteme auf. Arbeitsplätze gibt es kaum. Und doch finden die Menschen im informellen Sektor ein Auskommen. Sie sind sehr erfinderisch, betreiben zum Beispiel Fisch- und Holzverarbeitungsbetriebe, haben sich Boote angeschafft und verkaufen von dort aus Dinge des täglichen Bedarfs von Nudeln bis zum Palmöl. „Mancher sieht in aufstrebenden „Barackenstädten" wie in Lagos gar ein „Heilmittel" für die Armut in der Dritten Welt" (SB, S. 148, Text 2).

17 Erklären Sie den Prozess der Marginalisierung.

Der soziale Abstieg von Bevölkerungsgruppen in eine wirtschaftliche, gesellschaftliche und physische Randexistenz wird als „Marginalisierung" bezeichnet. Es handelt sich also sowohl in sozialer wie räumlicher Hinsicht um ein „Leben am Rande". In Industrieländern weisen Bezeichnungen wie „Neue Armut" oder „Working Poor" auf die Folgen derartiger Prozesse hin. In Entwicklungsländern sind innerstädtische Slums oder randstädtische Elendssiedlungen sichtbares Ergebnis solcher Entwicklungen. Betroffen sind hier in erster Linie die Zuwanderer aus dem ländlichen Raum, für die sich die Hoffnungen auf einen die Existenz sichernden Arbeitsplatz nicht erfüllt haben. Der „informelle Sektor" ist für sie häufig die einzige Chance, sich Zugang zu lebenswichtigen Gütern und Einrichtungen zu verschaffen. Ohne regelmäßiges Einkommen und soziale Absicherungen führen sie ein Leben am Rande des Existenzminimums.

Lösungshinweise **Seite 158/159**

18 Versetzen Sie sich in die Lage eines Jugendlichen Ihres Alters in einem Slum: Beschreiben Sie Ihre Überlebensstrategie.

Mit etwas Kreativität ließe sich im informellen Sektor eine Reihe von „Nischen zum Überleben" finden, die Chancen auf einen Minimalverdienst bieten. Es können u. a. genannt werden:
- Verkauf selbst gebastelter Souvenirs an Touristen,
- Transport von Personen oder Waren auf Fahrrad-Rikschas,
- Tragen von Koffern- und Gepäck,
- Straßenverkauf von Kaltgetränken, Süßigkeiten, Zigaretten, Kaugummi usw. im Auftrag eines Händlers,
- Herstellung und Verkauf von Snacks (z. B. gesalzene Erdnüsse, Popcorn),
- Botendienste.

19 Stellen Sie Merkmale und Bedeutung des informellen Sektors dar.

Der Informelle Sektor ist ein den formellen Satzungen der staatlichen Ordnung weitgehend entzogener Bereich, der u. a. folgende Merkmale aufweist:
- illegaler Wohnungsbau mit Selbstverwaltung der Marginalsiedlungen,

- Ausbau einer gewissen Infrastruktur durch Eigeninitiative, häufig z. B. durch unerlaubtes Anzapfen des öffentlichen Stromnetzes und der kommunalen Wasserleitung,
- Ausbau eigener Versorgungs- und Rechtsprechungssysteme (durch „Slum lords"),
- Arbeiten ohne behördliche Genehmigungen und ohne das Bezahlen von Steuern,
- dauernde Suche nach Verdienstmöglichkeiten durch einfachste Dienstleistungsangebote,
- in Teilen auch Straßenkriminalität wie Diebstahl oder Rauschgifthandel, daneben Bettelei und Prostitution.

Will man die Bedeutung des informellen Sektors würdigen, sollte man ihn nicht nur an den Kriterien von Recht, Ordnung und Legalität messen. Für viele Zuwanderer und marginalisierte Bevölkerungsgruppen bietet er in vielen Fällen die einzige Existenzchance. Die Gegenüberstellung positiver und negativer Aspekte führt zu einem differenzierten Urteil.

Positive Aspekte	**Negative Aspekte**
– illegaler Wohnungsbau mit Selbstverwaltung der Marginalsiedlungen, – wichtigste, häufig einzige Beschäftigungsmöglichkeit für einen Großteil der städtischen Bevölkerung, – Verwendung einfacher, arbeitsintensiver Technologien; dadurch Beschäftigungschance auch für gering Qualifizierte, – Ausbau einer gewissen Infrastruktur durch Eigeninitiative unter Umgehung der staatlichen Regeln, – Ausbau eigener Versorgungs-, Rechtsprechungs- und Bildungssysteme, – Chance für Frauen zum Aufbrechen der traditionellen dörflichen Rollenverteilung.	– ganze Viertel von Marginalsiedlungen in der Regie von mafiosen „Slumlords" – Arbeiten ohne behördliche Genehmigungen und ohne das Bezahlen von Steuern, – ungeschützter Arbeitsbereich mit schlechter Bezahlung, fehlender sozialer Absicherung und geringer gewerkschaftlicher Organisation, – häufig aber unerlaubtes Anzapfen des öffentlichen Stromnetzes und der kommunalen Wasserleitung, – in Teilen auch Straßenkriminalität wie Diebstahl oder Rauschgifthandel, daneben Bettelei und Prostitution.

20 „Slums – Stätten der Hoffnungslosigkeit oder der Hoffnung?" Erörtern Sie die beiden hierzu vorgestellten Positionen.

Pessimisten wie Mike Davis sehen in den Slums vor allem Stätten der Armut mit einem Leben „im Schmutz der Müllhalden", ohne jegliche Grundversorgung oder soziale Absicherung. Die Bewohner sind beherrscht von kriminellen Banden und Slumlords, dauernd bedroht durch Vertreibungen durch die Stadtverwaltung, wenn es wieder einmal darum geht, in Zentrumsnähe moderne, teure Appartement- und Bürohochhäuser zu errichten. Ein wirklicher sozialer Aufstieg ist nach dieser Auffassung nur wenigen möglich. Die in den Slums lebende „informelle Arbeiterklasse" existiert ohne „formelle Anbindung an die Weltökonomie" und hat damit auch keine Chancen oder Alternativen. Die Menschen sind auf Dauer gezwungen, ihr Leben auf dürftigstem Niveau zu organisieren

Für die Optimisten sind Slums pulsierende, lebhafte, dynamische Stadtteile, in denen es vielen Bewohnern gelingt, in einem geschäftigen Treiben eine Existenzgrundlage zu finden. Ein Beispiel ist Dharavi, mit ca. einer Million Menschen der größte Slum Indiens, vielleicht sogar Asiens. Männern bieten sich hier Alternativen zu ihrem kärglichen Dasein als Landarbeiter oder landarme Bauern, Frauen können einen Job finden, einen kleinen Laden eröffnen, ihren Kindern eine bessere Ausbildung als auf dem Land eröffnen. Die Menschen in den Slums haben Kämpfen gelernt. Sie wünschen sich, dass zumindest ihre Kinder „einen Weg ans Licht finden." Es werden also Wege gesucht und es bestehen Chancen, auf der sozialen Leiter etwas nach oben zu steigen.

Durch die Gegenüberstellung beider (Extrem-)Positionen und weiterer Argumente sollen die Schüler zu einer differenzierten eigenen Position finden. Die können und sollen sie anhand aktueller Berichte in den Medien überprüfen. Dabei geht es vor allem auch darum, Maßstäbe der Bewertung zu finden.

3.4

Schülerbuch
Seite 148 bis 157

Metropolisierung und Marginalisierung

Metropolisierung in Südostasien

1 Beschreiben Sie die Verteilung der Megacities (über 5 Mio. Einwohner) in Südostasien.

2 Vergleichen Sie den Metropolisierungsgrad der Staaten Südostasiens.

3 Erklären Sie Zusammenhänge zwischen Metropolisierung und Marginalisierung.

4 „Die Metropolisierung ist eine Folge zunehmender weltwirtschaftlicher Verflechtungen." Überprüfen Sie diese Aussage auch mithilfe von M2.

5 Erstellen Sie zu den Ursachen der Metropolisierung ein Wirkungsgeflecht.

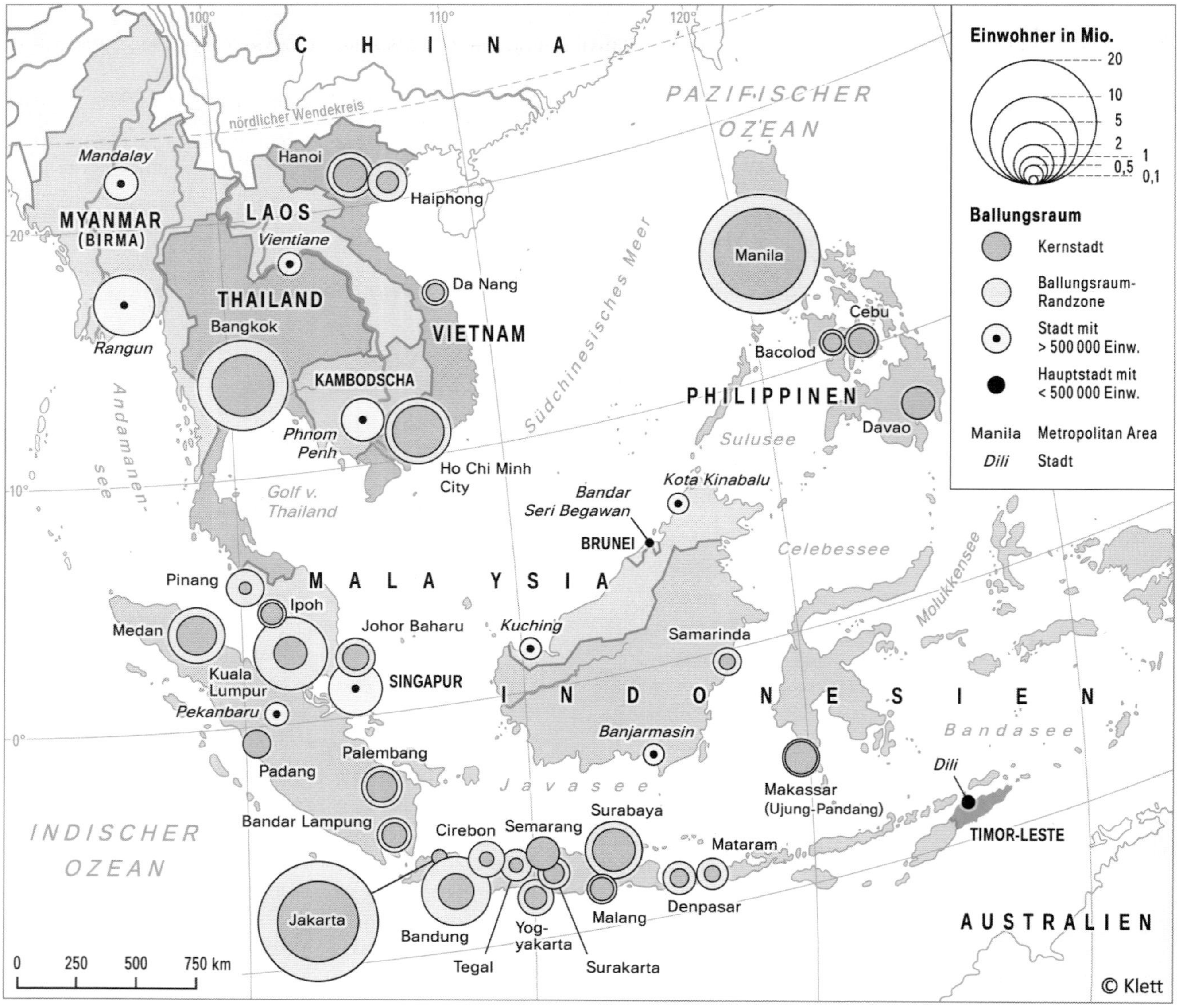

© Klett

M1 Städtesystem in Südostasien: Megastädte, Hauptstädte und jeweils zweitgrößte Stadt eines Landes

Name: Klasse: Datum:

© Ernst Klett Verlag GmbH, Stuttgart 2015. | www.klett.de | Erstellt für: TERRA OS TB Entwicklungsländer | ISBN: 978-3-12-104706-2
Alle Rechte vorbehalten. Von dieser Druckvorlage ist die Vervielfältigung für den eigenen Unterrichtsgebrauch gestattet.
Die Kopiergebühren sind abgegolten. Für Veränderungen durch Dritte übernimmt der Verlag keine Verantwortung.

Metropolisierung und Marginalisierung

Ursachen der Metropolisierung

„Hauptstädte [bzw. Metropolen] erhalten ihre Wachstumsdynamik aus vielfältigen Gründen:

- Hier konzentrieren sich mit Regierung und Parlament überproportional Arbeitsplätze des öffentlichen Dienstes.
- Private und staatliche Investitionen werden aufgrund vielfältiger Agglomerationsvorteile oder aus Prestigegründen vornehmlich hier getätigt.
- Die Hauptstadt ist besser als andere Städte in das nationale und internationale Kommunikations- und Verkehrssystem eingebunden.
- Hier finden die großen Messen und internationalen Konferenzen statt.
- Hier haben die wichtigsten kulturellen und medizinischen Einrichtungen des Landes ihren Standort (u. a. Universitäten, Hospitäler, Rundfunk- und TV-Sender, Verlage großer Zeitungen, Museen).
- Hier sind die großen Banken, Versicherungskonzerne und Wirtschaftsverbände ansässig.
- Hier arbeiten diplomatische Vertretungen der Staaten und internationalen Organisationen....
- Aufgrund ihrer Großflughäfen und eigener Attraktivität sind die Hauptstädte auch bedeutende Tourismuszentren ....

Aufgrund dieses Standortmix hochrangiger Einrichtungen kumuliert sich die Standortgunst; die Metropole ist attraktivstes Zentrum für unqualifizierte, v. a. aber für hochqualifizierte Arbeitskräfte und damit für Massenzuwanderung aus dem Lande und aus anderen Städten. Für Industriebetriebe ist der große... Arbeitsmarkt ein bedeutender Standortfaktor; die große und auch... rasant wachsende Bevölkerung mit einem im Vergleich zum Landesdurchschnitt höheren Einkommen bietet einen kaufkräftigen und nahen Markt. In einem kumulativen Prozess werden so die Standortvorteile gegenüber anderen Städten stetig ausgeweitet und so die Wachstumsdynamik angetrieben.“

Karl Vorlaufer: Südostasien. Darmstadt: Wissenschaftliche Buchgesellschaft 2009. S. 97

M2

Name: Klasse: Datum:

© Ernst Klett Verlag GmbH, Stuttgart 2015. | www.klett.de | Erstellt für: TERRA OS TB Entwicklungsländer | ISBN: 978-3-12-104706-2
Alle Rechte vorbehalten. Von dieser Druckvorlage ist die Vervielfältigung für den eigenen Unterrichtsgebrauch gestattet.
Die Kopiergebühren sind abgegolten. Für Veränderungen durch Dritte übernimmt der Verlag keine Verantwortung.

Metropolisierung und Marginalisierung

Lösung

Metropolisierung in Südostasien

1 Beschreiben Sie die Verteilung der Megacities (über 5 Mio. Einwohner) in Südostasien.

Den höchsten Besatz an Megacities weist Indonesien auf. Die meisten liegen auf der dicht besiedelten Insel Java, einige auch auf Sumatra.
Andere Staaten in Südostasien wie Thailand, Vietnam, Malaysia oder die Philippinen verzeichnen zwar eine Reihe von Millionenstädten, meist gibt es aber nur eine oder zwei ausgesprochene Megacities.

2 Vergleichen Sie den Metropolisierungsgrad der Staaten Südostasiens.

Die Metropolisierung ist besonders stark in Thailand, Vietnam, Indonesien und auf den Philippinen ausgeprägt. Hier dominieren die Millionenstädte Bangkok, Ho Chi Minh City und Manila. Bezieht man die Ballungsraum-Randzone mit ein, gehört auch Kuala Lumpur (Malaysia) zu den Megastädten, die für ihr Land das alles überragende Zentrum darstellen.
In Indonesien, Malaysia und bis zu einem gewissen Grad auch in Vietnam ist die Metropolisierung insoweit etwas abgeschwächt, als auch die zweit- und teilweise auch drittgrößten Städte fast die 5-Millionengrenze erreichen.
Auch in Myanmar, Laos, Kambodscha, Brunei und Osttimor gibt es dominierende Zentren. Die sind aber mit Einwohnerzahlen um die 500 000 kaum als Megacities zu bezeichnen.

3 Erklären Sie Zusammenhänge zwischen Metropolisierung und Marginalisierung.

Die Metropole beherbergt viele staatliche Institutionen und Dienstleistungsbetriebe. Sie zieht Kapital und Investitionen an. Aus all dem ergibt sich ein Arbeitsplatzangebot auf allen Qualifikationsstufen, von akademischen Berufen bis hin zu niedrigen Service- oder Handlangerdiensten. Viele Menschen sehen also eine Berufsperspektive und Existenzchance. Hinzu kommen die verlockenden Bilder großstädtischen Lebens in der Metropole, die im Radio, im Fernsehen und in der Presse verbreitet werden. Das alles zieht Menschen an, die im ländlichen Raum oder in Kleinstädten aufgrund der dortigen Push-Faktoren mit ihrer Lebenssituation unzufrieden sind oder die dort kaum ihren Lebensunterhalt verdienen können.
Die Metropole ist aber trotz aller Finanz- und Wirtschaftskraft kaum in der Lage, für alle Zuwanderer ausreichend Wohnraum, genügend Bildungs- und Arbeitsplätze oder Versorgungseinrichtungen bereit zu stellen. Oft fehlt auch der politische Wille der verantwortlichen Eliten. Die neuen Bewohner, und hierzu zählen auch die meist zahlreichen Kinder der in der Regel jugendlichen Neuankömmlinge, müssen sich Nischen zum Überleben suchen. Sie landen in einer räumlichen und gesellschaftlichen Randexistenz.

4 „Die Metropolisierung ist eine Folge zunehmender weltwirtschaftlicher Verflechtungen.“
Überprüfen Sie diese Aussage auch mithilfe von M2.

Hauptstädte weisen im Vergleich zu den sekundären Zentren eines Landes eine Reihe von besonderen Standortfaktoren auf. Sie sind in der Regel Knotenpunkte der internationalen Verkehrs- und Kommunikationssysteme. Hier haben global agierende Banken, Konzerne und Wirtschaftsverbände genauso ihren Sitz wie diplomatische Vertretungen oder internationale Organisationen. Außerdem sind sie in der Regel bedeutende Tourismuszentren. Diese Standortgunst, die in starkem Maße auf die weltwirtschaftlichen Verflechtungen einer Hauptstadt zurückzuführen ist, übt eine große Anziehungskraft auf transnational agierende Unternehmen aus. Deren Investitionen sorgen schaffen nicht nur eine Vielzahl von Arbeitsplätzen für hoch-, aber auch gering qualifizierte Arbeitskräfte, sie sorgen auch für die Ansiedlung von Dienstleistungsunternehmen und Servicebetrieben aller Art. Das alles fördert die Massenzuwanderung aus dem ländlichen Raum oder aus Kleinstädten und verstärkt sowohl die demographische als auch die funktionale primacy. Insofern hat die Aussage ihre Berechtigung.
Das Wachstum einer Groß- oder Hauptstadt zu einer dominierenden Metropole ist aber auch auf Investitionsentscheidungen nationaler Unternehmen zurückzuführen, die ebenfalls von der Standortgunst profitieren wollen. Auch das löst nationale und sogar internationale Zuwanderungen aus. Hinzu kommen die – nur zum Teil auf die Folgen globaler Verflechtungen zurückzuführenden – Push-Faktoren des ländlichen Raumes als Ursache der Land-Stadt-Wanderungen. Letztendlich sorgen auch die Geburtenüberschüsse in der Metropole für deren Wachstum.

Name: Klasse: Datum:

© Ernst Klett Verlag GmbH, Stuttgart 2015. | www.klett.de | Erstellt für: TERRA OS TB Entwicklungsländer | ISBN: 978-3-12-104706-2
Alle Rechte vorbehalten. Von dieser Druckvorlage ist die Vervielfältigung für den eigenen Unterrichtsgebrauch gestattet.
Die Kopiergebühren sind abgegolten. Für Veränderungen durch Dritte übernimmt der Verlag keine Verantwortung.

Metropolisierung und Marginalisierung

Lösung

5 Erstellen Sie zu den Ursachen der Metropolisierung ein Wirkungsgeflecht.

Mögliche Schülerlösung
Wirkungsgeflecht zu Ursachen der Metropolisierung

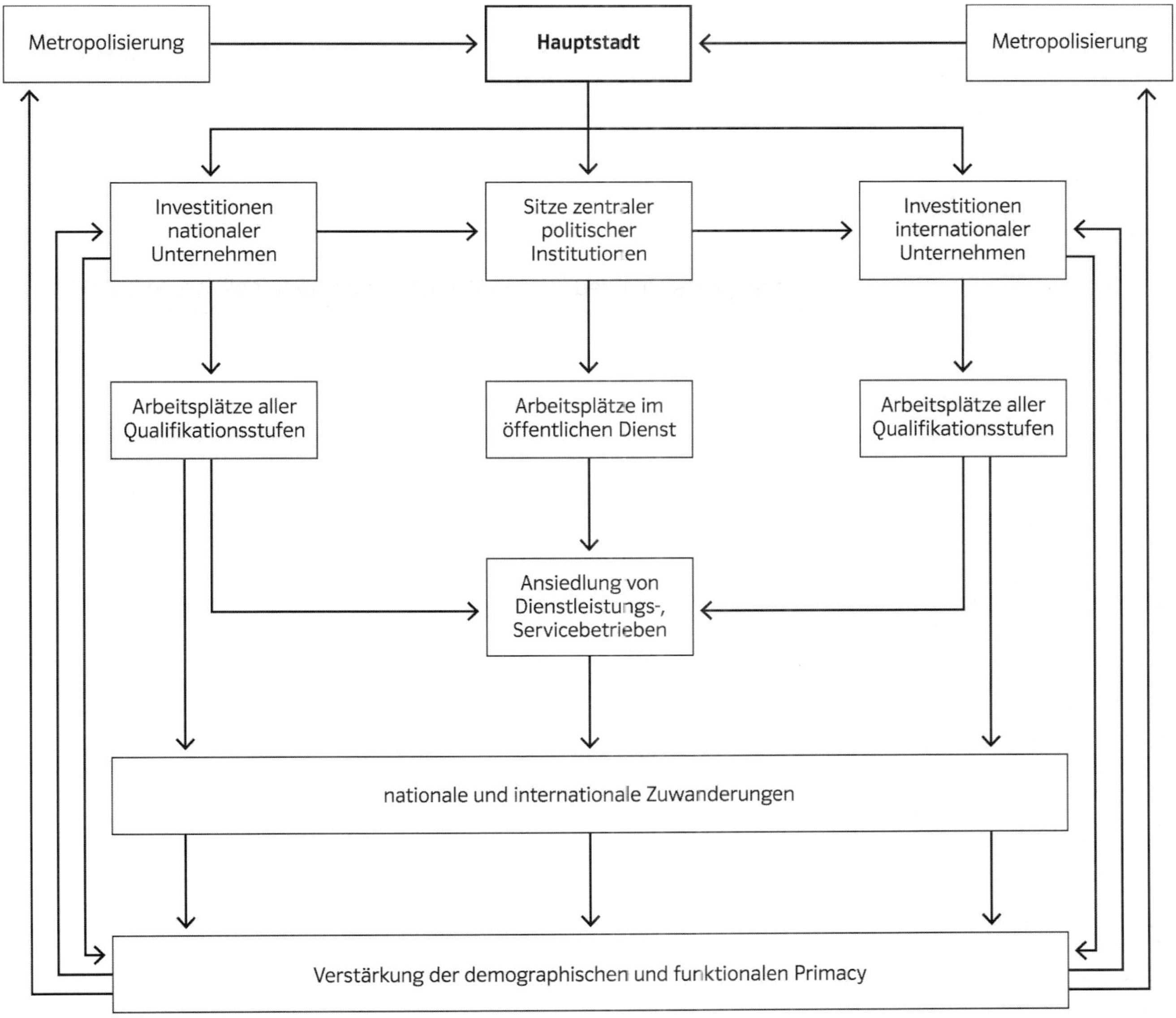

Name: Klasse: Datum:

© Ernst Klett Verlag GmbH, Stuttgart 2015. | www.klett.de | Erstellt für: TERRA OS TB Entwicklungsländer | ISBN: 978-3-12-104706-2
Alle Rechte vorbehalten. Von dieser Druckvorlage ist die Vervielfältigung für den eigenen Unterrichtsgebrauch gestattet.
Die Kopiergebühren sind abgegolten. Für Veränderungen durch Dritte übernimmt der Verlag keine Verantwortung.

Strategien einer zukunftsorientierten Stadtentwicklung

Strukturierungshilfe

Phase	Thema	Seite	Material	Aufgabe	Methodische Hinweise
Lehrervortrag	Ziele und Strategien einer zukunftsorientierten Stadtentwicklung	160	Autorentext		
Gruppenarbeit	Maßnahmen in Entwicklungsländern Gruppe 1: Ein Projekt aus eigener Kraft Gruppe 2: Hilfe von außen	160–161	 1–3 4–6	 2 2	
Diskussion	Bewertung der beiden Projekte		1–6	3	
Hausaufgabe/ Referat	Beispiel einer Hauptstadtverlegung	160	Internet	1	
Lehrervortrag	Stadtumbau in Deutschland	162	7–8; Text	4	Einsatz der Kopiervorlage „Leitbilder der Stadtentwicklung“
Partnerarbeit	Leitbild „Nachhaltige Stadtentwicklung“	163	9–10	5–6	
Hausaufgabe/ Referat/ Gruppenarbeit	Sanierungs- und Entwicklungsmaßnahmen Beispiel: Sanierungsgebiet Prenzlauer Berg Beispiel: Entwicklungsprojekt „Überseestadt Bremen“	164–165 164 165	 11–13 14–16	 7–9 7,8 und 10	
Lehrervortrag	Lokale-Agenda-21: Chance zur Mitgestaltung unserer Städte	166	17; Text		
Partnerarbeit	Düsseldorfer Agenda-Projekt Nr. 33	167	18	11	
Gruppenarbeit	Erarbeitung und Umsetzung konkreter Verbesserungsvorschläge zur Stadtgestaltung	167	19–20	12–13	Handlungsorientierung: Zusammenarbeit mit einer Lokale-Agenda-21-Gruppe
Hausaufgabe/ Facharbeit	Präsentation eines Lokale-Agenda-21-Projektes	167	Recherche	14	

Lösungshinweise **Seite 160/161**

1 Untersuchen Sie – auch mithilfe des Atlas und einer Internet-Recherche – die Ergebnisse einer durchgeführten Hauptstadtverlegung.

Einige Länder haben in der Verlagerung ihrer Hauptstadt eine Erfolg versprechende Strategie gesehen, um die Metropolisierung sowie Zentralisierung abzumildern und damit den Bevölkerungsdruck auf die existierende Metropole abzubauen. Dabei wurde entweder eine völlig neue Hauptstadt nahezu „auf der grünen Wiese“ aufgebaut (Beispiel Brasilia als Gegenpol zu Rio den Janeiro) oder es wurden bestehende kleinere Städte entsprechend aufgewertet (Beispiel Abuja als neue Hauptstadt von Nigeria anstelle von Lagos). Als weitere derartige Versuche lassen sich die Hauptstadtverlagerungen von Instanbul nach Ankara (Türkei) oder von Daressalam nach Dodoma (Tansania) anführen.

Die Recherchen zum Beispiel der Hauptstadtverlagerung in Tansania ergeben folgenden Befund:
Im Jahre 1974 wurde die Kleinstadt Dodoma (damals 20 000 Einw.) anstelle von Daressalam zur Hauptstadt des Staates Tansania erklärt. Seitdem sind zwar einige Ministerien und 1996 auch die Nationalversammlung dorthin umgezogen, an der Dominanz der Metropole Daressalam hat sich aber kaum etwas geändert. Das belegen u. a. die Einwohnerzahlen der größten Städte Tansanias.

Einwohnerzahlen der größten Städte Tansanias (Zensus 2012)

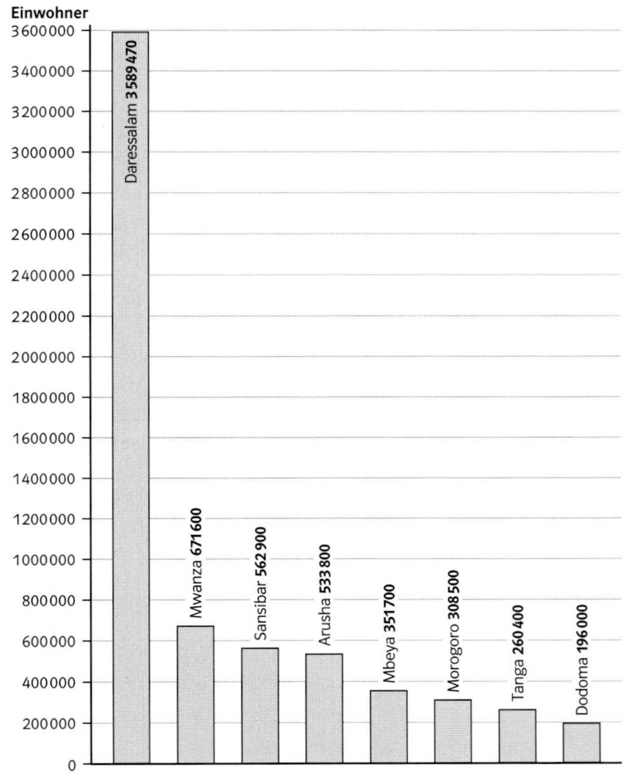

1

Ein Großteil der städtischen Bevölkerung Tansanias ist in der Primate City Daressalam konzentriert. Die demografische Primacy liegt bei etwa 7,5 Prozent (Anteil der Metropolenbevölkerung an der Gesamteinwohnerzahl des Landes). Der Index of Primacy, also das Verhältnis zwischen der größten und zweitgrößten Stadt, erreicht einen Wert von etwas 6,7. Die Persistenz, also das Beharrungsvermögen der Verwaltung, der wichtigsten Industrie- und Gewerbeunternehmen hat sich als zu stark erwiesen. Der Metropolisierungsprozess in Tansania schreitet ungebremst voran.

2 Vergleichen Sie das „Schul"- und das „Wasser"-Projekt mit den Anforderungen einer nachhaltigen Stadtentwicklung.
Eine nachhaltige Stadtentwicklung hat das Ziel, die sozialen sowie wirtschaftlichen Bedingungen und die Umweltqualität zu verbessern. Insbesondere städtischen Armutsgruppen sollen Lebens- und Arbeitsperspektiven geboten werden. Diese Anforderungen werden von den beiden vorgestellten Projekten erfüllt.

Das „Floating School"-Projekt in Lagos (Nigeria) bietet zumindest für einen Teil der Kinder und Jugendlichen des Makoko-Slums Ausbildungsmöglichkeiten an. Das verbessert die beruflichen Möglichkeiten der Schulbesucher und eröffnet damit neue Lebenschancen. Der Bau der Schule wurde zudem weitgehend unter Mitarbeit von Betroffenen und unter der Leitung einheimischer Architekten durchgeführt. Das stiftet und fördert Identität und liefert Impulse für Nachfolgeprojekte.
Der Rückgriff auf traditionelle Techniken und Baumaterialien erfüllt das Kriterium ökologischer Nachhaltigkeit.
Das Wasserversorgungsprojekt garantiert für mehr als 2000 Menschen im Slum-Viertel Bombolulu im kenianischen Mombasa das Menschenrecht auf Wasser. Es wurde zwar aus Geldern internationaler Hilfsorganisationen finanziert, alle Baumaßnahmen wurden aber mit lokalen Handwerkern durchgeführt. Das schuf oder sicherte zumindest während der Bauzeit Arbeitsplätze. Verwendet wurden nur lokale Materialien, sodass Emissionen durch umfangreiche Transporte vermieden werden konnten. Der Einsatz angepasster Techniken macht die Benutzer unabhängig von ausländischen Experten.

3 Erörtern Sie beide Projekte unter der Frage: „Alles nur Tropfen auf den heißen Stein?"
Zur Beantwortung dieser Frage lassen sich u. a. die im Folgenden tabellarisch aufgelisteten Argumente gegenüberstellen. Aus ihrer Abwägung und Gewichtung ist ein begründetes Urteil zu fällen.

„Alles nur Tropfen auf den heißen Stein?"

Zustimmung – Pro-Argumente	Ablehnung – Contra-Argumente
– In beiden Projekten ist nur eine sehr kleine Zahl von Menschen Nutznießer der Hilfsprojekte.	– Viele kleine lokale Projekte können mehr Menschen helfen als ein kapitalintensives Prestigeobjekt.
– Wie insbesondere das Beispiel „Makoko-Slum" (S. 156) zeigt, lebt die überwiegende Mehrheit der Bewohner dieser Marginalsiedlung weiterhin in äußerst prekären und ungesicherten Verhältnissen.	– Die meisten Zuwanderer in die Metropolen sind junge, d ynamische Menschen mit dem Willen zur Verbesserung ihrer Situation; die benötigen meist nur eine Starthilfe wie z. B. ein Schul- oder Ausbildungsprojekt.
– Die Einzelmaßnahmen setzen nicht bei den Ursachen und strukturellen Rahmenbedingungen der Marginalisierung an (z. B. hohe Arbeitsplatznachfrage, zu geringe Beschäftigungsmöglichkeiten, ungesicherte Arbeitsverhältnisse im informellen Sektor, zu geringe Anstrengungen der Behörden zur Verbesserung der Infrastruktur oder zur Schaffung von Existenzgrundlagen).	– Die Einzelmaßnahmen müssen zweifellos begleitet werden von strukturellen Maßnahmen der Kommunen oder des Staates (z. B. Strukturinvestitionen, Aufbau von sozialen Sicherungssystemen oder Arbeitsbeschaffungsmaßnahmen); aber ein bloßes Warten oder Hoffen auf „Hilfe vom Staat" lähmt die Eigeninitiative, lässt vorhandenes Potenzial ungenutzt und schafft kaum Perspektiven.

2

Lösungshinweise **Seite 162/163**

4 Charakterisieren Sie ausgewählte Leitbilder der Stadtentwicklung in Deutschland.
Die Leitbilder ergeben sich im Wesentlichen aus der Übersicht 7.
In der frühen Nachkriegszeit stand der **„Wiederaufbau der Innenstädte"** im Vordergrund. Es galt, in den größtenteils zerstörten Städten rasch wieder Wohnraum zu schaffen.

Seit den 1960er-Jahren wurde das Leitbild **„Urbanität durch Dichte“** verfolgt. Das bedeutete konkret, dass die „Nutzungsarten“, also die Daseinsgrundfunktionen Wohnen, Arbeiten, Verkehr und Freizeitgestaltung räumlich verdichtet angesiedelt, dabei aber klar getrennt und über Verkehrssysteme miteinander verflochten sein sollten. Darüber hinaus sollten auch Großwohnsiedlungen am Stadtrand bzw. „auf der grünen Wiese“ errichtet werden. Mit dem Ausbau vielgeschossiger Hochhausblöcke in Größenordnungen von bis zu 15 000 Wohneinheiten für 50 000 oder mehr Einwohner sollte die starke Nachfrage nach Wohnraum befriedigt werden. Die räumliche Trennung der Funktionsbereiche führte dann zu einer raschen Zunahme des Pendelverkehrs.
Das Anwachsen des motorisierten Individualverkehrs schuf neue stadtplanerische Probleme. Denen versuchte man in den 1960er Jahren mit dem Konzept der **autogerechten Stadt** zu begegnen. Geplant und verwirklicht wurden – teilweise in Übernahme entsprechender Lösungen in den USA – breite Einfallschneisen (Radialstraßen) und Innenstadtringe als Verteiler für den Verkehr im Zentrumsnähe. Für den ruhenden Verkehr wurden Parkhäuser und Parkflächen in unmittelbarer Nähe zur City errichtet. Die Planung war einseitig auf den Verkehr ausgerichtet, Fußgänger wurden teilweise durch den Bau von Fußgängertunneln regelrecht unter die Erde verbannt.
Die „zunehmende Suburbanisierung“ der Wohnbevölkerung und später auch die des Gewerbes ist kein Leitbild, sondern ein Merkmal der Stadtentwicklung seit den 1970er-Jahren. Sie führte zu einem Funktionsverlust der Innenstädte. Die litten ohnehin unter der Verkehrsbelastung und entsprechenden Umweltproblemen. Hinzu kam die wachsende Konkurrenz von Großeinkaufszentren oder attraktiven Kommunen im Umland. Die Wiederbelebung der Innenstädte wurde zu einer zentralen Herausforderung der Stadtentwicklungspolitik.
Seit den 1970er-Jahren wurde daher die **Stadterneuerung** zum zentralen Leitbild. Das 1971 verabschiedete Städtebauförderungsgesetz und das Europäische Denkmalschutzjahr 1975 gaben hierfür entscheidende Impulse. Die Rückbesinnung auf das historische Erbe und die traditionelle Bausubstanz führte zur Einleitung von Sanierungsmaßnahmen. Dabei galt es, alte, überkommene Stadtstrukturen zu erhalten bzw. wieder aufzuwerten. Durch die Sanierung gewachsener Bausubstanzen, die Ausgestaltung historischer Platzanlagen, die Einrichtung von Fußgängerzonen und Begrünungsmaßnahmen haben seither viele Innenstädte wieder an Attraktivität gewonnen.
Im Jahre 1992 verabschiedete die „Konferenz für Umwelt und Entwicklung“ der Vereinten Nationen“ in Rio den Janeiro die Agenda 21, ein globales Aktionsprogramm für nachhaltige Entwicklung. Darin werden die Kommunen der Welt aufgefordert, mit ihren Bürgerinnen und Bürgern zukunftsfähige Stadtentwicklungskonzepte zu entwickeln und umzusetzen. Damit begann auch in Deutschland eine Stadtentwicklungsphase, die durch die Leitbilder **Ökologischer Städtebau** und **Nachhaltige Stadt** gekennzeichnet ist. Statt der Funktionstrennung steht jetzt die Mischung der Daseinsgrundfunktionen im Mittelpunkt. Wohnen, Arbeiten und Freizeitgestaltung sollen also in einem engen räumlichen Verbund stattfinden. Das schafft eine „kompakte Stadt der kurzen Wege“.

5 Beschreiben Sie die räumliche Anordnung der Daseinsgrundfunktionen in den drei Phasen (Grafik 9).
Aus der Grafik 9 lassen sich die folgenden Informationen entnehmen.
- Phase I: Anordnung der Daseinsgrundfunktionen ausschließlich im Stadtgebiet mit der Funktion „Wohnung“ im Mittelpunkt.
- Phase II: deutliche Funktionstrennung; im engeren Stadtgebiet nur noch die Funktionen „Wohnung“, „Bildung“ und Teile der „Versorgung“; Auslagerung von großen Teilen der „Versorgung“, von „Arbeit“ und „Erholung“ ins Stadtumland.
- Phase III: im engeren Stadtgebiet nach wie vor nur noch die Funktionen „Wohnung“, „Bildung“, „Arbeit“; im Umland neue Siedlungskerne mit jeweils vollständigem Angebot aller Daseinsgrundfunktionen; Verflechtungen zwischen Stadt und umgebenden Siedlungskernen.

6 Vergleichen Sie die Anordnung der Daseinsgrundfunktionen in Phase III mit den Anforderungen einer nachhaltigen Stadtentwicklung.
Die Anordnung der Daseinsgrundfunktionen in Phase III entspricht weitgehend den Anforderungen einer nachhaltigen Stadtentwicklung. Kompakte bauliche Strukturen sollen einer weiteren Zersiedelung des städtischen Umlandes vorbeugen. Die funktionale Mischung in der „Stadt der kurzen Wege“ minimiert den öffentlichen Nahverkehr und senkt so die Emissionsbelastungen. Das Prinzip der dezentralen Konzentration bündelt den Siedlungsdruck und sorgt für eine größere Rentabilität und Auslastung des ÖPNV. Allerdings fordert die Nachhaltigkeit im Städtebau wohl noch einen stärkeren Ausbau der Kernstadt selbst zur „kompakten Stadt“, in der auch die Funktion „Arbeit“ (z. B. im Tertiären Sektor) angeboten wird.

Lösungshinweise Seite 164/165

7 Nennen Sie wesentliche Zielsetzungen der Stadtentwicklungspolitik.
Ausgehend von den aufgezeigten Fehlentwicklungen ergeben sich folgende Ziele der Stadtentwicklungspolitik:
- Schaffung und Gewährleistung einer „Stadt für alle“ mit einem menschenwürdigem Leben und Wohnen für sämtliche Bewohner eines urbanen Raumes (SB, S. 162),
- Modernisierung und funktionale Aufwertung der Stadtkerne und Innenstadtbereiche zur Wiedergewinnung von mit der Suburbanisierung verloren gegangenen Funktionen,
- Steigerung der Wettbewerbsfähigkeit gegenüber anderen Kommunen, hierzu Erhöhung der Attraktivität für Investitionen, Besucher und Bewohner,
- erfolgreiche Vermarktung des „Produktes Stadt“ im nationalen und internationalen Rahmen.

8 Vergleichen Sie diese Zielsetzungen mit den beiden vorgestellten Projektbeispielen.
Die Sanierungsmaßnahmen im Stadtteil Prenzlauer Berg hatten das Ziel, die öffentliche Infrastruktur und die Wohnqualität eines Altbauquartiers zu verbessern. Dadurch sollte die

Abwanderung gestoppt und die Attraktivität des Quartiers insbesondere für junge Familien mit Kindern erhöht werden. Das entspricht dem – in Aufgabe 7 angesprochenen – Ziel einer Stadt mit menschenwürdigen Lebens- und Wohnverhältnissen für die Bewohner. Das wurde offenbar erreicht – allerdings auf Kosten eines Teils der Stammbewohner, die sich die modernisierten, z. T. luxussanierten Wohnungen nicht mehr leisten konnten und verdrängt wurden.
Das Entwicklungsprojekt „Überseestadt Bremen" will eine moderne Waterfront schaffen mit einer attraktiven Mischung aus Wohn-, Freizeit- und Gewerbefunktionen. Durch die Lage des Projekts in direkter Nachbarschaft zur City erfolgt somit eine Aufwertung des Innenstadtbereichs, wodurch wesentliche Kernstadtfunktionen (z. B. Dienstleistungen aller Art, Banken, Gewerbe, Gastronomie und Freizeitangebote) gestärkt oder zurück gewonnen werden können. Damit werden alle in Aufgabe 7 angesprochenen Ziele angestrebt. Es sollen insbesondere auch Besucher bzw. Touristen angelockt werden. Es geht also insgesamt um eine erfolgreiche Vermarktung des „Produkts Stadt Bremen".

9 „Projekt Prenzlauer Berg – notwendige Sanierung oder Lehrstück in Gentrifizierung?" Erörtern Sie diese Frage (s. hierzu auch S. 135–136).
Bei dieser Erörterung kommt es auf die Perspektive und auf die Kriterien an, mit denen diese Sanierungen bewertet werden. Die in der folgenden Tabelle aufgeführten Argumente lassen sich anhand der Materialien im Buch – ggf. auch angereichert durch eine entsprechende Internet-Recherche – gegenüberstellen. Je nach Gewichtung soll daraus ein begründetes persönliches Urteil abgeleitet werden.

Projekt Prenzlauer Berg

„notwendige Sanierung"	„Lehrstück in Gentrifizierung"
– kein Abriss, sondern Sanierung eines erhaltenswerten Bestandes, dadurch Verbesserung der Wohnqualität, – erfolgreiche Wiederbelebung und Aufwertung eines sanierungsbedürftigen, durch Verfall und Abwanderung bedrohten Stadtteils, – Zuwachs an Bevölkerung, – Quartier jetzt auch attraktiv als beliebter Wohnort für Familien mit Kindern, – insgesamt Erhöhung der Attraktivität der ganzen Stadt im Sinne der Stadtentwicklungspolitik.	– hohe Sanierungskosten von 230 Millionen Euro allein im Helmholtzkiez – Euro zu Lasten der Steuerzahler, – durch „Luxussanierung" Ansteigen der Mieten, – dadurch allmähliche Verdrängung der ursprünglichen Wohnbevölkerung (vor allem „ältere und ärmere Bewohner") durch kaufkräftigere neue Bewohner, – Veränderung des Angebots der Läden mit Blick auf die elitäre Kundschaft, – insgesamt schleichende Zerstörung der bisher existierenden sozialen Mischung mit persönlicher, familiärer Atmosphäre.

10 Bewerten Sie das Projekt „Überseestadt Bremen" anhand des Leitbilds „Nachhaltige Stadtentwicklung" (S. 163).
Das Projekt „Überseestadt Bremen" entsteht nicht auf der „grünen Wiese" sondern in direkter Nachbarschaft zur City unter Nutzung des alten Überseehafens, der „mit 3,5 Millionen Kubikmeter Sand zugeschüttet" (S. 165, M14) wurde. Durch diese „Ausschöpfung von Nutzungspotenzialen im bereits bebauten Gebiet der städtischen Innenentwicklung" (S. 163, M10) wurde ein Ausufern der Stadt „in die Fläche" verhindert. Innerhalb der Überseestadt sind die Daseinsgrundfunktionen Wohnen, Arbeiten und Gewerbe, Versorgung und Erholung sowie Freizeit (bzw. Tourismus) eng verflochten. Diese funktionale Mischung schafft eine „kompakte Stadt der kurzen Wege". Dadurch kann der motorisierte Individualverkehr reduziert werden. Umweltverträglichere Verkehrsmittel können ihn zu großen Teilen ersetzen.
Mit diesen Strukturmerkmalen erfüllt das Projekt „Überseestadt Bremen" wesentliche Kriterien einer „Nachhaltigen Stadtentwicklung".

Lösungshinweise **Seite 166/167**

11 Überprüfen Sie, inwieweit das Projekt 18 auf die aktuellen städtebaulichen „Herausforderungen" (S. 162) antwortet.
Eine wesentliche städtebauliche Herausforderung ergibt sich in unserer Gesellschaft durch die „Folgen des demografischen und sozialen Wandels" (Text 8, S. 162). Die Individualisierung der Lebensentwürfe und die damit verbundene Vielfalt der Konsummuster beeinflusst ganz entscheidend die Wohnwünsche der Menschen. Zudem steigt in einer alternden Gesellschaft die Nachfrage nach spezifischen Wohn- und Infrastrukturangeboten für ältere Menschen. Es fehlt zunehmend an familiären Netzwerken, „deren Tätigkeiten von Nichtfamilienmitgliedern übernommen werden müssen" (Text 8, S. 162). Das „Wohnen in Gemeinschaften" bzw. – wie in dem Projekt 18 – liefert hierzu Lösungsansätze.
Hinzu kommt, dass der Lokale Agenda-21-Prozess – im Sinne des UN-„Umweltgipfels" von Rio de Janeiro 1992 – die Durchsetzung einer Lebens- und Wirtschaftsweise „vor Ort" anstrebt, die durch das Prinzip der Nachhaltigkeit bestimmt ist. Das bedeutet eine gleichwertige Verwirklichung ökologischer, sozialer und ökonomischer Ziele.

Das Düsseldorfer Agenda-Projekt „Wohnen in Gemeinschaft" liefert sowohl Lösungsansätze für die Stadt- und Wohnraumentwicklung in einer alternden Gesellschaft als auch für die Vorgaben des UN-Umweltgipfels.
Das Projekt umfasst 23 Mietwohnungen, in denen Männer und Frauen der gleichen Altersgruppe (59–75 Jahre) unter einem Dach zusammen leben. Durch diese neue Wohnform werden die drei Agenda-Ziele angesteuert:
- ökologisch – Absenkung des Flächenverbrauchs und der Versiegelung bei gleichzeitiger kostengünstiger Nutzung vorhandener Infrastruktur und Bausubstanz durch die Aufgabe der – für viele Ältere – zu groß gewordenen und damit frei werdenden Wohnungen,

- sozial – „Ersatz" der Großfamilie durch das Zusammenleben von Älteren in einer Wohngemeinschaft mit gegenseitigen Hilfeleistungen,
- ökonomisch – geringere Kosten durch selbstbestimmtes Wohnen im Vergleich zum Unterhalt klassischer Alteneinrichtungen durch die Kommunen; Nutzung vorhandener städtischer Infrastruktur, dadurch Kostensenkung für die öffentliche Hand und für die Sozialkassen.

12 Erarbeiten Sie in Kleingruppen – ausgehend von Ihrer „Erkundung und Bewertung" im Einstieg (S. 123) – einen Katalog von Verbesserungsmaßnahmen.

13 Erörtern Sie in Ihrer Lerngruppe Möglichkeiten, diese Vorschläge im Rahmen einer Lokale-Agenda-21-Gruppe umzusetzen.
Die Aufgaben 12–13 schlagen den Bogen zum Einstieg in das Kapitel „Stadtentwicklung und Stadtstrukturen". Dort haben sich die Schülerinnen und Schüler mit verschiedenen „Stadtansichten" und „Wahrnehmungen von Stadt" auseinandergesetzt. Sie haben ihre persönliche Wahrnehmung von „Stadt" überprüft und sie haben im Rahmen verschiedener „Forschungsaufträge" ihre Heimat- oder Schulstadt untersucht. Die vorliegenden Aufgaben bieten nun Impulse für einen handlungsorientierten Unterricht, der bis hin zur Mitarbeit in einer Lokale-Agenda-21-Gruppe führen kann. Die Schülerinnen und Schüler sollen sich – auf der Grundlage der nach Durcharbeitung dieses Kapitels gewonnenen Erkenntnisse und Kompetenzen – fundiert mit ihrer Heimatstadt auseinandersetzen und Verbesserungsvorschläge im Sinne einer nachhaltigen Entwicklung erarbeiten und an deren Umsetzung mitwirken.

14 Gestalten Sie auf der Grundlage einer entsprechenden Recherche eine kleine Präsentation zu einem Lokale-Agenda-21-Projekt in ihrer Gemeinde oder Schulstadt.
Erster Ansprechpartner für diesen Arbeitsauftrag ist das lokale Agenda-21-Büro. Sollte die dortige Befragung zu wenig ergiebig sein, kann der Untersuchungsraum ausgeweitet werden. Unter dem Stichwort „Lokale Agenda 21" liefert das Internet eine Vielzahl von Informationen zu verschiedenen Projektbeispielen.

Strategien einer zukunftsorientierten Stadtentwicklung

Leitbilder der Stadtentwicklung in Deutschland

1 Beschreiben Sie das Luftbild M1.

2 Arbeiten Sie aus M2 die Prinzipien einer „funktionellen Stadt" heraus.

3 Erklären Sie, wie diese Prinzipien bei der „Neuen Vahr" in Bremen umgesetzt wurden.

4 Ordnen Sie M1 und M2 einem Leitbild der Stadtentwicklung in Deutschland zu.

5 Erstellen Sie eine schematische Skizze zur räumlichen Anordnung der Daseinsgrundfunktionen im Leitbild des „funktionellen Städtebaus".

6 Vergleichen Sie Prinzipien und Maßnahmen des „funktionellen Städtebaus" mit den Grundsätzen einer nachhaltigen Stadtentwicklung.

7 Erörtern Sie Möglichkeiten und Voraussetzungen zur Verwirklichung einer nachhaltigen Stadtentwicklung.

CC-BY-SA-3.0 Creative Commons

M1 Bremen: Großwohnsiedlung Neue Vahr

Die funktionelle Stadt

„[Dieses Leitbild] ... plädierte für eine zeitgemäße und moderne Architektur, die den Geist einer Epoche ausdrücken sollte. Der Städtebau sollte sich der industriellen Technik bedienen und Rentabilität durch Rationalisierung und Normung erzielen. Wenn Wohnanlagen oder neue Stadtteile errichtet wurden, weil die städtische Bevölkerung zunahm oder abgewohnte Stadtteile saniert werden müssen, dann sind diese nicht kleinteilig, sondern großzügig zu planen, so das Konzept. Die Großwohnform wurde zu einem dominanten Element dieses Leitbildes. Großwohnsiedlungen auf der grünen Wiese wurden für zehn-, fünfzig- oder sogar hunderttausend Einwohner gebaut. ...

Wohnen, Arbeiten und Freizeit sind die dominanten Nutzungsformen und diese sollen so angeordnet werden, dass keine Störungen entstehen. Die drei wichtigen Funktionen, vor allem das Arbeiten und Wohnen, haben an unterschiedlichen Orten zu erfolgen. Die lokale Einheit der Bedürfnisbefriedigung an einem Ort ... bricht vollkommen auf. Die Freizeit wird an spezialisierten Orten verbracht, das Wohnen erfolgt ebenso lokal gebunden und gearbeitet wird in Büro- und Fabrikgebäuden, weitab vom Wohnort. Die Stadt wird funktionell klar gegliedert. Das damit verbundene Verkehrsaufkommen wird stillschweigend akzeptiert, obwohl in der Charta selbst die Forderung erhoben wurde, dass die Entfernung zwischen Arbeitsplatz und Wohnort auf ein Minimum reduziert werden sollte .... Die Pendeldistanzen ... nahmen zu und wurden, wenn sie nicht über öffentliche Verkehrsmittel zurückgelegt werden konnten, mithilfe des Autos überwunden. Das, Leitbild der autogerechten Stadt' dominiert in Europa den Städtebau der 1960er Jahre und sorgte für Stadtautobahnen, autogerechte Schneisen und für die Erweiterung des Straßenraums."

Heinz Fassmann: Stadtgeographie. Allgemeine Stadtgeographie. Westermann, Braunschweig 2009. S. 142-143

M2

Name: Klasse: Datum:

© Ernst Klett Verlag GmbH, Stuttgart 2015. | www.klett.de | Erstellt für: TERRA OS TB Entwicklungsländer | ISBN: 978-3-12-104706-2
Alle Rechte vorbehalten. Von dieser Druckvorlage ist die Vervielfältigung für den eigenen Unterrichtsgebrauch gestattet.
Die Kopiergebühren sind abgegolten. Für Veränderungen durch Dritte übernimmt der Verlag keine Verantwortung.

Strategien einer zukunftsorientierten Stadtentwicklung Lösung

Leitbilder der Stadtentwicklung in Deutschland

1 Beschreiben Sie das Luftbild M1.

Das Schrägluftbild zeigt die Großwohnsiedlung „Neue Vahr" mit Hochhaus-Wohnblocks als hervorstechendem Strukturmerkmal. Im Vordergrund ist eine Einzelhausbebauung erkennbar. Auffällig ist die intensive Durchgrünung der gesamten Anlage. Gewerbe- und Industriegebiete sind ausgelagert. Auch die Hauptverkehrslinie (Straße am Kartenrand unten rechts) verläuft am Rande der Siedlung. Das gut ausgebaute Straßennetz garantiert eine rasche Verbindung zur Bremer Innenstadt.
Die Grunddaseinsfunktionen „Wohnen" (in Verbindung mit „Erholen"), „Arbeiten" und „Verkehr" sind deutlich getrennt.

2 Arbeiten Sie aus M2 die Prinzipien einer „funktionellen Stadt" heraus.

Die Prinzipien des „funktionellen Städtebaus" lassen sich wie folgt beschreiben und erklären:
- moderne Architektur auf der Grundlage industrieller Technik, das heißt hohe Rentabilität durch den Einsatz standardisierter, genormter Bauformen,
- Ausrichtung neuer Wohnanlagen und Stadtteile auf Großwohnformen, also Aufbau von Großwohnsiedlungen „auf der grünen Wiese" für zehn- bis hunderttausend Einwohner,
- strikte Funktionstrennung, das heißt Ansiedlung der Daseinsgrundfunktionen Wohnen und Arbeiten an unterschiedlichen Orten,
- hohes Verkehrsaufkommen als Folge dieser klaren funktionellen Gliederung stillschweigend akzeptiert, allerdings verbunden mit der Forderung nach Minimierung der Pendlerentfernungen,
- Umgestaltung der Städte nach dem Leitbild der „autogerechten Stadt".

3 Erklären Sie, wie diese Prinzipien bei der „Neuen Vahr" in Bremen umgesetzt wurden.

Das Schrägluftbild der „Neuen Vahr" zeigt ein konkretes Umsetzungsbeispiel des städtebaulichen Leitbildes der „funktionellen Stadt". Wesentliche Kennzeichen sind die Durchgrünung und die Abtrennung der Industrie- und Gewerbegebiete von den Wohnvierteln. Autostraßen verlaufen am Rande der Wohngebiete. Es findet also eine strikte Trennung der Daseinsgrundfunktionen statt.
Zentrale Hochhäuser in normierter Bauweise bieten preiswerten und modernen Wohnraum. Bei den Inneneinrichtungen gehören – gemäß dem Stand der industriellen Technik – Zentralheizung und Einbauküchen zum Standard.

4 Ordnen Sie M1 und M2 einem Leitbild der Stadtentwicklung in Deutschland zu.

Der Auf- und Ausbau der „Neuen Vahr" und das Leitbild der „funktionellen Stadt" gehören in die Phase des Städtebaus, in der „Urbanität durch Dichte" angestrebt wurde. Unter diesem Leitbild wurden seit den 1960er Jahren u. a. neue Großwohnsiedlungen an den Stadträndern gebaut.

5 Erstellen Sie eine schematische Skizze zur räumlichen Anordnung der Daseinsgrundfunktionen im Leitbild des „funktionellen Städtebaus".

Mögliche Schülerlösung:

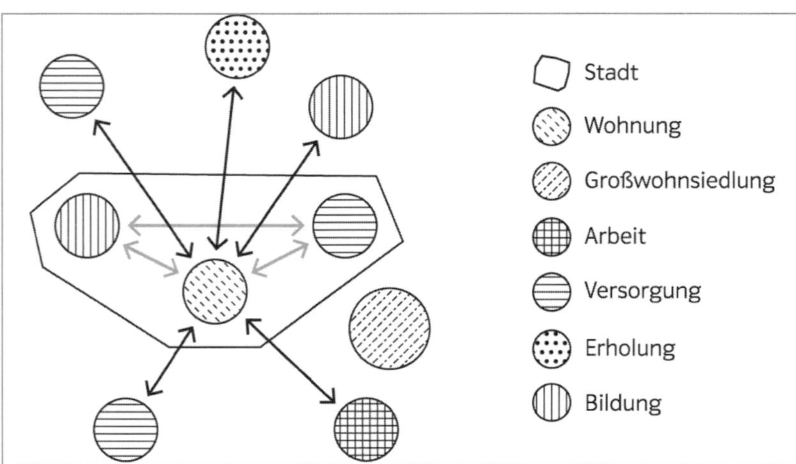

Name: Klasse: Datum:

© Ernst Klett Verlag GmbH, Stuttgart 2015. | www.klett.de | Erstellt für: TERRA OS TB Entwicklungsländer | ISBN: 978-3-12-104706-2
Alle Rechte vorbehalten. Von dieser Druckvorlage ist die Vervielfältigung für den eigenen Unterrichtsgebrauch gestattet.
Die Kopiergebühren sind abgegolten. Für Veränderungen durch Dritte übernimmt der Verlag keine Verantwortung.

Strategien einer zukunftsorientierten Stadtentwicklung Lösung

6 Vergleichen Sie Prinzipien und Maßnahmen des „funktionellen Städtebaus“ mit den Grundsätzen einer nachhaltigen Stadtentwicklung.

Die „funktionelle Stadt“ ist durch eine klare räumliche Trennung der Daseinsgrundfunktionen Wohnen, Arbeiten, Kommunikation (Verkehr) und Freizeit gekennzeichnet. Die obersten Prinzipien einer nachhaltigen Stadtentwicklung sind dagegen Kompaktheit, Nutzungsmischung und möglichst kurze Wege. Hierzu werden u. a. folgenden Maßnahmen ergriffen:

- Entwicklung der Innenstädte durch qualitativ verbesserte Angebote für möglichst viele Grunddaseinsfunktionen (Wohnen, Arbeiten, Versorgen, Bildung, Soziales und Kommunikation, Freizeitgestaltung),
- ökologische Aufwertung von Wohngebieten durch Grün- und Parkanlagen,
- Innenentwicklung statt dauernder Erschließung neuer Flächen im Umland,
- enge Verflechtung von Wohnen und Arbeiten z. B. Wohn- und Büronutzungen in zentraler städtischer Lage,
- Reduzierung des motorisierten Individualverkehrs durch stärkere Verlagerung auf umweltverträgliche Verkehrsmittel,
- Schaffung von Siedlungsschwerpunkten im Umland der Städte statt Zersiedelung der Landschaft.

Diese seit den 1990er-Jahren verfolgten Grundsätze und Maßnahmen stehen in vollkommenem Gegensatz zur Struktur einer „funktionellen Stadt“. Bei letzterer handelt es sich um ein überholtes Leitbild aus den 1960er-Jahren.

7 Erörtern Sie Möglichkeiten und Voraussetzungen zur Verwirklichung einer nachhaltigen Stadtentwicklung.

Um die bei Aufgabe 6 angesprochenen räumlichen Ordnungsprinzipien bzw. Strategien in die städtebauliche Praxis umzusetzen, müssen verschiedene gesellschaftliche sowie ökonomische Voraussetzungen geschaffen werden. Dabei gilt es, auch Widerstände und Hemmnisse zu überwinden. Aus der Fülle der möglichen Aspekte, die hierbei erörtert werden können, seien im Folgenden einige wesentliche herausgegriffen.

Voraussetzungen – Möglichkeiten	Widerstände – Hemmnisse
– Wandel in der Arbeitswelt: durch Informationstechnologien Schaffung der Möglichkeit für viele Menschen, ihren Beruf ohne Bindung an eine feste Zeit oder einen bestimmten Ort auszuüben; dadurch Überwindung der strikten Trennung von Wohn- und Arbeitsort	– bisher erst in wenigen Berufen (z. B. Tele-Arbeiten) die Möglichkeit, auch zu Hause zu arbeiten; bei Tele-Arbeitsplätzen Gefahr der Vereinzelung, der Abkoppelung von der betrieblichen Kommunikation und auch der Selbstausbeutung
– Überdenken der eigenen Ansprüche: keine ständigen Forderungen nach einer immer besseren Befriedigung der Daseinsgrundfunktionen, v. a. im Hinblick auf Wohnen, Freizeitgestaltung, Versorgung	– bei vielen Menschen ein ständiger und auch verständlicher Wunsch nach immer größeren, besseren Wohnungen oder ausgefallenen Unterhaltungsmöglichkeiten, dadurch ständig steigende Flächenansprüche
– Vielfältige Umgestaltung von Stadtquartieren: Schaffung von hochwertigem Wohnraum in der Nähe von Arbeitsplätzen (v. a. im Tertiären Sektor), von Versorgungs-, Freizeit- und Bildungseinrichtungen	– Wohnraum hoher Qualität mit diesem verdichteten Angebot im Umfeld für Menschen bestimmter Einkommensgruppen kaum bezahlbar; Gefahr der Gentrifizierung mit sozialer Segregation
– Ausrichtung der Raumentwicklung im Umkreis großer Städte auf Unter- bzw. Mittelzentren im Umland: hier gezielter Ausbau der Infrastruktur mit öffentlichen Mitteln, dadurch auch Bündelung privater Investitionen auf diese Siedlungskerne	– Ehrgeiz vieler Umlandgemeinden zur Anwerbung von Unternehmen und Wohnungssuchenden, deshalb Ausweisung neuer Gewerbe- und Wohngebiete; dadurch ständig fortschreitende Zersiedelung des Umlandes bei hohem Flächenverbrauch

Name: Klasse: Datum:

© Ernst Klett Verlag GmbH, Stuttgart 2015. | www.klett.de | Erstellt für: TERRA OS TB Entwicklungsländer | ISBN: 978-3-12-104706-2
Alle Rechte vorbehalten. Von dieser Druckvorlage ist die Vervielfältigung für den eigenen Unterrichtsgebrauch gestattet.
Die Kopiergebühren sind abgegolten. Für Veränderungen durch Dritte übernimmt der Verlag keine Verantwortung.

Schülerbuch
Seite 168 bis 169

Kompetenzen überprüfen

Sachkompetenz

1 Charakterisieren Sie den gegenwärtigen Verstädterungsprozess.

Die Grundzüge des gegenwärtigen Verstädterungsprozesses lassen sich wie folgt beschreiben:
- Da der Verstädterungsprozess in den entwickelten Staaten bereits ein hohes Niveau erreicht hat, schwächt er sich hier stark ab.
- In den Entwicklungsländern Afrikas und Asiens dagegen ist ein sehr starkes Anwachsen der Stadtbevölkerung erkennbar. „Hier wird sich die Zahl der Stadtbewohner in den nächsten 30 Jahren voraussichtlich verdoppeln, von jetzt zwei auf vier Milliarden Menschen."

2 Stellen Sie aktuelle Problemfelder der Innenstädte bzw. der Citys dar.

Folgende problematische Prozesse und Strukturen lassen sich beschreiben und verdeutlichen:
- Verödung mit Abwanderung von Kunden in Einkaufszentren „auf der grünen Wiese", mit entsprechenden Leerständen von innerstädtischen Läden,
- Qualitätsabnahme des Warenangebots mit Eröffnung von Billigshops oder -ketten großer Warenkonzerne (Filialisierung),
- zunehmende Uniformität in der Physiognomie mit Einheitsarchitektur, langweiligen Neubauten, eintönigen Schaufensterpassagen mit immer gleichen Elementen der Werbung,
- Verwahrlosung des öffentlichen Raumes,
- Gentrifizierung mit Verdrängung statusniedrigerer Bewohner.

3 Erklären Sie den Strukturwandel lateinamerikanischer Städte seit dem 19. Jahrhundert.

Nach ersten Umbrüchen bereits seit der Mitte des 19. Jahrhunderts (z. B. Kommerzialisierung des Stadtzentrums mit ersten Abwanderungen der Oberschicht in die Grünzonen am Stadtrand, im Zuge der Industrialisierung Entstehung billiger Massenmietshäuser in den ehemaligen Patio-Vierteln) zeichnen sich seit der Industrialisierung in den 1930er Jahren weitere tief greifende Veränderungen in der Stadtstruktur ab:
- geschlossene Abwanderung der Oberschicht aus dem Altstadtbereich in infrastrukturell sehr gut erschlossene Viertel mit modernem Wohnkomfort und hohen Sicherheitsstandards in neu erschlossenen Außenbezirken,
- funktionaler und sozialräumlicher Wandel des Zentrums mit der Aufgabe von Patiohäusern und der Errichtung billiger Massenmietshäuser („conventillos"),
- Entstehung von Industrievierteln und Arbeitersiedlungen an den Stadträndern, vor allem entlang der großen Ausfallstraßen,
- soziale Segregation und Fragmentierung mit Entstehung inner- sowie randstädtischer Marginalsiedlungen,
- Wachstum der Marginalsiedlungen auch durch ländliche Zuwanderungen.

Methodenkompetenz

1 Stellen Sie die Verflechtungen einer Stadt mit ihrem Umland in einer Grafik dar.

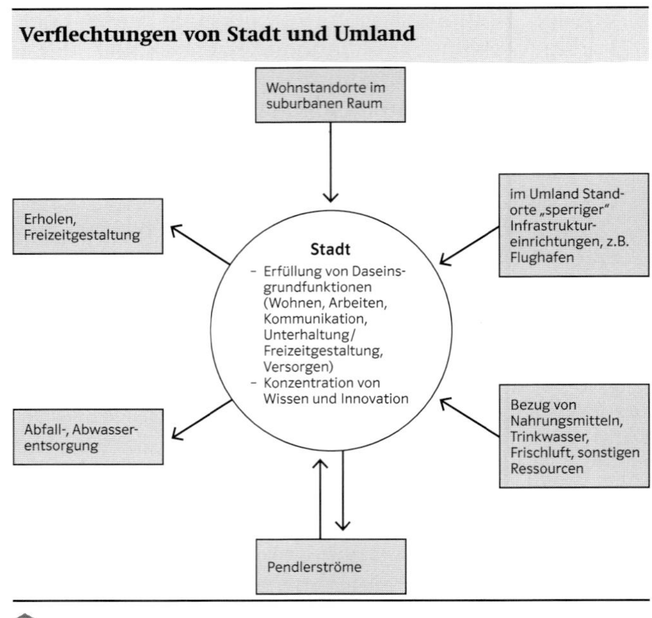

1

2 Analysieren Sie Karte 3 im Hinblick auf die Lage der „Hüttenviertel".

Lage der Hüttenviertel
- vorwiegend in prekärer Situation in durch Hochwasser gefährdeten Gebieten ohne Schutz durch Dämme (entlang des Flusses Buriganga, im Bereich des Sees im Südosten),
- entlang des östlichen Stadtrandes in räumlich marginaler Lage.

Fazit: räumliche Lage der Hüttenviertel als Ausdruck der sozialen Marginalisierung.

3 Erläutern Sie – anhand der Karikatur 2 – den Prozess der Suburbanisierung.

Die Karikatur spielt auf die Verlagerung städtischer Funktionen (Wohnen, Gewerbe, Dienstleistungen) ins städtische Umland an. Durch den entsprechenden Ausbau der Verkehrsinfrastruktur schrumpft die zeitliche Distanz zur Kernstadt. Diese Suburbanisierung lässt sich in verschiedene Teilprozesse gliedern.
- Bevölkerungssuburbanisierung: Verlagerung von Wohnungen und Abwanderung der Bevölkerung ins Umland der Städte als Ausdruck des Wunsches, im eigenen Heim „draußen im Grünen" zu wohnen; die zunehmende Motorisierung verbunden mit dem Ausbau der Verkehrsinfrastruktur und der U- bzw. S-Bahn-Netze ermöglicht das tägliche Pendeln in die zentrennahen Arbeitsstätten.
- Industriesuburbanisierung: Standortverlagerungen von Industriebetrieben ins Umland mit seinem größeren Angebot an freien Gewerbeflächen, (bereits suburbanisierten) Arbeitskräften, höherer Wohnqualität, besseren Verkehrsverbindungen.
- Suburbanisierung von Dienstleistungen: Standortverlagerungen von Dienstleistungsbüros aus den gleichen Grün-

den wie bei der Industriesuburbanisierung; zusätzlich spielen die günstigeren Büromieten im Umland eine Rolle.

4 „Städtischer Marginalisierungsprozess in Entwicklungsländern".

Erstellen Sie ein Wirkungsgeflecht zu den Ursachen und Folgen.

Beispiel einer möglichen Schülerlösung:

Städtische Marginalisierungsprozesse in Entwicklungsländern: Ursachen und Folgen

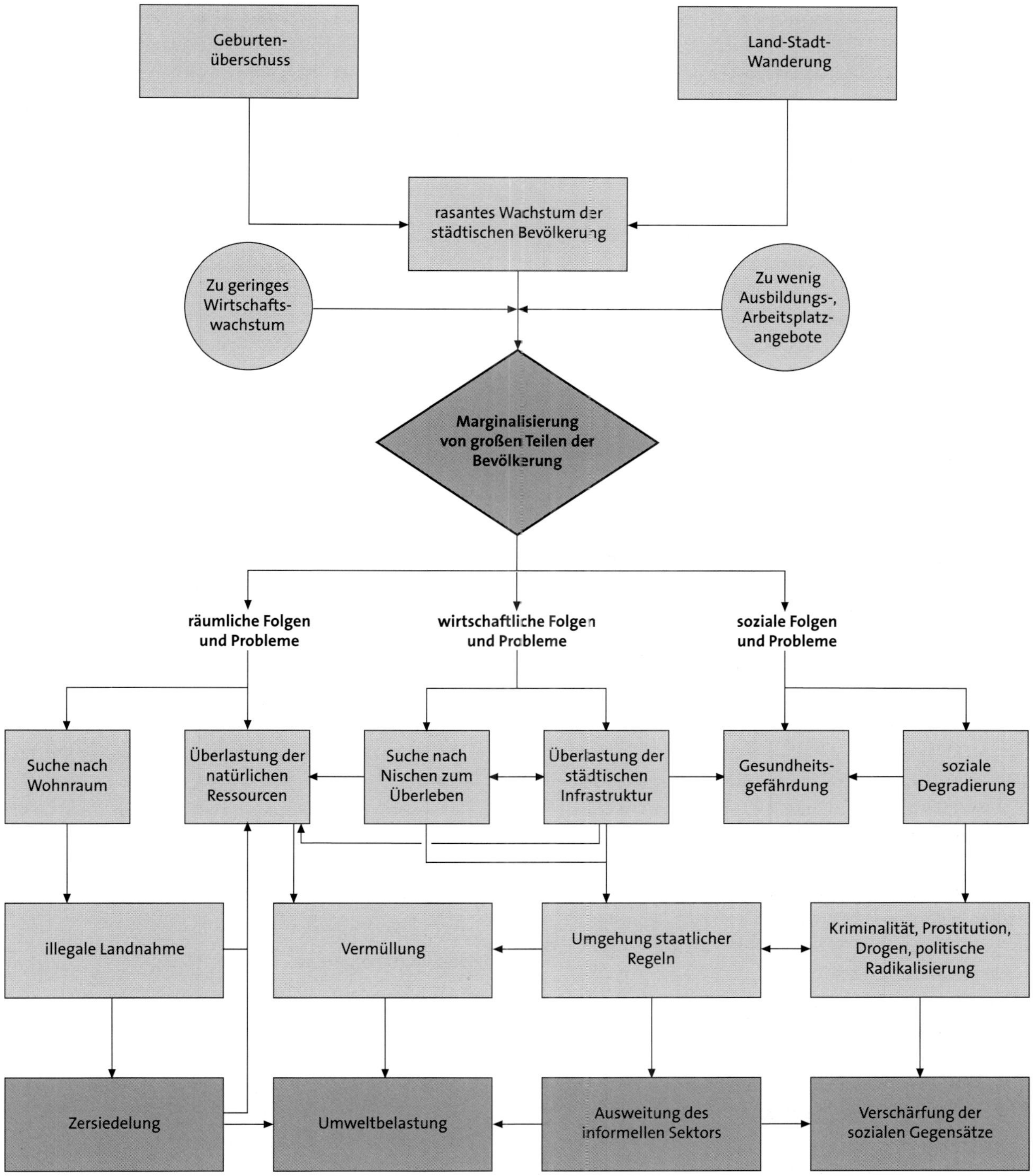

4

Urteilskompetenz

1 Vergleichen Sie die Wahrnehmung von „Stadt" in der Malerei des Expressionismus mit Ihrer eigenen Einstellung.
Der Expressionismus ist eine Stilrichtung in der Kunst Anfang des 20. Jahrhunderts. Die meisten Expressionisten empfanden die Welt und Wirklichkeit als chaotisch, als fremdartig und bedrohlich. Vor allem das Leben in der Großstadt führt nach deren Ansicht zur Entfremdung vom eigenen Ich, von der Natur und vom Nächsten. Der expressionistische Künstler sieht in der Großstadt den Verfall jeder Individualität und jedes funktionierenden Gesellschaftslebens. Aufgrund der zunehmenden Reizüberflutung erlebt er die Großstadt durchweg mit Abscheu und Verzweiflung.

Dieser pessimistischen, kulturkritischen Einstellung des Expressionismus soll die eigene Wahrnehmung von Stadt gegenübergestellt werden. Die Schülerinnen und Schüler sollen darlegen, mit welchen Augen sie „ihre" Stadt sehen, was sie schätzen, genießen, vermissen oder kritisieren. Dabei können sie zum Beispiel darauf eingehen, dass in der Stadt eine hohe Zahl differenzierter Arbeitsplätze, ein breites und spezialisiertes Warenangebot, eine Fülle von Bildungseinrichtungen ebenso zur Verfügung steht wie eine weite Palette an Unterhaltungs- und Freizeitmöglichkeiten. Sie können aber auch auf das u. U. als angenehm empfundene Fehlen sozialer Kontrollen oder das pulsierende Leben hinweisen.
Das „verdichtete" Angebot, das Fehlen sozialer Kontrollen, das pulsierende Leben – all das hat aber seinen Preis. Es wird bezahlt zum Beispiel mit dem täglichen Verkehrschaos auf den Straßen, den steigenden Mieten, den schrumpfenden Erholungsmöglichkeiten und einer wachsenden Umweltbelastung. Auch Vereinzelung, Anonymität oder Aggressionsbereitschaft bis hin zur Kriminalität können die Folgen sein. Werden diese Negativfaktoren betont, nähert sich die persönliche Bewertung wohl der Einstellung der Expressionisten an.

2 „Der weltweite Verstädterungsprozess bietet viele Chancen". Bewerten Sie diese Aussage.
Die folgenden Argumente können gewichtend gegenübergestellt werden. Als Ergebnis ist eine persönliche Stellungnahme zu formulieren.
Städtische Räume können bieten:
- hohe Effizienz und Synergieeffekte bei der gemeinsamen Nutzung von Infrastrukturen,
- Fühlungs- und Agglomerationsvorteile sowie einen großen Markt für investierende Unternehmen,
- eine Vielfalt an Arbeitsplätzen,
- vor allem in Entwicklungsländern einen ausgeprägten informellen Sektor als Existenzgrundlage für ländliche Zuwanderer,
- Grundlagen für Demokratisierungs- und Emanzipationsprozesse (z. B. Chancen für eine Verbesserung der Rolle und Situation von Frauen in Entwicklungsländern),
- insgesamt ihren Bürgern und ihrem Umland auch äußerst attraktive Möglichkeiten in den Bereichen Wirtschaft, Konsum, Bildung, Kultur, Freizeit und Unterhaltung.

Problematische Folgen eines übermäßigen Städtewachstums können sein:
- Auszehrung der peripheren ländlichen Räume,
- Überlastung der urbanen Zentren mit einer Überforderung der städtischen Infrastruktur in nahezu allen Bereichen,
- Marginalisierung großer Bevölkerungsteile mit entsprechenden Folgen wie Zunahme von Kriminalität, politischer Radikalisierung, Instabilität der staatlichen Ordnung,
- Übernutzung der natürlichen Ressourcen in den städtischen Räumen und deren Umland.

3 Beurteilen Sie ein ausgewähltes aktuelles städtebauliches Projekt in Ihrem Schulort unter dem Kriterium der Nachhaltigkeit.
Oberste Prinzipien städtebaulicher Nachhaltigkeit sind Kompaktheit, Nutzungsmischung und möglichst kurze Wege. Dadurch sollen ökologische, soziale und ökonomische Ziele in ausgewogener Weise erreicht werden. Entsprechende städtebauliche Projekte sollten sich deshalb u. a. durch folgende Merkmale auszeichnen:
- Entwicklung der Innenstädte durch qualitativ verbesserte Angebote für möglichst viele Grunddaseinsfunktionen (Wohnen, Arbeiten, Versorgen, Bildung, Soziales und Kommunikation, Freizeitgestaltung),
- dabei Berücksichtigung der demografischen Alterung unserer Gesellschaft,
- ökologische Aufwertung von Wohngebieten durch Grün- und Parkanlagen,
- Innenentwicklung statt dauernde Erschließung neuer Flächen im Umland,
- enge Verflechtung von Wohnen und Arbeiten z. B. Wohn- und Büronutzungen in zentraler städtischer Lage,
- Reduzierung des motorisierten Individualverkehrs durch stärkere Verlagerung auf umweltverträgliche Verkehrsmittel,
- Schaffung von Siedlungsschwerpunkten im Umland der Städte statt Zersiedelung der Landschaft.

Das ausgewählte aktuelle städtebauliche Projekt ist anhand der aufgelisteten Kriterien zu beurteilen.

Handlungskompetenz

1 Aktuelle Sanierungs- oder Entwicklungsmaßnahme in der Gemeinde
a) Analysieren Sie – durch eine Befragung beim Stadtbauamt – eine aktuelle Sanierungs- oder Entwicklungsmaßnahme in Ihrer Gemeinde.
b) Ordnen Sie diese Maßnahme in die Zielsetzungen der Stadtentwicklungspolitik ein.
c) Gestalten Sie zu Ihren Untersuchungsergebnissen eine Präsentation im Plenum.

Kriterien der Analyse sind die Prinzipien der Nachhaltigkeit und die allgemeinen Zielsetzungen einer modernen Stadtentwicklungspolitik. Hierzu muss auf die Informationen im Schülerbuch (S. 162 – 164) zurückgegriffen werden. Auch die Lösungen der Aufgabe 7 (Kapitel 3.5) können herangezogen werden. Zur Gestaltung der Präsentation sei auf die Methodenseite „Arbeitsergebnisse präsentieren" verwiesen.

2 Nachhaltige Stadtentwicklung

a) Erarbeiten Sie einen Katalog von Maßnahmen für eine nachhaltige Stadtentwicklung in einer Kommune Ihrer Region.
b) Gestalten Sie eine Plenumsdiskussion zu Ihren Vorschlägen.

Die Diskussionen über Nachhaltigkeit und auch der „Lokale-Agenda-21-Prozess" haben inzwischen alle Gemeinden erfasst, so dass dieser Auftrag den Impuls für das persönliche Engagement von Schülerinnen und Schülern liefern könnte. Der Rahmen möglicher Aktivitäten und Maßnahmen ist weit gespannt. Er reicht von der Mitarbeit bei der Ausgestaltung des örtlichen Radwegenetzes oder bei der Konzeption von Biotoplehrpfaden bis hin zur Pflege von Streuobstwiesen. Der umweltbewussten Fantasie sind keine Grenzen gesetzt.

Bei der Beantwortung der Aufgabe kann aber auch zunächst in allgemeiner Form auf die Dimensionen nachhaltiger Entwicklung eingegangen werden. Auch daraus lassen sich dann konkrete Maßnahmen ableiten.

- Ökonomische Dimension: qualitatives statt rein quantitatives Wirtschaftswachstum, d. h. Ressourcen schonendes Wachstum unter Einbeziehung umweltbezogener Indikatoren für Lebensqualität.
- Ökologische Dimension: Schutz der lokalen, regionalen und globalen Ökosysteme zum Erhalt des ökologischen Gleichgewichts.
- Soziale Dimension: Schaffung von ökonomischer und sozialer Gerechtigkeit im lokalen, regionalen und globalen Rahmen.

Die einzeln oder in Kleingruppen erarbeiteten Vorschläge sind im Hinblick auf die Prinzipien der Nachhaltigkeit sowie der Realisierungsmöglichkeiten und -chancen im Plenum zu diskutieren. Das Thema Ökologie und Nachhaltigkeit eignet sich darüber hinaus in besonderem Maße dafür, den Unterricht nach dem Motto „Auf von den Sitzen, heraus aus dem Klassenzimmer, hinein in die Praxis" zu gestalten. Die Schülerinnen und Schüler sollten sich nicht scheuen, ihre erarbeiteten Vorschläge bei einem vereinbarten Besuch im Gemeinderat oder bei der Stadtverwaltung vorzutragen. Sie unterbreiten ihre (Ideal)Vorstellungen und werden dann mit – tatsächlichen, vermeintlichen oder vorgeschobenen – Sachzwängen konfrontiert. Eine spannende Diskussion ist garantiert.

Bevölkerung und Migration

Didaktische Struktur

Auftaktseite (S. 174–175)
- gegenwärtiges globales Bevölkerungswachstum und seine regionale Differenzierung
- räumliche Probleme als Folge dieses Wachstums
- grenzüberschreitende Wanderungen als Ergebnis regionaler Unterschiede in den Lebensbedingungen
- Chancen und Probleme der Migration

Module mit Grundinformationen ↔ Wahlmodule zur Vertiefung

Probleme und Herausforderungen (S. 176–177)
- Bevölkerungsentwicklung – mehr als Statistik und abstrakte Zahlen
- Vergleich der demografischen Situation eines Dorfes in Deutschland und Uganda

Entwicklung der Weltbevölkerung (S. 178–185)
- Dimensionen und regionale Differenzierung
- Steuerungsfaktoren der Bevölkerungsentwicklung
- Der „demografische Übergang"
- Bevölkerungswachstum und Ressourcenproblematik

↔ **Fallbeispiel Streit um das Nilwasser** (S. 184–185)

Die demografische Alterung (S. 186–189)
- Demografischer Schrumpfungsprozess
- „Demografische Dividende" für Entwicklungsländer

↔ **Fallbeispiel Deutschland** (S. 188)
↔ **Fallbeispiel China** (S. 189)

Migration weltweit (S. 190–197)
- Ausmaß und Ursachen
- Folgen für die Herkunfts- und Zielländer

Differenzierungsangebot 1
Wanderungsziel Europäische Union
(S. 194/195)

Differenzierungsangebot 2
Arbeitsmigranten in der Golfregion (S. 196/197)

TERRA Kompetenz (S. 198/199)
Wissen vernetzen und Kompetenzen überprüfen

Probleme und Herausforderungen

Strukturierungshilfe

Phase	Thema	Seite	Material	Aufgabe	Methodische Hinweise
Einstieg	Probleme und Herausforderungen	176–177	1–6	1–2	
Hausaufgabe	Vergleich mit der demografischen Situation in der Heimatgemeinde	176	3	3	Anwendung; Möglichkeit eines Referats

Lösungshinweise **Seite 176/177**

1 Arbeiten Sie für die beiden Beispieldörfer Hemeln und Namawajjolo Grundstrukturen der demografischen Situation heraus.

Folgende demografische Grundstrukturen lassen sich dem Material entnehmen und tabellarisch gegenüberstellen:

	Hemeln in Niedersachsen	Namwajjolo in Uganda
Kinderzahl	sehr gering (Fruchtbarkeitsrate in Deutschland im Durchschnitt bei 1,4)	in der Beispielfamilie acht Kinder pro Frau (Durchschnitt Ugandas: 6,2)
Altersstruktur	fast ein Drittel der Einwohner älter als 60 Jahre; von 966 Einwohnern nur neun Kinder zur Einschulung (d. h. weniger als ein Prozent im Alter von 6 Jahren)	junge Bevölkerung (in Uganda 49 % jünger als 15 Jahre)
Wanderungsverhalten	Abwanderung der Jungen in die Städte	Abwanderung der Jungen in die Städte, vor allem in die Hauptstadt

2 Stellen Sie die Herausforderungen dar, vor denen jeweils Staat und Gesellschaft in Deutschland und Uganda stehen.
Folgende Hauptprobleme lassen sich beschreiben und ggf. auch durch Beispiele verdeutlichen:

Deutschland
- Probleme bei der Finanzierung der sozialen Sicherungssysteme, Gefährdung des „Generationenvertrags",
- immer höhere Kosten für Gesundheit und Pflege,
- zunehmende Unrentabilität nicht ausgelasteter Infrastrukturen insbesondere im ländlichen Raum (z. B. ärztliche Versorgung, öffentliche Verkehrssysteme),
- Fehlen von – insbesondere qualifizierten – Arbeitskräften,
- Besetzung wichtiger politischer und gesellschaftlicher Entscheidungsgremien zunehmend durch Ältere, dadurch Gefahr einer Dominanz konservativer Werte und Entscheidungen.

Uganda
- Probleme bei der Versorgung der wachsenden Bevölkerung mit Nahrungsmitteln und Wasser,
- Verknappung der Ackerflächen; „Wettlauf zwischen Pflug und Storch" geht verloren,
- Raubbau an den Ressourcen (Wälder, Wasser, Rohstoffe),
- anhaltende Landflucht mit Überlastung der Städte in allen Bereichen,
- zu geringe Schaffung von Arbeitsplätzen, zu wenig Berufs- und Lebensperspektiven für die junge Bevölkerung,
- Gefahr der Radikalisierung und Zunahme von Kriminalität.

3 Charakterisieren Sie – durch eine Befragung bei der Gemeindeverwaltung – die demografische Situation in ihrem Heimatort.
Die Befragungsergebnisse sind mit den Daten in Tabelle 3 zu vergleichen. Übereinstimmungen – ggf. auch Abweichungen – sollen vor dem Hintergrund der Lösung zu Aufgabe 2 im Hinblick auf die Folgen für die Heimatgemeinde diskutiert werden.

Entwicklung der Weltbevölkerung

Strukturierungshilfe

Phase	Thema	Seite	Material	Aufgabe	Methodische Hinweise
Einstieg	Entwicklung der Weltbevölkerung	178	1 und 2; Text	1 und 3	
Erarbeitung 1	Dimensionen und regionale Differenzierung	179	3 und 4, Text	2 a) und b); 4 a) und b)	
Einstieg	Fallbeispiel: „Ausgerechnet der Iran!"	180	5 und 6		Erarbeitung von Hypothesen: Wie lässt sich die Entwicklung im Iran erklären?
Erarbeitung 2	Steuerungsfaktoren der Bevölkerungsentwicklung	180–181	Text; 7–10	5–7	
Lehrervortrag	Der „demografische Übergang"	182	Text; 11	8 a) und b)	
Anwendung	Arbeit mit dem Modell des „demografischen Übergangs"	182–183	Text; 12–16	9, 10, 11 a) und b)	
Einstieg	Bevölkerungswachstum und Ressourcenproblematik	184	17; Text	12	
Erarbeitung 3	Fallbeispiel: Streit um das Nilwasser	184–185	16–20; Text	13 a) – c)	

Lösungshinweise **Seite 178/179**

1 Charakterisieren Sie die aktuelle globale Bevölkerungsentwicklung.

Die Weltbevölkerung nimmt zurzeit um etwa 80 Millionen Menschen pro Jahr zu. Die Wachstumsrate hat zwar eine sinkende Tendenz, allerdings nicht in dem Maße, wie von den Vereinten Nationen in ihren Langzeitprognosen bisher angenommen. Je nach Entwicklung der Kinderzahl pro Frau wird sich die Weltbevölkerung von gegenwärtig (2014) 7,2 Mrd. Menschen bis zum Ende dieses Jahrhunderts auf 10,6 bzw. 16,6 Milliarden erhöhen.

2 Arbeit mit Karte 3

a) Analysieren Sie die demografische Situation in Ländern unterschiedlichen Entwicklungsstandes

Länder mit einem hohen Entwicklungsstand wie Kanada, die USA, Japan oder die Staaten der EU weisen durchweg geringe Wachstumsraten der Bevölkerung auf. In den Transformationsländern Osteuropas und in Russland sinkt der Zuwachs sogar unter die Null-Prozent-Marke. Zu den Ländern mit Wachstumsraten von unter zwei Prozent gehören aber auch Schwellenländer in Lateinamerika (z. B. Brasilien, Peru), Nordafrika (z. B. Libyen, Algerien, Marokko) oder Asien (z. B. Iran, Indien, China).

Hohe Zuwachsraten von drei Prozent und mehr weisen Entwicklungsländer vor allem in Afrika auf.

b) Überprüfen Sie die Behauptung, bei der Bevölkerungsentwicklung bestehe eine „demografische Spaltung".

Der Begriff „demografische Spaltung" beschreibt die zwei gegensätzlichen Tendenzen der Bevölkerungsentwicklung: In armen Ländern sind überwiegend (noch) hohe Zuwachsraten der Bevölkerung zu beobachten, die reichen Länder dagegen verzeichnen schrumpfende Bevölkerungszahlen. Diese Situation wird in Karte 3 deutlich. Dort sticht u. a. der Gegensatz zwischen der Bevölkerungsentwicklung in Subsahara-Afrika und Europa heraus.

3 Der Bevölkerungswissenschaftler R. Klingholz spricht von einer „Absage an den Untergang" (Text 2). Nehmen Sie zu dieser Aussage Stellung.

Mit seiner „Absage an den Untergang" widerspricht der Bevölkerungswissenschaftler R. Klingholz gängigen Katastrophenszenarien, die einen Kollaps des globalen Ökosystems durch stetig anhaltendes Bevölkerungswachstum und entsprechende Übervölkerung voraussagen. Er konstatiert, dass sich die Kinderzahl pro Frau im globalen Mittel seit Ende der 1960er-Jahre bis heute von fünf auf 2,5 Kinder verringert hat. Auch wenn die Menschen immer älter werden und wir heute von einer Basis von 7,2 Milliarden Menschen ausgehen, bedeutet dieser Rückgang in der Fruchtbarkeitsrate, dass „irgendwann in der zweiten Hälfte des 21. Jahrhunderts … das Bevölkerungswachstum ein Ende haben" dürfte.

Die Beweisführung von Klingholz wirkt überzeugend. Allerdings gibt es eine Reihe von Einflussfaktoren, die sich nicht exakt voraus berechnen lassen. Dazu gehören das generative Verhalten, die Sterbe- und Geburtenraten, aber auch die Alterstrukturen. Wenn sich diese Faktoren insbesondere in bevölkerungsreichen Staaten stark ändern, kann sich das auch auf die globale Bevölkerungsentwicklung auswirken.

4 Arbeit mit Tabelle 4

a) Arbeiten Sie die Hauptaussagen heraus.

Folgende Hauptaussagen lassen sich dem Material entnehmen:

- bis 2100 wird China als bevölkerungsreichster Staat von Indien abgelöst, weil zum Einen die Bevölkerung Indiens weiter stark wächst, während die von China wieder unter die Milliardengrenze fällt,
- die nur noch langsam wachsenden USA werden von Nigeria aufgrund der dort nach wie vor sehr hohen Geburtenraten vom dritten Platz verdrängt,
- in Indonesien ist nahezu eine Stagnation, in Brasilien sogar ein Rückgang der Bevölkerung zu verzeichnen,
- die Bevölkerung in Pakistan wächst nach wie vor stark, sodass dieses Land seinen sechsten Platz unter den 10 bevölkerungsreichsten Staaten behaupten kann,
- Bangladesch, Russland und Japan gehören im Jahre 2100 nicht mehr zu den 10 bevölkerungsreichsten Staaten; stattdessen sind Tansania, die DR Kongo und die Philippinen in diesen Kreis hineingewachsen.

b) Bewerten Sie die Aussagekraft derartiger Projektionen.

Bei der Bewertung der Aussagekraft sei auch auf die Ergebnisse der Aufgabe 3 verwiesen. Derartige Prognosen sind mit Unsicherheiten behaftet. So kann zum Beispiel nicht davon ausgegangen werden, dass in einem Land die Wachstumsraten im Beobachtungszeitraum konstant bleiben. Diese können sich innerhalb von einigen Jahrzehnten stark verändern.

Zu den größten Einflussfaktoren, die nicht exakt voraus berechnet werden können, gehören Veränderungen im generativen Verhalten, der Sterbe- und Geburtenraten, aber auch der Altersstruktur. Bei alledem spielt auch die Bevölkerungs- und Familienpolitik der einzelnen Staaten eine entscheidende Rolle. Insofern stellt die Prognose in Tabelle 4 lediglich einen groben Orientierungswert dar.

Lösungshinweise — Seite 180/181

5 Beschreiben Sie ausgewählte Einflussfaktoren der Geburtenhäufigkeit.

Die Geburtenhäufigkeit bzw. die Kinderzahl pro Frau (Fertilitätsrate) hängt von einer Vielzahl von Einflussfaktoren ab. Zu nennen sind

- gesellschaftliche Wertvorstellungen und Normen: z.B. Vielzahl an Kindern zur Erhöhung des persönlichen Prestiges oder als Ausdruck männlicher Potenz; z.B. frühes Heiratsalter aus Tradition und damit mehr Geburten pro Frau; z.B. Bedeutungsverlust der Ehe, weniger Eheschließungen und damit Geburtenrückgang,
- religiöse und kulturelle Bindungen: z.B. Verbot der Empfängnisverhütung durch Glaubensvorschriften oder Rolle der Frau in erster Linie als Mutter und Hausfrau; z.B. verändertes Rollenverständnis der Frau, stärkere Einbindung in berufliche Karrieren und damit Rückgang der Geburtenzahl pro Frau,
- Ernährungssituation: z.B. geringere Zahl von Lebendgeborenen bei Mangelernährung der Mütter,
- hygienisch-medizinische Verhältnisse: z.B. bei Verbesserung der Gesundheitssituation mehr Lebendgeborene und damit höhere Kinderzahl; bei Rückgang der Säuglingssterblichkeit dann aber auch Sinken der Kinderzahl pro Frau,
- Möglichkeiten der Empfängnisverhütung: z.B. durch Aufklärung und Information Rückgang der Geburtenzahlen,
- höhere Schulbildung von Frauen: dadurch z.B. Zugang zu Methoden der Empfängnisverhütung oder Wunsch nach eigener beruflicher Tätigkeit.

6 Erstellen Sie – ausgehend von Text 7 – ein Wirkungsgeflecht zum Einfluss von Frauen mit Schulbildung auf die demografische Entwicklung.

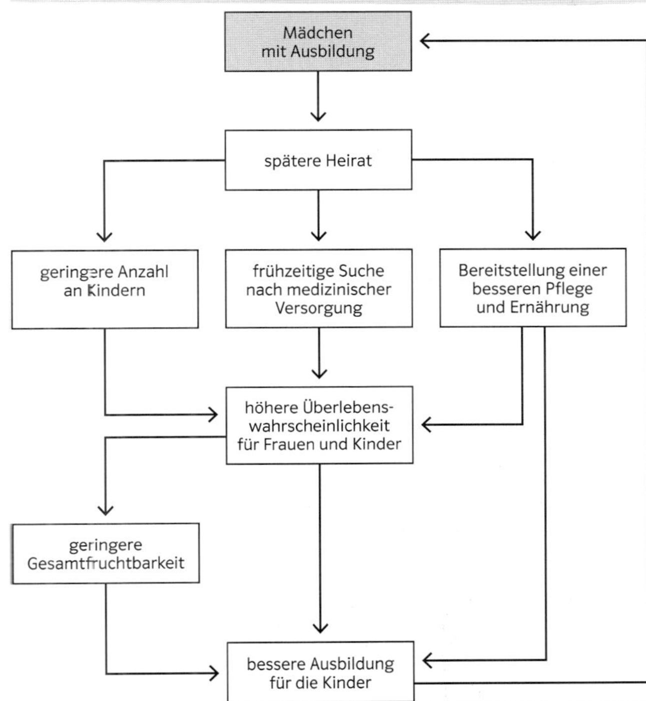

Paul Gans: Bevölkerungsgeographie. In: Hans Gebhardt u.a.: Geographie.. Spektrum Akademischer Verlag. Heidelberg 2012. S.780

7 Erörtern Sie mögliche Ursachen der aktuellen demografischen Entwicklung in Iran.

Iran weist eine Reihe von Rahmenbedingungen auf, die eigentlich eine anhaltend hohe Fertilitätsrate bzw. Geburtenhäufigkeit zur Folge haben müssten (siehe Aufgabe 5). Eine fundamentalistische Geistlichkeit drängt auf Einhaltung religiös begründeter Normen und Wertvorstellungen, die Gesellschaft ist durchdrungen von konservativen Grundstimmungen und dem Vorherrschen von Traditionen. Trotzdem ist binnen einer Generation die Kinderzahl pro Frau von knapp sieben Kindern in den 1980er-Jahren unter das Bestandserhaltungsniveau abgesunken.

Diese dramatische Veränderung im generativen Verhalten lässt sich mit dem starken Anstieg des Bildungsniveaus junger Iranerinnen, aber auch mit dem Übergang von der Agrar- zur Industrie- und Wissensgesellschaft im Iran erklären. Frauen mit Zugang zu Bildung eröffnen sich neue Berufs- und damit Einkommensmöglichkeiten. Sie müssen sich deshalb nicht mehr an einen männlichen Versorger binden, was traditionell mit einer entsprechend hohen Kinderzahl verbunden war. Nicht umsonst gilt unter Demografen Bildung als dass wirksamste Verhütungsmittel. In einer sich modernisierenden Gesellschaft werden zudem Kinder von einem Produktions- zu einem Kostenfaktor. Bei entsprechender staatlich organisierter sozialer Absicherung verdrängt dann die „Konkurrenz der Genüsse" zunehmend den Kinderwunsch. Die Veränderung des generativen Verhaltens belegt damit die in dem Wirkungsgeflecht bei Aufgabe 6 dargestellten Zusammenhänge.

Lösungshinweise **Seite 182/183**

8 Arbeit mit dem „Modell des demografischen Übergangs" (Grafik 11)

a) Charakterisieren Sie die Bevölkerungsentwicklung in den einzelnen Phasen.

Die Bevölkerungsentwicklung in den einzelnen Phasen lässt sich in ihren Grundzügen wie folgt tabellarisch zusammenfassen. Im Unterrichtsgespräch kann ggf. auch die jeweilige räumliche Dimension kurz angerissen werden (Spalten 4 und 5).

Phase	Bevölkerungsentwicklung		Räumliche Bevölkerungsbewegung	
	Wachstum	**Ursachen**	**Intensität**	**Ursachen**
1 Agrargesellschaft	sehr langsam	hohe Geburtenziffern; aber auch hohe Säuglings-, Müttersterblichkeit und niedrige Lebenserwartung wegen Mängel in Medizin, Hygiene, Ernährung	schwach	Bevölkerungswachstum und Arbeitsplatzangebot ausgeglichen; „Schollengebundenheit“
2 frühindustrielle Gesellschaft	stark	starkes Absinken der Sterbeziffer wegen medizinischer Fortschritte; weiterhin hohe Geburtenziffer, da Kinder als „Sozialversicherung“ und Produktionsfaktor gelten	stark (Landflucht)	Übervölkerung auf dem Land (push-Faktor); Industriewachstum in den Städten (pull-Faktor)
3 Industriegesellschaft	allmähliche Verlangsamung	Sinken der Geburtenziffer; Kinder zunehmend ein Kostenfaktor; beginnende innereheliche Geburtenregelung; erste Sozialgesetzgebung	hohe Mobilität	Rationalisierung der Landwirtschaft; Landflucht
4 hochindustrielle Gesellschaft	sehr langsam	weiteres Sinken der Geburtenziffer (Ursachen siehe Phase 3), kaum noch Abnahme der Sterbeziffer wegen gestiegener Lebenserwartung	hohe Mobilität	Anforderungen einer komplexen Arbeitswelt an Flexibilität und Mobilität
5 postindustrielle Gesellschaft	äußerst gering	Geburtenziffer auf niedrigem Niveau knapp über der Sterbeziffer; typisches generatives Verhalten einer modernen Konsumgesellschaft	hohe Mobilität	(siehe Phase 4)
Neue Phase : Demografischer Wandel und Krise	Schrumpfen	Absinken der Fruchtbarkeitsziffer unter das Bestandserhaltungsniveau wegen Verstärkung der ab Phase 3 einsetzenden Trends im generativen Verhalten	hohe Mobilität	(siehe Phase 4)

b) Vergleichen Sie die Aussagen des Modells mit der realen Entwicklung in Schweden und Mexiko (Grafik 12).

In beiden Staaten entspricht die reale Entwicklung weitgehend den Aussagen des Modells. Allerdings haben jeweils Kriege und Revolutionen die Bevölkerungsentwicklung insoweit beeinflusst, dass es für kurze Phasen zu einem starken Wiederanstieg der Sterberate kam (in Schweden z.B. nach 1775, in Mexiko nach 1910). Der demografische Übergang vollzog sich zudem in Mexiko stark zeitversetzt zu dem in Schweden. Während in Schweden die Sterberate ab 1810 kontinuierlich sinkt (Beginn der Phase 2), setzt diese Entwicklung in Mexiko – dann allerdings äußerst stark – erst 1915 ein. Schweden befindet sich im Jahr 2000 bereits in der Neuen Phase des demografischen Wandels, in der die Geburtenrate zeitweilig unter die Sterberate sinkt. Im gleichen Zeitraum hat Mexiko gerade die Phase 3 mit stark sinkenden Geburtenziffern erreicht.

9 Erklären Sie den Fruchtbarkeitsrückgang mithilfe der „wealth flow"-Theorie.

In traditionellen Gesellschaften erhöht eine große Kinderzahl nicht nur das Prestige einer Familie bzw. des Familienoberhaupts, ökonomisch betrachtet stellen Kinder hier auch einen wichtigen Produktionsfaktor dar. Sie tragen mit ihrer Arbeitskraft zum Familieneinkommen bei. Sie versorgen auch die Alten. Kinder erhöhen also Einkommen, Lebensstandard und den – wenn auch bescheidenen – Wohlstand der Eltern.
In modernen Industrie-, Dienstleistungs- oder Wohlstandsgesellschaften werden Kinder zu einem Kostenfaktor. Ihre Ausbildung muss über viele Jahre hinweg finanziert werden, ehe sie sich – u.U. auch erst nach einem langen Studium – selbst versorgen können. Der Fluss von „Wohlstand", Finanzmitteln, Kapital kehrt sich also um in Richtung Kinder. Zunehmend verdrängt daher die „Konkurrenz der Genüsse" den Wunsch nach

Kindern zugunsten von Konsumwünschen (siehe auch Aufgabe 7 und das Fallbeispiel Iran).
Die „wealth flow"-Theorie spricht auch von den sog. „Opportunitätskosten". Das heißt, die finanziellen Mittel, die die Eltern für den Nachwuchs z. B. in Form von Ausbildungskosten aufbringen, fehlen ihnen selbst bei der Befriedigung ihrer eigenen Bedürfnisse und Wünsche. Ihnen entgehen Gelegenheiten („Opportunitäten") z. B. im Bereich der eigenen Weiterbildung, der Existenzabsicherung (z. B. Hausbau, Sparrücklagen) oder der Freizeitgestaltung.

10 Ordnen Sie die Länder in Tabelle 14 in das „Modell des demografischen Übergangs" ein (Modell unter Online-Code 7wg9am) [Hinweis: Unbedingt die y-Achse skalieren, sonst ist eine Einordnung nicht möglich]
Aus den angegebenen Geburten- und Sterberaten ergibt sich folgende Einordnung:

Land	Phase
Niger, Burkina Faso, Uganda	2
Bolivien,	3
Mexiko, Vietnam, Mauritius, Thailand, Australien	3 oder 4
Belgien, Schweden	5
Deutschland	6

11 Arbeit mit Grafik 15
a) Ordnen Sie die Kurven den Staaten Mauritius und Schweden zu.
Aus dem Kurvenverlauf ergibt sich folgende Zuordnung:
- grüne (obere Kurve): Mauritius – von 1901 bis 1950 noch ansteigende Geburtenraten bei sinkenden Sterberaten; in dieser Phase, also bis zur Mitte des 20. Jahrhunderts, steigendes Bevölkerungswachstum; Kurvenverlauf mit typischen Merkmalen eines Entwicklungslandes (Bevölkerungsexplosion und dann ein relativ spät einsetzendes, dann aber starkes Absinken der Geburten- und Sterberate),
- blaue (untere) Kurve: Schweden – bereits ab 1830 immer stärker zurückgehende Geburtenraten; also bereits zu Beginn des 20. Jahrhunderts nur noch geringes Bevölkerungswachstum; typische Merkmale eines heute hoch entwickelten Industriestaates.

b) Erklären Sie die demografische Entwicklung der beiden Staaten mithilfe des „Modells vom demografischen Übergang".
Mauritius
- zu Beginn des Beobachtungszeitraums mit hohen Geburten- und hohen Sterberaten noch in Phase 1,
- bis 1950 Eintritt in Phase 2 mit stark zurückgehende Sterbe-, aber sogar noch steigenden Geburtenraten,
- ab Mitte des 20. Jhs. Eintritt in Phase 3 mit stark sinkenden Geburten- und noch leicht abnehmenden Sterberaten,
- seit Ende des 20. Jhs Eintritt in Phase 4 mit gesunkenen Geburtenraten und Sterberaten auf niedrigem Niveau (zeitweilig sogar leicht zunehmend).

Schweden:
- bereits zu Beginn des Beobachtungszeitraums in Phase 2 mit relativ hohe Geburten- und zurückgegangenen bzw. zurückgehenden Sterberaten,
- ab 1830 Eintritt in Phase 3 mit stark abnehmenden Geburten- und weiter sinkende Sterberaten,
- Mitte des 20. Jhs. in Phase 4 mit weiter sinkenden, zeitweilig auch wieder leicht ansteigenden Geburtenraten und niedrigen Sterberaten,
- seit Beginn des 21. Jhs. Geburtenrate auf ähnlich niedrigem Niveau wie die Sterberate; Phase 5 mit kaum noch wachsender Bevölkerung.

Lösungshinweise **Seite 184/185**

12 Beschreiben Sie Zusammenhänge zwischen Bevölkerungswachstum und Ressourcenverbrauch.
Auf den ersten Blick scheint der Zusammenhang einfach und klar zu sein: Das hohe Bevölkerungswachstum ist eine wesentliche Ursache des Ressourcenverbrauchs, denn jeder neue Erdenbürger hat prinzipiell Anspruch auf die Befriedigung der Daseinsgrundfunktionen. Dadurch nehmen die Eingriffe in den Naturhaushalt und damit die ökologischen Belastungen, aber auch die Konflikte um die Nutzung von Ressourcen zu. Je höher aber das Bevölkerungswachstum eines Landes oder einer Region, umso stärker wächst dort der Ressourcenverbrauch.
Eine solche Sicht schiebt die Verantwortung für den Ressourcenschutz zunächst einmal in die Räume mit dem gegenwärtig höchsten Zuwachs an Bevölkerung, also in die Entwicklungsländer.
Die Intensität bei der Nutzung unserer Rohstoffe und Umweltgüter hängt aber nicht nur von der absoluten Zunahme der Einwohnerzahlen ab. Genauso entscheidend ist der Ressourcenverbrauch pro Kopf. Verantwortlich für die zunehmenden Probleme ist eben auch das Wohlstandswachstum in den fortgeschrittenen Ländern, denn hier steigt der Bedarf an qualitativ hochwertigen Angeboten des Konsums, der Erholung und der Freizeitgestaltung. Dementsprechend liegt der Pro-Kopf-Verbrauch an Ressourcen, vor allem auch an Energierohstoffen, um ein Vielfaches höher als in Entwicklungsländern.
Die Belastungen und der Ressourcenverbrauch hängen „also ebenso vom Bevölkerungswachstum in den armen Ländern wie vom Wohlstandswachstum in den reichen Ländern ab" (Quellentext 17).

13 Fallbeispiel Streit um das Nilwasser
a) Charakterisieren Sie die klimatische und hydrogeographische Situation des oberen und unteren Niltals (Karte 21, Atlas).
Die klimatische und hydrogeographische Situation lässt sich in Grundzügen wie folgt beschreiben:
- Quellgebiete im innertropischen Hochland (Victoria-Nil, Weißer Nil) und im Äthiopischen Hochland (Blauer Nil),

- Weißer Nil mit relativ ausgeglichener Wasserführung wegen wasserspeichernder Wirkung der Seen und Sumpfgebiete; ab Spätsommer allerdings verstärkte Wasserzufuhr durch den Sobat infolge der Regenzeit,
- Blauer Nil mit ausgeprägtem Maximum der Wasserführung von Juli bis Oktober durch sommerliche Regenzeit im Quellgebiet,
- für die Unterlieger Sudan und Ägypten im vollariden Klima Nordafrikas bzw. in der Vollwüste Nil als „Fremdlingsfluss" von existenzieller Bedeutung.

b) Vergleichen Sie die Situation der Konfliktparteien (Tabelle 20).

Ein Blick auf die sozioökonomischen Strukturdaten (Tabelle 20) zeigt, dass Ägypten bisher den größten wirtschaftlichen Nutzen aus dem Nilwasser zieht. Das Land weist im Vergleich zu den Oberliegern im niederschlagsreicheren Süden die mit Abstand größte Wirtschaftskraft auf. Aber es verfügt nur über sehr geringe interne erneuerbare Wasserressourcen. Dieser Mangel ist umso gravierender, als die Bevölkerung in Ägypten im Vergleich zu den anderen Konfliktparteien am stärksten wächst.
Aus wirtschaftlicher Stärke folgt auch militärische Macht - und bisher wurde die Nilwassernutzung stets machtpolitisch geregelt. Gibt es hierzu Alternativen?

c) Erörtern Sie mögliche weitere Entwicklungen des Wasserkonflikts am Nil.

Eine Verhandlungslösung ist nur möglich, wenn beide Seiten zu Kompromissen bereit sind. Die Bereitschaft zur Kooperation könnte dadurch erhöht werden, dass internationale Geldgeber wie die Weltbank oder die Europäische Union beim Aufbau von Systemen zur besseren Wassernutzung oder von Stromnetzen zum Energieaustausch behilflich sind. Denn es gibt technische Möglichkeiten, die Wasserproblematik dadurch zu entschärfen, dass das knappe Gut effizienter und nachhaltiger als bisher genutzt wird. Die Wasserproduktivität ließe sich zum Beispiel durch die Modernisierung landwirtschaftlicher Bewässerungssysteme, durch die Reparatur von Wasserleitungen oder durch das Reinigen von Brauchwasser und Recycling-Maßnahmen erhöhen. Auch die - allerdings kostspielige - Meerwasserentsalzung stellt eine Option dar.
Aktuelle Äußerungen von Seiten der Oberlieger („Niemand kann uns hindern, das Nilwasser so zu nutzen, wie wir wollen") und der Unterlieger („Wenn diese Länder Ägypten das Wasser abgraben wollen, werden wir das nicht zulassen") zeigen aber, dass im Moment auf beiden Seiten die Scharfmacher das Wort haben. Kooperationsbereitschaft ist (noch?) nicht zu erkennen. Droht eines Tages also doch der bewaffnete Konflikt?

Schülerbuch
Seite 178 bis 185

Entwicklung der Weltbevölkerung

Bevölkerungswachstum und Prognose

1 Bevölkerungsentwicklung
a) Ermitteln Sie die aktuelle Weltbevölkerungszahl und vergleichen Sie diese mit dem Stand am Weltbevölkerungstag* 2010 (M1).
b) Analysieren Sie die Entwicklung der Wachstumsraten.

* Der Weltbevölkerungstag geht auf den 11. Juli 1987 zurück, den Tag, an dem die 5-Milliarden-Grenze überschritten wurde

2 Gegenwärtiges Bevölkerungswachstum und Prognose
a) Ermitteln Sie das gegenwärtige Wachstum der Weltbevölkerung (Tabelle M2).
b) Erstellen Sie eine Prognose für die Weltbevölkerungstage 2020 und 2030.

3 Beschreiben Sie die Entwicklung der Weltbevölkerung ab 1700 (Grafik M3).

4 Bewerten Sie die in Grafik M3 enthaltene Prognose.

Stichtag	Datum	Weltbevölkerungsstand
Aktueller Stand		
Weltbevölkerungstag 2014	11. Juli 2014	7 240 000 000
Weltbevölkerungstag 2012	11. Juli 2012	7 057 000 000
Weltbevölkerungstag 2010	11. Juli 2010	6 894 270 000
Weltbevölkerungstag 2008	11. Juli 2008	6 712 080 000
Weltbevölkerungstag 2006	11. Juli 2006	6 557 000 000
Weltbevölkerungstag 1987	11. Juli 1987	5 000 000 000

M1 Entwicklung der Weltbevölkerung seit dem Weltbevölkerungstag 1987

Zuwachs am Menschen	
pro Jahr	86 856 000
pro Monat	7 238 000
pro Tag	237 962
pro Stunde	9 915
pro Minute	165
pro Sekunde	2,7

M2 Gegenwärtiges Wachstum der Weltbevölkerung

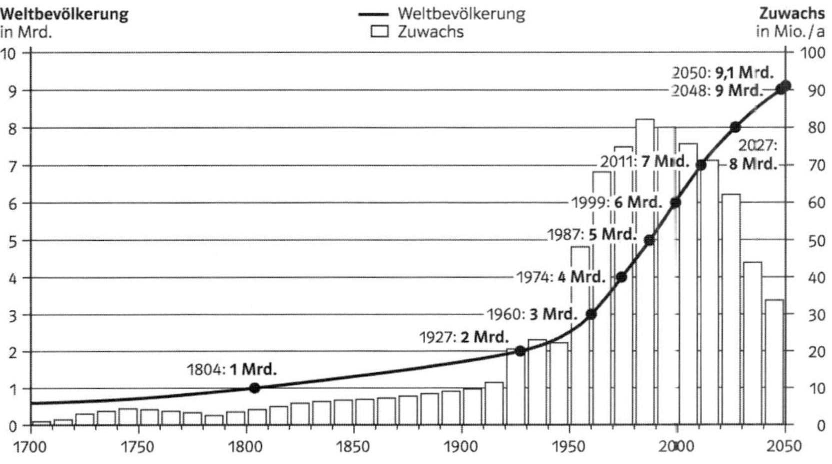

nach UN (Hrsg.): World Population Prospects, The 2008 Revision. New York: UN 2009/DSW-Grafik, unter: http://esa.un.org/unpp

M3 Entwicklung der Weltbevölkerung seit 1700 und Prognose bis 2050

Name: Klasse: Datum:

Klett
© Ernst Klett Verlag GmbH, Stuttgart 2015. | www.klett.de | Erstellt für: TERRA OS TB Entwicklungsländer | ISBN: 978-3-12-104706-2
Alle Rechte vorbehalten. Von dieser Druckvorlage ist die Vervielfältigung für den eigenen Unterrichtsgebrauch gestattet.
Die Kopiergebühren sind abgegolten. Für Veränderungen durch Dritte übernimmt der Verlag keine Verantwortung.

Entwicklung der Weltbevölkerung

Lösung

Bevölkerungswachstum und Prognose

1 Bevölkerungsentwicklung
a) Ermitteln Sie die aktuelle Weltbevölkerungszahl und vergleichen Sie diese mit dem Stand am Weltbevölkerungstag* 2010 (M1).

Aktueller Stand z. B. am 30.06.2014 (laut DSW-Datenreport): 7 238 000 000

b) Analysieren Sie die Entwicklung der Wachstumsraten.

Zwischen 1987 und 2006 wuchs die Menschheit um ca. 81,9 Mio. Menschen pro Jahr, zwischen 2012 und 2014 sogar um ca. 91,5 Mio. Menschen. Die gegenwärtige Zunahme beträgt 86,8 Mio. Menschen.
Die Zuwachsraten gehen aktuell also offenbar leicht zurück.

2 Gegenwärtiges Bevölkerungswachstum und Prognose
a) Ermitteln Sie das gegenwärtige Wachstum der Weltbevölkerung (Tabelle M2).

Zuwachs an Menschen	
pro Jahr	86 856 000
pro Monat	7 238 000
pro Tag	237 962
pro Stunde	9 915
pro Minute	165
pro Sekunde	2,7

b) Erstellen Sie eine Prognose für die Weltbevölkerungstage 2020 und 2030.

Bei vorausgesetzten konstanten Wachstumsraten am Weltbevölkerungstag 2020 ca. 7,715 Mrd. Menschen und 2030 rund 8,549 Mrd. Menschen zu erwarten. Allerdings ist wohl eher von zurückgehenden Zuwachsraten auszugehen.

3 Beschreiben Sie die Entwicklung der Weltbevölkerung ab 1700 (Grafik M3).

Die Weltbevölkerung nimmt ab 1700 konstant leicht zu. Ab Mitte des 20. Jahrhunderts setzt dann ein starker Zuwachs ein. Das zeigt sich auch in den immer kürzer werdenden Abständen beim Erreichen einer neuen Milliardenschwelle: Die erste Milliarde erreicht die Weltbevölkerung im Jahr 1804; bis zur nächsten Milliarde dauerte es noch 123 Jahre (1927); die Drei-Milliardengrenze wurde dann schon nach weiteren 33 Jahren überschritten; 1974 zählte man vier und schon 13 Jahre später fünf Milliarden Menschen; kurz vor der Jahrtausendwende wurde dann die Sechs-Milliardengrenze übersprungen. Somit hat sich die Weltbevölkerung im 20. Jahrhundert nahezu vervierfacht – ein einmaliger Vorgang in der Geschichte der Menschheit.
In Zukunft wird sich die Kurve des Zuwachses abflachen. Während das Wachstum in den hoch entwickelten Ländern nahezu stagniert, erleben die Entwicklungsländer weiterhin einen hohen Zuwachs an Bevölkerung.

Name: Klasse: Datum:

Klett
© Ernst Klett Verlag GmbH, Stuttgart 2015. | www.klett.de | Erstellt für: TERRA OS TB Entwicklungsländer | ISBN: 978-3-12-104706-2
Alle Rechte vorbehalten. Von dieser Druckvorlage ist die Vervielfältigung für den eigenen Unterrichtsgebrauch gestattet.
Die Kopiergebühren sind abgegolten. Für Veränderungen durch Dritte übernimmt der Verlag keine Verantwortung.

Schülerbuch
Seite 178 bis 185

Entwicklung der Weltbevölkerung

Lösung

4 Bewerten Sie die in Grafik M3 enthaltene Prognose.

Prognosen zur Bevölkerungsentwicklung sind mit Vorsicht zu betrachten, gehen doch einige Faktoren in die Vorausberechnung ein, deren künftige Einflussstärke nicht exakt bestimmt werden kann. Ein wesentlicher Faktor ist zum Beispiel die durchschnittliche Anzahl von Kindern pro Frau. Die Entwicklung dieser Fruchtbarkeitsziffer hängt aber in den einzelnen Ländern und Gesellschaften von einer Reihe sich möglicherweise ändernden Rahmenbedingungen ab (z. B. gesellschaftliche Wertvorstellungen und Normen, religiöse und kulturelle Bindungen, Ernährungssituation, medizinisch-hygienische Verhältnisse, Möglichkeiten der Empfängnisverhütung, Bildung der Frauen).
Hinzu kommt, dass in Entwicklungsländern häufig mehr als ein Drittel der Bevölkerung Kinder und Jugendliche sind. Das Wachstum der Weltbevölkerung findet also vorwiegend dort statt, wo der Zugang zu freiwilliger Familienplanung gegenwärtig noch vielfach stark begrenzt ist. Ließen sich hier moderne Verhütungsmethoden in großem Stil durchsetzen, könnte das die Kinderzahl pro Frau rasch absenken.
Weitere Unsicherheiten bei der Gewichtung von Einflussfaktoren ergeben sich z. B, bei der Betrachtung des Alters der Frauen, in dem eine erste Geburt stattfindet. Auch hier könnten sich die Einstellungen wie das gesamte generative Verhalten rascher ändern, als bei einigen Prognosen zugrunde gelegt wird.
Wegen der aufgezeigten Schwierigkeiten werden bei den Prognosen meist verschiedene Varianten erstellt, die jeweils von einer unterschiedlichen Gewichtung bestimmter Einflussfaktoren ausgehen.

Name: Klasse: Datum:

© Ernst Klett Verlag GmbH, Stuttgart 2015. | www.klett.de | Erstellt für: TERRA OS TB Entwicklungsländer | ISBN: 978-3-12-104706-2
Alle Rechte vorbehalten. Von dieser Druckvorlage ist die Vervielfältigung für den eigenen Unterrichtsgebrauch gestattet.
Die Kopiergebühren sind abgegolten. Für Veränderungen durch Dritte übernimmt der Verlag keine Verantwortung.

Die demografische Alterung

Strukturierungshilfe

Phase	Thema	Seite	Material	Aufgabe	Methodische Hinweise
Einstieg	Demografische Alterung in Industrie- und Entwicklungsländern	186	1–2; Text	1–2	
Erarbeitung	Eine „demografische Dividende“?	187	3–4	3	
Diskussion	Ein unwahrscheinliches Szenario?	187	5	4	
Gruppenarbeit	Fallbeispiele Gruppe 1: Deutschland Gruppe 2: China	 188 189	 6–9 10–14	 5–8 9–11	
Plenums-diskussion	– Folgen der demografischen Alterung – Vergleich Deutschland – China	188–189	6–14	8 und 12	

Lösungshinweise Seite 186/187

1 Ordnen Sie die Grundformen der Altersstrukturen (Grafik 1) den Phasen des demografischen Übergangs begründet zu.

Aus den Bevölkerungsanteilen in den einzelnen Jahrgangsgruppen (unter 15 Jahre, 15–65 Jahre, über 60 Jahre) lassen sich Rückschlüsse auf das generative Verhalten ziehen. Damit lässt sich die Einordnung Grundformen in das Modell des demografischen Übergangs begründen.

- Alterspyramide A: breite Basis als Hinweis auf hohe Geburtenzahl in den letzten Jahren, relativ hoher Anteil älterer Jahrgänge aufgrund gesunkener Sterblichkeit; also Phase 2
- Alterspyramide B: immer schmäler werdende Basis als Hinweis auf abnehmende Geburtenzahlen mit verringertem Bevölkerungswachstum, gleichzeitig immer größerer Anteil der älteren Bevölkerung wegen gestiegener Lebenserwartung; also Phase 5 oder zweiter demografischer Übergang
- Alterspyramide C: über Jahre hinweg gleich bleibende Geburtenzahl bei hohem Anteil älterer Bevölkerung aufgrund nachlassender Sterblichkeit (hohe Lebenserwartung); Phase 4 oder 5

2 Vergleichen Sie die Altersstrukturen der Industrie- und Entwicklungsländer (Grafik 2).

Die Pyramide der Industrieländer zeigt zum einen die Schrumpfung der Bevölkerung aufgrund drastisch zurückgegangener und weiter zurückgehender Geburtenraten. Wegen stark gestiegener Lebenserwartung ist eine zunehmende Alterung zu beobachten.

Die Pyramide der Entwicklungsländer zeigt beim Stand von 1995 eine starke Zunahme der Bevölkerung aufgrund hoher Geburtenraten. In der Prognose bis 2050 ist die Tendenz zu einer stagnierenden Bevölkerung erkennbar. Gleichzeitig nimmt vor allem die Zahl der Menschen im erwerbsfähigen Alter sowie die der über 60-jährigen zu.

3 Erläutern Sie den Prozess der demografischen Alterung und die daraus resultierende „demografische Dividende“.

Wenn die Geburtenrate – beim „zweiten demografischen Übergang“ – unter das Bestandserhaltungsniveau absinkt, wächst die Bevölkerung nicht mehr. Es setzt eine allmähliche Schrumpfung ein. Wegen der gestiegenen Lebenserwartung werden die Menschen – aus der vorangegangenen Phase des demografischen Übergangs – nicht nur immer älter, ihr Anteil an der Bevölkerung nimmt auch zu. Infolge der niedrigen Geburtenraten sinkt gleichzeitig der Anteil der jungen Bevölkerung. Dieser Prozess wird als „demografische Alterung“ einer Gesellschaft bezeichnet.

Wenn nun auch in Entwicklungsländern in absehbarer Zeit die Geburtenzahlen merklich zurückgehen sollten, könnte sich daraus für ein gewisses Zeitfenster eine Chance ergeben. Der Anteil der Bevölkerung im Erwerbsalter wächst dann nämlich zunächst einmal stark an. Diese Erwerbsbevölkerung muss sich um weniger Kinder kümmern (z. B. Ernährung, Ausbildungsfinanzierung) als ihre Vorgängergenerationen, und auch der Anteil der zu versorgenden Älteren ist noch nicht überproportional groß. Sollte es in diesem Zeitfenster gelingen, die vielen Menschen im erwerbsfähigen Alter mit Jobs zu versorgen, könnte diese „demografische Dividende“ Grundlage für einen Wirtschaftsboom werden. Der allerdings wäre sicher mit vielen negativen Begleiterscheinungen im Hinblick auf den Ressourcenverbrauch und die Umweltbelastung verbunden.

Wenn dann allerdings die starken Jahrgänge aus dem Erwerbsalter herauswachen, schließt sich dieses Zeitfenster. Dann müssen – wie bereits jetzt in vielen fortgeschrittenen Ländern – immer weniger Junge immer mehr Alte mit versorgen.

4 Diskutieren Sie das Szenario in Text 5.
Das Szenario ist im Hinblick auf seine Eintrittswahrscheinlichkeit zu diskutieren. Dabei lassen sich u. a. folgende Argumente gegenüberstellen, aus deren Gewichtung dann ein begründetes Urteil zu fällen ist:

Szenario: Die Welt am Ende des 23. Jahrhunderts – Ein Leben in Frieden und Nachhaltigkeit

JA – wahrscheinliches Szenario	NEIN – höchst unwahrscheinliches Szenario
– bei zurückgehenden Geburtenraten auch in Entwicklungsländern wohl ab der zweiten Hälfte des 21. Jahrhunderts Ende des globalen Bevölkerungswachstums; bei dann einsetzender allmählicher Schrumpfung ein Rückgang auf „weniger als vier Milliarden" durchaus vorstellbar	– alle Prognosen wie auch die „Absage an den Untergang" (SB S. 178) mit großen Unsicherheiten behaftet; Veränderungen im generativen Verhalten vor allem in Entwicklungsländern kaum kalkulierbar
– Intelligenz der Menschen als Hilfe bei der (vor allem auch technischen) Bewältigung von Umweltveränderungen oder Umweltschäden	– die bis zum 21. Jahrhundert angerichteten Umweltschäden bereits jetzt kaum reparierbar; ein Handeln nach den Prinzipien von Nachhaltigkeit kaum global durchsetzbar
– in alternden Gesellschaften fast alle Entscheidungspositionen mit Hochbetagten besetzt; deren konservative Haltung auf Bewahrung, Frieden, Ausgleich ausgerichtet	– großer Widerstand der wenigen Jungen gegen das „Regiment der Greise"; Gesellschaften gekennzeichnet durch immer schärfere Generationenkonflikte
– Bedeutungsverlust vieler Ressourcen wegen Entmaterialisierung der Produktion und des Wirtschaftslebens; damit Abebben von Ressourcenkonflikten oder Kriegen zur Inbesitznahme von Land	– auch eine teilweise entmaterialisierte Produktion noch immer auf wichtige Rohstoffe (z. B. Edelmetalle, Seltene Erden) angewiesen; daher weiterhin Ressourcenkonflikte, vor allem aber Kampf um Agrarflächen
– Mensch aufgrund seiner Vernunft und bei seinem Wirtschaften immer mehr auf Nachhaltigkeit ausgerichtet	– Menschen in starkem Maße durch Egoismen oder kurzfristige Wirtschaftsinteressen gesteuert; Nachhaltigkeit als generelles Prinzip kaum durchsetzbar

Fazit:
- Die Menschheit hat aufgrund vernünftiger Überlegungen zu einem friedlichen Miteinander gefunden. Sie lebt und wirtschaftet gemäß den Geboten der Nachhaltigkeit, weil nur so eine gemeinsame Weiterexistenz auf der Erde möglich ist.

oder
- Die Menschheit findet aufgrund vielfältiger Interessen und Egoismen zu keiner gemeinsamen Überlebensstrategie. Daher ist fraglich ist, ob die Erde am Ende des 23. Jahrhunderts überhaupt noch bewohnbar oder bewohnt ist.

Lösungshinweise **Seite 188/189**

5 Interpretieren Sie die Karikatur 6.
Beschreibung: Ein Bauarbeiter trägt einen Balken, auf dem zwei Rentner und ein Schüler sitzen; er weist einen Jugendlichen aus einer Ein-Kind-Familie darauf hin, dass der im Erwachsenenalter einen viel größeren Balken (mit der Aufschrift „Generationen-Vertrag") mit insgesamt fünf – entsprechend besorgt dreinblickenden – Rentnern zu schultern hat.
Erklärung: Bei zurückgehenden Geburtenraten und Fruchtbarkeitsziffern nimmt die „Altenlast" in der Gesellschaft sehr stark zu, sodass eine immer kleinere Zahl von Erwerbstätigen eine immer größere Zahl an noch nicht oder nicht mehr Berufstätigen versorgen bzw. „tragen" muss. Der Generationenvertrag in seiner jetzigen Struktur ist gefährdet.
Schlussfolgerung: Entweder müssen neue Strukturen und Finanzierungssysteme für die soziale Sicherung gefunden werden oder es müssen – zum Beispiel durch eine wirkungsvolle Familienpolitik – Maßnahmen ergriffen werden, um die Geburtenraten wieder zu erhöhen.

6 Analysieren Sie Grafik 7 und Tabelle 8 im Hinblick auf die Folgen der demografischen Alterung für Deutschland.
Die Entwicklung der Altersstruktur und der Erwerbsbevölkerung ist vor allem im Hinblick auf den Arbeitsmarkt und auf die Finanzierung der sozialen Sicherungssysteme von großer Bedeutung. Entscheidend sind dabei die Werte des Alten- und des Jugendquotienten (Grafik 7). Sie geben Auskunft über die Versorgungsaufgaben der mittleren Generation. Die Gruppe der über 65-Jährigen wird ins Verhältnis zu dem Bevölkerungsanteil gesetzt, der im Erwerbsleben steht, also zu den 20- bis 64-Jährigen. Je größer dieser Altenquotient wird, umso weniger Erwerbstätige müssen die Versorgung der wachsenden älteren Generation tragen. Dieses Verhältnis wird sich in den nächsten Jahren dramatisch verändern. Der Altenquotient steigt und wird ab 2020 mit dem Eintritt der geburtenstarken Jahrgänge (Mitte 1950er- bis Ende 1960er-Jahre) ins Rentenalter nach oben schnellen. Immer weniger Erwerbstätige müssen also die Renten und Versorgungsleistungen für immer mehr Alte finanzieren. Wird das Renteneintrittsalter zum Beispiel auf 67 oder 68 Jahre angehoben, wird dieser Trend etwas abgemildert.
Der „Jugendquotient" gibt Auskunft darüber, wie viele unter 20-Jährige auf je einhundert 20- bis 64-Jährige entfallen. Dieser Wert wird sich in den nächsten Jahrzehnten nicht gravierend verändern. Die Versorgungsleistungen (z. B. die Finanzierung von Kindertagesstätten, Schul- und Ausbildungssystemen) der Erwerbsbevölkerung für diese Altersgruppe wird sich also kaum erhöhen.
Tabelle 8 zeigt, dass – mit der Zunahme der älteren Generation – die Anzahl der Menschen im Erwerbsleben in den nächsten Jahrzehnten ständig schrumpfen wird. Der Wirtschaft droht also ein Mangel an Arbeitskräften.

7 Arbeit mit einer animierten Alterspyramide für Deutschland (1950 bis 2060; Online-Code y6mm4w)

a) Beschreiben Sie die Veränderung der Altersstruktur bis zum Jahr 2060.

Die animierte Bevölkerungspyramide für Deutschland arbeitet mit vier Varianten (1-W1, 1-W2, 3-W2, 6-W1), denen jeweils unterschiedliche Annahmen bei der Entwicklung der Geburtenhäufigkeit (Fruchtbarkeitsziffer), Lebenserwartung und jährlichem Wanderungssaldo zugrunde liegen. Danach wird sich der Altersaufbau bis 2060 – in unterschiedlicher Intensität bei den einzelnen Varianten – immer mehr in Richtung der Grundform B der Alterspyramiden (SB. S.186), also zu einer „Urnenform", entwickeln. Die Gesamtbevölkerung wird auf Werte zwischen 74,5 bis 64,7 Mio. Einwohner schrumpfen.

b) Charakterisieren Sie die Entwicklung der einzelnen Altersgruppen bei verschiedenen Varianten (Annahmen).

Alle vier Varianten gehen von einer dramatischen Erhöhung des Altenquotienten vom Wert 34 im Jahr 2010 auf 60 bis 77 aus. Dieser Entwicklung liegt eine Verringerung des Anteils der 20-64-Jährigen 61 Prozent auf 49 bis 52 Prozent zugrunde. Auch der Anteil der jüngeren Jahrgänge (> 20 Jahre) sinkt – allerdings nur leicht – von 18 Prozent 13 bis 16 Prozent.

8 Erstellen Sie – ausgehend von Ihren Untersuchungsergebnissen – eine Mindmap zu den Folgen der demografischen Alterung.

Folgen der demographischen Alterung

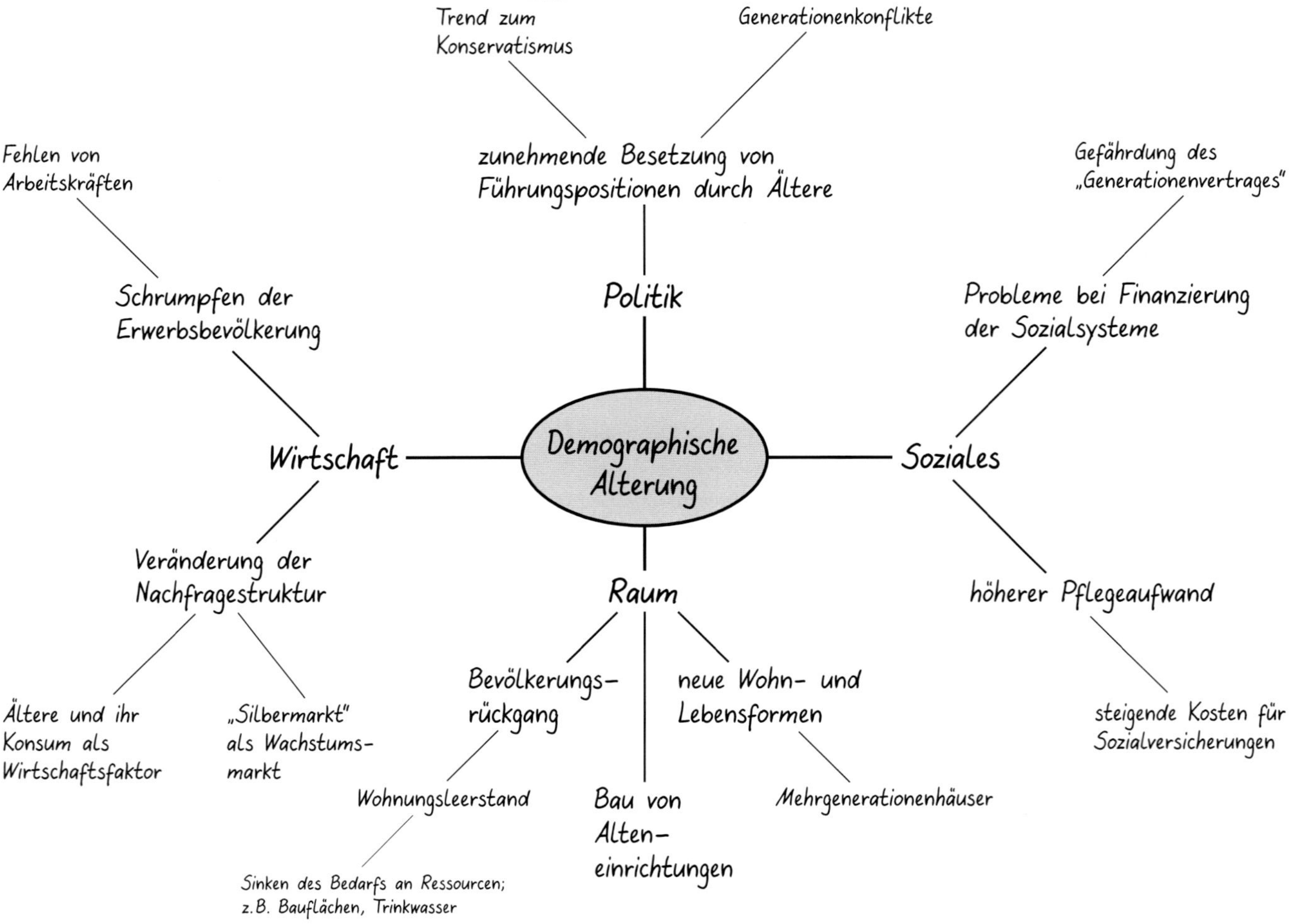

Demographische Alterung

- Politik
  - zunehmende Besetzung von Führungspositionen durch Ältere
    - Trend zum Konservatismus
    - Generationenkonflikte
- Wirtschaft
  - Schrumpfen der Erwerbsbevölkerung
    - Fehlen von Arbeitskräften
  - Veränderung der Nachfragestruktur
    - Ältere und ihr Konsum als Wirtschaftsfaktor
    - „Silbermarkt" als Wachstumsmarkt
- Soziales
  - Probleme bei Finanzierung der Sozialsysteme
    - Gefährdung des „Generationenvertrages"
  - höherer Pflegeaufwand
    - steigende Kosten für Sozialversicherungen
- Raum
  - Bevölkerungsrückgang
    - Wohnungsleerstand
      - Sinken des Bedarfs an Ressourcen; z.B. Bauflächen, Trinkwasser
  - Bau von Alteneinrichtungen
  - neue Wohn- und Lebensformen
    - Mehrgenerationenhäuser

9 Arbeiten Sie mithilfe einer Internet-Recherche Grundzüge der Ein-Kind-Politik heraus.

Mit Beginn der chinesischen Wirtschaftsreformen galt die Übervölkerung als Haupthindernis für den wirtschaftlichen Fortschritt. Die seit 1979 geltenden und Ende 2013 etwas gelockerten Regelungen sehen die Ein-Kind-Familie und sofortige Abtreibungen bei ungenehmigten Schwangerschaften vor. Von den Bestimmungen sind nur die nationalen Minderheiten sowie Bauern, deren erstes Kind eine Tochter ist, ausgenommen. Und auch Paare, die selbst Einzelkinder sind, dürfen ein zweites Kind bekommen.

Die Kontrolle der Geburtenbegrenzung wird allerdings auf lokaler Ebene durchgeführt, sodass erhebliche Unterschiede in der Handhabung der Regelungen zu beobachten sind: In manchen Gebieten drohen bei jedem Verstoß drastische Strafen, in anderen werden häufig Ausnahmen gemacht. Insbesondere außerhalb der Städte sind Familien mit mehr als einem Kind anzutreffen. Die Sanktionierung von ungenehmigten Geburten reicht vom Entzug von Sozialleistungen über hohe Geldstrafen bis zur Degradierung und zum Arbeitsplatzverlust.

10 Charakterisieren Sie die Entwicklung der Alterstruktur Chinas bis 2050.

Im Jahre 2010 sind in der Alterstruktur Chinas die Auswirkungen der Ein-Kind-Politik bereits deutlich erkennbar. Die seit 1979 geltende Geburtenbeschränkung wirkt sich spätestens seit etwa 20 Jahren aus. Die Basis der Bevölkerungspyramide wird schmaler.

Bis 2050 wird sich dieser Trend laut vorliegender Prognose fortsetzen. Von leichten Schwankungen in einzelnen Jahrgangsgruppen abgesehen nehmen die Geburtenzahlen deutlich ab.

11 Erläutern Sie die sozialen und wirtschaftlichen Auswirkungen dieser Entwicklung.

China hat mit seiner Ein-Kind-Politik zweifellos Erfolge vorzuweisen. Aufgrund der Geburtenbeschränkung leben in dem Land Schätzungen zufolge heute ca. 400 Millionen Menschen weniger als ohne diese bevölkerungspolitische Maßnahme. Die Anzahl der unter 14-jährigen ist seit Ende der 1970er-Jahre auf fast ein Drittel zurückgegangen, was die Gesellschaft bei den Versorgungskosten für den Nachwuchs entlastet hat. Gleichzeitig ist aber wegen der bevölkerungsstarken früheren Jahrgänge die Erwerbsbevölkerung stark angestiegen. Mehr Menschen im produktiven Alter (15- bis 64-Jährige) müssen also relativ wenige Junge und Alte versorgen. Diese „demografische Dividende" trug wesentlich zum starken Wirtschaftswachstum der letzten Jahre bei.

Die Entwicklung hat aber auch ihre negativen Aspekte und Begleiterscheinungen. Hierzu gehört die lange tolerierte Abtreibung weiblicher Föten (das erste und einzige Kind sollte auf jeden Fall ein Junge sein), sodass mittlerweile junge Männer in China Schwierigkeiten haben, einen Partner zu finden. Hinzu kommt, dass die „demografische Dividende" ausläuft. Das heißt, geburtenstarke Jahrgänge kommen ins Rentenalter, da weniger jüngere Jahrgänge nachrücken, schrumpft die Erwerbsbevölkerung. Die muss eine immer stärker steigende Zahl von alten Menschen versorgen. „Kaum eine Gesellschaft altert so schnell wie die chinesische". Weitere mit diesem Prozess verbundene Probleme sind bereits in der Mindmap (Aufgabe 8) allgemein erfasst worden.

12 Vergleichen Sie die Bevölkerungsentwicklung in Deutschland und China in ihren Ursachen, Merkmalen und Folgen.

Die Bevölkerungsentwicklung weist – mit einer gewissen zeitlichen Verzögerung in China – die gleichen Merkmale und Folgen auf. Die demografische Alterung zeigt in beiden Ländern Folgen, wie sie in Aufgabe 8 bereits erarbeitet wurden. Der Unterschied liegt in den Ursachen dieser Entwicklung. In Deutschland änderte sich das generative Verhalten mit einem drastischen Absinken der Fruchtbarkeitsziffern aufgrund freiwilliger innerehelicher Geburtenregelung im Rahmen der entstehenden Konsumgesellschaft mit ihren sozialen Sicherungssystemen. In China steuerte der Staat mit seiner Ein-Kind-Politik die Bevölkerungsentwicklung.

Die demografische Alterung

Entwicklung der Bevölkerungsstrukturen in Deutschland und Europa

1 Beschreiben Sie Hintergründe für die in der Karikatur M1 dargestellte Situation.

2 Analysieren Sie die Grafiken zur Altersstruktur in der EU-27 von 1950 bis 2050.

3 Erörtern Sie die pessimistische Position, die in dem „worst case-Szenario“ von 2003 zum Ausdruck kommt.

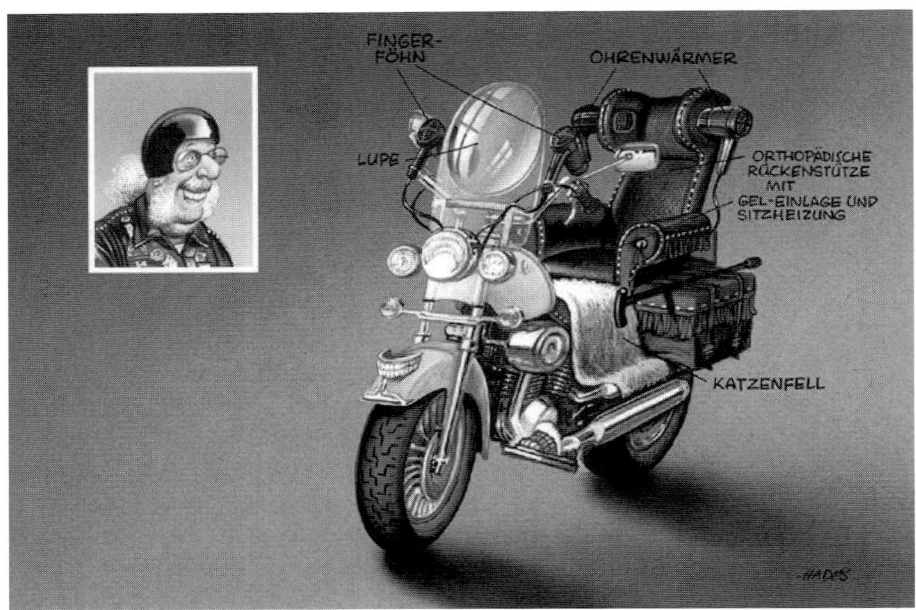

Picture Press, Hamburg

M1 Europas Motorradkäufer werden immer älter – die Industrie reagiert

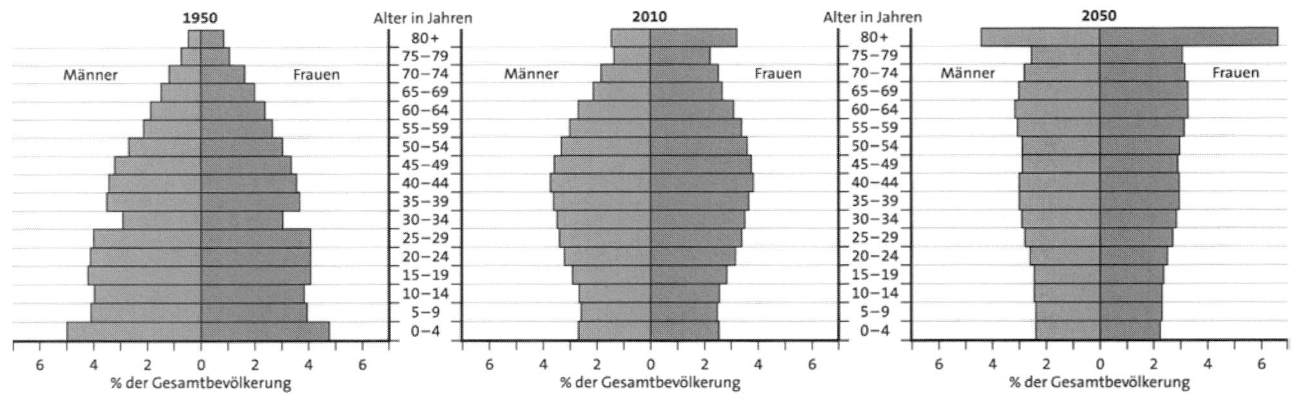

nach Amt für amtliche Veröffentlichungen der Europäischen Gemeinschaften: Europa in Zahlen. Eurostat Jahrbuch 2009, Luxemburg 2009, S. 139

M2 Altersstrukturen der EU-27 von 1950, 2010 und 2050 (in Prozent der Gesamtbevölkerung)

Bevölkerungsrückgang und demografische Alterung – ein „worst case-Szenario“

Die Prognose der Bevölkerungswissenschaftler sind düster: Im Jahre 2050 werden hauptsächlich ältere Menschen auf der Straße unterwegs sein; viele von ihnen leben in Armut, denn die Altersversorgung musste drastisch gekürzt werden, Kinder und Jugendliche dagegen sind kaum zu sehen. Manche Städte, vor allem in Ostdeutschland, sind menschenleer. Es lohnt sich nicht mehr die teure Infrastruktur, Theater, Sportstätten, Bildungseinrichtungen usw. aufrecht zu erhalten. Die Wirtschaft Deutschlands leidet unter der schwindenden Kaufkraft einer ständig schrumpfenden Bevölkerung. [...] Der Grund für diese Entwicklung ist die negative Geburtenbilanz. Seit 1973 übertrifft die Anzahl der Sterbefälle diejenige der Geburten. Selbst bei einem jährlichen Zuwanderungssaldo von 100 000 oder 200 000 führt dies zu einem deutlichen Bevölkerungsrückgang.

Bruno Zandonello: Bevölkerungsentwicklung und Sozialstaat. Themenblätter im Unterricht, Nr. 26. Bonn: Bundeszentrale für politische Bildung 2003, S. 1

M3

Name: Klasse: Datum:

Klett
© Ernst Klett Verlag GmbH, Stuttgart 2015. | www.klett.de | Erstellt für: TERRA OS TB Entwicklungsländer | ISBN: 978-3-12-104706-2
Alle Rechte vorbehalten. Von dieser Druckvorlage ist die Vervielfältigung für den eigenen Unterrichtsgebrauch gestattet.
Die Kopiergebühren sind abgegolten. Für Veränderungen durch Dritte übernimmt der Verlag keine Verantwortung.

Die demografische Alterung

Lösung

Entwicklung der Bevölkerungsstrukturen in Deutschland und Europa

1 Beschreiben Sie Hintergründe für die in der Karikatur M1 dargestellte Situation.

Die Karikatur spricht wirtschaftliche Folgen der demografischen Alterung an. Die wiederum sind das Ergebnis der allgemeinen Bevölkerungsentwicklung in Deutschland und Europa, die durch folgende Merkmale charakterisiert werden kann: Absinken der Geburtenraten, Anstieg der Lebenserwartung, Zunahme der älteren Jahrgänge im Rentenalter bei zahlen- und anteilsmäßiger Abnahme der jüngeren Jahrgänge, insbesondere Schrumpfen der Bevölkerungsanteile im Erwerbsalter (20- bis 65-Jährige).
Aus der Zunahme der älteren Jahrgänge ergeben sich Änderungen in der Nachfragestruktur. Die Älteren mit ihren speziellen Konsumwünschen werden zunehmend als Wirtschaftsfaktor wahrgenommen und sie werden zu Adressaten der Werbung mit entsprechenden Angeboten.

2 Analysieren Sie die Grafiken zur Altersstruktur in der EU-27 von 1950 bis 2050.

Aus der Analyse ergibt sich folgender Befund:
– in der Altersstruktur ein deutlich erkennbarer Übergang von der Pyramidenform 1950 (breite Basis in der Altersgruppe der 0 bis 4-jährigen als Hinweis auf wachsende Bevölkerung) zu einer „Glockenform" 2010 (schmaler werdende Basis einer insgesamt stagnierenden bzw. nur noch schwach wachsenden Bevölkerung) und schließlich zu einer Art „Urnenform" 2050 (immer schmaler werdende Basis bei gleichzeitig wachsendem Anteil der älteren Jahrgänge als Hinweis auf insgesamt schrumpfende Bevölkerung);
– in der Gegenwart und in der Prognose bis 2060 stetiger Anstieg der Anteile der über 65-jährigen, gleichzeitig leichter Rückgang der Anteile der unter 14-jährigen;
– aufgrund der steigenden Lebenserwartung Zunahme der über 80-jährigen von heute 5 Prozent auf ca. 12 Prozent im Jahre 2060 bei einem höheren Anteil von Frauen im hohen Seniorenalter.

3 Erörtern Sie die pessimistische Position, die in dem „worst case-Szenario" von 2003 zum Ausdruck kommt.

Die angeführten Probleme können sogar noch erweitert und vertieft werden. In der Erörterung sollten aber nicht nur negative Aspekte, sondern auch Chancen der Bevölkerungsentwicklung angesprochen werden. Die Argumente sollen so gegenübergestellt und abgewogen werden, dass die Schüler zu einem eigenständigen, begründeten Urteil kommen. Dabei können u. a. folgende Argumente angeführt werden:

Probleme	Chancen
– Rückgang des Anteils der Erwerbstätigen, dadurch Arbeitskräftemangel und Gefahr wirtschaftlicher Krisen – zunehmende Schwierigkeiten bei der Finanzierung der sozialen Sicherungssysteme, Gefährdung des „Generationenvertrags" – Zwang zur Kürzung der Altersversorgung mit der Folge zunehmender Altersarmut – immer höhere Kosten für Gesundheit und Pflege – aufwendige städtische Infrastrukturen wegen zurückgehender Steuereinnahmen und mangelnder Auslastung kaum noch finanzierbar – Nachlassen der Kaufkraft in einer schrumpfenden Bevölkerung – Besetzung wichtiger politischer und gesellschaftlicher Entscheidungsgremien zunehmend durch Ältere, dadurch Gefahr einer Dominanz konservativer Werte und Entscheidungen – Verschärfung des Generationenkonfliktes	– bei Bevölkerungsrückgang auch Sinken des Bedarfs an Ressourcen, z. B. Bauflächen, Trinkwasser – zunehmende Anzahl von Senioren/Seniorinnen mit der Bereitschaft, Ehrenämter zu übernehmen und sich gesellschaftlich zu engagieren – Entwicklung neuer Formen des Zusammenlebens zwischen Jung und Alt (z. B. Mehrgenerationenhäuser) – Rückbau von sozialer, kultureller und technischer Infrastruktureinrichtung als Chance zur räumlichen Konzentration, da es aus ökonomischen Gründen notwendig sein wird, kleinere Einheiten zu schaffen – weniger Bedarf an Wohnraum; Nutzung des Leerstandes zur großzügigen Umgestaltung der Städte mit Schaffung von Freizeiteinrichtungen und Grünflächen (z. B. durch Abriss von Gebäuden) – Ältere und ihr Konsum als bedeutender Wirtschaftsfaktor, „Silbermarkt" als Wachstumsmarkt

Mögliches Urteil/Fazit: Die düstere Prognose aus dem Jahre 2003 kann wohl als „self destroying-prophecy" angesehen werden. Die Folgen des Bevölkerungsrückgangs und der demografischen Alterung werden sehr drastisch dargestellt, wohl auch um auf eine Änderung der Familienpolitik zu drängen. Durch die Schaffung kinderfreundlicher Rahmenbedingungen in Wirtschaft und Gesellschaft sollten höhere Geburtenzahlen angeregt werden. Auch könnten Erleichterungen bei der Zuwanderung (von Fachkräften) einige Nachwuchsprobleme auf dem Arbeitsmarkt lösen.

Name: Klasse: Datum:

Klett
© Ernst Klett Verlag GmbH, Stuttgart 2015. | www.klett.de | Erstellt für: TERRA OS TB Entwicklungsländer | ISBN: 978-3-12-104706-2
Alle Rechte vorbehalten. Von dieser Druckvorlage ist die Vervielfältigung für den eigenen Unterrichtsgebrauch gestattet.
Die Kopiergebühren sind abgegolten. Für Veränderungen durch Dritte übernimmt der Verlag keine Verantwortung.

Die demografische Alterung

Deutschland: Veränderung der Altersstruktur

1 Arbeiten Sie die Hauptaussage der Karikatur heraus (M1).

2
a) Erläutern Sie Ursachen der in M2 dargestellten Entwicklung.

b) Stellen Sie Zusammenhänge mit der Karikatur (M1) dar.

3
a) Beschreiben Sie die Entwicklung von Zu- und Abwanderung in Deutschland seit Beginn der 1990er Jahre (M3).

b) Stellen Sie mögliche Gründe für die Entwicklung der letzten Dekade (2002 – 2012) dar.

4 Erklären Sie Hintergründe der in M4 dargestellten Situation.

5 „Türken droht besonders oft Arbeitslosigkeit". Erläutern Sie Ursachen dieser Entwicklung (M4 und M5).

6 Beurteilen Sie – ausgehend von M6 – Zielsetzung und Maßnahmen des seit dem 1. Januar 2005 geltenden Zuwanderungsgesetzes.

Baaske Cartoons (Thomas Plaßmann), Müllheim

M1 Karikatur

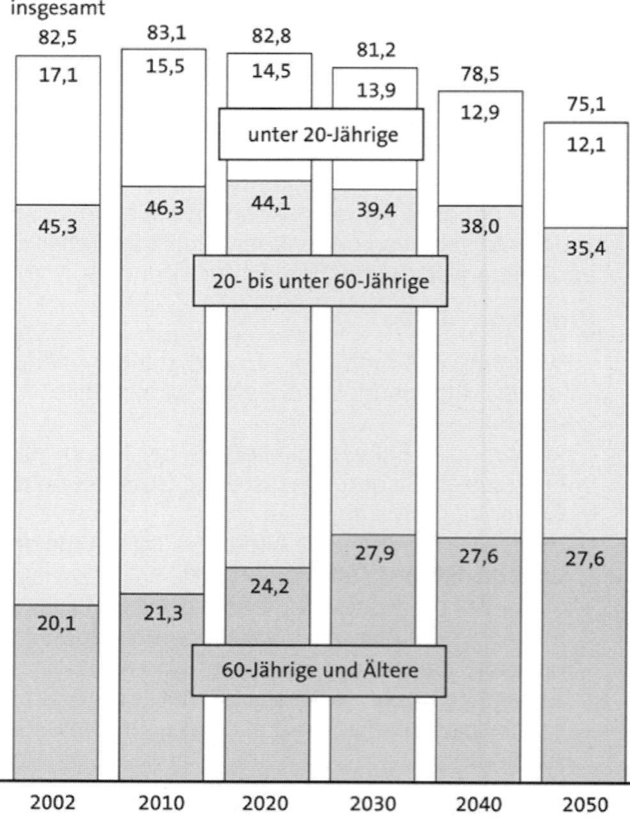

2002: Schätzung, ab 2010: Prognose bei einer unterstellten Zuwanderung von jährlich 200 000 Menschen und einer Lebenserwartung im Jahr 2050 von durchschnittlich 81,1 Jahren für Männer und 86,6 für Frauen.

Quelle: iwd-Informationsdienst des Instituts der deutschen Wirtschaft Köln, Nr. 28/2003
© Deutscher Instituts-Verlag Köln.

M2 Bevölkerungsentwicklung in Deutschland

Name: Klasse: Datum:

Klett
© Ernst Klett Verlag GmbH, Stuttgart 2015. | www.klett.de | Erstellt für: TERRA OS TB Entwicklungsländer | ISBN: 978-3-12-104706-2
Alle Rechte vorbehalten. Von dieser Druckvorlage ist die Vervielfältigung für den eigenen Unterrichtsgebrauch gestattet.
Die Kopiergebühren sind abgegolten. Für Veränderungen durch Dritte übernimmt der Verlag keine Verantwortung.

Die demografische Alterung

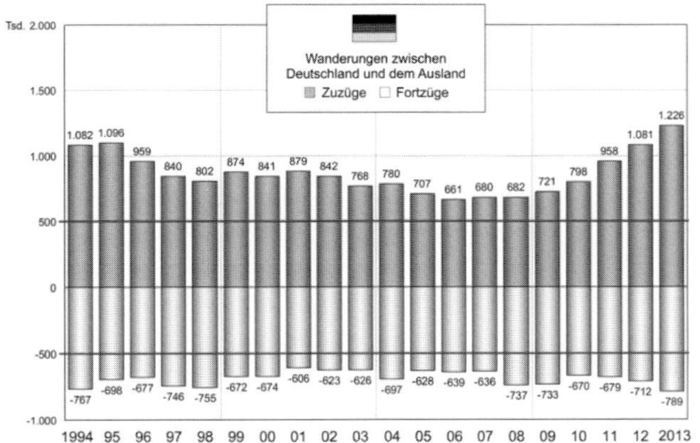

Richter-Publizistik, Bonn (www.crp-infotec.de)

M3 Wanderungen zwischen der Bundesrepublik Deutschland und dem Ausland

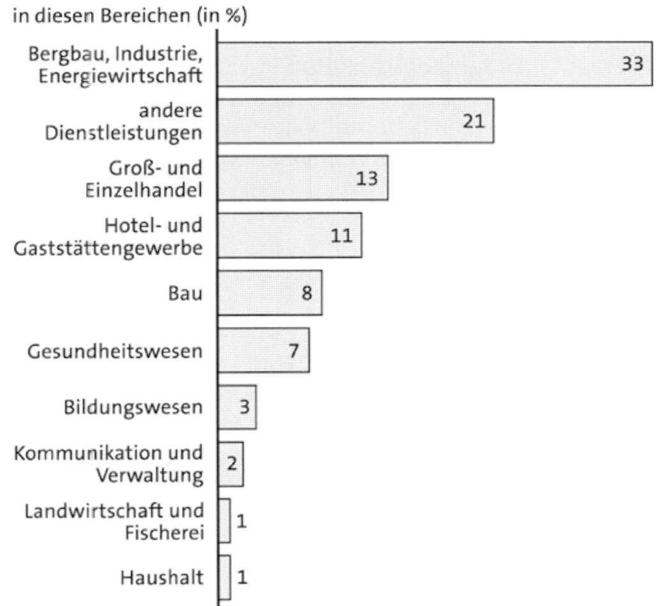

© OECD All rights reserved.

M4 Kollege Ausländer

Johanna Eberhart: „Türken droht besonders oft die Arbeitslosigkeit"

„Türkische Zuwanderer sind … in einem deutlich höheren Ausmaß von Arbeitslosigkeit bedroht als Deutsche. ‚Sie sind nicht nur häufiger, sondern auch länger arbeitslos als ihre einheimischen Kollegen', erklärt Irena Kogan vom Zentrum für Europäische Sozialforschung an der Universität Mannheim. ... Dies liege offenbar zu einem großen Teil daran, dass vor allem die älteren Türken zu einem geringen Teil auf dem Markt für Angestellte und Fachkräfte auftauchen. Die meisten seien ungelernte Arbeiter. … Mangelnde Sprachkenntnisse allein seien keine ausreichende Erklärung dafür, dass Türken der ersten Gastarbeitergeneration nur schwer im Angestelltenbereich Fuß gefasst hätten, meint die Mannheimer Soziologin. Auch die Türken, die nach 1975 gekommen seien, hätten trotz besserer Sprachkenntnisse kaum größere Chancen. Der Hauptgrund für die Schwierigkeiten am Arbeitsmarkt liege darin, dass die Türken die größte Zuwanderergruppe in Deutschland seien, erklärt Kogan. Dies fördere die Bildung von Enklaven und führe dazu, dass Türken oft schwerpunktmäßig in bestimmten Stadtvierteln zusammenwohnen. ‚So haben sie sehr wenig Kontakt und kaum einheimische Freunde. Das heißt auch: Sie bekommen kaum Informationen über den hiesigen Arbeitsmarkt. …' "

Johanna Eberhart: Türken droht besonders oft die Arbeitslosigkeit. Artikel Stuttgarter Zeitung v. 17.06.2005, S. 12. Stuttgart: Stuttgarter Zeitung Verlagsgesellschaft mbH 2005.

M5

Nicole Höfle: Anlaufstelle für Zuwanderer.

„Neuzuwanderern, die dauerhaft in Deutschland bleiben, soll die Ankunft leichter gemacht werden. Nach dem neuen Zuwanderungsgesetz haben diese seit Anfang des Jahres Anspruch auf 600 Stunden Deutsch und 30 Stunden Landeskunde und Politik. Die Kurse werden vom Bund bezahlt, einen Euro pro Unterrichtsstunde müssen die Ausländer selbst beitragen. … Um zu Sprachkursen zugelassen zu werden, brauchen die Migranten einen Berechtigungsschein der Ausländerbehörde oder des Bundesamtes für Migration und Flüchtlinge. …"

Nicole Höfle: Anlaufstelle für Zuwanderer. Artikel Stuttgarter Zeitung v. 21.01.2005. Stuttgart: Stuttgarter Zeitung Verlagsgesellschaft mbH 2005.

M6

Name: Klasse: Datum:

Klett
© Ernst Klett Verlag GmbH, Stuttgart 2015. | www.klett.de | Erstellt für: TERRA OS TB Entwicklungsländer | ISBN: 978-3-12-104706-2
Alle Rechte vorbehalten. Von dieser Druckvorlage ist die Vervielfältigung für den eigenen Unterrichtsgebrauch gestattet.
Die Kopiergebühren sind abgegolten. Für Veränderungen durch Dritte übernimmt der Verlag keine Verantwortung.

Die demografische Alterung

Lösung

Deutschland: Veränderung der Altersstruktur

1 Arbeiten Sie die Hauptaussage der Karikatur heraus (M1).

Hauptaussage der Karikatur:
- Ausländer sind vor rechtsradikaler Gewalt zu schützen, weil sie (eventuell) als Arbeitskräfte zur Finanzierung unserer Sozialsysteme beitragen können,
- angeprangert werden gewaltbereiter Ausländerhass und Eigennutz unter dem Deckmantel von „Zivilcourage".

2
a) Erläutern Sie Ursachen der in M2 dargestellten Entwicklung.

Ursachen
- Bei dramatisch zurückgegangenen Geburtenraten nehmen die jüngeren und mittleren Altersgruppen ab, schrumpft die Bevölkerung Deutschlands insgesamt.
- Bei gleichzeitig steigender Lebenserwartung erhöhen sich Anzahl und Anteil der Älteren.

b) Stellen Sie Zusammenhänge mit der Karikatur (M1) dar.

Zusammenhänge
- Aus der aufgezeigten Entwicklung ergeben sich schwerwiegende Auswirkungen in vielen gesellschaftlichen und wirtschaftlichen Bereichen, nicht zuletzt auf dem Gebiet der sozialen Sicherung (z. B. Finanzierung der „Altenlast" durch Rentenbeiträge).
- Deswegen müssen sich zunächst einmal die Älteren, im Grunde aber die alle um eine Integration von (qualifizierten) Zuwanderern in den Arbeitsmarkt und die Gesellschaft bemühen.

3
a) Beschreiben Sie die Entwicklung von Zu- und Abwanderung in Deutschland seit Beginn der 1990er Jahre (M3).

Entwicklung der Zu- und Abwanderung:
- schwankendes Bild bis 2007; zwar fast immer Wanderungsüberschüsse, aber mit unterschiedlicher Größe; zehn Jahre lang sehr hohe Überschüsse, zwischen 2004 und 2007 aber permanente Abnahme aufgrund sinkender Zuwanderungszahlen,
- 2008 und 2009 relativ starke Zunahme der Fortzüge; die beiden einzigen Jahre mit einem negativen Wanderungssaldo,
- Abwanderung zwischen 2010 und 2012 trotz anfangs leichtem Rückgang auf relativ hohem Niveau; Gesamtsaldo aber stark geprägt durch hohen Anstieg der Zuwanderung von 958 000 (2010) auf 1 081 000 (2012).

b) Stellen Sie mögliche Gründe für die Entwicklung der letzten Dekade (2002 – 2012) dar.

Mögliche Gründe für die Entwicklung in den letzten zehn Jahren:
- Ab 2002 ist ein Rückgang der Zuwanderung wegen sinkender Attraktivität aufgrund zunehmender Arbeitslosigkeit zu beobachten.
- Die Krisenjahre 2008 und 2009 zeigen ein zwiespältiges Bild; die Zuwanderung steigt an, weil vom Ausland aus gesehen die Krise Deutschland nicht so stark trifft; die Abwanderung nimmt jedoch noch stärker zu, da Deutsche sich in bestimmten Regionen der Welt, wie z. B. Australien, bessere Zukunftschancen erhoffen.
- Seit 2010 ist wieder eine stark steigende Zuwanderung zu beobachten, weil Deutschland die Wirtschaftskrise in Europa am schnellsten und besten überwindet und gleichzeitig die Euro-Krise Menschen aus den Mittelmeerländern zur Migration nach Deutschland bewegt.

4 Erklären Sie Hintergründe der in M4 dargestellten Situation.

Hintergründe der in M4 dargestellten Situation:
- „Kollege Ausländer" vorwiegend im Sekundären Sektor und im einfachen Dienstleistungsbereich beschäftigt,
- nur geringe Beschäftigtenanteile von Ausländern in Branchen mit höheren Qualifikationsanforderungen (Bildung, Kommunikation und Verwaltung),
- Hinweis auf Defizite bei Ausländern in der Qualifikation, bei sprachlichen Kompetenzen, bei der Integration insgesamt.

Name: Klasse: Datum:

Klett
© Ernst Klett Verlag GmbH, Stuttgart 2015. | www.klett.de | Erstellt für: TERRA OS TB Entwicklungsländer | ISBN: 978-3-12-104706-2
Alle Rechte vorbehalten. Von dieser Druckvorlage ist die Vervielfältigung für den eigenen Unterrichtsgebrauch gestattet.
Die Kopiergebühren sind abgegolten. Für Veränderungen durch Dritte übernimmt der Verlag keine Verantwortung.

Die demografische Alterung

Lösung

5 „Türken droht besonders oft Arbeitslosigkeit". Erläutern Sie Ursachen dieser Entwicklung (M4 und M5).

„Türken droht besonders oft Arbeitslosigkeit".
Ursachen:
- Verschärfung der generellen Probleme von Zuwanderern auf dem Arbeitsmarkt durch die in M5 angesprochene Ghettoisierung der türkischen Zuwanderer,
- deutlich höherer Anteil der Ausländer, besonders der Jugendlichen, an niedrigen und geringerer Anteil an weiterführenden Schulabschlüssen,
- insgesamt unbefriedigende Bildungssituation, vor allem zurückzuführen auf unzureichende Sprachkenntnisse und Schichtzugehörigkeit,
- Ausländer, vor allem jugendliche Migrantinnen und Migranten, mit geringerer Akzeptanz auf dem Arbeitsmarkt,
- verschärfte Konkurrenzsituation auf dem Arbeitsmarkt durch langanhaltende strukturelle Arbeitslosigkeit.

6 Beurteilen Sie – ausgehend von M6 – Zielsetzung und Maßnahmen des seit dem 1. Januar 2005 geltenden Zuwanderungsgesetzes.

Erwartet wird eine kritische Auseinandersetzung mit den Intentionen des Zuwanderungsgesetzes auf der Grundlage der Kenntnis seiner wichtigsten Inhalte. Dabei sollte insbesondere eingegangen werden auf die Notwendigkeit
- einer Steuerung der Zuwanderung vor dem Hintergrund der demografischen und wirtschaftlichen Probleme Deutschlands,
- von verstärkten Integrationsmaßnahmen.

Der persönliche Wertebezug (z. B. humanitäre Gesichtspunkte, Reflexion der Auswirkungen auf die Herkunftsländer) muss dabei offen gelegt werden.

Name: Klasse: Datum:

Klett
© Ernst Klett Verlag GmbH, Stuttgart 2015. | www.klett.de | Erstellt für: TERRA OS TB Entwicklungsländer | ISBN: 978-3-12-104706-2
Alle Rechte vorbehalten. Von dieser Druckvorlage ist die Vervielfältigung für den eigenen Unterrichtsgebrauch gestattet.
Die Kopiergebühren sind abgegolten. Für Veränderungen durch Dritte übernimmt der Verlag keine Verantwortung.

Schülerbuch
Seite 186 bis 189

Migration weltweit

Arbeitsmigration

1 Arbeiten Sie aus Karte M1 Grundzüge der internationalen Migrantenströme heraus.

2 Vergleichen Sie Motive und Qualifikationen der Arbeitsmigranten mit den Interessen der Zielländer in (West)Europa.

3 Arbeitsemigration – eine nachhaltige Lösung? – Bewerten Sie unter dieser Fragestellung die Wirkungen der „Gastarbeiterwanderungen" für die Herkunftsländer.

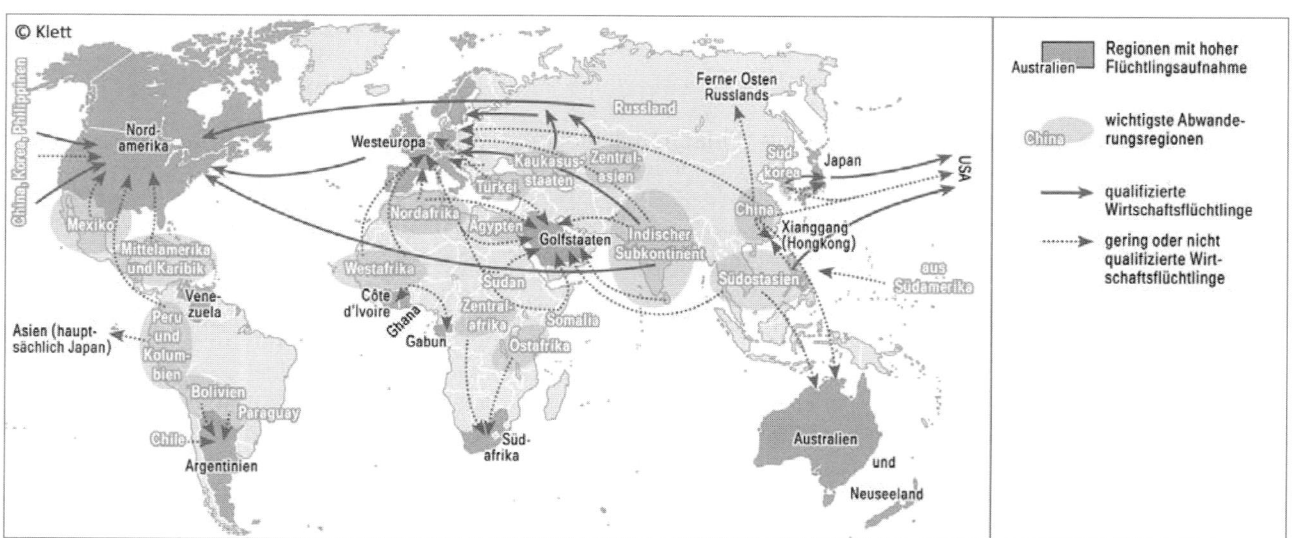

nach Le Monde diplomatique: Atlas der Globalisierung, Die neuen Daten und Fakten zur Lage der Welt. Berlin: taz Verlags- und Vertriebs GmbH 2006, S. 78

M1 Die Ströme der Arbeitsmigranten

Wirkungen der Remittances

„Die entwicklungspolitischen Wirkungen der Remittances sind keineswegs unumstritten. Die ... Weltbank und die OECD heben ihre positiven makro-ökonomischen Effekte hervor, vor allem ihre Entlastung der Zahlungsbilanzen, die Verbesserung der Schuldendienst- und Importfähigkeit sowie die Erhöhung der Investitionsspielräume der Entsendeländer. Die entwicklungspolitischen Imperative rückten die Frage in den Mittelpunkt, welchen Beitrag sie zur Armutsbekämpfung leisten. Hier überwiegt die positive Bewertung, indem ihnen eine mehrfache positive Hebelwirkung zugebilligt wird, weil sie ohne Vermittlung irgendeiner nationalen oder internationalen Bürokratie direkt bei den Haushalten der Familien ankommen, deren Lebensbedingungen verbessern und Zugänge zum Bildungs- und Gesundheitswesen, aber auch Investitionen in den Hausbau oder den Erwerb von Land und Produktionsmitteln ermöglichen. Je größer die Armut, desto vorrangiger ist ihre Funktion der konsumptiven Überlebenssicherung.

Zunehmend wurden aber auch negative Nebeneffekte aufgedeckt, welche die Frage in den Mittelpunkt rückten, wie der Geldsegen verwendet wird und welche Auswirkungen er auf Familien und lokale Gemeinschaften hat. Fallstudien zeigen, dass ... die Abhängigkeit von Subsidien der migrierten Familienangehörigen ... die Eigeninitiative der Zurückgebliebenen schwächen, zugleich die Ungleichheiten zwischen den Haushalten mit und ohne solche Subsidien verstärken können. ...

Es gibt auch Zweifel am nachhaltigen entwicklungspolitischen Nutzen der Remittances, vor allem dann, wenn mit ihnen nur importierte Waren zum Konsum beschafft und damit keine Produktionsanreize im Inland geschaffen werden. ... [Es] entsteht dann eine neue Abhängigkeit der weltwirtschaftlichen Peripherie von externen Mitteln, deren Höhe von Konjunkturschwankungen in den Zentren abhängt. Die in das Abseits ... geratenen Dependenztheorien erhalten ein neues Deutungsfeld."

Tobias Debiel u. a. Hrsg.): Globale Trends 2010. Bonn: Bundeszentrale für politische Bildung 2010. S. 154 – 155

M2

Name: Klasse: Datum:

© Ernst Klett Verlag GmbH, Stuttgart 2015. | www.klett.de | Erstellt für: TERRA OS TB Entwicklungsländer | ISBN: 978-3-12-104706-2
Alle Rechte vorbehalten. Von dieser Druckvorlage ist die Vervielfältigung für den eigenen Unterrichtsgebrauch gestattet.
Die Kopiergebühren sind abgegolten. Für Veränderungen durch Dritte übernimmt der Verlag keine Verantwortung.

Migration weltweit

Lösung

Arbeitsmigration

1 Arbeiten Sie aus Karte M1 Grundzüge der internationalen Migrantenströme heraus.

Folgende Grundinformationen lassen sich herausarbeiten:
- Indischer Subkontinent und Südostasien als Quellgebiete der Arbeitsmigration für Westeuropa und Nordamerika („Qualifizierte Wirtschaftsflüchtlingen“), für die Golfstaaten und Australien („gering oder nicht qualifizierte Wirtschaftflüchtlinge“),
- Arbeitsmigration aus China Richtung Ferner Osten Russlands, Westeuropa, USA, Australien,
- Abwanderung qualifizierter Wirtschaftsflüchtlinge aus Südkorea nach Japan,
- Afrika mit Binnenmigration vor allem nach Südafrika, mit Außenmigration in die Golfstaaten und nach Westeuropa,
- westliches Nordafrika dabei in erster Linie Quellgebiet mit Abwanderung von gering und unqualifizierten Armutsflüchtlingen in Richtung Europa und in die Golfstaaten,
- Nordamerika als Zielgebiet für „Qualifizierte Wirtschaftsflüchtlinge“ auch aus Westeuropa, vor allem aber Aufnahmegebiet für gering oder nicht qualifizierte Wirtschaftsflüchtlinge aus Süd- und Mittelamerika,
- Peru und Kolumbien mit nennenswerten Abwanderungen nach Asien (hauptsächlich Japan),
- aus Bolivien, Paraguay und Chile starke Wanderungsströme von gering oder nicht Qualifizierten nach Argentinien.

2 Vergleichen Sie Motive und Qualifikationen der Arbeitsmigranten mit den Interessen der Zielländer in (West)Europa.

Arbeitsmigranten suchen in erster Linie einen Job zur eigenen Existenzsicherung und zur Unterstützung von Familienangehörigen. Sie wollen heraus aus der Perspektivlosigkeit in ihren Heimatländern. Laut Karte M1 kommen vorwiegend gering oder nicht qualifizierte Wirtschaftsflüchtlinge aus dem afrikanischen Raum, aus der Türkei, vom Indischen Subkontinent und aus China nach Europa. Aber auch qualifizierte Wirtschaftsflüchtlinge z. B. aus Russland oder China finden ihren Weg in den Alten Kontinent. Wie die Ergebnisse jüngster Studien gezeigt haben, steigt insgesamt die Qualifikation der Zuwanderer.
Die europäischen Zielländer sind in erster Linie an höher und hoch qualifizierten Migranten interessiert, bietet sich doch hier die Chance, den – aus der demografischen Alterung resultierenden – Fachkräftemangel zumindest teilweise zu bewältigen. Auch erhöht sich mit der Qualifikation der Zuwanderer der positive Effekt auf das Bruttosozialprodukt. Bei Un- oder Geringqualifizierten vergrößert sich zwar das Angebot an billigen Arbeitskräften mit entsprechenden Auswirkungen auf das Lohnniveau. Allerdings entsteht die Gefahr sozialer Spannungen, denn die Niedriglohnarbeiter treten in Konkurrenz zu den – von Arbeitslosigkeit bedrohten – einheimischen Arbeitskräften mit geringer Qualifikation. Arbeitslose Zuwanderer wiederum würden die Sozialsysteme zusätzlich belasten.

3 Arbeitsemigration – eine nachhaltige Lösung? – Bewerten Sie unter dieser Fragestellung die Wirkungen der „Gastarbeiterwanderungen“ für die Herkunftsländer.

Gemessen an den wirtschaftlichen Effekten für die Familien und für die Staaten der „Gastarbeiter“ im Ausland sind die Wirkungen der Arbeiteremigration durchaus positiv zu beurteilen:
- die daheim gebliebene (Groß)Familie erhält überlebenswichtige Gelder für die Bewältigung des Alltags oder von Naturkatastrophen,
- die Familien sind nun in der Lage, Land oder Produktionsmittel zu erwerben, Häuser zu bauen, Kinder in die Schule oder zur Ausbildung zu schicken, sich eine ärztliche Versorgung zu leisten,
- für die jeweiligen Saaten stellen die Remittances eine wichtige Devisenquelle dar, die ihre Zahlungsbilanz verbessert,
- damit bieten sich für diese Staaten nicht nur neue Möglichkeiten für Investitionen, sondern auch für den Import dringend benötigter Nahrungsmittel, Grundstoffe oder Maschinen,
- die (temporäre) Abwanderung überschüssiger Arbeitskräfte entlastet zudem den eigenen Arbeitsmarkt und auch die – wenn auch erst in Ansätzen ausgebildeten – Sozialsysteme.

Unter dem Gesichtspunkt der Nachhaltigkeit ist aber auch auf mögliche negative Nebeneffekte hinzuweisen:
- die Überweisungen an die Familien in der Heimat machen diese abhängig von der Hilfe von außen und schwächen die Eigeninitiative,
- sie verstärken zudem die sozialen Ungleichheiten in der Gesellschaft, vor allem im ländlichen Raum,
- vielfach werden die Remittances genutzt, um importierte (Luxus)Waren oder Markenartikel zu kaufen, sodass sich keine Nachfrage- und damit auch keine Produktionsimpulse im Inland ergeben,

Name: Klasse: Datum:

Klett
© Ernst Klett Verlag GmbH, Stuttgart 2015. | www.klett.de | Erstellt für: TERRA OS TB Entwicklungsländer | ISBN: 978-3-12-104706-2
Alle Rechte vorbehalten. Von dieser Druckvorlage ist die Vervielfältigung für den eigenen Unterrichtsgebrauch gestattet.
Die Kopiergebühren sind abgegolten. Für Veränderungen durch Dritte übernimmt der Verlag keine Verantwortung.

Migration weltweit

Lösung

- die Arbeitsmigration ist anfällig gegenüber Krisen der Weltkonjunktur, d. h. bei weltweitem Nachfrage- und Produktionsrückgang sind die „Gastarbeiter", wie sie z. B. heute am Arabisch-Persischen Golf genannt werden, die ersten, die ihren Arbeitsplatz verlieren und nach Haus geschickt werden,
- einige Länder z. B. in der Golfregion bemühen sich zudem seit einigen Jahren, Arbeitsplätze in der eigenen Wirtschaft vorzugsweise mit heimischen Arbeitskräften zu besetzen.

Aus der Gegenüberstellung und Gewichtung der vorgetragenen Argumente ist – unter Offenlegung der eigenen Wertmaßstäbe – eine persönliche Position bzw. Stellungnahme zu entwickeln.

Name: Klasse: Datum:

Klett
© Ernst Klett Verlag GmbH, Stuttgart 2015. | www.klett.de | Erstellt für: TERRA OS TB Entwicklungsländer | ISBN: 978-3-12-104706-2
Alle Rechte vorbehalten. Von dieser Druckvorlage ist die Vervielfältigung für den eigenen Unterrichtsgebrauch gestattet.
Die Kopiergebühren sind abgegolten. Für Veränderungen durch Dritte übernimmt der Verlag keine Verantwortung.

Schülerbuch
Seite 186 bis 189

Die demografische Alterung

Strukturen und Probleme der Bevölkerungsentwicklung in Deutschland

1 Beschreiben Sie den demografischen Wandel in Deutschland.

2 Erklären Sie die Begriffe „Generationenvertrag" und „Krieg der Generationen".

3 Erörtern Sie mögliche Folgeprobleme und langfristige Tendenzen der Bevölkerungsentwicklung in den neuen Bundesländern.

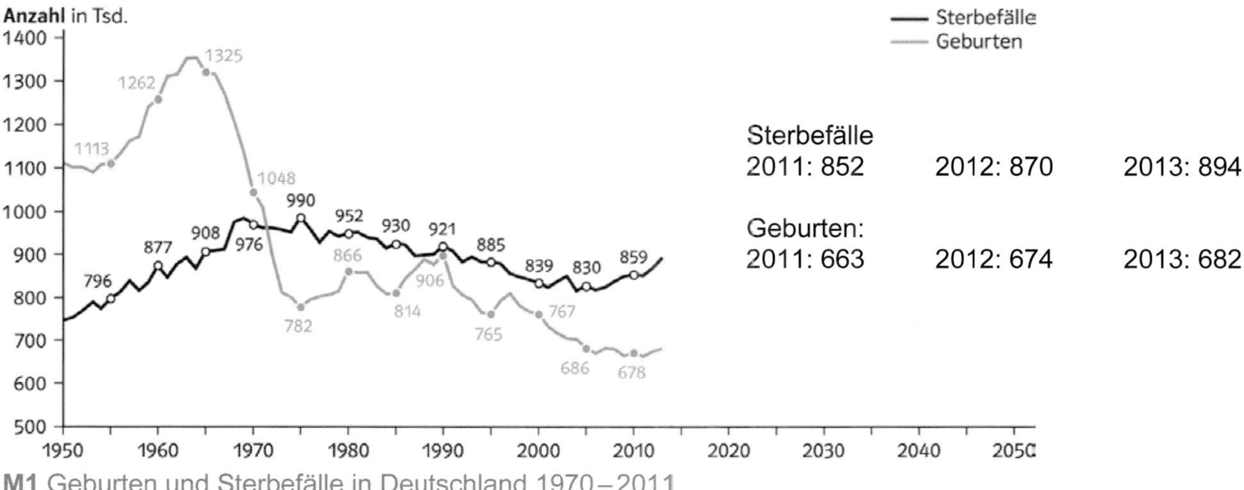

M1 Geburten und Sterbefälle in Deutschland 1970–2011

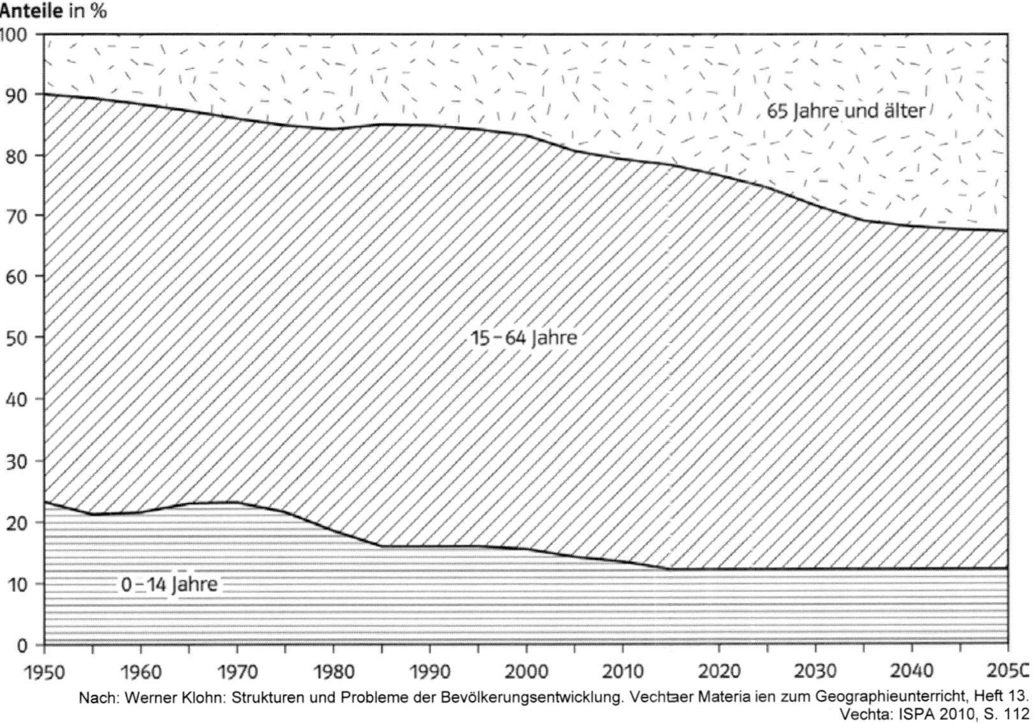

Nach: Werner Klohn: Strukturen und Probleme der Bevölkerungsentwicklung. Vechtaer Materialien zum Geographieunterricht, Heft 13. Vechta: ISPA 2010, S. 112

M2 Entwicklung der Bevölkerung in Deutschland nach Altersgruppen 1950–2050

Name: Klasse: Datum:

© Ernst Klett Verlag GmbH, Stuttgart 2015. | www.klett.de | Erstellt für: TERRA OS TB Entwicklungsländer | ISBN: 978-3-12-104706-2
Alle Rechte vorbehalten. Von dieser Druckvorlage ist die Vervielfältigung für den eigenen Unterrichtsgebrauch gestattet.
Die Kopiergebühren sind abgegolten. Für Veränderungen durch Dritte übernimmt der Verlag keine Verantwortung.

4.3 Die demografische Alterung

Jahr	Auf jeden 65-jährigen und älter entfallen ... 15-65-jährige
1871	13,2
1900	12,4
1925	11,9
1939	8,9
1950	6,9
1970	4,6
2000	4,1
2030	2,3
2050	2,0

Nach: Werner Klohn: Strukturen und Probleme der Bevölkerungsentwicklung. Vechtaer Materialien zum Geographieunterricht, Heft 13. Vechta: ISPA 2010, S. 114

M3 Langfristige Altersverschiebung in Deutschland 1871–2050

Universitäts- und Landesbibliothek (Rudolf Schöpper), Münster

M4 Karikatur

Wir Zukunftsdiebe

„Viele Segnungen unserer vermeintlichen Wohlstandsidylle bedrohen die Zukunft der jüngeren Generation [...]. Alles deutet darauf hin, dass viele der Jungen schon verloren haben, noch bevor sie an den Start gegangen sind. Aus einer hochmotivierten Leistungsgesellschaft ist eine unbewegliche Anciennitätsgesellschaft geworden, die die Jungen betrügt und das Alter hätschelt [...]. Wir Älteren überlasten sie mit Kranken-, Renten- und Sozialversicherungsansprüchen, wir bilden sie unzureichend aus [...] und wir hinterlassen ihnen einen Berg von Schulden, die wir machen, um unseren bequemen Status quo zu halten."
Anmerkung: Anciennitätsgesellschaft = Gesellschaft mit vorwiegend älteren Menschen

Heidi Schüller: Wir Zukunftsdiebe: wie wir die Chancen unserer Kinder verspielen. Berlin: Rowohlt Berlin Verlag 1997, S. 187

M5

Name: **Klasse:** **Datum:**

Klett
© Ernst Klett Verlag GmbH, Stuttgart 2015. | www.klett.de | Erstellt für: TERRA OS TB Entwicklungsländer | ISBN: 978-3-12-104706-2
Alle Rechte vorbehalten. Von dieser Druckvorlage ist die Vervielfältigung für den eigenen Unterrichtsgebrauch gestattet.
Die Kopiergebühren sind abgegolten. Für Veränderungen durch Dritte übernimmt der Verlag keine Verantwortung.

Die demografische Alterung

	1992	1996	2000	2004	2008	2011
Bevölkerung	14391,4	14137,1	13849,9	13433,4	13124,6	12801,9
Lebendgeburten	80,5	84,7	101,2	98,9	101,0	99,3
Sterbefälle	177,2	163,1	150,2	145,6	150,2	153,9

Quelle: Statistisches Bundesamt Wiesbaden unter: www.destatis.de

M6 Bevölkerungsentwicklung in den neuen Bundesländern 1992 bis 2011 (in 1 000)

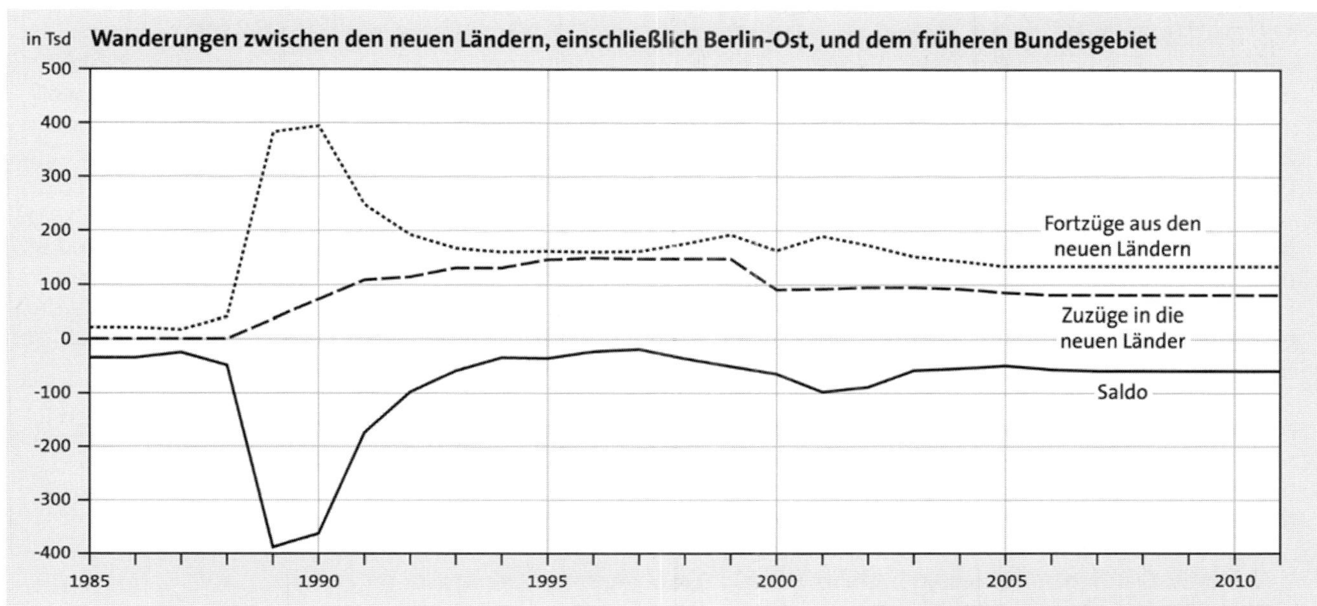

Quelle: Statistisches Bundesamt Wiesbaden unter: www.destatis.de

M7 Wanderungen zwischen den neuen Bundesländern (einschließlich Berlin Ost) und dem früheren Bundesgebiet

Die ostdeutsche Schrumpfungslandschaft

„Das Phänomen der Schrumpfung in Ostdeutschland wird heute in erster Linie als wohnungswirtschaftliches Problem wahrgenommen. Der überdimensionale Wohnungsleerstand in den Städten ist jedoch nur ein Symptom des deutschen Schrumpfungsprozesses, der im internationalen Vergleich eine neue Qualität von Deökonomisierung und Depopulation anzeigt. Zudem begrenzt sich der ostdeutsche Schrumpfungsprozess nicht nur auf die Städte bzw. auf einzelne urbane Wohnquartiere, sondern tritt in regionaler Dimension hervor. Darüber hinaus ist er, was die demographische Entwicklung betrifft, kein kurzzeitiges zyklisches Phänomen, da er im Osten Deutschlands für die nächsten Jahrzehnte vorgezeichnet ist."

Günter Herfert: Die ostdeutsche Schrumpfungslandschaft. In: Geographische Rundschau, H. 2/2004, S. 57

M8

Name: Klasse: Datum:

Klett
© Ernst Klett Verlag GmbH, Stuttgart 2015. | www.klett.de | Erstellt für: TERRA OS TB Entwicklungsländer | ISBN: 978-3-12-104706-2
Alle Rechte vorbehalten. Von dieser Druckvorlage ist die Vervielfältigung für den eigenen Unterrichtsgebrauch gestattet.
Die Kopiergebühren sind abgegolten. Für Veränderungen durch Dritte übernimmt der Verlag keine Verantwortung.

Die demografische Alterung

Lösung

Strukturen und Probleme der Bevölkerungsentwicklung in Deutschland

1 Beschreiben Sie den demografischen Wandel in Deutschland.

M1: Seit Anfang der 1970er Jahre lässt sich ein markanter Einschnitt in der Relation von Geburten zu Sterbefällen in Deutschland erkennen. Erstmals ist die Zahl der Geburten niedriger als die Zahl der Gestorbenen. Diese Tendenz setzt sich – mit z. T. starken Schwankungen, was die Zahl der Geburten anbetrifft – bis in die Gegenwart fort. Im Jahre 2011 betrug das Defizit zwischen Geburten und Sterbefällen 189.000. Die natürliche Bevölkerungsentwicklung ist also negativ: Unsere Gesellschaft schrumpft.

M2: Die Gewichtung der Altersgruppen innerhalb der deutschen Bevölkerung hat sich seit 1950 gravierend verschoben. Betrug der Anteil der 0–14-Jährigen im Jahre 1950 noch ca. 23 %, so reduzierte er sich bis 2010 auf ca. 12 %. Ab diesem Zeitpunkt wird der Anteil voraussichtlich nur noch minimal zurückgehen. Der Anteil der Personen im Alter von 65 und darüber ist hingegen von ca. 10 % im Jahre 1950 auf ca. 22 % im Jahre 2010 gestiegen. Im Jahre 2050 wird diese Altersgruppe voraussichtlich sogar 32 % ausmachen. Unsere Gesellschaft wird älter.

M3: Dadurch steigt der Altersquotient (Anzahl der Menschen, die nicht mehr im erwerbsfähigen Alter sind – meist 65 Jahre und älter – in Relation zu den Menschen im erwerbsfähigen Alter – meist 25–64-Jährige). Entfielen 1950 auf jeden 65-Jährigen und älter 6,9 Personen im Alter zwischen 15 und 64 Jahren, so werden es im Jahre 2050 voraussichtlich nur noch 2 sein. Mit anderen Worten: Eine immer kleiner werdende Zahl von Erwerbstätigen muss für eine immer größere Zahl von Rentnern und Pensionären aufkommen.

Als Fazit lässt sich der aufgezeigte „demografische Wandel“ wie folgt zusammenfassen: In Deutschland ist seit 1972 die Sterberate höher als die Geburtenrate. Dadurch ist das natürliche Bevölkerungswachstum negativ. Infolge der höheren Lebenserwartung und gleichzeitig rückläufiger Geburtenrate steigt der Anteil älterer Menschen gegenüber dem Anteil jüngerer Menschen.

2 Erklären Sie die Begriffe „Generationenvertrag“ und „Krieg der Generationen“.

Der Generationenvertrag ist kein Vertrag im juristischen Sinne, sondern ein Solidarpakt zwischen zwei Generationen, und zwar zwischen der leistungszahlenden und der rentenbeziehenden Generation. Dabei dienen die monatlichen Einzahlungen der Erwerbstätigen in die Rentenkasse der Finanzierung der laufenden Rentenzahlungen. Es wird kritisiert, dass aufgrund des demografischen Wandels, d.h. des immer größer werdenden Ungleichgewichts zwischen den Generationen (sinkende Zahl der Erwerbstätigen/Einzahlenden einerseits und steigende Zahl der Älteren/Rentenempfänger andererseits), der Vertrag auf Dauer nicht funktionieren kann. Die dramatischen Verschiebungen würden, so die Kritiker, zu einem Konflikt („Krieg der Generationen“) zwischen den beiden Generationen führen. Die Generation der Beitragszahler würde sich künftig weigern für die immer größere werdende Generation der Rentenempfänger aufzukommen, da die finanziellen Belastungen für den Einzelnen entsprechend stark steigen. Umgekehrt belasten die Älteren, wie es im Text 5 „Wir Zukunftsdiebe“ heißt, mit ihren Kranken-, Renten- und Sozialversicherungsansprüchen die jüngere Generation über Gebühr.
Diese „Schieflage“ wird treffend in der Karikatur dargestellt. Bereits jetzt (oberer Teil der Karikatur) macht sich der demografische Wandel insofern bemerkbar, als einer kleinen Zahl von Kindern eine größere Zahl von Älteren gegenübersteht. Die Zahl der Erwerbstätigen ist aber noch groß genug – dargestellt in der Größe des den Balken tragenden Arbeiters –, um die Last zu stemmen. Längerfristig sieht die Situation aber ganz anders aus (unterer Teil). Die Zahl der Rentenempfänger nimmt zu und damit steigt auch die finanzielle Belastung für die künftigen Erwerbstätigen, deren Zahl (hier dargestellt durch den kleinen Jungen mit dem Schild „Geburtenrate“) immer kleiner wird.

Name: Klasse: Datum:

© Ernst Klett Verlag GmbH, Stuttgart 2015. | www.klett.de | Erstellt für: TERRA OS TB Entwicklungsländer | ISBN: 978-3-12-104706-2
Alle Rechte vorbehalten. Von dieser Druckvorlage ist die Vervielfältigung für den eigenen Unterrichtsgebrauch gestattet.
Die Kopiergebühren sind abgegolten. Für Veränderungen durch Dritte übernimmt der Verlag keine Verantwortung.

Die demografische Alterung

Lösung

3 Erörtern Sie mögliche Folgeprobleme und langfristige Tendenzen der Bevölkerungsentwicklung in den neuen Bundesländern.

Der Bevölkerungsrückgang ist in den neuen Bundesländern seit der Wiedervereinigung recht groß. Im Zeitraum 1992 bis 2011 betrug er ca. 1,6 Mio. Absolut hat in diesem Zeitraum allerdings die Zahl der Geburten von 80,5 Tsd. auf 99,3 Tsd. zugenommen, und die Zahl der Sterbefälle ist von 177,2 Tsd. auf 153,9 Tsd. gesunken. Da die Zahl der Sterbefälle jedoch deutlich über der Zahl der Geburten liegt, ist das natürliche Bevölkerungswachstum im gesamten Zeitraum negativ, wenn sich auch der starke Abwärtstrend etwas abgeschwächt hat.
Die Auswertung der drei Zahlenreihen in M6 zeigt, dass der Bevölkerungsrückgang nicht allein auf natürliche Bevölkerungsbewegungen zurückzuführen ist. Stärker wirken sich Wanderungsverluste aus, wie die Grafik M7 zeigt. Der Exodus aus den neuen Bundesländern setzte unmittelbar nach dem Mauerfall ein, erreichte 1991 mit ca. 250 000 Fortzügen einen Höhepunkt, ging dann aber leicht zurück, um sich bis etwa 2002 auf durchschnittlich 170 000 einzupendeln. Seit 2002 ist eine Abschwächung der Fortzüge aus den neuen Ländern festzustellen. Lag die Zahl der Zuzüge in die neuen Länder 1991 noch bei ca. 80 000, stieg sie in den folgenden acht Jahren (1992 – 1999) auf deutlich über 100 000 (Maximum 1997 mit 157 000). Seit 2000 nimmt die Zahl der Zuzüge ab; sie hat sich auf Werte zwischen 82 000 und 97 000 eingependelt. Der Saldo ist jedoch nach wie vor negativ. Als Folge ist der gesamte Bevölkerungsrückgang außerordentlich groß und die „Überalterung“ schreitet in den neuen Bundesländern noch schneller voran als in den alten Bundesländern.

Die Ost-West-Wanderung und die natürlichen Bevölkerungsverluste haben weit reichende Folgen für die wirtschaftliche und soziale Entwicklung, z. B.:
- allgemeiner Bevölkerungsschwund („Schrumpfungsland Ostdeutschland“),
- Leerstände bei Wohnungen und zu geringe Auslastung der Infrastruktur (z. B. Schulen),
- steigende soziale Kosten infolge des wachsenden Alters älterer Menschen,
- wirtschaftliche Abwärtsspirale infolge des Verlustes besonders junger Menschen und von Frauen,
- sinkende Steuereinnahmen,
- Finanzknappheit der Städte und Kommunen,
- ausbleibende Investitionen in die materielle und soziale Infrastruktur,
- Gefahr der Unterversorgung mit Gesundheits- und anderen Angeboten.

Der Schrumpfungsprozess in den neuen Bundesländern wirkt sich sowohl demografisch/sozial als auch wirtschaftlich aus (Deökonomisierung und Depopulation). Besonders sichtbar wird er auf dem Wohnungsmarkt. Betroffen sind nicht nur die Städte bzw. einzelne urbane Wohnquartiere, sondern ganze Regionen. Er ist eine langfristige Erscheinung.
Der Behauptung, dass der demografische Schrumpfungsprozess in Ostdeutschland kein kurzzeitiges zyklisches Phänomen ist, kann man aufgrund der Materialanalyse zustimmen. Auch wenn Prognosen mit vielen Unwägbarkeiten verbunden sind, darf man annehmen, dass für die nächsten Jahrzehnte mit einem weiteren Bevölkerungsschwund zu rechnen ist. Die in den Materialien M6 und M7 dargestellte Situation dürfte sich auch in naher Zukunft kaum ändern. Entscheidend ist dabei nicht das Wanderungsverhalten, das sich ggf. auch kurzfristig ändern könnte, sondern in erster Linie das gegenwärtige generative Verhalten (niedrige Geburtenzahlen bei gleichzeitig hohen Sterbefällen), das auch auf lange Sicht für einen weiteren Bevölkerungsrückgang verantwortlich sein wird. Selbst bei einer Halbierung der Westwanderung würden die neuen Bundesländer in den kommenden 40 Jahren immer noch ca. 5 Mio. Einwohner verlieren. Dabei ist auch in Betracht zu ziehen, dass aufgrund der Überalterung der Bevölkerung die Fertilitätsrate auf lange Sicht sehr niedrig bleiben wird.

Name: Klasse: Datum:

Klett
© Ernst Klett Verlag GmbH, Stuttgart 2015. | www.klett.de | Erstellt für: TERRA OS TB Entwicklungsländer | ISBN: 978-3-12-104706-2
Alle Rechte vorbehalten. Von dieser Druckvorlage ist die Vervielfältigung für den eigenen Unterrichtsgebrauch gestattet.
Die Kopiergebühren sind abgegolten. Für Veränderungen durch Dritte übernimmt der Verlag keine Verantwortung.

Schülerbuch
Seite 190 bis 197

Migration weltweit

Strukturierungshilfe

Phase	Thema	Seite	Material	Aufgabe	Methodische Hinweise
Einstieg	Migration weltweit	190	1	1	
Erarbeitung 1	Ausmaß und Ursachen	190–191	Text; 2–4 und 6	2–3	
Diskussion	Belastungen durch die Aufnahme von Flüchtlingen	191	5	4	
Einstieg	Folgen für die Herkunfts- und Zielländer	192	7	Auswertung	
Lehrervortrag	Folgen für die Herkunftsländer	192	Text; 7–8	5 (erster Teil)	
Erarbeitung 2	Folgen für die Aufnahmeländer: Beispiel Deutschland	192–193	Text; 9–12	5 (zweiter Teil) 6 a	
Diskussion	Lösung der demografischen Probleme durch Zuwanderung?	192–193	Text; 9–12	6 b	
Anwendung	Unterbringung von Asylbewerbern am Schulort und Reaktionen der Bevölkerung		Recherche	Facharbeit/Referat	
Differenzierung	Angebot 1: Wanderungsziel Europäische Union Angebot 2: Arbeitsmigranten in der Golfregion	194–195 196–197	1–7 1–6; Text	1–4 1–4	Differenzierung nach Interessen und Materialstruktur

Lösungshinweise Seite 190/191

1 Interpretieren Sie die Zeichnung 1.
Die Zeichnung zeigt im Hintergrund Push-Faktoren (Krieg, Zerstörung, Agrarstrukturen ohne ausreichende Arbeitsplatzangebote), die eine Migranten-Kleinfamilie zur Abwanderung getrieben haben. Sie erreichen hoffnungsvoll eine – auf den ersten Blick – „schöne, neue Welt" mit moderner Infrastruktur. An deren Eingang sind allerdings Hürden aufgebaut, symbolisiert durch das – halb verdeckte – Schild „Meldestelle" und den Schulranzen mit dem „Deutsch"-Buch. Das Erlernen der Sprache ist eine wichtige Voraussetzung, um in der neuen Umgebung Fuß zu fassen. Werden sich die Erwartungen der Neuankömmlinge erfüllen? Wie reagieren die Einheimischen?

2 Arbeiten Sie anhand des Textes 2 Ursachen der Migration heraus.
Bei den Ursachen ist zwischen Push- und Pullfaktoren zu unterscheiden. Sie lassen sich tabellarisch wie folgt zusammenfassen:

Ursachen von Migration: Auswertung von Text 2

Push-Faktoren	Pull-Faktoren
– Fehlen wichtiger Lebensgrundlagen im Heimatland, z. B. ausreichendes fruchtbares Ackerland, Nahrung, Wasser, Arbeit – Vertreibung durch Naturkatastrophen, z. B. Dürre, Überschwemmung – hohes Bevölkerungswachstum ohne entsprechendes Angebot Existenz sichernder Arbeitsplätze – schlechte Entwicklungsperspektiven der Heimatländer wegen Fehlen von Kapital, Know-how, hoher Schuldenlast, sinkender Rohstoffpreise, Behinderung des Warenexports in Industrieländer, instabile politische Situation, mangelnde Rechtssicherheit, Korruption – persönliche Verfolgung wegen Rasse, Religion, ethnischer Zugehörigkeit, politischer Überzeugung (als „Flüchtlinge" mit Anrecht auf Schutz in fremden Staaten) – Vertreibung wegen eskalierender Gewalt („Kriegsvertriebene")	– Informationen über die besseren Lebensbedingungen und den Wohlstand in fortgeschrittenen Ländern durch Tourismus, Fernsehen, Internet – Hilfe für Verwandte bei der Auswanderung durch Geldüberweisungen oder Informationen durch erfolgreiche Migranten („Migration erzeugt Migration")

1

3 Analysieren Sie die Materialien 3 – 5 im Hinblick auf regionale Schwerpunkte der weltweiten Migrations- und Flüchtlingsbewegungen.

Über die Hälfte aller weltweiten Migranten lebt in nur 10 Staaten, der Großteil davon in den USA, in Russland und Deutschland. Allerdings sind die Staaten mit den nach absoluten Zahlen meisten Migranten selten die, in denen auch deren prozentualer Anteil an der Bevölkerung besonders hoch ist. Hier steht der Nahe Osten mit den Staaten Katar, Vereinigte Arabische Emirate und Kuwait an der Spitze. Nur Saudi Arabien liegt sowohl bei den absoluten wie bei den relativen Anteilen unter den Top Ten der Zielländer von Migration.

Die weltweit wichtigsten Migrationskorridore führen von Mexiko in die USA, von Russland in die Ukraine und umgekehrt, von Bangladesch nach Indien und von der Türkei nach Deutschland.

Unter den Ländern, die weltweit die meisten Flüchtlinge aufgenommen haben, stehen – in absoluten Zahlen gemessen – Pakistan, Iran und Jordanien an der Spitze. Betrachtet man aber die Anzahl der aufgenommenen Flüchtlinge pro 1000 Einwohner, dann tragen Jordanien, der Tschad und Libanon die größte Last bei der Gewährung von Schutz für Vertriebene. Die wichtigsten Herkunftsländer waren von 2012/2013 Afghanistan, Syrien und Somalia.

4 Erläutern Sie die in Tabelle 6 enthaltene Problematik.

Kriegsvertriebene oder Verfolgte suchen meist Zuflucht in den Nachbarländern. Die gehören aber meistens nicht zu den ökonomisch stark entwickelten Staaten. Sie haben in der Regel bereits Probleme, ihre eigene Bevölkerung angemessen zu versorgen.

Verwiesen sei auf das Beispiel Jordanien. Das Land nahm 2012 pro 1000 Einwohner 49 Flüchtlinge auf. Legt man die Gesamteinwohnerzahl von 6,3 Millionen zugrunde, waren das über 300 000 Schutzsuchende. Wenn man eine ähnliche Relation von Einwohnerzahl und aufzunehmenden Flüchtlingen für Deutschland berechnet, erhält man einen Eindruck von der ungeheuren Belastung, die auf Jordanien zugekommen ist und weiter zukommt. Dabei liegt die Wirtschaftskraft des Landes mit einem Bruttonationaleinkommen pro Einwohner von 11 660 US-$ (2013 bei KKP) deutlich unter der von Deutschland mit 44 540 US-$ pro Kopf.

Lösungshinweise **Seite 192/193**

5 Stellen Sie in einer Tabelle mögliche positive und negative Folgen für die Herkunfts- und Zielländer der Migration dar.

Die Auswertung der angebotenen Informationen und Materialien kann in einer Tabelle wie folgt zusammengefasst werden:

mögliche Folgen der Migration

	für die Herkunftsländer	**für die Zielländer**
positiv	– Rücküberweisungen („Remittances“) als wichtiger wirtschaftlicher Impuls für die betroffenen Familien und auch für die Herkunftsländer als Ganzes („gaining of migration“) – Entlastung der Zahlungsbilanz des jeweiligen Staates – Rücküberweisungen an die Familien als Grundlage für Investitionen (z. B. Kauf von Acker- oder Weideland, Geräten oder Vieh, Bau eines Hauses), für die Finanzierung von Schule und Ausbildung der Kinder, für Bezahlung von Arztbesuchen	– Zuwanderung von angesichts der demografischen Alterung dringend benötigten qualifizierten Arbeitskräften – Bereicherung des gesellschaftlichen Lebens durch kulturelle Vielfalt
negativ	– Schwächung der Eigeninitiative durch bequemen Geldzufluss aus Rücküberweisungen – aus Prestigegründen Kauf von importierten Luxuskonsumwaren statt produktiver Investitionen, zu geringe Zukunftsvorsorge – Abwanderung vor allem gut ausgebildeter junger Menschen, dadurch Mangel an Fachkräften („brain drain“) – große Belastung für die zurückgebliebenen Familien wegen Fehlen des Vaters, der Mutter oder beider Elternteile für längere Zeit – Gefahr des Betrugs durch Schleuser, keine Garantie eines Arbeitsplatzes im Zielland – Identitätsprobleme der Migranten im kulturellen und politischen Bereich	– Integrationsprobleme – Gefahr einer Belastung der Sozialetats durch nicht erwerbstätige oder nicht erwerbsfähige Migranten (z. B. Kinder, Alte, Kranke, Arbeitslose) – zunehmende Konkurrenz auf dem Arbeitsmarkt, Gefahr des Lohndumping

2

6 Auswirkungen der Einwanderung auf Arbeitsmarkt und Sozialstaat

a) Arbeiten Sie in Gruppen die Hauptaussagen aus den Materialien 9 – 11 heraus.

Den Materialien lassen sich folgende Grundinformationen entnehmen:

Grafik 10: Bevölkerungssaldo Deutschland 1950 – 2011

- bis Mitte der 1960er-Jahre relativ hoher natürlicher Bevölkerungssaldo („Babyboom") bei gleichzeitig positivem Wanderungssaldo; dadurch Bevölkerungszuwachs,
- ab zweiter Hälfte der 1960er-Jahre stetiges Absinken des natürliches Bevölkerungssaldos aufgrund immer niedrigerer Fertilitätsraten (nur noch 1,4 Kinder pro Frau und weniger); Beginn des zweiten demografischen Übergangs,
- 1971 letztes Jahr mit Geburtenzahl über der Zahl der Sterbefälle; seitdem dauernd negativer natürlicher Bevölkerungssaldo,
- Bevölkerungswachstum seit 1971 ausschließlich von der Höhe der Wanderungsgewinne abhängig,
- Schwanken des Wanderungssaldos in Abhängigkeit von Wirtschaftskrisen (z. B. jeweils Rückgang 1967, Anfang und Mitte der 1970er-Jahre, Beginn der 1980er-Jahre),
- Bevölkerungsrückgang ab 2003 wegen Rückgang der Wanderungsgewinne und negativem natürlichen Saldo,
- Bevölkerungsrückgang seit 2011 gestoppt dank wieder ansteigender Wanderungsgewinne.

Grafik 11: Anteile von Personen mit hohem und niedrigem Bildungsabschluss an den Neuzuwanderern, 15 - 65 Jahre, 2000 - 2009 (Anteile in %)
- Abnahme des Personenanteils mit niedrigem Bildungsabschluss seit 2005 von knapp 40 % auf knapp unter 25 %
- dementsprechend tendenzieller Anstieg des Neuzuwandereranteils mit hohem Bildungsabschluss auf knapp unter 45 %

Tabelle 12: Höchster beruflicher und allgemeinbildender Abschluss von Neueinwanderern, 15 - 65 Jahre, 2000 - 2009 (Anteil in %)
Die Tabelle differenziert die Aussagen der Grafik 11 zur vergangenen Dekade.
- kontinuierlicher Anstieg des Anteils der Personen im erwerbsfähigen Alter mit hohen beruflichen und allgemeinbildenden Abschlüssen auf knapp 43 %,
- ähnlicher Trend beim Anteil der Neueinwanderer mit mittleren Abschlüssen,
- im gleichen Zeitraum Reduzierung des Anteils der Personen mit niedrigen Abschlüssen von 14 % auf knapp 25 %.

Fazit aus Material 11 und 12: deutlicher Anstieg des Ausbildungs- und Qualifikationsniveaus bei den Zuwanderern in der Dekade seit dem Jahr 2000.

b) „Zuwanderung kann dazu beitragen, die demografischen Probleme Deutschlands zu lösen." Diskutieren Sie diese Aussage auf der Grundlage der Gruppenergebnisse.
Zu der vorgegebenen Problemstellung ist durch Abwägen von Für- und Widerargumenten ein begründetes Urteil zu fällen. Dabei lassen sich u. a. folgende Aspekte gegenüberstellen:

mögliche Folgen der Migration

eher Zustimmung zu der Aussage	eher Ablehnung der Aussage
- jede Zuwanderung, die mit Beschäftigung und Erwerbstätigkeit verbunden ist, bewirkt einen Anstieg des Volkseinkommens (Erhöhung von Produktion und Nachfrage) - aus betriebswirtschaftlicher Sicht (der Unternehmen) ist hohe Zuwanderung vorteilhaft, weil auf ein großes Arbeitskräftepotenzial zurückgegriffen werden kann - Zuwanderung von qualifizierten Kräften kann dazu beitragen, die entstehende Lücke im Arbeitskräfteangebot zu schließen	- fehlen Qualifikation und Arbeitsplätze, muss schließlich die Gesamtgesellschaft die Kosten der Arbeitslosigkeit von Zuwanderern tragen - ein steigendes Arbeitskräftepotenzial birgt die Gefahr des Lohndumpings - bei einem Übermaß an Zuwanderungen entstehen massive Integrationsprobleme - es entstehen auch Raum- und Infrastrukturprobleme (Bereitstellung von z. B. Wohnungen, Bildungs-, Verkehrs-, Ver- und Entsorgungssystemen)
Mögliches Urteil: Zuwanderung könnte zur Problemlösung beitragen, wenn die entsprechend qualifizierten Migranten auch einen Arbeitsplatz finden. Das aber ginge zu Lasten der Herkunftsländer, die die Kosten der Erziehung und ersten Ausbildung getragen haben, dann aber ihre besten, dynamischsten Arbeitskräfte verlieren.	

7 Untersuchen Sie im Rahmen einer Facharbeit/eines Referats die Unterbringung von Asylbewerbern in ihrem Schulort und die Reaktionen der Bevölkerung.
Ein handlungsorientierter Arbeitsauftrag, der auch im Rahmen eines Projekts und in einem Team durchgeführt werden kann. Zur Vorbereitung sowie Gestaltung einer Facharbeit und deren Präsentation sei auf die entsprechenden Tipps im Schülerband (S. 310 - 313) verwiesen.

Lösungshinweise Seite 194/195

TERRA DIFFERENZIERUNG

Angebot 1: Wanderungsziel Europäische Union

1 Charakterisieren Sie Ausmaß und Formen der Zuwanderung in die EU.
Wie bereits aus Grafik 10, S. 193 hervorgeht, steigen seit dem Abklingen der 2008 einsetzenden Finanz- und Wirtschaftskrise die positiven Wanderungssalden für Deutschland wieder an. Ähnliches gilt für andere EU-Staaten mit stabiler wirtschaftlicher Situation.
Text 5 unterscheidet folgende Formen der Zuwanderung bzw. Gruppen von Migranten:

- Asylsuchende aufgrund politischer Verfolgung,
- Wirtschaftsflüchtlinge mit der Hoffnung auf eine Berufstätigkeit in der EU zur Unterstützung der Daheimgebliebenen; Ausreise nach Europa entweder organisiert durch kriminelle Schleuserbanden oder Einreise mit einem Touristen-, Geschäfts- oder Studentenvisum mit Überziehung der Aufenthaltsgenehmigungsdauer („overstayers"),
- Hochqualifizierte und deren Familienangehörige mit offizieller Einreise im Rahmen einer Blue Card.

Zusatzinformation: Grundzüge des „Zuwanderungsgesetzes" von 2005 (Deutschland)

- Ziel/Prinzip: Gesetz soll Zuwanderung zum Zwecke qualifizierter Erwerbstätigkeit erleichtern, Zuzug von Ausländern steuern und begrenzen sowie die Integration der Zuwanderer verbessern.
- Nur noch zwei Aufenthaltstitel: (befristete) Aufenthaltserlaubnis und (unbefristete) Niederlassungserlaubnis (wegen: Erwerbstätigkeit, Ausbildung, Familiennachzug, Humanitären Gründen).
- Schaffung des (neuen) Bundesamtes für Migration und Flüchtlinge: Durchführung von Integrationskursen für Ausländer und Spätaussiedler; Maßnahmen zur Förderung der freiwilligen Rückkehr
- Arbeitsmigration:
  - Niederlassungserlaubnis für Hochqualifizierte sowie mit- oder nachziehende Familienangehörige (zur Ausübung einer Erwerbstätigkeit berechtigt);
  - Aufenthaltserlaubnis für Selbstständige bei einer Investition von mindestens 1 Mio. Euro und der Schaffung von mindestens 10 Arbeitsplätzen
  - Bleiberecht für bis zu einem Jahr für Studenten nach erfolgreichem Studienabschluss zur Möglichkeit der Arbeitsplatzsuche
  - Beibehaltung des Anwerbestopps für Nicht- oder Geringqualifizierte
  - Humanitäre Zuwanderung
  - Gewährung des Flüchtlingsstatus entsprechend den EU-Richtlinien („GFK-Flüchtlinge" = Genfer Flüchtlingskonvention)
  - kein Aufenthaltstitel bei Verschulden des Ausländers (z.B. Identitätsverschleierung)
- Kindernachzug: Nachzugsanspruch bis 18. Lebensjahr bei Kindern von Asylberechtigten, GFK-Flüchtlingen; bei Beherrschung der deutschen Sprache oder „positiver Integrationsprognose"
- Integration: Integrationskurse für Neuzuwanderer und „Bestandsausländer" (geschätzte Kosten des Bundes 188 Mio. € pro Jahr); bei Verletzung der Teilnahmepflicht Leistungskürzungen (z.B. Alg II - Sozialhilfe)
- Sicherheitsaspekte:
  - Einführung einer Abschiebungsanordnung aufgrund einer „tatsachengestützten Gefahrenprognose"; Rechtsschutz nur in einer Instanz vor dem Bundesverwaltungsgericht; falls Abschiebung an Abschiebehindernissen scheitert (Folter, Todesstrafe) sollen Meldeauflagen, Einschränkungen der Freizügigkeit sowie strafbewehrte Kommunikationsverbote erhöhte Sicherheit bringen
  - Schleusen als Ausweisungsgrund
  - Regelausweisung bei Mitgliedschaft in oder Unterstützung einer terroristischen Vereinigung, bei Leitern von verbotenen Vereinen
  - Ermessensausweisung für „geistige Brandstifter"; z.B. „Hetzer" in Moscheen
- Unionsbürger: Freizügigkeit wie für Deutsche; allerdings Meldepflicht bei Meldebehörden bei dauerndem Aufenthalt
- Spätaussiedler: Voraussetzung für Aufnahme ist Nachweis von Grundkenntnissen in der deutschen Sprache

2 Arbeiten Sie Grundzüge der EU-Migrationspolitik heraus.

Den Materialien sind folgende Grundzüge zu entnehmen:

- Gewährung des Asylrechts für politisch Verfolgte im Rahmen der Europäischen Grundrechtscharta; enge Zusammenarbeit der EU-Mitgliedstaaten zur Verhinderung des Missbrauchs (z.B. Abgleich über Fingerabdruck-Datenbank Eurodac)); restriktive Behandlung der Asylanträge
- unterschiedlicher Umgang mit irregulären Migranten; z.B. in Frankreich und Spanien Tendenzen zur Legalisierung des Aufenthaltes dieser Migrantengruppe zur Erleichterung ihrer Eingliederung in den Arbeitsmarkt; in Deutschland eher Tendenz zum Aufspüren und Abschieben
- Versuche zur Abschottung der europäischen Wohlstandsinsel gegenüber illegaler Zuwanderung durch Grenzüberwachungssysteme (Eurosur)
- Förderung der Zuwanderung von Hochqualifizierten durch Blue Card-Regelungen (bzw. entsprechender Regelungen im Rahmen des „Zuwanderungsgesetzes" von 2005)

3 Erörtern Sie die mit dem Schengener Abkommen verbundenen Maßnahmen.

Die Schüler sollen aus verschiedenen Perspektiven heraus Vorteile und Folgen der Schengen-Maßnahmen gegenüberstellen und zu einem begründeten sowie differenzierten Urteil kommen. Dabei können u.a. folgende Aspekte angeführt werden:

Chancen	Probleme
- bequemes Reisen im Schengen-Raum ohne zeitraubende Personenkontrollen - freie Arbeitsplatzsuche und Niederlassungsrecht in allen Mitgliedstaaten - mehr Sicherheit durch grenzüberschreitende polizeiliche Zusammenarbeit, insbesondere auch bei Verfolgung von Straftätern über die Grenzen hinweg - Möglichkeiten gemeinsamer Maßnahmen gegen grenzüberschreitenden Drogenhandel - durch Zusammenarbeit im Justizwesen vereinfachte Rechtshilfen z.B. bei Strafsachen	- Abschottung nach außen, Errichtung einer „Festung Europa" - Sterben von Flüchtlingen an den hochgerüsteten europäischen Außengrenzen als Folge der Schengener Abwehrpolitik - rigorose Abschiebung von aufgegriffenen Flüchtlingen an den Außengrenzen, Häufung ohne Prüfung des Asylanspruchs - Aushöhlung des Asylrechts - Verschärfung des Visumzwanges für Nicht-Schengen-Staaten

4 Beurteilen Sie – auch auf der Grundlage einer entsprechenden Umfrage in Ihrem Umfeld – die Ergebnisse der Studie in M6.

Die Studie offenbart, dass das Thema Zuwanderung viele EU-Bürger – nicht nur in Deutschland – beunruhigt. Die Ängste und Befürchtungen speisen sich dabei weniger aus ökonomischen Faktoren (Angst vor Arbeitsplatzverlusten oder Lohndumping). Im Vordergrund stehen kulturelle und soziale Aspekte. Menschen fürchten sich vor soziokulturellen Veränderungen in ihrem Umfeld. Aktueller Ausdruck derartiger Vorbehalte ist die so genannte „Pegida-Bewegung", die die Angst vor einer Islamisierung unserer Gesellschaft thematisiert.

Es ist sicher reizvoll, anhand des Textes 6 einen Fragebogen für eine entsprechende kleinere Erhebung im Umfeld (z. B. Lerngruppe, Jahrgangsstufe, Freundes- und Bekanntenkreis) zu entwerfen. Die Ergebnisse können die Grundlage für eine – auch angesichts aktueller Ereignisse – lebhafte Plenumsdiskussion bilden. Unter Offenlegung der angewandten Kriterien sollten sich die Schülerinnen und Schüler dabei ihre eigene Position bewusst machen.

Lösungshinweise **Seite 196/197**

Angebot 2: Arbeitsmigration in der Golfregion

1 Arbeiten Sie die wirtschaftliche und soziale Situation der Arbeitsmigranten in den Golfstaaten heraus.

Den Materialien lassen sich folgende Merkmale der wirtschaftlichen und sozialen Situation der Gastarbeiter in den Golfstaaten entnehmen:

- durch Abgabe des Reisepasses vollständige Abhängigkeit vom arabischen Unternehmen (Beispiel Katar)
- gesetzliche Vorschrift zur Aushändigung einer Krankenversicherungskarte von den Firmen häufig umgangen
- unregelmäßige Lohnauszahlungen, Löhne zudem häufig niedriger als bei Arbeitsantritt zugesichert
- lange Arbeitszeiten von bis zu 11 Stunden täglich an sechs Tagen in der Woche
- Unterbringung in menschenunwürdigen Massenquartieren
- Ausbeutung und Misshandlungen; Tod durch Erschöpfung
- für die meisten Gastarbeiter kein Recht und keine finanzielle Möglichkeit für einen Familiennachzug

2 Erstellen Sie anhand der Kennziffern in Tabelle 4 eine thematische Karte zum Thema „Arbeitsmigration in die Golfregion" (farbliche Kennzeichnung der Wirtschaftskraft der Herkunfts- und Zielländer anhand geeigneter Schwellenwerte, Eintragung der Migrationsströme).,

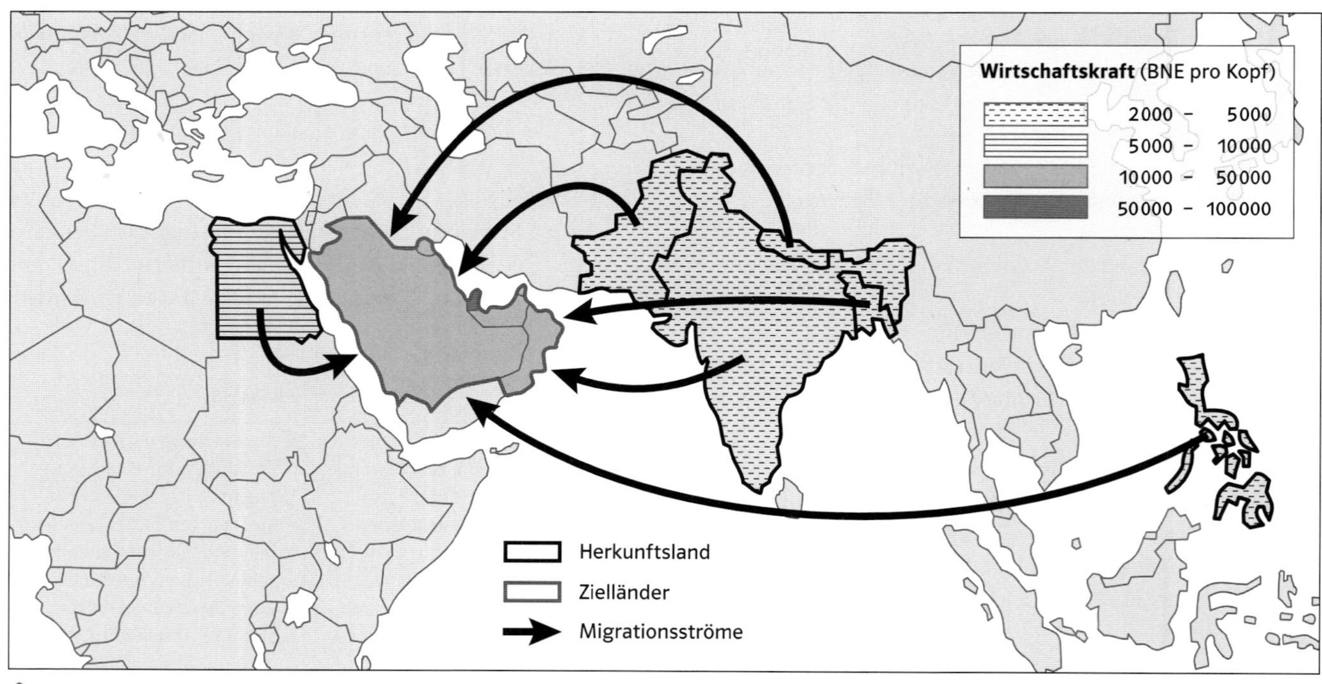

5

3 Beurteilen Sie die Migrationspolitik der Golfstaaten.

Die Migrationspolitik der Golfstaaten ist anhand verschiedener Kriterien zu prüfen.

Aus ökonomischer Sicht ist zunächst einmal auf die Arbeitsplatzangebote durch die gezielte Anwerbung von „Gastarbeitern" seit den 1970er-Jahren hinzuweisen. Die Remittances stellen für die Heimatländer der Migranten einen sehr bedeutenden Wirtschaftsfaktor dar (S. 192).

Aus sozialer und humanitärer Sicht ist sehr viel Kritik angebracht. Die Golfstaaten überlassen die Regulierung des Arbeitsmarktes weitgehend dem freien Spiel der Kräfte. Trotz internationaler Proteste – besonders im Vorfeld oder während einiger in die Golfstaaten vergebener sportlichen Großereignisse – üben die Behörden bisher nur unzureichende Kontrollen aus. Die Migranten sind vielfach schutzlos der Willkür einzelner Firmen ausgeliefert. Aus Angst vor Überfremdung der eigenen Bevölkerung wird den „Gastarbeitern" auch jeglicher Familiennachzug verweigert. Die Migranten sind nur auf Zeit geduldet. Auch das ist zumindest diskussionswürdig.

4 Erörtern Sie mögliche Folgen einer „Nationalisierung der Erwerbsbevölkerung" in den Golfstaaten

Die mit der neuen Arbeitsmarktpolitik („Arabisierung bzw. Nationalisierung der Erwerbsbevölkerung") verbundenen Maßnahmen könnten das Qualifikationsniveau der einheimischen Arbeitskräfte verbessern. Das würde die eigene Wirtschaft stärken. Außerdem würde die in den letzten Jahren stark angestiegene Arbeitslosigkeit unter Einheimischen abgebaut.
Für Tausende von Migranten könnte das aber bedeuten, dass sie ihren Arbeitsplatz verlieren, dass ihre Kontrakte aufgelöst werden. Die Folge wäre ein starker Rückstrom in die Heimatländer. Für die betroffenen Staaten und Familien würden alle positiven Effekte der Rücküberweisungen ausbleiben.
Es bleibt allerdings abzuwarten, ob die neue Arbeitsmarktpolitik Erfolg hat. So üben z. B. viele Gastarbeiter Tätigkeiten und Berufe aus, für die sich die meisten Einheimischen – auch angesichts des Lohnniveaus – kaum oder gar nicht interessieren.

Kompetenzen überprüfen

Lösungshinweise Seite 199

Sachkompetenz

1 Erläutern Sie Ursachen für den „zweiten demografischen Übergang"

Für den zweiten demografischen Übergang können u.a. folgende Ursachen genannt und beschrieben werden:
- Betonung der Selbstverwirklichung und individueller Lebensstile,
- spätes Heiratsalter und hohe Scheidungsintensität,
- neue Lebensformen wie Singledasein oder „Leben mit Lebensabschnittspartnern ohne Trauschein",
- effiziente Verhütungsmethoden und häufige bewusste Kinderlosigkeit von Ehepaaren,

Die aufgeführten Ursachen lassen sich auch als Folgen gesellschaftlicher Veränderungen erklären:
- Demokratisierung des Wohlstandes,
- Liberalisierung des Rechts und der Lebensformen,
- Entwicklung zur Dienstleistungs- und Wissensgesellschaft,

2 Stellen Sie Zusammenhänge zwischen dem demografischen Übergang und der demografischen Alterung dar.

Zwischen dem Alterungsprozess einer Bevölkerung und dem demografischen Übergang bestehen unmittelbare Zusammenhänge. Der Rückgang der Sterberate in der 2. Phase bewirkt bei gleich bleibend hoher Geburtenrate zunächst ein starkes Bevölkerungswachstum und einen Anstieg des Anteils junger Menschen. Auch bei dem in der 3. Phase einsetzenden Absinken der Geburtenraten wächst die Bevölkerung zunächst weiter, weil die Elterngeneration entsprechend groß ist. Erst wenn die Geburten unter das Bestandserhaltungsniveau sinken, endet das Wachstum und es setzt eine allmähliche Schrumpfung ein.

Am Ende des ersten demografischen Übergangs, also in der 5. Phase, werden die Veränderungen in der Alterstruktur sichtbar. Mit dem seit der 2. Phase zunehmenden Alter der Elterngenerationen steigt der Anteil von älteren Menschen kontinuierlich an. Gleichzeitig nimmt der Anteil der jungen Bevölkerung infolge niedriger Geburtenraten weiter ab. Die Gesellschaft altert.

3 Beschreiben Sie fünf aktuell bedeutende Migrationskorridore.

Folgende Migrationsrouten können herausgegriffen werden:
- „Gastarbeiterwanderungen" von in der Regel niedrig Qualifizierten aus dem süd- und südostasiatischen Raum in Richtung Golfstaaten,
- Wanderung von Mexiko in die USA,
- Migrationsströme von Russland in die Ukraine,
- Gegenbewegung von der Ukraine nach Russland,
- Arbeitsemigration von Bangladesch nach Indien,
- seit Jahrzehnten bestehende Migrationsroute aus der Türkei in die EU, vor allem nach Deutschland.

Die weltweit wichtigsten Migrationskorridore führen von Mexiko in die USA, von Russland in die Ukraine und umgekehrt, von Bangladesch nach Indien und von der Türkei nach Deutschland.

Methodenkompetenz

1 Auswertung von „Alterspyramiden"

a) Beschreiben Sie den Altersaufbau der Bevölkerung in Deutschland im Jahr 2006.

Der Grafik sind folgende wesentliche Informationen zum Altersaufbau der Bevölkerung in Deutschland im Jahre 2006 zu entnehmen:
- Im Vergleich zu 2005 stark gesunkener Anteil der Erwerbsbevölkerung im Alter zwischen 35 und 50 Jahren und stark geschrumpfter Anteil der unter 15-Jährigen
- hohe Lebenserwartung der Bevölkerung und entsprechend relativ großer Anteil an Menschen im Rentenalter (< 65 Jahre)
- Form einer „Urne" als Hinweis auf eine abnehmende Bevölkerung mit stark vorangeschrittener demografischer Alterung

b) Ordnen Sie diesen Altersaufbau einer der Grundformen von „Alterspyramiden" zu (Schülerband S.186).

Der Altersaufbau entspricht der Grundform B. Die ließe sich als „Urnenform" beschreibe. Sie zeigt das typische Bild einer schrumpfenden und alternden Bevölkerung.

c) Vergleichen Sie die Situation 2006 und 2050.

Bis 2050 wird der Anteil der über 65-jährigen weiter deutlich ansteigen. Auch die Lebenserwartung erhöht sich, d.h. immer mehr Menschen werden immer älter. Die Erwerbsbevölkerung nimmt stark ab, genauso wie der Anteil der unter 15- bzw. unter 20-Jährigen. Die Bevölkerung insgesamt wird schrumpfen.

Aus dieser demografischen Entwicklung ergeben sich große Herausforderungen für die Wirtschaft und die Finanzierung der Sozialsysteme. Auch der Umgang mit den Älteren (z.B. Versorgung, Pflege) und die Gestaltung des Verhältnisses zwischen den Generationen wird zu einer gesamtgesellschaftlichen Aufgabe.

2 Interpretieren Sie die Karikatur 3 anhand folgender Schritte: Beschreibung, Herausarbeiten des sachlichen Hintergrundes und der Hauptaussagen, Stellungnahme

Dargestellt ist ein Einzelkind, das mehrere ältere Menschen mitsamt Krankenbett, Rollstuhl und Gehhilfen stemmt. Es entsteht das Bild einer auf der Spitze stehenden Bevölkerungspyramide – im Gegensatz zur sonst gebräuchlichen Darstellung einer „Alterspyramide".

Veranschaulicht wird treffend die demografische Alterung mit ihren Auswirkungen auf den Generationenvertrag. Die künftige Versorgung (Alterssicherung) des wachsenden Anteils älterer Menschen muss durch eine immer kleiner werdende Zahl von Kindern bzw. Erwerbstätigen geleistet werden.

Gut an der Karikatur ist – auch im Vergleich zu ähnlichen Darstellungen – dass aufgezeigt wird, dass die jüngere Generation nicht nur die älteren Menschen stemmen muss, sondern auch die alterspezifischen Infrastruktureinrichtungen (symbolisiert durch Krankenbett, Rollstuhl, Gehhilfe). Die Abbildung trifft also genau die gesellschaftliche und wirtschaftliche Problematik, die mit der demografischen Alterung verbundenen ist.

Urteilskompetenz

1 Die Bevölkerung in Deutschland stagniert und wird immer älter.
Erörtern Sie Chancen und Probleme dieser Entwicklung.
Chancen und Probleme sollen so gegenübergestellt und abgewogen werden, dass die Schülerinnen und Schüler zu einem eigenständigen, begründeten Urteil kommen. Dabei können u.a. folgende Argumente angeführt werden:

Chancen	Probleme
– bei Bevölkerungsrückgang auch Sinken des Bedarfs an Ressourcen, z.B. Bauflächen, Trinkwasser – zunehmende Anzahl von Senioren/Seniorinnen mit der Bereitschaft, Ehrenämter zu übernehmen und sich gesellschaftlich zu engagieren – Ältere und ihr Konsum als bedeutender Wirtschaftsfaktor, „Silbermarkt" als Wachstumsmarkt – Entwicklung neuer Formen des Zusammenlebens zwischen Jung und Alt (z.B. Mehrgenerationenhäuser)	– Probleme bei der Finanzierung der sozialen Sicherungssysteme, Gefährdung des „Generationenvertrags" – immer höhere Kosten für Gesundheit und Pflege – Besetzung wichtiger politischer und gesellschaftlicher Entscheidungsgremien zunehmend durch Ältere, dadurch Gefahr einer Dominanz konservativer Werte und Entscheidungen

2 „Nur eine selektive Zuwanderung nach Deutschland kann die Probleme des demografischen Wandels lösen."
Diskutieren Sie diese Aussage.
Mit „selektiver Zuwanderung" ist eine Immigration gemeint, die einen Schwerpunkt auf qualifizierte Arbeitskräfte legt. Eine solche Zuwanderung wird bereits jetzt durch Anreize gefördert, wie die Blue Card für IT-Fachleute zeigt. Der Erfolg hält sich aber bisher in Grenzen. Außerdem ist zu beachten, dass mit einer solchen Auswahl den Herkunftsländern dort u.U. dringend benötigte Fachkräfte abgeworben werden. Für das Zielland Deutschland mit seinem absehbaren Mangel an Erwerbsbevölkerung kann eine solche Zuwanderung allerdings positive Effekte für den Arbeitsmarkt bewirken. Allerdings stellt sich die Frage der Integration, vor allem wenn die Zuwanderung in sehr großer Zahl erfolgt.

3 Die internationale Arbeitsmigration – eine „win-win-Situation" für alle Beteiligten?
Erstellen Sie zu dieser Frage einen Kommentar.
Der Kommentar könnte – neben anderen Aspekten – die im folgenden Beispieltext aufgeführten Argumente enthalten. Je nach persönlicher Einstellung können die Chancen oder Risiken für die Herkunfts- bzw. Zielländer stärker betont werden. In einem Fazit sollte eine nachvollziehbare, begründete Position deutlich werden.

Durch die Abwanderung vermindert sich in den Herkunftsländern zum Teil der Druck auf den Arbeitsmarkt, was zu einer gewissen wirtschaftlichen und politischen Stabilisierung beitragen kann. Die Rücküberweisungen verstärken diese Effekte. Von ihnen gehen vielfältige positive Impulse auf die Gesamtökonomie des betreffenden Landes und auf die Privathaushalte der Migranten aus. Sie führen zu einer Erhöhung der Kaufkraft und zum Teil auch zur Verbesserung der wirtschaftlichen und sozialen Verhältnisse der Familienmitglieder. Andererseits bedeutet für die Abwanderungsländer die Emigration einen Verlust an qualifizierten Arbeitskräften. Es sind ja meist junge, veränderungsbereite, dynamische Menschen, die ihr Glück in anderen Ländern suchen. Deren Versorgung und Ausbildung haben die jeweiligen Staaten und zum Teil eben auch die Familien bezahlt.
Für die Zielländer ergeben sich durch die Aufnahme billiger oder qualifizierter Arbeitskräfte viele Vorteile. Sie vergrößern das Arbeitskräftereservoir, aus dem die Unternehmen schöpfen können. Zudem trägt die Alterstruktur der Migranten zu einer „Verjüngung" der Bevölkerung bei. Sie erhöhen die kulturelle Vielfalt in den Aufnahmenländern. Daraus könnte ein Verständnis für andere Traditionen und Vorstellungen wachsen. Andererseits verspüren insbesondere Beschäftigte im Niedriglohnsektor die Konkurrenz auf dem Arbeitsmarkt. Sie fürchten einen wachsenden Lohndruck. Bei zu starken Zuwanderungswellen wachsen vor allem die Probleme der Integration. Migranten sehen sich Vorurteilen ausgesetzt. Bei einer nicht zu unterschätzenden Zahl von Menschen wächst die Angst vor „Überfremdung".

Handlungskompetenz

1 Analysieren Sie auf der Grundlage einer Behördenbefragung die Bevölkerungsentwicklung und Alterstruktur Ihrer Gemeinde.
Gemeinden veröffentlichen in regelmäßigen Abständen Daten zur lokalen Bevölkerungsentwicklung. Die Informationsbeschaffung – zum Beispiel über das Einwohnermeldeamt – dürfte also kein Problem darstellen. Die Situation vor Ort ist dann – im Ist-Zustand und ggf. auch in der Prognose – mit der Situation in ganz Deutschland zu vergleichen. Interessant sind eventuelle Abweichungen. Die sollten durch eine zusätzliche Recherche erklärt werden.

2 Erstellen Sie ein Push- und Pull-Modell der internationalen Migration.

Die Lösungen der Aufgabe 2, S. 191 sind auf Stichworte zu konzentrieren und in eine grafische Struktur umzusetzen. Der Kreativität bei der Ausgestaltung sind dabei keine Grenzen gesetzt. Die folgende Grafik bietet ein Lösungsbeispiel:

Push- und Pull-Modell der internationalen Migration –
Entwurf: KY

Push-Faktoren				**Pull-Faktoren**
– schwache wirtschaftliche Entwicklung	→	**erzwungene Migration** ↓	←	– Aussicht auf höheren Lebensstandard
– Armut und Arbeitslosigkeit	→	Flüchtlinge Verfolgte	←	– Hoffnung auf Arbeitsplatz, besseren Verdienst, sozialen Aufstieg
– mangelnde Lebens-, Berufsperspektiven	→	Illegale Immigranten		
			←	
– politische Verfolgung, Bürgerkrieg	→			– politische Stabilität, Frieden und Freiheit
			←	
– ethnische und religiöse Konflikte	→	Legale Immigranten „Gastarbeiter“		– tolerante Gesellschaft
		↑	←	
– Umwelt- und Naturkatastrophen, hohe Vulnerabilität	→	**freiwillige Migration**		– Schutz gegen Umwelt-, Naturgefahren

3 Gestalten Sie eine Präsentation zur migrationspolitischen Position einer der Parteien im Deutschen Bundestag.

Die Lösung dieser Aufgabe kann bei einer Internetrecherche unter Stichworten wie „Partei X – Zuwanderung, Zuwanderungspolitik, Einwanderung, Migration" ansetzen. Sehr hilfreich und sicher auch hochinteressant ist eine Befragung in einem örtlichen Parteibüro. Dabei ist die Grundhaltung der ausgewählten Partei herauszuarbeiten.

Schülerbuch
Seite 200 bis 239

Globale Disparitäten – Herausforderung für die Eine Welt

Didaktische Struktur

Auftaktseite: Globale Disparitäten – Herausforderung für die Eine Welt (S. 200–201)
Fotoimpuls „Schule“: Eine Welt? Unterschiedliche Welten!

Mystery: Gewinner und Verlierer in der Einen Welt (S. 202–203)
Vertiefung des Einstiegsimpulses

Mindmap: Eine Welt – viele Gesichter (S. 204–205)
Entwicklungsunterschiede – zwischen Staaten und in Gesellschaften

Regionale und soziale Disparitäten (S. 206–207)
Fallbeispiele Brasilien und Kenia

Merkmale und Ursachen globaler Disparitäten (S. 208–217)

WebGIS: Globale Disparitäten selbstlernend erarbeiten (S. 208)

Indikatoren und Klassifizierungsversuche (S. 209–213)
Zwischen Bruttonationaleinkommen und Happy Planet Index

Ursachen für Entwicklungsrückstände (S. 214–217)
Zwischen naturgeographischer Determination und Bad Governance

Disparitäten und tragfähige Ernährungssicherung (S. 218–221)
Bedeutung demographischer Prozesse für die Ernährungssicherung – Fallbeispiel China: Landgrabbing als Lösung?

Strategien und Instrumente zur Reduzierung von Disparitäten (S. 222–205)

Milleniumsziele – eine Bilanz (S. 222–223)
Exemplarische Betrach-tung der Ziele 1 und 2

Entwicklungsstrategien (S. 224–227)
Von Nachholender Modernisierung bis zur Nachhaltigen Entwicklung

Entwicklungspolitik und Entwicklungszusammenarbeit (S. 228–231)
Fallbeispiel Angola – China

Globalisierung als Chance zum Abbau von Disparitäten (S. 232–235)
Fallbeispiel Exportorientierte Produktionszonen in Malaysia

Differenzierung: Globalisierung – ein Entwicklungsgrant? (S. 236–239)
Fallbeispiele Vietnam und Kambodscha

Wissen vernetzen/Kompetenzen überprüfen (S. 240/241)
Trainingsaufgaben zu Sachkompetenz, Methodenkompetenz, Urteils- und Handlungskompetenz

Klausurbaustein 3: Geographische Sachverhalte beurteilen, bewerten, erörtern (S. 242–245)
Training des Anforderungsbereichs (AFB) III

Probleme und Herausforderungen

Strukturierungshilfe

Phase	Thema	Seite	Material	Aufgabe	Methodische Hinweise
Einstieg	Blairo Maggi und Ratio Kuntah – Unterschiede und Zusammenhänge in der Einen Welt	202–203	1–2 plus Mystery-kärtchen	1–5	Selbstständiges Erarbeiten von Unterschieden und ihren Zusammenhängen: Mystery-Bearbeitung in Gruppen mit Erstellen eines Wirkungsgefüges aus den Mystery-Kärtchen; Präsentation und Diskussion im Plenum
Erarbeitung 1	Eine Welt – viele Gesichter: Disparitäten von global bis regional	204–205	4–9	6–7	Mindmap (A. 7): in großem Format als Wandzeitung, kann so die Reihe durchgehend begleiten, z. B. durch Ergänzungen oder kritische Reflexionen Kopiervorlage: Eine Welt – gemeinsame Verantwortung
Erarbeitung 2	Eine Welt – viele Gesichter: Disparitäten räumlich und sozial Fallbeispiele Brasilien und Kenia	206–207	10–15	8–10	

Lösungshinweise — Seite 202

Ein Mystery ist ein – in diesem Falle geographisches – Rätsel. Es besteht aus zwei, zunächst unabhängig voneinander erscheinenden kurzen Erzählsträngen, die aber dennoch miteinander in Verbindung stehen. Diese Verbindung, diese Zusammenhänge gilt es mithilfe der Leitfragen und Materialien aufzudecken. Die Erfahrung zeigt, dass gerade zu Beginn einer Unterrichtseinheit die Motivation der Schülerinnen und Schüler hoch ist, sich mit rätselhaften Sachverhalten zu beschäftigen. Das Rätselhafte soll dann im späteren Unterrichtsverlauf durch vermittelte Inhalte und erworbene Kompetenzen aufgelöst werden.

1 Stellen Sie zunächst Vermutungen zu möglichen Zusammenhängen an.
Nachdem die Lehrerin bzw. der Lehrer die Handlungsstränge kurz vorgetragen hat, sollen die Schülerinnen und Schüler eigene Vermutungen zur Lösung des Mystery anstellen. Ihre Hypothesen werden in Kurzfassung an der Tafel fixiert.

2 Erarbeiten Sie eine Lösung für das Mystery, indem Sie mithilfe der Kärtchen auf der nebenstehenden Seite ein Wirkungsgeflecht erstellen. (Kärtchen zum Ausdrucken unter Online-Code 86b7tu).
In Kleingruppen sollen die Schülerinnen und Schüler nun das Mystery mithilfe der Leitfrage und der Mystery-Karten lösen. Sie sollen die Kärtchen in einer sinnvollen Struktur miteinander in Beziehung setzen. Es entsteht ein Wirkungsgefüge.

3 Präsentieren Sie Ihr Wirkungsgeflecht im Plenum.

4 Diskutieren Sie die unterschiedlichen Ergebnisse.
Vorrangiges Ziel ist es, die Zusammenhänge komplexer Sachverhalte zu präsentieren. Dabei ist zu betonen, dass es nicht eine einzige richtige Lösung gibt. Vielmehr sind unterschiedliche Lösungen denkbar. Die Stärke der Methode liegt auch darin, dass die Schülerinnen und Schüler die von ihnen entdeckten Zusammenhänge verbalisieren – auch wenn sie noch nicht über alle Hintergrundinformationen für eine detaillierte Lösung verfügen.

5 Überprüfen Sie das in Ihrer Gruppe erstellte Wirkungsgeflecht am Ende der Unterrichtseinheit.
Im Anschluss an die Präsentation und Diskussion im Plenum steht die Frage im Raum, was dieses Mystery eigentlich mit der bevorstehenden Unterrichtseinheit zu tun hat. Es folgt der Hinweis, dass die von den einzelnen Gruppen erarbeiteten Wirkungsgefüge nach Abschluss des Unterrichtsganges im Lichte der gewonnenen Erkenntnisse und Kompetenzen überprüft werden sollen. Welche Lösungsvorschläge und festgestellten Zusammenhänge haben sich als richtig, als belastbar erwiesen? Was muss verändert, verbessert werden?

Lösungshinweise — Seite 205

6 Beschreiben Sie die beiden Bildpaare (Foto 4 und 6 sowie Fotos 1 und 2, S. 200/201) in Bezug auf die Überschrift.
In den beiden Foto-Paaren wird die Überschrift „Eine Welt – viele Gesichter" visualisiert. Es wird deutlich, dass es innerhalb der Einen Welt gravierende Unterschiede gibt. Dafür hat man zwei Alltagsbereiche ausgewählt: Trinkwasser und Schule. Die Fotos zum Trinkwasser zeigen rechts einen Alltag, wie wir ihn

gewohnt sind – man macht den Wasserhahn auf und heraus kommt sauberes, klares Wasser in jeder von uns gewünschten Menge. Dass das nicht überall so ist, erkennt man im linken Foto. Ein Mädchen in einer offensichtlichen Entwicklungsland-Region schöpft Wasser in einen Behälter, das wir wegen seiner Färbung nicht als Trinkwasser empfinden. Der Zugang zu sauberem Trinkwasser ist also keineswegs selbstverständlich. Ähnlich verhält es sich mit den beiden Schul-Fotos. Der futuristisch gestaltete, räumlich sehr großzügige und in seiner Erscheinung edle Eingangs- und Aufenthaltsbereich eines deutschen Gymnasiums steht im krassen Gegensatz zum Schulgebäude in Malawi. Zwar ist auch dieses sauber und vielleicht sogar relativ neu, aber in der Größe und Ausführung äußerst bescheiden. Und die Bildunterschrift macht deutlich, dass es vor allem viel zu klein und zu gering ausgestattet ist. Bei der Bildung als wichtigem Gut ist die Eine Welt also genauso wie bei der existenziellen Trinkwasserversorgung noch längst nicht Realität, sondern hat sehr unterschiedliche Gesichter.

7 Erstellen Sie auf der Basis dieser Doppelseite eine Mindmap zum Begriff „Disparitäten".

Wirkungsgefüge Disparitäten

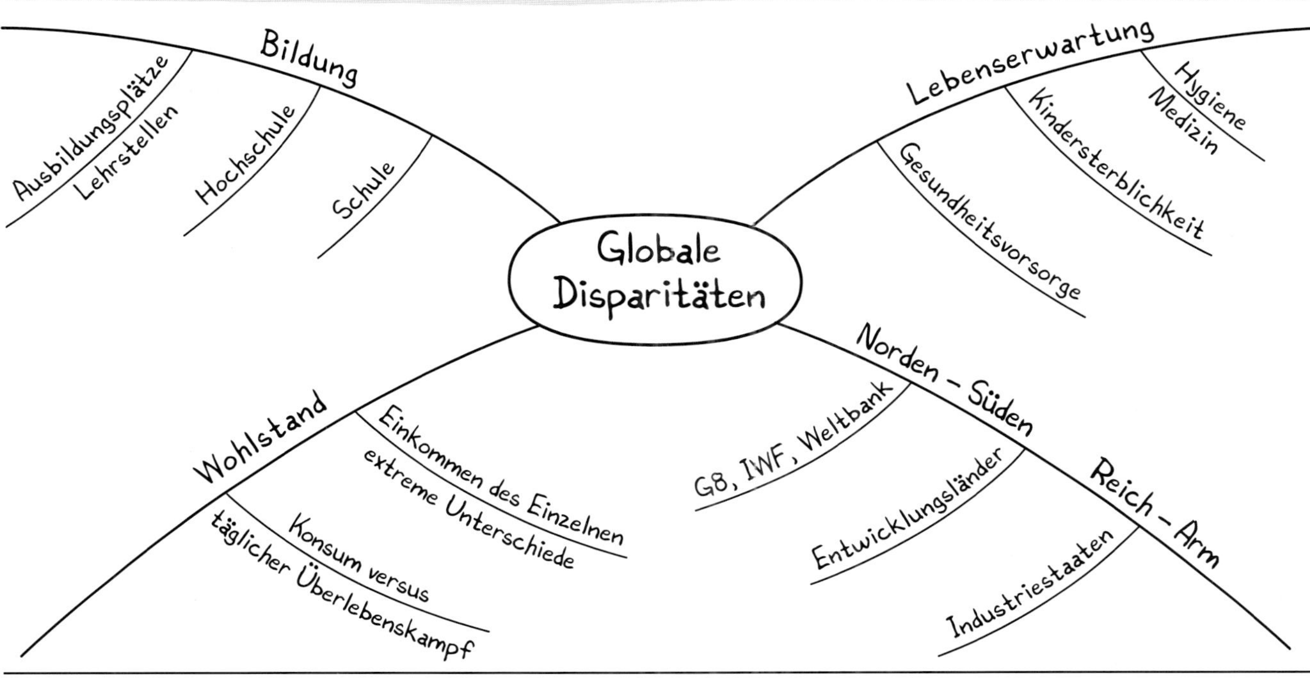

1

Lösungshinweise **Seite 206/207**

8 Räumliche Disparitäten in Brasilien:

a) Analysieren Sie die Karte 10.

Die räumlichen Unterschiede beginnen in Brasilien bereits bei der Verteilung von Fläche und Bevölkerung. Während die riesigen Binnenräume Amazoniens, des Mato Grosso u.a. („Norden" plus „Mittelwesten") rund zwei Drittel Anteil an der Staatsfläche haben, leben in ihnen nur 15% aller Brasilianer. Umgekehrt verhält es sich bei den drei Küsten-Großregionen „Nordosten". „Südosten" und „Süden", in denen ca. 85% aller Menschen leben. Das spiegelt sich auch in der Bevölkerungsdichte sowie in den vorhandenen Millionenstädten: Auch sie erreichen an den Atlantikküsten die höchsten Werte.

Verfestigt werden die räumlichen Disparitäten durch weitere Werte. Besonders der Südosten mit Metropolen wie Rio, Belo Horizonte und Sao Paulo dominiert die Wirtschaft Brasiliens. Die Anteile an den Industriebeschäftigten, der Industrieproduktion sowie am BIP ganz Brasiliens liegen weit über 50 bis 60% und damit noch einmal deutlich über dem Bevölkerungsanteil von 45%. Insgesamt gibt es also ein deutliches Gefälle von den Küstenregionen zum Binnenland; und innerhalb der Küstenregionen dominiert noch einmal der „Südosten" mit den demographisch-ökonomisch bedeutendsten Agglomerationsräumen.

b) Begründen Sie, ausgehend vom Text der S. 206, die Disparitäten.

Der Hauptgrund für die erkennbaren räumlichen Disparitäten in Brasilien stellen die Kolonialzeit sowie die auch danach bis 1930 von außen gelenkte Entwicklung dar. Die portugiesischen Kolonialherren erschlossen das Land von den Küsten her. Hier entstanden die Häfen für den Transport von Kolonialprodukten ins Mutterland, aus denen relativ zügig die demographischen und administrativen Kernräume wurden. Diese Entwicklung ging auch nach der Unabhängigkeit weiter. Brasilien exportierte von seinen Küsten aus wertvolle Cash Crops und Bodenschätze in die USA und nach Europa (Kaffee, Kautschuk; Erze). Zwar gab es hier Einbrüche nach 1930 durch steigende Konkurrenz, aber auch die jetzt von Brasilien selbst gesteuerte Entwicklung (z.B. neue Hauptstadt Brasilia, Erschließung Amazoniens) änderte nichts daran, dass die Küstenregionen dominant blieben.

9 Vergleichen Sie die Entwicklung von Zentrumsregionen und peripheren Regionen in der kolonialen und postkolonialen Phase.

Koloniale Zeit: Es bestand eine einfaches Beziehungsgefüge zwischen den „Mutterländern" (in der Grafik: Industrieländer) und ihren Kolonien (hier: Entwicklungsländer). Aus den Kolonien wurden Rohstoffe bezogen, die in Europa kaum oder nicht zur Verfügung standen. Im Gegenzug lieferten die Industrieländer Konsumgüter in die Kolonien, die dort nicht hergestellt wurden. Innerhalb der Kolonien konzentrierte sich der Warenumschlag auf die transportgünstig gelegenen Küstenregionen. Hierhin wurden die Rohstoffe aus dem Landesinneren zur Verschiffung gebracht; hier kamen andererseits die Konsumgüter aus den Mutterländern an. Trotz ihrer Randlage wurden die Küstenräume daher zu den „Zentrumsregionen", die Binnenräume zu den weit weniger entwickelten „peripheren Regionen".

Postkoloniale Zeit: An der Dominanz der Küstenregionen hat sich – trotz einzelner Wandlungen – nichts geändert. Sie sind zu Industriestandorten geworden, an denen Rohstoffe aus den peripheren Regionen des Landesinnern erste Veredlungen erfahren. Entsprechend exportiert man z.T. zumindest auch bereits weiter verarbeitete Produkte in die Industrieländer, enthält von dort teilweise Halbfertigwaren und Produktionsmittel, um in den Entwicklungsländern verstärkt eine eigene Industrie (z.B. importsubstituierende Industrien) aufzubauen. Die Disparitäten zwischen den rohstoffliefernden Binnenräumen und den sich industriell entwickelnden küstennahen Zentrumsräumen werden aber dadurch noch verstärkt.

10 „Kenias Säulen im Globalisierungsprozess sind mitverantwortlich für die fortschreitende Spaltung der Gesellschaft." Nehmen Sie Stellung zu dieser Aussage.

Auf der einen Seite muss man sagen, dass Kenias zunehmende Einbindung in den Globalisierungsprozess zuerst auch positive Aspekte hat: Die Wirtschaft wächst; Einkommen und Steuereinnahmen steigen; Arbeitsplätze unterschiedlicher Art werden geschaffen; die Infrastruktur wird ausgebaut etc. Andererseits zeigt ein Blick auf die einzelnen Säulen, dass man die positiven Aspekte z.B. in sozialer Hinsicht differenziert bewerten muss. Zwei Beispiele können das verdeutlichen:

Der Ausbau der IT-Branche mit Nairobi als einem international bedeutenden IT-Hub schafft zahlreiche Arbeitsplätze. Es profitiert allerdings in erster Linie junge städtische Bevölkerung mit guter englischer Aussprache und guten Kenntnissen der angloamerikanischen Kultur. Das betrifft auch die nicht so hoch bezahlten Arbeitsplätze in Call-Centern, noch mehr aber die Beschäftigungsverhältnisse mit anspruchsvollerer Qualifikation. Ländliche Bevölkerung oder auch die in den Elendsquartieren von Nairobi profitieren vom IT-Boom nicht und fallen sozial eher weiter zurück.

Auch die exportorientierte Landwirtschaft schafft Arbeitsplätze, auch im unteren Lohnsegment. Allerdings findet auch hier eine Segregation statt – zwischen der Masse der Landarbeiter, Saisonarbeiter, Pflücker etc. einerseits und den wirklichen Profiteuren andererseits: den Plantagenbesitzern, den Managementkräften, den Logistikern und Transporteuren.

Ein Allgemeines kommt hinzu: Die Bewohner der Küsten sowie der Hauptstadt Nairobi profitieren im Durchschnitt eher als die deutlich größere Zahl der ländlichen Bevölkerung.

Insofern stimmt die Einschätzung, dass Kenias Teilhabe an der Globalisierung die sozialen Disparitäten eher verstärkt und die gesellschaftliche Spaltung vertieft. Andererseits muss man realistisch sein. Es ist für das Land der „Dritten Welt" erst einmal wichtig, in verschiedenen Bereichen (dazu gehört bei Kenia ja vor allem auch noch der Tourismus) einen „Fuß in die Tür" des Globalisierungsprozesses zu bekommen. Fragen der sozialen Gerechtigkeit stellen sich oft erst dann in einem zweiten Schritt.

Schülerbuch
Seite 200 bis 245

Gewinner und Verlierer in der Einen Welt

Eine Welt – gemeinsame Verantwortung

1 Arbeiten Sie aus Karte 1 Grundaussagen heraus.

2 Ordnen Sie die Materialen 2 bis 3 in das „Zentrum-Peripherie-Modell“ (SB, S. 206, M11) ein.

3 Gestalten Sie – ausgehend von den Materialien 2 bis 3 – eine Präsentation zum Thema „Entwicklungsländer – eine Welt voller Gegensätze und Probleme“.

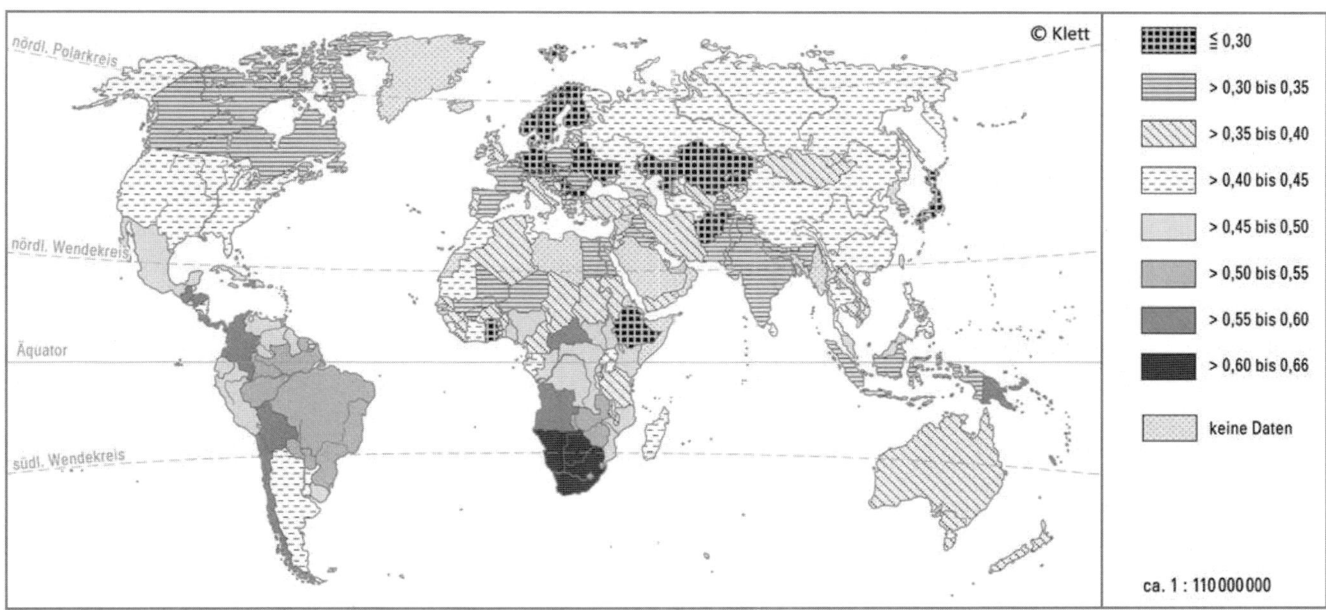

Der Gini-Index ist ein Maß zur Angabe der Einkommensverteilung in einer Gesellschaft. Ein Wert von 0 bedeutet vollkommene Gleichverteilung. Bei einem Wert von 1 herrscht maximale Ungleichverteilung, d.h., nur eine Person erhält das komplette Einkommen. CC-BY-SA-3.0 Creative Commons, M. Tracy Hunter, Mountain View

M1 Gini-Index der Einkommensverteilung 2014 (Weltbank)

Bildquelle: Reuters (Thomas MuKoya), Frankfurt a. M.

M2 Impressionen aus Nairobi

Name: Klasse: Datum:

© Ernst Klett Verlag GmbH, Stuttgart 2015. | www.klett.de | Erstellt für: TERRA OS TB Entwicklungsländer | ISBN: 978-3-12-104706-2
Alle Rechte vorbehalten. Von dieser Druckvorlage ist die Vervielfältigung für den eigenen Unterrichtsgebrauch gestattet.
Die Kopiergebühren sind abgegolten. Für Veränderungen durch Dritte übernimmt der Verlag keine Verantwortung.

Gewinner und Verlierer in der Einen Welt

Ein Bericht aus Nairobi

„Jeden Dienstag und Samstag lasse ich um ca. 8.30 Uhr unsere Zwei-Zimmer-24 m²-Wohnung, welche sich auf dem rundum abgezäunten Grundstück von Afri-Lift befindet, zurück, um von hier aus Richtung Kibera, in unser Aufnahmeprogramm in Otiende, zu starten […] [Ich] komme auf die frisch geteerte Straße unseres Estates, welches aus unserer und zwölf weiteren, bewachten Wohnanlagen besteht. Auf dem Weg zum gesicherten Haupttor komme ich vorbei an … weiteren Tag und Nacht durch stets freundlich grüßende Wachmänner behütete Wohnanlagen […].

[Sammeltaxi] Matatu 48 […] bringt mich vorbei an unserem Estate gleichenden, wohlbehüteten Villen und üppigen Wohnanlagen […] [zum] Yaya Center. Dieses Einkaufszentrum […] übersteigt […] die meisten mir aus Europa bekannten Einkaufszentren bei weitem. Es gibt insgesamt rund 100 Geschäfte, Boutiquen und Restaurants. Wer will und kann, kauft hier alles Nötige und Unnötige zu vorstellbaren und unvorstellbaren Preisen […]

Von der Matatustation gehe ich […] je nach Wetter auf Staub- oder Matschwegen Richtung Otiende, wo unser Aufnahmeprogramm stattfindet. […] Die Bewohner hier nutzen ihre Füße und Matatus zur Personenbeförderung und große Ziehwägen, je nach Last von einem oder mehreren Personen, so und so jedoch unter Anstrengung und Schweiß angetriebenen, zum Transport von Waren und Gütern. […] Ich […] rieche die öffentliche, inoffizielle Müllverbrennungsdeponie schon lange, bevor ich sie sehe, diese nur eine von vielen hier in Kibera. Weiter auf meinem Weg passiere ich hölzerne Straßenstände, an denen Lebensmittel, Textilien und sonstige Gebrauchsgegenstände verkauft werden […] – Es fehlen die riesiges Shoppingcenter überfüllt mit allen nur vorstellbaren Waren aus aller Welt und Restaurants, die Mittagessen zu Preisen anbieten, zu denen eine fünfköpfige Familie hier in Kibera problemfrei mehrere Tage auskommen könnte. Der gesamte Weg führt mich vorbei an den einfachen, eng aneinander gereihten Lehmhütten mit Dächern aus Wellblech, die übliche Behausung hier in Kibera, die das Bild des Slums prägen."

Publiziert am 22. Februar 2011 von Wimbi: http://maxinkenia.blogsport.eu/2011/02/22/ein-trauriges-phanomen/

M3 Ein trauriges Phänomen

Name: Klasse: Datum:

Klett
© Ernst Klett Verlag GmbH, Stuttgart 2015. | www.klett.de | Erstellt für: TERRA OS TB Entwicklungsländer | ISBN: 978-3-12-104706-2
Alle Rechte vorbehalten. Von dieser Druckvorlage ist die Vervielfältigung für den eigenen Unterrichtsgebrauch gestattet.
Die Kopiergebühren sind abgegolten. Für Veränderungen durch Dritte übernimmt der Verlag keine Verantwortung.

Gewinner und Verlierer in der Einen Welt

Lösung

Eine Welt – gemeinsame Verantwortung

1 Arbeiten Sie aus Karte 1 Grundaussagen heraus.

Die Karte stellt die Einkommensverteilung in den Staaten der Welt auf der Grundlage des Gini-Index dar. Ihr sind folgende Grundinformationen zu entnehmen:
- niedrigste Einkommensunterschiede in Skandinavien, in einigen Staaten Mittel- und Osteuropas, in Japan sowie – überraschend – in Zentralasien;
- auch in Nordamerika, im restlichen Europa, in vielen Staaten des Mittleren Ostens bis hin nach Indien, in Australien sowie Neuseeland und im nordafrikanischen Raum Einkommensverteilung noch nicht durch allzu krasse Unterschiede gekennzeichnet;
- größte Ungleichverteilung in nahezu allen Staaten Süd- und Mittelamerikas sowie in Zentral- und Südafrika.

2 Ordnen Sie die Materialen 2 bis 3 in das „Zentrum-Peripherie-Modell“ (SB, S. 206, M11) ein.

Die Aufgabe dient dazu, das untersuchte „Zentrum-Peripherie-Modell“ zu wiederholen und als Raster zur Einordnung von Wahrnehmungen und Informationen zu nutzen. Die Materialien lassen sich wie folgt zuordnen:
- Foto 2 zeigt den Gegensatz von Arm und Reich in Nairobi, also den Gegensatz zwischen der „räumlichen und sozialen Peripherie“ (Hüttensiedlungen mit städtischen Unterschichten in relativer und/oder absoluter Armut) und dem „Zentrum“ (Wohngebiete der Mittel- oder Oberschichten in der Metropole) in einem Land an der „Peripherie“ der Weltwirtschaft.
- Der Bericht 3 aus Nairobi führt den Leser aus dem „Zentrum“ Nairobis, also dem Wohngebiet der an „westliche“ Standards gewöhnten Mittel- und Oberschichten in die „Peripherie“ mit ihren Slums.

3 Gestalten Sie – ausgehend von den Materialien 2 bis 3 – eine Präsentation zum Thema „Entwicklungsländer – eine Welt voller Gegensätze und Probleme“.

Dieser anspruchsvolle Gestaltungsauftrag für einen Vortrag soll ein differenziertes Bild der „Entwicklungsländer“ zeichnen. Dabei soll u. a. auf folgende Aspekte eingegangen werden:
- tiefe Kluft zwischen Superreichtum und absoluter Armut,
- Elendssituation von Kindern in Slums,
- Zwang zur Kinderarbeit,
- primitive Produktionsmethoden in der Landwirtschaft,
- ökologische Probleme als Folge von Übernutzung und Armut,
- Inseln des Fortschritts und Wohlstandes,
- Unternehmen und Standorte als ernsthafte Konkurrenten auf dem Weltmarkt,
- Aufstieg einzelner Staaten zu Schwellenländern mit teilweise hohen wirtschaftlichen Wachstumsraten,
- globalisierte Metropolen der Dritten Welt oder Schwellenländer mit moderner Architektur und westlichem Lebensstil.

Name: Klasse: Datum:

© Ernst Klett Verlag GmbH, Stuttgart 2015. | www.klett.de | Erstellt für: TERRA OS TB Entwicklungsländer | ISBN: 978-3-12-104706-2
Alle Rechte vorbehalten. Von dieser Druckvorlage ist die Vervielfältigung für den eigenen Unterrichtsgebrauch gestattet.
Die Kopiergebühren sind abgegolten. Für Veränderungen durch Dritte übernimmt der Verlag keine Verantwortung.

Schülerbuch
Seite 208 bis 217

Merkmale und Ursachen globaler Disparitäten

Strukturierungshilfe

Phase	Thema	Seite	Material	Aufgabe	Methodische Hinweise
Einstieg	Entwicklung eigener Vorstellungen zu Disparitäten zwischen Staaten mithilfe geographischer Informationssysteme	208	1	1	Partnerarbeit mit einem WebGIS, hier „WebGIS in der Schule" aus Sachsen mit guter Datenpflege
Erarbeitung 1	Indikatoren und Räume unterschiedlichen Entwicklungsstandes – ein Blick auf globale Disparitäten unter verschiedenen Perspektiven	209–213	2–13	2–7	Perspektivwechsel akzentuiert herausarbeiten: klassische Klassifikationen ◄—► Happy Planet Index (HPI) Aufgabe 6: Differenzierungsaufgabe für Interessierte an einer weiteren Perspektive Kopievorlage: Merkmale und Ursachen globaler Disparitäten
Erarbeitung 2	Ursachen für Entwicklungsrückstände: naturgeographische sowie politische und soziökonomische Determinationen	214–217	14–23	8–14	
Vertiefung (fakultativ)	Deutschland und seine koloniale Rolle in den heutigen Räumen mit Unterentwicklung			15	Differenzierungsaufgabe für politisch-historisch interessierte Schülerinnen und Schüler

Lösungshinweise Seite 208

1 Aufgabe für eine Partnerarbeit (mit dem WebGIS – ausführlicher Text siehe Schülerbuch)

Der Aufgabentext ist umfangreich, da er eine genaue Schrittigkeit beinhaltet, sowohl für den Arbeitsablauf als auch für den Umgang mit dem WebGIS – er muss hier nicht wiederholt werden. Die Schülerinnen und Schüler sollen sich bei Ihrer Arbeit mit dem WebGIS bewusst auf einen Indikator beschränken (siehe Teilaufgabe 1c), damit bei der Präsentation der Ergebnisse eine Diskussion über die Tauglichkeit einzelner Indikatoren zur Erfassung von Entwicklungsständen entstehen kann. Ein Ziel dieser Diskussion ist es, dass deutlich wird, dass ‚Unterentwicklung' sich immer in einem ganzen Bündel von Merkmalen dokumentiert, die häufig in Beziehung und Wechselwirkung zueinander stehen. Das zweite Ziel liegt selbstverständlich darin, dass globale Entwicklungsunterschiede, eben „globale Disparitäten" deutlich werden.

Lösungshinweise Seite 211

2 Charakterisieren Sie den Entwicklungsstand ausgewählter Länder (Tabelle 2).

Die Schülerinnen und Schüler sollen selbst entscheiden, welche zwei oder drei Länder sie auswählen (mehr sollten es wegen des Umfangs der Informationen nicht sein). In den Präsentationen wird dadurch sehr wahrscheinlich eine ganze Reihe unterschiedlicher Staaten vorgestellt bzw. in ihrem Entwicklungsstand charakterisiert. Sollte sich z. B. jemand für die beiden räumlich benachbarten Staaten China und Indien entscheiden, so könnte die Lösung folgendermaßen aussehen:
Da in der Tabelle nur eine begrenzte Zahl von Indikatoren aufgelistet ist, müssten für eine ausführliche Analyse weitere Quellen herangezogen werden, z. B. Fischer Weltalmanach, Weltentwicklungsbericht, Bericht über die menschliche Entwicklung, das WebGis von Klett (www.klett-gis-de) sowie das Internet. Dennoch ermöglichen bereits die wenigen Daten in der Tabelle grundlegende Aussagen zum Entwicklungsstand der aufgelisteten Länder.
Die Auswertung der Daten ergeben, dass China in fast allen Bereichen „günstigere" Werte aufweist als Indien, also als „weiter entwickelt" einzustufen ist. Das jährliche Bevölkerungswachstum ist niedriger, die Kindersterblichkeit geringer, die Lebenserwartung höher. Der Anteil der städtischen Bevölkerung an der Gesamtbevölkerung übertrifft den in Indien deutlich. China ist also weiter verstädtert. Besonders groß sind die Unterschiede beim BNE pro Kopf der Bevölkerung zugunsten Chinas. Bei den sozialen Indikatoren übertrifft Indien China lediglich beim Alphabetisierungsgrad und beim Zugang zu sauberem Trinkwasser. Die höheren CO_2-Emissionen Chinas sind vor allem dem forcierten Ausbau der Grundstoffindustrie und des Energiesektors mit Kohlekraftwerken geschuldet. Was aus der Tabelle nicht hervorgeht, sind die krassen regionalen Disparitäten in beiden Ländern.

3 Erläutern Sie den Zusammenhang zwischen Erdölverbrauch (Grafik 3) und den Indikatoren des Entwicklungsstandes.

Die Grafik stellt im Prinzip eine Art von Weltkarte dar. In Kreisdiagrammen sind die einzelnen Länder im Hinblick auf ihren Erdölverbrauch dargestellt, wobei sie farblich einem Kontinent zugeordnet sind. Dabei verdeutlicht die Kreisgröße die Höhe des jährlichen Verbrauchs. Disparitäten werden auch hier schnell sichtbar, z. B. im hohen Verbrauch Nordamerikas (vor al-

lem der USA) einerseits und dem relativ geringen in Afrika, wo alle angezeigten größten Ölverbraucher zusammen nicht annähernd die Kreisgröße der USA erreichen.
Neben der Herausarbeitung der also auch hier sichtbaren globalen Disparitäten ist es sinnvoll, den Indikator „Erdölverbrauch" kritisch zu hinterfragen. Auf der einen Seite steht ein hoher Verbrauch für hohe Entwicklung bei Ökonomie und Wohlstand (hoher Automobilisierungsgrad, starke Industrieleistung). Andererseits ist er jedoch insofern fragwürdig, als er in anderen Bereichen durchaus für negative Entwicklungen steht (Ressourcenverbrauch, Umweltbelastung durch CO_2-Ausstoß). Indikatoren wie Lebenserwartung, BNE/Kopf oder Alphabetisierungsrate sind da eindeutiger, allerdings auch nur in ihrer Bündelung sinnvoll (siehe Aufgabe 1).

4 Vergleichen Sie die Aussagekraft der Klassifizierungssysteme von Weltbank und HDI.
Die Länderklassifizierung der Weltbank wird einseitig und eng ökonomisch vorgenommen, indem lediglich das Bruttonationaleinkommen (BNE) pro Kopf als Indikator benutzt wird. Dagegen hat der Human Development Index eine breitere Basis, da er die reale Kaufkraft pro Kopf misst, die Lebenserwartung bei der Geburt sowie den Bildungsstand (Alphabetisierungsrate und Einschulungsrate). Der HDI hat also im Vergleich zur Weltbank-Klassifikation eine größere Aussagekraft.

Lösungshinweise — Seite 212/213

5 Arbeiten Sie mit Karte 9:

a) Beschreiben Sie die Weltkarte des HPI.
Im Hinblick auf globale Disparitäten zeigt die Weltkarte zum HPI ein ungewohntes Bild. In der ungünstigsten Färbung finden sich zwar auch – fast schon erwartungsgemäß – viele Staaten Subsahara-Afrikas, aber auch die USA; und in der zweitungünstigsten alle Staaten Europas oder Zentral- und Ostasiens. Dagegen zeigen vor allem Länder in Südasien und besonders in Lateinamerika einen deutlich höheren Glücksindex. An erster Stelle dieses ungewöhnlichen Indikators rangiert das mittelamerikanische Costa Rica. Grund für diese unerwarteten Disparitäten ist die Tatsache, dass neben der Lebenserwartung und den „erwarteten glücklichen Jahren" auch der Ökologische Fußabdruck einbezogen wird – also der „Verbrauch an Umwelt", der erfolgt um das Glück zu erreichen.

b) Wählen Sie mehrere gegensätzliche Länder aus und begründen Sie mithilfe der Rangliste (Online-Codejz278w) Ihre Einstufung im HPI.
[Brillen-Symbol: den Hinweis auf S. 331 des Schülerbuchs beachten!] Bei dieser Übersicht können die Schülerinnen und Schüler Länder ihrer Wahl untersuchen. Sinnvoll ist es aber, einerseits Staaten, die in der Karte grün unterlegt sind, herauszugreifen und andererseits solche, bei denen man spontan eigentlich eine bessere Einstufung erwartet hätte. Hier kann man selbstverständlich auch und gerade einen Blick auf Deutschland werfen. In einer Besprechung könnte man auch den Begriff „HPI" thematisieren. Es geht um den „Happy Planet", also um die ganze Erde, was sinnvol erweise zum Einbezug des Ökologischen Fußabdrucks geführt hat!
Ein Beispiel für eine Auswahl:

Die führenden Länder sowie Deutschland, die USA und die Schlusslichter im Ranking des HPI

HPI Rang	Land	Lebens-erwartung	Zufrieden-heit (0–10)	Ökol. Fuß-abdruck (gha/Kopf)	Happy Planet Index
1	Costa Rica	79,3	7,3	2,5	64,0
2	Vietnam	75,2	5,8	1,4	60,4
3	Kolumbien	73,7	6,4	1,8	59,8
4	Belize	76,1	6,5	2,1	59,3
46	Deutschland	80,4	6,7	4,6	47,2
105	USA	78,5	7,2	7,2	37,3
148	Zentralafr. Republik	48,4	3,6	1,4	25,3
149	Katar	78,4	6,6		25,2
150	Tschad	49,6	3,7	1,9	24,7
151	Botsuana	53,2	3,6		22,6

	Zufriedenheit	Lebenserwartung	Ökol. Fußabdruck
gut	mehr als 6,2	mehr als 75	weniger als 1,78
mittel	zwischen 4,8 und 6,2	zwischen 60 und 75	zwischen 1,78 und 3,56
schlecht			zwischen 3,56 und 7,12
sehr schlecht	weniger als 4,8	weniger als 60	mehr als 7,12

1

6 Recherchieren Sie unter dem Stichwort „Bruttonationalglück". Vergleichen Sie die Ergebnisse mit dem HPI.
Man stößt bei der Recherche sofort auf den Himalaya-Staat Bhutan, wo der Begriff „Bruttonationalglück" (BNG) im Jahr 1979 vom dortigen König geprägt und 2008 als Staatsdoktrin manifestiert wurde. Es sollte damit ein Zeichen gegen den Gedanken gesetzt werden, dass Wirtschaftswachstum, also das Erreichen eines immer höheren BIP pro Jahr, das Ziel eines Landes sein müsse. Stattdessen geht es um die Bewahrung von Kultur und Identität und (buddhistischer) Lebensauffassung, die dem materiellen Denken entgegensteht. Der Unterschied zum HPI liegt vor allem darin, dass sich dieser im Gegensatz zum BNG an drei konkret messbaren bzw. erfragbaren Kriterien orientiert (siehe Aufgabe 5).
Seit dem Regierungswechsel 2013 ist das BNG in Bhutan nicht mehr unumstritten, da der jetzige Regierungschef diese Doktrin als wenig hilfreich ansieht, wenn es um die Bekämpfung von Arbeitslosigkeit und Armut geht, die beide in Bhutan sehr groß sind.

7 Costa Rica:

a) Beschreiben Sie die wirtschaftliche Struktur Costa Ricas.
Die Karte zeigt, dass Costa Rica nur an zwei Standorten, in der Hauptstadt San José sowie an der Atlantikküste bei Puerto Limón, Industrie vorzuweisen hat. Es handelt sich um Elektronik, Textil- und Nahrungsmittelindustrie sowie um

Chemie, deren Ausgangspunkt wahrscheinlich die Ölraffinerie an der Küste bei Puerto Limón ist. Hinzu kommt der Tourismus als weiterer Wirtschaftsfaktor, der u.a. auch von der relativ stabilen politischen Lage in diesem mittelamerikanischen Land profitiert. Das einzige bedeutende Dienstleistungszentrum ist die Hauptstadt.
Besondere Bedeutung hat allerdings die Landwirtschaft. Der Tropische Regenwald ist für die Anlage von Plantagen oder für die Schaffung von Weideflächen gerodet worden. Besonders bedeutsam ist der Anbau von Cash Crops wie Ölpalmen bei Puerto Quepos, Kaffee vor allem im Süden an der Grenze zu Panama sowie Bananen, besonders im Westen des Landes zur Karibik-Küste hin.

b) Analysieren Sie die Materialien 11–13 unter dem „westlichen" Blickwinkel hinsichtlich des Entwicklungsstandes des Landes.
Gerade auch im Vergleich zur Schweiz sind unter dem genannten Blickwinkel verschiedene Werte auffällig, die Entwicklungsrückstände dokumentieren, z. B.:
- sehr hoher Kinder-/Jugendlichen-Anteil
- dennoch relativ hohe Kindersterblichkeit
- fast ein Viertel aller Menschen unter der Armutsgrenze
- deutliche Metropolisierungstendenzen
- relativ hoher Anteil des Primären Sektors am BNE und vor allem an den Beschäftigten
- deutliches Handelsbilanzdefizit
- ungerechte Einkommensverteilung.

c) Erläutern Sie, warum das Land beim HPI an der Weltspitze liegt.
In Costa Rica herrschen stabile politische Verhältnisse, die das Leben erleichtern. In Verbindung mit einem für ein Entwicklungsland doch ansehnlichen BNE/Kopf entsteht offensichtlich eine günstige Lebensprognose. Gleichzeitig hält sich der Ökologische Fußabdruck in Grenzen. Das heißt, dass die Umwelt nur moderat belastet wird, um das Lebensglück des Einzelnen zu erreichen. Hierdurch ergibt sich dann insgesamt ein sehr guter HPI-Index.

d) Nehmen Sie zur Eignung des HPI für die Untersuchung von Entwicklungsunterschieden Stellung.
Wie die Kenndaten (siehe Aufgabe b) zeigen, bestehen trotz des guten HPI-Rankings von Costa Rica doch auch deutliche Defizite in der Entwicklung. So kann die persönliche positive Lebenserwartung nicht darüber hinwegtäuschen, dass immer noch zu viele Menschen in Armut leben und auch das Pro-Kopf-Einkommen hinter dem der Industrieländer hinterherhinkt. Insofern gibt es auch beim HPI Einschränkungen in seiner Tauglichkeit zur Erfassung von Entwicklung und Unterentwicklung.
Er macht aber andererseits auch deutlich, dass andere Perspektiven, auf die Welt zu schauen, sinnvoll sind, und er weist durch die Berücksichtigung des Ökologischen Fußabdrucks besonders auch ökologische Disparitäten nach – umgekehrt zu unseren gängigen Vorstellungen von globalen Disparitäten.

Lösungshinweise **Seite 214/215**

8 Erstellen Sie zu den in der Karte dargestellten Staaten eine Liste mit ihrem aktuellen HDI-Rang.
[Diese Aufgabe dient auch dazu, ein topographisches Grundverständnis für diese den Schülerinnen und Schülern weitgehend fremde Region des zentralen Afrikas zu vermitteln.]
Die folgende Tabelle erfasst die Rangfolge der Staaten vom höchsten zum geringsten HDI 2013; sinnvoll ist auch die hier vorgenommene Gliederung nach Zehntel hinter dem Komma:

HDI-Rangfolge ausgewählter Staaten

Land	HDI	Rang weltweit 2013 von 187 Staaten	von der UNO als LDCs eingestuft (von 48 Staaten)
Gabun	0,674	112	nein
Kongo	0,564	140	nein
Sambia	0,561	141	ja
S. Tomé und Principe	0,558	142	ja
Äquatorial-Guinea	0,556	144	ja
Kenia	0,535	147	nein
Angola	0,526	149	ja
Runada	0,506	151	ja
Kamerun	0,504	152	nein
Nigeria	0,504	152	nein
Tansania	0,488	159	ja
Uganda	0,484	164	ja
Benin	0,476	165	ja
Sudan	0,473	166	ja
Togo	0,473	166	ja
Äthiopien	0,435	173	ja
Mali	0,407	176	ja
Burundi	0,389	180	ja
Burkina Faso	0,388	181	ja
Eritrea	0,381	182	ja
Tschad	0,372	184	ja
Zentralafrikanische Republik	0,341	185	ja
Dem. Rep. Kongo	0,338	186	ja
Niger	0,337	187	ja
Südsudan	k.A.	k.A.	ja
z. Vgl. Deutschland	0,911	6	

9 Überprüfen Sie anschließend anhand der Materialien 14 und 15 die These einer naturgeographischen Determination von Entwicklungsrückständen.
Es gibt in der Karte zwei entscheidende Indizien, die für eine solche naturgeographische Determination für die Entwicklungsrückstände von Räumen und Ländern sprechen:
- Die klimatischen Bedingungen sind ungünstig. Sie reichen, wie die Klimadiagramme 15 zeigen, vom semiariden Klima mit ausgeprägter Trockenzeit (Kamerun) über eine starke ganzjährige Aridität (Niger) bis hin zum Klima der immer-

feuchten Tropen mit extrem hohen Jahresniederschlägen (D.R. Kongo).
- Entsprechend entsteht auch eine Vegetation, die ebenfalls eine Ungunst für die menschliche Nutzung widerspiegelt. Sie reicht von Halbwüsten und Wüsten über die verschiedenen Savannentypen bis hin zum dichten Tropischen Regenwald. Eine landwirtschaftliche Nutzung ist so, bis auf Nigeria, kaum oder nur inselhaft möglich.

Was dem Gedanken der naturgeographischen Bestimmtheit allerdings zu widersprechen scheint, ist ein dritter Aspekt der Raumausstattung, nämlich das Vorhandensein von Bodenschätzen. Angola sowie Nigeria und Äquatorial-Guinea besitzen Erdöl, in anderen Ländern gibt es einzelne Bodenschätze wie Stahlveredler (Gabun) oder Edelsteine (Tansania). Besonders auffällig ist die Situation allerdings in der Dem. Rep. Kongo. Hier lassen die Bodenschatz-Vorkommen als natürliche Gegebenheit eigentlich nicht vermuten, dass das Land im HDI an viertletzter Stelle liegt und auch zu den LDCs gehört. Spätestens hier muss man also einschränkend sagen, dass zwar natürliche Bedingungen für die Herausbildung von Entwicklungsrückständen offenbar eine Rolle spielen, aber nicht ausschließlich – denn dann wäre die Situation der Dem. Rep. Kongo trotz der weitgehenden Bedeckung mit Regenwald besser.

10 Beschreiben Sie die Zeichnung 18 der nationalsozialistischen Kolonialpropaganda.

Die Darstellung erweckt den Eindruck eines perfekten Wirtschaftskreislaufs zwischen dem industrialisierten Mutterland Deutschland und den deutschen Kolonien. Geld fließt in die Kolonien, um dort die Produktion von Kolonialprodukten (Pflanzen, Baumwollballen) aufzubauen. Diese Produkte gelangen zur Weiterverarbeitung ins Mutterland, während von dort Industriewaren in die Kolonien geliefert werden. Da sie höhere Erlöse bringen, entsteht ein „erhöh-ter Kapitalrückfluss" aus den Kolonien ins Mutterland. Spätestens hier muss der Eindruck eines perfekten Kreislaufs allerdings korrigiert werden. Profiteure des Kolonialismus sind trotz der ‚glatten' Zeichnung letzten Endes die Mutterländer – auf Kosten der Kolonien.

11 Analysieren Sie die Situation Afrikas im Jahr 1914.

Afrika ist 1914 noch ein Kontinent, der bis auf drei Ausnahmen ausschließlich koloniale Strukturen aufweist. Nur die Südafrikanische Union sowie Liberia an der Westküste und Äthiopien in Ostafrika sind unabhängige Staaten. Ansonsten werden alle heutigen Länder von europäischen Kolonialmächten beherrscht, an der Spitze Großbritannien und Frankreich. Aber auch Deutschland, Italien, Portugal und Belgien haben nennenswerten Kolonialbesitz. Das bedeutet, das fast der ganze Kontinent in seinen Entwicklungschancen gehemmt war, da die Mutterländer die Kolonien vor allem unter zwei Aspekten betrachteten: einmal politisch als Verdeutlichung imperialer Machtansprüche in Konkurrenz zu den anderen Staaten Europas, zum zweiten wirtschaftlich als Lieferanten von Rohstoffen und Rohprodukten.

12 Begründen Sie, warum der Kolonialismus eine wesentliche Ursache für die Herausbildung heutiger globaler Disparitäten ist.

Die für Afrika 1914 geschilderte Situation traf auch auf alle anderen Kolonien zu, vor allem auch auf Asien. Hier und in Afrika dauerte dieser Zustand über Jahrhunderte und endete erst in den 1940er- bis 1970er Jahren. Die problematische Wirkung lag darin, dass Entwicklung durch die Mutterländer nur so weit betrieben wurde, wie sie den beiden in Aufgabe 11 formulierten politischen und wirtschaftlichen Ansprüchen diente. Große Teile der Kolonien und die Masse ihrer Einwohner waren daher von der Entwicklung ausgeschlossen. Da in der Regel auch keine eigenständige Administration oder gar Regierung aufgebaut wurde (das hätte ja dem kolonialen Denken widersprochen), geschah später die Entlassung in die Unabhängigkeit unvorbereitet und führte sehr häufig zu Unruhen, Machtkämpfen und Bürgerkriegen. Gerade die noch immer zu beobachtende Abkopplung Subsahara-Afrikas von der globalen Entwicklung hat also im Kolonialismus einen wichtigen Grund.

Lösungshinweise **Seite 217**

13 Diskutieren Sie die Bedeutung des Globalisierungsprozesses für die Entstehung globaler Ungleichgewichte.

Wie Diagramm 19 zeigt, profitieren Länder wie Indien und China, indem ihnen eine steigende Einbindung in den Globalisierungsprozess gelingt. Allerdings ist das immer noch verbunden mit z. B. relativ niedrigen Löhnen, durch die sie zu ‚verlängerten Werkbänken' der Industrieländer und der Global Player werden. Nur in wenigen Bereichen gelingt eine eigenständige Entwicklung von Technologie und Industrie, die sie konkurrenzfähig zu den Industrieländern macht. Der Abstand zu den hoch entwickelten Staaten bleibt so eher gleich, weil deren Weltmarktintegration ebenfalls steigt, aber auf höherem Niveau. Wenn das so bei Schwellenländern wie China ist, um wieviel stärker trifft das auf die ärmeren Entwicklungsländer zu. Hier herrschen oft Bedingungen (Bad Governance, Korruption, Mängel in der Produktions- und Infrastruktur etc.), die ihnen die Teilnahme am Globalisierungsprozess kaum ermöglichen. Sie sind die eigentlichen Verlierer-Länder der Globalisierung. Tatsächlich werden also globale Ungleichgewichte und Disparitäten – auch innerhalb der Developing Countries selbst – durch den Globalisierungsprozess verstärkt.

14 Stellen Sie am Beispiel von Guinea „Bad Governance" als einen bedeutenden internen Grund für einen niedrigen Entwicklungsstand dar.

Der westafrikanische Küstenstaat Guinea ist ausgesprochen reich an den Bodenschätzen Bauxit, das man für die Aluminium-Industrie benötigt, Eisenerz, Gold und Kupfer/Nickel.
Das führt zu Aktivitäten zahlreicher Förderfirmen, die alle aus dem Ausland kommen, wobei Unternehmen aus Großbritannien, Australien und den USA dominieren. Besonders groß sind die Bauxitvorkommen, die den größten Teil der Westhälfte des Landes umfassen.
Die Unternehmen, die die Bodenschätze ausbeuten, kommen, wie gesagt, durchweg aus dem Ausland und sind reine Förderunternehmen. Sie haben also kein Interesse daran, außerhalb

der Förderung und des Transports in die Hafenstadt Conakry im Land zu investieren. Gleiches trifft dann auf die durch die Armee gestützte Elite zu. Ihr Haupt-Interesse ist die Zusammenarbeit mit den ausländischen Unternehmen, die sie reich macht. Und statt in das Land zu investieren, z. B. in den Aufbau einer Industrie- oder Bildungsinfrastruktur, importieren sie Güter für ihren privaten Verbrauch. Die Folge ist eine extreme Spaltung der Gesellschaft mit einer großen Masse an armer Bevölkerung. So bietet Guinea ein Beispiel für das, was man als Bad Governance bezeichnet.
Einen Wandel könnten die Wahlen im Jahr 2013 bewirken. Die Zivilisten, die jetzt an der Regierung sind, haben zumindest versprochen, den Rohstoffboom für die Landesentwicklung zu nutzen.

15 Kolonialzeit:

a) Erarbeiten Sie einen kurzen Überblick über die deutschen Kolonien.
Im Gegensatz zu England, Frankreich, Spanien usw. wurde Deutschland erst im Kaiserreich gegen Ende des 19. Jh. zur Kolonialmacht. Auslöser waren die Bemühungen, im imperialen Kräftespiel der Mächte mitzuwirken. Schon im Laufe des Ersten Weltkriegs gingen die Kolonien dann sukzessive verloren, und mit dem Versailler Vertrag musste Deutschland auf jeden kolonialen Besitz verzichten. Die folgende Karte zeigt die deutschen Kolonien (‚deutsche Schutzgebiete') um 1900:

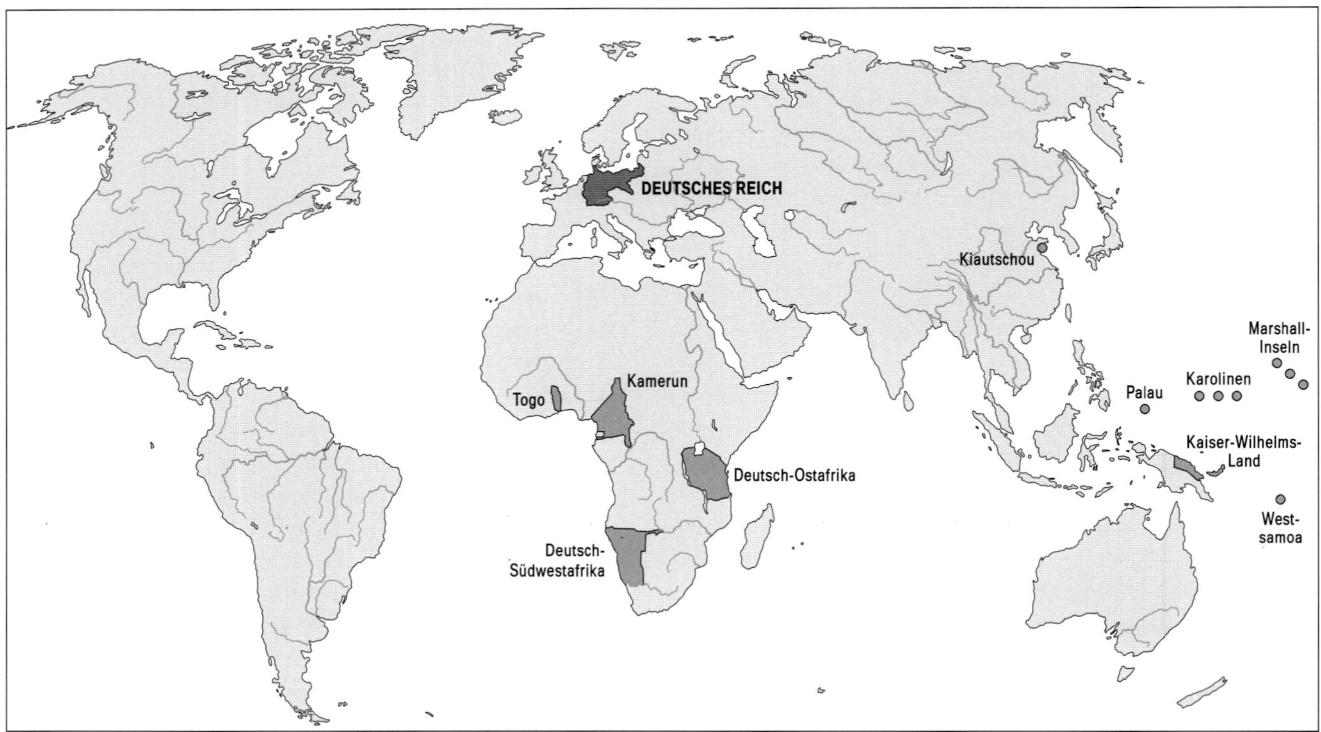

3

Weitere Informationen, z. B. zur konkreten Entstehungsgeschichte der deutschen Kolonien, liefern problemlos die gängigen Suchmaschinen oder auch Geschichtsbücher- und -Atlanten.

b) Präsentieren Sie die Ergebnisse Ihrem Kurs.
Aufgrund der vielen Karten und Abbildungen bzw. Fotos, die es zu den deutschen Kolonien und zur deutschen Kolonialgeschichte gibt, empfiehlt sich unbedingt eine PowerPoint-Präsentation (o. Ä.) mit ihren Visualisierungsmöglichkeiten. Hierbei können die Schülerinnen und Schüler auch entscheiden, ob sie es bei einem Überblick belassen oder ob sie darüber hinaus exemplarisch eine Kolonie in ihrer Entstehung und Verflechtung mit dem Mutterland beleuchten.

Schülerbuch
Seite 208 bis 217

Merkmale und Ursachen globaler Disparitäten

1 Schneiden Sie alle Text- und Bildelemente aus. Kleben Sie alle Elemente geordnet auf einer DIN-A4-Seite auf!

Modernisierungstheorien

Dependenztheorien

Bildquelle: Luis Murschetz, DIE ZEIT, München

„Zweite Indische Revolution"

Johann Wolfgang Geisen, Muralto (CH)

„Jetzt gebe ich dir erst mal Geld, damit ich dir ein neues Pferd kaufen kann."

Ursachen der Unterentwicklung sind exogen bedingt (entsteht durch äußere Einflüsse).
Entwicklungsrückstand als Ursache von Entwicklungsproblemen
bestehende wirtschaftliche Rückständigkeit
Überwindung der Entwicklungsprobleme durch ökonomische Maßnahmen

Ursachen der Unterentwicklung sind endogen bedingt (entsteht aus inneren Ursachen).
Ausbeutung durch die Kolonialmächte als Ursache von Entwicklungsproblemen
bestehende Abhängigkeit von ehemaligen Kolonialmächten
Überwindung der Entwicklungsprobleme durch nationale Entwicklungsstrategien

Bildquelle: Picture Press (Stern/Ihrt), Hamburg

Assuan-Staudamm

Bildquelle: MISEREOR, Aachen

Brunnenbauprojekt in Togo

Gesellschaft eines weniger entwickelten Landes ist in Klassen gespalten (besser gestellte Minderheit, arme Mehrheit).
Veranschaulichung von Ursachen und Suche nach Lösungen für Entwicklungsprobleme

Name: Klasse: Datum:

© Ernst Klett Verlag GmbH, Stuttgart 2015. | www.klett.de | Erstellt für: TERRA OS TB Entwicklungsländer | ISBN: 978-3-12-104706-2
Alle Rechte vorbehalten. Von dieser Druckvorlage ist die Vervielfältigung für den eigenen Unterrichtsgebrauch gestattet.
Die Kopiergebühren sind abgegolten. Für Veränderungen durch Dritte übernimmt der Verlag keine Verantwortung.

Schülerbuch
Seite 208 bis 217

Merkmale und Ursachen globaler Disparitäten

1 Schneiden Sie alle Text- und Bildelemente aus. Kleben Sie alle Elemente geordnet auf einer DIN-A4-Seite auf!

Bildquelle: Luis Murschetz, DIE ZEIT, München

„Zweite Indische Revolution“

Ausbeutung durch die Kolonialmächte als Ursache von Entwicklungsproblemen

Ursachen der Unterentwicklung sind endogen bedingt (entsteht aus inneren Ursachen).

Bildquelle: Picture Press (Stern/Ihrt), Hamburg

Assuan-Staudamm

bestehende wirtschaftliche Rückständigkeit

Dependenztheorien

Gesellschaft eines weniger entwickelten Landes ist in Klassen gespalten (besser gestellte Minderheit, arme Mehrheit).

Bildquelle: Johann Wolfgang Geisen, Muralto (CH)

„Jetzt gebe ich dir erst mal Geld, damit ich dir ein neues Pferd kaufen kann.“

Modernisierungstheorien

Bildquelle: MISEREOR, Aachen

Brunnenbauprojekt in Togo

Ursachen der Unterentwicklung sind exogen bedingt (entsteht durch äußere Einflüsse).

Überwindung der Entwicklungsprobleme durch ökonomische Maßnahmen

Entwicklungsrückstand als Ursache von Entwicklungsproblemen

Überwindung von Entwicklungsproblemen durch nationale Entwicklungsstrategien

bestehende Abhängigkeit von ehemaligen Kolonialmächten

Veranschaulichung von Ursachen und Suche nach Lösungen für Entwicklungsprobleme

Name: Klasse: Datum:

Klett
© Ernst Klett Verlag GmbH, Stuttgart 2015. | www.klett.de | Erstellt für: TERRA OS TB Entwicklungsländer | ISBN: 978-3-12-104706-2
Alle Rechte vorbehalten. Von dieser Druckvorlage ist die Vervielfältigung für den eigenen Unterrichtsgebrauch gestattet.
Die Kopiergebühren sind abgegolten. Für Veränderungen durch Dritte übernimmt der Verlag keine Verantwortung.

Schülerbuch
Seite 218 bis 221

Disparitäten und tragfähige Ernährungssicherung

Strukturierungshilfe

Phase	Thema	Seite	Material	Aufgabe	Methodische Hinweise
Einstieg	Hunger – ein Thema für den Geographie-Unterricht				Brainstorming zum Thema „Hunger – ein Unterrichtsthema?“ Fixierung wichtiger Aussagen auf einem Plakat
Erarbeitung 1	Hunger in der Welt: Verbreitung, Ursachen, Gegenmaßnahmen	218–219	1–3	1–2	Arbeit mit Diagramm 3: Wie ist die Ausweitung von Agrarflächen zu bewerten?
Erarbeitung 2	Bedeutung demografischer Prozesse für die Tragfähigkeit und Ernährungssicherung	220	4–7	3	Internetrecherche zum Weltbevölkerungswachstum, z. B. Weltbevölkerungsuhr Kopiervorlage: Bevölkerungsentwicklung und Tragfähigkeit
Erarbeitung 3	Landgrabbing: Weg zu einer sicheren Nahrungsversorgung oder Weg in die Ausweglosigkeit?	221	8–10	4	Referat (auf der Basis einer Internetrecherche): „Landgrabbing – auch ein Thema für Deutschland“

Lösungshinweise S. 221

1 Analysieren Sie die Weltkarte zum Welthungerindex.

Die Karte zeigt, dass Hunger außerhalb der höher oder hoch entwickelten Industriestaaten immer noch ein weltweites Phänomen ist, allerdings mit starken regionalen Unterschieden. Zwar bedeutet die grüne Färbung, dass nur unter 5 % der Menschen an Hunger leiden, aber es erstaunt doch, dass man hier neben nordafrikanischen oder südamerikanischen Ländern auch solche in Südosteuropa mit diesem Index findet. Eigentliche Hunger-Regionen mit Index-Werten von über 20,0 („Alarming“, „Extremely alarming“) sind jedoch Südasien sowie größere Teile Subsahara-Afrikas. In Süd- und Mittelamerika sind Staaten mit 10,0 % - 19,9 % Hungernden eine wirkliche Ausnahme (Bolivien, Guatemala und Dominikanische Republik), doch liegt hier mit Haiti auch einer der Staaten, dessen Ernährungs-Situation mit „alarmierend“ angegeben ist. Die beiden Länder, in denen der Index über 30,0 liegt – hier hungert also mindestens jeder Dritte – befinden sich beide in Subsahara-Afrika: Eritrea in Ost- sowie Burundi in Zentralafrika. Einige wenige Entwicklungsländer machen keine Angaben, doch gehören hierzu solche, die mit großer Wahrscheinlichkeit ebenfalls deutliche Hunger-Indizes aufweisen würden, z. B. Somalia, DR Kongo, Afghanistan oder Papua-Neuguinea.

2 „Der Hunger in den armen Staaten wird verursacht durch den Nahrungsüberfluss in den reichen.“ Nehmen Sie Stellung zu dieser Aussage.

Der Satz hat insofern einen wahren Kern, als genug Nahrung produziert wird bzw. werden könnte. Bei einer entsprechenden Verteilungsgerechtigkeit wäre Hunger dann kein Thema. Auch der im Wesentlichen von den Industrieländern hervorgerufene Klimawandel erschwert mit seinen Auswirkungen die Sicherung der Ernährung in vielen der ärmeren Staaten. Und auch wenn der Gedanke nur bedingt zu „Nahrungsüberfluss“ passt, wird Hunger auch durch die Konkurrenz von Cash Crops, die wir importieren, zu den einheimischen Food Crops mit verstärkt.

Dennoch kann der Satz so nicht stehen bleiben, da es zu viele Faktoren in den ärmeren Ländern selbst gibt, die einen Mangel an Nahrung hervorrufen. Neben ungünstigen natürlichen Bedingungen nennt Text zwei hier richtigerweise „Armut, schlechte Regierungsführung, Krieg, Vertreibung, Ungerechtigkeit“. Diese internen Faktoren sind also wichtige Zielpunkte von Maßnahmen für eine Hungerbekämpfung.

3 Weltbevölkerung und Ernährung:

a) Beschreiben Sie die Entwicklung der Weltbevölkerung zwischen 1950 und 2050.

In fast einem halben Jahrhundert, zwischen 1950 und 1998, hat sich die Weltbevölkerung etwas mehr als verdoppelt, nämlich von ca. 2,5 Mrd. auf knapp 6 Mrd. Menschen. Seitdem findet ein weiterer, ungefähr linearer Anstieg statt, sodass nach der Prognose die Weltbevölkerung bis zum Jahr 2050 um rund 80 % auf 9,6 Mrd. Bewohner steigen wird – also nur wenig mehr als eine weitere Verdoppelung.

Was sich jedoch deutlich wandelt sind die Anteile der einzelnen Regionen an diesem Wachstum. Hier gibt es einige auffällige Entwicklungen, z. B.:

- Der prozentuale Anteil Asiens verändert sich nicht gravierend; er liegt konstant bei deutlich über der Hälfte der Weltbevölkerung. Ausschlaggebend sind hierfür Staaten wie China, Indien oder auch Indonesien. Allerdings verbirgt sich hinter dem eher gleich bleibenden Anteil eine enorme absolute Steigerung von 1,4 Mrd. Menschen im Jahr 1950 auf fast 5,3 Mrd. im Jahr 2050.

- Anders dagegen ist die Situation in Europa. Die Anstiege sind nur gering, man kann eher von einer Stagnation der absoluten Bevölkerungszahl sprechen. Dem entsprechend sinkt der prozentuale Anteil an der ständig wachsenden Weltbevölkerung stark ab.
- Ein drittes Beispiel ist Afrika. Hier sind die Zuwachsraten in Teilen Subsahara-Afrikas die höchsten weltweit, und entsprechend ist eine Bevölkerungsexplosion prognostiziert – von 224 Millionen Menschen in 1950 auf fast 2 Mrd. im Jahr 2050. Das entspricht knapp einem Viertel der Weltbevölkerung. Auch hier wirkt die Verbesserung der medizinischen und hygienischen Verhältnisse, aber bei offensichtlich gleichzeitig kaum stattfindender Familienplanung.

b) Erarbeiten Sie einen Zusammenhang zwischen diesem Wachstum und den Flächenprognosen (Materialien 5 und 7).
Wie die Grafik 7 zeigt, wird die „Erde kleiner". Das heißt, dass die zur Verfügung stehende Erdoberfläche als Gesamtgröße zwar (natürlich) gleich bleibt, dass aber aufgrund des Weltbevölkerungswachstums für den Einzelnen immer weniger Fläche zur Verfügung steht. Waren es z. B. 1950 (2,524 Mrd. Menschen, Diagramm 4) noch 5,15 ha Fläche, die jedem Bewohner der Erde rein rechnerisch zur Verfügung standen, so prognostiziert man für das Jahr 2050 (9,624 Mrd. Menschen) nur noch 1,63 ha. Diese Verringerung hat konkrete Bedeutung, wenn man sie unter dem Aspekt der landwirtschaftlichen Nutzfläche (LNF) betrachtet, die ja ebenfalls je Einwohner schrumpfen wird. Dabei zeigt Diagramm 5, dass bei gleich bleibenden Agrar-Erträgen (nach westeuropäischen Standards für das Jahr 2000) die LNF bis 2050 stark auf rund 3,3 Mrd. ha steigen müsste, um alle Menschen ausreichend mit Nahrung zu versorgen. Eine Verdoppelung dieser Erträge von 2000 würde die Situation allerdings deutlich abmildern und den Anstieg von 1,4 Mrd. ha im Jahr 1950 auf „nur" 2,0 Mrd. ha im Jahr 2050 begrenzen. Notwendig wäre also eine noch weitere Steigerung der Produktivität und selbst im günstigen Fall doch auch eine Ausdehnung der LNF – bei beidem wird man aber irgendwann an Grenzen stoßen.

4 Landgrabbing:

a) Erklären Sie am Beispiel Chinas Ursachen für die Entstehung des sogenannten „Landraubs".
Die globale Ursache liegt in der knapper werdenden Fläche durch Bevölkerungswachstum, Urbanisierung mit Flächenverbrauch, Desertifikation etc. Knappe Güter aber gewinnen an Wert und werden so zur interessanten Ware. Bei China z. B. spielt die hohe Bevölkerungszahl eine entscheidende Rolle, die mit den durchaus vorhandenen landwirtschaftlichen Nutzflächen nicht mehr ausreichend ernährt werden kann, da nur ca. ein Drittel der Landfläche Chinas für die menschliche Nutzung zur Verfügung steht. Also kauft man im Ausland hinzu. Die hier erworbenen Flächen dienen also der Ernährungssicherung, darüber hinaus aber auch dem Anbau von Ölpflanzen für die Energieerzeugung. Drittens schließlich ist Land international zum interessanten Anlage- und Spekulationsobjekt geworden – nicht nur für die USA oder die Ölstaaten am Persischen Golf sondern auch für China.

b) Diskutieren Sie in Ihrem Kurs den Landgrabbing-Prozess aus der Sicht unterschiedlicher Akteure.
Drei Beispiele können zeigen, in welche Richtung diese Diskussion gehen kann:
Argumente von Land-Aufkäufern wie z. B. China:
- zu wenig eigene landwirtschaftliche Nutzfläche für die steigenden Ernährungsansprüche der eigenen Bevölkerung,
- also Landkäufe mit dem Ziel, die Ernährung für 1,3 Mrd. Menschen zu sichern,
- Anbau von Ölpflanzen, z. B. für Biokraftstoffe, um die Umweltbedingungen in China zu verbessern,
- darüber hinaus verringert dieser Anbau die notwendigen Importe von Energierohstoffen.

Diskussionsbeiträge des Landes, in dem Land gekauft wird, bei China beispielsweise Philippinen oder Laos:
- Einnahme wichtiger Devisen durch die Landverkäufe, da ansonsten geringe eigene Exportmöglichkeiten (z. B. fehlende Rohstoffe) zum Devisenerwerb,
- damit die Möglichkeit, Waren auf dem Weltmarkt zu kaufen, die für die Modernisierung bzw. den Aufbau der eigenen Wirtschaft dienen.
- Schaffung enger Beziehungen zu einem der globalen Aufsteigerstaaten.

Argumente ortsansässiger Kleinbauern:
- Aufkauf gerade der besten Ackerflächen, die damit auf Dauer verloren gehen,
- keine Konkurrenzfähigkeit der Kleinbauern gegenüber den ausländischen Großinvestoren,
- Schmälerung der eigenen Nahrungsproduktion und damit Unterhöhlung der Ernährungssicherung im eigenen Land, wie in Laos oder den Philippinen.

Referat-Aufgabe (siehe methodische Hinweise zu Erarbeitungsschritt 3):
Gibt man in der Suchmaschine den Begriff „Landgrabbing Deutschland" ein, so stößt man auf eine Reihe von Artikeln zu diesem Sachverhalt, und zwar recht aktuell aus den Jahren 2013 und 2014. Es geht hier besonders um die Landaufkäufe in Ostdeutschland oder, wie eine Zeitung schrieb, im „Brotkorb Europas" durch Großinvestoren. Wie gravierend hier der „Landraub" empfunden wird, zeigt z. B. eine Überschrift aus dem ‚Tagesspiegel' vom August 2013: „Kaufen Spekulanten den Osten auf?" Material für ein solches Referat findet man also im Internet genügend.

Disparitäten und tragfähige Ernährungssicherung

1 1789 behauptete der englische Pfarrer Robert Malthus in seinem so genannten „Bevölkerungsgesetz", dass die Nahrungsmittelproduktion auf der Erde niemals mit dem rasanten Bevölkerungswachstum Schritt halten könne. Er sagte einen „baldigen Zusammenbruch des globalen Wirtschafts- und Sozialsystems" voraus. Die beachtlichen landwirtschaftlichen Produktionszuwächse besonders in der zweiten Hälfte des 20. Jahrhunderts schienen diese Behauptung jedoch zu widerlegen. Mittlerweile gibt es wieder Bücher, die sich mit dem Thema auseinandersetzen, so z.B. von Alan During: „How much is enough?" und Lester Brown:" Wie viel ist zu viel?" Erörtern Sie, ausgehend von den Materialien M1 und M2, die in den Titeln der beiden Bücher gestellten Fragen unter Einbezug des Aspektes der Tragfähigkeit.

2 Ordnen Sie M3 in den Kontext der Bevölkerungsthematik ein und erörtern Sie die Situation Deutschlands.

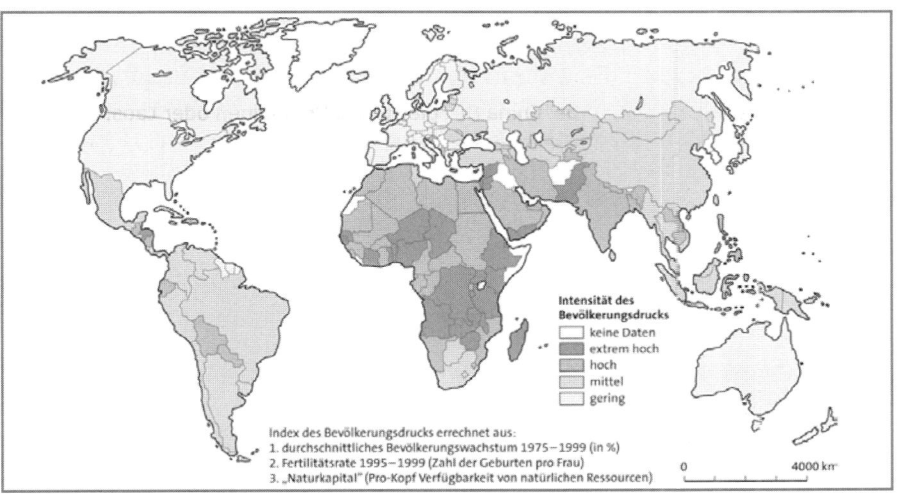

Bohle, Hans-Georg: Zeitbombe Bevölkerungswachstum: Wie viele Menschen verkraftet die Erde? In: Ehlers, Eckart und Hartmut Leser: Geographie heute – für die Welt von morgen. Gotha und Leipzig: Klett-Ferthes 2002, S. 23

M1 Globaler Bevölkerungsdruck

Region	2013	2025	2050
Welt	7 137	8 095	9 727
Industrieländer	1 246	1 285	1 311
Entwicklungsländer	5 891	6 810	8 416
Entwicklungsländer (ohne China)	4 534	5 404	7 102
Afrika	1 100	1 464	2 431
Nordafrika	208	250	316
Westafrika	331	454	812
Ostafrika	362	500	872
Zentralafrika	138	194	356
südliches Afrika	61	65	75
Lateinamerika, Karibik	606	682	780
Nordamerika	352	386	448
Europa	740	746	726
Asien	4 302	4 772	5 284

DSW-Datenreport 2013. Soziale und demographische Daten zur Weltbevölkerung. Hrsg. v. Deutsche Stiftung Weltbevölkerung (DSW), Hannover. Dtsch. Übers. Des 2013 World Population Data Sheet. Copyright 2013 Population Reference Bureau. Unter: http://weltbevoelkerung.de/uploads/tx_tspagefileshirtcut/Datenreport_2013_Stiftung-Weltbevoelkerung.pdf (Stand: Dezember 2013)

M2 Globale Bevölkerungsentwicklung 2013, 2025, 2050, aufgeschlüsselt nach Großregionen, in Mio.

© Thomas Plaßmann, Essen

M3 Bevölkerungsentwicklung in Deutschland

Name: Klasse: Datum:

© Ernst Klett Verlag GmbH, Stuttgart 2015. | www.klett.de | Erstellt für: TERRA OS TB Entwicklungsländer | ISBN: 978-3-12-104706-2
Alle Rechte vorbehalten. Von dieser Druckvorlage ist die Vervielfältigung für den eigenen Unterrichtsgebrauch gestattet.
Die Kopiergebühren sind abgegolten. Für Veränderungen durch Dritte übernimmt der Verlag keine Verantwortung.

Disparitäten und tragfähige Ernährungssicherung Lösung

1 1789 behauptete der englische Pfarrer Robert Malthus in seinem so genannten „Bevölkerungsgesetz", dass die Nahrungsmittelproduktion auf der Erde niemals mit dem rasanten Bevölkerungswachstum Schritt halten könne. Er sagte einen „baldigen Zusammenbruch des globalen Wirtschafts- und Sozialsystems" voraus. Die beachtlichen landwirtschaftlichen Produktionszuwächse besonders in der zweiten Hälfte des 20. Jahrhunderts schienen diese Behauptung jedoch zu widerlegen. Mittlerweile gibt es wieder Bücher, die sich mit dem Thema auseinandersetzen, so z.B. von Alan During: „How much is enough?" und Lester Brown:" Wie viel ist zu viel?" Erörtern Sie, ausgehend von den Materialien M1 und M2, die in den Titeln der beiden Bücher gestellten Fragen unter Einbezug des Aspektes der Tragfähigkeit.

In der Karte „Globaler Bevölkerungsdruck" spiegeln sich die in Aufgabe 1 genannten starken regionalen Unterschiede im aktuellen und zu erwartenden Bevölkerungsdruck wider. Zur Darstellung des gegenwärtigen und künftigen Bevölkerungsdrucks wurden drei Indikatoren erhoben: das durchschnittliche Bevölkerungswachstum, die Fertilitätsrate (Zahl der Geburten pro Frau) sowie die Bevölkerungsdichte in ihrem Verhältnis zu den verfügbaren natürlichen Ressourcen („Naturkapital"). Es werden also statische Werte mit langfristigen Trends kombiniert. Die Karte zeigt ein starkes „Nord-Süd-Gefälle", was die Intensität des Bevölkerungsdrucks anbetrifft, wobei Afrika, Vorderasien und Indien besonders herausstechen. Unter dem Aspekt der Tragfähigkeit ist diese Entwicklung problematisch, da zukünftiges Bevölkerungswachstum gerade da prognostiziert wird, wo schon heute Mangel- und Unterernährung herrschen. Alle heute noch rund 850 Millionen hungernden Menschen leben in den Entwicklungsregionen, d. h. dass gerade hier die Ernährungssicherung für eine wachsende Bevölkerung noch schwerer zu realisieren sein wird.

2 Ordnen Sie M3 in den Kontext der Bevölkerungsthematik ein und erörtern Sie die Situation Deutschlands.

Gezeigt wird in M3 eine Buchhandlung, in der ein junger Mann vor einem Regal mit der Aufschrift „Grusel und Horror" steht. Auf das Angebot des Verkäufers nach Hilfe kommt die merkwürdige Antwort „Ich suche was zum Thema Demografischer Wandel." Für den jungen Mann ist es also ganz offensichtlich, dass dieses Thema in die Kategorie „Horror" gehört.
Die Karikatur weist auf die demografischen Probleme Deutschlands hin:
Deutschland lässt sich den Industrienationen und damit den Ländern mit leicht zurückgehender oder stagnierender Bevölkerungsentwicklung zuordnen (M2).
Dabei ist festzustellen:

- Rückgang der Geburtenrate aufgrund des veränderten generativen Verhaltens der Bevölkerung (1,4 Geburten pro Frau).
- Langfristig würde sich eine negative Bevölkerungsentwicklung ergeben, wenn die natürlichen Verluste nicht durch Wanderungsgewinne ausgeglichen würden.
- Vom „Aussterben" kann aus diesem Grund nicht gesprochen werden (Dramatik der Karikatur).
- Aber: 2050 werden hauptsächlich ältere Menschen auf den Straßen unterwegs sein; damit verbunden Probleme wie: Altersversorgung, Infrastrukturausstattung, schwindende Kaufkraft in Deutschland; ...

Name: Klasse: Datum:

© Ernst Klett Verlag GmbH, Stuttgart 2015. | www.klett.de | Erstellt für: TERRA OS TB Entwicklungsländer | ISBN: 978-3-12-104706-2
Alle Rechte vorbehalten. Von dieser Druckvorlage ist die Vervielfältigung für den eigenen Unterrichtsgebrauch gestattet.
Die Kopiergebühren sind abgegolten. Für Veränderungen durch Dritte übernimmt der Verlag keine Verantwortung.

Schülerbuch
Seite 222 bis 231

Strategien und Instrumente zur Reduzierung von Disparitäten

Strukturierungshilfe

Phase	Thema	Seite	Material	Aufgabe	Methodische Hinweise
Einstieg	Millenniumsziele – 2015, Jahr der Bilanz	222	1		Anhand der Piktogramme (Abb. 1) Gedankenaustausch über die vorhandenen Kenntnisse zu den acht Zielen
Erarbeitung 1	Millenniumsziele – Konkretisierung der Bilanz	222–223	1–9	1–3	Präsentationsübung mit Aktualisierung der Ziele-Bilanz als Differenzierungsaufgabe
Erarbeitung 2	Entwicklungsstrategien früher und heute – an ausgewählten Beispielen: Erfolgsmessung mithilfe der Millenniumsziele	224–227	10–20	4	„Vorangestellte Aufgabe"/ „Lernaufgabe": Erschließung der Materialien unter einer Aufgabenstellung Kopiervorlage zur Stellung der Frau im Orient
Erarbeitung 3	Entwicklungszusammenarbeit als öffentliche und private Aufgabe	228–229	21–26	5–6	
Erarbeitung 4	Bilaterale Zusammenarbeit – eine Win-Win-Situation? Fallbeispiel Angola-China	230–231	27–33	7	

Lösungshinweise **Seite 223**

1 Arbeiten Sie die zentralen Aussagen des Textes 3 heraus.

Der Text setzt drei Schwerpunkte:
Erstens skizziert er Erfolge, die hinsichtlich der Millenniumsziele erreicht wurden. Genannt werden hier besonders verschiedene Gesundheitsbereiche, die Primarschulbildung, der Zugang zu Trinkwasser sowie die Armutsbekämpfung. In allen diesen Feldern habe es spürbare Fortschritte gegeben.
Zweitens weist er aber auch auf die Bereiche hin, in denen noch große Mängel konstatiert werden müssen. Zu viele Menschen leiden noch Hunger, zu viele Frauen sterben bei der Geburt, zu hoch ist die Zahl der Menschen, die mit unzureichenden sanitären Ausstattungen leben müssen. Hingewiesen wird hier schließlich auch auf den Klimawandel mit seinen besonders gravierenden Folgen für die Entwicklungsländer.
Drittens schließlich stellt der Text fest, dass es bei der Umsetzung von Entwicklungsmaßnahmen zu große räumliche und soziale Disparitäten gibt – zwischen Arm und Reich, zwischen Stadt und Land und zwischen den Großregionen, wo Subsahara-Afrika als problematisches Beispiel genannt wird.

1 Analysieren Sie (z. B. in arbeitsteiliger Gruppenarbeit) die Materialien 4–9.

Hinweis zur Zusammengehörigkeit der Materialien: 4 und 5 gehören zusammen, 6 und 9 sowie 7 und 8. Möglich ist also die Bildung dreier Gruppen, und zwar jeweils zum Ziel:

a) die Zahl der Menschen mit niedrigstem Einkommen zu halbieren,
Es fällt sofort auf, dass die Fortschritte in den Regionen mit Unterentwicklung (blau) sehr unterschiedlich ausfallen. Die Armutsbekämpfung z. B. in China, Südostasien und Südasien ohne Indien zeigt erhebliche Erfolge. Der Anteil der Menschen mit einem Tageseinkommen unter 1,25 US-$ ist in den beiden letzten Regionen um 26 % bzw. 30 % gesunken, in China sogar von 60 % im Jahr 1990 auf 12 % im Jahr 2010 zurückgegangen. In allen drei Regionen hat man schon 2010 die Zielvorgaben für 2015 mehr als erfüllt. Weniger gut sieht es dagegen in Indien aus (Vergleich „Südasien" und „Südasien ohne Indien"!) sowie vor allem in Subsahara-Afrika. Auch hier sind Fortschritte zu erkennen, aber gerade in Afrika südlich der Sahara nur geringfügige – in beiden Regionen liegt man zumindest 2010 noch über der 2015-Zielvorgabe. Vernachlässigen kann man die drei unteren Regionen Lateinamerika, Westasien und Nordafrika, da hier der Anteil der Menschen mit geringstem Einkommen 2010 nur zwischen 6 % und 1 % liegt. Nimmt man alle Entwicklungsregionen zusammen (rot), werden die Fortschritte noch einmal deutlich: Von 47 % Anteil im Jahre 1990 ist mehr als eine Halbierung auf 22 % gelungen – allerdings, wie dargestellt, mit regional deutlichen Unterschieden.

b) allen Kindern, Jungen und Mädchen, eine komplette Primarschulbildung zu gewährleisten,
Grundsätzlich ist zu erkennen, dass hier auf der Basis der 2011-Erhebungen noch deutlicher Entwicklungsbedarf besteht. Diese Feststellung bezieht sich auf soziale und räumliche Disparitäten. Zum einen ist die Bildungssituation auf dem Land schlechter als in der Stadt. Während in den städtischen Räumen 12 % aller Kinder im Grundschulalter keine Schule besuchen können, sind es in den ländlichen Räumen fast doppelt so viele (22 %). Hier bekommt ungefähr jedes fünfte Kind keine Primarschul-Bildung und sogar jedes vierte keine anschließende Schulbildung („Frühes Sekundarschulalter"). Noch gravierender gestalten sich die sozialen

Unterschiede, indem von den 20 % reichster Bevölkerung nur 8–9 % (Jungen, Mädchen) keine Grundschulbildung erhalten, aber 31–28 % der Mädchen und Jungen der ärmsten 20 %. Ähnlich sieht es beim frühen Sekundarschulalter aus. Hier ist man also von der Zielsetzung, dass alle Kinder „eine Grundschulausbildung vollständig abschließen können", im Jahr 2011 noch weit entfernt. Bildung aber ist letzten Endes eine der wichtigsten Voraussetzungen, um sich aus Armut und Unterentwicklung zu befreien.

c) allen Menschen produktive und menschenwürdige Arbeit zu garantieren, mit einem Schwerpunkt des Ziels bei Frauen und jungen Menschen.
Bei der Armutsbekämpfung ergibt sich ein ambivalentes Bild. Einerseits ist die extreme Armut in allen Entwicklungsländern zusammen stark zurückgegangen, von fast 50 % im Jahr 1991 auf gut 10 % im Jahr 2011. Diesem deutlichen Erfolg stehen allerdings zwei Fakten gegenüber, die ihn schmälern: Zum einen sind immer noch rund 60 % aller Menschen als „arm" zu bezeichnen (unter 4 US-$ Einkommen am Tag), zum anderen ist der Anteil der sogenannten „etablierten Mittelschicht" mit Einkommen von 13 US-$ und mehr je Tag immer noch gering. Positiv fällt allerdings der Anstieg der „neu entstehenden Mittelschicht" auf; ihr Anteil hat sich bis 2011 mit rund 30 % stark erhöht. Der zweite Diagrammteil zeigt, dass vor allem in Ostasien mit seiner hohen Bevölkerungszahl die Armutsbekämpfung große Fortschritte gemacht hat, die weit über dem Durchschnitt aller Entwicklungsregionen liegen. Be-sonders durch das starke Wachsen einer neuen Mittelschicht ist hier der Anteil der Menschen, die sich außerhalb der Armut bewegen, von vielleicht 5 % im Jahr 1991 auf rund 60 % 20 Jahre später gestiegen. Das hängt ohne Zweifel mit dem wirtschaftlichen Aufstieg von Ländern wie Südkorea oder Taiwan zusammen, besonders aber mit dem der VR China.

Insgesamt sind also Entwicklungsfortschritte bei den drei dargestellten Unterzielen zu erkennen, aber mit regionalen und sozialen Unterschieden. Hier müssten also auch entsprechende Projekte zur Verbesserung der Situation ansetzen.

3 Recherche und Präsentation (Differenzierungsaufgabe):
a) Erarbeiten Sie aus dem aktuellen „Millenniums-Entwicklungsziele Bericht" die Bilanz zu einem der Ziele 3–8.
Es handelt sich um folgende Haupt- und Unterziele, aus denen sich interessierte Schülerinnen und Schüler einen Komplex aussuchen sollen:

3. Gleichstellung der Geschlechter/Stärkung der Rolle der Frauen
- Das Geschlechtergefälle in der Primar- und Sekundarschulbildung beseitigen, möglichst bis 2005 und auf allen Bildungsebenen bis spätestens 2015.

4. Senkung der Kindersterblichkeit
- Zwischen 1991 und 2015 Senkung der Kindersterblichkeit von unter Fünfjährigen um zwei Drittel (von 10,6 % auf 3,5 %).

5. Verbesserung der Gesundheitsversorgung der Mütter
- Zwischen 1990 und 2015 Senkung der Sterblichkeitsrate von Müttern um drei Viertel.
- Bis 2015 allgemeinen Zugang zu reproduktiver Gesundheit erreichen.

6. Bekämpfung von HIV/AIDS, Malaria und anderen schweren Krankheiten
- Bis 2015 die Ausbreitung von HIV/AIDS zum Stillstand bringen und eine Trendumkehr bewirken.
- Bis 2010 weltweiten Zugang zu medizinischer Versorgung für alle HIV/AIDS-Infizierten erreichen, die diese benötigen.
- Bis 2015 die Ausbreitung von Malaria und anderen schweren Krankheiten zum Stillstand bringen und eine Trendumkehr bewirken.

7. Ökologische Nachhaltigkeit
- Die Grundsätze der nachhaltigen Entwicklung in der Politik und den Programmen der einzelnen Staaten verankern und die Vernichtung von Umweltressourcen eindämmen.
- Den Verlust der Biodiversität verringern, bis 2010 eine signifikante Drosselung der Verlustrate erreichen.
- Bis 2015 Halbierung des Anteils der Menschen ohne dauerhaft gesicherten Zugang zu hygienisch einwandfreiem Trinkwasser (von 65 % auf 32 %).
- Bis 2020 eine deutliche Verbesserung der Lebensbedingungen von mindestens 100 Millionen Slumbewohnern und Slumbewohnerinnen bewirken.

8. Aufbau einer globalen Partnerschaft für Entwicklung
- Weitere Fortschritte bei der Entwicklung eines offenen, regelgestützten, berechenbaren und nicht diskriminierenden Handels- und Finanzsystems. Dies umfasst die Verpflichtung zu verantwortungsbewusster Regierungsführung, zu Entwicklung und zur Senkung der Armut – sowohl auf nationaler als auch auf internationaler Ebene.
- Berücksichtigung der besonderen Bedürfnisse der am wenigsten entwickelten Länder. Das beinhaltet den Abbau von Handelshemmnissen, Schuldenerleichterung und -erlass, besondere finanzielle Unterstützung der aktiv um Armutsminderung bemühten Länder.
- Den besonderen Bedürfnissen der Binnen- und kleinen Insel-Entwicklungsländern Rechnung tragen.
- Umfassende Anstrengungen auf nationaler und internationaler Ebene zur Lösung der Schuldenprobleme der Entwicklungsländer.
- In Zusammenarbeit mit den Entwicklungsländern Strategien zur Schaffung menschenwürdiger und sinnvoller Arbeitsplätze für junge Menschen erarbeiten und umsetzen.
- In Zusammenarbeit mit den Pharmaunternehmen Zugang zu unentbehrlichen Arzneimitteln zu erschwinglichen Preisen in Entwicklungsländern gewährleisten.
- In Zusammenarbeit mit dem privaten Sektor dafür sorgen, dass die Vorteile neuer Technologien, insbesondere von Informations- und Kommunikationstechnologien, von Entwicklungsländern genutzt werden können.

Der entsprechende Bericht für 2014, dem zurzeit letzten (Stand Juni 2015), ist als PDF abrufbar unter:
http://www.un.org/depts/german/millennium/MDG%20Report%202014%20German.pdf.
Weitere Berichte werden folgen.

b) Präsentieren Sie ihrem Kurs die Ergebnisse in einer frei gewählten Form.
Ein allgemeiner Lösungshinweis ist bei dieser sehr individuellen Schülerleistung nicht möglich. Es empfiehlt sich allerdings eine Präsentationsform, bei der man die im Netz zahlreich vorhandenen Materialien (Bilder, Grafiken, Diagramme …) mit einbeziehen und für die Mitschülerinnen und Mitschüler visualisieren kann.

Lösungshinweise **Seite 224**

4 Erstellen Sie anhand der folgenden vier Seiten eine Übersicht über die Entwicklungspolitik von den 1960er-Jahren bis heute, und zwar nach den Kriterien Zielsetzungen/Leitbilder – Maßnahmen – Erfolge/Misserfolge.

Entwicklungspolitik	Zielsetzung/Leitbild	Maßnahmen	Erfolge/Misserfolge
Nachholende Entwicklung (1960er-Jahre)	Modernisierung, witschaftliches Wachstum durch nachholende Industrialisierung	finanzielle und technische Unterstützung, Großprojekte	Durchsickereffekt findet nicht statt, wirtschaftliches Wachstum erfolgt regional uneinheitlich, Verstärkung der sozialen Disparitäten im Lande, Länder haben ganz unterschiedlichen Anteil an der den Erfolgen
Befriedigung der Grundbedürfnisse (1970er- und 1980er-Jahre)	Überwindung der absoluten Armut	Hilfe zur Selbsthilfe, Frauenförderung, angepasste Entwicklung	z.T. beachtliche Erfolge vor allem im sozialen Bereich, aber nicht alle Erwartungen werden erfüllt; dennoch bleibt die Strategie wichtige Voraussetzung für die Bekämpfung der Armut
Nachhaltige Entwicklung (1990er-Jahre)	Gedanken der „Einen Welt" und der „gemeinsamen Verantwortung"; „Magisches Dreieck der Nachhaltigkeit" = wirtschaftliche Leistungsfähigkeit + soziale Gerechtigkeit + ökologische Nachhaltigkeit	globale Umweltpolitik, verschiedene Maßnahmen in Abhängigkeit von den jeweiligen ökologischen, kulturellen, sozialen, politischen, wirtschaftlichen und historischen Bedingungen vor Ort	abschließenden Bewertung noch nicht möglich, dennoch setzt sich die neue Sichtweise allmählich durch, wie die intensivierten Dialoge und die Erfolge, z.B. im Rahmen der lokalen Agenden, zeigen

9

Lösungshinweise **Seite 229**

5 Erörtern Sie Gründe und Umfang staatlicher deutscher Entwicklungshilfe.
Aus dem Text 22 können folgende Gründe genannt werden:
- Gerechtigkeit und Solidarität als Grundwerte, die dazu führen, dass man Verantwortung auch für andere trägt
- Stärkung dieses Gedankens durch die globalisierte Welt, die diese Verantwortung auch global einfordert
- kulturelles Ideal (der westlichen Welt), dass die Starken die Schwachen unterstützen, also die reichen Industrieländer die Entwicklungsländer
- Tatsache, dass die meisten weniger entwickelten Staaten die sozialen, wirtschaftlichen und ökologischen Probleme alleine nicht lösen können und daher der Hilfe und Zusammenarbeit bedürfen (z.B. durch Kapital- und Knowhow-Transfer).

Der Auftrag der „Erörterung" entsteht aus diesen Gründen und bezieht sich primär auf den „Umfang". Im Jahr 2013 hatte die deutsche Entwicklungshilfe einen Umfang von gut 13,3 Mrd. US-$ und damit einen der höchsten Werte weltweit. Bei den ausgewählten Staaten in Diagramm 21 wurde dieser Wert nur von Großbritannien und den USA übertroffen. Das erscheint auf den ersten Blick sehr zufriedenstellend, ist aber durchaus kritikwürdig. Der Wert relativiert sich stark, wenn man die Summe als Anteil am BNE berechnet. Der liegt bei Deutschland nahezu permanent knapp unter 0,4%. Das ist zwar deutlich mehr als der Anteil in den USA, in Italien oder Spanien. Aber erstens ist es auch erheblich weniger als in GB oder gar Schweden und Norwegen. Und der Wert bzw. Anteil liegt auch weit unter der (von Deutschland mit getragenen) UN-Zielsetzung von 0,70% des BNE. Zwar könnte man darauf hinweisen, dass gerade Norwegen und Schweden besonders wohlhabende Staaten sind, aber im Vergleich zu Großbritannien besteht kein Wohlstandsgefälle, das den Unterschied rechtfertigen könnte.

Die am Anfang genannten Werte, die der deutschen Entwicklungshilfe zugrunde liegen, sind durchweg richtig. Zumindest finanziell klafft aber eine erhebliche Lücke zwischen diesen Vorstellungen und der Realität deutscher staatlicher Entwicklungshilfe.

6 Analysieren Sie das Fallbeispiel UPC als signifikantes Projekt privater Entwicklungszusammenarbeit.
Das Urban Poor Consortium (UPC) wurde 1957 von Privatleuten und NGO in Jakarta mit dem Ziel gegründet, Slumbevölkerung in ihrem Kampf gegen die Behörden zu unterstützen. Ein grundlegender Gedanke ist auch hier das Prinzip „Hilfe zur Selbsthilfe". Ein Schwerpunkt ist die Lobby- und Advocacy-Arbeit, d.h.: Durch die Kooperation mit größeren und einflussreichen Institutionen und den öffentlichen Medien soll ein stärkerer Einfluss auf die Ent-scheidungsträger (Behörden, Politiker) ausgeübt werden.

Lösungshinweise **Seite 230**

7 Angola-China-Kooperation:

a) Beschreiben Sie die Wirtschaftsstruktur Angolas (Karte 27).

Angola liegt im Südwesten Afrikas am Atlantischen Ozean. Das Land ist weitgehend von Steppe und vor allem von Savannen geprägt, Tropischer Regenwald kommt nur vereinzelt in der Nordhälfte vor. Ebenso inselhaft gibt es Flächen für den Ackerbau mit einem Schwerpunkt östlich von der Hauptstadt Luanda. Angebaut werden Hirse für den Eigenbedarf sowie Sisal, Zuckerrohr und Kaffee, typische Cash Crops für den Export.

Bodenschätze sind verschiedene vorhanden. Östlich von Luanda gibt es Eisenerz und Stahlveredler, doch fehlen noch entsprechende Folgeindustrien. Anders ist das bei den Erdölvorkommen mit Land- und Küstenlage bei Luanda sowie besonders vor der Nordwestküste im Offshore- bzw. Tiefsee-Bereich. Nach 2000 hat die Förderung stark zugenommen und soll im Jahr 2020 rund 120 Mio. Tonnen erreichen. Gefördert wird bisher zu zwei Dritteln von Auslandsfirmen (u. a. aus China) sowie zu einem Drittel von dem einheimischen Unternehmen Sonangol. Neben den Exporten, die rund 97 % aller Ausfuhren ausmachen, findet auch schon eine Weiterverarbeitung im Land selbst statt, und zwar in den beiden Raffinerien in Luanda und Lobito. Ein letzter, aber u. a. auch für den Export wichtiger Bodenschatz sind die Diamantenvorkommen im Nordosten des Landes. Weitere Industrien neben den Erdöl-Raffinerien sind die Metallindustrie, die Textil- und die Nahrungs- und Genussmittelindustrie. Hinzu kommt im SW bei Namibe die Fischveredlung (fischreiche Gewässer des Benguelastroms). Luanda als einzige Millionenstadt dominiert im Siedlungsbereich genauso wie in der Verdichtung von Industrie. Hinzu kommen noch einige nennenswert große Städte mit mehr als 100 000 Einwohnern, vor allem die ‚Doppelstadt' Lobito – Benguela. Straßen bilden die wichtigsten Erschließungswege, ergänzt durch ein relativ spärliches Eisenbahnnetz.

b) Vergleichen Sie die Aussagen der Texte 29 und 30 zum angolanischen Wirtschaftswunder.

Der wirtschaftliche Aufschwung Angolas spiegelt sich in hohen Wachstumsraten wider sowie in der Tatsache, dass das Land heute die drittgrößte Volkswirtschaft Afrikas darstellt (hinter den deutlich einwohnerstärkeren Ländern Nigeria und Südafrika). Außerdem hat man beim Erdölexport Nigeria als größtes Lieferland Afrikas abgelöst. Symbol des Aufstiegs ist die Hauptstadt Luanda mit starkem Bevölkerungs- und Flächenwachstum, reger Bautätigkeit und ersten Wolkenkratzern. Maßgeblich am Aufschwung beteiligt sind die „neuen Handelspartner, … vor allem die Chinesen. … Seit Angola zu ihrem weltweit wichtigsten Öllieferanten [!] aufgestiegen ist, sind sie im Land allgegenwärtig." (Text 29) Allerdings gibt es auch Probleme, die das „Wirtschaftswunder" noch relativieren (Text 30, unterstützt von Foto 32): Leerstehende Siedlungen, deren Mietpreise keiner bezahlen kann; Slums in der zu schnell wachsenden Hauptstadt Luanda; Smog, Müllberge und Stau in Luanda; eine extreme Spaltung der Gesellschaft mit über 50 % Menschen, die unter der Armutsgrenze leben, aber auch mit einer vom neuen Reichtum stark profitierenden Oberschicht; die Dominanz der Chinesen, die wie eine „Nebenregierung" handeln und „eigene Regeln" aufstellen.

c) Ordnen Sie das Fallbeispiel in die Strategien des vorigen Kapitels ein.

Die Vorgänge in Angola passen am ehesten zur Entwicklungsstrategie der „Nachholenden Modernisierung" (siehe S. 224). Obwohl aus den 1960er-Jahren stammend und damals im Wesentlichen vom ‚Westen' praktiziert, spielt sich heute unter anderen Vorzeichen (kommunistisches China als „Entwicklungshelfer") Ähnliches ab. Im Mittelpunkt steht die Bereitstellung von Kapital zum Aufbau einer modernen Infrastruktur und Industrie, häufig verbunden mit Großprojekten. Vor allem so soll man wirtschaftliche Rückstände aufholen.

d) Erörtern Sie die Zusammenarbeit mit China als Beitrag zur Entwicklung Angolas.

Eine solche Erörterung führt für Angola zu einem zwiespältigen Fazit. Einerseits profitiert man neben den Ölvorkommen von der engen Kooperation mit dem Globalisierungsgewinner China. Das ostasiatische Land beteiligt sich an der Ölförderung, baut Straßen, Eisenbahnen, Hochhäuser und ganze Siedlungen, Fabriken und Krankenhäuser und stärkt z. B. den Finanzsektor (chinesische Export-Import-Bank, China Investment Fund). Andererseits „wird Angola mit Billigwaren Made in China überflutet"(Text 30), und es schreitet vor allem die Spaltung der angolanischen Gesellschaft massiv voran. Solange jedoch andere Staaten, wie die USA oder westeuropäische Länder, China das Feld überlassen, kann Angola kaum auf Geld und Know-how aus dem ‚Reich der Mitte' verzichten. Und solange stellt sich die Partnerschaft auch für beide Seiten als „Win-win-Situation" dar.

Schülerbuch
Seite 222 bis 231

Strategien und Instrumente zur Reduzierung von Disparitäten

1 Vervollständigen Sie das Wirkungsgefüge M1 mithilfe der Schulbuchmaterialien sowie der Schlüsselbegriffe in der Übersicht M2. Ergänzen oder korrigieren Sie die Pfeile.

2 Schnappschuss: Greifen Sie sich den Aspekt „Stellung der Frau" aus dem Wirkungsgefüge heraus und setzen Sie sich mit Hilfe des Wirkungsgefüges und des Materials M3–M4 kritisch mit dem Slogan „Frauen auf Reformkurs!?" auseinander.

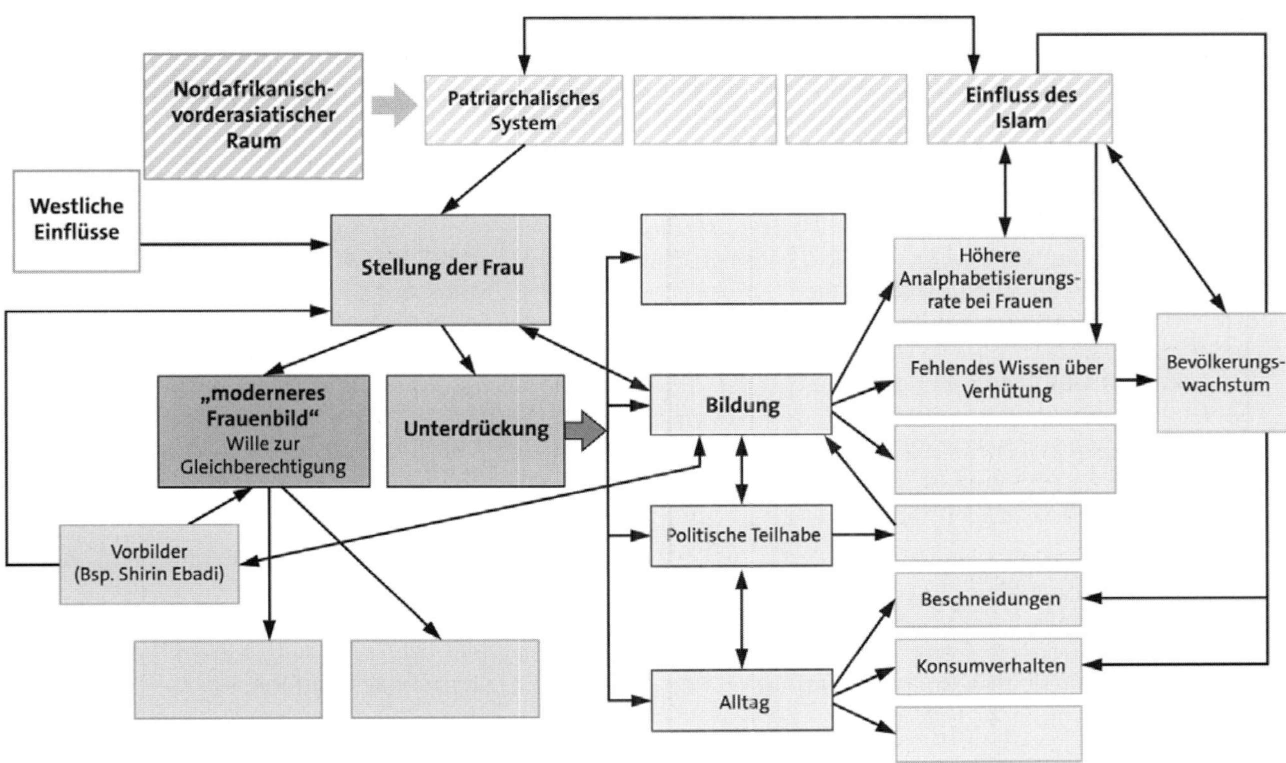

M1 Wirkungsgefüge zum Thema „Stellung der Frau im Orient"

Schlüsselbegriffe in Auswahl
- Patriarchalische Struktur
- Ehrenmorde
- Zugang zu Bildung
- Große geschlechtsspezifische Unterschiede
- Traditionen
- Unterdrückung der Frau
- Religiöse Einflüsse des Islam
- Gewalt gegen Ehefrauen als „Naturrecht"
- Wirtschaftliche Partizipation
- Politische Teilhabe
- Unterschied Stadt-Land
- (Ganzkörper)Schleier
- Erziehung
- Hohe Analphabetenrate auf dem Land ...

M2

Name: Klasse: Datum:

© Ernst Klett Verlag GmbH, Stuttgart 2015. | www.klett.de | Erstellt für: TERRA OS TB Entwicklungsländer | ISBN: 978-3-12-104706-2
Alle Rechte vorbehalten. Von dieser Druckvorlage ist die Vervielfältigung für den eigenen Unterrichtsgebrauch gestattet.
Die Kopiergebühren sind abgegolten. Für Veränderungen durch Dritte übernimmt der Verlag keine Verantwortung.

Schülerbuch
Seite 222 bis 231

Strategien und Instrumente zur Reduzierung von Disparitäten

Mit dem Kopftuch unterm Korb – Foto-Ausstellung zu Olympia –

Frauen aus der ganzen Welt! Endlich. Bei den Olympischen Spielen treten erstmals Sportlerinnen aus allen Teilnehmernationen an, nachdem drei arabische Länder ihren Widerstand aufgegeben haben. Eine Fotoschau in London feiert nun diese Athletinnen (...). Saudi-Arabien, das sittenstrenge Königreich, in dem Frauensport als unislamisch gilt und daher verboten ist, entsendet eine Läuferin und eine Judoka zu den Olympischen Spielen nach London. Zwar handelt es sich um Exil-Saudi-Araberinnen, beide geboren und aufgewachsen in den USA. Doch ein Anfang ist gemacht. Auch das Emirat Katar und das Sultanat Brunei sind erstmals mit weiblichen Athleten vertreten. Damit markiert London einen Meilenstein in der Geschichte der Spiele. Erstmals sind Frauen aus allen 205 Teilnehmerstaaten dabei.

„Neues Selbstbewusstsein der arabischen Frauen"

Die Errungenschaften der arabischen Sportlerinnen werden nun in der Fotoausstellung „Hey Ya“ gefeiert, die drei Wochen lang in der Londoner Galerie des Auktionshauses Sotheby's zu sehen ist. (...) Angestoßen hat das Projekt die Tochter des Emirs, die 29-jährige Scheicha Majassa Al Thani. In der Vergangenheit war das Emirat für die Diskriminierung von Frauen im Sport scharf kritisiert worden. Nun setzt sich das Land an die Spitze der Modernisierer: In den vergangenen Jahren sind neue Sportstätten entstanden, viel Geld floss in die Nachwuchsförderung. Die Beteiligung arabischer Frauen an Olympischen Spielen ist über die Jahre stetig gestiegen. Vor vier Jahren in Peking hatten die Vereinigten Arabischen Emirate und Oman zum ersten Mal Teilnehmerinnen zu den Spielen geschickt. Nun ist mit Katar, Brunei und Saudi-Arabien die Liste komplett. Zumindest auf dem Papier. Denn Kritiker bemängeln, dass die saudische Regierung ihre Haltung zum Frauensport gar nicht geändert, sondern nur dem internationalen Druck nachgegeben habe, um nicht von den Londoner Spielen ausgeschlossen zu werden. An der Diskriminierung von Frauen in Saudi-Arabien ändere sich nichts.

Das stimmt wohl. Doch zeigt die Ausstellung bei Sotheby's auch die Risse in der Fassade der patriarchalischen Gesellschaften. Es sei faszinierend zu sehen, wie die Mädchen ihr Recht auf Sport einforderten, sagt auch Fotografin Lacombe.

Es ist jedoch noch ein langer Weg. Nicht umsonst leben und trainieren viele der abgebildeten Frauen in westlichen Ländern. Daheim können sie ihren Sport häufig nur unter Polizeischutz ausüben.

M3

Name: Klasse: Datum:

Klett
© Ernst Klett Verlag GmbH, Stuttgart 2015. | www.klett.de | Erstellt für: TERRA OS TB Entwicklungsländer | ISBN: 978-3-12-104706-2
Alle Rechte vorbehalten. Von dieser Druckvorlage ist die Vervielfältigung für den eigenen Unterrichtsgebrauch gestattet.
Die Kopiergebühren sind abgegolten. Für Veränderungen durch Dritte übernimmt der Verlag keine Verantwortung.

Strategien und Instrumente zur Reduzierung von Disparitäten

SPIEGEL ONLINE SPIEGEL ONLINE, 01. Oktober 2012, 12:29 Uhr

Neuer Katalog

Ikea zensiert Frauenbilder in Saudi-Arabien

Getty Images (Henrik Montgomery/AFP), München

Der Ikea-Kataolog wird weltweit vertrieben, doch nicht überall darf er gleich aussehen. In der saudi-arabischen Version hat die Möbelkette jetzt Fotos von Frauen entfernt, um staatliche Vorschriften zu erfüllen.

Stockholm – Ob in Kuwait, Saudi-Arabien oder den Vereinigten Arabischen Emiraten: Ikea hat längst auch auf der arabischen Halbinsel Fuß gefasst. Dort nimmt die schwedische Möbelkette Rücksicht auf religiöse Empfindsamkeiten. In ihrem neuen Katalog für Saudi-Arabien ließ sie Abbildungen von Frauen wegretuschieren. Das berichtete das Stockholmer Gratisblatt „Metro" am Montag und veröffentlichte Vergleichsfotos mit den sonst jeweils identischen Abbildungen aus der weltweit verbreiteten Ausgabe des Katalogs 2013.

Hintergrund sind dem Bericht zufolge die strengen Vorschriften in Saudi-Arabien für das Abbilden unbedeckter Haut von Frauen. Schwedens Handelsministerin Ewa Björling sagte dem Blatt: „Man kann Frauen nicht aus der Wirklichkeit wegretuschieren." Die Bilder seien ein „weiteres trauriges Beispiel dafür, wie weit der Weg bis zur Gleichstellung von Männern und Frauen in Saudi-Arabien noch ist".

Ikea-Sprecherin Ylva Magnusson sagte, der Konzern habe „einen klaren Verhaltenskodex" mit der Gleichstellung von Männern und Frauen als Bestandteil. Für den saudi-arabischen Katalog sei die Holdinggesellschaft Inter Ikea zuständig. Diese war für eine Stellungnahme zunächst nicht erreichbar.

Der Ikea-Katalog erscheint seit 1951. Die neue Ausgabe mit einer Auflage von 208 Millionen wird nach Angaben des „Wall Street Journal" weltweit in 43 Ländern vertrieben. dab/dpa

http://www.spiegel.de/wirtschaft/unternehmen/ikea-zensiert-frauenbilder-in-katalog-fuer-saudi-arabien-a-858929.html

M4

Name: Klasse: Datum:

© Ernst Klett Verlag GmbH, Stuttgart 2015. | www.klett.de | Erstellt für: TERRA OS TB Entwicklungsländer | ISBN: 978-3-12-104706-2
Alle Rechte vorbehalten. Von dieser Druckvorlage ist die Vervielfältigung für den eigenen Unterrichtsgebrauch gestattet.
Die Kopiergebühren sind abgegolten. Für Veränderungen durch Dritte übernimmt der Verlag keine Verantwortung.

Schülerbuch
Seite 222 bis 231

Strategien und Instrumente zur Reduzierung von Disparitäten

Lösung

1 Vervollständigen Sie das Wirkungsgefüge M1 mithilfe der Schulbuchmaterialien sowie der Schlüsselbegriffe in der Übersicht M2. Ergänzen oder korrigieren Sie die Pfeile.

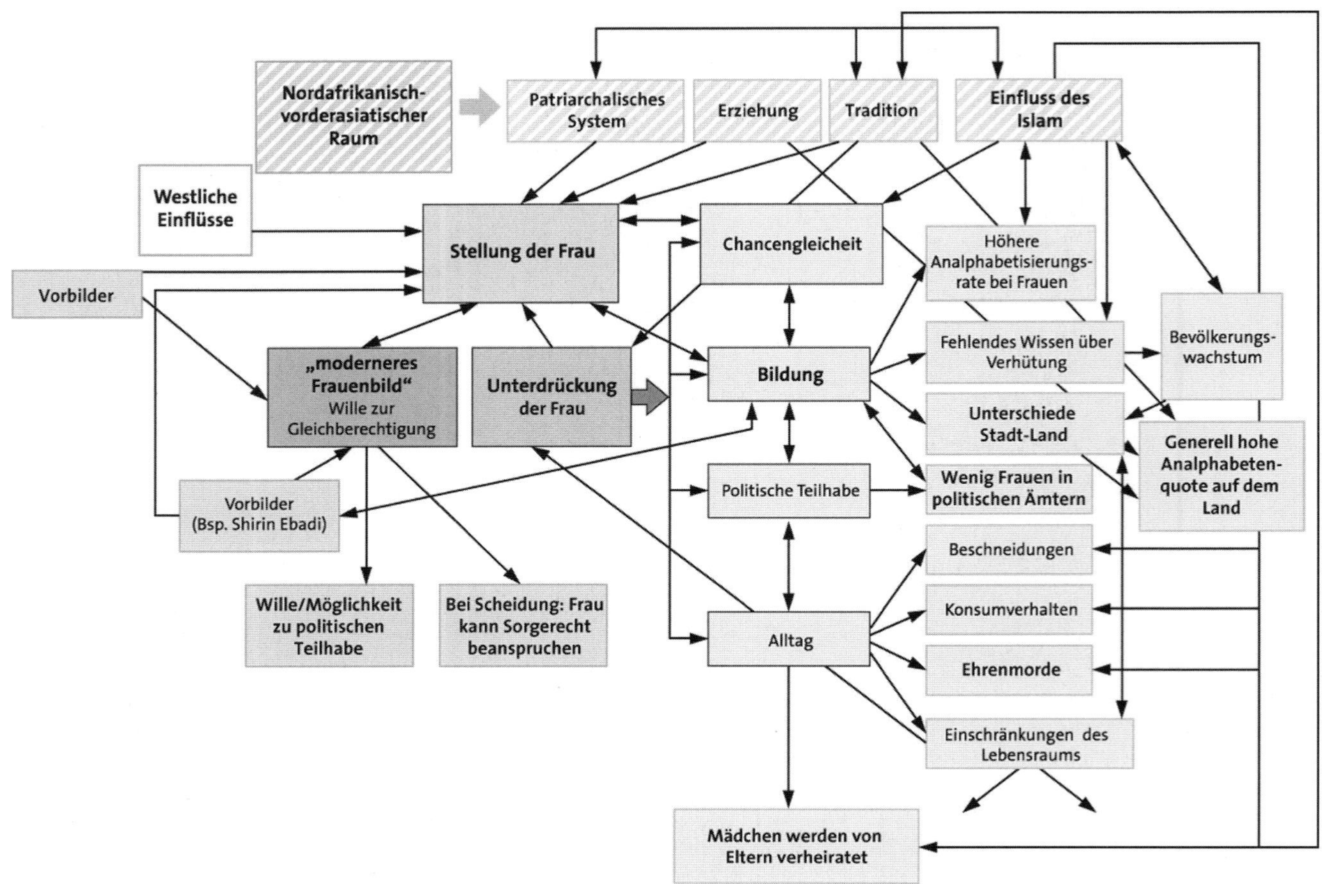

Name: Klasse: Datum:

© Ernst Klett Verlag GmbH, Stuttgart 2015. | www.klett.de | Erstellt für: TERRA OS TB Entwicklungsländer | ISBN: 978-3-12-104706-2
Alle Rechte vorbehalten. Von dieser Druckvorlage ist die Vervielfältigung für den eigenen Unterrichtsgebrauch gestattet.
Die Kopiergebühren sind abgegolten. Für Veränderungen durch Dritte übernimmt der Verlag keine Verantwortung.

Strategien und Instrumente zur Reduzierung von Disparitäten

Lösung

2 Schnappschuss: Greifen Sie sich den Aspekt „Stellung der Frau“ aus dem Wirkungsgefüge heraus und setzen Sie sich mit Hilfe des Wirkungsgefüges und des Materials M3–M4 kritisch mit dem Slogan „Frauen auf Reformkurs!?“ auseinander.

Teil 1: Wirkungsgefüge: Wesentlich für die wirtschaftliche und soziale Entwicklung sowie speziell für die Bevölkerungsentwicklung ist die gesellschaftliche Stellung von Frauen im Orient. Nachfolgende Aspekte des Wirkungsgefüges können für die anschließende kritische Betrachtung als Grundlage herausgegriffen werden:

Linke Seite des Wirkungsgefüges:
Wenn von einem „modernen Frauenbild“ die Rede ist, geht es vorrangig **um eine Stärkung der Selbstbestimmung** von Frauen. Dies bedeutet nicht nur **gleiche Rechte**, sondern auch gleiche Chancen und eine **materielle Besserstellung**.

Rechte Seite des Wirkungsgefüges:
Beeinflusst wird die Stellung der Frau im Orient v. a. **durch vorherrschende Unterdrückung** der Frau, welche zusammenhängt mit dem politischen System, mit Traditionen, der Religion etc.
Ohne die Verwirklichung von Chancengleichheit und Selbstbestimmung sind **Grundziele** der Bevölkerungs-, Familien- und Gesundheitspolitik nicht erreichbar (Ziel sind z. B.: Verringerung der Zahl ungeplanter Schwangerschaften, Senkung der Kindersterblichkeit, Erhöhung des Lebensstandards durch eine stärkere Erwerbsbeteiligung von Frauen, …).
Gründe dafür:
Mädchen und Frauen erhalten im Orient immer noch **weniger Bildungschancen** als Männer. Mädchen haben weniger Gelegenheit die Schule zu besuchen bzw. besuchen sie viel kürzer. Es lässt sich aber klar zeigen, dass **besonders hohe Fruchtbarkeit** und fehlende **Bildungschancen für Frauen Hand in Hand gehen.**

Teil 2: Frauen auf Reformkurs:
Hier ist eine kritische Auseinandersetzung gefordert, die auf beide Materialien (M3, M4) eingeht.
M3, M4: Nach außen werden arabische Sportlerinnen als modern und selbstbewusst dargestellt. Das Bild trügt (siehe M3): „An der Diskriminierung von Frauen in Saudi-Arabien ändere sich nichts“ und (M4) sagt: „der Weg zur Gleichstellung von Mann und Frau in Saudi-Arabien“ sei noch weit.
Mögliches Fazit: In punkto Chancengleichheit beim Erwerb und der Nutzung menschlicher Fähigkeiten und der Ausübung der Menschenrechte muss noch sehr viel mehr geschehen, bevor die Fortentwicklung der Frauen abgeschlossen ist.
Da die Lage der Frauen in der arabischen Welt sich aus dem komplexen – und häufig problematischen – Zusammenwirken kultureller, sozialer, wirtschaftlicher und politischer Faktoren ergibt, bestehen in der Region zahlreiche Hemmnisse für diesen Prozess.

Name: Klasse: Datum:

Klett
© Ernst Klett Verlag GmbH, Stuttgart 2015. | www.klett.de | Erstellt für: TERRA OS TB Entwicklungsländer | ISBN: 978-3-12-104706-2
Alle Rechte vorbehalten. Von dieser Druckvorlage ist die Vervielfältigung für den eigenen Unterrichtsgebrauch gestattet.
Die Kopiergebühren sind abgegolten. Für Veränderungen durch Dritte übernimmt der Verlag keine Verantwortung.

Schülerbuch
Seite 232 bis 239

Globalisierung als Chance zum Abbau von Disparitäten?

Strukturierungshilfe

Phase	Thema	Seite	Material	Aufgabe	Methodische Hinweise
Einstieg	Globalisierung – Pro und Kontra				Spontane Diskussion im Plenum mit Hinführung zu dem Impuls: Und die Entwicklungsländer?
Erarbeitung 1	Rolle der Entwicklungsländer im Welthandel und bei den globalen Investitionen	232–233	1–6	1–2	
Erarbeitung 2	Einklinken in den Welthandel durch Exportorientierte Zonen – Möglichkeit zum Abbau innerstaatlicher Disparitäten? Fallbeispiel Malaysia	234–235	7–12	3–5	
TERRA Differenzierung	Globalisierung – ein Entwicklungsgarant für Länder der „Dritten Welt" Angebot 1: Vietnam Angebot 2: Kambodscha	236–239	 1–8 1–7	 1–6 1–6	Zwei Differenzierungsangebote nach Interesse (Raumbeispiele, Entwicklungs- und Globalisierungsstand) und Lerntypus (Aufgabe 5 mit jeweils unterschiedlichen Kreativitäts-Akzenten) Kopiervorlage: Capitalism meets Socialism – Singapurs Industrieparke in Vietnam

Lösungshinweise Seite 233

1 Analysieren Sie die Materialien 1 und 2 im Hinblick auf charakteristische Merkmale des Welthandels.

Material 1, Welthandel; wichtige Aussagen der Karte sind:

- Die Entwicklung der Handelsbedingungen verlief im angegebenen Zeitraum 2002 bis 2012 sehr unterschiedlich. Die Terms of Trade (ToT) sind ja definiert als Verhältnis aus dem Index der Exportgüterpreise und dem Index der Importgüterpreise. Ein Rückgang dieser Maßgröße infolge steigender Preise für Importgüter (z. B. Maschinen) und sinkender bzw. stagnierender Preise für Exportgüter (z. B. Kaffee, Baumwolle) hat also eine Verschlechterung der Terms of Trade zur Folge. In den meisten Regionen der Erde haben sich die Handelsbedingungen im Vergleich zu 2000 verbessert – so in weiten Teilen Lateinamerikas, Asiens, Afrikas, in Kanada oder Australien. Auffällig ist dagegen die Verschlechterung der Handelsbedingungen in vielen Industriestaaten Europas sowie den USA, aber auch in China und in Teilen Ost- und Südafrikas. Die Einbindung vieler Entwicklungsländer in den Welthandel hat sich verbessert, allerdings auf im Vergleich mit den Industrieländern niedrigem Niveau.
- Die drei Großregionen Europa, Nordamerika und Asien/Pazifik (Triade) dominieren eindeutig den Welthandel, d. h. zwischen ihnen verlaufen die größten interregionalen Handelsströme. Die Handelsströme zwischen den übrigen Regionen haben dagegen einen bedeutend geringeren Umfang. Besonders auffällig ist die starke Exportorientierung des asiatisch-pazifischen Raums sowohl nach Europa als auch nach Nordamerika und dessen überdurchschnittlich große Importe aus Nahost (vor allem verursacht durch die Importe von Erdöl und Erdgas).
- Beim intraregionalen Handel (Handel innerhalb der jeweiligen Region) ist Europa mit Abstand führend, gefolgt von
- Asien/Pazifik und Nordamerika. Die anderen Regionen rangieren weit dahinter.
- Im Welthandel haben sich ausgeprägte regionale Netzwerke gebildet; Globalisierung bedeutet also nicht generell eine weltweite Verflechtung der Volkswirtschaften, sondern auch eine räumliche Konzentration (Clusterbildung).

Material 2, Entwicklung des Weltexportvolumens; wesentliche Entwicklungen sind:

- Der Welthandel hat stark zugenommen, hier z. B. zu erkennen an dem Anwachsen der Exporte von 1 Bill. US-$ im Jahr 1980 auf rund 18 Bill. 2012.
- Dabei haben sich die Exporte nach Regionen z. T. deutlich verschoben. Während lange Zeit Amerikas und Europas Exporte nicht nur anstiegen, sondern diese beiden Regionen (vor allem Europa) die weltweiten Exporte dominierten, hat in der letzten Dekade Asien stark zugelegt. Hier ist natürlich vor allem China zu nennen („Exportweltmeister" seit 2012), aber auch einige Staaten des Wirtschaftsbündnisses ASEAN.
- Zwar hat auch der Anteil Afrikas an den Weltexporten zugenommen, er bleibt aber im Vergleich zu den anderen marginal und umfasst nur ca. 0,5 Bill. US-$ – wobei es sich überwiegend um Rohstoffe und Agrarprodukte handeln wird.
- Der Einbruch bei den Exporten Ende des vorigen Jahrzehnts – unter dem Einfluss von globaler Finanz- und Wirt-

schaftskrise – war sehr deutlich. Es ist allerdings auch zu erkennen, wie schnell sich der Welthandel hiervon wieder erholt hat. Getragen wird die Entwicklung immer noch von weltbedeutenden Exporteuren wie China, Deutschland, den USA oder Japan und Korea.

2 Erläutern Sie anhand der Materialien 4–6 die Rolle der ADI für die Entwicklungsregionen und Entwicklungsländer.

Ausländische Direktinvestitionen (ADI) sind neben dem Welthandel ein weiterer wichtiger Baustein des Globalisierungsprozesses. Teilt man die Welt lediglich in drei Raumkategorien (Diagramm 4), so fällt auf, dass die noch 2007/2008 bestehende Dominanz der „Developed economies", also der hoch entwickelten Staaten bei Zufluss von ADI nicht mehr besteht. Im Jahr 2012 gab es vielmehr eine ausgeglichene Bilanz zwischen ihnen und den „Developing economies", also den Ländern in der Entwicklung (Entwicklungs- und Schwellenländer). In diese beiden Groß-regionen flossen jeweils rund 650 Mrd. US-$ ADI. Eine geringe Rolle spielten die Transformationsländer bei den insgesamt knapp 1,4 Bill. US-$ weltweiter ADI – eine Summe, die zwar deutlich über dem Haupt-Krisenjahr 2009 liegt, aber immer noch stark unter den rund 2 Bill. US-$ von 2007.
Die Bildung einer Gruppe der „Developing economies" ist allerdings zu undifferenziert. Daher betrachtet das folgende Diagramm 5 die Gruppe genauer und vermittelt ein ebenso vertrautes wie problematisches Bild: Bei den ADI-Zuflüssen dominiert stark der asiatische Raum, gefolgt mit ebenfalls nennenswerten Zahlen für die Region Latein-amerika und Karibik. Vertraut problematisch ist besonders die Rolle Afrikas: Obwohl weit über 40 Staaten und 1,1 Mrd. Menschen, spielt Afrika ähnlich wie schon im Welthandel eine ganz untergeordnete Rolle und kommt nur auf einen ADI-Zufluss von ca. 55–60 Mrd. US-$.
An die beiden Diagramme mit letzten Werten von 2012 schließt sich ein weiteres an (6), das die Perspektive der beabsichtigten ADI von TNCs für die Jahre von 2013 bis 2015 zeigt; denn es sind ja gerade diese multinationalen Konzerne, die die Investitionen tätigen. Das Bild ist hinsichtlich der „Developing economies" beeindruckend: Von den zehn Staaten mit den erwarteten höchsten ADI-Zuflüssen gehören sechs zu dieser Gruppe, aber nur vier zu den „Developed economies". Die Tendenz, die schon in Material 4 zu sehen war, setzt sich also fort, und mit einiger Wahrscheinlichkeit werden in den genannten Jahren die Entwicklungs- und Schwellenländer beim Zufluss von ADI die bereits entwickelten Länder überholen. Etwas Zweites fällt allerdings genauso auf: Es sind hier wenige, bekannte Staaten, die den Großteil der ausländischen Investitionen auf sich ziehen: China, Indien, Indonesien, Brasilien, Mexiko und Thailand.

Lösungshinweise — Seite 234/235

3 Beschreiben Sie die Wirtschaftsstruktur von Malaysia (Karte 7).

Der südostasiatische Staat Malaysia befindet sich einerseits im Südteil der Halbinsel Malakka, wo er an Thailand grenzt, andererseits im Norden und Nordwesten der Insel Borneo. Nachbarstaaten sind hier das Sultanat Brunei sowie Indonesien. Besiedlung und Wirtschaft konzentrieren sich auf Malakka und hier auf die Regionen an der Westküste. Es lassen sich drei industrielle Schwerpunkte ausmachen (von Nord nach Süd): zwischen Pinang und Ipoh mit Maschinen- und Fahrzeugbau sowie Buntmetallverhüttung; in der Hauptstadtregion um Kuala Lumpur mit ebenfalls Maschinen- und Fahrzeugbau sowie Chemischer Industrie und Elektrotechnik; bei Johor Baharu an der Grenze zu Singapur mit Erdölindustrie (Raffinerie), Chemischer Industrie und Schiffsbau. An der Ostküste gibt es bei den insgesamt kleineren Städten einzelne Standorte der Chemischen Industrie und der Eisenverhüttung. Eine andere Struktur weist der dünn besiedelte Landesteil auf der Insel Borneo auf. Hier dominiert im Offshore-Bereich die Erdölförderung, wahrscheinlich auch die Grundlage der zahlreichen Standorte der Chemischen Industrie in ganz Malaysia. Das Insel-Festland ist weitgehend von Tropischem Regenwald bedeckt, was zu Standorten der Holzindustrie geführt hat. Auf Rodungsflächen im Norden Borneos findet man, genauso wie auf Malakka, Ölpalm-Plantagen, ergänzt durch Kautschukanbau – beides also Cash Crops für den Export. Die Küstenlage der meisten Industriestandorte bietet günstige Voraussetzungen für die Teilhabe am Welthandel.

4 Erläutern Sie anhand dieser Doppelseite die Rolle der Exportorientierten Zonen für die wirtschaftliche Entwicklung Malaysias.

Analog zur industriellen Raumstruktur befinden sich die weitaus meisten der malaysischen Exportzonen in den oben genannten Schwerpunkträumen der Westküste Malakkas. An der Ostküste der Halbinsel gibt es dagegen keinen solchen Standort und auf Borneo lediglich einen bei Kuching. Die exportorientierten Zonen, die vor allem zwischen 1990 und 2000 entstanden, waren ein wesentliches Element der Industrialisierung Malaysias, die strikt vom Staat dirigiert wurde. Dabei erfüllten sie vier Zwecke:

- Sie entlasteten die Hauptstadtregion Kuala Lumpur und erschlossen gleichzeitig neue Räume, wie im Nordteil (Pinang – Ipoh) und im Südteil (Johor Baharu) der Westküste Malakkas oder im SW der Provinz Sarawak auf Borneo.
- Sie brachten die Industrialisierung des Landes voran, indem hier ausländische Unternehmen angelockt wurden, Investitionen zu tätigen, die zu neuen industriellen Produktionsstandorten führten.
- So entstanden zahlreiche besser bezahlte Arbeitsplätze und die Ausbildung und Qualifikation der Beschäftigten verbesserte sich.
- Durch die Küstenlage und Branchenstruktur entstand eine Einbindung in den Welthandel durch Exporte. Dem entsprechend haben Industriegüter trotz Erdöl und Cash Crops einen Exportanteil von über 70 %.

5 Nehmen Sie Stellung zu der in der Überschrift gestellten Frage: „Exportorientierte Zonen – Abbau oder Festigung innerstaatlicher Disparitäten?"

Bei der Beantwortung der Frage entsteht ein „Sowohl – als auch". Zum einen haben die EPZ dazu geführt, dass die Konzentration wirtschaftlicher Aktivitäten und hier vor allem der Industrie auf die Hauptstadt Kuala Lumpur überwunden wurde. Sowohl im Norden als auch im Süden sind auf der Halbinsel Malakka durch die EPZ neue industrielle Kerne entstanden. Und auch auf Borneo werden die Exportorientierten Zonen als Instrument der Raumentwicklung deutlich, wo eine solche

Zone bei der Stadt Kuching angesiedelt wurde. Zum andern sind aber trotz der EPZ immer noch starke räumliche Disparitäten in Malaysia zu erkennen. Die Westküste Malakkas dominiert stark, denn auch die beiden neuen industriellen Kerne liegen hier. Das Gefälle zu den übrigen Landesteilen – Ostküste Malakkas, Landesinnere, Borneo – ist eher sogar größer geworden, vor allem da die die EPZ bei Kuching einen Einzelfall darstellt.

Lösungshinweise **Seite 238**
Differenzierungsangebot 1 – Vietnam

1 Vorwissen: Informieren Sie sich über grundlegende Fakten des Vietnamkrieges.

Wichtige Daten zum Vietnamkrieg:
- 1954 Ende des ersten Indochinakrieges und Teilung Vietnams in einen kommunistischen Norden (Hauptstadt Hanoi) und einen prowestlich ausgerichteten Südteil (Hauptstadt Saigon)
- 1955–1964 Bürgerkrieg in Südvietnam, in dem die hier operierenden Vietcong versuchten, die antikommunistische Regierung in Saigon zu stürzen und Südvietnam mit dem kommunistischen Nordvietnam zu vereinigen; Nordvietnam und auch die Sowjetunion unterstützten daher die Vietcong, die USA unterstützten dagegen Südvietnam mit Waffen
- 1965 Ausdehnung des US-amerikanischen Engagements unter Präsident Johnson, Entsendung von immer mehr US-Soldaten nach Südvietnam und Bombardierung Nordvietnams durch die US-Luftwaffe
- 1964 bzw. 1970 Übergreifen der Kämpfe auf Laos und Kambodscha
- 1965–1973 immer größere Landgewinne der Vietcong; massive Proteste gegen den Vietnamkrieg in Europa und später auch in den USA, vor allem nach dem Massaker amerikanischer Soldaten an 500 wehrlosen Bewohnern des Dorfes My Ley; gegen Ende der Präsidentschaft Johnsons teilweise Einstellung der Luftangriffe; unter Präsident Nixon seit 1968 Teilabzug amerikanischer Einheiten
- 1972 Schwere Luftangriffe der USA auf Hanoi, Ansehen der USA weltweit auf dem Tiefpunkt
- 1973 Pariser Abkommen zu einem Waffenstillstand
- 1. Mai 1975 Eroberung Saigons durch Vietcong und nordvietnamesische Truppen – Ende des Vietnamkriegs mit einer Niederlage Südvietnams und der USA
- 2. Juli 1976 Gründung des heutigen Vietnam, einem der letzten vier kommunistischen Länder der Welt; Umbenennung von Saigon in Ho Chi Min (-Stadt) nach dem Präsidenten Nordvietnams (gest. 1969), unter dem das Land sowohl den Indochinakrieg gegen Frankreich als auch anschließend den Vietnamkrieg führte

Opfer: Vietnam spricht von 4 Millionen Zivilisten und 1,1 Mio. vietnamesischen Soldaten; bis 2009 sollen weitere 400 000 Menschen an Folgeschäden gestorben sein, vor allem durch das hochgiftige Agent Orange, das die Amerikaner einsetzen, um den Regenwald zu entlauben; 58 220 US-Soldaten starben.

2 Analysieren Sie die Karten 1 und 4 im Hinblick auf eine Teilhabe am Globalisierungsprozess.

Die beiden Karten zu Wirtschaft und Tourismus zeigen mehrere Faktoren im Hinblick auf günstige Voraussetzungen für ein Einklinken in den Globalisierungsprozess. Hierzu gehört z. B. die extrem lange Küstenlinie. Einerseits ist sie günstig für Häfen (der größte Hajphong, liegt im Norden, hier auch Schiffbau) und damit für Im- und Exporte – wobei der Welthandel ja eine der bedeutendsten Säulen der Globalisierung ist. Andererseits zeigt Karte 4 darüber hinaus, dass gerade die Küstenregionen auch eine erhebliche Rolle für den Tourismus spielen. Des Weiteren gehört dazu auch die Textilindustrie: In ihrer Häufigkeit weist sie auf günstige Produktionsbedingungen hin (niedrige Löhne) sowie auf eine deutliche Exportausrichtung. Ähnlich ist es in der Landwirtschaft; auch hier werden mit Tee, Kaffee, Zucker oder Kautschuk klassische Cash Crops für den Weltmarkt angeboten. Zu den günstigen Bedingungen dafür, dass Vietnam zum Ziel des internationalen Tourismus werden konnte und auch auf diesem Weg Anschluss an Globalisierungsvorgänge findet, gehören neben der langen Küstenlinie sehenswerte Städte, Nationalparks, Tempelanlagen und historische Orte, etliche davon als Weltnatur- oder kulturerbe eingestuft.

3 Beschreiben Sie das Foto 3 unter dem Aspekt „Globalisierung".

Es gibt eine Reihe funktionaler Merkmale, die Global Citys kennzeichnen, z. B. die Bedeutung als internationaler Finanzplatz und Verkehrsknoten oder das Vorhandensein von Headquarters Transnationaler Konzerne. Neben den funktionalen Charakteristika gibt es allerdings auch ein physiognomisches, nämlich das Vorhandensein einer Skyline. Unter diesem Aspekt zeigt das Foto der Downtown von Ho Chi Minh-Stadt, dem Wirtschaftszentrum im Süden, zumindest erste Ansätze, indem Hochhäuser und auch einige Wolkenkratzer das Bild prägen. Da ein weiterer Ausbau zumindest wahrscheinlich ist, nähert sich die Physiognomie der einer Global City an – und wird so zum Symbol für die Globalisierungstendenzen in Vietnam.

4 Kennzeichnen Sie Vietnams wirtschaftlichen und demografischen Entwicklungsstand.

Hierzu geben besonders die Materialien 5 und 7 folgende Hinweise:

Wirtschaft:
- 1986 erfolgte als Antwort auf eine schwere ökonomische Krise die Öffnung der Wirtschaft hin zu einer „sozialistischen Marktwirtschaft" (ähnlich wie in China).
- Die wirtschaftlichen Wachstumsraten liegen seitdem bei 7–8 % pro Jahr.
- Seit 2007 ist das Land Mitglied in der WTO und hat seitdem entsprechende Maßnahmen ergriffen, wie z. B. den Abbau von Handelshemmnissen. Hierdurch wuchs die internationale Einbindung des Landes enorm.
- Über die WTO hinaus ist Vietnam Mitglied in weiteren wichtigen internationalen Institutionen, wie dem IWF. Es ist darüber hinaus ASEAN-Mitglied, also Teil des wichtigsten asiatischen Wirtschaftsbündnisses.
- Zwischen 1996/97 und 2013 hat sich das BIP verachtfacht, das BIP/Kopf immerhin versechsfacht. Allerdings zeigt Letz-

teres mit 1960 US-$ immer noch starke Entwicklungsrückstände.
- Ähnliches trifft auf die Anteile der einzelnen Wirtschaftssektoren am BIP und an den Beschäftigten zu. Ist der Anteil des Primären Sektors am BIP mit fast 20% schon für ein entwickeltes Land zu hoch, so sind vor allem die fast 50% der Beschäftigten, die im Primären Sektor arbeiten, typisch für ein Land mit Entwicklungsrückständen.
- Andererseits besitzt man, selten genug für ein Entwicklungsland, eine positive Handelsbilanz, wobei man feststellen muss, dass sich die Ex- und Importe zwischen 1996/97 und 2013 extrem erhöht haben, bei den Exporten z. B. von 8,85 Mrd. US-$ auf 128,9! Hier, im Außenhandel, ist also eine zunehmende Teilhabe am Globalisierungsprozess sehr deutlich zu beobachten.
- Zu den gesamtwirtschaftlichen Erfolgen hat auch besonders der Tourismus beigetragen, in dem 2013 rund 8% des BIP erwirtschaftet wurde.

Bevölkerung:
- Das Land wies lange Zeit ein für Entwicklungsländer typisches starkes Bevölkerungswachstum auf. Gab es 1996/97 noch rund 64 Mio. Einwohner, so waren es 2013 bereits über 93 Millionen. Allerdings hat sich das Bevölkerungswachstum aktuell sehr abgebremst (2013: 1%).
- Verbessert haben sich auch die Lebenserwartung sowie die Zahl der Menschen, die unter der Armutsgrenze leben. Letztere beispielsweise von über 42% Mitte der 1990er-Jahre bis auf 11,3% im Jahr 2012.
- Die Alphabetisierungsrate liegt schon seit längerem deutlich über den Werten, die man aus anderen Entwicklungsländern kennt.

Man könnte also zusammenfassend sagen, dass sich Vietnam in Richtung eines Schwellenlands entwickelt, vor allem auch durch die Öffnung der Wirtschaft nach außen.

5 Gestalten Sie einen Flyer, mit dem Vietnam in Reisebüros für sich werben könnte.

Hier handelt es sich um eine Differenzierungsaufgabe, gerade für Schüler, die gerne kreativ und haptisch arbeiten. Man könnte sich z. B. eine Kollage vorstellen, in der vor allem bildlich die o. g. Vorzüge des Landes präsentiert werden: Küsten und Strände, touristische Zentren und sehenswerte Städte, Nationalparks und Tempelanlagen etc. Ver-bunden werden könnte dies mit dem Hinweis auf eine beständig wachsende touristische Infrastruktur und auf das dennoch günstige Preisgefüge.

6 Nehmen Sie Stellung zu der in der Überschrift gestellten Frage.

Insgesamt kann man die Frage für Vietnam bejahen, da sich das Land auf dem Weg einer deutlichen Entwicklung und Internationalisierung befindet. Das betrifft sowohl die Wirtschaft als auch die dadurch hervorgerufenen Verbesserungen für die Bevölkerung. Besonders die Einbindung in den Globalisierungsprozess ist gut gelungen; sie ist eine der wichtigsten Säulen der Landesentwicklung geworden. Dennoch hat man sich beim HDI nicht verbessert, im Gegenteil (1995–2013: von Platz 122 auf 127). Das mag vor allem daran liegen, dass ökonomische Erfolge zum Teil durch das Bevölkerungswachstum „aufgefressen" wurden und das BIP/Kopf (auch beim HIDI ein wichtiger Berechnungsfaktor) trotz der genannten Erfolge noch niedrig ist. Bemerkenswert sind die Erfolge aber allemal, auch auf dem Hintergrund des in Aufgabe 1 gemachten historischen Abrisses. Bedenkt man, wie sehr der Vietnamkrieg das Land in jeder Hinsicht beeinträchtigte und in seiner Entwicklung hemmte, so hat das Land einen Aufschwung erreicht, den man eigentlich nicht erwarten konnte.

Lösungshinweise — Seite 240
Differenzierungsangebot 2 – Kambodscha

1 Vorwissen: Informieren Sie sich über grundlegende Fakten zur Diktatur und zum Genozid unter Pol Pot (1975–1979).

Wichtige Daten zur Schreckensherrschaft Pol Pots:
- 1970 Sturz des Königs Sihanouk durch Offiziere unter General Lon Nol
- 1972 Lon Nol Präsident der „Republik Khmer" (heutiges Kambodscha); enge Zusammenarbeit mit Amerikanern und Südvietnamesen
- im Exil in Peking Gründung der „Nationalen Einheitsfront von Kampuchea" durch König Sihanouk mit dem Ziel der Rückgewinnung der Macht; dabei Verbündung mit den „Roten Khmer", die 1951 aus der kommunistischen Partei des Landes hervorgegangen waren
- 1975 Eroberung der Hauptstadt Phnom Phen durch die Roten Khmer und Sturz des Generals Lon Nol
- 1976 erzwungener Rücktritt des pro Forma als Staatsoberhaupt eingesetzten Königs Sihanouk (Hausarrest) und Übernahme der Macht durch den Ministerpräsidenten und Führer der Roten Khmer, Pol Pot – unter ihm Pot Zerschlagung des Gesellschaftssystems und -gefüges Kambodschas durch die Roten Khmer, um die Grundlage für eine völlig egalitäre Gesellschaft nach dem Vorbild Mao Zedongs zu schaffen; im Westen wird hierfür der Begriff „Steinzeit-Kommunismus" geschaffen
- 1975–1978 Terrorherrschaft der Roten Khmer mit Verfolgung aller, die echt oder auch nur scheinbar diesem Weg entgegenstehen (vor allem die städtische Bevölkerung, Intellektuelle, Beamte und buddhistische Mönche); schätzungsweise zwei Millionen Menschen werden in rund 100 Vernichtungslagern unter Pol Pot gefoltert und ermordet, ca. ein Viertel der damaligen Bevölkerung
- 1977 Grenzstreitigkeiten mit dem mittlerweile vereinigten kommunistischen Vietnam
- 1978 Einmarsch vietnamesischer Truppen in Kambodscha
- 1979 Eroberung Phnom Phens durch Vietnam und Vertreibung der Roten Khmer in den Nordwesten des Landes, von wo aus sie einen Guerillakrieg beginnen, den sie allerdings nicht gewinnen können
- 1998 Tod Pol Pots im chinesischen Exil
- erst seit 2002 politische Stabilisierung und Demokratisierung.

2 Analysieren Sie die Karten 1 und 4 im Hinblick auf Voraussetzungen für eine Teilhabe am Globalisierungsprozess.

Die beiden Karten zu Wirtschaft und Tourismus zeigen insgesamt, dass die Möglichkeiten des Landes hier eingeschränkt sind. An der Küste gibt es z. B. nur eine nennenswert große Stadt, Sihanoukville, die als Handelshafen in Frage kommt. Auch die industrielle Struktur ist sehr bescheiden; lediglich in der Hauptstadt finden sich Standorte der Holz- und der Textilindustrie (Achtung: falsche Legende bei „Industrie"! Richtige Signatur-Bezeichnungen finden sich auf S. 236 zu Vietnam!). Hier in Phnom Phen gibt es auch den einzigen internationalen Flughafen des Landes. Von den in der Legende genannten Landwirtschaftsprodukten wird nur Kautschuk angebaut und dient als Exportgut. Für eine mögliche Anbindung an den internationalen Tourismus sind vor allem die Tempelstädte im Norden zu nen-nen, die z. T. Weltkulturerbe-Status haben; besonders erwähnenswert ist die weltberühmte Tempelstadt Angkor Wat.

3 Beschreiben Sie das Foto 3.

Es gibt eine Reihe funktionaler Merkmale, die Global Citys kennzeichnen, z. B. die Bedeutung als internationaler Finanzplatz und Verkehrsknoten oder das Vorhandensein von Headquarters Transnationaler Konzerne. Neben den funktionalen Charakteristika gibt es allerdings auch ein physiognomisches, nämlich das Vorhandensein einer Skyline. Betrachtet man die nördliche Downtown der kambodschanischen Hauptstadt unter diesem Aspekt, so sind erste Ansätze zu erkennen, jedoch auch nicht mehr. Das Bild wird von zwei Wolkenkratzern geprägt sowie einem modernen Großbau (im Bild unten rechts). Eine Modernisierung Phnom Phens ist also offensichtlich im Gange, von einer Skyline als Ausdruck globaler Bedeutung kann aber nicht die Rede sein.

4 Kennzeichnen Sie Kambodschas wirtschaftlichen und demografischen Entwicklungsstand.

Hierzu geben besonders die Materialien 5 und 7 folgende Hinweise:

Wirtschaft:

- Zu den wirtschaftlichen Erfolgen zählen, dass man zwischen 1996 und 2013 das BIP fast verfünffachen und das BIP/Kopf mehr als verdreifachen konnte. Auch konnte man im gleichen Zeitraum die Arbeitslosigkeit von 47% auf 30% senken.
- Trotz des Anstiegs des BIP/Kopf ist dieses mit 934 US-$ (2013) so niedrig, dass das Land zu den ärmsten Entwicklungsländern (LDCs) gehört.
- Der Anteil des Primären Sektors ist ebenfalls typisch für ein LDC, mit über einem Drittel am BIP und 55,8% aller beschäftigten.
- Der Tourismus hat zwar einen Anstieg erlebt, macht aber immer noch nur 1,5% am Zustandekommen des BIP aus.
- Die liberale Wirtschaftspolitik mit dem Ziel des Ausbaus von Industrie und Dienstleistungen, niedrige Löhne, die Einrichtung von „Special Economic Zones" sowie der Ausbau des Hafens von Sihanoukville sind wirtschaftliche Pluspunkte, die auch zu einem verbesserten Zufluss von ADI geführt haben.
- Dem stehen negative Faktoren wie Korruption, infrastrukturelle Defizite, niedrige Ausbildungsstandards oder Rechtsunsicherheiten gegenüber.
- Der Umfang der Ex- und Importe ist bescheiden und die Handelsbilanz negativ, was zur Auslandsverschuldung führt.

Bevölkerung:

- Fortschritte finden sich hier im Absenken des Bevölkerungswachstums sowie in der Steigerung der Lebenserwartung und der Alphabetisierungsrate (die beiden letzteren um jeweils fast 7%, zwischen 1996 und 2013).
- Eine besonders positive Bilanz kann man bei der Armutsbekämpfung erkennen. Lebten noch 1996 86,2% aller Kambodschaner unter der Armutsgrenze, waren es 2012 nur noch 20%.
- Gerade die demografischen Erfolge führten zu einer leichten Verbesserung beim HDI von Platz 140 (1995) auf 138 im Jahr 2013.

Die Gesamtbilanz ist also ambivalent, was jedoch nichts daran ändert, dass Kambodscha zu den ca. 30 ärmsten Entwicklungsländern (LDCs) zählt. Bedenken muss man dabei jedoch, dass die politische Lage in diesem Land erst seit kaum eineinhalb Jahrzehnten stabil ist und dass in den 1970er-Jahren jeder vierte Einwohner ermordet wurde. Diese schlechte Ausgangslage unterstreicht doch die heutigen positiven Ansätze und Tendenzen.

5 Versetzen Sie sich in die Situation eines kambodschanischen Delegierten und halten Sie auf einem Tourismuskongress eine Rede zum Thema: „Urlausträume in Kambodscha".

Hier handelt es sich um eine Differenzierungsaufgabe, besonders für Schüler, die gerne kreativ arbeiten. Mehrere Aspekte könnten als Schwerpunkte dieser Rede thematisiert werden: Am Beginn könnte der Hinweis stehen, dass gängige Vorurteile, die in der blutigen jüngeren Geschichte des Landes liegen, seit fast eineinhalb Jahrzehnten überwunden sind und man sich als Tourist heute in einem politisch stabilen Land aufhält. Zweitens müsste selbstverständlich das kulturelle Erbe hervorgehoben werden, das im weltberühmten Angkor Wat seinen Höhepunkt findet. Drittens könnte auf den Hafen von Sihanouk hingewiesen werden, den mittlerweile Kreuzfahrtschiffe ansteuern können. Viertens würde auf die Küstenlage verwiesen und darauf, dass es dort auch schon Möglichkeiten zum Strandurlaub gibt. Und fünftens schließlich könnte, für eine spezielle Touristen-Klientel, auf die Casinos hingewiesen werden, die ein Hauptanziehungspunkt gerade auch für asiatische Touristen sein können.

6 Nehmen Sie Stellung zu der in der Überschrift gestellten Frage.

Der internationale Tourismus mit seinen Wachstumsraten auch in diesem Land gehört zu den Elementen, auf die Kambodscha setzen könnte, um sich durch Einklinken in den Globalisierungsprozess zu entwickeln. Er generiert Devisen, die z. B. in den Ausbau der Infrastruktur oder des Bildungswesens fließen können. Ein zweiter Pfeiler wäre die weitere Industrialisierung, beispielsweise für die Produktion von Exportgütern wie Textilien. Hierbei hilft das niedrige Lohngefüge ebenso wie die Einrichtung von Sonderwirtschaftszonen, die auch die Teilhabe am Welthandel er-möglichen. Der dritte Pfeiler schließlich sind die ausländischen Direktinvestitionen, die Kapital und Knowhow ins Land bringen. Perspektiven für eine Bejahung der Ausgangsfrage „Globalisierung – ein Entwicklungsgarant?" sind also da. Die Materialien zeigen aber auch, dass Kambodscha hier erst am Anfang steht und man in vielleicht zehn Jahren sehen muss, ob dann eine echte Bejahung der Frage möglich ist.

5.5 Globalisierung als Chance zum Abbau von Disparitäten?

Capitalism meets Socialism – Singapurs Industrieparke in Vietnam

1 Stellen Sie die Vorteile dar, die sich für beide Seiten aus der Kooperation ergeben.

2 Die bisher errichteten Industrieparks sind in M1 eingezeichnet. Erarbeiten Sie das Standortpotenzial dieser Parks mithilfe von M1 und M2 aber auch anderer Atlaskarten
(z. B. aus Haack Weltatlas, S. 140, 141, 142 – 143).

3 Geben Sie die Unterschiede zwischen einem traditionellen Industriepark, so wie er in M3 beschrieben ist, und einem Industriepark im „Singapore-Style“ wieder.

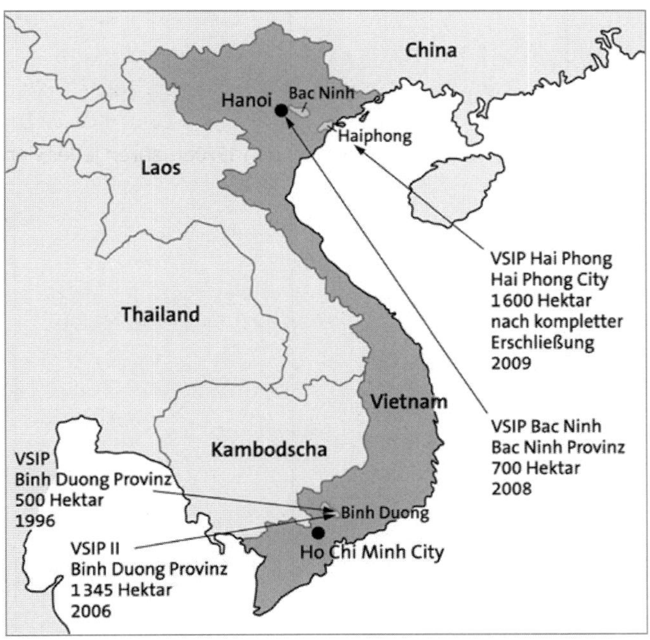

M1 Industrieparks der sembcorp in Vietnam

Zusammenhängendes, in sich geschlossenes Areal zur Ansiedlung von Industriebetrieben. Der Industriepark weist eine umfangreiche infrastrukturelle Ausstattung (Straßen, Ver- und Entsorgungseinrichtungen, ...) auf. Der Industriepark wird von einer staatlichen oder privaten Trägergesellschaft verwaltet. In verschiedenen Ländern ist der Industriepark als Instrument der Standortlenkung eingesetzt worden.

Quelle: Hartmut Leser (Hrsg.): DIERCKE Wörterbuch Allgemeine Geographie. 14. Aufl., dtv, München, 2010, S. 378

M3 Industriepark

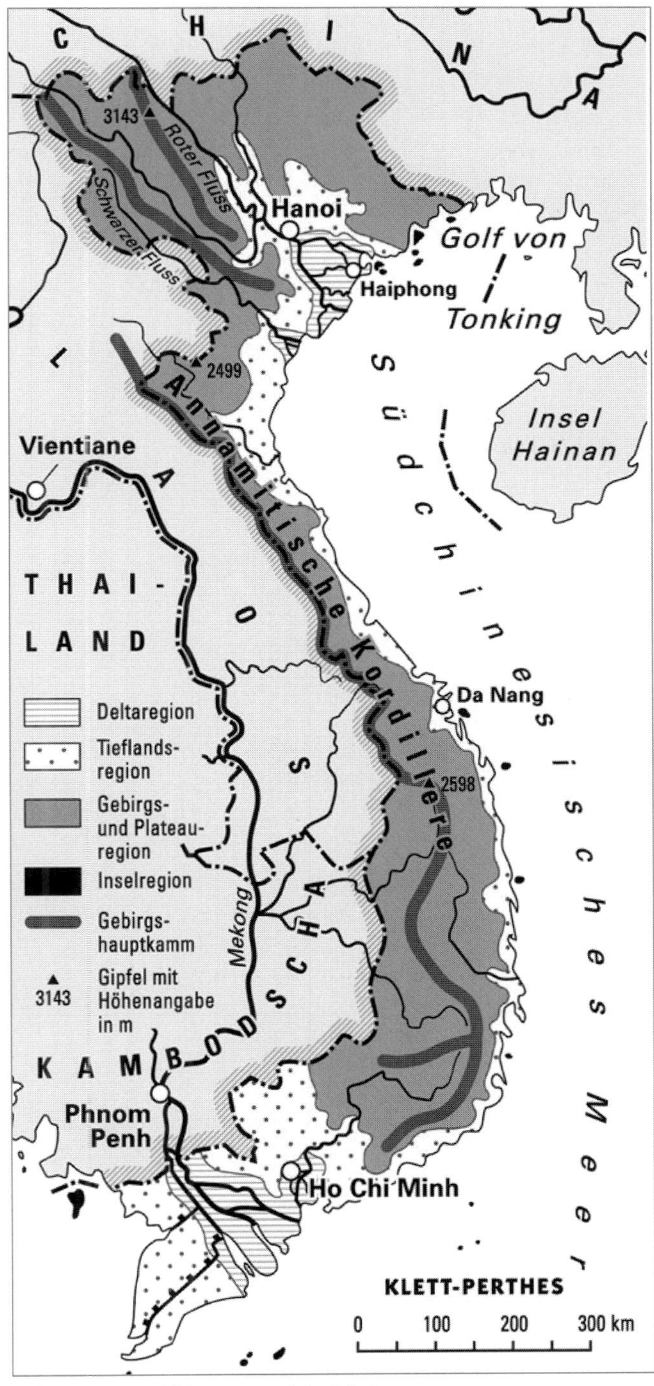

M2 Lage und Topographie Vietnams

Name: Klasse: Datum:

© Ernst Klett Verlag GmbH, Stuttgart 2015. | www.klett.de | Erstellt für: TERRA OS TB Entwicklungsländer | ISBN: 978-3-12-104706-2
Alle Rechte vorbehalten. Von dieser Druckvorlage ist die Vervielfältigung für den eigenen Unterrichtsgebrauch gestattet.
Die Kopiergebühren sind abgegolten. Für Veränderungen durch Dritte übernimmt der Verlag keine Verantwortung.

Globalisierung als Chance zum Abbau von Disparitäten?

A symbol of bilateral economic cooperation, the VSIP (Anmerkung: Vietnam Singapore Industrial Park) projects enjoy strong support from the central and provincial governments, facilitating prompt delivery of prepared land to customers. The properties have evolved from traditional industrial parks to integrated industrial townships that will transform the landscape with improved urban planning and modern facilities. Uniquely integrating "Work, Live and Play" elements, these are Singapore-Style urban developments localised to suit the demands of the Vietnam market, with a focus on long-term sustainability and quality development. …
Special Features
– Integrated township elements include office blocks, shopping malls, educational institutions, hospitals, villas and high-rise apartments …
– Preferential duties under the ASEAN Free Trade Agreement …

Quelle: www.sembcorp.com (15.6.10)

M4 Bilaterale ökonomische Kooperation

Name: Klasse: Datum:

Klett
© Ernst Klett Verlag GmbH, Stuttgart 2015. | www.klett.de | Erstellt für: TERRA OS TB Entwicklungsländer | ISBN: 978-3-12-104706-2
Alle Rechte vorbehalten. Von dieser Druckvorlage ist die Vervielfältigung für den eigenen Unterrichtsgebrauch gestattet.
Die Kopiergebühren sind abgegolten. Für Veränderungen durch Dritte übernimmt der Verlag keine Verantwortung.

Globalisierung als Chance zum Abbau von Disparitäten? Lösung

Capitalism meets Socialism – Singapurs Industrieparke in Vietnam

1 Stellen Sie die Vorteile dar, die sich für beide Seiten aus der Kooperation ergeben.

Vorteile Vietnam, z. B.:
- Nutzung ausländischen Know Hows für eigene Entwicklung;
- Aufbau internationaler Kontakte mithilfe eines Global Players;
- Schaffung von Wachstumspolen, die auf das weitere Umland ausstrahlen;
- dringend benötigte Arbeitsplätze für die wachsende Bevölkerung;
- Ansiedlung exportorientierter Betriebe, die Devisen ins Land bringen.

Vorteile für das Singapurische Unternehmen sembcorp:
- Neue Wachstums- und Gewinnchancen für das Unternehmen durch Präsenz in einer jungen aufstrebenden Volkswirtschaft;
- Unterstützung durch die vietnamesische Zentralregierung bzw. durch die Provinzregierungen;
- Steuervorteile durch die ASEAN Free Trade Vereinbarungen;
- Ausnützen komplementärer Wirtschaftstrukturen: eigenes Know How wird mit den niedrigen Lohnkosten in Vietnam kombiniert (komparative Kostenvorteile und Synergieeffekte).

2 Die bisher errichteten Industrieparks sind in M1 eingezeichnet. Erarbeiten Sie das Standortpotenzial dieser Parks mithilfe von M1 und M2 aber auch anderer Atlaskarten
(z. B. aus Haack Weltatlas, S. 140, 141, 142 – 143).

Allen Parks ist gemeinsam:
- Es ist ein Standort in einem aufstrebenden „Tigerstaat“ der 3. Generation;
- sie sind in den wirtschaftlich wichtigsten Regionen des Landes um die Hauptstadt Hanoi bzw. die ehemalige Hauptstadt Saigon (heute: Ho Chi Minh) angesiedelt;
- die Gebiete um Hanoi und Ho Chi Minh sind die mit Abstand am dichtest besiedelten Gebiete Vietnams und weisen deshalb ein hohes Potenzial an Arbeitskräften und Absatzmöglichkeiten auf;
- die Standorte sind auch unter dem Aspekt der landwirtschaftlichen Nutzung im Umfeld sehr interessant: die Deltas von Songkoi und Mekong sind die großen „Reisschüsseln“ des Landes, aber auch anderer landwirtschaftlicher Produkte wie z. B. Kautschuk, so dass sich die Weiterverarbeitung dieser Produkte in den Industrieparks anbietet.

Für den Standort Haiphong sind wegen der Lage am Meer noch die besonders günstigen Verschiffungsmöglichkeiten in den asiatisch-pazifischen Raum zu nennen.

3 Geben Sie die Unterschiede zwischen einem traditionellen Industriepark, so wie er in M3 beschrieben ist, und einem Industriepark im „Singapore-Style“ wieder.

Bei Industrieparks im Singapore-Style geht es nicht nur um die Ansiedlung von Industrie- und anderen Gewerbebetrieben und die Bereitstellung der entsprechenden Infrastruktur, sondern um die Entwicklung ganzer Städte mit allen Funktionen wie Wohnen, Bilden Freizeitverhalten. Auch wird Gelegenheit zur Versorgung geschaffen (Shopping Center), selbst Krankenhäuser werden errichtet. Eine soziale Differenzierung beim Wohnen in Villen und Apartmenthäuser ist vorgesehen.

Name: Klasse: Datum:

Klett
© Ernst Klett Verlag GmbH, Stuttgart 2015. | www.klett.de | Erstellt für: TERRA OS TB Entwicklungsländer | ISBN: 978-3-12-104706-2
Alle Rechte vorbehalten. Von dieser Druckvorlage ist die Vervielfältigung für den eigenen Unterrichtsgebrauch gestattet.
Die Kopiergebühren sind abgegolten. Für Veränderungen durch Dritte übernimmt der Verlag keine Verantwortung.

Kompetenzen überprüfen

Lösungshinweise S.241
Sachkompetenz

1 Erläutern Sie, was man unter räumlichen und sozialen Disparitäten versteht.
Räumliche Disparitäten bezeichnen Ungleichgewichte im Entwicklungsstand, sowohl global zwischen Staaten als auch zwischen den Regionen einzelner Länder. Diese Unterschiede drücken sich in erster Linie ökonomisch aus (z. B. beim BIP/Kopf, in der Höhe der Arbeitslosenrate, im Industrialisierungsgrad etc.), aber beispielsweise auch in einer unterschiedlich stark entwickelten Verkehrs- oder Bildungsinfrastruktur.
Soziale Disparitäten gehen z. T. mit räumlichen einher (z. B. zwischen Stadtbevölkerung und Landbevölkerung), bezeichnen aber vor allem gesellschaftliche Diskrepanzen bis hin zur Spaltung einer Gesellschaft in wenige Reiche und einer Masse an Armen, wie sie für viele Entwicklungsländer besonders typisch ist.

2 Nennen Sie wichtige Indikatoren, die den Entwicklungsstand eines Landes kennzeichnen.
Hier können z. B. genannt werden:
- Bevölkerungswachstum
- Lebenserwartung
- Kindersterblichkeit
- BIP/BNE pro Kopf
- Anteil der Menschen unter der Armutsgrenze
- Analphabetenrate
- Verteilung des BNE bzw. der Beschäftigten auf die drei Wirtschaftssektoren
- Zahl bzw. Anteil der Menschen mit Zugang zu sauberem Trinkwasser
- Einwohnerzahl je Arzt
- HDI-Rang etc.

3 Stellen Sie beispielhaft mögliche Ursachen der weltweiten Entwicklungsunterschiede dar.
Z. B. Kolonialismus: Die Ausbeutung der Kolonien durch die Mutterländer hinsichtlich Rohstoffen und Menschen führte dazu, dass Länder oder Landesteile nur so weit entwickelt wurden, wie sie der Rohstoffproduktion (Bodenschätze, Cash Crops) dienten. Eine wirkliche umfassende Landesentwicklung, die eine gesunde Grundlage für die Zeit nach der Unabhängigkeit gelegt hätte, geschah nicht. Besonders krasses Beispiel für die negativen Wirkungen des Kolonialismus ist Subsahara-Afrika.
Z. B. Globalisierung: Obwohl es einigen Staaten gelungen ist, sich einen Platz im Globalisierungsprozess zu sichern (Schwellenländer), finden doch viele Länder kaum oder keinen Zugang zu diesem Vorgang. Die fehlende Teilhabe am Welthandel oder an den ausländischen Investitionen bewirkt aber, dass ihr Abstand zu den entwickelten Saaten sogar wächst.
Z. B. Bad Governance: Die oft noch aus dem Kolonialismus stammenden Eliten eines Landes (ökonomische und politische Oberschicht, Militärs) sichern sich die Einnahmen des Staates, z. B. durch Rohstoffexporte, und setzen sie nicht für die Landesentwicklung ein. So sind sie die einzigen Profiteure, während das Land als Ganzes in der Unterentwicklung verharrt.

4 Beschreiben Sie die Unterschiede zwischen den einzelnen Klassifizierungsversuchen für den Entwicklungsstand von Ländern.
Die Klassifizierungsversuche unterscheiden sich durch die Indikatoren, die sie zur Länder-Einteiung verwenden.
Weltbank: Rein ökonomische Unterscheidung mithilfe des BNE/Kopf. Darauf aufbauend, also ebenfalls nur mithilfe des BNE/Kopf, ermittelt die UNO die Least Developed Countries (LDCs).
Human Development Index (HDI): Er zieht mehrere Indikatoren heran. Dazu gehört zwar auch das BNE/Kopf, hinzu kommen aber noch die Lebenserwartung und der Bildungsindex (Durchschnittliche Schulbesuchsdauer sowie Ge-samtbildungsdauer), also zwei soziale Indikatoren.
Happy Planet Index: Er kombiniert die Lebenserwartung sowie die Anzahl der erwarteten glücklichen Lebensjahre mit dem ökologischen Fußabdruck, also mit der Frage, wieviel Umwelt verbraucht wird, um bei den beiden ersten Merkmalen gute Werte zu erreichen.

5 Erklären Sie am Beispiel Chinas die Bedeutung demografischer Prozesse für die Frage der Ernährungssicherung.
Zum ersten ist China das bevölkerungsreichste Land der Erde mit 1,3 Mrd. Menschen Hinzu kommt, dass durch den wirtschaftlichen Aufschwung des Landes die Ernährungsansprüche vieler Chinesen gewachsen sind. Da nur ca. ein Drittel der Fläche besiedelbar und bewirtschaftbar ist, führt das zu Problemen bei der Ernährungssicherung. China ist daher den Weg gegangen, in anderen Staaten fruchtbares Land zu kaufen (Landgrabbing). Hier kann man Nahrung für die eigene Bevölkerung produzieren, aber auch agrarische Rohstoffe für zum Beispiel Bio-Kraftstoff.

6 Vergleichen Sie wesentliche Merkmale der wichtigsten Entwicklungsstrategien.
Nachholende Entwicklung: Ziel ist die Modernisierung des Landes und ein wirtschaftliches Wachstum durch eine nachholende Industrialisierung (Nachholen nach dem Vorbild der Industrieländer). Hierfür geben diese finanzielle und technische Unterstützung; im Mittelpunkt stehen Großprojekte.
Befriedigung der Grundbedürfnisse: Hauptziel ist die Überwindung der Armut. Das geschieht unter dem Leitmotiv „Hilfe zur Selbsthilfe". Wichtig sind auch die Frauenförderung sowie der Versuch, die Entwicklungsmaßnahmen den jeweiligen Landesverhältnissen anzupassen.
Nachhaltige Entwicklung: Es geht unter dem Aspekt der „Einen Welt" um eine gemeinsame Verantwortung und um ein nachhaltiges Handeln (wirtschaftlich, sozial und ökologisch). Die Maßnahmen zielen auf eine globale Umweltpolitik ab und werden im Einzelnen abhängig von den jeweiligen ökologischen, sozialen, politischen, kulturellen und wirtschaftlichen Bedingungen vor Ort geplant.

7 Erläutern Sie Ziele staatlicher sowie privater Entwicklungshilfe.

Ziele staatlicher Entwicklungshilfe sind:
- Gerechtigkeit und Solidarität als Grundwerte verwirklichen, die dazu führen, dass man Verantwortung auch für andere, in dem Fall für die Entwicklungsländer trägt
- Entwicklungsländer stärker in die globalisierte Welt integrieren, da diese Verantwortung auch eine globale Dimension hat
- das kulturelle Ideal (der westlichen Welt), dass die Starken die Schwachen unterstützen, insofern umsetzen, als die reichen Industrieländer die Entwicklungsländer fördern (wirtschaftlich, sozial, ökologisch)
- aus der Tatsache, dass die meisten weniger entwickelten Staaten die sozialen, wirtschaftlichen und ökologischen Probleme alleine nicht lösen können, den Schluss ziehen, dass sie der Hilfe und Zusammenarbeit bedürfen und daraus entsprechende Maßnahmen ableiten, zum Beispiel einen Kapital- und Knowhow-Transfer.

Ziele privater Entwicklungshilfe sind:
- unmittelbare Zusammenarbeit mit Menschen vor Ort, diese also selbst in das Handeln mit einbeziehen
- Stärkung der Position der Armen durch Unterstützung bei wirtschaftlichen oder politischen Anliegen
- konkrete finanzielle und/technische Hilfe vor Ort bei eher kleinen Projekten (z. B. durch NGOs).

8 Charakterisieren Sie wesentliche Elemente der Zusammenarbeit zwischen Angola und Indien.

Bei dieser Zusammenarbeit profitiert China durch die Erschließung der Ölvorkommen (Sicherung der chinesischen Energieversorgung durch günstige und stabile Öl-Importe aus Angola). Das ostasiatische Land beteiligt sich nämlich konkret an der Ölförderung. Darüber hinaus baut man Straßen, Eisenbahnen, Hochhäuser und ganze Siedlungen, Fabriken und Krankenhäuser und stärkt z. B. den Finanzsektor (chinesische Export-Import-Bank, China Investment Fund). Damit entstehen Investitionsgewinne und man sichert sich Einfluss im Land. Dadurch wiederum wird Angola zum Absatzmarkt für Waren Made in China. Angola profitiert ebenfalls durch die genannten Maßnahmen. Man baut den äußerst wichtigen Ölsektor aus und erhält Hilfe bei der Landesentwicklung mit Projekten, die man selbst kaum bzw. nicht finanzieren könnte. Allerdings schreitet gleichzeitig die Spaltung der angolanischen Gesellschaft massiv voran und man liefert sich dem chinesischen Einfluss aus. Solange jedoch andere Staaten China das Feld überlassen, kann Angola kaum auf chinesisches Geld und Knowhow verzichten. Und solange stellt sich die Partnerschaft auch für beide Seiten als „Win-Win-Situation" dar.

Methodenkompetenz

1 Analyse der Thematischen Karte 2:

a) Beschreiben Sie den Karteninhalt.

Die Karte zeigt die ADI in den Staaten Südostasiens im Jahr 2010 (in Mrd. US-$). Dabei wird sowohl der Zufluss an ADI dargestellt (linke Säule, blau) als auch diejenigen Investitionen, die die Länder selbst im Ausland tätigen (rechte Säule, rot). Sehr schnell werden starke Ungleichgewichte zwischen den einzelnen Staaten deutlich. Von starker Dominanz ist Singapur, dem kaum weniger ADI zugeflossen sind als allen anderen Ländern zusammen. Während jedoch Indonesien, Malaysia, Thailand und Vietnam ebenfalls noch nennenswerte ADI-Zuflüsse aufweisen, ist dies bei Myanmar, Laos, den Philippinen und Brunei nicht mehr der Fall. Ähnlich verhält es sich bei den ausgehenden Direktinvestitionen. Es sind vor allem Singapur und Malaysia, die im Ausland investieren, mit Abstrichen noch Thailand. Bei allen anderen Ländern sind diese Aktivitäten marginal oder nicht vorhanden (Letzteres bei Myanmar, Laos, Brunei).

b) Erläutern Sie mögliche Gründe für die hier dargestellten Unterschiede zwischen den einzelnen Staaten.

Diese Unterschiede kann man am besten anhand einzelner Beispiele erläutern:

Singapur ist einer der bedeutendsten Wirtschafts- und Finanzplätze in ganz Asien und äußerst stark in den Globalisierungsprozess eingebunden. Insofern ist der Standort für ausländische Investoren sehr interessant. Andererseits verfügt man daher auch selbst über genügend Kapital, um im Ausland zu investieren.

Malaysia: Das Land hat durch eine konsequente Industrialisierung, u. a. mithilfe der Exportorientierten Zonen, einen starken Aufschwung erlebt. Zur Entwicklung haben auch die Einnahmen aus den Öl-Exporten beigetragen. In den EPZ und auch im Ölsektor ist Malaysia attraktiv für ausländische Investoren, erzielt aber auch selbst genügend hohe Einnahmen, um im Ausland zu investieren.

Philippinen: Das Land besitzt kaum Rohstoffe, in deren Förderung oder Verarbeitung investiert werden könnte, und auch sonst sind Sektoren wie Industrie oder Finanzen schwach entwickelt. Den mangelnden Möglichkeiten für ausländische Kapitalanlagen steht der eigene Mangel an Kapital gegenüber, um seinerseits als Investor nennenswert aufzutreten.

c) Nehmen Sie Stellung zu der These, dass ADI für die Entwicklungsländer grundsätzlich eine Chance darstellen, an der Globalisierung teilzuhaben.

Es wird zwar immer wieder vor Abhängigkeiten gewarnt, die durch ausländischen Kapitalzufluss entstehen, aber dennoch trifft die Aussage im Prinzip zu. Die ADI bringen Kapital ins Land, häufig verbunden mit einem Technologietransfer. Beides kommt auf Dauer auch dem Entwicklungsland zugute. Die Investitionen befördern die Bautätigkeit, Infrastruktur entsteht, Arbeitsplätze werden geschaffen und Zuliefererbetriebe erhalten Arbeit. Da dies alles durch Initiative von bzw. im Austausch mit globalen Partnern (Ländern, Global Playern) geschieht, erfolgt auch eine Einbindung des Entwicklungslandes in den Globalisierungsprozess, beispielsweise durch die nun möglichen Exporte.

Urteilskompetenz

1 Bewerten Sie die Länderklassifizierung nach dem Happy Planet Index (HPI) im Hinblick auf ihre Aussagekraft.

Diese Klassifizierung hat zwei Vorteile. Erstens fragt sie die Menschen selbst nach Ihrem subjektiven Lebensglück und erfasst dieses damit umfassender, als wenn man z. B. „Glück" nur mit ökonomischen Faktoren misst (z. B. Monatsverdienst. Höhe des Wohnstandards o. Ä.). Zweitens wird der ökologische Aspekt stark gewertet, indem die Lebenssituation der Menschen in Beziehung gesetzt wird zu ihrem ökologischen Fußabdruck. Damit kommt beim HPI also auch der Nachhaltigkeitsaspekt ins Spiel mit der Frage, wieviel an natürlichen Ressourcen verbraucht wird, damit der Einzelne sein Lebensglück findet.
Ein Nachteil ist jedoch, dass wichtige Aspekte keine Berücksichtigung finden, wie z. B. ungenügende Politik- und Sozialstrukturen oder unzureichende Bildungsangebote in einem Land. Sie mindern ja die Chancen der Menschen auf Entwicklung – bei fehlender Bildung z. B. gerade der Kinder und Jugendlichen. Allerdings gilt dieser Nachteil auch für andere Entwicklungsindices, wie dem der Weltbank.

Handlungskompetenz

1 Referat/Präsentation:
Erarbeiten Sie einen Vortrag zum Thema: „Die staatliche Entwicklungspolitik der Bundesrepublik Deutschland: Geschichte, Umfang, Ziele Probleme".
Halten Sie diesen Vortrag vor Ihrer Kursgruppe.
Hier entsteht eine individuelle Schülerleistung, zu der man nur einige Hinweise geben kann:

- Ausgangspunkt kann die Seite 228 des Schülerbuchs sein.
- Einbezogen werden sollten auch die unterschiedlichen Entwicklungsstrategien (SB S. 224 – 227), sofern sie mit Phasen der deutschen Entwicklungspolitik korrespondieren. Beispiel „Nachholende Modernisierung": Bau des Stahlwerks im indischen Rourkela als typisches Großprojekt dieser Phase.
- Besonders ergiebig sind in den Suchmaschinen die Eingaben „bpb deutsche Entwicklungshilfe" (Bundeszentrale für politische Bildung) sowie „bmz deutsche Entwicklungshilfe" (Bundesministerium für wirtschaftliche Zusammenarbeit und Entwicklung) – beide mit zahlreichen Artikeln, Daten und Fakten, Übersichten.
- Wie schon in der Überschrift gesagt, kann ein Referat entstehen oder auch eine Präsentation. Letztere hat immer den Vorteil, dass Sachverhalte visualisiert werden können und dadurch der Vortrag i. d. R. motivierender ist.

Schülerbuch
Seite 246 bis 273

Auf dem Weg zur Dienstleistungsgesellschaft – Tertiärisierung von Wirtschaft und Gesellschaft

Didaktische Struktur

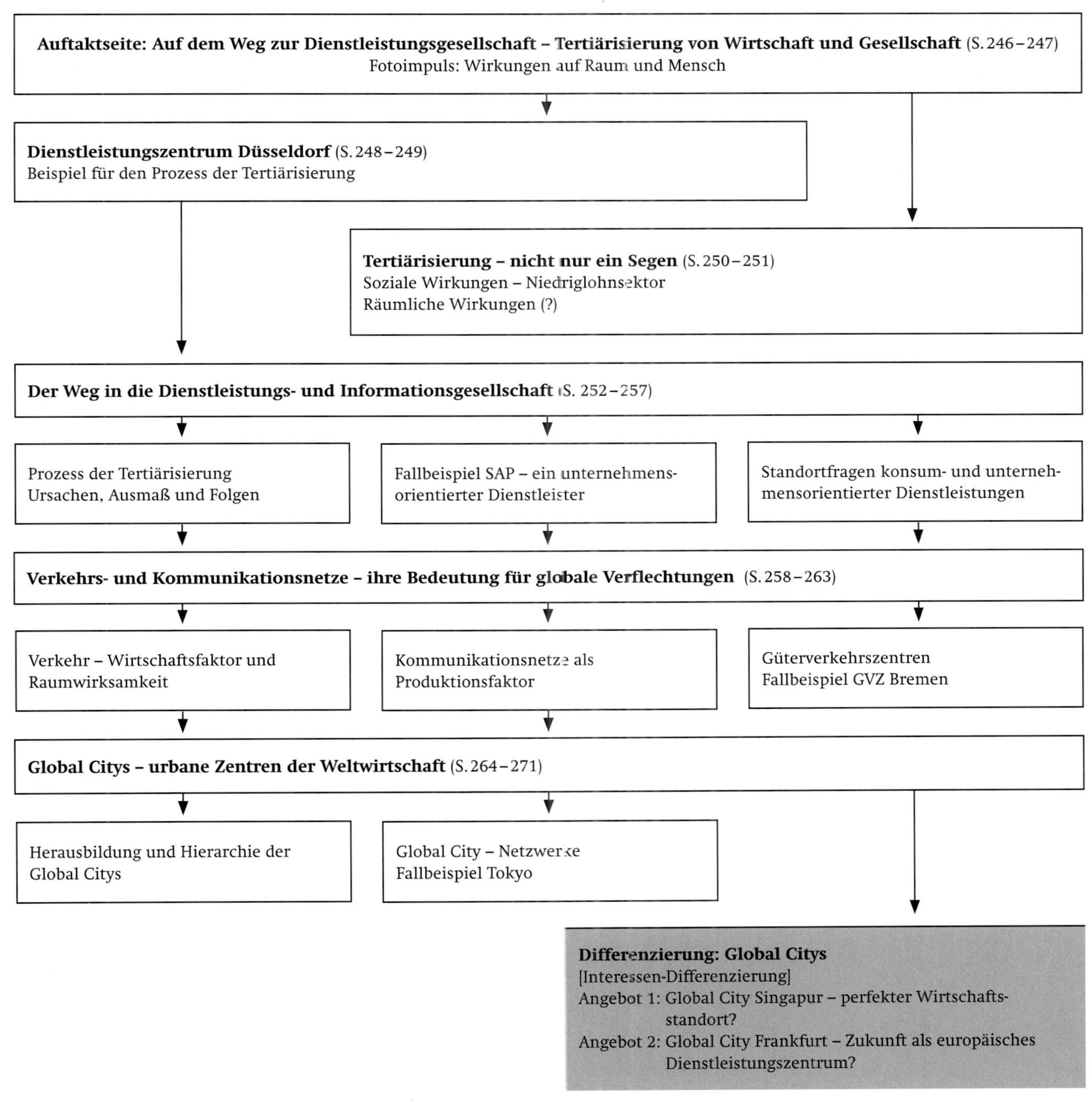

Dienstleistungszentrum Düsseldorf

Strukturierungshilfe

Phase	Thema	Seite	Material	Aufgabe	Methodische Hinweise
Einstieg	Dienstleistungsgesellschaft – Wirkungen auf Raum und Mensch	246–247	1–2		Besprechung der beiden Fotos; ausgehend hiervon und vom Text: Mindmap zum Thema „Tertiärisierung von Wirtschaft und Gesellschaft“ als Grundlage für das Gesamtkapitel 6
Erarbeitung 1	Dienstleistungszentrum Düsseldorf als Beispiel für den Prozess der Tertiärisierung	248–249	1–5	1–3	Exkursion nach Düsseldorf mit Medienhafen, Landtag, Rheinufer und Innenstadt bis zum Kö-Bogen Kopiervorlage: Media Park Köln – Tertiärer Standort in einer westdeutschen Großstadt

Lösungshinweise Seite 249

1 Charakterisieren Sie anhand der Materialien 1 und 2 Düsseldorfs Selbstdarstellung.

Düsseldorf sieht sich offenbar gerne als moderne, internationale Metropole am Rhein und als hervorragenden Wirtschaftsstandort. Der Hinweis darauf, dass die Stadt „Sitz internationaler Unternehmen aus Industrie, Handel und Dienstleistungen“ ist, wird in Text 2 mit Gründen unterfüttert. Genannt werden die „perfekte Infrastruktur mit internationalem Flughafen“ (hier wiederholt sich das offenbar besonders wichtige Attribut ‚international‘), die Bedeutung der Stadt als Messe-, Kommunikations- (u.a. Vodafon), Werbe - und Modestandort sowie die Tatsache, dass man „Beraterstandort Nummer 1 in Deutschland“ ist – gemeint sind hier also die unternehmensbezogenen Dienstleistungen (u.a. EY/Ernst&Young). Alles zusammen macht Düsseldorf nach eigener Aussage zu einem Unternehmensstandort mit „exzellenten Bedingungen“ und „erstklassigem Service“.

2 Bedeutung der drei Wirtschaftssektoren für die Stadt Düsseldorf:

a) Arbeiten Sie Tabelle 3 in ein Diagramm um.

Düsseldorf – Bedeutung der drei Wirtschaftssektoren

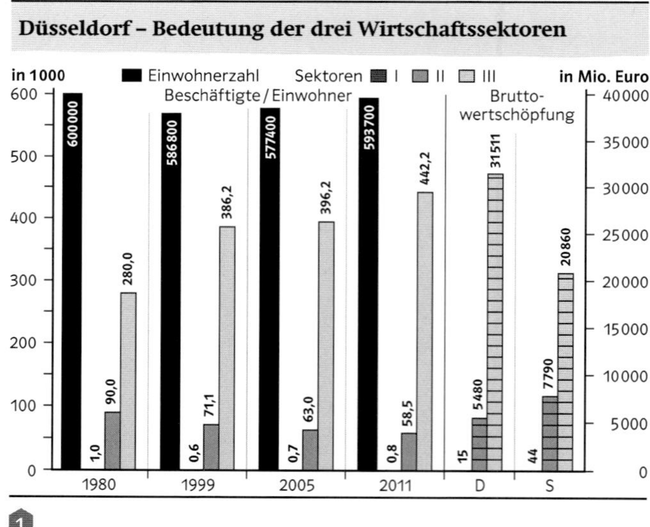

b) Beschreiben Sie die hier dargestellte Entwicklung.

Man erkennt folgende Aspekte bzw. Vorgänge:

- Die Einwohnerzahl von rund 600000 im Jahr 1980 wurde nach einem zwischenzeitlichen Rückgang im Jahr 2011 (letzte verfügbare Angabe) fast wieder erreicht. Der Rückgang in den beiden Jahrzehnten nach 1980 ist typisch für die deutschen Städte insgesamt (Stadt-Land-Wanderung).
- Im gleichen Zeitraum veränderten sich die Beschäftigtenzahlen der einzelnen Sektoren, wobei der Primäre Sektor fast keine Rolle spielt. Dem auch 1980 dominierenden Tertiären Sektor (280000 Beschäftigte) standen ca. 900000 Erwerbstätige in Industrie und Handwerk gegenüber; das Verhältnis betrug also ungefähr 3:1. Während der Sekun-

däre Sektor bis 2011 jedoch um über 30 000 Beschäftigte zurückging, stieg die Zahl im Tertiären Sektor um über 160 000 an. Das Verhältnis beträgt also heute fast 8:1 und dokumentiert die fortgeschrittene Tertiärisierung Düsseldorfs.
- Bemerkenswert ist auch die Gesamtzahl der Beschäftigten, die von 371 000 (1980) auf 501 000 im Jahr 2011 anstieg, bei in etwa gleicher Bevölkerungszahl. Bei nicht viel weniger Arbeitsplätzen als Einwohner muss es also zu starken Pendlerströmen aus dem Umland kommen.
- Der Vergleich (hier im Hinblick auf Wertschöpfung) mit dem etwa gleich großen Stuttgart, das ja ebenfalls Landes-hauptstadt ist, belegt überzeugend die Bedeutung Düsseldorfs. Die Bruttowertwertschöpfung des Tertiären Sektors liegt in der Stadt am Rhein um fast 11 Mrd. Euro höher als in der baden-württembergischen Metropole.

3 Stellen Sie, unter besonderer Berücksichtigung des Medienhafens, Düsseldorfs Entwicklung zum modernen Dienstleistungsstandort dar.

Noch in den 1960er Jahren, also nach Wiederaufbau und Wirtschaftswunder, war Düsseldorf deutlich von Industrie geprägt. Dabei handelte es sich um Produktionsstätten, aber auch um Verwaltungen von Konzernen, die vor allem Im Ruhrgebiet produzierten. Die industrielle Ausrichtung belegt auch das Foto 4, das einen typischen Industriehafen zeigt (Kräne, Lagerhallen bzw. -plätze). Heute spiegelt sich gerade in diesem Hafen aber auch der Wandel zum bedeutenden Dienstleistungsstandort wider mit modernen Büro- und Hotelgebäuden, Gastronomie und Yachthafen (unterer Bildrand). Die 800 Firmen und 8 000 Beschäftigten im Medienhafen weisen zwar eine Branchenvielfalt auf Diagramm 5), es dominieren aber Gastronomie und Kultur, Architektur und Immobilien, Unternehmens- und Rechts-beratung, Information und Kommunikation sowie Medien und Werbung – insgesamt also ein moderner Branchenmix des Tertiären Sektors. Die ja schon in Tabelle 3 erkennbare voranschreitende Tertiärisierung des Standorts Düsseldorf hat unterschiedliche Säulen, die wie die im Medienhafen zukunftstragend sind: Unternehmen der Multimedia-Branche („Digitale Stadt Düsseldorf"), Unternehmen der Mobile-Branche, der Messestandort Düsseldorf, der Finanzplatz Düsseldorf oder die Location Düsseldorf als Drehort und für Unternehmen der Film-Branche. Gerade bei den beiden ersteren ist eine Clusterbildung erfolgt mit Vernetzungen untereinander und Verflechtungen z. B. mit Anwendern.

Zwar gibt es noch Beschäftigte im Sekundären Sektor, doch ist Düsseldorf unter den Prozessen der Tertiärisierung der letzten 30 – 35 Jahre zum eindeutigen Dienstleistungsstandort geworden: 88,2 % aller Beschäftigten sind im Terti-ären Sektor tätig, und er ist für 85,2 % der städtischen Wirtschaftsleistung verantwortlich (Umrechnungen aus Tabelle 3).

Dienstleistungszentrum Düsseldorf

Media Park Köln – Tertiärer Standort in einer westdeutschen Großstadt

1 Beurteilen Sie, inwieweit vom MediaPark Köln künftig Wachstumsimpulse für den Wirtschaftsstandort Köln ausgehen können.

CC-BY-SA-4.0 (Evrim Sen, creativecommons.org/licenses/by-sa/2.0/deed.de), Mountain View

M1 Media Park Köln
Quelle M1–M4: www.mediapark.de

Name: **Klasse:** **Datum:**

Klett
© Ernst Klett Verlag GmbH, Stuttgart 2015. | www.klett.de | Erstellt für: TERRA OS TB Entwicklungsländer | ISBN: 978-3-12-104706-2
Alle Rechte vorbehalten. Von dieser Druckvorlage ist die Vervielfältigung für den eigenen Unterrichtsgebrauch gestattet.
Die Kopiergebühren sind abgegolten. Für Veränderungen durch Dritte übernimmt der Verlag keine Verantwortung.

Dienstleistungszentrum Düsseldorf

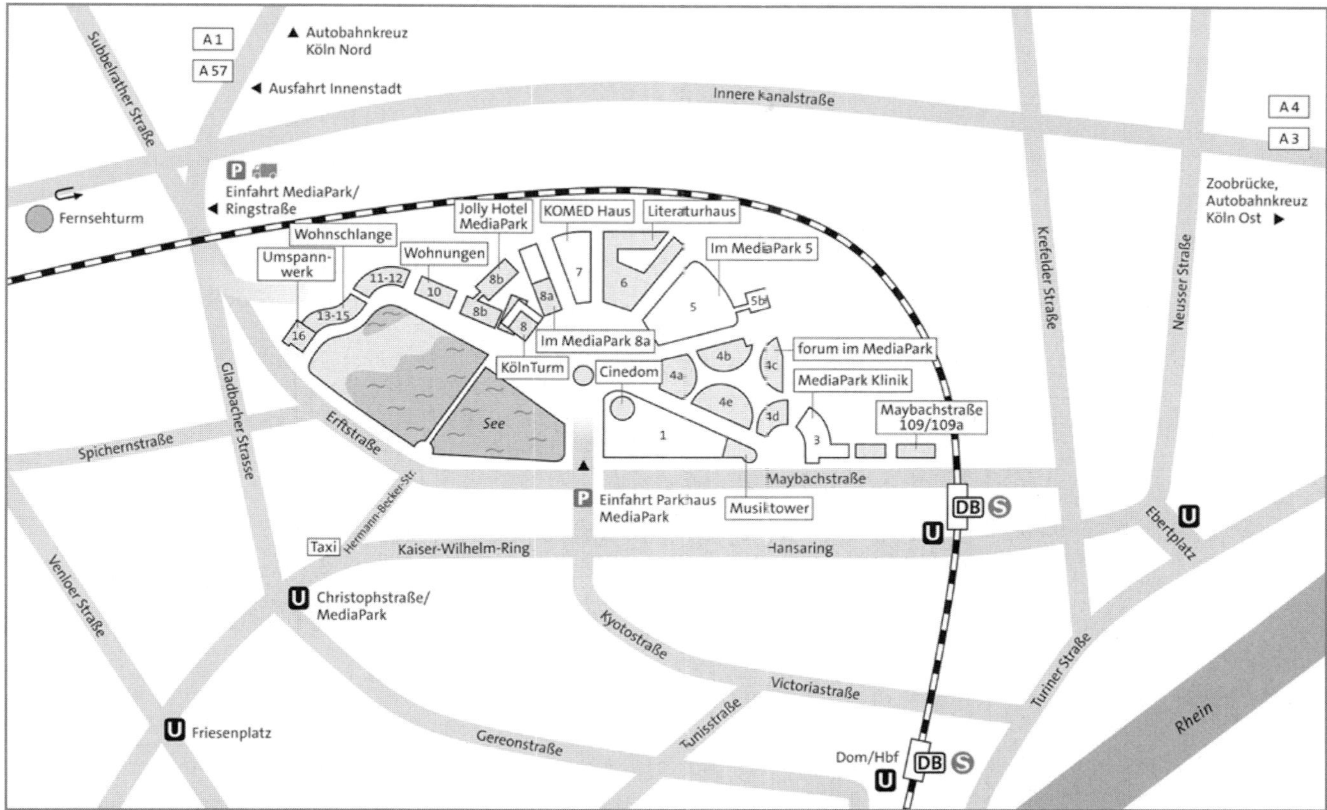

- Gesamtfläche: 20ha davon: 10ha Erschließungsanlagen und bebaute Flächen 10ha Grünanlagen und See
- Gebäude-Funktionen, s. M4
- Pkw-Stellplätze: 2 500
- Anbindung an Flughafen Köln/Bonn: ab Haltestelle Hansaring Fahrzeit ca. 18 Minuten im 20-Minuten-Takt + Fußweg 10 Minuten
- Besucher: ca. 4,5 Mio. jährlich

M2* Lage und Verkehrsanbindung des MediaParks Köln

„... Anfang der 1980er-Jahre gehen in Köln Tausende Arbeitsplätze verloren. Vor allem Maschinenbau und Chemieindustrie leiden unter drastischen Einbrüchen. Die Stadt sucht mit Unterstützung des Landes Nordrhein-Westfalen nach neuen Standbeinen. Schnell ist klar: Medien und technologieorientierte Unternehmen sind der wirtschaftliche Motor der Zukunft. In dieser Situation bietet die Deutsche Bundesbahn das Gelände des Gereon-Güterbahnhofs zum Verkauf an – ein 200 000 Quadratmeter großes Grundstück in bester innerstädtischer Lage. ... Im Februar 1987 schreibt die Stadt Köln einen städtebaulichen Ideenwettbewerb aus. Gesucht wird ein räumliches Konzept für den MediaPark, das die vorhandenen Nutzungsvorstellungen – Grünflächen, Bürogebäude, Wohnhäuser und Infrastruktur – umsetzt. ... Ein inhaltliches Nutzungskonzept sieht die Entstehung eines Zentrums der Medien- und Kommunikationswirtschaft vor. ... Als erstes Gebäude eröffnet das Multiplexkino Cinedom (1991) ... Im September 2001 wird das neue Wahrzeichen des MediaParks eingeweiht: der 148 m hohe Köln Turm. ... Im Frühjahr wurde mit dem „Forum im MediaPark" auch das letzte Gebäude des Gesamtensembles fertig gestellt."

www.mediapark.de

M3* Vom Güterbahnhof zum Medienstandort

Name: Klasse: Datum:

© Ernst Klett Verlag GmbH, Stuttgart 2015. | www.klett.de | Erstellt für: TERRA OS TB Entwicklungsländer | ISBN: 978-3-12-104706-2
Alle Rechte vorbehalten. Von dieser Druckvorlage ist die Vervielfältigung für den eigenen Unterrichtsgebrauch gestattet.
Die Kopiergebühren sind abgegolten. Für Veränderungen durch Dritte übernimmt der Verlag keine Verantwortung.

Dienstleistungszentrum Düsseldorf

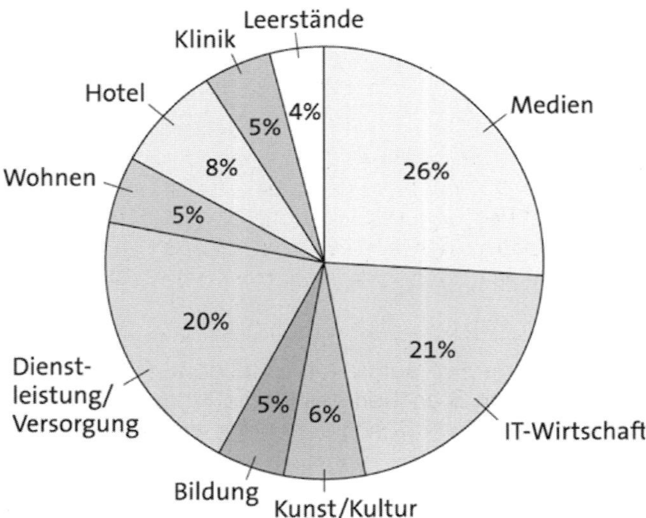

Quelle: MediaPark Köln Entwicklungsgesellschaft mbH (Die Auswertung basiert auf Eigenangaben der Unternehmen, ermittelt über Firmenpublikationen, Firmenwebsites und Interviews. Stand: 10/2002)

M4 Nutzungsstruktur des MediaParks Köln*

zu M4: Branchen und deren Anzahl (Auswahl)
Medien: Radio- und Fernsehsender/Internet TV (3)
Verlage (3)
Film- und Fernsehproduktion (2)
Musikverlage/Labels (8)
Werbung (5)
IT-Wirtschaft: e-commerce (5)
Softwareentwicklung/Softwarehaus (10)
Kunst/Kultur: Großkino (1)
Bildung: Aus- und Weiterbildung, u.a. Kölner Journalistenschule (16)
Dienstleistungen/Versorgung/Handel:
Einzelhandel (6)
Arztpraxen (10)
Finanzdienstleister (4)
Unternehmensberater (18)
Gesamtzahl an Unternehmen: 250
Arbeitsplätze: 5 000

Köln zählt deutschlandweit zu den wichtigsten Medienstandorten. Traditionell galt dies für den Verlagssektor, heute insbesondere für audiovisuelle Medien und dort primär für die Fernsehproduktion (WDR, RTL, Vox, Viva, SuperRTL)... Allerdings ist Köln nicht im Mediensektor generell stark – obgleich dies gern behauptet wird: Das Innenimage des Medienstandorts Köln ist weitaus stärker ausgeprägt als das Außenimage. Vielmehr ist Köln stark bei TV-Studioproduktionen (z.B. Quiz- oder Talkshows) ... Verglichen mit anderen Regionen ist die Gründungsintensität im Bereich „Internet/E-Commerce" so hoch wie nirgends in NRW. Zahlreiche ältere (z.B. der 1987 gegründete MediaPark) und jüngere Maßnahmen der lokalen Wirtschaftsförderung haben dazu beigetragen, dass sich insbesondere Multimediaagenturen und E-Commerce-Anbieter im Raum Köln niedergelassen haben. Insgesamt liegt Köln im Bereich der Internetwirtschaft aber klar hinter den führenden deutschen Regionen Hamburg, München, Berlin und Frankfurt. [Es] ist zu beachten, dass der Mediensektor nicht per se für Beschäftigungs- und Unternehmenswachstum steht: In Deutschland sind in der Vergangenheit nur vier Bereiche des Mediensektors gewachsen (Werbung, Film, Nachrichtenagenturen, Fernsehen/Rundfunk), während er sich insgesamt ungünstiger entwickelte als die gesamte [westdeutsche] Wirtschaft.

Quelle: Rolf Sternberg. Wirtschaftsgeographische Positionierung Kölns im interregionalen Vergleich. Geographische Rundschau 58 (2006) Heft 1, Braunschweig 2006

M5 Köln als Medienstandort

*Die Zahlen der Materialien M2 bis M4 entsprechen weitgehend auch dem heutigen Informationsstand

Name: Klasse: Datum:

Klett
© Ernst Klett Verlag GmbH, Stuttgart 2015. | www.klett.de | Erstellt für: TERRA OS TB Entwicklungsländer | ISBN: 978-3-12-104706-2
Alle Rechte vorbehalten. Von dieser Druckvorlage ist die Vervielfältigung für den eigenen Unterrichtsgebrauch gestattet.
Die Kopiergebühren sind abgegolten. Für Veränderungen durch Dritte übernimmt der Verlag keine Verantwortung.

Dienstleistungszentrum Düsseldorf

Lösung

Media Park Köln – Tertiärer Standort in einer westdeutschen Großstadt

1 Beurteilen Sie, inwieweit vom MediaPark Köln künftig Wachstumsimpulse für den Wirtschaftsstandort Köln ausgehen können.

47 % der Nutzungen des MediaParks nehmen Medien- und IT-Wirtschaft ein. Die Aufschlüsselung nach Branchen (M4) zeigt, dass der MediaPark Standort solcher Branchen ist, die zu den vier Wachstumsbereichen bei den Medien gehören: Fernsehen/Rundfunk mit drei, Film- und Fernsehproduktion mit zwei und Werbung mit fünf Unternehmen. Auch bei der IT-Wirtschaft sind z. B. fünf Unternehmen zu verzeichnen, deren Gründung mit zu Kölns führender Stellung innerhalb von NRW in dieser Branche beigetragen hat. Dies reicht jedoch nicht zu einem Spitzenplatz in Deutschland.
Insgesamt erscheint die aktuelle Nutzungsstruktur des MediaParks Köln zu wenig wachstumsorientierte Branchen aufzuweisen. Insbesondere die Nutzungen Dienstleistungen/Versorgung/Handel gehen mit 20 % Nutzungsanteil über eine ergänzende Funktion zu den profilbildenden Branchen des MediaParks hinaus, zumal der MediaPark 1987 als Zentrum der Medien- und Kommunikationswirtschaft geplant war. Auch die Existenz einer Klinik an einem Medienstandort entspricht nicht dem eigentlichen Profil.
Insgesamt scheint somit ein nur begrenzter Teil der angesiedelten Branchen als potenzielle Wachstumsbranchen, zumal die Medienbranche in Deutschland als Ganzes hinter das Gesamtwachstum der westdeutschen Wirtschaft in den zurückliegenden Jahren geraten ist.

Name: Klasse: Datum:

© Ernst Klett Verlag GmbH, Stuttgart 2015. | www.klett.de | Erstellt für: TERRA OS TB Entwicklungsländer | ISBN: 978-3-12-104706-2
Alle Rechte vorbehalten. Von dieser Druckvorlage ist die Vervielfältigung für den eigenen Unterrichtsgebrauch gestattet.
Die Kopiergebühren sind abgegolten. Für Veränderungen durch Dritte übernimmt der Verlag keine Verantwortung.

Schülerbuch
Seite 250 bis 251

Tertiärisierung – nicht nur ein Segen

Strukturierungshilfe

Phase	Thema	Seite	Material	Aufgabe	Methodische Hinweise
Einstieg	Zwei berufliche Werdegänge im Vergleich – Segen und Fluch der Tertiärisierung aus der Sicht von Betroffenen	250	1–2		Aufforderung an die SuS, im Verwandtenkreis zu recherchieren, ob sich berufliche Lebensläufe unter dem Einfluss des Wandels zur Dienstleistungsgesellschaft geändert haben – dokumentieren und vortragen
Erarbeitung 1	Tertiärisierung – nicht nur ein Segen: Problemfall Niedriglohnsektor	250-251	3 (–4)	1	Hier oder im folgenden Erarbeitungsschritt: Einbezug von Foto 2 auf der Auftaktdoppelseite
Erarbeitung 2	Spaltung in einen Niedrig- und einen Hochlohnbereich – mit räumlichen Auswirkungen?	251	4	2	

Lösungshinweise Seite 251

1 „Den Wandel zur Dienstleistungsgesellschaft muss man in Deutschland als Erfolgsgeschichte betrachten." Nehmen Sie zu dieser Aussage Stellung.

In vielen Bereichen stimmt diese Aussage. Einen Beleg hierfür liefert das Beispiel Düsseldorfs (Kap. 6.1). Die Stadt lebt vom Dienstleistungssektor, der das wirtschaftliche Rückgrat bildet. Und es ist hier mehr als gelungen, die im Sekundären Sektor weggefallenen Arbeitsplätze zu kompensieren. Auch damit hat die Tertiärisierung einen wichtigen Beitrag zum wirtschaftlichen Wandel geleistet, da immer weniger Menschen im Produzierenden Gewerbe arbeiten. Hier hat der Dienstleistungssektor vielen Menschen Perspektiven eröffnet bzw. tut dies bis heute. Ebenfalls am Beispiel Düsseldorfs wird deutlich, dass der Wandel zur Dienstleistungsgesellschaft viele Stadtbilder zum Besseren hin verändert hat. Über einzelne architektonische Umsetzungen mag man streiten, aber der heutige Medienhafen ist ein weit stärkerer Anziehungspunkt, als dass ein Industriehafen sein kann.

Dennoch muss man Einschränkungen hinsichtlich der Aussage von der „Erfolgsgeschichte" machen, wie der zweite berufliche Lebenslauf zeigt. Es ist im Tertiären Sektor ein umfangreicher Niedriglohnbereich entstanden, in dem mittlerweile Hunderttausende von Menschen arbeiten. Die hier zu verdienenden Löhne reichen in der Regel kaum aus, um einen zufriedenstellenden Lebensstandard zu finanzieren. Die Übersicht 3 zeigt dabei beeindruckend, in wie vielen Branchen über 60% der Beschäftigten einen Niedriglohn erhalten – vor allem in Bereichen unserer alltäglichen Nutzung, wie im Gebäude- und Straßenreinigungswesen, in der Gastronomie oder in den Friseursalons.

2 Räumliche Verteilung der Callcenter in Deutschland

Die Aufgabe knüpft an den Autorentext von S. 251 an, der u.a. die Frage stellt, ob sich bestimmte Einrichtungen des Niedriglohnsektors in strukturschwachen Räumen ansiedeln, in denen es an höherwertigen Arbeitsplätzen mangelt und die eher niedrigere Durchschnittslöhne aufweisen als z.B. Verdichtungsräume.

a) Beschreiben Sie die Verteilung anhand der Karte 4.
Bei der Verteilung der Callcenter fällt zwar einerseits eine breite Streuung auf, andererseits aber auch eine Konzentration auf die Verdichtungsräume. Beispiele hierfür sind der Rhein-Main-Neckar-Raum, die die Region Rhein-Ruhr oder auch Berlin und Hamburg. Dass auch ländliche, strukturschwache Räume eine Rolle spielen, zeigen z.B. die Taunus- und Westerwald-Region zwischen Frankfurt und Köln. Insgesamt aber bevorzugt man offenbar Räume mit Agglomerationsvorteilen.

b) Versuchen Sie, die hier sichtbaren Verteilungsmuster zu begründen.
Die Tatsache, dass in den ländlichen Regionen ein niedrigeres Lohngefüge besteht, scheint nicht entscheidend zu sein. Wichtiger ist offensichtlich die größere Zahl an potenziellen Arbeitskräften in den Verdichtungsräumen. Hier scheint es also ein besonders großes Angebot an preiswerten Arbeitskräften zu geben, die in Teilzeit oder Minijobs arbeiten wollen oder auch müssen.

c) Erörtern Sie, ob der Tertiärisierungsprozess überhaupt negative räumliche Folgen hervorrufen kann.
Räumliche Wirkungen hat der Tertiärisierungsprozess ohne Zweifel. Das zeigt schon das Beispiel Düsseldorfs mit der Umgestaltung früherer industriewirtschaftlicher Flächen wie dem heutigen Medienhafen oder auch die Auswirkungen in den Innerstädten, wie z.B. beim Kö-Bogen. Über die Qualität der Umgestaltungsmaßnahmen kann man streiten, und sie hängen ja auch vom jeweiligen Zeitgeist ab. Grundsätzlich negative Auswirkungen sind aber kaum denkbar, höchstens in Zersiedelungstendenzen an den Stadträndern, wo sich Unternehmen des Dienstleistungssektors ansiedeln. Auch die Entstehung eines umfangreichen Niedriglohnsektors bei den Dienstleistungen beschränkt sich auf soziale Auswirkungen; räumliche müsste man hier wohl eher künstlich konstruieren.

Schülerbuch
Seite 252 bis 257

Der Weg in die Dienstleistungs- und Informationsgesellschaft

Strukturierungshilfe

Phase	Thema	Seite	Material	Aufgabe	Methodische Hinweise
Einstieg	Raumwandel durch Tertiärisierung: Münster, ehemaliges Brauereigelände	252	1, 2	1	Bildbeschreibung, Erstellen von Leitfragen, z. B. Welche wirtschaftlichen, gesellschaftlichen und räumlichen Auswirkungen hat der Prozess der Tertiärisierung ausgelöst? (Plenum)
Erarbeitung 1	Der Prozess der Tertiärisierung – Ursachen, Ausmaß und Folgen, exemplarische Erweiterung am Beispiel Rheinauhafen Köln	252–254	3-5	2–5	Erarbeitung grundlegender Sachverhalte im Plenum Rheinauhafen Köln, ggf. als Kurzreferat
Erarbeitung 2	Fallbeispiel: SAP Walldorf	255	6–7	6	Erarbeitung spezieller Merkmale eines unternehmensorientierten Dienstleisters, ggf. als Kurzreferat
Erarbeitung 2	Standortfragen konsum- und unternehmensorientierter Dienstleistungen	256–257	8–12	7–9	Erarbeitung im Plenum Kopiervorlage: Neue Organisationsformen in der Industrie
Wertung	Bedeutung des Dienstleistungssektors für die Wettbewerbsfähigkeit eines Landes			10	Offene Diskussion im Plenum

Lösungshinweise Seite 254

1 Vergleichen Sie die beiden Fotos 1 und 2 hinsichtlich des räumlichen Wandels.

Mithilfe der beiden Bilder lässt sich exemplarisch der durch den Tertiärisierungsprozess ausgelöste Raumwandel erarbeiten, hier die Umwidmung eines Brauereigeländes in ein multifunktionales Life-Style-Viertel.
Bis 1984 wurde auf dem Gelände Bier gebraut; nach zwischenzeitlich anderer Nutzung (u.a. Musikhalle „Jovel") erfolgte im Jahr 2007 der Umbau des Geländes rund um den denkmalgeschützten ehemaligen Brauerei-Turm zum sogenannten „Germania-Campus". Das Foto 1 zeigt die alten Gebäude zur Zeit des Rückbaus, auf dem Foto 2 sind Teile der derzeitigen Nutzung im Rahmen des Germania-Campus zu erkennen: Dazu gehören ein Hotel, Restaurants, Praxen, Büros, eine Tanzschule, Apotheke und Lebensmittelgeschäfte, Fitness-Studio, aber auch Wohnungen. So ist ein lebendiges, multifunktionales Viertel entstanden.

2 Erstellen Sie eine Liste von Dienstleistungen, die Sie und Ihre Familien im Alltag beanspruchen.

Die Liste von Dienstleistungen, die jeder von uns im Alltag beansprucht, ist fast unerschöpflich. Mit der Aufgabe soll den Schülerinnen und Schülern bewusst werden, wie sehr der Tertiäre Sektor unseren Alltag beeinflusst bzw. bestimmt – von der Versorgung mit Gütern des täglichen Bedarfs, über die Verkehrsteilnahme und das Nachrichtenwesen bis hin zum Freizeitsektor. Es empfiehlt sich, dass die Schülerinnen und Schüler zur Beantwortung der Frage einen normalen Tagesablauf Revue passieren lassen.

3 Erläutern Sie Ursachen der Tertiärisierung.

Bei der Untersuchung der Ursachen der Tertiärisierung ist zwischen personenbezogenen und unternehmensbezogenen Dienstleistungen zu unterscheiden.
Die wachsende Nachfrage nach privaten/personenbezogenen Dienstleistungen erklärt sich vor allem aus dem demografischen Wandel und den (langjährig betrachtet) steigenden Einkommen der privaten Haushalte. Immer weniger Geld wird prozentual für die Befriedigung der materiellen Grundbedürfnisse ausgegeben, immer mehr für Freizeit, Bildung, Kultur und Gesundheit. Viele Tätigkeiten werden nicht mehr im Haus selbst erledigt, sondern nachgefragt, z. B. Essen im Restaurant, Beschäftigung von Reinigungskräften. Die zunehmende Zahl kleiner Haushalte und die Alterung der Bevölkerung führen dazu, dass viele Dienstleistungen, wie z. B. Kinder- und Altenpflege, nicht mehr innerhalb der Familie erbracht, sondern bei Organisationen und Firmen nachgefragt werden. Schließlich führt auch die sinkende Arbeitszeit zur Nachfrage nach Dienstleistungen, z. B. im Freizeitsektor zu einer steigenden Nachfrage dieses Sektors.
Unternehmensbezogene Dienstleistungen: Der Tertiäre Sektor ist eng mit dem Wirtschaftswachstum gekoppelt. In dem Maße, wie die Industrie mehr Güter produziert, werden auch mehr unternehmensorientierte Dienstleistungen nachgefragt, z. B. steigender Bedarf an Transport- und Kommunikationsdienstleistungen, steigende Nachfrage nach Forschungs- und Entwicklungsaktivitäten. Betriebliche Spezialisierungen und die immer komplizierter werdenden Produktions-, Verwal-

tungs- und Vertriebsabläufe erfordern zusätzliche Serviceleistungen, z. B. in der Rechtsberatung, im Ingenieurwesen oder in der Logistik. Eine weitere Ursache ist die steigende Komplexität der sozioökonomischen Systeme, d. h.: Der Bedarf an Regelung, Steuerung und Vermittlung steigt.

4 „Rheinauhafen Köln – signifikantes Beispiel für die räumlichen Wirkungen des Tertiärisierungsprozesses":

a) Beschreiben Sie Erscheinungsbild und Struktur des heutigen Rheinauhafens (Foto und Karte 5).
Das Erscheinungsbild des heutigen Rheinauhafens in Köln ist vor allem von den sogenannten Kranhäusern geprägt, die einen spektakulären Eindruck hinterlassen. Sie sind zum einen verankert in der Moderne, verweisen in ihrem Äußeren aber auch auf die Vergangenheit des Hafens.
Die Struktur des Hafens ist vor allem geprägt von Büroflächen, hochwertigen Wohnungen (v. a. Eigentum) sowie Museen und Restaurants.

b) Erarbeiten Sie mithilfe des Internet weitere Informationen zu diesem Projekt, die Sie Ihrem Kurs vorstellen.
Hier bietet es sich an, über die zentrale Informationsseite des Rheinauhafens zu gehen: www.rheinauhafen-koeln.de

5 Erstellen Sie zum Thema „Informationsgesellschaft" eine Mindmap zu deren Erscheinungsformen, Ursachen, Chancen und Risiken.

6 Stellen Sie anhand von SAP (S. 255) Merkmale eines unternehmensorientierten Dienstleisters dar.
SAP bietet als Software-Unternehmen spezialisierte Dienstleistungen für unterschiedliche Branchen des Sekundären und Tertiären Sektors an, z. B. für die Automobilindustrie, Telekommunikation, für Banken und Versicherungen, den Handel und die Luft- und Raumfahrtindustrie. Die Dienstleistungen erstrecken sich auf praktisch alle Tätigkeitsbereiche der Firmen, z. B. Produktentwicklung, Fertigung, Vertrieb, Logistik, Marketing, Finanzmanagement und Personalwesen. Mit über 650 00 Mitarbeitern weltweit erfüllt SAP alle Kriterien eines Global Players. Die Globalisierung erfordert von allen größeren Unternehmen sowohl des Sekundären als auch des Tertiären Sektors einen erhöhten Vernetzungsbedarf und zunehmende logistische Verknüpfungs- und Koordinationsleistungen bei praktisch allen wirtschaftlichen Prozessen. Hieraus erwachsen in zunehmendem Maße Betätigungsfelder für unternehmensorientierte Dienstleistungen wie eben SAP.

Mindmap Informationsgesellschaft

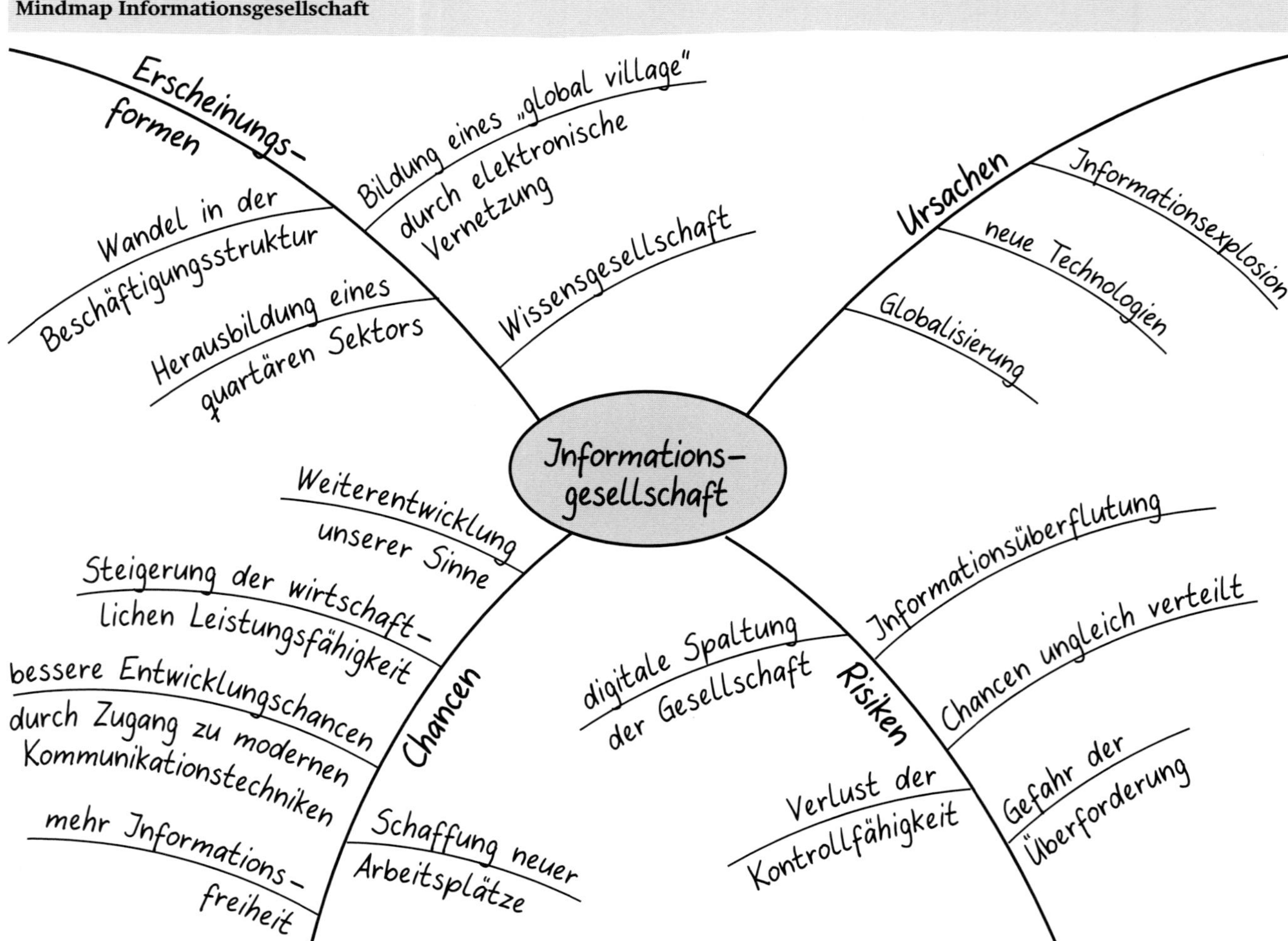

1

Lösungshinweise **Seite 257**

7 Erstellen Sie eine Liste von Standortfaktoren konsumorientierter Dienstleistungen.

Standortfaktoren konsumorientierter Dienstleistungen: Verkehrslage und Verkehrsanbindung (Erreichbarkeit für Nachfrager), Kommunikationsverbindungen, Größe des Marktgebietes, Absatzmarkt bzw. Nachfragerpotenzial, Einkommen und Kaufkraft der Bevölkerung, Freizeitwert, kulturelles Angebot, Wohnqualität, Flächen- und Büroangebot, Reiz der Stadt, Schulen und Ausbildungsstätten.

8 Arbeiten Sie aus der Karte 11 die wesentlichen Aussagen heraus.

Die Karte zeigt einen deutlichen Zusammenhang zwischen der Größe von Siedlungen und ihrer sektoralen Struktur. Mit zunehmender Einwohnerzahl steigt bekanntermaßen auch der Beschäftigtenanteil des Dienstleistungssektors. In kleineren Orten finden sich lediglich einige wenige einfache kundenorientierte Dienstleistungen. In mittelgroßen Städte steigt deren Zahl und mit ihnen das differenzierte Angebot an mittelfristigen persönlichen Dienstleistungen. In Großstädten dominiert der Dienstleistungsbereich mit einem Beschäftigtenanteil von über zwei Dritteln. Dort – und fast nur dort – konzentrieren sich die wissensintensiven unternehmensorientierten Dienste. In der Karte spiegelt sich im Prinzip das deutsche Städtesystem mit seiner Hierarchie von Klein-, Mittel- und Oberzentren wider, wobei lediglich die Oberzentren ein besonders hohes Qualitätsniveau im Dienstleistungsbereich aufweisen.

9 Erklären Sie die Konzentration unternehmensorientierter Dienstleistungen auf Großstädte.

Die räumliche Konzentration des Dienstleistungssektors in den größeren Städten erklärt sich vor allem aus der Größe des Marktgebietes, der großen Zahl der Nachfrager und der günstigen Erreichbarkeit. Die Standortwahl ist also vornehmlich absatz- und nachfrageorientiert. Dies gilt sowohl für die konsumorientierten als auch für die unternehmensorientierten Dienstleistungen.

Im Einzelnen lassen sich folgende Standortvorteile des großstädtischen Raums auflisten:

- Agglomerations- und Fühlungsvorteile,
- großer Absatzmarkt,
- Nähe zu Zulieferern,
- Nähe zu Absatzmärkten,
- Nähe zu Hochschulen und Forschungseinrichtungen,
- Verfügbarkeit von Arbeitskräften (quantitativ und qualitativ),
- Image und Attraktivität der Stadt,
- Kultur- und Freizeitangebot der Stadt.

In der City, dem Bereich mit der höchsten Arbeitsplatzdichte sowie der Konzentration von Einrichtungen höherer Stufen der Bedienung, treten diese Standortvorteile gebündelt auf.

10 „Ein leistungsfähiger Dienstleistungssektor ist eine entscheidende Voraussetzung für die internationale Wettbewerbsfähigkeit eines Landes." Beurteilen Sie diese Aussage.

Die internationalen Vernetzungen, die räumliche Arbeitsteilung, die kürzeren Produktionslebenszyklen sowie moderne betriebliche Organisations- und Fertigungsformen steigern in der heutigen globalisierten Wirtschaft zunehmend den Bedarf an Beratungs-, Forschungs- und Entwicklungsdienstleistungen. Wer im globalen Wettbewerb bestehen möchte, ist auf einen leistungsfähigen Dienstleistungssektor angewiesen. Beispielhaft kann dies an den Global Cities, den Schaltstellen der modernen Weltwirtschaft, aufgezeigt werden. Gerade sie sind durch hochwertige, international ausgerichtete unternehmensorientierte Dienstleistungen geprägt (z. B. Sitz internationaler Organisationen, global operierende Finanzinstitute u. a. m.). Sie wirken als transnationale Steuerungs- und Kontrollzentralen weltweiter wirtschaftlicher Aktivitäten. Aufgrund ihrer hohen Entwicklungsdynamik sind sie eine wichtige Voraussetzung für die internationale Konkurrenz- und Leitungsfähigkeit der nationalen Wirtschaften.

Der Weg in die Dienstleistungs- und Informationsgesellschaft

Neue Organisationsformen in der Industrie

1 Beschreiben Sie anhand der beiden Abbildungen M1 und M2 das Konzept und die Funktionsweise einer virtuellen Fabrik.

2 Nennen Sie Vorteile dieser „neuen Unternehmensform".

3 Erörtern Sie, ob und inwieweit für eine virtuelle Fabrik die Bindung an einen bestimmten Standort aufgehoben ist.

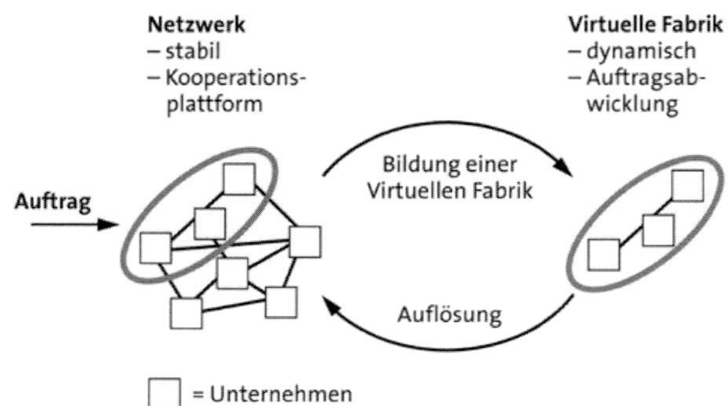

M1 Das Konzept der virtuellen Fabrik

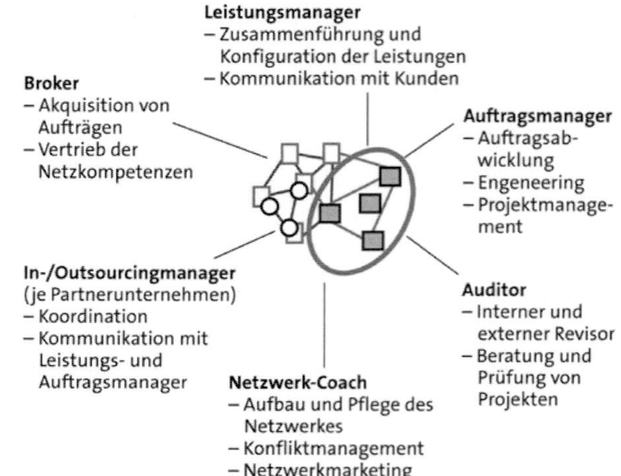

M2 Aufgaben und Rollen in der virtuellen Fabrik

Name: Klasse: Datum:

Klett
© Ernst Klett Verlag GmbH, Stuttgart 2015. | www.klett.de | Erstellt für: TERRA OS TB Entwicklungsländer | ISBN: 978-3-12-104706-2
Alle Rechte vorbehalten. Von dieser Druckvorlage ist die Vervielfältigung für den eigenen Unterrichtsgebrauch gestattet.
Die Kopiergebühren sind abgegolten. Für Veränderungen durch Dritte übernimmt der Verlag keine Verantwortung.

Der Weg in die Dienstleistungs- und Informationsgesellschaft

Lösung

Neue Organisationsformen in der Industrie

1 Beschreiben Sie anhand der beiden Abbildungen M1 und M2 das Konzept und die Funktionsweise einer virtuellen Fabrik.

Eine virtuelle Fabrik ist ein zeitlich begrenzter Zusammenschluss wirtschaftlich und rechtlich selbstständiger Unternehmen mittels Telekommunikation.
Die Unternehmen können ganz unterschiedlicher Größe sein, gehören in der Regel unterschiedlichen Branchen an und übernehmen in der virtuellen Fabrik jeweils unterschiedliche Funktionen (Einkauf, Entwicklung, Marketing, Finanzierung, Absatz). Ziel des Zusammenschlusses ist es, die spezifischen Vorteile einzelner Unternehmen zu nutzen, um so ein Produkt bzw. eine Dienstleistung schnell, kostengünstig und effizient auf den Markt zu bringen. Nach Beendigung des Geschäftes löst sich der Verbund wieder auf; er ist also ein „dynamischer Produktionsverbund".
Bei der Abwicklung der Geschäftstätigkeiten werden in der Regel sechs Dienstleister tätig:
- Der Broker betreibt das Marketing und holt die Aufträge herein.
- Der Netzwerk-Coach ist für den Aufbau und die Pflege des Netzwerkes zuständig; er aquiriert die einzelnen Partner und betreut sie.
- Der Leistungsmanager splittet den vom Broker aquirierten Gesamtauftrag auf und führt die für dessen Abwicklung notwendigen Partnerunternehmen zusammen.
- Jedes Partnerunternehmen bestimmt einen Leiter In-/Outsourcing; er ist Ansprechpartner für den Broker und den Leistungsmanager und koordiniert intern die Aufgabenentwicklung.
- Der Auftragsmanager übernimmt die Leistung der virtuellen Fabrik; er wickelt die Aufträge ab und ist dem Kunden gegenüber für das Produkt verantwortlich.
- Der Auditor fungiert als externer und interner Revisor, indem er als „neutrale Instanz" die Auftragsabwicklung überprüft und die Einhaltung der Spielregeln sicherstellt.

2 Nennen Sie Vorteile dieser „neuen Unternehmensform".

Vorteile einer virtuellen Fabrik:
- Neue Märkte können erschlossen, bzw. bestehende am jeweiligen Standort gehalten werden.
- Durch die Nutzung und Bündelung der je spezifischen Kompetenzen der einzelnen Partner können die Produkte und Leistungen kostengünstiger und mit einem geringeren Initialaufwand erbracht werden als in einer realen Fabrik.
- Durch ein geschicktes Marketing können eventuelle freie Kapazitäten einzelner Unternehmen besser ausgelastet werden.
- Indem die Unternehmen ihre Fertigungstiefe verringern können sie sich auf ihre spezifischen Fähigkeiten konzentrieren und Kosten sparen. Mit der zunehmenden Größe virtuellen Fabrik wächst auch der Gesamtmarkt (z. B. Schaffung bzw. Nutzung von Agglomerations- und Fühlungsvorteilen).
- Neue Märkte können gezielt erschlossen werden.

3 Erörtern Sie, ob und inwieweit für eine virtuelle Fabrik die Bindung an einen bestimmten Standort aufgehoben ist.

Da der Zusammenschluss und die Zusammenarbeit der einzelnen Unternehmen in einer virtuellen Fabrik vornehmlich mittels Telekommunikation erfolgen, ist die Bindung an einen bestimmten Standort nicht zwingend. Virtuelle Fabriken stellen somit ein Paradebeispiel für footlose-Unternehmen dar. Dennoch:
Für das reibungslose Zusammenspiel innerhalb des Netzwerkes sind face-to-face Kontakte oft eine notwendige Voraussetzung, womit die räumliche Nähe wieder an Bedeutung gewinnt. Auch das Ziel, die Agglomerations- und Fühlungsvorteile bestmöglich zu nutzen, erfordert vielfach eine Zusammenarbeit „vor Ort".

Name: Klasse: Datum:

© Ernst Klett Verlag GmbH, Stuttgart 2015. | www.klett.de | Erstellt für: TERRA OS TB Entwicklungsländer | ISBN: 978-3-12-104706-2
Alle Rechte vorbehalten. Von dieser Druckvorlage ist die Vervielfältigung für den eigenen Unterrichtsgebrauch gestattet.
Die Kopiergebühren sind abgegolten. Für Veränderungen durch Dritte übernimmt der Verlag keine Verantwortung.

Schülerbuch
Seite 258 bis 263

Verkehrs- und Kommunikationsnetze – ihre Bedeutung für globale Verflechtungen

Strukturierungshilfe

Phase	Thema	Seite	Material	Aufgabe	Methodische Hinweise
Einstieg	Verkehr, eine zentrale Grundlage von Wirtschaft und Lebensalltag	258–259	1, 2, 4	1, 2	Impuls durch Bildbeschreibung und Quellentext
Erarbeitung 1	Verkehr – Wirtschaftsfaktor und Raumwirksamkeit	258–261	3, 5–8	3–5	Grundlegende Informationen über Zusammenhänge zwischen Verkehrs- und Wirtschaftsentwicklung, Erarbeitung im Plenum
Erarbeitung 2	Fallbeispiel: Güterverkehrszentren	262–263	9–13	6–8	Diskussion: Neue Anforderungen an Transportsysteme und Möglichkeiten zu deren Optimierung

Lösungshinweise Seite 260 – 261

1 Vergleichen Sie die beiden Bilder 1 und 4.

Das Foto 1 zeigt den Umschlagbahnhof Köln Eifeltor als eindrucksvolles Beispiel eines intermodalen Transportsystems: Hier erfolgt der Umschlag von Containern zwischen den beiden Verkehrssystemen Straße und Schiene, die für den modernen Güterverkehr unverzichtbar und prägend sind und eine tragende Säule der wirtschaftlichen Entwicklung darstellen. Das Gemälde 4 zeigt den Lübecker Hafen zur Handelszeit – und auch hier sind intermodale Transportsysteme zu beobachten: Es werden Güter zwischen Verkehrssystemen verladen, in diesem Fall jedoch zwischen Schiffen und Pferdefuhrwerken. Ein weiterer Unterschied zum Foto 1: Transport und Umschlag der Güter erfolgen noch nicht weitgehend automatisiert, auch das Transportbehältnis Container steht natürlich noch nicht zur Verfügung.

2 Erstellen Sie anhand übergeordneter Gesichtspunkte eine Liste von Faktoren, die den Umfang des Verkehrs beeinflussen.

Umfang und Veränderungen im Verkehrsaufkommen werden von vielen verschiedenen Faktoren beeinflusst. Beispiele: die allgemeine wirtschaftliche Entwicklung (Wirtschaftswachstum), die zunehmende Trennung von Arbeiten und Wohnen, die Gestaltung von Freizeit (mehrmaliger Urlaub im Jahr, Zunahme der Fernreisen), allgemeine Wohlstandsentwicklung, technische Entwicklungen (z. B. bei den Transportsystemen), neue Konzepte verkehrsintensiver Produktions- und Absatzverflechtungen (z. B. just-in-time), Forderung nach schneller Erreichbarkeit in den modernen Produktionssystemen, Ausbau der Verkehrsinfrastruktur, der Prozess der Globalisierung u. a. m. Übergeordnete Gesichtspunkte zur Untergliederung der Liste könnten sein: wirtschaftliche Gegebenheiten, individuelle/soziale Ursachen, technische Entwicklungen.

3 Entwicklung des Güter- und Personenverkehrs in Deutschland

a) Beschreiben Sie anhand der Grafiken 5 und 6 die Entwicklung des Güter- und Personenverkehrs in Deutschland.
Der Güterverkehr ist in Deutschland seit 1870 – mit einer Unterbrechung während der beiden Weltkriege – stetig gestiegen, besonders stark ab 1950. Den mit Abstand größten Anteil am Verkehrsaufwand hat mit rund 70 % der Straßengüterverkehr – bei weiter steigender Tendenz. An zweiter Stelle steht die Bahn, gefolgt vom Binnenschiff.
Die Zunahme des Personenverkehrs war noch stärker als die des Güterverkehrs (Schüler auf die beiden unterschiedlichen Skalen hinweisen). Den größten Anteil am Personenverkehrsaufwand hat mit ca. 80 % der motorisierte Individualverkehr (MIV). Die höchste Zuwachsrate weist mit jährlich etwa 5 % jedoch der Luftverkehr auf.

b) Bewerten Sie diese Entwicklung.
Zum einen ist der Verkehr als wirtschaftlicher Wachstumsträger zu bewerten. Zum anderen trägt er aber in erheblichem Umfang zu Umweltproblemen bei (Flächenverbrauch, Flächenzerschneidungen, Schadstoffemissionen, Lärmemissionen u. a. m.). Daher sollte der Transport von Gütern und Personen möglichst mit umweltverträglicheren Verkehrsmitteln wie Bahn oder Binnenschiff erfolgen und nicht z. B. per Pkw oder Lkw auf der Straße.

4 Erläutern Sie den Zusammenhang zwischen dem Ausbau moderner Verkehrs- und Kommunikationsnetze und der Globalisierung.

Folgende Zusammenhänge sind zu nennen:
- Moderne Verkehrs- und Kommunikationstechnologien sind eine der wichtigsten Triebkräfte der Globalisierung,
- Information ist der „Rohstoff der Zukunft“,
- moderne Verkehrsnetze stellen eine Grundlage für einen raschen und preisgünstigen weltweiten Warenaustausch dar,

- dadurch erfolgt eine Vernetzung der internationalen und intersektoralen Produktionsstrukturen,
- moderne Verkehrs- und Kommunikationsnetze sind eine Grundlage für das Aufbrechen von ehemals durchgehend organisierten Wertschöpfungsketten, für das Ausgliedern von Unternehmen oder Unternehmensteilen und deren Verlagerung an kostengünstigere Standorte.

5 „Der unterschiedliche Zugang zu den modernen Kommunikationstechnologien ist eine wesentliche Ursache für die Verfestigung regionaler Disparitäten auf nationaler und internationaler Ebene." Nehmen Sie zu dieser Aussage Stellung.
Der Schwerpunkt des wirtschaftlichen Geschehens hat sich vom Sekundären zum Tertiären Sektor verlagert. Eine wesentliche Voraussetzung dafür waren die Fortschritte und Entwicklungen moderner Verkehrs- und Kommunikationstechnologien. Zahlreiche Entwicklungsländer haben an der durch den Prozess der Globalisierung induzierten weltwirtschaftlichen Entwicklung kaum Anteil. In einer Hütte im hintersten Winkel eines Slums gibt es keinen Strom und damit auch keinen Zugang zu den modernen Medien. Für diese ist wiederum eine gute Bildung und Ausbildung notwendig. Die Praxis zeigt, dass die geographische Verteilung z. B. von High-Speed-Zugängen sich zumeist räumlich mit den Aktivräumen deckt. Kapital und Ressourcen fließen zunehmend und einseitig in diejenigen Länder, die über eine große Wissensbasis und moderne Kommunikationsnetze verfügen; die Ungleichheit wird somit weiter verstärkt.
Aber auch auf nationaler Ebene lassen sich solche Entwicklungen bzw. Befürchtungen konstatieren: So ist inzwischen eine gute Internet-Anbindung selbst für Handwerksbetriebe teilweise unabdingbar – gleichzeitig jedoch ist eine flächendeckende Hochgeschwindigkeits-Versorgung z. B. in den ländlichen Regionen Deutschlands derzeit (2015) noch immer weit entfernt, woraus sich Wettbewerbsnachteile für die betroffenen Gebiete ergeben, wenn es um die Ansiedlung neuer Unternehmen geht.

Lösungshinweise **Seite 263**

6 Die Bedeutung der Logistik wird meist dann besonders deutlich, wenn die Zulieferung ins Stocken gerät. Erläutern Sie dies an einem Produkt Ihrer Wahl (z. B. Pkw).
Unter Logistik versteht man die integrierte Planung, Organisation, Steuerung, Abwicklung und Kontrolle des gesamten Material- und Warenflusses; verbunden sind damit auch die Informationsflüsse innerhalb der gesamten Wertschöpfungskette. Die Bedeutung der Logistik wird besonders bei modernen betrieblichen Produktionskonzepten deutlich, wie z. B. bei der Just-in-Time-Produktion. Dabei werden Güter oder Bauteile von den Zulieferbetrieben zeitlich genau berechnet und erst bei Bedarf direkt ans Montageband geliefert. Mit einem gewissen Vorlauf wird dazu die benötigte Menge und Art direkt vom Fließband zurückgemeldet und bestellt. Damit dies funktionieren kann, muss der Bedarf jederzeit korrekt und in einem zeitlich engen Rahmen logistisch nachgeführt werden. Produktionsausfälle bei den Zulieferbetrieben (etwa infolge von Streiks, Pannen etc.) oder Verspätungen infolge von Verkehrsstaus können die Produktion im Montagewerk zum Stoppen bringen, da ja dort keine Lagerhaltung mehr erfolgt.

7 Erläutern Sie Lage, Struktur und Funktion des GVZ Bremen.
Lage des GVZ:
- Schnittpunkt von Schienen-, Straßengüterverkehr und nahe gelegenem Überseeverkehr,

Struktur des GVZ:
- komplettes Dienstleistungsangebot (inkl. Beratung, Lagerhäuser, Zollamt, Fahrzeugservice etc.) für Firmen des Güterverkehrs und der Logistik,
- Ansiedlung und Kooperation verkehrswirtschaftlicher Betriebe, logistischer Dienstleister sowie von Industrie- und Handelsunternehmen
- Unterstützung der am GVZ beteiligten Unternehmen durch ein übergeordnetes Management

Funktion des GVZ:
- Synergieeffekte durch räumliche Konzentration und bessere Auslastung von Umladeeinrichtungen und Transportfahrzeugen (bis zu Ganzzügen der Bahn),
- Verringerung der Umladezeiten,
- Verkehrsbündelung zur Entlastung des innerstädtischen und umlandnahen Güterverkehrs
- effiziente Transport- und Wirtschaftsaktivitäten und somit Festigung der Wettbewerbsfähigkeit der beteiligten Unternehmen

8 Untersuchen Sie Ihren Heimatraum bezüglich der Standortgunst für ein GVZ.
Bei der Ermittlung der Standortgunst sollten folgende Gegebenheiten berücksichtigt werden:
- Verkehrsanschluss (Straße, Schiene, Aufwand für Ergänzungen, Entfernung zu Flug- und Schiffsverkehr),
- Oberflächenform, Baugrund,
- Grundstückspreise,
- Störungen der Nachbarschaft (Wohnsiedlungen) und der Umwelt.

Global Citys – urbane Zentren der Weltwirtschaft

Strukturierungshilfe

Phase	Thema	Seite	Material	Aufgabe	Methodische Hinweise
Einstieg	New York – Skyline als Ausdruck einer global agierenden Stadt !?	264	1		Foto als Diskussionsgrundlage
Erarbeitung 1	Herausbildung und Hierarchie von Global Citys	264–265	1–5	1–4	
Erarbeitung 2	Vernetzung von Global Citys Fallbeispiel Tokyo	266–267	6–10	5–7	Wahlaufgabe: Weitere, neue Kriterien für die Einstufung als Global City?
Differenzierung	Angebot 1: Global City Singapur – perfekter Wirtschaftsstandort? Angebot 2: Global City Frankfurt – Zukunft als europäisches Dienstleistungszentrum?	268–271	1–7 1–7	1–3 1–3	Differenzierung nach Interesse Kopiervorlage: Metropolregionen im Wandel – „Frankfurt/Rhein-Main" vor den Herausforderungen der Zukunft

Lösungshinweise Seite 265

1 Erklären Sie Bedeutung und Funktion von Global Citys.

Global Citys lassen sich durch folgende, ihre Bedeutung und Funktion charakterisierenden Merkmale definieren:

- Metropolen mit einem bedeutenden Kapitalmarkt und einer hohen Anzahl von Hauptquartieren international operierender Unternehmen,
- hochrangiges Angebot an unternehmensorientierten Dienstleistungen (z. B. Banken, Versicherungen),
- Verfügbarkeit von wertvollem Humankapital durch hohe Qualität der Bildungsangebote vor Ort,
- Knotenpunkte für den internationalen Informationsaustausch,
- attraktives Angebot an „weichen Standortfaktoren" durch bedeutende Einrichtungen oder Events im Bereich von Kultur, Kunst und Sport,
- Sitz internationaler politischer Institutionen,
- Kontrolle von Produktion und Märkten in einem weltweiten Netz von Standorten.

2 Vergleichen Sie Berlin und Frankfurt mit der führenden Global City New York (Grafik 3).

Der Vergleich betrifft die dem Global City Index zugrunde liegenden fünf Kategorien Wirtschaftliche Aktivität (1), Humankapital (2), Information und Medien (3), Kultureller Reichtum (4) sowie Politische Bedeutung (5). Bei Kategorie 1 fällt auf, dass Berlin und Frankfurt in etwa eine gleiche Bedeutung haben, die aber weit hinter der von New York zurück steht. Genauso sieht es beim Humankapital (2) aus, was allerdings u.a. auch daran liegen kann, dass New York mit seinen rund 9 Mio. Einwohnern deutlich größer als Berlin (ca. 3,4 Mio.) und extrem größer als Frankfurt (690 000) ist. Bei den beiden folgenden Kategorien 3 und 4 sind die Unterschiede dagegen deutlich geringer, und gerade beim kulturellen Reichtum wird Berlin ähnlich wie New York eingestuft. Auf den ersten Blick eigenartig erscheint dagegen New Yorks Vorsprung hinsichtlich der politischen Bedeutung (5), nicht gegenüber Frankfurt, aber doch gegenüber Berlin als der deutschen Hauptstadt. Eine Erklärung kann hier nur darin liegen, dass die US-amerikanische Stadt Sitz der UNO ist.

3 Erläutern Sie mithilfe des Online-Codes z95v5u den Abstieg Wiens zur Shrinking City und den folgenden Aufstieg zur Global City.

Der angegebene Code führt zu einer Ausgabe der TERRASSE online des Klett Verlags, in der sich ein Artikel befindet mit dem Titel „Wien – ‚shrinking city' oder ‚aufstrebende internationale Metropole?'". Durch die Auswertung des Textes sowie der beiden dazugehörigen Materialien (u. a. eine Karte) entsteht ein grundsätzliches Verständnis der Thematik. Eine ergänzende Internetrecherche ist möglich aber nicht zwingend erforderlich. Statt eines Lösungshinweises kann hier auf den TERRASSE-Artikel selbst verwiesen werden.

4 Global City: ein Begriff – unterschiedliche Sichtweisen

a) Erläutern Sie Unterschiede in den jeweiligen Grundlagen von Global City Index und Global Power City Index.

Der Global City Index (M2, M3) umfasst fünf Kategorien (siehe Aufgabe 2), die prozentual gewichtet werden: Kategorie 1 und 2 mit je 30 %, die Kategorien 3 und 4 mit je 15 % sowie Kategorie 5 mit 10 %. Im Mittelpunkt stehen also mit 60 % Anteil eindeutig die wirtschaftlichen Aspekte, zu denen auch das Humankapital (2) größtenteils gezählt werden kann, indem es mit Wahrscheinlichkeit vor allem um die Zahl der verfügbaren Arbeitskräfte geht, den Ausbildungs- und Qualifikationsstand der Menschen oder ihre Flexibilität und Kreativität.

Zwar umfasst auch der Global Power City Index (M4, M5) nur 6 Hauptkategorien; ihnen liegen aber 69 Einzelindikatoren zugrunde. Dabei besitzen die Hauptkategorien eine gleichrangige Gewichtung, und es fällt auf, dass neue Überlegungen hinzukommen, wie Lebensqualität und Umwelt/Ökologie (Hauptkategorie) und entsprechende Einzelindikatoren wie Shopping-Möglichkeiten oder CO_2-Emissionen.

b) Vergleichen Sie vor diesem Hintergrund die beiden Rankings.
So sehr man auch daran gewöhnt ist, die globale Bedeutung von Städten unter wirtschaftlichen Aspekten zu betrachten und zu gewichten, so erscheint doch der Global Power City Index „moderner". Er erfasst mehr Bereiche, die auch für den Einzelnen bedeutsam sind, und er zieht Aspekte der Nachhaltigkeit mit ein. Damit und durch die gleichrangige Gewichtung der Hauptkategorien relativiert und ergänzt er die doch arg einseitige ökonomische Perspektive des Global City Index. Auffällig ist, dass auch beim Global Power City Index die ersten vier Plätze von den gleichen Städten eingenommen werden wie beim Global City Index, wenn auch mit einer Verschiebung bei Platz 1. Größere Diskrepanzen treten dann allerdings auf den folgenden Ranking-Plätzen ein, wo z. B. Berlin dann auf Platz 8 folgt statt auf Platz 19 im Global City Index.

c) Nehmen Sie Stellung zu Auffälligkeiten im Ranking der Kategorie „Lebensqualität" (Tabelle 4).
Das Bemerkenswerteste ist, wie sehr eine solche Kategorie, die besonders die Menschen/Bewohner betrifft, von den wirtschaftlich gesteuerten Klassifizierungen abweicht. So kommen hier Städte ins Spiel, die im ökonomisch dominierten Global Power Index kaum oder gar keine Rolle spielen, wenn es um die führenden 25 Global Citys geht – mit dem besonders auffälligen ‚Zweitplatzierten' Vancouver im südwestlichen Kanada. Hierin wird deutlich, dass man unterscheiden muss zwischen der weltweiten Bedeutung der jeweiligen Global City und der Qualität, die die Stadt dann für ihre Bewohner hat.

Lösungshinweise **Seite 267**

5 Text 7 enthält (scheinbar?) einen Widerspruch zum Global City Index.

a) Erläutern Sie diesen Widerspruch.
Der Text widerspricht dem Global City Index insofern, als er die Bedeutung der Ausstattung von Städten als charakteristische Merkmale ihrer ‚Globalität' infrage stellt. Er geht davon aus, dass klassische Global City – Kriterien wie die Zahl der politisch hochrangigen Einrichtungen oder das Vorhandensein von Unternehmenszentralen an Bedeutung verloren haben. Dem gegenüber seien die internationalen Verflechtungen einer Global City zum wichtigsten Maß für ihre Bedeutung geworden.

b) Beurteilen Sie die beiden Ansätze zur Bestimmung von Städten als Global City.
Eine solche Beurteilung geschieht subjektiv, je nach eigener Gewichtung der beiden Ansätze. Man könnte allerdings auch zu dem Schluss kommen, dass die beiden Ideen gar nicht wirklich gegensätzlich sind. Eine Stadt, die in besonders hohem Maße die Kategorien des Global City Index erfüllt, wird mit einiger Wahrscheinlichkeit auch ein besonderes Maß an internationalen Verflechtungen besitzen. Ein Beispiel belegt das: Ist die Stadt Sitz von Firmenzentralen Multinationaler Unternehmen, so werden alleine diese Global Player dafür sorgen, dass weltweite Verflechtungen mit anderen bedeutenden Städten entstehen – das steckt im Prinzip schon in ihrer Bezeichnung als diejenigen, die das ‚globale Spiel' spielen.

6 Analysieren Sie die Materialien 8–10 im Hinblick auf Tokyos Rolle und Stellung als „vernetzte Global City".
Karte 8: Gezeigt werden die Vernetzung Tokyos mit anderen Städten der Welt sowie der jeweilige Grad dieser Vernetzung. Den höchsten Grad erreicht sie, wie kaum anders zu erwarten, mit bedeutenden Metropolen Asiens, wie z. B. Peking (BJ), Hongkong (HK) oder Singapur (SG). Während die Vernetzung mit drei Städten in den USA (New York, Chicago, Washington) ebenfalls besonders hoch ist, trifft dies in Europa nur noch auf Frankfurt zu. Erstaunlicherweise liegt der Vernetzungsgrad mit den beiden europäischen Global Citys der „TOP 4", also London und Paris, nur bei mittel bzw. gering. Der Verflechtungsumfang ist insgesamt sehr groß und betrifft alleine 30 Städte weltweit in höchstem oder zumindest mittlerem Umfang. Dabei fallen allerdings zwei räumliche Aspekte auf: einmal die oben genannte Konzentration auf Asien bei den höchstrangigen Vernetzungen und zum zweiten die geringen Verflechtungen mit Städten in Afrika und Lateinamerika – was aber zu den globalen Disparitäten insgesamt passt.
Tabelle 9: Dass Tokyo ein gutes Beispiel für die starke Vernetzung von Global Citys ist, wird in der Tabelle belegt. Hier steht man bei der Bedeutung von Firmen zwar einen Rang höher, nimmt aber beim Vernetzungsgrad den fünften Platz weltweit ein. Als ein wesentlicher Grund hierfür wird im Autorentext (S. 266) die Lage Tokyos zwischen Europa und Nordamerika genannt, die zeitzonenübergreifend einen konstanten Austausch mit dortigen Standorten ermöglicht, was besonders für unternehmensorientierte Dienstleister wichtig ist. Allerdings fällt in der Tabelle ebenfalls auf, dass Tokyo in seiner Bedeutung innerhalb Asiens von Hongkong überholt wurde.
Tabelle 10: Der Finanzdienstleister Sumitomo Banking ist eines der Unternehmen des Sektors Banken/Finanzen, der für die bedeutende Rolle Tokyos bei den internationalen Vernetzungen besonders wichtig ist. Bei dieser 24-größten Bank weltweit und zweitgrößten Japans konzentrieren sich die Standorte auf den asiatischen Raum. Dahinter folgen mit je sieben Standorten Europa und Nordamerika. Insofern kann dieses Unternehmen als Spiegelbild der Vernetzung ganz Tokyos betrachtet werden mit einem sehr ähnlichen räumlichen Verteilungs- und Schwerpunktmuster, wie es in Karte 8 deutlich wird.

Lösungshinweise **Seite 268**

TERRA Differenzierung / Angebot 1: Global City Singapur – perfekter Wirtschaftsstandort?

1 Singapur: Stadt und Wirtschaftsstruktur

a) Beschreiben Sie anhand der Karte 1 die Stadtstruktur Singapurs.
Wesentliche strukturelle Merkmale Singapurs sind:
- City mit Küstenlage, ergänzt durch Einkaufsviertel (Downtown, New Downtown),
- ausgedehnte Wohnflächen mit alter, aber modernisierter Bausubstanz um den Stadtkern herum, an den Rändern

durch hochwertige Neubauviertel erweitert (z. T. Luxuswohnungen), durchsetzt mit Einkaufszentren,
- relativ große Freiflächen (Parks, Grünanlagen, Wald), vor allem im Westen und in der Inselmitte zur Naherholung, z. T. mit Gewässern und Golfplätzen,
- weitere Freizeiteinrichtungen, wie z. B. das Meeresmuseum und die Wasser-, Unterwasser- und Erlebniswelt „Fantasy Island"
- Industrieflächen überwiegend an der Küste (Transportgunst), zum größeren Teil auf Neulandgewinnung; hier auch der besonders auffällige Komplex der chemischen Industrie, der noch stark erweitert werden soll,
- exzellente Infrastruktur mit Stadtautobahnen, ÖPNV (z. B. Schnellbahnsystem MRT), Internationalem Flughafen (auf Neulandflächen) und weltgrößtem Containerhafen.

b) Stellen Sie die in der Karte erkennbaren wirtschaftlichen Entwicklungsziele des Stadtstaates dar.
Die Karte lässt Rückschlüsse auf solche Entwicklungsziele zu, z. B.:
- Entwicklung zum internationalen Verkehrs- und Handelsknotenpunkt (Hafen/Containerhafen, Flughafen)
- Schaffung von Ansiedlungsanreizen für einkommensstarke Bevölkerungsschichten (hohe Wohnqualität),
- Stärkung der Wohnqualität, aber gleichzeitig auch des Städtetourismus durch vielfältige Freizeitangebote (auch internationalen Ranges),
- weitere Industrieansiedlungen, auch durch ausländische Direktinvestitionen, durch Ausbau der Flächen für Industrie mit transportgünstiger Lage,
- Ausbau zum Wissenschaftsstandort (Technologieparks, Universitäten),
- umweltschonende Bewältigung zunehmender Verkehrsströme, z. B. durch die Vervollständigung des Schnellbahnnetzes,
- Freihaltung von Flächen für die Naherholung.

2 Erläutern Sie anhand der weiteren Materialien wesentliche Merkmale des Wirtschaftsstandorts Singapur.
Immerhin rund ein Viertel des BNE von Singapur wird im produzierenden Gewerbe erwirtschaftet; die Stadt ist also durchaus auch ein bedeutender Industriestandort, der noch ausgebaut werden soll (siehe Aufgabe 2). Dennoch dominiert eindeutig der Tertiäre Sektor (siehe Diagramm 4). Er beruht – neben dem Handel und Verkehr – im Wesentlichen auf drei weiteren Säulen: Erstes Standbein ist der Finanzsektor mit einer der bedeutendsten Börsen Asiens, mit Banken, Versicherungen und weiteren Finanzdienstleistern. Sie haben ebenso wie die zweite Säule, die zahlreichen Unternehmenssitze (Headquarter) ausländischer Firmen und die jungen Multinationalen Konzerne aus Singapur selbst, für die Entstehung der dritten gesorgt: das Vorhandensein zahlreicher unternehmensorientierter Dienstleister (Anwaltskanzleien, Unternehmensberater, Marketing und Werbungsfirmen etc.). Zusammen mit den unterstützenden Bildungs- und Forschungseinrichtungen, wie z. B. der Singapur Management Universität, bilden sie ein herausragendes Cluster (siehe Abb. 3).
Gestützt werden beide Bereiche – Sekundärer und Tertiärer Sektor – durch den Zufluss von ausländischen Investitionen. Lag dieser im Jahre 2002 noch bei rund 230 Mio. US-$, so stiegen die ADI mit dem Ziel Singapur bis 2012 auf weit über 700 Mio. US-$. Zwar ist man auch selbst zum bedeutenden Investor im Ausland geworden, doch besteht zwischen Zu- und Abfluss von ADI ein deutlicher Überschuss des Erstgenannten. Man kann die ADI als Teil einer weiteren Säule des Wirtschaftsstandorts sehen, nämlich der konsequenten Internationalisierung: Man ist engagiertes Mitglied in der WTO, besitzt zahlreiche Abkommen mit Partnern aus der ganzen Welt, ist Mitglied im Wirtschaftsbündnis ASEAN und hat erst vor kurzem ein Freihandelsabkommen mit der EU abgeschlossen.

3 „Singapur auf dem Weg zum perfekten Wirtschaftsstandort." Erörtern Sie, inwieweit dieses von den Regierungen selbst formulierte Ziel Wirklichkeit geworden ist.
Die Ausführungen in den vorhergehenden Aufgaben vermitteln den Eindruck einer uneingeschränkten Bejahung dieser Aussage. Doch zeigt das Diagramm 7 die Einschränkung, die man bei dieser Einschätzung machen muss. Singapurs Aufstieg mit hohen gesamtwirtschaftlichen Wachstumsraten, erfuhr 2008/2009 einen herben Rückschlag. Der Grund liegt darin, dass seine Wirtschaft so stark in die Weltwirtschaft integriert ist, dass man von weltwirtschaftlichen Entwicklungen und besonders Krisen stark abhängig ist. Das zeigte sich bei der damaligen Finanzkrise besonders deutlich, auch wenn die ADI immer noch hoch waren. Die Krise wurde zwar 2010 schnell überwunden, doch schon 2011/2012 ergaben sich wieder bescheidenere wirtschaftliche Wachstumsraten, möglicherweise ausgelöst durch die Verlangsamung des Wachstumstempos bei bedeutenden Partnern wie z. B. China.
Insgesamt also dominiert ein „Ja" die Frage nach dem „perfekten Wirtschaftsstandort" – mit der einen Einschränkung, dass man gerade wegen seiner starken Globalisierung auch stark von globalen Entwicklungen abhängig ist. Internationale wirtschaftliche Krisen kann man bei der geringen Größe des Stadtstaates kaum durch den Binnenmarkt kompensieren.

Lösungshinweise **Seite 270**
TERRA Differenzierung / Angebot 2: Global City Frankfurt – Zukunft als europäisches Dienstleistungszentrum?

1 Beschreiben Sie anhand der Karte 1 die Struktur des Dienstleistungsstandorts Frankfurt-City.
Die außerordentliche Fülle unterschiedlicher Dienstleistungseinrichtungen lässt sich bereits der Legende entnehmen. Ein genauer Blick auf die Karte offenbart die Dominanz von Einrichtungen des Finanzsektors, ergänzt durch unternehmensorientierte Dienstleistungen, hier besonders aus dem Bereich „Consulting, Beratung". Aber auch der Einzelhandel sowie Kultur, Tourismus und Gastronomie (Hotels, Bars, Nachtlokale) stellen Eckpfeiler des Dienstleistungsstandortes Frankfurt-City dar.
Dabei ergibt sich eine deutliche räumliche Gliederung der Innenstadt nach Dienstleistungstypen. Während Behörden, Ämter, Büros und andere öffentliche Dienste relativ gleichmäßig über die City verteilt sind, ist eine Konzentration des Finanzsektors auf das „Bankenviertel" zu erkennen. Kulturelle Einrichtungen konzentrieren sich weitgehend auf die Altstadt; sie fin-

den sich hier aber vor allem entlang des Main, einschließlich der Sachsenhauser Flussseite. Der Einzelhandel konzentriert sich, wie in anderen Städten auch, im Zentrum, dort wo die Fußgängerzonen liegen. Hier befindet sich mit der „Zeil" eine der bedeutendsten Einkaufsstraßen Deutschlands. Insgesamt ergibt sich also für den Tertiären Sektor der Frankfurter City einerseits eine Multifunktionalität, die aber andererseits funktionale und räumliche Schwerpunkte besitzt.

2 Erläutern Sie anhand der weiteren Materialien wesentliche Merkmale, die Frankfurt zu einer Global City machen.
Drei Bereiche kennzeichnen die Dienstleistungsmetropole Frankfurt (Diagramm 4): der Finanzsektor, die unternehmensorientierten Dienstleistungen und der Verkehrssektor. Hinzu kommen Tourismus und Gastronomie sowie der Kommunikationssektor. Die Entwicklung zur heutigen Bedeutung hatte erste Ansätze im Mittelalter bzw. in der Neuzeit (Messe Frankfurt, Krönungsstadt) setzte jedoch im Wesentlichen erst nach dem Zweiten Weltkrieg ein. Dieser gewachsenen Bedeutung trugen auch die vielen nationalen und internationalen Großbanken Rechnung, die sich hier niederließen. Einen vorläufigen Schlusspunkt unter Frankfurts Entwicklung zu einem der Bedeutendsten Finanzplätze setzte sodann die Ansiedlung der Europäischen Zentralbank im Zuge der Euro-Einführung. Insgesamt ist hier ein Finanzcluster von globaler Bedeutung entstanden. Das zeigt Abb. 7: Zum Cluster gehören neben den Banken weitere Produzenten von Finanzprodukten (wie Versicherungen), unterstützende Unternehmen (unternehmensorientierte Dienstleister) sowie Bildungsinstitutionen (wie Universität oder European Business School). Ergänzt wird das Cluster durch Einrichtungen in der übrigen Metropolregion Rhein Main.
Parallel zu der Entwicklung im Finanzsektor erfolgte der Ausbau Frankfurts zur Verkehrsdrehscheibe von internationalem Rang (Atlas, Tab. 6), der sich z. B. in den Zahlen des Flughafens und des Hauptbahnhofs niederschlägt. Bei den Passagierzahlen ist der Flughafen Nr. 3 in Europa, bei der Fracht die Nr. 1. Und der Hauptbahnhof weist mit 350 000 Passagieren pro Tag den dritthöchsten Wert in Deutschland auf. Hinzu kommt Frankfurts Funktion als Drehscheibe beim Automobilverkehr. Auf dem Kommunikationssektor ist Frankfurt Deutschlands wichtigste Schnittstelle der Telekommunikation und des Internets. Hier kreuzen sich nationale und internationale Datennetze und der längste Datenhighway der Welt hat hier seinen Ausgangspunkt.
Neben weiteren funktionalen Merkmalen zeigt Foto 3 auch ein typisches physiognomisches: Frankfurt am Main besitzt die einzige wirkliche Skyline in Deutschland – auch das Ausdruck einer Global City.

3 Frankfurts schwierige Rolle als Global City:

a) Begründen Sie im Hinblick auf die Global-City-Rankings (siehe S. 265, 267), warum man von einer schwierigen Rolle sprechen kann.
Die Zuordnung Frankfurts zu den Rankings der Global Citys ist sehr uneinheitlich. Während die Stadt beim Global City Index nur an 19. Stelle liegt, und das mit großem Abstand hinter den führenden, steht sie beim Global Power City Index besser da und rangiert dort auf dem elften Rang. Bei den unternehmensorientierten Dienstleistungen kommt sogar Platz 9 unter allen Städten der Welt heraus. Andererseits gehört die Stadt nicht zu den Top 10, wenn es um Vernetzungen geht, und auch beim Global Power City Index kommt man in der wichtigen Hauptkategorie „Lebensqualität" nicht unter die ersten 10. Dieses ambivalente Bild, das Frankfurts schwierige Rolle dokumentiert, hängt mit mehreren Faktoren zusammen:
- Mit Berlin hat man innerhalb Deutschlands eine bedeutende Konkurrenz bekommen.
- Die relativ kleine Einwohnerzahl von 690 000 – im Vergleich zu Metropolen wie New York, Paris, London, Tokyo oder auch Berlin, ist ein Handicap.
- Außer im Finanzsektor mangelt es doch an der Präsens von Multinationalen Konzernen, von Global Playern.

b) Beurteilen Sie vor diesem Hintergrund den Text 5.
Man muss bei diesem Text den Verfasser und seine Intention bedenken. Es handelt sich um einen Text aus dem offiziellen Internetauftritt der Stadt („frankfurt.de"), sodass man davon ausgehen kann, dass werbende Motive eine große Rolle spielen. Im Einzelnen sind die meisten aufgelisteten Punkte eher richtig, doch werden sie in einer Sprache und in inhaltlichen Absolutsetzungen dargeboten, die sehr euphorisch sind. Einschränkungen wie die unter a) gemachten kommen nicht vor, was aber auch angesichts von Verfasser und Intention selbstverständlich ist.

Global Citys – urbane Zentren der Weltwirtschaft

Klausur: Metropolregionen im Wandel – „Frankfurt/Rhein-Main“ vor den Herausforderungen der Zukunft

1 Lokalisieren Sie die Metropolregion und beschreiben Sie ihre Wirtschafts-, Verkehrs- und Siedlungsstruktur.

2 Erläutern Sie vor diesem Hintergrund die Problem- und Konfliktfelder der Region.

3 Projekt „Frankfurt/Rhein-Main 2020 – die europäische Metropolregion“ – Konzepte für die Sicherung der Zukunft der Metropolregion: Erörtern Sie mögliche Vorzüge, aber auch Probleme des Projekts.

„Die Region FrankfurtRheinMain ist eine der wirtschaftlich bedeutendsten europäischen Metropolregionen und wird in einem Atemzug mit den Großräumen London, Paris oder Mailand genannt. Sie bietet attraktive Arbeitsplätze und ist internationaler Knotenpunkt für Güter, Dienstleistungen, Finanz- und Informationsströme. Dazu weist sie eine hohe Lebensqualität auf: Urbane Räume, Kultur und Erholungsgebiete sind hier konzentriert zu finden. Schließlich besticht die Region durch die Vielfalt ihrer Städte und Gemeinden sowie ihrer unterschiedlichen Landschaftstypen und ist auf dem Weg zu einer nachhaltigen [zukunftsfähigen] Region.“

http://region-frankfurt.de/Regionalverband/%C3%9Cberuns, Okt. 2012

M1 Selbstdarstellung der Metropolregion

© Klett

M2 Metropolregion Frankfurt/Rhein-Main

Indikatoren	Region	Deutschland
Einwohner (2009, Mio.)	5,5	81,7
darunter Ausländer	0,7	7,2
Fläche (km²)	14 755	357 000
Erwerbstätige insgesamt (2008, Mio.)	2,9	40,4
Primärer Sektor	39 000	850 000
Sekundärer Sektor (einsch. Baugew.)	608 000	7 980 000
Tertiärer Sektor	2 226 000	31 570 000
– Handel, Gastgew., Verkehr, Kommun.	770 000	10 105 000
– Finanz- und Unternehmensdienstleist.	685 000	7 070 000
– Sonstige private sowie öffentliche Dienstleistungen	771 000	14 395 000
BIP (2008, D: 2011, Mrd. Euro)	205	2 571
BIP/Kopf (2008, D: 2011, Euro)	71 538	31 460
Wissenssektor (2010): 29 Hochschulen mit 200 000 Studierenden, 11 Akademien, ca. 40 außeruniversitäre Forschungseinrichtungen, Frankfurt International School (FIS) mit 1 800 Schülern aus 50 Ländern, 23 Technologie- und Gründerzentren, 13 Technologieparks		

Daten für die Region: www.region-frankfurt.de, Vergleichsdaten Deutschland: nach www.destatis.de

M3 Indikatoren der Region im Vergleich zu Deutschland (2008–2010)

Name: Klasse: Datum:

Klett
© Ernst Klett Verlag GmbH, Stuttgart 2015. | www.klett.de | Erstellt für: TERRA OS TB Entwicklungsländer | ISBN: 978-3-12-104706-2
Alle Rechte vorbehalten. Von dieser Druckvorlage ist die Vervielfältigung für den eigenen Unterrichtsgebrauch gestattet.
Die Kopiergebühren sind abgegolten. Für Veränderungen durch Dritte übernimmt der Verlag keine Verantwortung.

Schülerbuch
Seite 264 bis 271

Global Citys – urbane Zentren der Weltwirtschaft

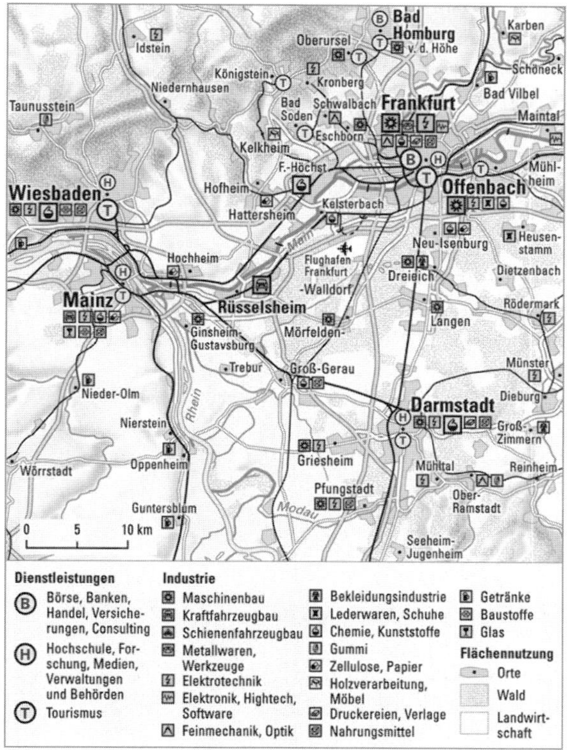

M4 Wirtschafts- und Infrastruktur der Metropolregion Frankfurt/Rhein-Main (Ausschnitt)

„Die demographische Entwicklung
Nach der neuesten Prognose [2005] wird in Deutschland die Bevölkerung in den nächsten 15 Jahren nicht mehr wachsen. Bis 2050 wird dann sogar ein Rückgang der Bevölkerung erwartet. Darüber hinaus werden die Menschen immer älter, es wird weniger Erwerbsfähige geben. Die Folgen dieser Entwicklung auf Wohnformen und auf die Infrastruktur der Kommunen müssen berücksichtigt werden. Entgegen dem allgemeinen Bevölkerungstrend könnte die Region in den nächsten 15 Jahren durch Zuwanderung ein leichtes Plus an Einwohnern erzielen. Vorausgesetzt die Wirtschaftsprosperität, das Arbeitsplatz- und Wohnungsangebot sowie die Lebensqualität stimmen.

Mobilität contra Wohnqualität
Die Region ist eine wichtige Verkehrsdrehscheibe in Europa. Das Verkehrsaufkommen und die zurückgelegten Distanzen werden weiter steigen, insbesondere durch die Erweiterung der Europäischen Union nach Osten, den nach wie vor wachsenden Güterverkehr und das Freizeitverhalten der Bürger. Zugleich ist auch ein hohes regionales Verkehrsaufkommen zu bewältigen. Den Wunsch der Bevölkerung nach größtmöglicher Mobilität und den ebenso ausgeprägten Wunsch nach hoher Wohnqualität ohne störenden Lärm soweit wie möglich in Einklang zu bringen, führt zu Zielkonflikten.

Konkurrenz
Die Regionen Europas und der Welt konkurrieren miteinander – um Unternehmen, qualifizierte Arbeitskräfte, Einwohner, Forschungseinrichtungen und Hochschüler. Die Region Frankfurt/Rhein-Main kann nicht mit den niedrigen Kosten in Osteuropa, Indien oder China mithalten. Viele bieten Flächen, leistungsfähige Verkehrsinfrastruktur, attraktiven Wohnraum und Ausbildungsstätten. Auch das Angebot an qualifizierten Arbeitskräften ist kein Alleinstellungsmerkmal mehr, sondern nähert sich weltweit an.

Verstädterte Landschaft
In den vergangenen Jahrzehnten war die Region geprägt durch das stetige Wachstum der Bevölkerungs- und der Beschäftigtenzahlen. Zunächst konzentrierte sich diese Entwicklung auf die Kernstädte. Seit Anfang der 1970er Jahre hat sie sich kontinuierlich in die ‚Vorstädte' verschoben und eine verstädterte Landschaft erzeugt. Der Wunsch nach einem bezahlbaren Einfamilienhaus im Grünen und die größere Mobilität der Gesellschaft beflügelten diesen Prozess. Für die Unternehmen sind großzügigere Flächenangebote, gute Infrastruktur, geringere Kosten sowie gute Verkehrsanbindungen Anreize, sich im Umland anzusiedeln. Es zeichnet sich ab, dass die Kernstädte Frankfurt, Offenbach, Darmstadt, Hanau und Wiesbaden durch die Abwanderung von Einwohnern und Unternehmen in das Umland weiter geschwächt werden."

M5 Problem- und Konfliktfelder der Metropolregion Frankfurt/Rhein-Main

Name: **Klasse:** **Datum:**

Klett
© Ernst Klett Verlag GmbH, Stuttgart 2015. | www.klett.de | Erstellt für: TERRA OS TB Entwicklungsländer | ISBN: 978-3-12-104706-2
Alle Rechte vorbehalten. Von dieser Druckvorlage ist die Vervielfältigung für den eigenen Unterrichtsgebrauch gestattet.
Die Kopiergebühren sind abgegolten. Für Veränderungen durch Dritte übernimmt der Verlag keine Verantwortung.

Global Citys – urbane Zentren der Weltwirtschaft

Bildagentur Huber, Fotoverlag (R. Schmid), Garmisch-Partenkirchen

M6 Außerhalb der Verdichtungsräume der Region – z. B. Weinanbau am Rhein

„Frankfurt/Rhein-Main, eine Wissens- und Wirtschaftsregion mit hoher Lebensqualität – international, multikulturell und innovativ – so will sich die Region bis 2020 profilieren. Sie verfolgt als eine führende europäische Metropolregion im Zusammenspiel vieler Akteure folgende gleichberechtigte Ziele:
- Region der starken Zentren
- Region der jungen Leute und Familien
- Region der Wissenschaft und der Ausbildung
- Region der innovativen Branchen
- Region der Mobilität und Logistik
- Region der attraktiven Landschaft und Kultur."

M7 Ziele des Projekts „Frankfurt/Rhein-Main 2020 – die europäische Metropolregion"

„Die Region Frankfurt/Rhein-Main bezieht ihre Stärke und einzigartige Qualität aus der Vielfalt der Städte und Gemeinden. Mehrere starke Zentren bilden eine Region, die – mit Frankfurt als Kernstadt – nur gemeinsam Motor der Entwicklung sein können. Es ist unser ausdrückliches Ziel, die Zentren zu profilieren ...
Der [Großraum Frankfurt, Wiesbaden, Mainz, Darmstadt] ist entscheidend für die internationale Wettbewerbsfähigkeit ... Um in Konkurrenz zu anderen europäischen Metropoleregionen künftig bestehen zu können, wollen wir die Wachstumschancen der Region auf diesen Raum konzentrieren."

M8 Beispiel „Starke Zentren"

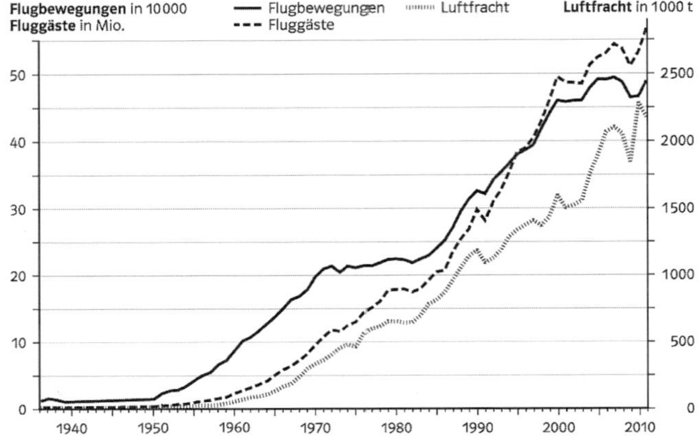

Zusammenstellung nach www.destatis.de und www..fraport.de, Sept. 2012

M9 Flughafen Frankfurt – Entwicklung des Passagier- und Frachtaufkommens

„Wir wollen die Mobilität der Menschen und den Austausch von Gütern als Grundlage für die Entwicklung der Region sichern und weiterentwickeln. Hierfür sind der Flughafen als internationale Drehscheibe, ein funktionierendes Straßennetz, eine gut ausgebaute Schieneninfrastruktur, leistungsfähige Wasserstraßen und ein attraktiver öffentlicher Nahverkehr entscheidend ...
Der Flughafen Frankfurt/Main ist der größte Arbeitgeber der Region. Seine Funktion als internationale Drehscheibe ist zu sichern und weiterzuentwickeln. Nur so kann dem steigenden Bedürfnis nach Mobilität in Bevölkerung und Wirtschaft ausreichend Rechnung getragen werden. Es besteht ein Zielkonflikt zwischen wirtschaftlichen Interessen sowie dem Wunsch der Bevölkerung nach Mobilität einerseits und ihrem Bedürfnis nach Ruhe andererseits, den es zu berücksichtigen gilt ...
Das Straßennetz hat einen hohen Ausbaustandard erreicht. Es soll ergänzt werden, wenn verbleibende Kapazitätsengpässe durch Verkehrsmanagement oder Straßenausbau nicht behoben werden können."

Texte 5, 7, 8 und 10: RP Darmstadt, Planungsverband Ballungsraum Frankfurt/Rhein-Main (Hrsg.): Frankfurt/Rhein-Main 2020 – die europäische Metropolregion. Frankfurt/Darmstadt 2005, S. 9ff.

M10 Beispiel „Mobilität und Logistik"

Name: Klasse: Datum:

© Ernst Klett Verlag GmbH, Stuttgart 2015. | www.klett.de | Erstellt für: TERRA OS TB Entwicklungsländer | ISBN: 978-3-12-104706-2
Alle Rechte vorbehalten. Von dieser Druckvorlage ist die Vervielfältigung für den eigenen Unterrichtsgebrauch gestattet.
Die Kopiergebühren sind abgegolten. Für Veränderungen durch Dritte übernimmt der Verlag keine Verantwortung.

Global Citys – urbane Zentren der Weltwirtschaft

Lösung

Klausur: Metropolregionen im Wandel – „Frankfurt/Rhein-Main“ vor den Herausforderungen der Zukunft

1 Lokalisieren Sie die Metropolregion und beschreiben Sie ihre Wirtschafts-, Verkehrs- und Siedlungsstruktur.

Die Metropolregion Frankfurt/Rhein-Main liegt im Südwesten Deutschlands und umfasst Teilregionen aus den Bundesländern Hessen, Rheinland-Pfalz und Bayern. Ihre Kernstadt ist Frankfurt, sechstgrößte Stadt Deutschlands und dessen bedeutendste Global City. Durchflossen wird die Region im Westen vom Rhein und in der Mitte vom Main, der bei Mainz/Wiesbaden in den Rhein mündet.
Ein erster Überblick über die Metropolregion (M3) zeigt einen starken Wirtschaftsraum, in dem der Dienstleistungssektor mit über 2,2 Mio. Beschäftigten weitaus dominiert. Weitere Indikatoren für die Stärke der Gesamtregion sind das hohe BIP/Kopf, das mit gut 71 000 € mehr als doppelt so hoch ist wie der Bundesdurchschnitt, sowie der sehr stark ausgeprägte Wissenssektor mit z. B. 29 Hochschulen und ca. 40 außeruniversitären Forschungseinrichtungen.
Zieht man jedoch die Karte (M4) heran, so wird deutlich, dass der Raum keineswegs homogen strukturiert ist, sondern starke regionale Unterschiede aufweist. So befindet sich der wirtschaftliche Kernraum in der Großregion Frankfurt-Mainz-Darmstadt-Offenbach-Hanau.
Deutlich wird dies zum einen an der Konzentration von Industrien, z. B. Maschinen- und Fahrzeugbau, Chemische Industrie, Biotechnologie und Pharmazie, Elektrotechnik/Elektronik und Feinmechanik. Hier ergibt sich also ein stark diversifiziertes Branchenbild, das z. T. Cluster-Charakter hat. Weitere Industriestandorte findet man dann nur noch singulär, z. B. bei Aschaffenburg oder Fulda und Gießen.
Das gleiche Muster ergibt sich beim Tertiären Sektor. Auch hier dominiert der Großraum Frankfurt mit Hochschulen und administrativen Einrichtungen, aber auch als Messe und Finanzplatz. Hierzu gehören natürlich in erster Linie die entsprechenden Einrichtungen in Frankfurt selbst, wie die Messe (IAA, Buchmesse …) oder die Börse und die Europäische Zentralbank. Ergänzt wird dies durch die Tatsache, dass zudem über 680 000 Menschen (M3) in finanz- und unternehmensorientierten Dienstleistungen arbeiten.
Abgerundet wird das Bild schließlich durch einen nennenswerten Tourismus: Städtetourismus besonders in Frankfurt, Wiesbaden und Mainz, anderer Fremdenverkehr, z. B. Kur und Bädertourismus, unter anderem im Taunus. Außerhalb des Kerngebiets ist die Region von Mittelgebirgen geprägt sowie, vor allem zwischen Taunus und Vogelsberg, von Ackerbau – in großen Teilen ist sie also eher ländlich geprägt. Dem hier beschriebenen Bild entspricht die Siedlungsstruktur. Frankfurt bildet das beherrschende Zentrum, und im Umkreis von nur wenigen 10er-Kilometern liegen andere Großstädte (die Landeshauptstädte Wiesbaden und Mainz sowie Offenbach) und komplettieren diese Städtelandschaft zum siedlungsmäßigen Kernraum der Metropolregion.
Zwei weitere etwas größere Siedlungen, Darmstadt und das bayerische Aschaffenburg, befinden sich nicht weit von ihm entfernt. Darüber hinaus gibt es im ländlichen Raum nur noch Gießen/Wetzlar sowie Fulda als Städte von nennenswerter Größe.
Die Verkehrsinfrastruktur ist im Kernraum ausgezeichnet. Frankfurt bildet einen der wichtigsten Knotenpunkte von Autobahnen und Eisenbahn-/ICE-Strecken in Deutschland und besitzt einen der größten Flughäfen in Europa. Hinzu kommt der Rhein als Europas bedeutendste Wasserstraße. Auch hier gilt allerdings das oben Gesagte: Außerhalb des Kernraums ist die Verkehrsinfrastruktur weniger stark ausgeprägt, wenn auch die wichtigen Städte wie Gießen, Fulda und Aschaffenburg mit Autobahnen und Eisenbahnstrecken (Gießen, Fulda) mit dem Kernraum verbunden sind.
Insgesamt ergibt sich also ein differenziertes Bild der Region, die man grundsätzlich in zwei Teilräume gliedern kann: den in allen dargestellten Bereichen hoch verdichteten Kernraum um Frankfurt einerseits und die eher siedlungsärmeren Mittelgebirgsräume andererseits.

Name: Klasse: Datum:

© Ernst Klett Verlag GmbH, Stuttgart 2015. | www.klett.de | Erstellt für: TERRA OS TB Entwicklungsländer | ISBN: 978-3-12-104706-2
Alle Rechte vorbehalten. Von dieser Druckvorlage ist die Vervielfältigung für den eigenen Unterrichtsgebrauch gestattet.
Die Kopiergebühren sind abgegolten. Für Veränderungen durch Dritte übernimmt der Verlag keine Verantwortung.

Global Citys – urbane Zentren der Weltwirtschaft

Lösung

2 Erläutern Sie vor diesem Hintergrund die Problem- und Konfliktfelder der Region.

Die aktuellen und zukünftigen Problem- und Konfliktfelder der Metropolregion finden sich im Text 6. Hier werden vier Handlungsfelder genannt, die z. T. unmittelbar mit den Ausführungen in Aufgabe 1 korrespondieren:
„Demographische Entwicklung“: Die vorhandene Wirtschaftsstruktur, z. B. im Wissensbereich, in technologisch orientierten Unternehmen oder in Finanz- und Unternehmensdienstleistern, baut auf einer Bevölkerung auf, die nicht zu sehr überaltert ist. Grundsätzlich droht durch den zurzeit zu beobachtenden demographischen Wandel aber eine solche Überalterung als Problem in ganz Deutschland. Die Metropolregion Frankfurt/Rhein-Main könnte dem am ehesten durch Zuwanderung entgegenwirken. Hierzu müssten allerdings Grundlagen erhalten oder verbessert werden, die den Raum für Zuwanderer interessant machen, z. B. die Schaffung einer attraktiven Wohnraumsituation – guter Wohnraum für jüngere Menschen zu bezahlbaren Preisen.
„Mobilität kontra Wohnqualität“: Hier wird ein einleuchtender Zielkonflikt zwischen den beiden Aspekten erläutert. Zum einen spielt der Verkehr für den Raum eine zentrale Rolle, sowohl innerhalb der z. T. hoch verdichteten Region als auch überregional bzw. international. Für die Metropolregion sind die Verkehrsanbindungen und die Verkehrseinrichtungen eine entscheidende Basis für zukünftiges Wachstum. Flughafen, Autobahnen und ICE-Strecken verknüpfen sie mit den bedeutenden deutschen und europäischen Kern- und Metropolräumen. Modernisierung und Ausbau der Verkehrsinfrastruktur sind also notwendig. Zum anderen aber belasten gerade sie die Wohnqualität oder die Naherholungsräume, die für den oben genannten Zuzug jüngerer Bevölkerung wichtig sind.
„Konkurrenz“: Den Vorsprung, den eine so hoch entwickelte Region wie Frankfurt/Rhein-Main (siehe Aufgabe 1) so wie auch andere deutsche Regionen international besitzt, schmilzt. So sind Räume vor allem außerhalb Europas als Konkurrenten aufgetreten, wenn es z. B. um Unternehmensansiedlungen, das Anwerben von qualifizierten Arbeitskräften oder um die Installation von Forschungseinrichtungen geht. Um sich dieser Konkurrenz zu stellen, müssen also die vorhandenen Strukturen innovativ weiterentwickelt werden.
„Verstädterte Landschaft“: Wie nahezu überall spielen sich auch in der Beispielregion Suburbanisierungsprozesse ab. Zu Lasten der Großstädte im hoch verdichteten Kernraum um Frankfurt wandern sowohl Bevölkerung als auch Unternehmen ins nähere Umland ab. Vorhandene Freiflächen und niedrigere Preise bei gleichzeitig sehr guten Verkehrsanbindungen, die eine entsprechende Mobilität möglich machen, fördern diesen Prozess. So werden vor allem die Städte geschwächt, aber auch das Umland immer weiter zersiedelt, sodass eine „verstädterte Landschaft“ entsteht. Beides mindert die Qualität des Raums und damit auch seine Zukunftschancen.
Angesichts der geschilderten Problemfelder stellt sich also für die Metropolregion die Frage, mit welchen Maßnahmen man auf die sich hier ergebenden Herausforderungen antworten kann.

Name: Klasse: Datum:

Klett

© Ernst Klett Verlag GmbH, Stuttgart 2015. | www.klett.de | Erstellt für: TERRA OS TB Entwicklungsländer | ISBN: 978-3-12-104706-2
Alle Rechte vorbehalten. Von dieser Druckvorlage ist die Vervielfältigung für den eigenen Unterrichtsgebrauch gestattet.
Die Kopiergebühren sind abgegolten. Für Veränderungen durch Dritte übernimmt der Verlag keine Verantwortung.

Global Citys – urbane Zentren der Weltwirtschaft

Lösung

3 Projekt „Frankfurt/Rhein-Main 2020 – die europäische Metropolregion“ – Konzepte für die Sicherung der Zukunft der Metropolregion: Erörtern Sie mögliche Vorzüge, aber auch Probleme des Projekts.

Das Projekt „Frankfurt/Rhein-Main 2020 – die europäische Metropolregion“ versucht, solche Antworten zu geben, um ein Endziel zu erreichen, das man selbst so formuliert: „Frankfurt/Rhein-Main – eine Wissens- und Wirtschaftsregion mit hoher Lebensqualität – international, multikulturell und innovativ – so will sich die Region bis 2020 profilieren“ (Material 7). Dazu nennt man insgesamt sechs Ziele, die gleichberechtigt verfolgt werden sollen:
– starke Zentren schaffen,
– junge Leute und Familien anziehen,
– Wissenschaft und Qualifizierung der Beschäftigten fördern,
– innovativen Branchen eine Heimat geben,
– Mobilität und Logistik ausbauen sowie
– Landschaft und kulturelle Angebote attraktiv zu halten bzw. zu gestalten.
Im Hinblick auf die Ausführungen in den beiden vorangegangenen Aufgaben sind diese Ziele sicher sinnvoll gewählt. Sie basieren auf dem, was bereits vorhanden ist, und wollen diese Grundlagen zukunftsfähig gestalten.
Ein Beispiel hierfür sind die Städte im Kernraum der Region, allen voran Frankfurt. Hinsichtlich der Zunahme europäischer und weltweiter Konkurrenz, z. B. durch Metropolregionen wie Paris und London oder New York, aber auch Mumbai und Shanghai oder Singapur, ist es notwendig, ein Gegengewicht zu schaffen. Dies geht nur, wenn man die Zentren des Kernraums stärkt. Auf sie soll sich also ein erheblicher Teil der Raumentwicklung konzentrieren, besonders in den Sektoren Wirtschaft, Finanzmarkt, Wissen und Forschung sowie Verkehr. So einleuchtend das ist, so kann hieraus doch ein neues Problem resultieren: Die ohnehin bereits vorhandenen räumlichen Disparitäten in der Region können verschärft werden. Es besteht die Gefahr, dass das Gefälle zu den Randbereichen der Metropolregion wie dem Norden mit Gießen/Wetzlar und Fulda, dem rheinlandpfälzisch/hessischen Süden oder dem bayerischen Südosten um Aschaffenburg größer wird. Das könnte z. B. diese Räume zu Abwanderungsgebieten machen.
Ein weiteres Beispiel ist der Ziel-Bereich „Mobilität und Logistik“. Auch hier ist das Vorgesehene einsichtig: Es gilt, die Infrastruktur zu modernisieren und auszubauen, u. a. durch einen attraktiven öffentlichen Nahverkehr, aber besonders auch in überregionaler und internationaler Hinsicht.
Beim Letzteren spielt der Flughafen Frankfurt eine entscheidende Rolle. Als einer der größten Europas stellt er entscheidende Verbindungen zu Regionen in der ganzen Welt her, sowohl im Personenverkehr als auch im Frachtverkehr, dem ja im Rahmen des Globalisierungsprozesses eine wichtige und steigende Bedeutung zukommt. Außerdem ist der Flughafen in der Region (und deutschlandweit) die größte Arbeitsstätte, sodass es auch um die Sicherheit von zehntausenden Arbeitsplätzen geht. So einleuchtend diese Gedanken sind, so werfen sie andererseits Probleme auf. Jeder Ausbau der Verkehrsinfrastruktur verbraucht Landschaft, die z. B. für die Naherholung in einem ohnehin so hoch verdichteten Raum benötigt würde. Hinzu kommen Belastungen für die Einwohner, ganz besonders beim Flughafen. Jeder Ausbau und jede Erhöhung der Zahl von Starts und Landungen führt zu höheren Lärmemissionen und damit zur Verringerung von Wohnqualität, die man ja eigentlich verbessern will (siehe Aufgabe 2).
Insgesamt lässt sich sagen, dass notwendige Planungsberlegungen zur Zukunftssicherung der Metropolregion stattfinden, dass aber Zielkonflikte, auf die z. T. auch schon in den Materialien hingewiesen wird, die Umsetzung der Maßnahmen erschweren werden.

Name: Klasse: Datum:

© Ernst Klett Verlag GmbH, Stuttgart 2015. | www.klett.de | Erstellt für: TERRA OS TB Entwicklungsländer | ISBN: 978-3-12-104706-2
Alle Rechte vorbehalten. Von dieser Druckvorlage ist die Vervielfältigung für den eigenen Unterrichtsgebrauch gestattet.
Die Kopiergebühren sind abgegolten. Für Veränderungen durch Dritte übernimmt der Verlag keine Verantwortung.

Kompetenzen überprüfen

Sachkompetenz

1 Nennen Sie je fünf Beispiele von konsumorientierten und unternehmensorientierten Dienstleistern.

Konsumorientierte Dienstleister: Einzelhändler, Gastronom, KFZ-Mechaniker, Friseur, Arzt …
Unternehmensorientierte Dienstleister: Forscher und Entwickler, Finanzberater, Designer, Marketingberater, Logistiker …

2 Erläutern Sie Folgen der Tertiärisierung.

Beispiele für mögliche Folgen der Tertiärisierung: Entstehen neuer Berufe, allgemein Stärkung der (groß-)städtischen Räume zulasten ländlicher Regionen, neue Funktionsverteilungen und Hierarchien unter den Städten, strukturelle Arbeitslosigkeit, verstärkte Lohnspreizung (s. Aufgabe 4).

3 Erklären Sie die Herausbildung von Global Citys zu höchstrangigen Dienstleistungszentren.

Im Prinzip lassen sich die Global Cities in das Modell der Zentralen Orte einordnen, dem eine abgestufte Folge von konsum- und unternehmensorientierten Dienstleistungen zu Grunde liegt. Auch Global Cities besitzen Reichweiten und bieten Dienste an. Es sind jedoch nicht Privatkonsumenten, sondern Unternehmen, die bestimmte Bedürfnisse in den Global Cities abdecken. Die Reichweite umschließt dabei nicht das nähere und weitere Umland, sondern die ganze Welt. Nachgefragt werden in den Global Cities vor allem hochrangige unternehmensorientierte Dienste (Unternehmens- und Rechtsberatung, Marketing, Standortberatung, Werbung u. a. m.). Die Entstehung der Global Cities lässt sich als eine Folge der Deregulierung und Liberalisierung der Märkte erklären (Öffnung der Märkte und Abschaffung nationalstaatlicher Schutzzölle und Bestimmungen) sowie des Rückzugs der Nationalstaaten aus dem globalen Wirtschaftssystem zugunsten internationaler Institutionen, wie der Welthandelsorganisation oder der UNO.

4 Erörtern Sie soziale Folgen, die sich aus der Aufspaltung des Dienstleistungssektors in einen hoch- und Niedriglohnbereich ergeben.

Ein Merkmal des Dienstleistungssektors ist die außerordentlich große Vielfalt an Branchen (wesentlich größer als beim Primären und Sekundären Sektor). Diese sind ganz unterschiedlicher Art. Entsprechend unterschiedlich ist die Belohnung, die sich in krassen Gegensätzen zwischen schlecht bezahlten einfachen Diensten (z. B. Pflegeberufe, Reinigungskräfte) und hoch dotierten Tätigkeiten (z. B. Management, Forschung und Entwicklung, Unternehmensberatung) ausdrückt. Diese Lohnspreizung wird sich infolge des Bedeutungszuwachses des Tertiären Sektors voraussichtlich auch künftig noch vergrößern. Im Endeffekt entsteht eine Zweiklassengesellschaft, wobei der Mittelstand mit der Zeit wegbricht. Viele Menschen im Niedriglohnbereich können mit ihren dürftigen Einkommen kaum noch ihren Lebensunterhalt bestreiten und sind angewiesen mehrere Jobs auszuüben. Soziale Spannungen können entstehen, die u. U. in Unruhen bis hin zu Bürgerkriegen ausarten.

Methodenkompetenz

1 Erläutern Sie mithilfe der Grafik 2 Standortfaktoren für Dienstleistungsbetriebe.

Wichtige Standortfaktoren für Dienstleistungsbetriebe: Verfügbarkeit von Arbeitskräften (je nach Art der Dienstleitungen unterschiedlicher Qualität), Flächenverfügbarkeit (in der Regel nicht so wichtig wie bei Industriebetrieben), Preis für Betriebsflächen (Mieten), Größe des Marktgebietes, Einkommen bzw. Kaufkraft der Nachfrager (wesentlich abhängig von der Art der angebotenen Dienste), Erreichbarkeit für Nachfrager, Verkehrsanbindung (hat einen wesentlichen Einfluss auf die Reichweite)

2 Erstellen Sie eine einfache Skizze einer intermodalen Transportkette vom Versender bis zum Empfänger in Übersee (vgl. dazu das Kap. 6.4).

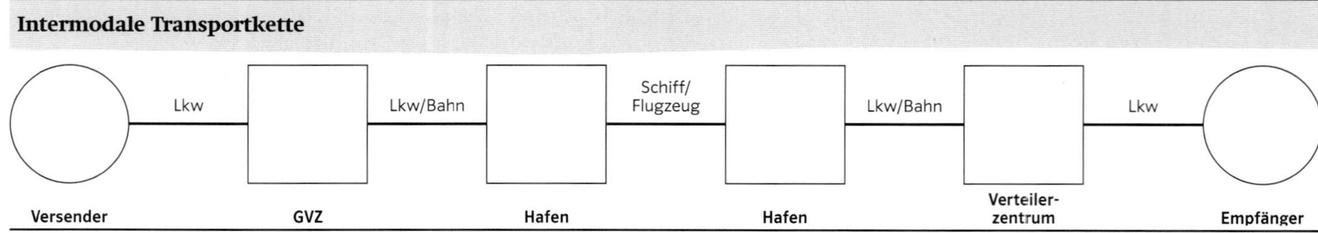

Urteilskompetenz

1 „Einkaufen ist heute nicht mehr nur ein Versorgungsakt, sondern eine Freizeitbeschäftigung – mit konkreten räumlichen Auswirkungen." Erörtern Sie diese Aussage.

Das Zitat besagt, dass Gastronomie und Freizeit zeitlich und räumlich neben den Handel treten. Dieser Trend führt zu neuen Einrichtungen und Raumstrukturen: Shopping Center und Urban Entertainment Center entstehen vor der Stadt auf der „grünen Wiese", ausgestatten mit Kinos, Gastronomie, Spielplätzen, Spielhallen u. a. m. Vielfach wird dafür auch die notwendige Infrastruktur neu angelegt (Straßen, Parkplätze). Die neuen „Vergnügungsstätten" entstehen auch in umgebauten Bahnhöfen (vgl. Hauptbahnhof Leipzig, vielfach charakterisiert als „Shopping Center mit Gleisanschluss") oder an Flughäfen. Ja selbst die meisten großen Tankstellen bieten inzwischen ein Sortiment an Artikeln für den kurzfristigen Bedarf an („Tante

Esso-Laden"). Die Entwicklung ist z.T. Ergebnis des „convenience-Kaufens", d.h. arbeitsbedingt und aus Zeitknappheit können notwenige Besorgungen für die Haushaltsführung nicht mehr an verschiedenen Orten getätigt werden. Dadurch erhalten Einrichtungen, die durch ein kombiniertes Einkaufs-, Gastronomie- und Dienstleistungsangebot Zeit sparen helfen, einen großen Stellenwert. Besonders junge Menschen und Singles neigen zu dieser Konsumhaltung. Das erklärt auch, warum die „convenience-shops" stets in gut frequentierten Lagen (s. Bahnhöfe) entstehen. Aus dem Wunsch der Konsumenten, ihren Besorgungsaufwand zeitlich und räumlich zu minimieren, resultiert schließlich auch die Erscheinung der sogenannten „Kopplungseinrichtungen", d.h. die Einzelhandelseinrichtungen (ergänzende und konkurrierende) siedeln sich in unmittelbarer Nähe zueinander an, sodass der Kunde alle seine Besorgungen auf engstem Raum bei mehreren Anbietern tätigen kann („one stop shopping").

2 Diskutieren Sie mögliche Folgen des überproportionalen Bedeutungszuwachses von Global Citys.

Mit der wirtschaftlichen Globalisierung geht die Bedeutung der nationalstaatlichen Oberzentren zugunsten von Global Cities zurück. Diese funktionieren als Steuerungs- und Kontrollzentralen der global operierenden Ökonomien. Sie entwickeln sich de facto zu den neuen „Oberzentren". Mit dem Prozess der Globalisierung und dem Entstehen der Global Cities verändern sich die politischen und wirtschaftlichen Machtstrukturen; sie verlagern sich von den Nationalstaaten in Richtung internationaler Organisationen (EU, UNO) sowie in die Zentralen multinational operierender Unternehmen (Multis). Die Global Cities werden zu Orten, in denen wesentliche Entscheidungen mit weltweiter Reichweite getroffen werden.
Global Cities sind vielfach auch „Dual Cities", gespaltene/fragmentierte Städte. Mit der Konzentration hoch qualifizierter und hoch dotierter Arbeitsplätze in den Global Cities kommt es zu einer Lohnspreizung und damit zu einer fragmentierten städtischen Gesellschaft. Die Mittelschicht gerät mehr und mehr unter Druck, sie wird kleiner. Gleichzeitig wird der Gegensatz zwischen „arm" und „reich" größer, was sich schließlich auch im Stadtbild widerspiegelt (Enklaven der Reichen, Gated Communities neben Wohnviertel der Unterschicht bzw. Slums).

3 Bewerten Sie die Bedeutung der Verkehrsinfrastruktur für unternehmensorientierte Dienstleister.

Da Dienstleistungen in aller Regel nicht an transportkostenempfindliche Güter, wie z.B. Rohstoffe oder industrielle Halbfertigprodukte, gebunden sind, wird die Bedeutung eines leistungsfähigen Verkehrsnetzes für die Standortwahl von Einrichtungen des Tertiären Sektors oft unterschätzt. Auch im Zeitalter der digitalen Medien und neuer Kaufformen, wie online-shopping, sind die Nähe zum Kunden und die Erreichbarkeit durch Verkehrsverbindungen (funktionsräumliche Lage, Lage zu Punkten der Verkehrsagglomeration und zu Passantenmagneten) oft von existenzieller Bedeutung. Für die Wahl des Mikrostandortes im Nahraum, z.B. in den Zentren der Großstädte, ist wiederum die Verkehrsanbindung (Verkehrsbedienung, Verkehrsstruktur) besonders wichtig. Zu unterscheiden ist in diesem Zusammenhang zwischen den einzelnen Arten von Diensten. Kurzfristige Dienstleistungen, die von den Kunden häufig nachgefragt werden (Imbiss, Reinigung), erfordern eine besonders gute Verkehrsanbindung, da der Kunde nicht gewillt ist, größere Entfernungen zurückzulegen. Für seltener benötigte, teure Dienstleistungen (Möbelgeschäft, Rechtsanwalt, Finanzberater) legt der Kunde größere Entfernungen zurück Deswegen weisen Dienstleister mit diesem Angebot nicht nur eine begrenzte Zahl von Standorten in einem größeren Marktgebiet auf. Auch die Verkehrsanbindung ist in diesem Fall oft von untergeordneter Bedeutung.

Handlungskompetenz

1 Analysieren Sie auf der Grundlage einer Begehung das Dienstleistungsangebot in einer Straße im Zentrum Ihrer Heimatstadt.

Aus arbeitsaufwändigen und zeitlichen Gründen empfiehlt es sich, diese Aufgabe arbeitsteilig oder in Form von stichprobenartigen Einzeluntersuchungen zu organisieren. Auf jeden Fall ist bei der Begehung eine Differenzierung nach der Art und Wertigkeit der angebotenen Dienstleistungen zu unterscheiden (konsumorientierte und unternehmensorientierte Dienstleistungen bzw. kurzfristige, mittelfristige und langfristige Dienste). Ideal ist eine abschließende Kartierung der Befunde.

2 Gestalten Sie – analog zum Beispiel Düsseldorf (S. 248/249) – ein Kurzporträt des Dienstleistungszentrums Köln.

Die Materialien im Schülerbuch zu Düsseldorf geben wesentliche Hinweise zu den Kriterien, nach der Köln untersucht werden kann: Anteil und Bedeutung der drei Wirtschaftssektoren sowie deren Entwicklung, Prozess de Tertiärisierung, Dienstleistungseinrichtungen und deren räumliche Verteilung über das Stadtgebiet, Firmen und Beschäftigte in ausgewählten Dienstleistungszentren (z.B. Rheinauhafen, vgl. Schülerbuch S. 254). Neben Stadtplänen, die auch die Funktion einzelner Einrichtungen zeigen, ist vor allem das Internet heranzuziehen.

Schülerbuch
Seite 274 bis 307

Tourismus – Wirtschaftsfaktor für unterschiedlich entwickelte Räume

Didaktische Struktur

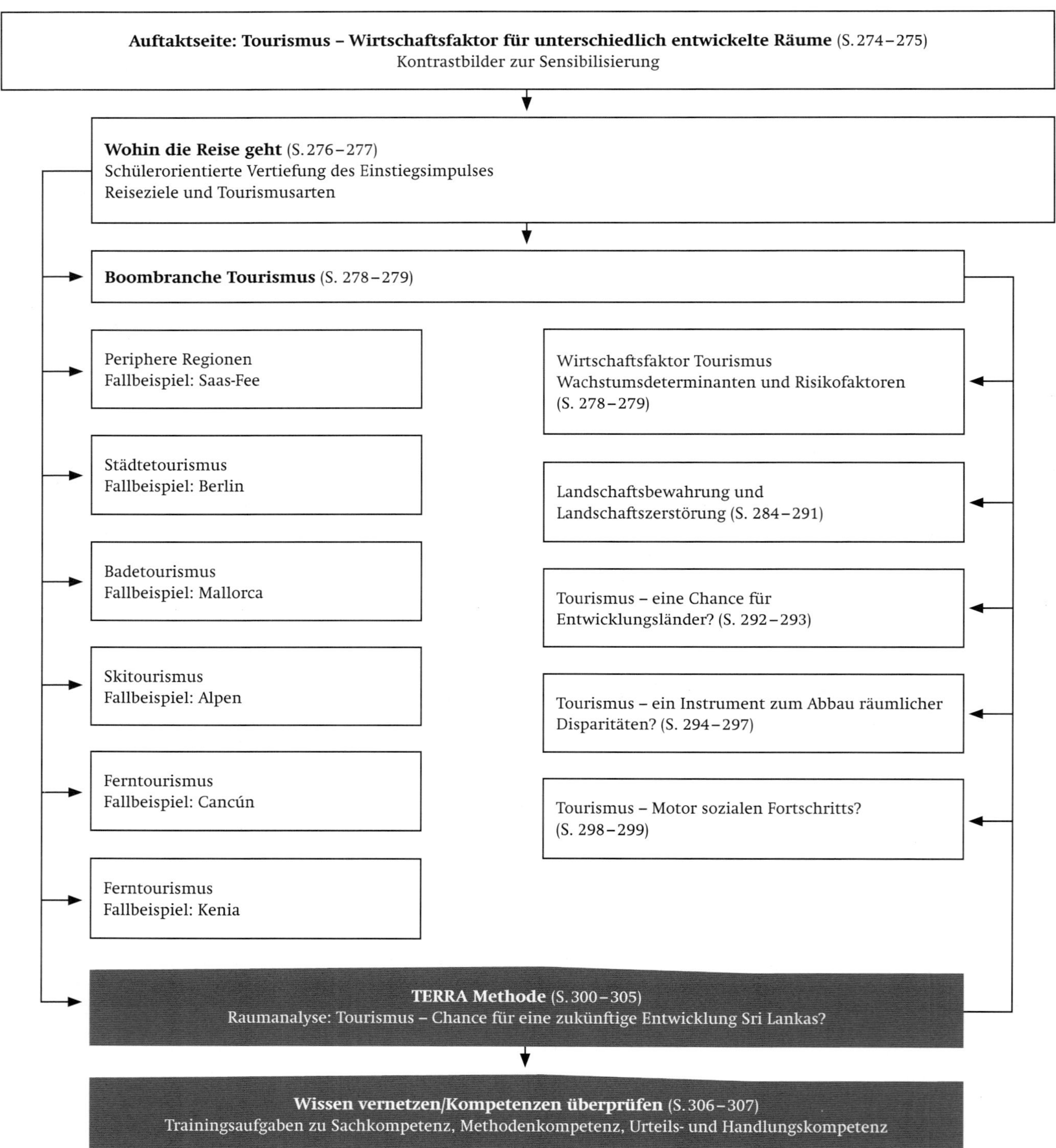

Schülerbuch
Seite 276 bis 277

Wohin die Reise geht

Strukturierungshilfe

Phase	Thema	Seite	Material	Aufgabe	Methodische Hinweise
Einstieg	Ermittlung des eigenen Reiseverhaltens	276–277	Umfrage Text	4	
Erarbeitung	Hauptzielgebiete und -regionen des internationalen Tourismus	276	1, 4 Atlas	1	
Erarbeitung	Historische Hintergründe, raumzeitliche Ausbreitung und Entwicklung des Tourismus	277	4 Text	2	
Erarbeitung	Entwicklung verschiedener Tourismusarten	277	5 Text	3	

Lösungshinweise Seite 277

1 Nennen Sie unter anderem mithilfe geeigneter Atlaskarten die Hauptzielgebiete des internationalen Tourismus.

Wenngleich in den vergangenen Jahren die Zahl der Länder, die auf dem globalen Tourismusmarkt um die Gunst der Urlauber miteinander konkurrierten, deutlich zugenommen hat, haben die meisten Touristenankünfte weiterhin die klassischen Destinationen in Europa zu verzeichnen. Hier sind Frankreich, Spanien und Italien im Besonderen zu nennen. Da der Tourismus hier seit vielen Jahren eine bedeutende volkswirtschaftliche Stellung einnimmt, sind die Wachstumsraten auch eher moderat. Demgegenüber entwickelt sich der asiatisch-pazifische Raum mit Ländern wie Thailand, Philippinen oder jüngst Vietnam und Kambodscha zu einer Region mit enorm hoher Anziehungskraft und einer erstaunlichen Wachstumsdynamik. Weitere Hauptzielgebiete sind die nordamerikanischen Staaten USA und Kanada als auch die Golfregion im Nahen Osten.

2 Erläutern Sie die raumzeitliche Entfaltung des deutschen Tourismus.

Im Laufe der vergangenen Jahrzehnte haben viele Veränderungsprozesse auf das Reiseverhalten und die Reisemotive der Menschen in Deutschland Einfluss genommen. Hervorzuheben sind die Zunahme des allgemeinen Wohlstandes, welcher eine wichtige Grundvoraussetzung dafür bildet, dass breite Bevölkerungsschichten am Reisemarkt teilnehmen können. Weiterhin ein erhöhtes Bildungs- und Erholungsbedürfnis der Medien- und Informationsgesellschaft sowie die Ausweitung und Kostenreduzierung im Flugverkehr, vor allem durch technologische Innovationen. Daraus hat sich ein spezifisches, phasenhaftes Ausbreitungsmuster der Zielregionen deutscher Urlauber entwickelt.

3 Diskutieren Sie Möglichkeiten und Grenzen eines Urlaubsortes im Zusammenhang mit sich ständig verändernden Tourismusarten.

Die verschiedenen Tourismusarten sind Ausdruck allgemeiner demografischer Veränderungsprozesse und einer immer stärkeren Individualisierung der Lebensstile in unserer postindustriellen Gesellschaft. Das Reiseziel sowie die Aufenthaltsdauer werden vor allem durch die überwiegende Tätigkeit am Urlaubsort und die individuell unterschiedlichen wirtschaftlichen Möglichkeiten bestimmt. Insofern müssen Urlaubsorte ein eigenes Profil entwickeln und ihr Angebot auf eine bestimmte Klientel ausrichten. Dabei ist es wichtig, um nicht gegenüber anderen regionalen wie internationalen Konkurrenzstandorten ins Hintertreffen zu geraten, stetig die eigene spezifische Angebotsstruktur zu stärken bzw. im Sinne neuer Tourismustrends weiterzuentwickeln. Dies erfordert mittlerweile ein hohes wirtschaftliches Know-how des Tourismusmarktes sowie z.T. beträchtliche finanzielle Investitionen. Messen, Agenturen und andere Dienstleister stellen Urlaubsorten oder Vertretern ganzer Urlaubsregionen ihr Wissen und ihre Expertise zur Verfügung.

4 Unterschiedliche Tourismusarten

a) Ermitteln Sie innerhalb Ihres Kurses verschiedene Reisegewohnheiten und Tourismusarten.

Hier könnten mit einem offenen Unterrichtszugang wie beispielsweise einer Kartenabfrage Reisegewohnheiten und Urlaubserfahrungen der Schülerinnen und Schüler gesammelt bzw. nach Zielregionen und Tourismusarten strukturiert werden. Eine solche Visualisierung kann fotografisch festgehalten werden und auf diese während der weiteren unterrichtliche Behandlung des Themas „Tourismus – Wirtschaftsfaktor für unterschiedlich entwickelte Räume" zurückgegriffen werden. Auch Prospekte von Reiseveranstaltern kann man hinzuziehen, um die Vorstellungen zu konkretisieren. Wichtig ist in diesem Zusammenhang, dass die Schüler ihre unterschiedlichen Reisemotive und -erfahrungen benennen und ihnen in der gemeinsamen Diskussion bewusst wird, dass ihre Urlaubsvorstellungen bestimmte Anforderungen hinsichtlich natürlicher Voraussetzungen, kulturellem Angebot oder infrastruktureller Ausstattung an den jeweiligen Ort oder eine Region stellen.

b) Stellen Sie Überlegungen zur Raumbeanspruchung unterschiedlicher Tourismusarten an.

Alle Urlaubsformen und verschiedene Tourismusarten beanspruchen Ressourcen und wirken sich somit mittel- oder unmittelbar auf den Raum aus. Schon die Anreise mit Verkehrsmitteln wie Pkw, Bahn oder Flugzeug und die Nutzung diverser Einrichtungen am Urlaubsort beanspruchen den Raum. Der klassische Erholungstourismus wie Bade- und Aktivurlaub am Meer oder in den Bergen beansprucht oder „verbraucht" aufgrund seines unmittelbaren Natur- oder Landschaftsbezuges den meisten Raum. Demgegenüber sind Tourismusarten wie Städte-, Kongress-, Pilger- und Eventtourismus eher durch eine geringere Raumbeanspruchung gekennzeichnet, da sie am Zielort in der Regel auf eine Infrastruktur zurückgreifen, die auch von der lokalen Bevölkerung im Sinne von Daseinsgrundfunktionen intensiv genutzt wird.

Boombranche Tourismus

Strukturierungshilfe

Phase	Thema	Seite	Material	Aufgabe	Methodische Hinweise
Einstieg/ Erarbeitung	Entwicklung und wirtschaftliche Bedeutung des globalen Tourismus	278	1 Text	1	
Erarbeitung	Wirtschaftliche, gesellschaftliche und technische Bedingungsfaktoren des Tourismus	278–279	Text	2–3	
Erarbeitung	Tourismus in peripheren Regionen: Angebotsstruktur, Entwicklung und Perspektiven: Beispiel Saas-Fee	280–281	8–11	4–7	Kopiervorlage: Von der Alpenfestung zum Nobel-Kurort – nachhaltige Tourismusentwicklung in Andermatt/Schweiz?
Erarbeitung	Merkmale und aktuelle Probleme des Städtetourismus: Beispiel Berlin	282–283	13–21 Text	8–11	

Lösungshinweise **Seite 279**

1 Beschreiben Sie anhand der Grafik 1 differenziert die regionale Entwicklung des Tourismus seit 1950 sowie seine wirtschaftliche Bedeutung.

Die Zahl der internationalen Touristenankünfte stieg von 25 Millionen im Jahr 1950 auf über 1,1 Milliarden im Jahr 2013, was einer durchschnittlichen jährlichen Wachstumsrate von rund 6,5 % entspricht. Traditionelle Zielregionen wie Europa und Nordamerika haben sich seit Ende des Zweiten Weltkrieges zu den wichtigsten touristischen Zielgebieten weiterentwickelt. Sie behaupten ihre führende Stellung auf dem globalen Tourismusmarkt, stabilisieren sich auf einem hohen Niveau und vereinen in ökonomischer Hinsicht die größten Einnahmen auf sich. Seit Beginn der 1990er Jahre ist zudem in den relativ jungen Tourismusmärkten wie Asien und Pazifik, Mittel- und Südamerika und in letzter Zeit auch im Mittleren Osten ein dynamischer Zuwachs der Touristenzahlen zu verzeichnen. Der afrikanische Kontinent bleibt aufgrund jüngerer politischer Unruhen besonders in den arabischen Staaten gegenüber dem allgemeinen Trend zurück.

Aufgrund seiner Arbeitsplatzintensität, hoher Wertschöpfungsraten und dem Grad der Verflechtung mit anderen Wirtschaftsbereichen hat der weltweite Tourismus eine herausragende wirtschaftliche Stellung inne. Er sichert sowohl in den Industrieländern als auch in den Schwellen- und Entwicklungsländern direkt und indirekt Arbeitsplätze und Einkommen. Die volkswirtschaftliche Bedeutung des Tourismus ist in Schwellen- bzw. Entwicklungsländern jedoch deutlich höher. Weiterhin ist die Tourismusbranche eine Wachstumsbranche mit anhaltend hoher Dynamik und wird beispielsweise im Gegensatz zur Mineralölindustrie zumindest theoretisch nicht durch die Endlichkeit von Ressourcen begrenzt. Trotz kurzfristiger Wachstumseinbrüche durch Ereignisse wie die Terroranschläge oder die Finanz- und Wirtschaftskrise in den Jahren 2008–2009 hält die Welttourismusorganisation (UNWTO) an der Prognose fest, dass sich die internationalen Ankünfte bis zum Jahr 2020 auf rund 1,6 Milliarden erhöhen werden.

2 Erläutern Sie wirtschaftliche, gesellschaftliche und politische Rahmenbedingungen, die zum Boom der Tourismusbranche in den vergangenen Jahrzehnten geführt haben.

Der Tourismus als Phänomen und seine Entwicklung ist eng verbunden mit der Entstehung postindustrieller Gesellschaften im 20. Jahrhundert. So hat sich das Reisen von einem Luxus- zu einem Massenprodukt gewandelt, welches heutzutage in den meisten Industrieländern für einen Großteil der Bevölkerung erschwinglich ist. Das rasante Wachstum der touristischen Nachfrage wird dabei zurückgeführt auf eine günstige Konstellation von wirtschaftlicher Dynamik, politischer Liberalisierung und innovativer Transporttechnologie. Diese vollzogen sich zunächst seit den 1950er-Jahren in den westlichen Industriegesellschaften und breiteten sich seit ca. zwei Jahrzehnten zunehmend auch auf die Transformations- und Schwellenländer aus. Ferner spielen sich verändernde Wertehaltungen eine zentrale Rolle bei der Freizeit- und Urlaubsgestaltung der Menschen. Die wichtigsten auslösenden und sich verstärkenden Faktoren im Überblick sind:

- verkürzte Arbeitszeiten und daraus resultierend immer mehr frei verfügbare Zeit zur Erholung und Freizeitgestaltung,
- der fortschreitende demografische Wandel mit steigender Lebenserwartung lässt eine zahlungskräftige und reisewillige Bevölkerungsschicht entstehen,
- die Zunahme des allgemeinen Wohlstandes bildet eine wichtige Grundvoraussetzung, dass besonders in den Industrieländern breite Bevölkerungsschichten am Reisemarkt teilnehmen können,
- ein erhöhtes Bildungs- und Erholungsbedürfnis der Medien- und Informationsgesellschaft,
- Entwicklung von einer Dienstleistungs- zu einer Erlebnisökonomie, in der breite Teile der Bevölkerung vermehrt Erlebnisprodukte konsumieren,
- verstärkte Liberalisierung im grenzüberschreitenden Personenverkehr,

- Entwicklung einer dynamischen „Reiseindustrie",
- Ausweitung und Kostenreduzierung im Flugverkehr, vor allem durch technologische Innovationen.

3 Arbeiten Sie zentrale Aussagen zu aktuellen Entwicklungstrends in der Tourismuswirtschaft heraus.
Der Tourismus ist weltweit die dynamischste und umsatzstärkste Wirtschaftsbranche der letzten Jahrzehnte. Prognosen gehen von einem weiterhin starken Wachstum bis 2020 aus. Gegenwärtig lässt sich als globaler Entwicklungstrend ablesen, dass die klassischen Zielregionen wie Europa und Nordamerika sich auf einem hohen Niveau stabilisieren und in ökonomischer Hinsicht die größten Einnahmen auf sich vereinen. Die momentane und zukünftige Wachstumsdynamik vollzieht sich jedoch in den noch relativ jungen Tourismusmärkten wie Asien und Pazifik, Mittel- und Südamerika und auch in letzter Zeit im Mittleren Osten. Diese Entwicklung ist auf die Zunahme des Ferntourismus, eine innovative Transporttechnologie und den zunehmenden Wohlstand in den Schwellen- und Entwicklungsländern zurückzuführen.

Lösungshinweise **Seite 281**

4 Lokalisieren Sie Saas-Fee und kennzeichnen Sie das naturräumliche Potenzial sowie touristische Ausstattungsmerkmale.
Die Gemeinde Saas-Fee liegt 1800 m über dem Meeresspiegel im südlichen Teil des Schweizer Kantons Wallis. Unmittelbar südlich von Saas-Fee bildet der Alpenhauptkamm mit seinen Gipfeln über 4000 m üNN eine natürliche Grenze zu Italien. Eine gute Erreichbarkeit Saas-Fees wird durch Anbindung an das internationale Straßen- und Schienennetz gewährleistet. Folgende naturgeografische Gegebenheiten stellen Gunstfaktoren für den Fremdenverkehr dar: die alpine Hochgebirgslandschaft, die klimatischen Verhältnisse mit schneereichen, kalten Wintern bis in die Monate April-Mai sowie milde Sommer. Darüber hinaus bietet Saas-Fee eine ganzjährige touristische Angebots- und Infrastruktur. Breitgefächerte Freizeitaktivitäten im Sommer sind u. a. Wandern, alpines Klettern (Bergsteigen), Golf, Sommerskilauf etc. Im Winter steht der alpine Ski- und Skilanglauf im Vordergrund. Den Touristen bietet Saas-Fee zudem ein diversifiziertes Unterkunftsangebot (Hotels, Appartements, Fremdenzimmer etc.) verschiedener Ausstattungs- und Preiskategorien an.

5 Erläutern Sie Entwicklung und Bedeutung des Tourismus in Saas-Fee.
Der Tourismus hat in Saas-Fee eine lange Tradition und seine Anfänge reichen bis ins Ende des 19. Jahrhundert zurück. Einflussfaktoren auf die touristische Entwicklung waren die gestiegene Nachfrage nach Tourismuseinrichtungen als Folge des zunehmenden Wohlstandes und geänderten Freizeitverhaltens als auch der sukzessive Ausbau der Verkehrs- und touristischen Infrastruktur. Im Zuge des allgemeinen Wachstumstrends des Tourismus stiegen die Touristenzahlen parallel mit der Erhöhung der Übernachtungskapazitäten bis in die 1990er Jahre – besonders in der Wintersaison – stark an. Seither gehen die Übernachtungszahlen kontinuierlich zurück. Auf die Beschäftigtenstruktur hat sich diese Entwicklung mit einem Rückgang der Bedeutung des agraren und sekundären Sektors zugunsten einer starken Tertiärisierung durch tourismusorientierte Dienstleistungen ausgewirkt. Auch die Bevölkerungsentwicklung verlief im Vergleich mit anderen hochalpinen Regionen insgesamt positiv. Um weiterhin auf dem internationalen Tourismusmarkt erfolgreich partizipieren zu können, versucht Saas-Fee durch verschiedene Maßnahmen wie der Austragung internationaler Sportveranstaltungen, dem weiteren Ausbau von Seilbahnen und Aufstiegshilfen wie dem Metro-Alpin und Drehrestaurants die Attraktivität des Standortes ständig zu steigern.

6 Nehmen Sie kritisch zur Zukunftsfähigkeit dieser wirtschaftlichen Ausrichtung Saas-Fees Stellung.
Folgende Aspekte deuten auf eine weiterhin positive Entwicklung und große wirtschaftliche Bedeutung des Fremdenverkehrs hin: der allgemein steigende Trend naturnaher Freizeitgestaltung, der hohe Bekanntheitsgrad von Saas-Fee, der Ausbau der touristischen Infrastruktur sowohl für den Sommer- als auch den Wintertourismus. Zudem ist der Wintertourismus in Saas-Fee im Zusammenhang mit der allgemeinen Klimaerwärmung wegen seiner topografischen Lage nicht so gefährdet wie andere Destinationen. Demgegenüber sind folgende Aspekte, die insgesamt die wirtschaftliche Sicherheit und Entwicklung der Gemeinde gefährden können, kritisch zu bewerten: die einseitige wirtschaftliche Ausrichtung Saas Fees auf den Tourismussektor, die allgemeine weltwirtschaftliche Entwicklung, die starke Auswirkungen auf das Reiseverhalten hat, sowie die ökologischen Beeinträchtigungen durch Landschaftsverbrauch und Zerstörung von Naturraum.

7 Charakterisieren Sie mit Hilfe einer Internetrecherche das Image, welches sich Saas-Fee gibt, und entwickeln Sie ein Profil des Publikums, auf das die Werbung zielt.
Individuelle Schülerleistungen. Diese Aufgabe bietet sich als vorbereitende Hausaufgabe, auch in arbeitsteiliger Form, an. Images und mediale Selbstdarstellung verschiedener Urlaubsorte in den Alpen (u. a. Saas-Fee, Zermatt, Ischgl oder Saalbach-Hinterglemm) könnten miteinander verglichen werden. Ausgehend von den vorliegenden Ergebnissen können anschließend in einem unterrichtlichen Erarbeitungsprozess spezifische Images, Zielgruppen, gemeinsame Ausstattungsmerkmale und die Bedeutung des Tourismus für die Zielregion und deren Wirtschaftsstruktur aufgezeigt werden.

Lösungshinweise **Seite 283**

8 Beschreiben Sie das touristische Angebot des Städtetourismus in Berlin.
Berlin als Ziel von Urlaubs und Freizeitgestaltung wird durch eine Reihe von Faktoren begünstigt, z. B. durch die gute Erreichbarkeit, ein umfassendes Beherbergungs- und Gastronomieangebot oder eine relative Unabhängigkeit von Urlaubszeiten. Für Städtetouristen ergibt sich, unabhängig von Pauschalreisen, die Möglichkeit zur eigenständigen Planung von Besichtigungstouren der zumeist in fußläufiger Entfernung und in einem räumlich überschaubaren Areal liegenden Besuchsziele. Vor dem Hintergrund des jeweiligen Ausstattungspotenzials richten sich die städtetouristischen Marktstra-

tegien gezielt an ein bestimmtes Touristenpublikum. So umfassen beispielsweise kulturorientierte Zielgruppen nicht nur die traditionellen Konzert-, Theater- und Museumsbesucher, sondern ebenso das auf so genannte Events wie Musicals oder Filmfestivals ausgerichtete Publikum. Eigens hierfür errichtete Veranstaltungsstätten wie Musicaltheater oder Multifunktionshallen besitzen z.T. stadtprägenden Charakter. Auch sportliche Großereignisse stellen einen bedeutenden städtetouristischen Einnahmefaktor dar. Die Zugehörigkeit des städtischen Sportvereins zur Fußball-Bundesliga ist daher nicht nur unter sportlichen Gesichtspunkten zu bewerten, sondern sie wirkt auch als Tourismusmagnet. Dieser klassische Städtetourismus erfährt darüber hinaus in jüngster Zeit eine wirtschaftlich bedeutende Ergänzung durch den so genannten „Shopping-„ und den Tagungs- bzw. Kongresstourismus.

9 Erläutern Sie die Entwicklung und die Bedeutung des Tourismus für Berlin.

Die Bedeutung des Städtetourismus als Wirtschaftsfaktor für Berlin muss angesichts der bestehenden Wirtschaftsstruktur und der momentanen Finanzsituation als äußerst wichtig beurteilt werden. Denn Berlin besitzt einerseits wegen historischer als auch politischer Umstände einen vergleichsweise schwach ausgeprägten gewerblichen Arbeitsmarkt, verfügt demgegenüber wegen der langjährigen Hauptstadtfunktion als politisches, kulturelles und administratives Zentrum Deutschlands aber über ein herausragendes touristisches Angebot. Insofern ist es Aufgabe der städtischen Wirtschaftsförderung, diese günstigen Standortfaktoren durch Ausbau der Infrastruktur und des Angebots ständig zu verbessern. Die Daten in M15, M16 und M18 untermauern die Bedeutung des Städtetourismus für Berlin, weil zumindest statistisch jeder 7. Arbeitsplatz in Berlin direkt oder indirekt mit dem Tourismussektor der Stadt verflochten ist.

10 Beim Städtetourismus handelt es sich um eine „Querschnittsbranche". Erläutern Sie am Beispiel Berlins diesen Begriff. (Siehe Hinweise auf Seite 333 des Schülerbuches.)

Der Städtetourismus baut auf einer bestehenden günstigen Angebotsstruktur auf, die nicht in besonderer Weise erst künstlich geschaffen werden muss. Das Verhältnis zwischen Investitionen in die Angebotsstruktur und wirtschaftlichem Ertrag ist in der Regel sehr günstig, da nahezu alle besonderen Dienstleistungen und touristischen Einrichtungen auch von der lokalen Berliner Bevölkerung genutzt werden können. Als sogenannte „Querschnittsbranche" beeinflusst der Städtetourismus viele andere urbane Wirtschaftsbereiche in positiver Weise.

11 „Der Tourismus dient der Stadtentwicklung Berlins". Nehmen Sie zu dieser Behauptung Stellung.

Die Behauptung kann in ihrer einseitig positiven Ausrichtung so nicht stehengelassen werden. Sicherlich ist der Städtetourismus einer der wichtigsten Wirtschaftsfaktoren Berlins. Insofern tragen generierte Steuereinnahmen maßgeblich zum Erhalt und Ausbau städtischer Teilräume bei. Investitionen in soziale Projekte und Verkehrsinfrastruktur als auch in das kulturelle Angebot wie Theater oder Museen sind positive Elemente einer Entwicklung und tragen zur Erhöhung einer urbanen Lebensqualität bei, die für breite Bevölkerungsschichten Wohn- und Lebensqualität bedeuten. Die hohe Attraktivität Berlins bei Touristen kann aber im Gegenzug auch eine soziale Verwerfung und Verdrängungsprozesse zur Folge haben. So können die Lebenshaltungskosten im Besonderen für Miete und Immobilien steigen. Denn an Touristen vermieteter Wohnraum erzielt eine wesentliche höhere Rendite, sodass in den vergangenen Jahren gerade in sogenannten Szenequartieren wie Kreuzberg oder Prenzlauer Berg viele Wohnungen zu Lofts und Appartements umgewandelt wurden.

Boombranche Tourismus

Von der Alpenfestung zum Nobel-Kurort – nachhaltige Tourismusentwicklung in Andermatt/Schweiz?

1 Beschreiben Sie die demografische und wirtschaftliche Situation des Alpendorfs Andermatt.

2 Erläutern Sie Maßnahmen und Bedeutung des im Bau befindlichen Andermatt Swiss Alps Touristen Resorts.

3 Bewerten Sie das gesamte touristische Ausbauprojekt unter dem Aspekt der Nachhaltigkeit.

1886 erkannte man mit dem Bau des Gotthardeisenbahntunnels die zentrale Bedeutung des Gotthards für die militärische Landesverteidigung der Schweiz. Andermatt wurde Gebirgswaffenplatz. Damit nahm das Militär in Andermatt und im Kanton Uri neben der Landwirtschaft eine wichtige wirtschaftliche Bedeutung ein. Die Stellung des „Alpenfestung" wurde jedoch mit der Neuausrichtung der Armee seit den 1990er Jahren geschwächt. Die sich verändernde Rolle der Armee führte zu einem starken Abbau der militärischen Aufgaben. Mehrere militärische Anlagen wurden geschlossen und Arbeitsplätze abgebaut. Die vorherige starke wirtschaftliche Stellung des Militärs in Andermatt wirkte bremsend auf eine weitergehende Entwicklung des Tourismus. Allerdings konnten dadurch Fehlentwicklungen, wie sie an anderen Orten im Alpengebiet vorkommen, verhindert werden. Das Dorfbild von Andermatt und die unverfälschte Natur konnten weitestgehend erhalten werden.

(Autorentext)

M1 Wirtschaftsentwicklung Andermatt

Jahr	1850	1888	1900	1910	1920	1941	1950	1970	1980	2000	2009	2014
Einwohner	677	712	818	993	986	1496	1231	1589	1375	1282	1270	1524

http://www.gemeinde-andermatt.ch/xml_1/internet/de/application/d2/d212/f8.cfm (Zugriff am 25.5.2015)

M2 Bevölkerungsentwicklung Gemeinde Andermatt

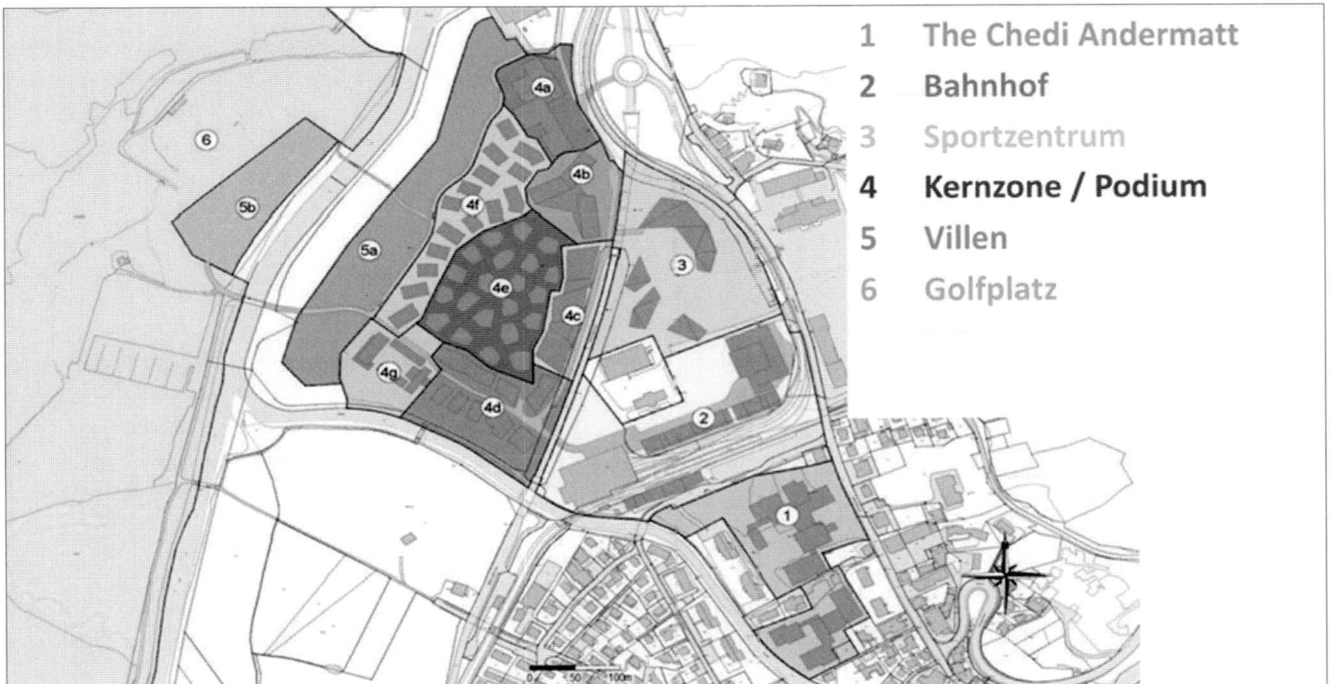

Andermatt Swiss Alps AG, Altdorf

M3 Übersichtsplan Tourismusprojekt Andermatt Swiss Alps

Name: Klasse: Datum:

© Ernst Klett Verlag GmbH, Stuttgart 2015. | www.klett.de | Erstellt für: TERRA OS TB Entwicklungsländer | ISBN: 978-3-12-104706-2
Alle Rechte vorbehalten. Von dieser Druckvorlage ist die Vervielfältigung für den eigenen Unterrichtsgebrauch gestattet.
Die Kopiergebühren sind abgegolten. Für Veränderungen durch Dritte übernimmt der Verlag keine Verantwortung.

Boombranche Tourismus

Andermatt, ein etablierter Wintersportort am Fuße des Gotthardmassivs, wird durch die Erweiterung Andermatt Swiss Alps zur exklusiven Feriendestination. In unberührter alpiner Landschaft werden Gäste 365 Tage im Jahr Sport und Erlebnis, Kultur und Kulinarik, Shopping, Ausflüge sowie Entspannung und Ruhe genießen können. Nachhaltigkeit steht bei Andermatt Swiss Alps im Mittelpunkt. Kombiniert mit Premium-Angeboten können Gäste hier leicht und genussvoll einen ausgeglichenen Lebensstil pflegen. Mehr als eine Milliarde Schweizer Franken wird der ägyptische Tourismuskonzern Orascom Hotels & Development in das aktuell größte alpine Bauprojekt der Schweiz investieren. Auf dem ehemaligen Militärgelände – mit circa 145 Hektar Gesamtfläche größer als Andermatt – ist ein komplettes neues Dorf geplant. Andermatt Swiss Alps umfasst im Endausbau sechs neue Hotels im 4- und 5-Sterne-Segment, rund 500 großzügige Wohnungen in 42 Häusern und 25 luxuriöse Villen. Zum Angebot gehören auch ein 18-Loch Golfplatz, ein erstklassiges Sport- und Freizeitzentrum sowie eine Konferenz- und Konzerthalle. In den kommenden Jahren werden die Skianlagen von Andermatt komplett modernisiert und mit dem benachbarten Skigebiet Sedrun zu einer einzigen Ski-Arena zusammengeführt. Dadurch entsteht ein top-modern erschlossenes und variantenreiches Skigebiet mit über 130 Kilometern präparierter Pisten. Im Herzen Europas entsteht mit Andermatt Swiss Alps aus dem traditionsreichen Schweizer Bergdorf Andermatt eine hochwertige Ganzjahres-Feriendestination. Eingebettet in das Urserntal, ein einzigartiges alpines Hochtal, ist Andermatt aufgrund seiner Höhe (1400 bis 3000 M.ü.M.) schneesicher. Dank seiner zentralen Lage verfügt Andermatt über eine exzellente Verkehrsanbindung und ist für Gäste aus aller Welt bequem erreichbar. Mit dem Flugzeug anreisende Gäste werden von den umliegenden Flughäfen auf Wunsch mit Limousinen abgeholt. In Buochs, 45 Minuten von Andermatt entfernt, befindet sich ein Flugplatz für Privatflugzeuge. Immobilien-Investitionen sind insbesondere für nicht-schweizerische Kaufinteressenten attraktiv, da der Schweizerische Bundesrat Andermatt Swiss Alps von den üblichen Einschränkungen („Lex Koller") befreit hat. Die Befreiung von der Lex Koller erlaubt es auch nicht-schweizerischen Käufern, Immobilien in Andermatt Swiss Alps ohne Einschränkung zu erwerben und wieder zu veräußern.

Der neue Ortsteil ist autofrei konzipiert: Die meisten Wohnungen und Hotels werden auf einer neu errichteten, großflächigen Plattform gebaut, die in einem unterirdischen Geschoss die Infrastruktur für Parkplätze, Belieferung und Entsorgung beherbergt. Andermatt Swiss Alps wird ein kompakter Ort der kurzen Wege; für längere Strecken stehen Elektrofahrzeuge bereit. Die Wärmeenergieversorgung von Andermatt Swiss Alps wird CO2-neutral sein: Erneuerbare Quellen spenden Strom; Gebäude werden mittels Erdwärme, Abwärme und über ein Holzschnitzelkraftwerk beheizt.

http://www.andermatt-swissalps.ch (Zugriff am 25.5.2015)

M4 Werbeinformationen „Andermatt Swiss Alps: die exklusive und nachhaltige Feriendestination in den Schweizer Alpen"

Name: **Klasse:** **Datum:**

© Ernst Klett Verlag GmbH, Stuttgart 2015. | www.klett.de | Erstellt für: TERRA OS TB Entwicklungsländer | ISBN: 978-3-12-104706-2
Alle Rechte vorbehalten. Von dieser Druckvorlage ist die Vervielfältigung für den eigenen Unterrichtsgebrauch gestattet.
Die Kopiergebühren sind abgegolten. Für Veränderungen durch Dritte übernimmt der Verlag keine Verantwortung.

Boombranche Tourismus

Lösung

Von der Alpenfestung zum Nobel-Kurort – nachhaltige Tourismusentwicklung in Andermatt/Schweiz?

1 Beschreiben Sie die demografische und wirtschaftliche Situation des Alpendorfs Andermatt.

Die demografische Entwicklung Andermatts wie des gesamten Urserntals war in den letzten Jahrzehnten von anhaltendem Bevölkerungsrückgang geprägt. Seit 1970 ist die Einwohnerzahl von 1589 um fast 20 % auf 1270 im Jahr 2009 gesunken. Hinsichtlich der Altersstruktur der Bevölkerung fällt ins Gewicht, dass in Andermatt insbesondere Jugendliche und junge Erwachsene vergleichsweise unterrepräsentiert waren. Ursächlich war dies darauf zurückzuführen, dass weiterführende Ausbildungsmöglichkeiten fast nur außerhalb vorhanden sind. Die Bevölkerungsstruktur wies im Vergleich zum übrigen Kanton insgesamt eine Überalterung auf. Zentraler Auslöser dieser Veränderungsprozesse waren die massiven Arbeitsplatzverluste aufgrund des Stellenabbaus bei den Militärbetrieben. Auch im Bereich des Tourismus, der Bauwirtschaft und der Landwirtschaft ist bis dahin ein Abbau von Arbeitsplätzen feststellbar. Insgesamt zeigte sich wirtschaftlich ein kritisches Bild Andermatts sowie der gesamten Region. Seit den Planungen zum Bau des Andermatt Swiss Alps Resorts kehrt sich dieser negative Trend jedoch spürbar um. Mittlerweile hat die Einwohnerzahl der Gemeinde den Stand von 1970 erreicht. Beschäftigungseffekte sowie ökonomisch positive Zukunftsaussichten haben den Ort wieder an Attraktivität gewinnen lassen.

2 Erläutern Sie Maßnahmen und Bedeutung des im Bau befindlichen Andermatt Swiss Alps Touristen Resorts.

Mit der Errichtung des Andermatt Swiss Alps Touristen Resorts durch einen ausländischen Tourismuskonzern soll die Alpengemeinde zu einer attraktiven Ganzjahresdestination mit u. a. Golfen im Sommer und Skifahren in den Wintermonaten ausgebaut werden. Durch umfangreiche Investitionen von ca. 1 Milliarde Euro in den Ausbau und die Modernisierung der touristischen Infrastruktur wird Andermatt stark wachsen und sich seine dörfliche Siedlungsstruktur grundlegend verändern. Das geplante Resort entsteht unmittelbar im traditionellen Ortskern und randlich auf den ehemals militärisch genutzten Flächen. Es umfasst eine multifunktionale Infrastruktur mit vielfältigen Wohn-, Freizeit- und Versorgungseinrichtungen sowie einem Kongress- und Tagungszentrum. Architektonisch unterschiedliche Wohnquartiere mit Hotels, Villen und Appartementhäusern sollen für ca. 3 000 Gäste Übernachtungsmöglichkeiten schaffen. Das neue Tourismuskonzept zielt auf das sogenannte Premium-Segment, also auf eine internationale, anspruchsvolle und sehr zahlungskräftige Klientel. Die intakte Naturlandschaft mit hoher Schneesicherheit, ein besonders elitäres Image und die gute Erreichbarkeit für internationale Gäste sind die herausragenden Standortfaktoren, die dem Konzept zum Erfolg verhelfen sollen.
Bedeutend vor dem Hintergrund der gegenwärtigen sozioökonomischen Situation Andermatts sind vor allem die erhofften wirtschaftlichen Impulse. Über die Bau- und Entwicklungsphase hinaus wird bei vollständiger Realisierung des Andermatt Tourismusresort und entsprechender Auslastung mit einer Zunahme von ca. 2 000 Arbeitsplätzen (davon 1 600 im Resort direkt, rund 400 im Umfeld) gerechnet, was unter Berücksichtigung von direkten und nachgelagerten Effekten zu einer zusätzlichen Wertschöpfung von rund 120 Mio. Franken pro Jahr führen dürfte. Dies würde sich sicherlich auch positiv auf demografische Prozesse auswirken und den Trend der Abwanderung und Überalterung aufhalten bzw. durch Zuzug von Arbeitskräften umkehren.

Name: Klasse: Datum:

Klett
© Ernst Klett Verlag GmbH, Stuttgart 2015. | www.klett.de | Erstellt für: TERRA OS TB Entwicklungsländer | ISBN: 978-3-12-104706-2
Alle Rechte vorbehalten. Von dieser Druckvorlage ist die Vervielfältigung für den eigenen Unterrichtsgebrauch gestattet.
Die Kopiergebühren sind abgegolten. Für Veränderungen durch Dritte übernimmt der Verlag keine Verantwortung.

Boombranche Tourismus

Lösung

3 Bewerten Sie das gesamte touristische Ausbauprojekt unter dem Aspekt der Nachhaltigkeit.

Eine Bewertung des Ausbauprojekts fällt momentan insofern schwer, als die Überprüfbarkeit seiner ökonomischen, ökologischen und sozialen Auswirkungen noch nicht möglich ist. Dennoch lässt sich das Konzept anhand des ganzheitlichen Begriffs der Nachhaltigkeit Kriterien geleitet überprüfen.
Sicherlich sind die ökonomischen Impulse am ehesten zu fassen und durch die zu erwartenden Arbeitsplätze mit der Generierung von Einkommen und Steuern für die lokale Bevölkerung positiv zu bewerten. Fraglich ist jedoch, ob angesichts der internationalen und nationalen touristischen Konkurrenz anderer Destinationen wie beispielsweise St. Moritz oder Davos das spezifische Premium-Konzept auch dauerhaft erfolgreich sein kann. Denn gerade wohlhabende Gäste sind mobil und nehmen neue Trends auf. Mit dem gewählten Tourismuskonzept ist durchaus die Möglichkeit hoher Wertschöpfung für die gesamte Region gegeben, doch ebenso besteht wegen geringer Flexibilität ein wirtschaftliches Risiko und eine hohe Abhängigkeit vom Tourismussektor.
In ökologischer Hinsicht wirbt das Andermatt Swiss Alps Resort zwar durch Nutzung erneuerbarer Energien mit einer CO_2-neutralen Energiebilanz, sodass sicherlich Gedanken nachhaltiger Ressourcennutzung mit dem Konzept verwirklicht werden. Jedoch stehen die angepriesene Erreichbarkeit u. a. mit Flugzeug und Limousinen-Service dazu in diametralem Widerspruch. Auch die touristische Angebotsstruktur mit Schwerpunkten wie Golfsport und Skifahren führen zu einer Belastung und Veränderung des alpinen Geoökosystems. Weitere Fragen, die zwar nicht durch Materialien beantwortet werden, lassen sich mit den Schülern in diesem Zusammenhang aufwerfen und diskutieren. Welches Ausmaß wird die verkehrliche Zusatzbelastung erreichen? Sind bestehende Naturgefahren wie Lawinen, Muren und Hochwässer bei dem Siedlungsausbau ausreichend berücksichtigt?
Besonders kritisch ist das gesamte Projekt unter sozialen Gesichtspunkten zu bewerten. Hier treten die deutlichsten Spannungen auf. Durch den internationalen Investor sind die Möglichkeiten zur Mitsprache und Einflussnahme der lokalen Bevölkerung auf die zukünftige Entwicklung Andermatts deutlich eingeschränkt. Auch die zu Vermarktungszwecken vom schweizerischen Staat genehmigte Ausnahmeregelung, dass Ausländer in Andermatt Eigentum erwerben und später wieder verkaufen führt zu einer nachhaltigen Veränderung der traditionellen Besitzstrukturen. Weiterhin ist durch die besondere Premium-Ausrichtung des Konzepts die Gefahr gegeben, dass das Verhältnis zwischen den z. T. internationalen Gästen und den Einheimischen eher durch Ausgrenzung und Entfremdung als durch ehrliche Gastfreundschaftlichkeit geprägt ist.
Bilanzierend bleibt festzuhalten, dass nach Abwägung der genannten Aspekte und zu erwartenden Auswirkungen das Ausbauprojekt Andermatt Swiss Alps Resort in seiner jetzigen Konzeption nur bedingt und eingeschränkt als nachhaltig bezeichnet werden kann.

Name: Klasse: Datum:

Klett
© Ernst Klett Verlag GmbH, Stuttgart 2015. | www.klett.de | Erstellt für: TERRA OS TB Entwicklungsländer | ISBN: 978-3-12-104706-2
Alle Rechte vorbehalten. Von dieser Druckvorlage ist die Vervielfältigung für den eigenen Unterrichtsgebrauch gestattet.
Die Kopiergebühren sind abgegolten. Für Veränderungen durch Dritte übernimmt der Verlag keine Verantwortung.

Schülerbuch
Seite 284 bis 291

Tourismus zwischen Landschaftszerstörung und Landschaftsbewahrung

Strukturierungshilfe

Phase	Thema	Seite	Material	Aufgabe	Methodische Hinweise
Einstieg	Bildkontrast Eingriffe ins Landschaftsgefüge durch Tourismus	284	1–2		
Erarbeitung 1	Ressourcenproblematik: Fallbeispiel Mallorca	284–285	1–5	1–4	
Erarbeitung 2	Ökologische Auswirkungen des Skitourismus in den Alpen	286–287	6–10	5–8	
Erarbeitung 3	Merkmale und Formen des sanften/nachhaltigen Tourismus	289	13–14 Text	10	
Diskussion	Sanfter Tourismus als umfassende Lösungsstrategie?	288	11–12 Text	9, 11, 12	
Modelltransfer	Wachstumszyklen touristischer Räume nach Butler	290–291	15–18 Text	13–15	

Lösungshinweise **Seite 285**

1 Beschreiben Sie die Ausstattungsmerkmale und die Verteilung des Tourismus auf Mallorca.

Die Karte vier zeigt ein zu erwartendes touristisches Verteilungsmuster auf der Insel Mallorca. Hervorzuheben ist die Küstenorientierung des Fremdenverkehrs, was auf die naturräumliche Ausstattung wie mediterranes Klima, Strände bzw. Buchten und angenehme Wassertemperaturen während der Sommermonate zurückzuführen ist. Zu nennen sind hier die Südwestküste zwischen Arenal und Santa Ponca mit der Hauptstadt Palma de Mallorca. Hier finden sich die höchsten Beherbergungskapazitäten. Hinzu kommen die Ostküste und die Nordküste mit dem Touristenzentrum Puerto d´Álcudia. Es wird deutlich, dass die Insel neben dem reinen Strandtourismus weitere attraktive Angebote für Urlauber zu bieten hat. Yachthäfen und Golfplätze weisen auf einen Tourismus im höheren Preissegment hin. Das Tramuntana-Gebirge, Natur- und Kulturorte dienen als Ziele für Wander- und Ausflugstouristen.

2 Erläutern Sie die Ursachen und Folgen der Wasserproblematik auf Mallorca.

Die Ursachen für die Ressourcenproblematik auf Mallorca ist die klimatisch begrenzte Verfügbarkeit von Wasser besonders in den Sommermonaten. Gleichzeitig liegen in diesem Zeitraum die höchsten Bedarfsspitzen wegen des saisonalen Anstiegs der Touristenzahlen. Dies ist neben dem hohen individuellen Wasserverbrauch der Touristen auf die wasserintensive Bereitstellung der touristischen Angebotsstruktur wie Parkanlagen oder Swimmingpools zurückzuführen. Die Anlage von weiteren Golfplätzen in den vergangenen Jahren verschärfte die angespannte Wassersituation. Hinzu kommt, dass auch eine entsprechende Wasserreinigung oder -aufbereitung auf die hohen Belastungsspitzen nicht ausgelegt ist. Folge ist eine zunehmende Verknappung des Wassers, was sich auf den Wasserpreis auswirkt und immer kostenintensivere Wasserbeschaffungsmaßnahmen erfordert. Ebenso sind Interessen- und Nutzungskonflikte mit der Landwirtschaft und der einheimischen städtischen Bevölkerung, die in gleichem Maße vom Wasser abhängen, die Folge.

3 Bewerten Sie am Beispiel der Ressource Wasser die Zukunftsfähigkeit des Tourismus auf Mallorca.

Der Massentourismus auf Mallorca in seiner spezifischen Ausprägung hat in den vergangenen Jahrzehnten zu gravierenden Eingriffen in den Landschaftshaushalt und in das naturräumliche Gefüge geführt. Landschaftsverbrauch durch Bau von Straßen, Hotels und Rückgang der Biodiversität bedrohen sicherlich die wirtschaftliche Basis des Tourismus. Die sich weiter verschärfende Wasserproblematik stellt die Zukunftsfähigkeit des Tourismus aber in besonderer Weise infrage. Weiteres quantitatives und qualitatives Wachstum und ein weiter nicht angepasstes Nutzungsverhalten wird zu irreversiblen Schäden führen.

4 Stellen Sie auf der Basis einer Internetrecherche eine Liste über ressourcenschonende Urlaubsangebote auf Mallorca zusammen.

Diese Aufgabe kann als nachbereitende Hausaufgabe von den Schülern bearbeitet und in der Folgestunde ausgewertet werden. Sie dient der Sensibilisierung des Schülers für die Raumwirksamkeit jeder touristischen Nutzung und dazu ein Bewusstsein dafür zu schaffen, dass es durchaus alternative ressourcenschonende Reiseangebote gibt.

Lösungshinweise **Seite 287**

5 Nennen Sie touristische Schwerpunktgebiete in den Alpen (Atlas).

Schwerpunkte des Wintertourismus finden sich u. a. in den österreichischen Bundesländern Tirol und Vorarlberg mit Wintersportzentren wie Sölden oder Lech. In den französischen Alpen dominieren Stätten für den Wintersport, die überwiegend in den letzten Jahrzehnten und oft ohne Rücksicht auf die historische Siedlungsentwicklung errichtet wurden. Beleg dafür sind die zahlreichen Skistationen, die das Bild in den französischen Alpen, insbesondere in Savoyen prägen. In der Schweiz liegen die bekannten Ski-Destinationen wie z. B. Engelberg, Zermatt oder Davos in den Kantonen Bern, Graubünden und Wallis. Die Region um das Grödnertal ist ein skitouristisches Zentrum Italiens, das mit dem Seilbahnverbund Dolomiti Superski über das größte zusammenhängende Skigebiet der Welt verfügt.

6 Beschreiben Sie ökologische Auswirkungen und Eingriffe in das alpine Ökosystem durch den Skilauf.

Die Belastungen für das lokale Geoökosystem durch die länderspezifisch unterschiedlich hohen Anteile an Skipisten mit künstlicher Beschneiung sind vielfältig. Besonders hervorzuheben sind:

- Die Notwendigkeit umfangreicher Eingriffe in die alpine Landschaft durch massive Baumaßnahmen wie Verlegung von Versorgungsleitungen und Anlage von künstlichen Speicherseen,
- Zunahme der Bodenerosion durch Bodenverdichtung in Verbindung mit verstärktem Wasserabfluss,
- Anstieg der Rutschungsgefahr durch Veränderung im Bodenwasserhaushalt,
- Rückgang der Pflanzenvielfalt auf den unmittelbaren Pistenflächen,
- empfindliche Störung der in Hochlagen lebenden Tiere wie Rotwild, Gämsen und Hasen durch lärmintensiven Dauerbetrieb der Beschneiungsanlagen.

Es sei noch angemerkt, dass sich die angeführten möglichen negativen Auswirkungen in erster Linie auf großflächige Beschneiungen beziehen. Gegenüber kleinen Anlagen mit punktueller künstlicher Beschneiung von Teilflächen auf vielbefahrenen Pisten wie Talabfahrten bestehen bei Experten kaum grundsätzliche Einwände. Allerdings nehmen gerade die größeren Anlagen in den vergangenen Jahren sehr stark zu, um auf diese Weise in bestimmten Höhenlagen die Skisaison zu verlängern.

7 Erstellen Sie ein Wirkungsgefüge, das Zusammenhänge zwischen Maßnahmen und ökologischen Folgen des Pistenskilaufs anschaulich verdeutlicht.

Das Schaubild stellt eine von mehreren Möglichkeiten zur Visualisierung eines vernetzenden Wirkungsgefüges zum Pistenskilauf dar. Zentral ist zunächst eine Unterscheidung zwischen primären touristischen Ausbaumaßnahmen wie dem Bau von Verkehrseinrichtungen und eines Beherbergungsangebots einerseits, andererseits der Bereitstellung einer spezifischen Skiinfrastruktur u. a. durch Waldrodung, Bau von Aufstiegshilfen etc.. Wichtig ist, die vielfältigen Zusammenhänge zwischen direkten und indirekten Maßnahmen zu erkennen. Im Ergebnis bleibt festzuhalten, dass im Besonderen der Skitourist mit seinen Ansprüchen genau das gefährdet oder gar zerstört, was er für die Gestaltung seines Urlaubes und die Befriedigung seiner Bedürfnisse sucht, nämlich eine intakte reizvolle Landschaft mit hohem Freizeitwert

Wirkungsgefüge Pistenskilauf

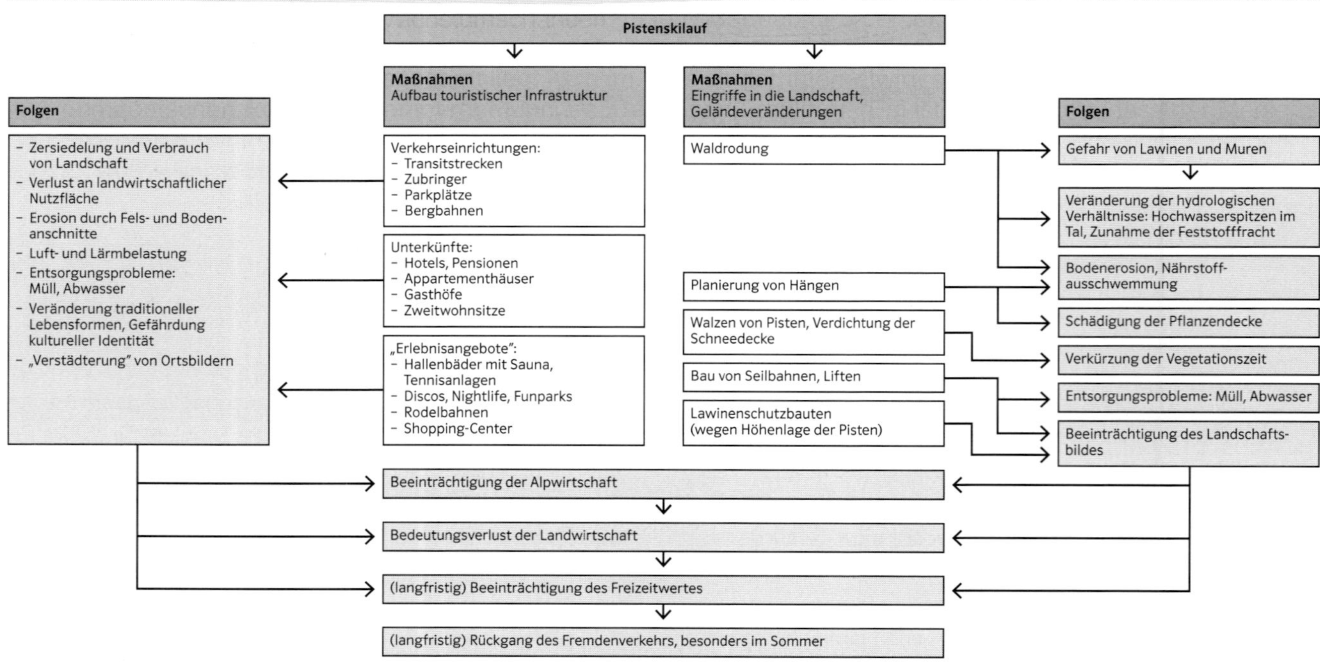

1

8 Ist Pistenskilauf überhaupt vertretbar? Diskutieren Sie diese Frage im Spannungsfeld von ökologischen Erfordernissen und ökonomischen Interessen.

Folgende ökonomische und ökologische Interessen im Ski-Wintertourismus stehen in signifikanter Weise im Widerstreit:

- Das gewinnorientierte Streben von Touristikunternehmen und Seilbahnbetreibern durch Kapazitätsauslastung und -erweiterung in Verbindung mit dem Ziel der Tourismusorte, durch entsprechende Freizeitangebote Arbeitsplätze für die lokale Bevölkerung zu schaffen und ebenfalls kommunale Steuereinnahmen zu generieren,
- Erzielung positiver gesamtwirtschaftlicher Effekte durch den Staat bzw. das einzelne Bundesland durch Erhalt von Steuerquellen und Deviseneinnahmen,
- nachhaltige Nutzung einer landschaftlich einzigartigen, aber ökologisch labilen Region zur Sicherung des Lebensraumes für Menschen, Tiere und Pflanzen.

Lösungshinweise Seite 289

9 Stellen Sie die Merkmale des nachhaltigen Tourismus denen des Massentourismus in einer Tabelle gegenüber.

Massentourismus	Sanfter Tourismus
pauschale Reiseangebote durch international agierende Tourismuskonzerne	Stärkung des Individualtourismus
Entwicklungsprojekte mit hohem Landschaftsverbrauch	Konzentration auf Erschließungsschwerpunkte
Ausbau und Erweiterung der Bebauungsareale	Vermeidung von Zersiedelung
auf Wachstum ausgelegter Ausbau der Infrastruktur zur Attraktivitätssteigerung	angepasste Infrastrukturmaßnahmen (sozial- und umweltverträglich)
importierter Lebensstil, kein Interesse an der einheimischen Bevölkerung	Rücksichtnahme auf Sitten und Gebräuche
Wahl des Reisemittels wie Flugzeug oder Pkw ausschließlich unter kosten- und zeitökonomischen Aspekten	ressourcenschonendes Verhalten durch Anreise mit Öffentlichen Verkehrsmitteln (Bus, Bahn)
Trend zu kurzer Aufenthaltsdauer	längerer Aufenthalt
starke Beanspruchung der natürlichen Ressourcen	Schonung von Natur und Umwelt
starke Fremdsteuerung, geringe Einflussmöglichkeiten der Einheimischen	Tourismusentwicklung unter Einbeziehung der lokalen Bevölkerung

10 Der Biosphärenpark Großes Walsertal stellt eine Musterregion für nachhaltige Entwicklung dar. Untersuchen Sie die touristische Nutzung unter dem Aspekt der Nachhaltigkeit.

Am Beispiel des am sanften Tourismus orientierten Fremdenverkehrskonzeptes im Großen Walsertal lassen sich die drei Zieldimensionen Ökonomie, Ökologie und Sozialverträglichkeit, die im Sinne der Nachhaltigkeit für nachfolgende Generationen miteinander in Einklang gebracht bzw. ausbalanciert werden sollen, anschaulich aufzeigen:

Wirtschaftliche Rentabilität

- Erhöhung der lokalen Wertschöpfung durch Integration regionaler Unternehmen (Transportbranche) und hauptsächliche Verwendung regionaler Produkte (Direktvermarktung von Lebensmitteln),
- Wirtschaftsentwicklung über kurzfristige touristische Interessen und Trends hinaus,

Umwelt-/Ressourcenschonung

- Schutz der natürlichen Lebensgrundlagen und Erhalt der gebirgstypischen Biodiversität durch Einrichtung des Biosphärenparks mit Zonen unterschiedlicher Nutzungsintensität,
- bewusster Umgang mit den Ressourcen Boden, Luft und Energie durch eingeschränkten Siedlungsausbau und Aufbau eines umweltfreundlichen Mobilitätskonzeptes für Touristen,
- umweltschonende Aktivitäten wie geführte Wanderungen und kulturelle Veranstaltungen als Schwerpunkte der touristischen Angebotsstruktur.

Sozialverträglichkeit

- Mitbestimmung und Teilhabe der lokalen Bevölkerung an der Entwicklung eines eigenen Entwicklungsleitbildes,
- Erhalt kultureller Werte und Traditionspflege,
- Erhöhung der Lebensqualität und Schaffung von Arbeitsplätzen durch behutsame und eingeschränkte Tourismusentwicklung.

Folgende zusätzliche touristische Ausbaumaßnahmen und ihre Auswirkungen könnten noch in der Grafik durch Pfeile ergänzt werden:

- Zusammen mit der Planierung von Hängen führt die Waldrodung zur weiteren Beeinträchtigung des Landschaftsbildes,
- durch die Planierung der Hänge kann sich die Gefahr von Lawinen und Muren erhöhen und zusätzlich zur Veränderung der hydrologischen Verhältnisse führen,
- Präparierung der Skihänge mit schweren Pistenfahrzeugen kann durch zunehmende Verdichtung der Schneedecke eine fortschreitende Schädigung der Pflanzendecke zur Folge haben.

11 Erörtern Sie Möglichkeiten und Grenzen des Konzepts eines nachhaltigen Tourismus.

Ausgehend von den Kenntnissen über das Konzept des sanften Tourismus sollten sich die Schüler in einer Diskussion mit dessen Forderungen kritisch auseinandersetzen. Gegenstand einer kontroversen Auseinandersetzung könnte zudem sein, welche Angebote der Tourismusindustrie und welche Reisearten in der Öffentlichkeit als sanft bezeichnet werden. Zentrales Ergebnis des Erkenntnisprozesses sollte sein, dass ein sanfter Tourismus räumlich begrenzt die negativen wirtschaftlichen, ökologischen und sozialen Begleiterscheinungen des Massentourismus nicht zur Entfaltung kommen lässt. Aber vor dem Hintergrund einer prognostizierten globalen Zunahme an Touristen, läuft der Anspruch des sanften Tourismus Gefahr zu versagen. Denn als bloßer Appell an die Selbstverantwortung des

Einzelnen und damit zum Verzichtsaufruf oder als Tourismusform eines privilegierten „alternativen Mittelstandes" greift das Konzept zu kurz. Es bleibt die noch nicht zufriedenstellend gelöste Frage offen, wie Reisebedürfnisse Vieler und der Anspruch, dass deren Umsetzung ökonomisch, ökologisch und sozial verträglich sein möge, zu realisieren sind.

12 Überlegen Sie, welche Aspekte für die Planung einer nachhaltigen Urlaubsreise von Bedeutung sind.

Folgende Aspekte könnten in einer Form von Planungs-Checkliste erarbeitet und zusammengefasst werden:

- Wie bewege ich mich fort (zum und am Urlaubsort)?
- Wie beansprucht mein Verhalten als Tourist die Ressourcen (z. B. Energie, Wasser, Rohstoffe etc.)?
- Welche Auswirkungen hat meine Reise für den Arbeitsmarkt vor Ort (z. B. kurz- oder langfristige Arbeitsplätze, Beschäftigung von Frauen)?
- Welche kulturellen Auswirkungen kann meine Reise verursachen (Neid, Übernahme fremder Lebensgewohnheiten durch Einheimische)?

Lösungshinweise — Seite 291

13 Stellen Sie die Grundzüge und zentralen Aussagen des Butler-Modells dar.

Das Modell von Butler geht von der Annahme aus, dass Produkte und Dienstleistungen – und als solche sind touristische Destinationen zu verstehen – einen Lebenszyklus durchlaufen und somit nach verschiedenen Kriterien bewertet und systematisiert werden können. Das Modell ist in verschiedene Phasen untergliedert, die von einer Initialphase mit geringen Touristenzahlen zu einer Expansionsphase überleitet mit systematischer Erschließung und starkem Anstieg an Urlaubern. In der anschließenden Sättigungsphase stagnieren die Touristenzahlen auf einem hohen Niveau, die Wachstumsgrenze ist aufgrund eines sich verändernden Marktgeschehens und/oder ökologischer Überbeanspruchung erreicht. Je nach Wettbewerbssituation und touristischer Neuausrichtung besteht die Möglichkeit für eine Erneuerung oder den Niedergang der Destination.

14 Ordnen Sie die verschiedenen Situationsbeschreibungen 18 in das Wachstumszyklusmodell von Butler begründet ein.

Wachstumszyklusmodell

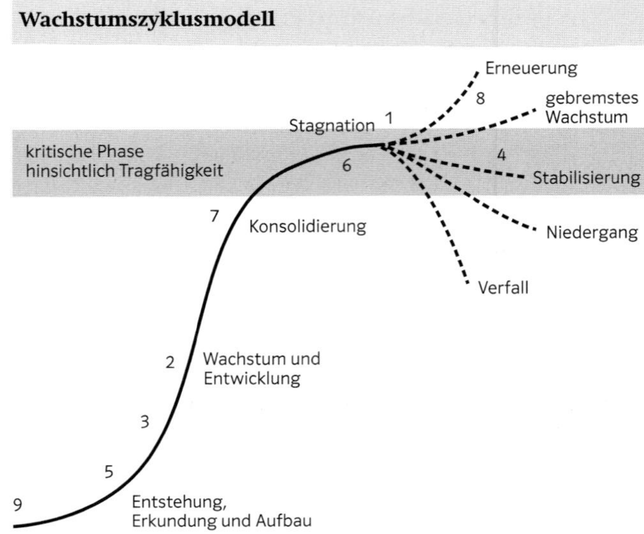

nach Hopfinger 2007, S. 721; in: Gebhardt u. a.: Geographie: Physische Geographie und Humangeographie. München

Angelehnt an didaktische Überlegungen zum „Lebendigen Diagramm" sollen hier die Schüler Gelegenheit erhalten, abstrakte Aussagen des Modells mit lebensweltlichen Situationsbeschreibungen zu verknüpfen. Die in der Grafik enthaltenen Lösungen stellen lediglich Vorschläge dar. Zwar sind die Ergebnisse variabel und diskutierbar, jedoch nicht willkürlich. Der Lehrende sollte eine sich aus unterschiedlichen Schülerergebnissen ergebende Diskussion moderieren, denn gerade eine solche Form der Auseinandersetzung erhöht das Verständnis des Modells. Werden nebeneinander liegende Phasen vorgeschlagen, so kann man dies ruhig so stehen lassen. Erfahrungsgemäß ist ein solches Vorgehen für die Schüler nachvollziehbar, wenn man es ihnen entsprechend erläutert.

15 Nehmen Sie zur Aussagefähigkeit und Übertragbarkeit des Modells Stellung.

Der didaktische Wert des Butler-Modells liegt einerseits in der Verdeutlichung, dass es sich bei Tourismusorten um von einem Wirtschaftssektor „geschaffene" Produkte/Kreationen handelt, die entsprechend vermarktet werden, und dass es Hinweise auf die bisherige und aktuelle Entwicklung einer Urlaubsdestination liefert. Dennoch gibt es auch folgende Kritikpunkte, die die Aussagefähigkeit des Butler-Modells in Frage stellen:

- dass eine Abgrenzung zwischen den einzelnen Phasen nicht eindeutig ist,
- dass in der Realität ermittelte Kurven zum Teil erheblich vom Modellverlauf abweichen
- und dass das Modell nur Aussagen über eine quantitative, nicht aber über eine qualitative Entwicklung bzw. Veränderung zulässt. Damit wird impliziert, dass der Fortbestand eines Tourismusortes ausschließlich über andauerndes Wachstum möglich ist.

Schülerbuch
Seite 292 bis 299

Tourismus – eine Chance für Entwicklungsländer?

Strukturierungshilfe

Phase	Thema	Seite	Material	Aufgabe	Methodische Hinweise
Einstieg	Ursachen und wirtschaftliche Effekte des Tourismus in Entwicklungsländern	292–293	Text	1–2	
Erarbeitung 1 Modell	Räumliche Disparitäten und Tourismus Fallbeispiel: Cancún	294–95	6–8	3–7	
Vertiefung Modelltransfer	Räumliche Disparitäten und Tourismus Fallbeispiel: Kenia	296–297	1–4 Text	1–5	Kopiervorlage: Zukunftsfähige wirtschaftliche Entwicklung durch Tourismus? – Das Beispiel Aruba
Erarbeitung 2	Tourismus – Motor sozialen Fortschritts?	298–299	11–14	8–9	
Diskussion/ Bewertung	Fernreisen und Sozialverträglichkeit	299	9–14	10	

Lösungshinweise **Seite 293**

1 Erklären Sie, warum Entwicklungsländer vom Boom der vergangenen Jahre besonders profitieren.

Speziell der Ferntourismus war in den letzten zwanzig Jahren durch starke Zuwachsraten gekennzeichnet, so dass die Entwicklungsländer ihren Marktanteil in diesem Segment deutlich steigern konnten. Ursachen für diese Entwicklung liegen einerseits in den Herkunftsländern der Touristen. So hat in vielen westlichen Industrieländern ein weiterhin steigender Wohlstand dazu geführt, dass sich immer breitere Bevölkerungsschichten einen Aufenthalt in weit entfernten Ländern leisten können. Auch wurde die verkehrsinfrastrukturelle Anbindung vieler Entwicklungsländer durch konsequenten Ausbau des internationalen Flugverkehrs ständig verbessert. Weitere bedeutende Antriebskraft für den Boom des Ferntourismus ist die Suche und Sehnsucht nach neuen Zielen. Gerade Entwicklungsländer üben mit ihrem spezifischen touristischen Potenzial mit tropischem Klima, unberührten Landschaften und fremdartiger Kultur und Exotik einen besonderen Reiz auf Reisende aus. Ferner sind Reisen aufgrund eines niedrigen Lohnkostenniveaus in Entwicklungsländern häufig verhältnismäßig kostengünstig.

2 Erläutern Sie die binnenwirtschaftliche Bedeutung des Tourismus in ausgewählten Schwellen- bzw. Entwicklungsländern.

Der Tourismussektor stellt auf internationaler Ebene seit Jahrzehnten einen der größten und bedeutendsten Wirtschaftszweige dar und ist inzwischen für jedes dritte Entwicklungsland die Haupteinnahmequelle für Devisen. Einschränkend muss aber auch darauf hingewiesen werden, dass z.T. in beträchtlichem Umfang Deviseneinnahmen an ausländische Kapitalgeber oder durch Importe von westlichen Konsumgütern wieder abfließen. Zudem kann der Tourismus einen wesentlichen Beitrag zur wirtschaftlichen Entwicklung und zur Schaffung von Arbeitsplätzen leisten. Dies gilt insbesondere für periphere, strukturschwache und ressourcenarme Regionen – allen voran kleine Inselstaaten –, wo der Tourismus oftmals die einzig realistische Option für wirtschaftlichen Aufschwung und wirkungsvolle Armutsbekämpfung darstellt. Material M 5 unterstreicht die Bedeutung des Tourismus besonders für kleine Flächenstaaten ganz deutlich. Dies liegt einerseits an dem hohen touristischen Potenzial, das viele periphere Regionen in Entwicklungsländern aufweisen. Andererseits gehört der Tourismus aufgrund seiner Dienstleistungsorientierung zu einer der arbeitsplatzintensivsten Wirtschaftsbranchen überhaupt. Neben der Schaffung direkter Arbeitsplätze in den touristischen Zielgebieten eröffnet speziell der Tourismussektor die Möglichkeit, dass auch in den anderen Sektoren neue und langfristige Beschäftigungsmöglichkeiten entstehen. Voraussetzung hierfür ist die gezielte Verknüpfung des Tourismussektors mit weiteren lokalen/regionalen Wirtschaftssektoren (z.B. Bauwirtschaft, Landwirtschaft, Fischerei, Transport etc.), auf die der Tourismus als Zulieferer bzw. Dienstleister angewiesen ist.

3 Erstellen Sie ein Wirkungsgefüge zu positiven und negativen wirtschaftlichen Effekten des Entwicklungsländer-Tourismus.

Hier wird es aufgrund der unterschiedlichen Fähigkeit der Schülerinnen und Schüler zur Vernetzung von Aspekten individuelle Ergebnisse geben. Zur Durchführung folgende methodische Hinweise: Zunächst sollten die Schüler wichtige thematische Aspekte mithilfe des Textes und der Materialien zwei bis fünf herausarbeiten und schlagwortartig auf Karten sortiert nach positiven bzw. negativen Effekten festhalten. In einem zweiten Schritt sollten dann die Karten/Begriffe durch sachlogische Anordnung und Verbindungslinien bzw. Pfeile miteinander in Beziehung gesetzt werden. Sollte die Anzahl der zu vernetzenden Begriffe und damit die Komplexität erhöht werden, können weitere Aspekte dem Wirkungsgeflecht auf der TERRA-Kompetent Seite 306 im Schülerbuch entnommen werden.

Lösungshinweise **Seite 295**

4 Beschreiben Sie die touristische Ausstattung der Halbinsel Yucatan und die sozioökonomischen Veränderungen, die sich seit Beginn des Tourismus in dem Bundesstaat Quintana Roo/ Cancún vollzogen haben.

Die Region bietet ein vielfältiges und äußerst attraktives Angebot für zahlreiche Tourismusformen:

- subtropisches Klima mit ganzjährig hohen Durchschnittstemperaturen, geringen Niederschlägen, sieben bis neun Sonnenstunden pro Tag und hohen Wassertemperaturen, weiße Sandstrände sowie mehreren Marinas - ideal für Badeurlauber und Wassersportler,
- eine flache fischreiche Lagune, Korallenriffe, Cenotes (Höhlenseen) - ideal für Taucher und Schnorchler,
- Golfplätze,
- zahlreiche Mayatempel und archäologische Stätten - Anziehungspunkt für Bildungsreisende,
- ein breites touristisches Infrastrukturangebot, z. B. internationaler Flughafen, Hotels, Museen, Golf- und Tennisplätze, Kongresshalle, Restaurants, Einkaufszentren.

Die touristische Erschließung der Region Cancún wurde Anfang der 1970er-Jahre durch die staatliche Tourismusbehörde FONATUR in Gang gesetzt. Bis zu diesem Zeitpunkt war die Halbinsel Yucatán eine wirtschaftlich rückständige, periphere Region. Das Projekt kann als Erfolg gewertet werden. Dafür sprechen:

- die stark gestiegenen Touristenzahlen,
- die gleichermaßen stark angestiegene Bevölkerungszahl der Region Cancún - Tourismus als Pull-Faktor,
- die infrastrukturelle Erschließung, die z.T. auch der einheimischen Bevölkerung zugutekommt, z. B. Bau einer eigenen Stadt für die dienstleistende Bevölkerung mit einem voll ausgebauten Geschäftszentrum, Straßen, zwei Flughäfen,
- die Schaffung von Arbeitsplätzen außerhalb der Landwirtschaft und der Fischerei,
- das hohe BNE pro Einwohner,
- die beachtlichen Deviseneinnahmen, die einen spürbaren Beitrag zum Ausgleich der negativen Handelsbilanz Mexikos leisten.

5 Erläutern Sie das Potenzial des Tourismus zum Abbau regionaler Disparitäten in Entwicklungsländern und die Bedeutung staatlicher Institutionen.

Das Potenzial des Tourismus zum Abbau regionaler Disparitäten liegt vor allem darin, dass in ländlichen bzw. peripheren Regionen mit Dominanz des agraren Sektors und hoher struktureller Arbeitslosigkeit eine Vielzahl von alternativen Arbeitsplätzen mit niedrigen und mittleren Qualifikationsansprüchen entstehen. Hier ergibt sich insbesondere für Menschen mit niedrigem (Aus-) Bildungsstand die Chance auf neue Einkommensquellen sowie die Möglichkeit der Qualifizierung. Der Tourismussektor trägt somit zur Milderung des Bevölkerungsdrucks und der Abwanderung in die Zentren bei. Dies ist aus entwicklungspolitischer Sicht ein wichtiges Argument, den Tourismus in ländlichen Regionen, die für eine touristische Entwicklung geeignet sind, zu nutzen und auszubauen. Weiterhin kann die touristische Entwicklung auch zur Schaffung bzw. Verbesserung der öffentlichen Infrastruktur (z. B. Wasserversorgung, Abwasser- und Abfallentsorgung, Verkehrsanbindung) beitragen bzw. diese überhaupt erst ermöglichen, da deren qualitativer Zustand einen entscheidenden Faktor für die erfolgreiche Vermarktung der touristischen Zielgebiete darstellt. Von einer verbesserten Infrastruktur profitieren dabei nicht nur die Touristen, sondern zumindest theoretisch auch die einheimische Bevölkerung.

Trotz eines häufig hohen Potenzials peripherer Räume für den Fremdenverkehr erfolgt ihre Einbindung in das touristische Angebot nur selten und höchstens punktuell durch die Privatwirtschaft. Eine staatliche Infrastrukturausstattung wie insbesondere eine Anbindung an die Knotenpunkte des Land-, See- und Luftverkehrs ist in der Regel Voraussetzung für private Investitionen in Peripherieräumen. Daher kommt dem Staat eine Schlüsselfunktion für die touristische Erschließung dieser Räume zu. Ziele, finanzielle Möglichkeiten und Gestaltungskraft der Regierungen variieren dabei von Staat zu Staat.

6 Stellen Sie das Modell 6 zur raumzeitlichen Entfaltung des Tourismus nach Vorlaufer in Grundzügen dar.
(Bitte beachten Sie dazu auch die Hinweise im Schülerbuch auf Seite 333.)

Das Modell stellt vereinfacht und generalisiert die zunehmenden wirtschaftlichen und räumlichen Verflechtungen zwischen der Peripherie und dem Zentrum eines Staates im Verlauf einer touristischen Erschließung dar. Die Entwicklung verläuft in drei verschiedenen Phasen, die durch eine unterschiedliche raumzeitliche Dynamik gekennzeichnet sind.

- Die **Initialphase** wird in der Regel eingeleitet durch die Verbesserung der Verkehrsanbindung an die Herkunftsgebiete, insbesondere durch den Flugverkehr. Die Hauptstadt, häufig Standort des einzigen Seehafens bzw. Großflughafens, entwickelt sich mit Reiseagenturen und sowie Transportunternehmen zu einem wichtigen touristischen Dienstleistungszentrum. Periphere Regionen in günstiger Lage zu Attraktionen wie Badestränden, Nationalparks oder Kulturdenkmälern werden zunehmend von Touristen besucht und es beginnt sich eine Hotellerie zu entfalten. Nahrungsmittel und Baumaterialien müssen größtenteils aus dem Ausland importiert werden; nur wenige Agrarbetriebe beliefern mit wenigen Produkten in der Nähe gelegene Hotels.
- Während der **Wachstumsphase** entwickeln sich parallel neben der Hauptstadt als dem zentralen Dienstleistungszentrum in peripheren Regionen spontan und geplant zum Teil multifunktionale Tourismusschwerpunkte. Diese werden überwiegend immer noch von der Hauptstadt mit Kapital und Gütern versorgt. Gleichzeitig finden aber auch direkt aus dem Ausland Inputs in die Peripher-Regionen statt, welche die Abhängigkeit vom Zentrum mindern.
- Mit steigender Nachfrage im Zuge wachsender Besucherzahlen weitet sich in der **Konsolidierungsphase** die auf den Tourismus orientierte Agrarproduktion auch im Hinterland aus. Der Import touristischer Konsumgüter geht zumindest in relativer Hinsicht zurück, spielt aber besonders in kleinen Staaten für die Versorgung der Hotels noch eine große Rolle.

7 Überprüfen Sie die Übertragbarkeit des Vorlaufer-Modells am Beispiel der touristischen Entwicklung in Cancún. Begründen Sie Ihre Aussagen (Atlas).

Die Auswertung der Materialien sechs bis zehn sowie weiteren (Atlas-) Wirtschaftskarten nach Wahl zeigt, dass die räumliche Erschließung peripherer Regionen durch den Tourismus auf der Halbinsel Yucatan weitgehend modellhaft verlaufen ist. Zu Beginn der touristischen Erschließung der am Golf vom Mexiko gelegenen Küstenregion waren starke regionale Disparitäten zwischen der Hauptstadt Mexico City im Landesinneren mit ihrer funktionalen, demografischen und politischen Primacy und dem Peripher-Raum vorhanden. In der Initialphase war der Ausbau des internationalen Flughafens in Tulum eine wichtige infrastrukturelle Voraussetzung für das weitere Wachstum der Touristenzentren. Die Versorgung mit Waren und tourismusorientierten Dienstleistungen wurde ausschließlich durch die Metropole gewährleistet. Im weiteren Verlauf und zunehmender Expansion des Tourismus während der Wachstums- und momentanen Konsolidierungsphase verlagerten sich Teile der Bauwirtschaft, Klein- und Großbetriebe der Lebensmittelindustrie als auch des Agrargroßhandels in die Nähe der Touristenzentren. Die Übergänge zwischen den einzelnen Phasen lassen sich sicherlich nicht genau bestimmen, dafür bietet auch das Modell keine belastbaren Anhaltspunkte.

Lösungshinweise **Seite 296**

TERRA Differenzierung / Modell und Wirklichkeit – Tourismus und regionale Disparitäten in Kenia

1 Beschreiben Sie die räumlichen Disparitäten Kenias.

Kenia weist wie nahezu alle Entwicklungsländer große wirtschafts- und sozialräumliche Disparitäten auf. Diese sind durch natürliche Faktoren wie Lagegunst, Relief oder Böden bedingt, aber auch durch eine Wirtschaftspolitik, die die Hauptstadtregion besonders fördert. Ebenso haben Einflüsse von außen wie überdauernde koloniale Wirtschaftsstrukturen und in jüngster Zeit die Globalisierung vielfach regionale Ungleichgewichte entstehen lassen. Dies stellt für Kenia ein gravierendes Entwicklungsproblem dar. Infolge der Konzentration der wirtschaftlichen, gesellschaftlichen, kulturellen und politischen Aktivitäten auf Nairobi findet meist nur eine punktuelle Entwicklung statt. Die Folge ist, dass das Hinterland, die Peripherie, zunehmend in der Entwicklung gegenüber den Wirtschaftszentren zurückfällt.

2 Kennzeichnen Sie das touristische Potenzial des Landes.

Zu den Rahmenbedingungen bietet sich eine Gliederung nach physisch- und anthropogeographischen Faktoren an. Klimatisch ist Kenia zweigeteilt. An der Küste des Landes gibt es tropisches Savannenklima (tropisches Wechselklima). Dem Klimadiagramm von Mombasa ist zu entnehmen, dass die Temperaturen im Jahresverlauf zwischen 24 °C und 28 °C schwanken. Die wärmsten Monate sind Januar bis April, der kühlere Zeitraum liegt im Juli/August. Gehören die Monate Januar und Februar zu den trockensten Monaten des Jahres, fällt im Zeitraum von April bis Juni etwa die Hälfte des Jahresniederschlags.
Das Hochland ist vom warmgemäßigten Regenklima geprägt. Das Klimadiagramm von Nairobi zeigt, dass die Temperaturen im Jahresverlauf zwischen 16 °C (Juli) und 20 °C (März) schwanken. Die kältesten Monate sind Juli und August. Von April bis Juni und von Oktober bis Dezember gibt es jeweils eine Regenzeit, im Rest des Jahres fallen geringere Niederschläge. Dabei werden Niederschlagsmaxima im April (250 mm) und im November (160 mm) erreicht. Von den Temperaturen ist Kenia somit ein Ganzjahresziel für den Tourismus, während der Regenzeit gibt es jedoch Einschränkungen. Das eher gemäßigte Klima macht den Aufenthalt im Hochland angenehmer.
Bei einer Küstenlänge von ca. 500 km bilden die Strände ein Hauptziel des Tourismus in Kenia. Im Landesinneren wird der Tourismus durch die Vielfalt und Gegensätzlichkeit der Oberflächengestalt und der Vegetation begünstigt. Von der Küstenebene im Osten ausgehend, steigt das Land in Richtung Westen zunächst bis auf rund 1000 m an. Im Zentrum Kenias liegt das Keniahochland (2000 bis 5000 m). Im äußersten Westen fällt das Land zum Victoriasee und im Norden zum Turkanasee wieder ab. Der gesamte Raum ist somit geprägt durch Ebenen, Bergländer, Hochgebirgszonen und Becken. Die Vielfalt und Gegensätzlichkeit der Vegetation ergibt sich aus dem Vorkommen der Dornsavanne, Trockensavanne, Halbwüste und Wüste sowie des Tropischen Regenwaldes.
Verkehrsinfrastrukturell ist Kenia gut erschlossen. Es verfügt über genügend Flughäfen, von denen Mombasa und Nairobi internationalen Ansprüchen genügen. Der Flughafen Mombasa reduziert den Transport an die Küste zeit- und kostenmäßig und trägt somit zur Steigerung der Attraktivität der Küstenregion bei. Darüberhinaus ist das Straßennetz dicht, wenn auch nur ein Teil befestigt ist. Das Bettenangebot zur Unterbringung von Touristen ist in ausreichendem Maße vorhanden.
Mit dem Amboseli-Nationalpark und dem Tsavo-Nationalpark südlich und südöstlich von Nairobi bieten sich zudem Möglichkeiten eines naturnahen Tourismus in Ergänzung oder als Alternative zum reinen Badetourismus.

3 Erläutern Sie die Eignung dieses Potenzials zum Abbau regionaler Disparitäten.

Der afrikanische Staat Kenia weist – u. a. durch die naturräumlichen Bedingungen – starke regionale Disparitäten auf. Besonders die starke Konzentration von Land-Stadt-Wanderungen auf die Hauptstadt Nairobi stellt ein großes Problem dar. Dem Tourismus kommt in der möglichen Umlenkung dieser Wanderungsbewegungen eine große Bedeutung zu. Das Angebot für die Touristen in Kenia basiert im Wesentlichen auf dem Safari- und dem Badetourismus, die räumlich voneinander getrennt sind. Wildschutzgebiete und Nationalparks liegen in dünn besiedelten Gebieten im Landesinneren und weisen eine große Streuung auf. Da sie die kleinbäuerlichen Siedlungsräume mit hoher Bevölkerungsdichte in Westkenia kaum berühren, sind die positiven Regionaleffekte touristischer Ausgaben eher gering. Demgegenüber ist die auf den Bade- und Wassersporttourismus ausgerichtete 400 km lange Küstenregion um Mombasa am Indischen Ozean das wichtigste Tourismuszentrum.

4 Stellen Sie das Vier-Phasen-Modell zur raumzeitlichen Entfaltung der Tourismuswirtschaft nach Vorlaufer in Grundzügen dar.

Das Vier-Phasen Modell zur raumzeitlichen Entfaltung des internationalen Tourismus in einem Entwicklungsland basiert auf dem einfacheren Drei-Phasen Modell und stellt sowohl zeitlich als auch thematisch eine Erweiterung dar. Dem Modell ist eine Phase null vorgeschaltet, die die räumlichen und sozialen Disparitäten zwischen dem Zentrum und den peripheren Regionen des Entwicklungslandes vor dem Einsetzen des Tourismus verdeutlichen soll. Weiterhin zeigt es differenzierter die sich mit dem Durchlauf der Phasen null bis vier verändernde Angebotsstruktur sowie die durch den Ausbau der Verkehrsinfrastruktur sukzessive Erschließung des Hinterlandes.

5 Überprüfen Sie die Übertragbarkeit des Vorlaufer-Modells am Beispiel der touristischen Entwicklung in Kenia. Begründen Sie Ihre Aussagen (Atlas).
Die räumliche Erschließung peripherer Regionen durch den Tourismus ist in Kenia modellhaft verlaufen. Zu Beginn der touristischen Erschließung der am Indischen Ozean gelegenen Küstenregion waren starke regionale Disparitäten zwischen der Metropole Nairobi im Landesinneren mit ihrer funktionalen, demografischen und politischen Primacy und dem Peripher-Raum vorhanden. In der Initialphase war der Ausbau des internationalen Flughafens in Mombasa eine wichtige infrastrukturelle Voraussetzung für das weitere Wachstum der Touristenzentren. Die Versorgung mit Waren und tourismusorientierten Dienstleistungen wurde ausschließlich durch die Metropole gewährleistet. Im weiteren Verlauf und zunehmender Expansion des Tourismus während der Wachstums- und momentanen Konsolidierungsphase verlagerten sich Teile der Bauwirtschaft, Klein- und Großbetriebe der Lebensmittelindustrie als auch des Agrargroßhandels in die Nähe der Touristenzentren. Die Übergänge zwischen den einzelnen Phasen lassen sich sicherlich nicht genau bestimmen, dafür bietet auch das Modell keine belastbaren Anhaltspunkte.

Lösungshinweise **Seite 299**

8 Erläutern Sie mögliche negative soziokulturelle Auswirkungen durch den Tourismus und stellen Sie diesen mögliche positive Effekte gegenüber.
Mit dem „Tourismus der Reichen in den Ländern der Armen" sind aufgrund gravierender ökonomischer und kultureller Unterschiede zwischen Reisenden und Bereisten gegenseitige Beeinflussungen verbunden. Kritisch zu betrachten sind durch den meist boomartigen touristischen Ausbau schnelle Veränderungen der traditionellen Arbeitsplatz- und Besitzstrukturen. Durch Teilhabe bzw. Nichtteilhabe an dem Wirtschaftssektor Tourismus, in dem in der Regel überdurchschnittliche Einkommen von den Beschäftigten erwirtschaftet werden, besteht die Gefahr einer gesellschaftlichen Spaltung. Wie die Karikatur in M 14 problematisiert, werden zudem durch Touristen bewusst und zum Teil unbewusst westliche Lebensstile und Wertvorstellungen demonstriert, die besonders die jüngere Bevölkerung zur Nachahmung verleiten. Weitere soziokulturelle Auswirkungen hervorgerufen durch den Tourismus können eine wachsende Kriminalität und Prostitution sein, die Verletzung von gesellschaftlichen Normen und Tabus, die Zerstörung von Familientraditionen sowie eine Instrumentalisierung und Kommerzialisierung religiöser und kultischer Verhaltensweisen.
Demgegenüber stellt der Tourismus einen großen Modernisierungsfaktor dar, dem u.a. die Übernahme von technischen Innovationen zugeschrieben wird. Auch bietet der Tourismus Einheimischen (vor allem Frauen) die Möglichkeit, sich durch die persönliche Begegnung von überkommenen familiären Rollenzuweisungen zu lösen. Positiv zu bewerten ist, dass eine Rückbesinnung auf in Vergessenheit geratene traditionelle Kulturgüter durch die touristische Nachfrage stattfindet.

9 Kann es Ihrer Meinung nach einen sozialverträglichen Ferntourismus geben? Begründen Sie Ihren Standpunkt und diskutieren Sie in Ihrer Lerngruppe darüber.
Einen Tourismus ohne Einwirkungen auf das soziale und kulturelle Gefüge eines Landes kann es nicht geben. Dies gilt vor allem für den organisierten Massentourismus. Die Erfahrungen zeigen, dass die Anpassung grundsätzlich einseitig verläuft. Nicht der Reisende in der Fremde übernimmt die Sitten und Gewohnheiten des Gastlandes, sondern in den meisten Fällen umgekehrt. Die lokalen Gegebenheiten werden weitgehend auf die „zivilisatorischen" Ansprüche und Bedürfnisse der Touristen abgestimmt.
Zur Minimierung der negativen soziokulturellen Wirkungen wären z. B. Reiseformen sinnvoll, mittels derer intensivere Kontakte zu den Einheimischen und ein besseres Kennenlernen der sozialen und kulturellen Verhältnisse des Gastlandes ermöglicht werden. Ein Beispiel wären Work-Camps, die z. B. von christlichen und gemeinnützigen Institutionen durchgeführt werden und bei denen die Teilnehmer in Seminaren auf das Gastland vorbereitet werden.

10 Recherchieren Sie über alternative Reiseangebote, die die soziokulturellen Gegebenheiten des Gastlandes besonders berücksichtigen.
Sozialverträgliche Reisen sind im gegenwärtigen Tourismusmarkt noch eher ein Nischensegment, das nur von wenigen kleinen Veranstaltern angeboten wird. Deshalb sollten die Schüler zunächst über eine der gängigen Internetsuchmaschinen mit Schlagworten wie „fair reisen" oder „Reisen und Nachhaltigkeit" bei Reiseanbietern recherchieren und das gewählte Reisearrangement, das die soziokulturellen Gegebenheiten des Gastlandes berücksichtigt, entlang erarbeiteter Kriterien in Form einer Präsentation der Lerngruppe vorstellen. Parallel könnten Schüler bei Reiseveranstaltern und Reisebüros auch eine Befragung bzw. Interviews durchführen, warum nachhaltige Reisen nicht oder nur in geringem Umfang angeboten werden.

Tourismus – eine Chance für Entwicklungsländer?

Zukunftsfähige wirtschaftliche Entwicklung durch Tourismus? – Das Beispiel Aruba

1 Lokalisieren Sie Aruba und kennzeichnen Sie das touristische Potenzial.

2 Erläutern Sie die Entwicklung des Tourismus seit den 1960er Jahren und seine wirtschaftliche Bedeutung für Aruba.

3 Nehmen Sie Stellung zu der im Thema formulierten Frage.

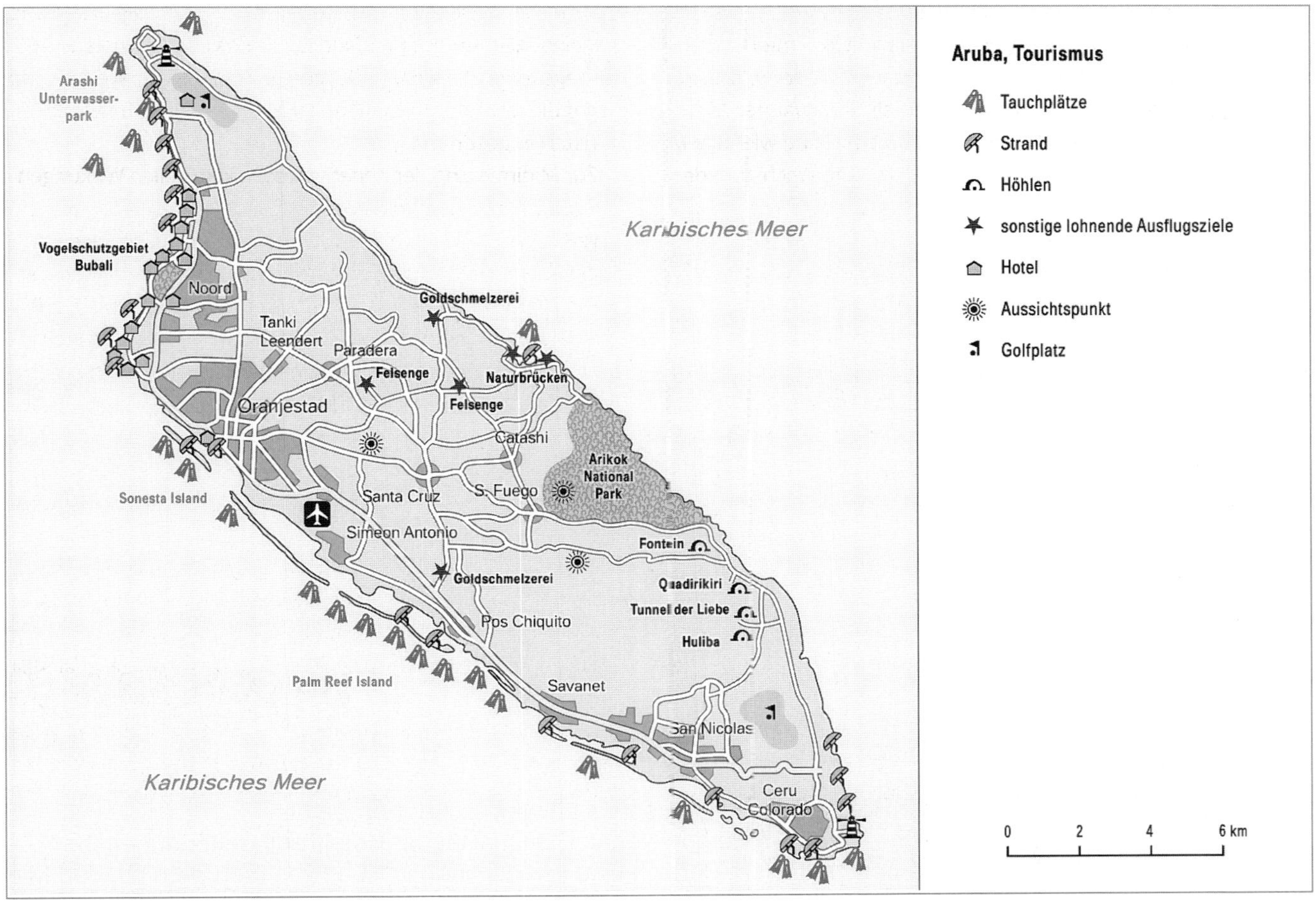

Aruba, Tourismus

- Tauchplätze
- Strand
- Höhlen
- sonstige lohnende Ausflugsziele
- Hotel
- Aussichtspunkt
- Golfplatz

0 2 4 6 km

M1 Übersichtskarte Aruba

	Jan	Feb	Mär	Apr	Mai	Jun	Jul	Aug	Sep	Okt	Nov	Dez	Jahr
Temperatur (°C)	26,4	26,6	26,9	27,5	28,1	28,4	28,2	28,8	28,9	28,5	27,9	26,9	27,8
Niederschlag (mm)	37	19	8	13	14	13	31	25	35	65	78	66	409
Wassertemperatur (°C)	ganzjährig 26–28												
Winde	recht stark, in allen Monaten aus nordöstlichen Richtungen												
Hurrikanwahrscheinlichkeit	unter 2 %												

Quelle: Zusammenstellung nach http://www.aruba.de (Zugriff 01.02.2015)

M2 Klima Oranjestadt/Aruba

Name: Klasse: Datum:

© Ernst Klett Verlag GmbH, Stuttgart 2015. | www.klett.de | Erstellt für: TERRA OS TB Entwicklungsländer | ISBN: 978-3-12-104706-2
Alle Rechte vorbehalten. Von dieser Druckvorlage ist die Vervielfältigung für den eigenen Unterrichtsgebrauch gestattet.
Die Kopiergebühren sind abgegolten. Für Veränderungen durch Dritte übernimmt der Verlag keine Verantwortung.

Tourismus – eine Chance für Entwicklungsländer?

	1966	1984	1989	1999	2004	2009	2013
Touristen in Hotels, Apartmentanlagen	26 000	210 600	344 000	683 300	745 387	812 623	979 256
Kreuzfahrttouristen	Zahlen nicht verfügbar			289 000	548 600	606 768	688 568

Quelle: Central Bureau of Statistics Aruba (Hg.): Statistical Yearbook. Oranjestad 2013

M3 Touristenankünfte

Herkunftsland	1999	2013
USA	63,5	58,8
Venezuela	20,9	19,2
Kanada	2,9	4,5
Niederlande	3,3	3,9
Sonstige	9,2	13,6

Quelle: Central Bureau of Statistics Aruba (Hg.): Statistical Yearbook. Oranjestad 2013

M4 Herkunft der Touristen

	1999	2009	2013
Übernachtungen (in 1000)	5.143	8.549	9.923
durchschnittliche Aufenthaltsdauer in Tagen	7,5	7,7	7,4
Zahl der Hotelzimmer	6.596	7.858	7.869
Hotelauslastung in %	77,0	72,0	76,2
Tagesausgaben je Tourist in US-$	k.A.	102,7	90,3
Tourismuseinnahmen (in Mio. US-$)	793	1.215	1.495
Planung 2017	Der Hotel-Übernachtungspreis bewegt sich auf Aruba bei 125 – 150 US-$/Person/Nacht. Die Qualität der Hotels soll weiter angehoben werden; in diesem Bereich sind Investitionen in Höhe von mehreren hundert Mio US-$ geplant. Vorgesehen ist auch der Bau von neuen (Luxus-)Hotels – darunter auch weiteren mit einem All-inclusive-Angebot – sowie von zusätzlichen Timesharing-Anlagen. Darüber hinaus soll in den Ausbau und die Modernisierung des Flughafens und des Hafens investiert werden und an der nordwestlichen Küste der „längste Park der Karibik“ mit Grünflächen, Joggingwegen etc. entstehen.		

Quellen: Eigene Zusammenstellung nach: Central Bureau of Statistics Aruba (Hg.): Statistical Yearbook. Oranjestad 2013, S. 53 ff.; http://www.arubaeconomicaffairs.aw/index.php?option=com_content&task=view&id=36&Itemid=37 (Zugriff 01.02.2015);

M5 Kenndaten des Tourismus auf Aruba

Name: Klasse: Datum:

Klett
© Ernst Klett Verlag GmbH, Stuttgart 2015. | www.klett.de | Erstellt für: TERRA OS TB Entwicklungsländer | ISBN: 978-3-12-104706-2
Alle Rechte vorbehalten. Von dieser Druckvorlage ist die Vervielfältigung für den eigenen Unterrichtsgebrauch gestattet.
Die Kopiergebühren sind abgegolten. Für Veränderungen durch Dritte übernimmt der Verlag keine Verantwortung.

Tourismus – eine Chance für Entwicklungsländer?

Hintergrundinformationen Aruba

Nach seiner Entdeckung durch die Europäer 1499 herrschten über Aruba zuerst die Spanier, die die Insel als Isla inútil (= nutzlose Insel) bezeichneten; danach die Niederländer, später Franzosen und Briten, die die letzten Wälder der Insel abholzten und die heutige Kulturlandschaft – eine karge Dorn- und Kakteenbuschvegetation – schufen, und wieder die Niederländer ab 18'4, die die Insel 1986 in die weitgehende Unabhängigkeit entließen.
Basis der Entwicklung Arubas war seit etwa 1820 der bis 1913 wichtige Goldbergbau sowie seit 1963 eine Raffinerie, in der das Erdöl Venezuelas verarbeitet und vornehmlich in die USA exportiert wurde. Für diese Raffinerie – damals die größte der Welt – wurden ein Flughafen sowie ein großer Hafen angelegt. Aufgrund zunehmender Bezugs- und Absatzprobleme wurde Mitte der 1980er-Jahre die Produktion eingestellt, 1991 in geringerem Umfang jedoch wieder aufgenommen, zunächst von einer venezolanisch-kanadischen, seit 2004 von einer texanischen Gesellschaft. Seither wurden weit über 640 Millionen US-$ in diese bei San Nicolas im Inselsüden gelegene Raffinerie, z. B. für eine Entschwefelungsanlage, investiert. Sie bietet rd. 775 Arbeitsplätze und hat eine Kapazität von 275.000 Barrel/Tag; das ist rd. ein Zehntel des bundesdeutschen Tagesverbrauchs an Erdöl. Aruba war 2005 dank zahlreicher Banken mit 91.608 US-$/Einw. das Land mit dem vierthöchsten Kapitalumsatz/Einw. weltweit.

Quellen: Eigene Zusammenstellung nach: O'Bryan, Linda; Zaglitsch, Hans: Aruba – Bonaire – Curacao. Natur und Kultur der niederländischen Karibik entdecken. Frankfurt a. M.: Meyer-Reiseführer 1996, S. 78 – 85; Vorlaufer, Karl: Tourismus in Entwicklungsländern. Möglichkeiten und Grenzen einer nachhaltigen Entwicklung durch Fremdenverkehr. Darmstadt: Wissenschaftliche Buchgesellschaft 1996, S. 129 f.;

M6

Fläche	180 km²			
Einwohnerzahl	1972: 58.047 1995: 81.160	1985: 61.361 2013: 106.017 (593 E/km²)		
Alphabetisierungsrad	98% (2013)			
Arbeitslosenrate	6.9% (2000)	10.6 % (2010)		
Beschäftigtenzahl	2000: 36.842	2010: 46.526		
BIP/Einw. (in US-$)	1999: 19.216 [+ 1,1 %] 2005: 22.622 [+ 3,2 %] 2012: 24.852 [-1.2%] (in [ ]: Veränderung gegenüber dem Vorjahr)		**2000**	**2013**
Beschäftigtenstruktur (in %)	Landwirtschaft und Fischerei		0,6	0,7
	Produzierendes Gewerbe		13,7	11,7
	Kommunikation Baugewerbe		10,3	8,2
	Handel		20,0	20,9
	Beschäftigte in Hotels und Restaurants Finanzdienst-		22,6	24,7
	leistungen, Immobilien, Vermietung		19,3	19,5
	Bildung/Erziehung, öffentliche Verwaltung		13,0	13,4
	ohne Angaben		0,5	0,1
wichtige Importgüter (2013)	Chemie- und Mineralölprodukte 18,1%, Maschinen(teile) 14, 3%, Nahrungsmittel 11,7%, Lebende Tiere/Tierprodukte 7,5%, Fahrzeuge/Fahrzeugteile 6,8%			
wichtige Exportgüter (2013)	Perlen, Mineralien 27,7 Maschinen(teile) 14, 7%, Chemieprodukte 13,6%, Metalle 12,6%, Kunstgegenstände 10,5%			
Devisenausgaben für Importe (in Mio. US-$)	2000: 1.330 2005: 1.601	2003: 1.440 2013: 1.917		
Deviseneinnahmen insgesamt (in Mio. US-$) davon durch den Tourismus	2000: 1.393 (53,3 %) 2005: 1.415 (57,7 %)	2003: 1.310 (48,1 %) 2013: 1.846 (62,3 %)		

M7 Aruba – sozioökonomische Daten

Name: Klasse: Datum:

Klett
© Ernst Klett Verlag GmbH, Stuttgart 2015. | www.klett.de | Erstellt für: TERRA OS TB Entwicklungsländer | ISBN: 978-3-12-104706-2
Alle Rechte vorbehalten. Von dieser Druckvorlage ist die Vervielfältigung für den eigenen Unterrichtsgebrauch gestattet.
Die Kopiergebühren sind abgegolten. Für Veränderungen durch Dritte übernimmt der Verlag keine Verantwortung.

Tourismus – eine Chance für Entwicklungsländer? Lösung

Zukunftsfähige wirtschaftliche Entwicklung durch Tourismus? – Das Beispiel Aruba

1 Lokalisieren Sie Aruba und kennzeichnen Sie das touristische Potenzial.

Die Insel Aruba gehört zu den Kleinen Antillen im Karibischen Meer und liegt bei 12° nördlicher Breite und 70° westlicher unmittelbar vor der Küste Venezuelas. Nachbarinseln sind Curacao und Bonaire. Für den Tourismus bietet Aruba ausgezeichnete klimatische wie auch naturräumliche Voraussetzungen. Vor allem für Strand- und Erholungstouristen sind die örtlichen Gegebenheiten sehr attraktiv. Wichtigste Grundlage ist das tropische Klima mit ganzjährig konstanten Temperaturen von ca. 27 °C und vergleichsweise geringen Niederschlägen, die überwiegend zwischen Oktober und Januar fallen. Weiterhin von Vorteil sind die vielen Sandstrände, Riffen und das kristallklare Wasser mit ganzjährig angenehmer Temperatur, was gerade von Sporttauchern und Wassersportlern sehr geschätzt wird. Landschaftlich bietet Aruba mit dem an der Ostküste gelegenen National Park sowie diversen Höhlen, die besichtigt werden können, interessante Ausflugziele im Landesinneren. Zudem stellt ein geringes Hurricane-Risiko einen günstigen Standortfaktor für den Tourismus dar.
Neben den physischen-naturgeographischen Voraussetzungen verfügt die Insel ebenso über eine kulturelle, ethnische Vielfalt, viele Relikte der kolonialen Vergangenheit, welche in Architektur, ehemaligen Befestigungsanlagen und der Altstadt von Oranjestad sichtbar werden. Zudem hat Aruba in den vergangenen Jahrzenten ein auf den Tourismus ausgerichtete Beherbergungsangebot geschaffen und die Verkehrsinfrastruktur mit internationalem Flughafen (Reina Beatrix Airport, M1) ausgebaut. Insgesamt betrachtet ist das touristische Potenzial der Insel als attraktiv und qualitativ hochwertig einzuschätzen.

2 Erläutern Sie die Entwicklung des Tourismus seit den 1960er Jahren und seine wirtschaftliche Bedeutung für Aruba.

Traditionell und mit eindeutig kolonialer Prägung dominierte auf Aruba der Abbau von Gold und die verarbeitende Erdölindustrie die wirtschaftliche Struktur der Insel. Eine große Erdölraffinerie besteht bis heute in der Nähe des Ortes San Nicolas. Mit dem allgemeinen Wachstum der Tourismusbranche weltweit begann man in den frühen 1960er Jahren auch auf Aruba langsam das touristische Angebot auszubauen. Seither steigen die Besucherzahlen kontinuierlich auf gegenwärtig fast 1 000 000 Ankünfte pro Jahr an. Hinzu kommt noch ein stark wachsender Anteil an Kreuzfahrttouristen, die zusätzlich die Insel besuchen. Räumlich konzentrieren sich touristische Einrichtungen vor allem im NW-Teil der Insel in unmittelbarer Küstennähe. Weiter bilden der National Park und andere Sehenswürdigkeiten im Landesinneren Schwerpunkte der touristischen Erschließung. Das Angebot an Hotellerie und Freizeitaktivitäten ist insgesamt qualitativ hochwertig und zielt auf eine anspruchsvolle und zahlungskräftige Klientel. In Zukunft möchte Aruba das Angebot durch Investitionen in diesem Bereich weiter verbessern. Strukturell ist der Tourismus auf Aruba durch eine Dominanz nordamerikanischer und venezuelanischer Urlauber und eine relative kurze Aufenthaltsdauer gekennzeichnet, was durch die unmittelbare Nähe erklärt werden kann. Urlauber aus den Herkunftsgebieten Europa oder Asien spielen eine zu vernachlässigende Rolle. Weiterhin zeigt sich, dass der Kreuzfahrtourismus eine zunehmend wichtigere Rolle spielt und überdurchschnittliche Wachstumsraten aufweist. Dies ist ursächlich mit veränderten Konsumgewohnheiten und den demographischen Wandel zu erklären. Wirtschaftlich hat der Tourismus mittlerweile für Aruba eine enorme Bedeutung. Er sichert vielfältig direkte und indirekte Beschäftigung, generiert Steuereinnahmen für den Staatshaushalt und ist eine wichtige Deviseneinnahmequelle. Dass der Tourismus für breite Bevölkerungsschichten zu Wohlstand geführt hat, lässt sich u. a. an Indikatoren wie dem hohen BIP/pro Einwohner, den hohen Beschäftigungsanteilen im Gesundheits- und Erziehungs- bzw. Bildungswesen oder dem hohen Motorisierungsgrad ablesen.

Name: Klasse: Datum:

Klett
© Ernst Klett Verlag GmbH, Stuttgart 2015. | www.klett.de | Erstellt für: TERRA OS TB Entwicklungsländer | ISBN: 978-3-12-104706-2
Alle Rechte vorbehalten. Von dieser Druckvorlage ist die Vervielfältigung für den eigenen Unterrichtsgebrauch gestattet.
Die Kopiergebühren sind abgegolten. Für Veränderungen durch Dritte übernimmt der Verlag keine Verantwortung.

Tourismus – eine Chance für Entwicklungsländer? Lösung

3 Nehmen Sie Stellung zu der im Thema formulierten Frage.

Perspektivisch gibt es viele Anzeichen dafür, dass der Tourismus weiterhin auf Aruba die zentrale wirtschaftliche Säule und Motor für eine Entwicklung bleiben wird. Zu nennen sind hier die weiteren Investitionen in die qualitativen Verbesserungen des touristischen Angebots, welches dem allgemeinen touristischen Trend des Premiumurlaubs entspricht. Die Wertschöpfung pro Urlauber ist hier deutlich höher. Als weitere Indizien können die Zunahme der Tagesausgaben und der wachsende Kreuzfahrttourismus gelten. Einschränkende Faktoren sind die starke Ausrichtung oder sogar Abhängigkeit von Urlaubern aus wenigen Herkunftsländern wie USA, Kanada oder Venezuela, hohe Devisenabflüsse zum Erhalt oder Ausbau der Verkehrsinfrastruktur und des touristischen Angebots sowie für Ausgaben für den Umweltschutz aufgrund der durch die Touristenströme belasteten Ökosysteme. Ob die bisherige Wachstumsstrategie allerdings aufrechterhalten werden sollte, ist zumindest kritisch zu hinterfragen. Denn mit Blick auf die begrenzte Größe und Einwohnerzahl erscheint eine weitere quantitative Steigerung wenig wünschenswert und nachhaltig. Abschließend bleibt festzuhalten, dass der Tourismus auch in Zukunft der wichtigste Wirtschaftsfaktor für Aruba sein wird. Zur Diversifizierung seiner Wirtschaft fehlen Aruba einfach die Möglichkeiten und naturräumlichen Voraussetzungen. Rohstoffe sowie Flächen zur landwirtschaftlichen Produktion sind aufgrund der kleinen Inselgröße nicht vorhanden. Auch könnte die Ansiedlung gewerblicher Industriebranchen zu Nutzungskonflikten mit den touristischen Einrichtungen führen, was die allgemeine Attraktivität der Urlaubsinsel sicher senken würde.

Name: Klasse Datum:

© Ernst Klett Verlag GmbH, Stuttgart 2015. | www.klett.de | Erstellt für: TERRA OS TB Entwicklungsländer | SBN: 978-3-12-104706-2
Alle Rechte vorbehalten. Von dieser Druckvorlage ist die Vervielfältigung für den eigenen Unterrichtsgebrauch gestattet.
Die Kopiergebühren sind abgegolten. Für Veränderungen durch Dritte übernimmt der Verlag keine Verantwortung.

Schülerbuch
Seite 300 bis 305

TERRA METHODE

Raumanalyse: Tourismus – Chance für eine zukünftige Entwicklung Sri Lankas?

Eine Aufgabenlösung wie in den vorhergehenden Kapiteln ist aufgrund der umfassenden Methode der Raumanalyse nicht sinnvoll. Die Seite 300 gibt die methodischen Hinweise zur Durchführung einer Raumanalyse nachvollziehbar vor. Diese kann je nach zur Verfügung stehender Unterrichtszeit und Zielsetzung entweder arbeitsteilig in Kleingruppen mit verschiedenen Geo- bzw. Humanfaktoren oder als komplexe Gesamtanalyse organisiert werden.

TERRA Kompetenz

Lösungshinweise **Seite 307**
Sachkompetenz

1 Stellen Sie die Voraussetzungen für die boomartige Entwicklung des weltweiten Tourismus und dessen wirtschaftliche Bedeutung dar.

Der Tourismus als Phänomen und seine Entwicklung ist eng verbunden mit der Entstehung postindustrieller Gesellschaften im 20. Jahrhundert. Das rasante Wachstum des Tourismus wird dabei zurückgeführt auf eine günstige Konstellation von wirtschaftlicher Dynamik, politischer Liberalisierung und innovativer Transporttechnologie. Diese vollzogen sich zunächst seit den 1950 Jahren in den westlichen Industriegesellschaften und breiteten sich seit ca. zwei Jahrzehnten zunehmend auch auf die Transformations- und Schwellenländer aus. So hat sich das Reisen von einem Luxus- zu einem Massenprodukt gewandelt, welches heutzutage in den meisten Industrieländern für einen Großteil der Bevölkerung erschwinglich ist. Ferner spielen sich verändernde Wertehaltungen eine zentrale Rolle bei der Freizeit- und Urlaubsgestaltung der Menschen. Die wichtigsten auslösenden und sich verstärkenden Faktoren im Überblick sind:

- verkürzte Arbeitszeiten und daraus resultierend immer mehr frei verfügbare Zeit zur Erholung und Freizeitgestaltung,
- der fortschreitende demographische Wandel mit steigender Lebenserwartung lässt eine zahlungskräftige und reisewillige Bevölkerungsschicht entstehen,
- die Zunahme des allgemeinen Wohlstandes bildet eine wichtige Grundvoraussetzung, dass besonders in den Industrieländern breite Bevölkerungsschichten am Reisemarkt teilnehmen können,
- ein erhöhtes Bildungs- und Erholungsbedürfnis der Medien- und Informationsgesellschaft,
- Entwicklung von einer Dienstleistungs- zu einer Erlebnisökonomie, in der breite Teile der Bevölkerung vermehrt Erlebnisprodukte konsumieren,
- verstärkte Liberalisierung im grenzüberschreitenden Personenverkehr,
- Entwicklung einer dynamischen „Reiseindustrie“,
- Ausweitung und Kostenreduzierung im Flugverkehr, vor allem durch technologische Innovationen.

2 Erklären Sie die Ausprägung verschiedener Tourismusarten vor dem Hintergrund ökonomischer und gesellschaftlicher Entwicklungen.

Die Art wie Menschen ihre Freizeit bzw. ihren Urlaub gestalten steht in engem Zusammenhang mit den allgemeinen wirtschaftlichen Verhältnissen und gesellschaftlichem Wandel. Den individuellen Zielsetzungen, Erwartungen und finanziellen Möglichkeiten der Reisenden entsprechend haben sich verschiedene Tourismusformen wie Individual-, Pauschal- und Geschäftstourismus entwickelt. Je nach Reisemotiv und der überwiegenden Aktivität am Urlaubsort lassen sich folgende Tourismusarten unterscheiden:

- Erholungstourismus (je nach Saison naturnaher Aktivurlaub mit Baden, Wandern, Skifahren etc.)
- Städtetourismus (Besichtigung kultureller Sehenswürdigkeiten oft kombiniert mit Shopping-Tourismus)
- Eventtourismus (in der Regel Kurzaufenthalt zum Besuch von Festivals oder Großveranstaltungen aus Kultur und Sport)
- Kur/Wellness-Tourismus (Gesundheit, Entspannung und Wohlbefinden)
- Kreuzfahrttourismus (Erlebnisreisen auf dem Wasser)
- Themenparktourismus (Urlaub in Freizeitparks wie Disneyland)
- Religions- oder Pilgertourismus (Reise zu religiösen Stätten bzw. Wallfahrtsorten)
- Geschäfts- oder Kongresstourismus

Die fortwährende Suche und Erschließung von geeigneten Zielen für eine touristische Nutzung erfolgt nicht alleine vor dem Hintergrund eines erwarteten quantitativen Wachstums der Touristenzahlen. Vielmehr sind es steigende Ansprüche der Urlauber an Ausstattung und Umfeld touristischer Standorte sowie der immer wiederkehrende Wunsch nach Einmaligem und Außergewöhnlichem, die die Entwicklung der Tourismusbranche vor allem seit den letzten beiden Jahrzehnten bestimmen.

3 Erläutern Sie die mit dem Tourismus verbundenen Chancen und Risiken in Entwicklungsländern.

Für Länder der so genannten Dritten Welt spielt der Tourismus eine zunehmende wichtigere Bedeutung. Sind günstige naturräumliche Gegebenheiten, ein besonderes kulturelles „Angebot“ und politische Stabilität vorhanden, kann der Tourismus einen Beitrag zur wirtschaftlichen Entwicklung sowie zur Modernisierung des Landes leisten. So hat der Tourismus in der Regel eine deutliche Steigerung des BIP, höhere Steuereinnahmen und steigende Beschäftigung zur Folge. Auch trägt er durch den Ausbau der allgemeinen Verkehrsinfrastruktur zur Verringerung der regionalen/sozialen Disparitäten innerhalb des Landes bei. Periphere Regionen, in denen sich der Tourismus ansiedelt, werden meist besser für Waren und Dienstleitungen an übergeordnete Zentren angebunden. Weiterhin kann die Adaption von Innovationen zu einem Wandel der Wirtschaftsstruktur und ein verstärkter Umwelt- und Naturschutz zum Erhalt des touristischen Kapitals führen.

Demgegenüber sind mit dem Tourismus aber auch ökonomische, soziale und ökologische Risiken verbunden. Mögliche negative Auswirkungen sind erhöhte Verschuldung aufgrund enormer Investitionskosten, Preissteigerungen, starke Saisonalität der Beschäftigung, Verdrängung herkömmlicher Wirtschaftszweige, Zerstörung und Belastung der natürlichen Umwelt sowie Veränderung des Konsumverhaltens und traditioneller Wertevorstellungen.

Methodenkompetenz

1 Recherchieren Sie im Internet oder in der Tagespresse nach einem Fallbeispiel, an dem ökologische und/oder soziale Auswirkungen durch den Tourismus in drastischer Weise deutlich werden.

Diese Aufgabe lässt sich nicht eindeutig beantworten. Geeignete Fallbeispiele sind jedoch in der Regel in jenen Tourismusregionen vorzufinden, in denen es in sehr kurzer Zeit zu einem exzessiven Wachstum der Reisebranche und zu Strukturen des Massentourismus gekommen ist. Beispiele sind die Tourismushochburgen in den Alpen oder Tourismuszentren am Mittelmeer. Aktuell sind Entwicklungsländer überwiegend von negativen Begleiterscheinungen des Tourismus betroffen. Sie erleben momentan einen regelrechten Reiseboom. Meist gelingt es dort nicht, an das schnelle Wachstum angepasste Konzepte und Maßnahmen zum Schutz der natürlichen Ressourcen und des sozialen bzw. kulturellen Ausgleichs zu realisieren.

2 Interpretieren Sie die Karikatur 2 zum Alpentourismus.

Der Zeichner der Karikatur macht am Beispiel des Fremdenverkehrs in den Alpen auf ein Grunddilemma der Tourismusbranche aufmerksam. Eine der wichtigsten Ressourcen des Tourismus stellt eine intakte und nur wenig vom Menschen überformte Naturlandschaft dar, die jedoch nicht beliebig neu erschlossen werden kann. Unter dem Primat der Profitorientierung und absoluten Ökonomisierung der Landschaft ist die touristische Erschließung gerade in den Alpen mit Aufstiegshilfen, Straßen und Hotels mancherorts aber bereits bis in die höchsten Regionen und entlegensten Täler vorgedrungen. Die plötzliche Erkenntnis der Seilbahnbetreiber, dass „man dringend neue Berge brauche“, obwohl dem natürlich Grenzen gesetzt sind, ist Beleg einer kurzsichtigen und nicht nachhaltigen Tourismusentwicklung.

Urteilskompetenz

1 Erörtern Sie den Zielkonflikt zwischen wirtschaftlichem Wachstum durch Tourismus und nachhaltiger und sozial gerechter Entwicklung in Tourismusregionen.

Eigentlich stehen sich hier zwei widersprüchliche und unvereinbare Ansprüche gegenüber. Einerseits stellt der Tourismus einen wichtigen Wirtschaftsfaktor dar, der durch Beschäftigung und Einkommen die wirtschaftliche Grundlage für viele Menschen in der Tourismusregion sichert. Investitionen in eine touristische Infrastruktur und ein spezifisches Beherbergungsangebot führen meist zu einem Wachstumsimpuls, der sich in steigenden Touristenzahlen ausdrückt. Das führt aber im weiteren Verlauf häufig zu sozialen Disparitäten und geht zu Lasten der natürlichen Ressourcen. Auch wird die einheimische Bevölkerung nicht immer angemessenen an den Strukturveränderungen beteiligt. Es gilt in Zukunft eine ausgewogenere Balance zu finden zwischen kontrolliertem Wachstum und dem Erhalt einer sauberen intakten Umwelt und des gewachsenen sozialen Gefüges. Konzepte des sanften Tourismus versuchen diesen strukturellen Zielkonflikt abzumildern. Sanfter Tourismus kann räumlich begrenzt die negativen wirtschaftlichen, ökologischen und sozialen Begleiterscheinungen des Massentourismus nicht zur Entfaltung kommen lassen. Aber vor dem Hintergrund einer prognostizierten globalen Zunahme an Touristen läuft der Anspruch des sanften Tourismus jedoch Gefahr zu versagen. Denn als bloßer Appell an die Selbstverantwortung des Einzelnen und damit zum Verzichtsaufruf oder als Tourismusform eines privilegierten „alternativen Mittelstands“ greift das Konzept zu kurz. Es bleibt die noch nicht zufriedenstellend gelöste Frage offen, wie Reisebedürfnisse Vieler und der Anspruch, dass deren Umsetzung ökonomisch, ökologisch und sozial verträglich sein möge, zu realisieren wären.

2 Bewerten Sie Ihr eigenes und fremdes Urlaubsverhalten hinsichtlich der damit verbundenen Folgen.

Eine selbstkritische Betrachtung des eigenen Urlaubsverhaltens und der damit verbundenen Folgen ist eine wichtige Voraussetzung zur Veränderung. Die Analyse folgender Aspekte/Fragen der Reiseplanung und -gestaltung sind hierbei von großer Bedeutung: Wie bewege ich mich fort (zum und am Urlaubsort)? Wie beansprucht mein Verhalten als Tourist die Ressourcen (z. B. Energie, Wasser, Rohstoffe etc.)? Welche Auswirkungen hat meine Reise für den Arbeitsmarkt vor Ort (z. B. kurz- oder langfristige Arbeitsplätze, Beschäftigung von Frauen)? Welche kulturellen Auswirkungen kann meine Reise verursachen (Neid, Übernahme fremder Lebensgewohnheiten durch Einheimische)?

Handlungskompetenz

1 Stellen Sie Ihr Fallbeispiel zu den ökologischen und sozialen Auswirkungen des Tourismus mit Hilfe einer Powerpoint-Präsentation in Ihrem Kurs vor.

Wichtige und nützliche Anregungen zur inhaltlichen Gliederung und äußeren Gestaltung Ihres Vortrages finden Sie auf der Doppelseite TERRA-Methode „Arbeitsergebnisse präsentieren“ (Schülerbuch Seiten 312 – 313).

2 Ein Freizeitpark in Ihrer Region soll erweitert werden. Erarbeiten Sie unterschiedliche Perspektiven und Positionen dieses Raumnutzungskonfliktes und vertreten Sie diese in einer Podiumsdiskussion.

Im Umkreis Ihres Wohnortes gibt es sicherlich einen Vergnügungs- bzw. Freizeitpark, der durch Erweiterungspläne in der Vergangenheit oder in der aktuellen Gegenwart Gegenstand einer öffentlichen Diskussion geworden ist. Aus verschiedenen Perspektiven stellt sich dieses Vorhaben unterschiedlich dar. Wirtschaftliche Gründe wie Beschäftigung und Steuereinnahmen, Lärmemissionen, Naturschutz, erhöhtes Verkehrsaufkommen etc. können Argumente der Auseinandersetzung sein. Diese werden meistens von verschiedenen Akteuren oder Interessensgruppen vertreten. Wenn auch stereotyp könnten dies der Park-Bertreiber, die kommunale Wirtschaftsförderung, politische Parteien, die betroffenen Anwohner, eine Bürgerinitiative oder der örtliche Naturschutzverein sein.